DEUTSCHE GESCHICHTE IN BILDERN

DEUTSCHE GESCHICHTE IN BILDERN

Herausgegeben von
Christoph Stölzl

Koehler & Amelang

Autoren: Heidemarie Anderlik (H. A.), Burkhard Asmuss (B.A.), Ivo Asmus (I.A.), Rosmarie Beier de Haan (R.B.), Maria Berger (M.B.), Frank Beuth (F.B.), Bettina Biedermann (B.B.), Regine Bleiß, (R.Bl.), Tobias Brinkmann (T.B.), Angela Brown (A.B.), Regine Falkenberg (R.F.), Susanne Gieffers (S.G.), Pia Maria Grüber (P.M.G.), Carola Jüllig (C.J.), Saskia Klaaßen (S.K.), Leonore Koschnick (L.K.), Ulrike Kretzschmar (U.K.), Michael Kunzel (M.K.), Klaus-Peter Merta (K.P.M), Andreas Michaelis (A.M.), Gerhard Quaas (G.Qu.), Wiebke Ratzeburg (W.Ra.), Wilfried Rogasch (W.R.), Rainer Rother (R.R.), Markus Schacht (M.S.), Hagen Schulze (H.S.), Annette Stahl (A.S.), Christoph Stölzl (C.S.), Birte Treder (B.T.), Dieter Vorsteher (D.V.) und Martin Winter (M.W.)

Redaktion: Burkhard Asmuss, Andrea v. Hegel, Uwe Israel, Carola Jüllig, Leonore Koschnick und Alfred Nützmann

Datenbank/Objektverwaltung: Costa Großmann, Jens Jarmer, Marianne Müller und Wolfgang Röhrig

Bildbeschaffung: Ute Grallert

Fotografien: Sebastian Ahlers, Rosita Boehmke, Doris Nagel und Arne Psille

Herstellung: Gabriele Kronenberg

Alle Abbildungen, wenn nicht anders vermerkt: Bildarchiv Deutsches Historisches Museum, Berlin

Umschlag, graphische Gestaltung und Satz: Michael Bauer, Weißenfeld
Lithographie: Kodweiß & Fröhlich, München,
und Karl Dörfel Reproduktions-GmbH, München
Druck: EBS, Verona
Bindung: C. Fikentscher Großbuchbinderei GmbH, Darmstadt

Die Deutsche Bibliothek - CIP-Einheitsaufnahme
Deutsche Geschichte in Bildern / hrsg. Christoph Stölzl –
München/Berlin: Koehler und Amelang, 1995
ISBN 3-7338-0191-1
NE: Stölzl, Christoph (Hrsg.)

INHALT

Vorwort ... 7

1 Ein Blick ins Mittelalter ... 9
2 Adel, Rittertum und Lehnswesen ... 15
3 Kirche und Frömmigkeit im Mittelalter ... 21
4 Die Reformation ... 35
5 Die »Monarchia universalis« Kaiser Karls V. ... 57
6 Entdeckung der Welt – Entdeckung des Menschen ... 65
7 Arbeit und Leben in der Stadt ... 75
8 Der Dreißigjährige Krieg ... 83
9 Bourbon und Habsburg ... 105
10 Der Aufstieg Brandenburg-Preußens ... 117
11 Städtisches Leben ... 131
12 Luxusgewerbe in Sachsen ... 135
13 Barocke Hofkultur – Jagd und Spiele ... 143
14 Friedrich II. und die Schlesischen Kriege ... 161
15 Europäische Aufklärung und deutsche Klassik ... 181
16 Die Französische Revolution ... 201
17 Napoleon und die Befreiungskriege ... 209
18 Bürgerliche Kultur ... 231
19 Industrie und sozialer Wandel ... 241
20 Vormärz ... 253
21 Die Revolution von 1848 ... 263
22 Auswanderung ... 277
23 Von der Nationalbewegung zur Reichsgründung ... 281
24 Das Reich unter Bismarck ... 299
25 Industrie und Technik ... 305
26 Die Arbeiterbewegung ... 323
27 Die wilhelminische Gesellschaft ... 331
28 Das Streben nach Weltgeltung ... 345
29 Der Erste Weltkrieg ... 357
30 Die Revolution von 1918/19
und die Anfänge der Weimarer Republik ... 375
31 Die Kultur der zwanziger Jahre ... 395
32 Krise und Ende der Weimarer Republik ... 403
33 Das NS-Regime ... 423
34 Der Zweite Weltkrieg ... 453
35 Besatzungszeit und Kalter Krieg ... 485
36 Die Mauer ... 505
37 Die Bundesrepublik ... 515
38 Die DDR und ihr Ende ... 533

Personenregister ... 554

VORWORT

»Es war einmal.« Geschichte wird seit alters her vor allem *erzählt.* Mit Worten versuchen wir, vergangene Zeit in unsere Zeit zurückzuholen, und weil das Medium der Berichterstattung vor allem das Wort ist, so spielen die schriftlichen Quellen bei der Rekonstruktion der Vergangenheit meistens die Hauptrolle. Worte schaffen den Fluß der historischen Erzählung. Gelingt sie aber, so spricht man oft von »Bildern der Vergangenheit«. Es gibt also die Neigung, die Geschichte auch *anzuschauen,* ja sogar »anzufassen«, wie ein geflügeltes Wort unserer Tage lautet. Dem Wunsch zur sinnlichen Begegnung mit der Vergangenheit entspringt seit dem 19. Jahrhundert die Idee des Geschichtsmuseums. Das Deutsche Historische Museum hat vor sieben Jahren begonnen, systematisch eine Sammlung von Realien der deutschen und europäischen Geschichte zusammenzutragen, und ist durch den Glücksfall der deutschen Einigung auch Hüter der Sammlung des Berliner Zeughauses und des Museums für Deutsche Geschichte der DDR geworden. In diesem Band ist eine Auswahl bemerkenswerter Stücke zusammengestellt. Wer sie betrachtet, kann einen Weg durch die Jahrhunderte machen und dabei erfahren, wie vollkommen anders sich die Szenerie der Vergangenheit darstellt, wenn wir einmal nicht nach den *Worten,* sondern nach den *Dingen* suchen. Wohl geben die erzählenden und die wissenschaftlichen Texte dieses Buches Hilfe beim Herstellen eines Zusammenhangs der historischen Objekte. Aber im Hintergrund unserer Wegbeschreibung steht der Wille, die historische Überlieferung so zu nehmen wie sie ist, also das Fragmentarische, Widersprüchliche der Objektwelt nicht zu kaschieren, sondern produktiv zu machen als Herausforderung an die Kunst der Interpretation. »Geschichte« kann man nicht als Tableau vivant arrangieren, sondern nur als vereinzelte Hinterlassenschaft *genau* betrachten – in unserem Zusammenhang also die Gemälde, Skulpturen und Landkarten, Graphiken und Textilien, Orden und Flugblätter, Bücher und Fahnen und vieles andere mehr, das als Strandgut an die Küste der Gegenwart gelangt ist. Wer Abschied nimmt von der Illusion der Allverfügbarkeit zur Bebilderung, wie sie die heutige Medienwelt mit ihren Datenbanken vorgaukelt, und sich statt dessen auf den – zugegeben mühsamen – Dialog mit dem authentischen Geschichtszeugnis einläßt, der wird belohnt durch die *spürbare Nähe der Geschichte*, die uns in ihren originalen Resten unmittelbar berührt: Nicht zuletzt übrigens in Kunstwerken, die als Porträt, als Ereignis- oder Sittenbild, als Bildpropaganda Geschichte reflektieren. Die künstlerische Überformung von Geschichtsquellen ist übrigens nicht die störende Ausnahme, sondern steckt als Regel in der Sache selbst. Auch scheinbar »objektive« Archivalien oder Photographien sind von Menschen geschaffen, die mit der Botschaft an die Mit- und Nachwelt gestalterische Intentionen verbinden. Die verschiedenen Schichten der Information freizulegen, sozusagen eine Archäologie der historischen Objektwelt zu entwickeln, gehört zu den spannendsten Aufgaben einer historischen Interpretation. Wir haben versucht, dabei neue Methoden zu nutzen. Unverzichtbar bleibt freilich die vertraute chronologische Ordnung und die Entscheidung darüber, *welche* Zeit man für besonders erzählenswert hält. Das Buch setzt Schwerpunkte, um das Geflecht von Ereignissen und Entwicklungen deutlich zu machen, etwa im intensiven Blick auf die Zeitenwenden um 1500, um 1800, um 1900/1914, um 1933/45. Die Daten stehen für dramatische Epochen nicht nur der deutschen, sondern der europäischen Geschichte. Wenn es dem Buch gelingt, das Nachdenken über die Wechselwirkung von deutschen und europäischen Fragen anzuregen, so ist sein Zweck auf das schönste erfüllt.

Berlin, März 1995 — Christoph Stölzl

1
EIN BLICK INS MITTELALTER

Durch innere Krisenerscheinungen geschwächt, war das Römische Reich dem Ansturm der Völkerwanderung (seit 375 n. Chr.) nicht gewachsen. Der Einbruch der Germanen führte zur Transformierung der römisch-antiken Kulturwelt. Zunächst erstrebten die germanischen Stämme eine Teilhabe am Imperium, später errichteten sie selbständige Staatengebilde auf dem Boden des einstigen Römerreiches. Nur die griechisch geprägte Osthälfte blieb mit Konstantinopel als Kaisersitz bis zur Eroberung durch die Türken1453 bestehen. Im Westen gewann der Bischof von Rom (der Papst) Macht und Ansehen und wurde als Oberhaupt der Kirche anerkannt. Die Begegnung von Antike, Germanen und Christentum wurde grundlegend für das Mittelalter. Der Frankenkönig Chlodwig ließ sich 496 taufen. Karl Martell besiegte 732 die Araber und wurde wahrer Herrscher des Frankenreiches. Sein Enkel Karl der Große (768-814) dehnte das Frankenreich auf die Gebiete aller westgermanischen Stämme aus, indem er Sachsen, Bajuwaren und Langobarden unterwarf. Seine Krönung zum Römischen Kaiser durch den Papst (800) bestätigte seine Macht als christlicher Herrscher des Abendlandes. Unter seinen Nachfolgern zerfiel das Frankenreich in eine westliche Hälfte (das spätere Frankreich) und eine östliche (das spätere Deutschland). Die Kaiserwürde blieb bei den Herrschern des ostfränkischen Reiches, den deutschen Königen. Diese wurden von den Großen des Reiches zum König gewählt und vom Papst zum Kaiser gekrönt.

Die ottonischen Kaiser erweiterten ihre Herrschaft nach Osten. Jenseits der Elbe siedelten slawische Stämme, die teils friedlich eingegliedert, teils blutig unterworfen wurden. Nicht nur nach Osten griff das Reich aus, sondern auch nach Süden; für ein halbes Jahrtausend blieb Rom Brennpunkt des Kaisertums, Italien umstrittener Teil des Heiligen Römischen Reiches. W.R.

Graburne in Amphorenform
Rheinland, 3./4. Jh.
Glas; H 40,5 cm
(mit Deckel)
Inv.-Nr.: 1986/34

Zwei Gewandspangen
Bügelfibeln
Fränkisch, 6. Jh.
Silber, teilvergoldet;
8,9 x 4,2 cm,
9,1 x 4,3 cm
Inv.-Nr.: 1986/33.1,2

Urnen und Grabbeigaben sind die wichtigsten Funde, die über die Kultur der Rheinanwohner in den ersten Jahrhunderten n. Chr. erzählen – über die Römer und über die nachfolgenden Merowinger. Entsprechend dem Gebot der ältesten römischen Gesetzessammlung (Gesetz der zwölf Tafeln, um 450 v. Chr.) lagen die Bestattungsplätze der Römer außerhalb der sakralen Stadtgrenzen. Häufig säumten sie bedeutende Fernstraßen, beispielsweise die Straße von Trier nach Köln oder die durch das Rheintal verlaufende, zum Limes gehörende Nachschub- und Handelsroute. In Germanien und Gallien herrschte wie in Italien die Brandbestattung vor, Körperbestattungen waren demgegenüber selten. Seit dem 2. Jahrhundert wurden Graburnen, ursprünglich meist aus Ton und Stein, im Kölner Raum auch aus Glas hergestellt.

Das Paar Fibeln ist vermutlich ebenfalls im rheinischen Raum entstanden. Bei den Gewandspangen handelt es sich um Grabbeigaben fränkischen Ursprungs. Mit Köln war 454 n. Chr. die letzte römische Festung in die Hände der Franken gefallen. Hatten fränkische Kunsthandwerker in ihren frühen Kunstwerken noch spätrömische Vorbilder in vereinfachter Form übernommen, so griffen dann die Künstler des 6. Jahrhunderts bereits gotische, angelsächsische und langobardische Anregungen auf. L.K.

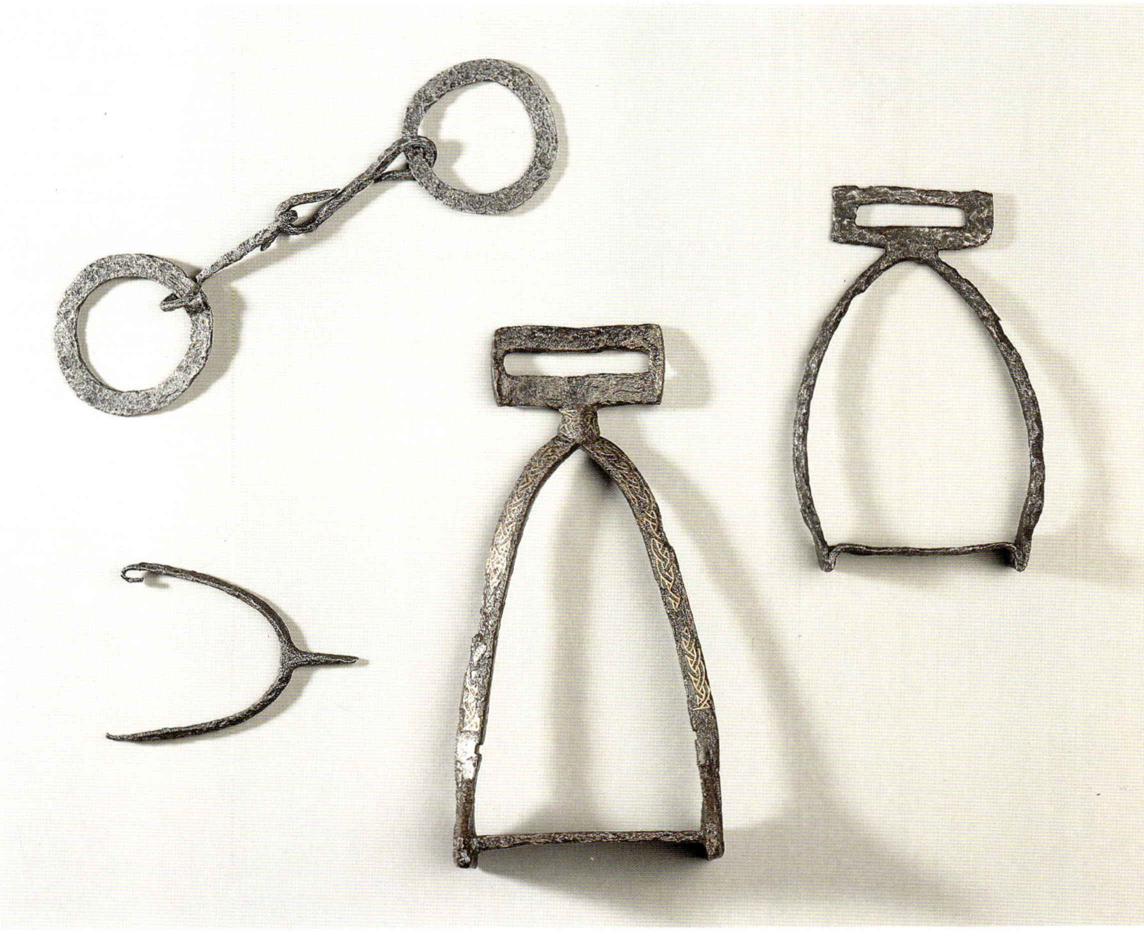

Ringtrense
9.-12. Jh.
Eisen; L 26,5 cm
Inv.-Nr.: W 971

Stachelsporn
Merowingisch,
6./7. Jh.
Eisen;
L 11,3 cm, B 8,5 cm
Inv.-Nr.: W 1502

Steigbügel
Karolingisch,
8./9. Jh.
Eisen, Kupfer,
vergoldet;
H 25,3 cm,
B 11,6 cm
Inv.-Nr.: W 955

Steigbügel
9. Jh.
Eisen; H 18,5 cm,
B 11,5 cm
Inv.-Nr.: W 3274

Schon zu Beginn der Eisenzeit wurden, wie keltische Funde zeigen, Schwerter mit langen, schilfblattartigen Klingen getragen. Die sich daraus entwickelnde zweischneidige Spatha gehörte neben der Lanze oder dem Spieß zur Ausrüstung der Germanen. Die Klingen dieser Waffen waren bis zu 95 cm lang. Der Knauf der Spatha hatte vorwiegend eine flache Spitzdach- oder Pyramidenform und war mit einer dünnen Platte untersetzt. Ein qualitätvolles Schwert war eine Kostbarkeit. Die Schwerter berühmter Träger hatten sogar Namen und wurden von Generation zu Generation vererbt. Im römisch besetzten Rheinland entwickelte sich eine umfangreiche Klingenherstellung, die den Grundstock für die spätere Solinger Klingenindustrie legte.

Weit verbreitet war ein einschneidiges Haumesser, der Sax. Der Volksstamm der Sachsen leitet davon seinen Namen ab, obwohl der Sax nicht auf ihr Siedlungsgebiet beschränkt blieb. Der Sax wurde sowohl als Waffe wie auch als Werkzeug gebraucht. Die Länge der messerförmigen Klinge konnte bis zu 65 cm betragen.

Im Zuge der großen Völkerwanderung (4.-6. Jahrhundert n. Chr.) brachten asiatische Reitervölker die Sporen und Steigbügel nach Europa. Der Steigbügel erleichterte den Aufstieg auf das Pferd, die Sporen und Trensen die Führung der Tiere. G.Qu.

Schwert (Spatha)
Germanisch,
6./7. Jh.
Eisen;
L 87,5 cm (gesamt),
74 cm (Klinge),
B 5 cm;
G 770 g
Inv.-Nr.: W 877

Scramasax
6.-8. Jh.
Eisen;
B 4,8 cm (Klinge),
L 53,4 cm (gesamt),
37,8 cm (Klinge);
G 660 g
Inv.-Nr.: W 914

Der Helm besteht aus sechs kupfernen Bügelspangen, in die als Füllungen mit dünnem Kupferblech überzogene Eisenblätter eingelegt sind. Die Helmblätter sind an der Scheitelscheibe, an den Spangen und dem Stirnreif (nur noch zum Teil erhalten) vernietet. In die Scheitelscheibe ist eine Zimierhülse eingesetzt. Der Dekor auf der vergoldeten Oberfläche des Helms vereinigt antike, heidnische und christliche Symbole. Besonders deutlich zu erkennen sind ein lateinisches Kreuz auf der vorderen Spange, verschiedene Tiere, Weinranken und das Motiv einer aufsteigenden, nach oben schwebenden Figur, das als Himmelfahrt Christi gedeutet werden kann.

Die erhaltenen Spangenhelme gleichen sich im Konstruktionsprinzip. Das eiserne Gerüst gibt den Helmen die notwendige Stabilität und dient als Halterung der vergoldeten Kupferplatten. Es wird angenommen, daß die Spangenhelme aus Ravenna in Norditalien stammen. Von dort gelangten sie als Ehrengeschenke in verschiedene Gebiete. Die kostbar gearbeiteten Helme dienten hohen Adligen als Kopfschutz. G.Qu.

Spangenhelm
Langobardisch;
Giulianova bei Ancona, Italien (Fundort), 6. Jh.
Eisen, Kupferblech, vergoldet, punziert, gestanzt;
H 20,5 cm,
B 19,3 cm,
L 21,5 cm;
G 1230 g
Inv.-Nr.: W 1001

Das Heliand-Fragment P (P für Prag), ein doppelseitig beschriebenes Pergamentblatt, wurde vom Einband eines 1598 in Rostock gedruckten Buches abgelöst. Entsprechend seiner sekundären Verwendung ist die Rückseite gut lesbar, die Vorderseite weist eine Schadstelle bei den Versen 969 bis 975 und Abreibungen auf. Veröffentlicht wurde dieser Fund bereits 1880 von dem Prager Germanisten Hans Lambel. Überliefert sind zwei annähernd vollständige Handschriften und drei Fragmente.

Der Heliand (Heiland), von dem ersten Herausgeber Johann Andreas Schmeller 1830 geprägte Bezeichnung für eines der bedeutendsten Literaturdenkmale des Frühmittelalters, ist ein vor der Mitte des 9. Jahrhunderts in Stabreimen verfaßtes Epos von 6000 Versen. Die Hauptquelle war die »Evangelienharmonie« des Tatian. Über den Verfasser, die Entstehungszeit und den Entstehungsort gibt es bis heute keine Klarheit.

Das Epos stellt das Leben Christi als das eines Helden im germanischen Sinne dar, der in die Zeit des frühen Mittelalters versetzt wird. Die Absicht des Heliand-Dichters war es wohl, den erst ein halbes Jahrhundert zuvor in den Sachsenkriegen (772-804) durch Karl den Großen unterworfenen sächsischen Heiden die christliche Lehre mit poetischen Mitteln in einer altvertrauten Versform nahezubringen.

Die Verse 958 bis 1006, in denen die Taufe beschrieben wird, können als zeitgenössische Quelle für diesen wesentlichen Akt christlicher Missionierung angesehen werden. R.Bl.

Heliand-Fragment P
Um 830
Pergamenthandschrift, 1 Blatt doppelseitig beschrieben zu 23 Zeilen; 17,8 x 24 cm
Vorderseite: Verse 958 uuili bis 983 fridu,
Rückseite: Verse 984 barn bis 1006 thana
Sign.: R 56/2537

Das päpstliche Mandat ruft auf zum Kampf gegen Herzog Konrad von Schwaben, in Italien Konradin genannt, den »Zögling der Verfluchung und der Verdammung«, und verspricht dafür den vollkommenen Ablaß von allen Sündenstrafen.

Bereits am Gründonnerstag 1268 hatte Papst Clemens IV. den Bannfluch über Konradin und seine Anhänger verkündet: Denn der erst 16jährige Staufer, der Sohn König Konrads IV. und Neffe des 1266 in der Schlacht bei Benevent gegen Karl von Anjou gefallenen Königs Manfred, war dem verhängnisvollen Ruf seiner italienischen Anhänger gefolgt, sein sizilianisches Erbreich gegen den vom Papst als König eingesetzten Karl von Anjou zurückzugewinnen. Am 23. August 1268 wurde das Heer Konradins in der Schlacht von Tagliacozzo besiegt, der König selbst wurde gefangengenommen. In einem rechtlich fragwürdigen Prozeß zum Tode verurteilt, wurde Konradin am 29. Oktober 1268 auf dem Marktplatz von Neapel enthauptet und seine Leiche zunächst ohne kirchliche Bestattung am Strand verscharrt. Später wurde er in Santa Maria del Carmine beigesetzt.

Mit Konradins Tod ging der Kampf zwischen Papsttum und Staufern zu Ende. Der Schwertstreich von Neapel besiegelte die gescheiterte staufische Italienpolitik und das Ende der Hoffnung auf ein starkes Königtum in Deutschland. Das Schicksal Konradins aber, der »letzte(n) und zarte(n) Blüte des einst so gewaltigen Stammes der Hohenstaufen«, wurde zur Legende.

H.A.

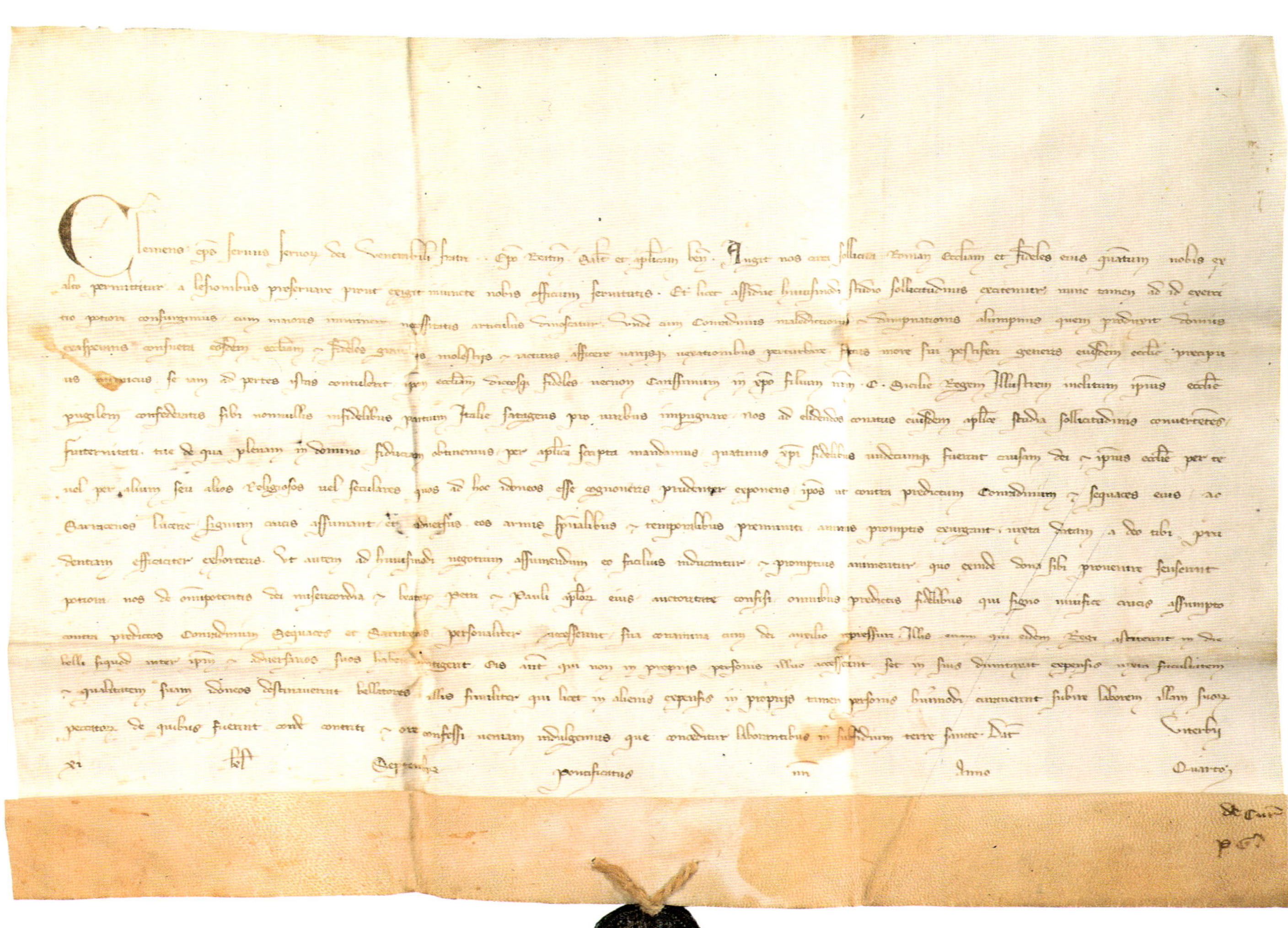

Bulle Clemens' IV. (um 1200 - 1268)
Päpstliches Mandat an den Bischof von Rieti, Karl von Anjou gegen den Staufer Konradin zu unterstützen. An Hanfschnur anhängendes Bleisiegel
Viterbo, 22. August 1268
Handschrift auf Pergament; 33,4 x 42,6 cm
Inv.-Nr.: 1988/300

2
ADEL, RITTERTUM UND LEHNSWESEN

Seit der Zeit Karls des Großen festigte sich in den westlichen Teilen Europas eine neue Herrschaftsordnung: das Lehnswesen, auch Feudalismus genannt. Gefolgsleute des Königs (Vasallen) wurden mit Ländereien und Ämtern »belehnt« und leisteten dafür Kriegs- und Amtsdienste. Letztere wurden häufig an Unterlehnsleute weiterverliehen, die ihrerseits zu ihrem Lehnsherrn im wechselseitigen Dienst- und Treueverhältnis standen. Dieser Personenverband läßt sich als Lehnspyramide darstellen. Der Lehnsmann blieb frei. Grundbesitz wurde jedoch nicht sein Eigentum, sondern ihm nur »geliehen«. Beim Tod von Lehnsherr oder Vasall mußte der Lehnseid erneuert werden.

Infolge drückender Heeresverpflichtungen übergaben viele freie Bauern ihre Rechte und ihren Grund und Boden einem Adligen, der dadurch ihr Grundherr wurde. Sie leisteten nunmehr als unfreie Hörige dafür, daß sie nicht mehr zu Kriegsdiensten herangezogen wurden, aber den Boden weiterbewirtschaften durften, dem Grundherrn Naturalabgaben und Frondienste. Der Grundherr bot Schutz gegen Feinde und Beistand vor Gericht.

Die Blütezeit des Ritterstandes (Männer, die dem König zu Pferde in den Kampf folgten) lag im 12. bis 15. Jahrhundert. Viele Ritter gehörten zunächst nicht dem Adel an, sondern waren früher hörige Dienstmannen (Ministeriale) des Königs gewesen. Im Laufe des Hochmittelalters wuchsen sie in den Adel hinein, und damit in den politisch führenden Stand, der sich durch eigene Lebensformen (Burgenbau, Minnedienst, Turniere, strenger Ehrenkodex) und Heiraten innerhalb des Standes von der bäuerlichen Bevölkerung und den Stadtbewohnern abschloß. W.R.

Topfhelm
Schloßberg bei Dargen, Insel Usedom (Fundort),
2. Hälfte 13. Jh.
Eisen; H 30 cm (vorne), B 15,5 cm, L 17 cm (jeweils Scheitelplatte);
G 2280 g
Inv.-Nr.: W 1003

Im hierarchischen Gefüge der feudalen Gesellschaft bildeten die Ritter eine Elite. Ihre gesellschaftliche Vorrangstellung äußerte sich in einem komplizierten Ehrenkodex und in zahlreichen Kriegsdiensten für ihren Lehnsherrn. Die Ritterwürde zählte zu den Vorrechten des Adels. Die ritterlichen Lebensformen und kriegerischen Aktivitäten machten eine bestimmte Bewaffnung und Ausrüstung erforderlich: Waffen, Gürtel, goldene Sporen und Topfhelme gehörten zu den Standeszeichen der Ritter.

Als zu Ende des 12. Jahrhunderts die Schlagkraft der Angriffswaffen zunehmend verbessert wurde, mußten die schützenden Rüstungen und Helme entsprechend angepaßt werden; in diesem Zusammenhang entstand der Topfhelm. Der abgebildete ist der älteste in einer Sammlung vorhandene Helm dieses Typs. Im Verlauf des 14. Jahrhunderts wurden Topfhelme durch andere Helmformen abgelöst.

Der Helm besteht aus fünf miteinander vernieteten Platten. Der schmale Sehschlitz wird mit einer Eisenspange eingefaßt. Über den ganzen Helm zieht sich eine senkrechte Verstärkungsspange für die vorspringende Helmkante. Der Ritter trug unter dem Helm eine gepolsterte Kappe und schmückte ihn mit einer bunten Helmdecke und einem großen Wappenzeichen als Helmzier. G.Qu.

Im Gegensatz zu den Topfhelmen boten die Beckenhauben bessere Sicht und größere Bewegungsfreiheit. Die rundlich oder spitz ausgeformte Helmglocke wurde über die Wangen bis zum Kinnwinkel gezogen und ließ nur einen kleinen Gesichtsausschnitt frei. Der stark eingezogene Nacken verbesserte den Sitz des Helms. Auch direkt gegen den Kopf geführte Schwerthiebe glitten an dieser Helmform gut ab. Zum besseren Schutz erhielten die Helme ab der Mitte des 14. Jahrhunderts ein Kettengeflecht, Helmbrünne genannt, das die Hals-, Brust- und Schulterpartien schützte. Das Ringgeflecht ist am Gesichts- und Halsteil besonders engmaschig. Zur gleichen Zeit kamen kleine Visiere auf, die in zwei

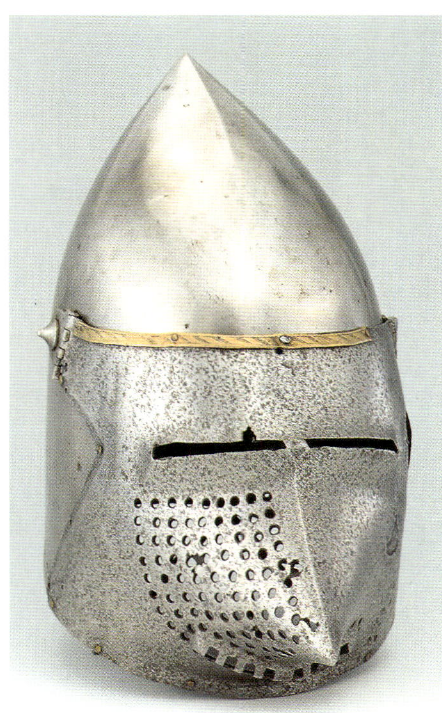

Löcher oder einen Haken an der Stirn eingehängt wurden. Die Visiere waren häufig sehr flach und hatten kleine Sehschlitze und Atmungslöcher.

Sehr bald entwickelte sich daraus ein Visier, das den gesamten Gesichtsausschnitt bedeckte, wie es für die Hundsgugel typisch wurde. Der Name für diesen Helm leitet sich von einer mittelalterlichen Kapuze, der Gugel, und von dem einer Hundeschnauze ähnlichen Visier ab. Das Visier war absteckbar und aufschlächtig, das heißt, der Träger konnte das Visierteil nach oben schlagen oder gänzlich abnehmen. Die Hundsgugel war ein weit verbreiteter Helmtyp und bis zur Mitte des 15. Jahrhunderts in Gebrauch. G.Qu.

Hundsgugel
Norditalien,
um 1390
Eisen, Stahl,
Messing; H 30 cm,
B 18,7 cm, L 24 cm;
G 2890 g
Inv.-Nr.: W 1013

Beckenhaube und Klappvisier

a) Beckenhaube
Deutschland,
um 1370
Eisen, Stahl;
H 27 cm,
B 18 cm (unten);
G 1600 g
Inv.-Nr.: W 975

b) Klappvisier
Deutschland,
1350-1370
Eisen, Stahl;
H 15,6 cm,
B 14,2 cm, T 7 cm;
G 180 g
Inv.-Nr.: W 4439

Turnierhelm für den Fußkampf
Innsbruck, um 1500
Eisen, Stahl;
H 39 cm, B 20,5 cm, L 32 cm; G 4020 g
Inv.-Nr.: W 1014

Stechhelm zum Deutschen Stechzeug
Augsburg, um 1500
Eisen, Stahl, Messing; H 45 cm, B 28,7 cm;
G 14,2 kg
Inv.-Nr.: W 611

Roßkopf
Süddeutschland, um 1490
Eisen, Stahl, getrieben, graviert;
H 62 cm, B 37 cm;
G 3000 g
Inv.-Nr.: W 4382

Die am Ende des 15. Jahrhunderts neu belebten Turniere des Adels erforderten spezielle Rüstungen und Helmvarianten. Unter dem Einfluß Kaiser Maximilians I. waren zahlreiche neue Turnierformen entstanden, für die es entsprechende Rüstungen gab. Gemäß den Anforderungen dieser Turniere hatten auch die Helme für den Fußkampf einen breiten und flach geformten Sehschlitz, der eine gute Sicht nach allen Seiten ermöglichte. Die Helmglocke hat einen flachen, dreigratigen Kamm und ein spitz nach vorn getriebenes Visier, das sich nach oben aufschlagen läßt. Weit verbreitet war das Stechen. Der große, schwere Helm wurde auf die Rüstung aufgeschraubt.

Charakteristisch für den aus fünf Platten zusammengesetzten Helm ist die weit vorgetriebene Vorderwand mit spitzem Grat und breitem Sehschlitz. Unter dem Helm trug der Turnierteilnehmer eine wattierte Harnischkappe aus Leder, die seinen Kopf vor unangenehmen Stößen gegen die Helminnenwand schützen sollte. Selbst die Pferde wurden für die Turniere mit speziellen Rüstungen ausgestattet. Der Roßkopf ist mit einem Stirnschild in Form einer Turniertartsche und einem Grieswärtel als Schildhalter verziert. Grieswärtel gehörten, in wechselnden Funktionen, zum Personal der Turniere. Sie traten als Schlichter oder auch – mit einer Narrenkappe versehen – als Spaßmacher auf.

G.Qu.

Der Prunksattel stammt möglicherweise aus einer Kunstkammer und war nicht für den Gebrauch bestimmt. Auf einem lederbezogenen Holzrahmen sind die Sattelflächen aus Elfenbein mit Darstellungen zur christlichen Tugendlehre belegt. Die Bildthemen auf der rechten Seite zeigen den Teufel als den Fürsten der Welt, umgeben von Schwein, Sirene und Bock – symbolische Figuren der Unkeuschheit und Wollust. Ein Lautenspieler und eine Frauenfigur in langem Gewand, mit einem Bocksfell bekleidet, sind ebenfalls Ausdruck der »unreinen« Liebe. Die Frau wird vom Teufel angelockt. Gegenüber steht, als Sinnbild der »reinen« Liebe, eine Königstochter, in deren Schoß sich ein Einhorn flüchtet.

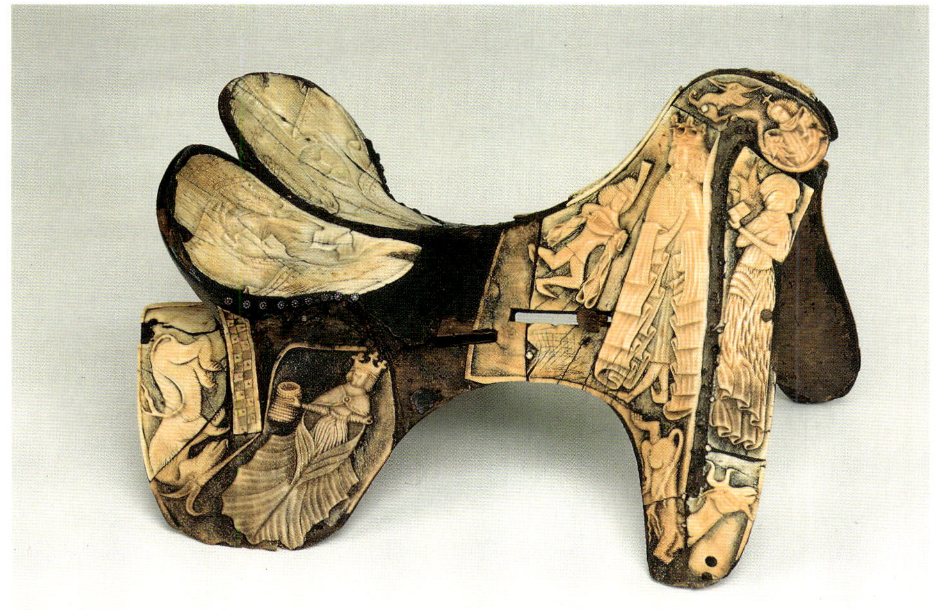

Prunksattel
Süddeutschland,
um 1450
Holz, Leder,
Elfenbein,
geschnitten,
graviert;
H 30,5 cm,
B 37,5 cm,
L 43,5 cm
Inv.-Nr.: W 1010

Die christliche Lehre sah darin ein Sinnbild für die Menschwerdung Christi im Schoße Marias. In der Profankunst des Mittelalters stand der erotische Bezug der Einhornlegende im Rahmen der höfischen Minne im Vordergrund. Auf der anderen Sattelseite wird der Kampf des heiligen Georg mit dem Drachen in Gegenwart der Königstochter geschildert. Die Szene ist umgeben von Gestalten der Finsternis und einem Liebespaar. G.Qu.

Der Burgfrieden, der im Frühjahr 1510 in der Pfalz auf »Schloß Trachenfels« beschworen und beurkundet wurde, ist ein umfangreiches Vertragswerk für eine Ganerbschaft, eigentlich eine Erbengemeinschaft, die aber im Zeitalter der Ritterbünde eine Selbsthilfeorganisation des Adels darstellte.

Zur Bildung eines machtpolitischen Gegengewichts zu Städten und Landesherren war es üblich, sich gegenseitig – für den Drachenfels werden allein 25 Namen genannt – die Burgen zu öffnen. Wie gut organisiert die Ganerben waren, zeigt der Burgfrieden mit seinen ausgefeilten Bestimmungen: So wählten die Ganerben als Interessenvertreter turnusmäßig zwei »Buwmeister« (Baumeister), bei denen die Gerichtsbarkeit und die Verantwortlichkeit für Befestigung und Ausrüstung der Burg lagen. Jeder Ganerbe verpflichtete sich, einen Jahresbeitrag für die Instandhaltung der Burg zu leisten. Eine Wohlverhaltensformel legte die Friedenspflicht innerhalb der Ganerbschaft fest, Bestimmungen über die Benutzung der Burg und die gegenseitige Hilfe bei Fehden regelten das Verhältnis der Gemeinschaft gegenüber Dritten.

Unter den anhängenden Siegeln befindet sich auch das des »Franciscus von Sickingen Amptman zu Crutzenach« (Franz von Sickingen Amtmann zu Kreuznach).

Sickingen verfügte über eine ganze Reihe ganerbschaftlicher Beziehungen, die ihm bei seinen zahlreichen Fehden, wie der Wormser Fehde von 1514, von Nutzen waren. Unter Sickingens Führung schlossen sich zuletzt die Ganerben des Drachenfels 1522 auch dem Landauer Bund an, dessen Scheitern das Ende der Burg Drachenfels bedeutete. H.A.

Burgfriedensabschluß
Schloß Trachenfels (Drachenfels, Pfalz), 11. März 1510
Handschrift auf Pergament mit 18 (ursprünglich 20) anhängenden Siegeln;
48,5 x 66 cm
Inv.-Nr.: Do 84/93

3 KIRCHE UND FRÖMMIGKEIT IM MITTELALTER

Wie die meisten Hochkulturen in der Geschichte der Menschheit war auch die Zivilisation Europas bis an die Schwelle der Neuzeit dem Jenseitigen zugewandt. Christlicher Glaube regierte die große Politik ebenso wie den Alltag der Menschen; kein Handeln war denkbar, das nicht bereits im Diesseits vor Gott und dessen heilsstiftender Kirche zu rechtfertigen war. Christus, die Heiligen und der Teufel waren für die Menschen dieser Zeit leibhaftige Gestalten, die in jedes einzelne Leben eingriffen und die jederzeit erscheinen konnten. Die moderne Trennung von Kirche und Welt war dem Mittelalter fremd; Kaiser und Könige, Fürsten und städtische Obrigkeiten herrschten durch göttlichen Auftrag, den die Kirche bestätigte; Aufgabe des Königtums war es, Frieden zu schaffen und die Kirche zu beschützen. Auch der Investiturstreit des beginnenden Hochmittelalters zwischen Kaiser und Papst, ein Machtkampf, in dem es schließlich keinen Sieger gab, konnte daran nichts ändern. Die sakrale Aura des Königtums blieb auch nach dem Niedergang der kaiserlichen Macht im Spätmittelalter bestehen, das Reich, in dem die Deutschen lebten, blieb »Heiliges Römisches Reich« und Teil des göttlichen Heilsplans. Auch der Humanismus, jene Gelehrtenkultur des 15. und 16. Jahrhunderts, die, gestützt auf die Schriften der Antike, die Bedingungen menschlicher Existenz im Diesseits ergründen wollte, zog die göttliche Allgegenwart nicht in Zweifel.

Das einfache Volk lebte fern von den Streitereien der Päpste, Kaiser und Theologen; selbst die Kirchenspaltungen des Spätmittelalters, als es zeitweise zwei, ja drei Päpste gab, beeindruckte die Masse der Gläubigen wenig. Wenn sie nur Geistliche hätten, die ihnen die Sakramente spendeten, seien sie zufrieden, erklärten die Vertreter deutscher Reichsstädte 1410 dem König: Kirche war für das Volk der örtliche Priester. Und gerade weil die Volksfrömmigkeit tief war und das gesamte Leben umfaßte, konnte es zu Konflikten mit der Papstkirche kommen – zum einen, weil der Volksglaube oft Elemente des alten Heidentums einschloß, die von der Kirche als ketzerisch verfolgt wurden, zum anderen, weil die weltliche Macht- und Prachtentfaltung der Papstkirche die Frage nahelegte, ob Papst und Priester nicht arm sein sollten wie Christus und seine Jünger. Hinzu kamen die Katastrophen des ausgehenden Mittelalters;

Hungersnöte und Seuchen gipfelten in der Pestkatastrophe von 1348/49, die Europa überrollte wie eine schwarze Woge. Etwa ein Drittel der Bevölkerung wurde vom »schwarzen Tod« dahingerafft. Auf die kollektiven seelischen Erschütterungen und spirituellen Nöte dieser Unglückszeit hatte die Amtskirche keine überzeugenden Antworten. Die Häresien schossen ins Kraut; Reformationssehnsucht, apokalyptischer Schrecken, kirchlicher und politischer Umsturz, vor allem aber die Suche nach neuer Einheit und Gewißheit trieben Lollarden, Hussiten und Wiedertäufer an, eine immer wiederkehrende Mischung von Narrenparadies und Erwartung des Heiligen Geistes. Luthers große Tat war es, die vielfach vorbereitete, unausweichliche Reformation der anarchischen Sektenwillkür entrissen zu haben: Das Reich Christi wird gewiß kommen, doch es wird nicht durch Aufstände und Blutvergießen herbeigezwungen. Nicht die ekstatische Überwindung der Welt ist Sache des Christenmenschen, sondern das nüchterne Ausharren im Glauben. H.S.

Die Verehrung von Anna, der Mutter Marias, verbreitete sich Anfang des 13. Jahrhunderts, parallel zum wachsenden Marienkult. Insbesondere die Franziskaner propagierten in der theologischen Auseinandersetzung die unbefleckte Empfängnis: Maria sei durch besondere Gnade von der Empfängnis ihrer Mutter an von der Erbsünde befreit. In diesem Zusammenhang entstand der Andachtsgruppentypus der Anna Selbdritt (das heißt zu dritt). Anna als reife Frau mit der kindlichen Maria und dem Jesuskind verkörpern den ewigen Kreislauf der Natur, der sich durch die Generationen immer wieder erneuert.

Anna gilt auch als Schutzpatronin der Mütter und Witwen, der kinderlosen und schwangeren Frauen, der Armen und Kranken. In der Darstellung der Geburt Mariae bildet sie den Mittelpunkt des Geschehens in einer gutbürgerlichen Stube, umsorgt von Helferinnen in einem Baldachinbett liegend. Allein der in der oberen linken Ecke vor einer Wolke schwebende Engel mit Weihrauchgefäß weist auf die religiöse Bedeutung der Szene hin. L.K.

Die Geburt Mariae
Wolf Traut
(1478/86-1520) ?
1513 ?
Öl/Holz; 65 x 82 cm
Inv.-Nr.: 1990/3061

Heilige Anna Selbdritt
Franken,
Mitte 14. Jh.
Lindenholz, gefaßt;
H 130 cm
Inv.-Nr.: 1991/3067

Jakobus, Florian, Eligius und Rochus lebten zu verschiedenen Zeiten und wurden auch aus unterschiedlichsten Gründen als Heilige verehrt. Jakobus gehörte zu den Jüngern Christi. Er war der erste Apostel, der, 44 n. Chr. enthauptet, als Märtyrer für seinen Glauben starb. Der Legende nach wurden seine Gebeine durch ein führerloses Schiff auf wunderbare Weise von Palästina nach Nordspanien gebracht. Anfang des 9. Jahrhunderts wurde sein Grab wiederentdeckt, und man erbaute darauf eine Kirche. Während der Kämpfe gegen die »ungläubigen« Mauren wurde die Jakobusverehrung stark propagiert. Florian, Legionär des römischen Heeres im heutigen Österreich, wurde der Legende nach bei der Christenverfolgung im Jahr 304 gemartert und ertränkt. Als Schutzpatron gegen Hochwasser, Dürre und Feuersbrunst ist er ein volkstümlicher Heiliger.

Die Verehrung als Patron der Gold- und Hufschmiede verdankt Eligius seiner früheren Position als Goldschmied und Münzmeister am fränkischen Hof. Diese einflußreiche Stellung gab er auf, um Priester zu werden. Als Bischof von Noyon trieb er seit 641 die Missionierung Flanderns voran.

Rochus wurde vermutlich Ende des 13. Jahrhunderts in Montpellier geboren. Nachdem er auf einer Pilgerfahrt nach Rom an Pest erkrankt und von einem Engel geheilt worden war, nahm er sich der Pflege der Pestkranken an. Bedingt durch die immer wiederkehrenden Pestepidemien, wurde er gegen Ende des 15. Jahrhunderts neben Sebastian zu einem der meistverehrten Heiligen. L.K.

Heiliger Florian
Hans Klocker ?
Um 1480/90
Holz, gefaßt;
H 85 cm
Inv.-Nr.: 1992/230

Heiliger Eligius
Schwaben oder Franken, um 1530
Flachrelief;
Lindenholz, gefaßt;
H 90 cm
Inv.-Nr.: 1988/1636

Heiliger Jacobus Major
Niederrhein (Kalkar ?), Anfang 16. Jh.
Eichenholz, gefaßt;
H 107 cm
Inv.-Nr.: 1991/3341
Erworben aus Mitteln des Landes Berlin

Heiliger Rochus
Erasmus Grasser (um 1450 - 1526) ?
Um 1490
Holz, gefaßt;
H 65 cm
Inv.-Nr.: 1991/3286

Der junge Zisterzienserorden mit seiner Rückwendung zu einem entsagungsvollen und weltabgewandten christlichen Leben nach den frühen Regeln des heiligen Benedikt übte auch auf die religiöse Frauenbewegung des 12. und 13. Jahrhunderts eine große Anziehungskraft aus. Im deutschen Sprachraum verbreiteten sich die Klöster der Nonnen rascher als die der Mönche. Klara schloß sich der Armutsbewegung zu Beginn des 13. Jahrhunderts an. Der von ihr gegründete Klarissenorden bot nun auch Frauen die Möglichkeit, in Armut zu dienen.

Mit der Bulle vom 15. Mai 1274 bestätigte Papst Gregor X. (1271-1276) dem Zisterzienser-Nonnenkloster Grimma das Patronat über die Kirchen Belgern und Torgau. Das den Urkundentyp bezeichnende Bleisiegel *(bulla)* zeigt auf der Vorderseite den Namen Gregors X. und auf der Rückseite die Apostel Paulus und Petrus. Die rot-gelben Seidenfäden bedeuten, daß es sich um eine Urkunde handelt, mittels derer eine Gnade erwiesen wird.

Mit dem Patronat verbunden war das Recht, über die Güter, Einkünfte und das Personal des Pfarrbezirks zu verfügen. Zu den Pflichten des Patrons gehörte es, einen Pfarrer anzustellen und zu besolden und die übrigen Ausgaben für die Kirche zu bestreiten; der Überschuß der Einnahmen fiel ihm zu. Es handelte sich um ein Instrument von großer wirtschaftlicher Bedeutung für die verschiedenen Orden.

M.S./D.V.

Eintritt der heiligen Klara ins Kloster
Schwaben, um 1500
Öl/Tempera/Holz;
87,5 x 66 cm
Inv.-Nr.: 1986/12

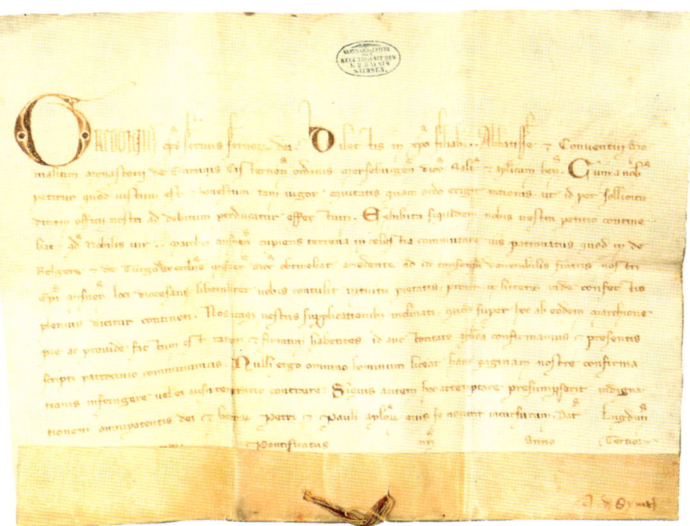

Bulle Gregors X. (1210-1276)
Der Papst überträgt dem Zisterzienser-Nonnenkloster Grimma das Patronat über die Kirchen Belgern und Torgau.
Bleibulle an Seidenfäden
Lugdun (Lyon), 15. Mai 1274
Handschrift auf Pergament;
20 x 26 cm
Inv.-Nr.: Do 55/197

Papst Johannes XXIII.
Blatt 90r aus Ulrich von Richentals Chronik des Konstanzer Konzils
Augsburg: Anton Sorg, 1483
Holzschnitt, koloriert; 27,4 x 19,8 cm
Inv.-Nr.: 1989/1713

König Sigismund
Blatt 141r aus Ulrich von Richentals Chronik des Konstanzer Konzils
Augsburg: Heinrich Steiner, 1536
Holzschnitt, koloriert; 30 x 19,7 cm
Inv.-Nr.: 1989/729

Das Ausreiten Papst Martins V. aus Konstanz
Blatt 77v aus Ulrich von Richentals Chronik des Konstanzer Konzils
Augsburg: Anton Sorg, 1483
Holzschnitt, koloriert; 27,7 x 19,8 cm
Inv.-Nr.: 1989/1714

Die abgebildeten Holzschnitte sind Illustrationen aus zwei verschiedenen in Augsburg gedruckten Ausgaben einer handschriftlichen Chronik des Konstanzer Konzils (1414-1418) von Ulrich von Richental. Heinrich Steiner, Verleger der Ausgabe von 1536, rechtfertigte seinen Neudruck, dem durch die Ereignisse der Reformation eine neue Bedeutung zukam, mit der sprachlichen Überarbeitung und verbesserten Illustrierung gegenüber dem Erstdruck von 1483 durch Anton Sorg. Inhaltlich nahm er jedoch keine Änderungen am Bildprogramm der älteren Ausgabe vor. Die beiden Porträts zeigen zwei der Protagonisten des Konstanzer Treffens: König Sigismund, dem es gelungen war, Johannes XXIII., den Pisaner Gegenpapst zu den in Rom bzw. in Avignon amtierenden Päpsten Gregor XII. und Benedikt XIII., zur Reise nach Konstanz zu bewegen, während seine beiden Konkurrenten nur durch Gesandte vertreten waren. Ergebnisse des Konzils waren die Absetzung von Johannes XXIII. und

Hie ward Mayster Hieronymus, des Hussen gesell außgefürt ...
Blatt 24v aus Ulrich von Richentals Chronik des Konstanzer Konzils
Augsburg: Heinrich Steiner, 1536
Holzschnitt, koloriert;
29,9 x 20 cm
Inv.-Nr.: 1989/725

Die Degradierung des Jan Hus
Blatt 25v aus Ulrich von Richentals Chronik des Konstanzer Konzils
Augsburg: Heinrich Steiner, 1536
Holzschnitt, koloriert;
29,9 x 19,8 cm
Inv.-Nr.: 1989/726.1

Die Verbrennung des Jan Hus
Blatt 26r aus Ulrich von Richentals Chronik des Konstanzer Konzils
Augsburg: Heinrich Steiner, 1536
Holzschnitt, koloriert;
30 x 20 cm
Inv.-Nr.: 1989/726.2

Benedikt XIII. sowie die Neuwahl Martins V., der hier schon, begleitet von Klerikern mit brennenden Kerzen, aus der Stadt reitet. Das Ende des großen Schismas war damit erreicht.

Die Bildstreifen der jüngeren Chronik zeigen die Ereignisse um den böhmischen Reformator Jan Hus, der gegen den Verfall der Sitten und die zunehmende Verweltlichung des Klerus gepredigt hatte. Obwohl bereits der Kirchenbann über ihn verhängt worden war, sicherte ihm König Sigismund freies Geleit zu, damit er sich vor dem Konstanzer Konzil rechtfertigen könne. Dort jedoch wurde er festgenommen. Der gegen ihn angestrengte Ketzerprozeß endete mit seiner Verurteilung zum Tode.

Zwei Bischöfe entledigen Hus seiner Priestergewänder. In einen schwarzen Mantel gehüllt, wird Hus aus der Stadt geführt und unter der Aufsicht Herzog Ludwigs von Bayern auf dem Scheiterhaufen verbrannt. Zwei Gehilfen schaufeln seine Asche in den Rhein.

P.M.G.

Missale Misnense 1519
Secu(n)dum Misnensis Ecclesie Rubrica(m) Missale
Leipzig: Melchior Lotter d.Ä., 30. April 1519
Sign.: RB 55/4320

a) Seitenpaar mit altkoloriertem Kanonbild auf Pergament von Lucas Cranach d.Ä. (1472-1553)

b) Choralnotation

c) Titelblatt

Das »Missale«, das Meßbuch der römischen Kirche, ist das ehrwürdigste und wichtigste unter den liturgischen Büchern, dessen besondere Bedeutung durch die kostbare typographische und illustrative Ausstattung hervorgehoben wurde. Unser Missale wurde eigens für den Gebrauch in der Kirche zu Meißen 1519 auf Betreiben des Meißener Bischofs Johann VII. von Schleinitz herausgegeben. Es ist die Frucht einer neuerlichen Kirchenrevision durch Schleinitz, der sich mit aller Kraft gegen das Eindringen religiöser Neuerungen wandte.

Dieses »Missale plenarium« (Vollmissale) enthält die beim heiligen Meßopfer üblichen Gebete (Sakramentar),

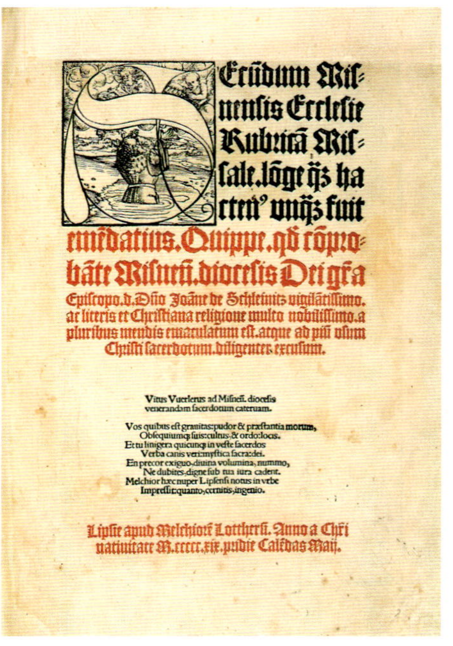

Lesungen (Lektionar) und Gesänge (Graduale), dazu noch die durch roten Druck gekennzeichneten Anweisungen der kirchlichen Autoritäten, in denen die liturgischen Handlungen geregelt werden.

Die Meßtexte sind in einen unveränderlichen, »Canon Missae« nebst »Ordo Missae«, und einen veränderlichen Teil gegliedert. Das Kernstück bildet der »Canon Missae«, das vom Priester still gesprochene Gebet. Am Anfang des »Canon« steht das Kanonbild mit einer Darstellung des Gekreuzigten mit Maria und Johannes.

R.Bl.

Das Brevier, ein seit dem 11. Jahrhundert in den Klöstern verbreitetes liturgisches Gebetbuch, enthält in handlichem Format und in gekürzter Form die verschiedenen kirchlichen Stundengebete. Es diente dem einzelnen Ordensangehörigen als Textvorlage beim täglichen Chorgebet und bot ihm, wenn er aufgrund von Reisen oder Krankheit nicht in der klösterlichen Gemeinschaft war, die Möglichkeit, dennoch am vorgeschriebenen kirchlichen Gebet teilzunehmen.

Von den beiden vorliegenden Brevieren ist das ältere, nur fragmentarisch erhaltene, in Köln entstanden. Typisch für die dortige Malerschule sind die Bordüren aus Goldrispen und Trifolien, Nachahmungen von Vorbildern aus der Werkstatt Stephan Lochners.

Das jüngere Brevier ist für ein Dominikanerinnenkloster in Süddeutschland, wahrscheinlich in der Diözese Augsburg, angefertigt worden. Im Heiligenteil wird die heilige Katharina von Alexandrien besonders verehrt. Dies und die ähnliche, reiche Illuminierung legen es nahe, daß die Handschrift aus dem gleichen Kloster stammt wie das heute im Augustinermuseum Freiburg im Breisgau aufbewahrte Stundenbuch (Inv.Nr. 11764). Es ist in einer schönen, regelmäßigen Bastarda geschrieben. Die Hauptfeste sind mit historisierten Initialen und Bordüren aus Akanthusblättern, Blüten, Früchten und Goldpollen ausgestattet. In dem bunten Rankenwerk tummeln sich verschiedene Tiere. R.Bl.

Breviarium
Köln, Mitte 15. Jh.
Pergamenthandschrift
Sign.: R 56/2304
Aufgeschlagen: Initiale und Randverzierung zum Fest Mariae Geburt

Breviarium (Diurnale)
Diözese Augsburg ?,
1. Viertel 16. Jh.
Pergamenthandschrift
Sign.: R 57/3767
Aufgeschlagen: Blatt 122v, Initiale und Randverzierung zum Fest der heiligen Katharina

Buchkasten mit Gürtelschlaufe
Deutschland, 15. Jh.
Holz, Leder, geprägt;
13 x 12 x 6,2 cm
Inv.-Nr.: KG 93/34

Die Gregorsmesse
Thomas Burgkmair
(gest. 1523)
1496
Öl/Holz;
143,5 x 133 cm
Inv.-Nr.: 1993/2991

Die Darstellung läßt uns teilhaben an der Erscheinung des Papstes Gregor I. (540-604). Während einer Messe in der römischen Kirche Santa Croce erschien ihm Christus als Schmerzensmann, umgeben von den Leidenswerkzeugen. Über dem Porträt des Judas sind säuberlich die Silberlinge aufgezählt, die er für seinen Verrat erhielt. Neben ihm das Haupt eines Kriegsknechtes und das Schwert Petri. Vor dem Altar kniet der Papst, bekleidet mit einer reich verzierten Brokatkasel. Gregor der Große hatte die Vision beim Abendmahl. Mit dieser Bildszene sollten die Zweifel an der Eucharistie, der Wandlung von Brot und Wein in das Fleisch und Blut Christi, zerstreut werden. Das Abendmahl diente zur Entlastung von den Sünden – der Priester gewährte Ablaß. Konnten Sünden zunächst durch zeitlich befristete Strafen nur im Jenseits verbüßt werden, bot das Abendmahl in Verbindung mit dem Ablaß einen Sündenerlaß schon im Diesseits. Ursprünglich konnte der Gläubige den Ablaß nur in der Kirche Santa Croce in Rom erhalten. Im Spätmittelalter verselbständigte sich das Ablaßwesen zur Einnahmequelle der römischen Kirche. Ein Beschluß des Reichstages aus dem Jahr 1466 ermöglichte den Ablaßhandel zur Finanzierung der Türkenkriege. Ende des 15. Jahrhunderts wurde mit den Einnahmen der Neubau von St. Peter in Rom bezahlt. Zur Legitimation des Ablaßwesens berief sich die Kirche immer wieder auf Papst Gregor. So erscheint auch auf unserem Bild eine Tafel mit Inschrift: Sie verspricht dem Gläubigen Ablaß für viele Jahre.

D.V.

Ablaßbrief Kardinal Raimund Peraudis zum Kampf gegen die Türken
Lübeck:
Stephan Arndes,
1502
Pergament, einseitig bedruckt, 26 Zeilen;
14 x 22,5 cm
Inv.-Nr.: Do 91/112

Zur Vorbereitung von Kreuzzügen gegen die »Ungläubigen«, Türken, Tataren, Mauren, Häretiker und andere Gegner Roms, wurden im Mittelalter zahlreiche Ablässe, Nachlaß der Sündenstrafen, von den Päpsten ausgeschrieben. So erließ Alexander VI. am 5. Oktober 1500 die Kreuzbulle »Domini et Salvatoris«. Mit der Verkündung dieses Ablasses in Deutschland, Friesland, Preußen und Skandinavien beauftragte er Kardinal Raimund Peraudi. Bis alle Absprachen mit König Maximilian und dem Reichsregiment getroffen waren und mit den Ablaßpredigten und dem Verkauf der Ablaßbriefe begonnen werden konnte, verging jedoch noch ein ganzes Jahr. Die Ablaßbriefe, die nach einem festen Schema – Nennung des Ablaßpredigers, Ablaßverkündung, Beglaubigung und Lossprechungsformel – vor Ort gedruckt wurden, mußten vom Aussteller nur noch datiert, mit dem Namen des Käufers versehen und gesiegelt werden. Dieses moderne Verfahren, 1454/55 in Mainz eingeführt, erleichterte die Ausstellung erheblich und erhöhte die Verkaufszahlen und somit auch den Gewinn. Über die Einnahmen des von Raimund Peraudi verkündeten Ablasses kam es zum Streit zwischen Kurie und Reich: Die Gelder wurden von Maximilian eingezogen, ein Kreuzzug aber fand nicht statt.

H.A.

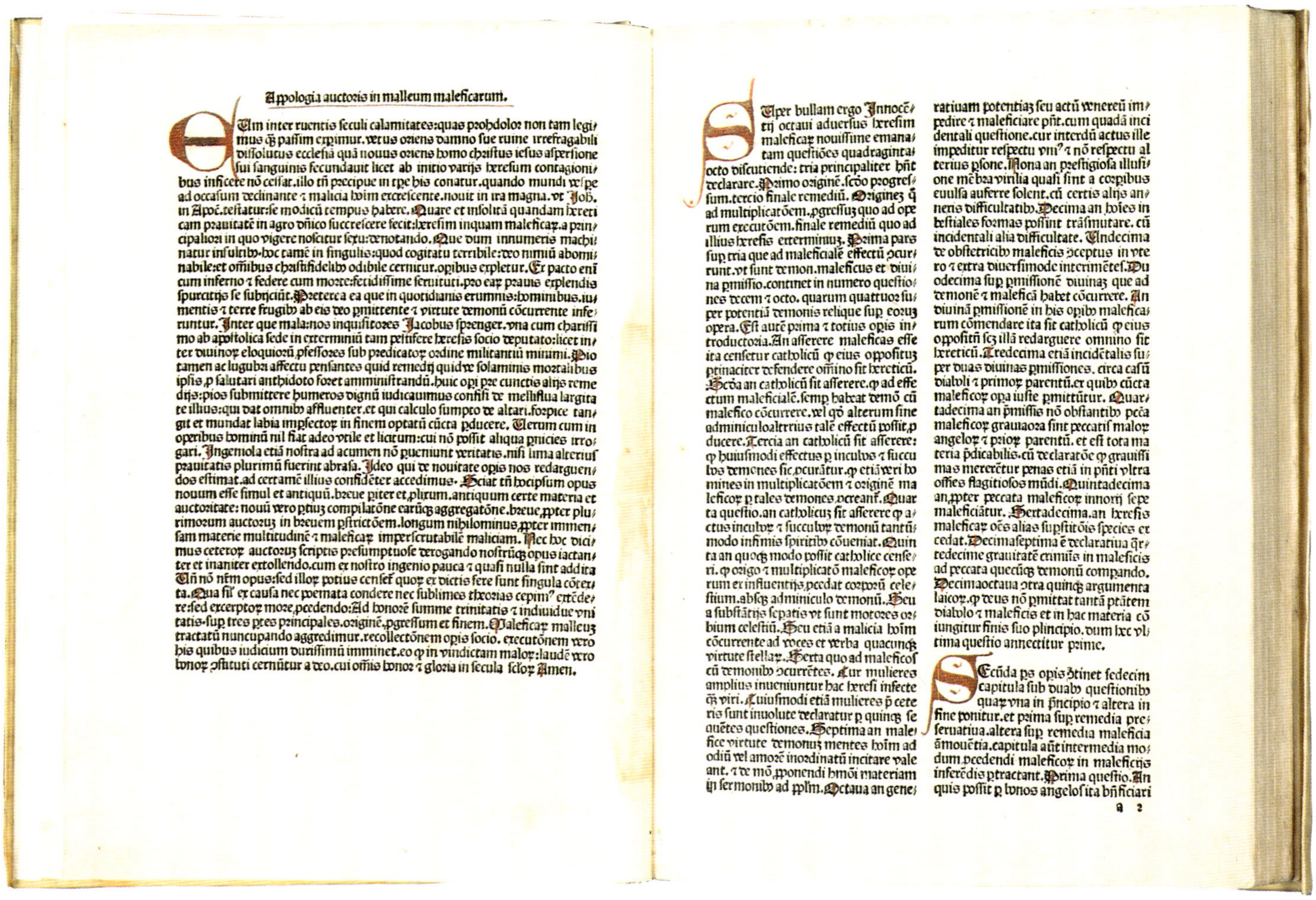

Malleus maleficarum (Hexenhammer)
Heinrich Krämer (Institoris) (1430-1505),
Jakob Sprenger (1436-1495)
Speyer: Peter Drach, 1487
Sign.: RA 92/3120
Aufgeschlagen: Doppelseite Blatt 1b/2a, Appologia auctoris in malleum maleficarum

Die im Jahr 1487 erschienene lateinische Schrift »Malleus maleficarum«, besser bekannt als »Hexenhammer«, hatte für die Ausbreitung der Hexenverfolgung entscheidende Wirkung. Die Verfasser dieser »Enzyklopädie des Hexenwesens« waren zwei von Papst Innozenz VIII. in Deutschland eingesetzte Inquisitoren, die Dominikaner Heinrich Krämer (»Institoris«) und Jakob Sprenger. Basierend auf der älteren Hexenliteratur, stellten sie im Gegensatz zu dieser nicht den Teufels*glauben* der Hexen in den Mittelpunkt, sondern die aus dem Pakt mit dem Bösen hervorgegangenen »maleficien«, die zauberischen Schädigungen, die die Hexen ihren Mitmenschen zufügten. Während zuvor Frauen und Männer als Hexen angesehen werden konnten, definierten Krämer und Sprenger jetzt die Hexen grundsätzlich als weiblich.

Der »Hexenhammer«, der bis zum Jahr 1669 in neunundzwanzig Auflagen erschien, avancierte zum Strafkodex der Gerichtspraxis bis ins 17. Jahrhundert. Zahllose Frauen wurden Opfer der von den weltlichen Gerichten betriebenen Hexenverfolgungen, die auf zumeist geheime Denunziation hin einsetzten. Am Ende der Prozesse, für deren Durchführung der »Hexenhammer« die wiederholte Folter zur Erlangung eines Schuldeingeständnisses empfahl, stand in Deutschland für mindestens zwanzigtausend Frauen der Feuertod. R.B.

Von den Christen isoliert, lebte die jüdische Bevölkerung in Eurpoa am Ende des Mittelalters in eigenen Wohnvierteln, die später den Namen des den venezianischen Juden zu Beginn des 16. Jahrhunderts zugewiesenen Stadtteils »Ghetto [Nuovo]« (Neue Gießerei) tragen sollten. Als Nichtchristen rechtlos und allein auf den Schutz des Königs angewiesen, durften Juden kein Handwerk oder Gewerbe ausüben. Fast ausschließlich durch Geldgeschäfte konnten sie sich ihren Lebensunterhalt verdienen.

Der »Judenwucher« ist ein Pamphlet gegen die Zinsgeschäfte. Mit seinem zweisprachigen Text wendet er sich sowohl an gebildete wie einfache Bevölkerungskreise und ist ein Beleg für die judenfeindlichen Bewegungen im späten Mittelalter wie für die Gleichsetzung von »Jude« mit »Wucherer«. Nicht wegen ihrer anderen Religionszugehörigkeit, also aus dogmatischen oder religiösen Gründen, wird vor den Juden gewarnt, sondern, anhand eines konkreten Rechenexemplums, wegen ihrer Tätigkeit als Geldverleiher. Der Bildstreifen zeigt den Vorgang der Pfandleihe: Vier Personen stehen um eine Truhe, für einen Becher und ein größeres Deckelgefäß werden einige Münzen ausgezahlt. Noch weitere verpfändete Gegenstände hängen von einem Balken herab. Links kommentiert ein Gelehrter im Talar mit warnend erhobenem Zeigefinger die Szene, rechts werden an einem Rechentisch die fälligen Zinsen ermittelt. Der lateinische Text oberhalb der Darstellung fordert die Obrigkeit auf, gegen den Zinswucher der Juden einzuschreiten. P.M.G.

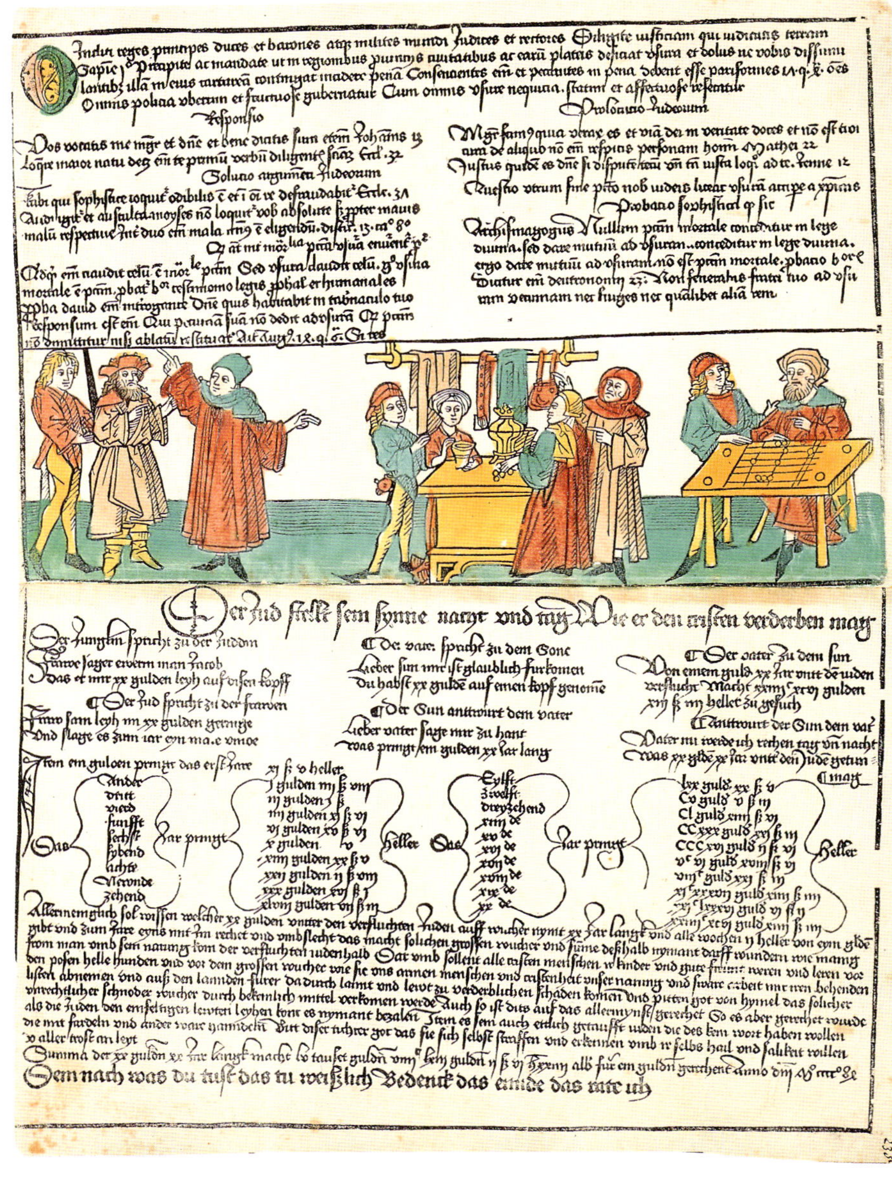

Der Judenwucher
Nürnberg ?,
um 1484
Holzschnitt, koloriert, xylographischer Text;
52,6 x 39,3 cm
Inv.-Nr.: Gr 92/1

Die Wallfahrt zur Schönen Maria
Flugblatt nach einem Holzschnitt von Michael Ostendorfer (um 1490 - 1559)

Deutschland, 1610
Holzschnitt, Typendruck;
54,9 x 41 cm (Holzschnitt),
69 x 41,3 cm (Blatt)
Inv.-Nr.: 1989/1

Der Rat der Stadt Regensburg nutzte die Zeit zwischen dem Tod Kaiser Maximilians und der Wahl Karls V., um die unter kaiserlichem Schutz stehenden Juden aus der Stadt zu vertreiben und ihr Wohnviertel samt dem Gotteshaus niederzureißen. Anstelle der Synagoge sollte eine Marienkirche errichtet werden, die das schon seit langem in der Stadt befindliche byzantinische Kultbild der »Schönen Maria« beherbergen sollte. Geschickt vermochte der Domprediger Balthasar Hubmaier, theologischer Berater des Stadtrates bei der Vorbereitung und Durchführung des Pogroms, daraus einen wundertätigen Ort zu konstruieren. Die anscheinend über Nacht eingetretene Heilung eines beim Abriß der Synagoge schwer verwundeten Steinmetzen, der aber ein Jahr später an den Folgen des Unfalls starb, propagierte er als Wunder der »Schönen Maria«, das prompt einen religiösen Massenwahn hervorrief.

Die Darstellung zeigt rechts neben der provisorisch errichteten Kapelle die Ruinen des Judenviertels. Auf dem Platz ist eine Madonnenstatue errichtet, um die herum die Pilger in kniender Anbetung, erschöpft am Boden liegend oder ekstatisch sich herumwälzend, ihrer religiösen Verzückung anheimfallen, während andere, riesige Votivkerzen oder ihr jeweiliges Handwerkszeug haltend, in langen Schlangen noch anstehen.

Das Flugblatt berichtet in klar ablehnendem Ton vom Bau der Wallfahrtskapelle und von dem unerhörten Zustrom von Pilgern, der »täglich aus allen Landen etlich tausend Menschen« dorthin führte, »biß endlich D. Martin Luther ... die Leut von dergleichen Wallfahrt abgeweisst« hätte. Tatsächlich war die zunächst so ungeheuer populäre Wallfahrt bereits im Jahr 1525 wieder erloschen. P.M.G.

4
DIE REFORMATION

Am Ende des Mittelalters galt die römische Kirche vielen Zeitgenossen als reformbedürftig; dem asketischen, spirituellen Geist der Epoche schien der kirchliche Materialismus unvereinbar mit dem göttlichen Gebot. Der Wittenberger Mönch Martin Luther mochte nicht einsehen, daß die göttliche Gnade mit irdischen Gütern erkauft werden könnte. Die Frage »Wie bekomme ich einen gnädigen Gott?« beantwortete er in seinen Thesen vom 31. Oktober 1517 im Gegensatz zur katholischen Lehre: »sola fide«, allein durch den Glauben, und »sola scriptura«, allein durch die Heilige Schrift. Dem Ablaßhandel, dem Seelenschacher und Ämtermißbrauch der Amtskirche war damit ebenso der theologische Boden entzogen wie dem geistlichen Monopol auf die Vermittlung zwischen Gott und den Menschen.

Die Kurie sah die Gefahr, die von Luthers Thesen ausging, und eröffnete 1518 den Glaubensprozeß gegen ihn. Papst Leo X. verzögerte das Vorgehen gegen Luther jedoch, um dessen Landesherrn, Kurfürst Friedrich den Weisen von Sachsen, als Verbündeten gegen die Kandidatur des Habsburgers Karl in der Kaiserwahl 1519 zu gewinnen. Mittlerweile fanden Luthers Thesen in Deutschland bei Humanisten, Theologen und fürstlichen Räten breiten Zuspruch. In den drei großen Reformationsschriften des Jahres 1520, »Von der Freiheit eines Christenmenschen«, »An den christlichen Adel deutscher Nation« und »Von der babylonischen Gefangenschaft der Kirche«, formulierte Luther seine revolutionäre Kritik am Papsttum. Sie ging weit über die Kirchenkritik des Humanismus hinaus. Der Papst in Rom sei der »Antichrist«, das kirchliche Rechtssystem »Menschensatzung«, und selbst die Konzilien hätten geirrt.

Da Luther in vorausgegangenen Verhören und Disputen keine Einsicht gezeigt hatte, erfolgte 1520 die Bannandrohung mit Widerrufsfrist. Seit Anfang 1521 war Luther im Kirchenbann. Es gehörte zu den ungeschriebenen Gesetzen der Reichsverfassung, daß Kaiser Karl V. nach dem Reichstag zu Worms 1521, auf dem Luther standhaft geblieben war, auf den Kirchenbann die Reichsacht folgen ließ. Gleichzeitig jedoch verhandelten die kaiserlichen Räte hinter den Kulissen mit Friedrich dem Weisen; Kaiser und Kurfürst

sollten gemeinsam mit einem kompromißbereiten Luther die Kirche reformieren.
Der Reichstag hatte die Verbrennung aller Lutherschriften angeordnet. Diese waren aber bereits in mehr als 500 000 Exemplaren in Umlauf gebracht worden. Dank der Leistungsfähigkeit des Buchdruckes fand auch die deutsche Übersetzung des Neuen Testaments, die Luther als »Junker Jörg« auf der Wartburg in wenigen Monaten vollendet hatte, eine weite Verbreitung. Nicht zuletzt aus Gründen des Prestiges identifizierte sich Friedrich der Weise mit Luther, dem Professor seiner Landesuniversität, und bot ihm jede Sicherheit.
Auf dem Reichstag in Augsburg 1530 sollte es zu einer Verständigung zwischen den Protestanten und den Altgläubigen kommen. Nachdem aber Karl V. auf die von Philipp Melanchthon vorgetragene »Confessio« mit der »Confutatio« geantwortet und die Protestanten zur Rückkehr zum alten Glauben aufgefordert hatte, war daran nicht mehr zu denken. Im Reichstagsabschied verpflichtete sich Karl V. unter anderem zum Schutz des alten Glaubens und zur Durchführung des Wormser Edikts. Die Protestanten standen damit außerhalb des kaiserlichen Schutzes und waren mit der Reichsacht bedroht.
Neben den Landesherren von Sachsen, von Hessen, Braunschweig-Lüneburg, Mansfeld, Anhalt und noch anderen Territorien traten die Reichsstädte, angeführt von Straßburg, Nürnberg, Ulm und Konstanz, 1531 im Schmalkaldischen Bund zusammen, gegen den Karl V. 1546 im Schmalkaldischen Krieg erfolgreich kämpfte, ohne aber auf lange Sicht die Reformation eindämmen zu können. Im Augsburger Religionsfrieden von 1555 fanden die Auseinandersetzungen zwischen den Protestanten und dem Kaiser ein Ende. Die Glaubenseinheit wiederherzustellen, war Karl V. nicht gelungen: Altgläubige und Lutheraner standen von nun an unter dem Schutz des Reiches, nicht aber Kalvinisten, Zwinglianer und die Anhänger der radikalen Reformation – die Täufer. Festgelegt wurde, daß jeweils der Fürst die Religion in seinem Land bestimmte und andersgläubige Untertanen in ein anderes Land auswandern könnten.
»Reformation als Volksbewegung« und »Reformation als Gestaltung« durch die Obrigkeit waren von Anfang an in komplexer Weise verschlungen. Daher ist es nicht möglich, bis zum Bauernkrieg 1525 von einer »Volksreformation« und nach der Niederschlagung der Aufstände und der Errichtung des evangelischen landeskirchlichen Regiments von einer »Fürstenreformation« zu sprechen. Ebenso fragwürdig ist es, in der lutherischen Reformation die Wurzeln eines deutschen Nationalbewußtseins zu sehen, wie es die kleindeutsch-protestantische Geschichtsschreibung des 19. Jahrhunderts tat. Unbestritten ist jedoch, daß die Spaltung des Reiches in ein protestantisches und ein katholisches Lager die Geschichte Deutschlands bis in das 19. Jahrhundert und darüber hin-

aus entscheidend beeinflußt hat. Der Protestantismus lutherischer Konfession verbreitete sich auch in Skandinavien und, bei einer Minderheit, in Teilen Osteuropas.

Von ähnlicher Bedeutung wie das Auftreten Luthers in Mitteldeutschland war das Wirken Zwinglis in Zürich und Calvins in Genf für die Reformation der deutschsprachigen Schweiz. Im Mittelpunkt des Kalvinismus steht die Prädestinationslehre, die den sichtbaren Erfolg des Menschen in der Welt als Zeichen göttlicher Auserwähltheit wertet. Der Kalvinismus hatte stärker mit der kirchlichen Hierarchie gebrochen als Luther. Er war demokratisch organisiert, da er die Kirche nicht von oben durch den Staat, sondern von unten durch die Gemeinden reformierte. Politisch wirkte er sich auf ganz Westeuropa aus und hatte durch die Puritaner weltgeschichtlichen Einfluß bis nach Nordamerika: Er inspirierte den Freiheitskampf der Niederlande gegen Spanien, die Hugenottenkriege in Frankreich, die Reformation Schottlands und den englischen Bürgerkrieg, in dem sich der Parlamentarismus gegen die absolute Monarchie durchsetzte. W.R.

Disputatio ... pro declaratione virtutis indulgentiarum
Martin Luther (1483-1546)
Die 95 Thesen
Basel: Adam Petri, 1517
Sign.: R 63/685

a) Thesen 1-30

b) Titelseite

Ein Sermon von dem Ablasz (u)nd gnade
Martin Luther (1483-1546)
Augsburg: Jörg Nadler, 1518
Sign.: R 57/8217

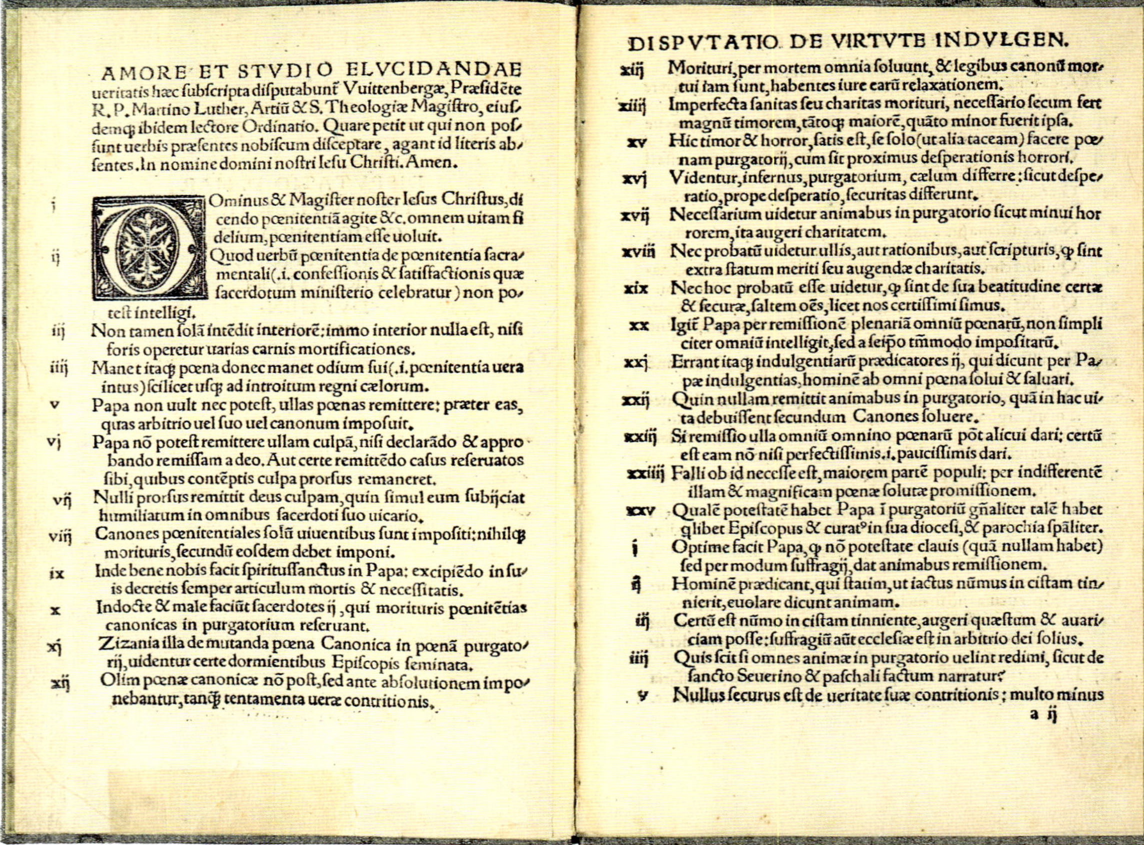

AMORE ET STVDIO ELVCIDANDAE ueritatis hæc subscripta disputabunt Vuittenbergæ, Præsidēte R. P. Martino Luther, Artiū & S. Theologiæ Magistro, eiusdemq; ibidem lectore Ordinario. Quare petit ut qui non possunt uerbis præsentes nobiscum disceptare, agant id literis absentes. In nomine domini nostri Iesu Christi. Amen.

i Dominus & Magister noster Iesus Christus, dicendo pœnitentiā agite &c. omnem uitam fidelium, pœnitentiam esse uoluit.
ij Quod uerbū pœnitentia de pœnitentia sacramentali (.i. confessionis & satisfactionis quæ sacerdotum ministerio celebratur) non potest intelligi.
iij Non tamen solā intēdit interiorē; immo interior nulla est, nisi foris operetur uarias carnis mortificationes.
iiij Manet itaq; pœna donec manet odium sui (.i. pœnitentia uera intus) scilicet usq; ad introitum regni cælorum.
v Papa non uult nec potest, ullas pœnas remittere; præter eas, quas arbitrio uel suo uel canonum imposuit.
vj Papa nō potest remittere ullam culpā, nisi declarādo & approbando remissam a deo. Aut certe remittēdo casus reseruatos sibi, quibus contēptis culpa prorsus remaneret.
vij Nulli prorsus remittit deus culpam, quin simul eum subijciat humiliatum in omnibus sacerdoti suo uicario.
viij Canones pœnitentiales solū uiuentibus sunt impositi; nihilq; morituris, secundū eosdem debet imponi.
ix Inde bene nobis facit spiritussanctus in Papa: excipiēdo in suis decretis semper articulum mortis & necessitatis.
x Indocte & male faciūt sacerdotes ij, qui morituris pœnitētias canonicas in purgatorium reseruant.
xj Zizania illa de mutanda pœna Canonica in pœnā purgatorij, uidentur certe dormientibus Episcopis seminata.
xij Olim pœnæ canonicæ nō post, sed ante absolutionem imponebantur, tanq; tentamenta ueræ contritionis.

DISPVTATIO DE VIRTVTE INDVLGEN.

xiij Morituri, per mortem omnia soluunt, & legibus canonū mortui iam sunt, habentes iure earū relaxationem.
xiiij Imperfecta sanitas seu charitas morituri, necessario secum fert magnū timorem, tātoq; maiorē, quāto minor fuerit ipsa.
xv Hic timor & horror, satis est, se solo (ut alia taceam) facere pœnam purgatorij, cum sit proximus desperationis horrori.
xvj Videntur, infernus, purgatorium, cælum differre: sicut desperatio, prope desperatio, securitas differunt.
xvij Necessarium uidetur animabus in purgatorio sicut minui horrorem, ita augeri charitatem.
xviij Nec probatū uidetur ullis, aut rationibus, aut scripturis, q; sint extra statum meriti seu augendæ charitatis.
xix Nec hoc probatū esse uidetur, q; sint de sua beatitudine certæ & securæ, saltem oēs, licet nos certissimi simus.
xx Igit̄ Papa per remissionē plenariā omniū pœnarū, non simpliciter omniū intelligit, sed a seipo tm̄modo impositarū.
xxj Errant itaq; indulgentiarū prædicatores ij, qui dicunt per Papæ indulgentias, hominē ab omni pœna solui & saluari.
xxij Quin nullam remittit animabus in purgatorio, quā in hac uita debuissent secundum Canones soluere.
xxiij Si remissio ulla omniū omnino pœnarū pōt alicui dari; certū est eam nō nisi perfectissimis .i. paucissimis dari.
xxiiij Falli ob id necesse est, maiorem partē populi: per indifferentē illam & magnificam pœnæ solutæ promissionem.
xxv Qualē potestatē habet Papa ī purgatoriū gn̄aliter talē habet qlibet Episcopus & curat⁹ in sua diocesi, & parochia sp̄aliter.
i Optime facit Papa, q; nō potestate clauis (quā nullam habet) sed per modum suffragij, dat animabus remissionem.
ij Hominē prædicant, qui statim, ut iactus nūmus in cistam tinnierit, euolare dicunt animam.
iij Certū est nūmo in cistam tinniente, augeri quæstum & auariciam posse: suffragiū aūt ecclesiæ est in arbitrio dei solius.
iiij Quis scit si omnes animæ in purgatorio uelint redimi, sicut de sancto Seuerino & paschali factum narratur?
v Nullus securus est de ueritate suæ contritionis; multo minus

a ij

Ein Sermon von dem Ablaß und gnade durch den wirdigendoctorn Martinum Luther Augustiner zů witenberg gemacht.

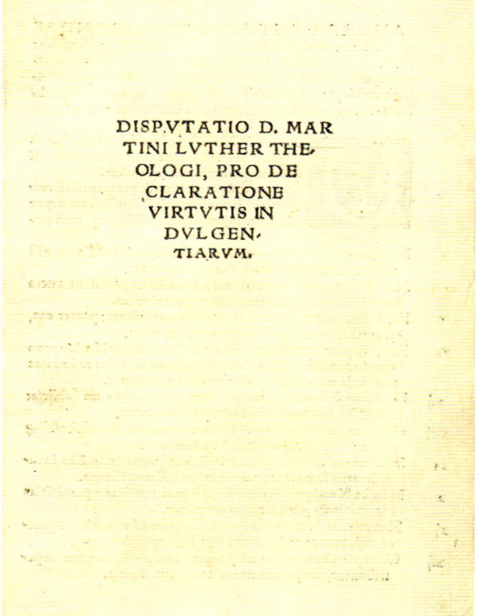

DISPVTATIO D. MARTINI LVTHER THEOLOGI, PRO DECLARATIONE VIRTVTIS INDVLGENTIARVM.

Seine 95 Thesen zum Ablaß, die der Überlieferung nach an die Schloßkirche zu Wittenberg angeschlagen wurden, machten Martin Luther innerhalb weniger Wochen im ganzen Reich berühmt. Dabei waren sie keineswegs für die Öffentlichkeit, sondern nur für einen Kreis von Fachleuten gedacht und ganz gegen seinen Willen veröffentlicht worden. Nach Luthers Worten sollte »zunächst mit wenigen, die bei uns und um uns wohnen, über sie konferiert werden, damit sie nach dem Urteil vieler entweder verworfen und abgetan oder gebilligt und herausgegeben würden«. Im übrigen verwarf er in diesen Thesen den Ablaß nicht grundsätzlich, sondern lediglich die falschen Erwartungen, die der Gläubige daran als an ein Instrument der Lossprechung von Strafen stellte.

In diesem Sinn ist auch der deutsche »Sermon von dem Ablasz (u)nd gnade« verfaßt, in dem Luther in volkstümlicherer Sprache seine Auffassung dazu formuliert: Werke der Liebe und Reue seien ungleich höher zu bewerten als Gaben für einen Ablaß. Dieser verhindere, daß der Mensch wahre und echte Reue empfinde und Buße tue und mache »unvollkommene und faule« Christen. Der »Sermon« fand ein gewaltiges Echo und wurde von 1518 bis 1520 in 25 Ausgaben gedruckt.

R.Bl.

In den Programmschriften des Jahres 1520 faßte Luther seine Kritik an der Kirche zusammen. Mit den Worten »Die zeit des schweygens ist vorgangen / vnd die zeit zureden ist kommen« eröffnete er seine Reformschrift »An den Christlichenn Adel deutscher Nation«, mit der er die weltliche Obrigkeit aufrief, im Kampf gegen Rom die Führung zu übernehmen und die dringend geforderten Reformen von Kirche und Gesellschaft voranzutreiben. Sie wurde ergänzt durch die Schrift »De captivitate babylonica ecclesiae« (Von der babylonischen Gefangenschaft der Kirche), in der Luther der gelehrten Welt die Verfehlungen der Papstkirche darlegte und deren Sakramentslehre verwarf. Das Sakrament der Firmung, Priesterweihe, Ehe und Krankensalbung lehnte er als nicht der Bibel gemäß ab, der sakramentale Charakter der bestehenden Bußpraxis sowie der praktizierten Abendmahlslehre erschien ihm zweifelhaft. Allein das Sakrament der Taufe ließ er unangefochten bestehen.

In dem berühmten Manifest »Von der freyheyt eynes Christenmenschen« legte er seine Lehre vom allgemeinen Priestertum aller Gläubigen dar. Über diese Schrift urteilte er selbst, daß »die ganze Summe eines christlichen Lebens darin begriffen sei«. R.Bl.

An den Christlichenn Adel deutscher Nation: von des Christlichen standes besserung: D. Martinus Luther.

Durch yhn selbs ge/ mehret vnd corrigirt.

Vuittemberg.

An den Christlichenn Adel deutscher Nation: von des Christlichen standes besserung
Martin Luther
(1483-1546)
Wittenberg:
Melchior Lotter d.J.,
1520
Sign.: R 53/1798

De captivitate babylonica ecclesiae
Martin Luther
(1483-1546)
Wittenberg:
Melchior Lotter d.J.,
1520
Sign.: R 57/8142

Von der freyheyt eynes Christenmenschen
Martin Luther
(1483-1546)
Wittenberg:
Melchior Lotter d.J.,
1520
Sign.: R 57/8125

DE CAPTIVITATE BABYLONICA ECCLESIAE, præludium Martini Lutheri.

Vuittembergæ.

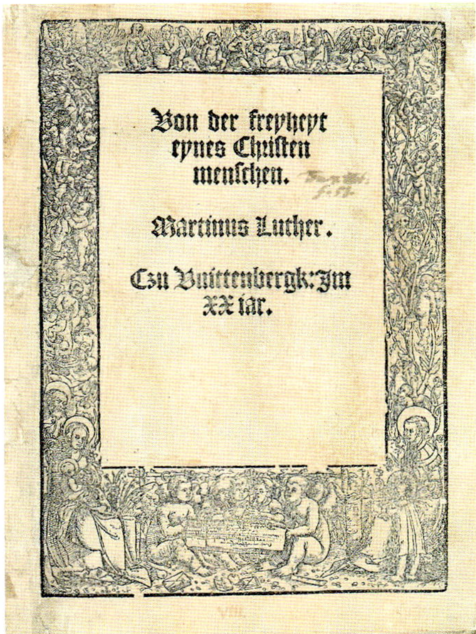
Von der freyheyt eynes Christen menschen.

Martinus Luther.

Czu Vuittenbergk: Im XX iar.

Edikt von Worms, 1521
Der Romischen Kaiserliche(n) Maiestat Edict wider Martin Luthers Buecher vnd lere
Innsbruck 1522?
Papier, einseitig bedruckt, 176 Zeilen; 115,5 x 44,2 cm
Inv.-Nr.: 1988/809

Die »Luthersache« war eines der zentralen Probleme auf dem Reichstag von Worms. Die unter den Reichsständen verbreitete antirömische Stimmung und die politischen Differenzen mit dem Papst ließen es Kaiser Karl V. angeraten erscheinen, Luther zu einem Verhör zu laden, bevor über ihn die Reichsacht verhängt würde.

Bekanntlich widerrief Luther seine Lehren nicht. Auf den Kaiser und manche Fürsten hatte er einen schlechten Eindruck gemacht. Karl V. war jetzt bereit, gegen ihn als einen »verstopfften zertrenner / vnd offenbaren ketzer« zu verfahren. Das Edikt legte fest, daß Luther ein von der Kirche »abgehauenes Glied« und mit allen seinen Anhängern und Gönnern der Reichsacht verfallen sei. Die Schriften Martin Luthers und die seiner Mitstreiter sollten als verboten gelten und verbrannt werden. Der Kaiser unterzeichnete das Dokument am 26. Mai, als nur noch wenige Fürsten in Worms anwesend waren. Das darauf genannte Datum des 8. Mai sollte unterstellen, daß das Edikt in Gegenwart und mit dem Rückhalt der meisten Reichstagsteilnehmer entstanden wäre. Es wurde anschließend an verschiedenen Orten gedruckt. Bei dem vorliegenden Exemplar handelt es sich wahrscheinlich um einen Druck aus dem Tiroler Raum, vermutlich aus Innsbruck. M.S.

Friedrich III. der Weise (1463-1525), seit 1486 Kurfürst von Sachsen, hatte bedeutenden Einfluß auf die Entwicklung der Reformation in Deutschland. Die von ihm geförderte Universität zu Wittenberg öffnete er für die geistigen Neuerungen der Zeit und versammelte dort Männer wie Martin Luther (seit 1512) und Philipp Melanchthon (seit 1518).

Den von der Vollstreckung des Wormser Ediktes (1521) bedrohten Luther ließ er auf der Wartburg in Sicherheit bringen. Die Forderung des Nürnberger Reichstages, daß in Religionssachen nicht Neues geschrieben, gedruckt und getan werden dürfe, lehnte er ab und bereitete so den Boden für das ungehinderte Erscheinen der unzähligen theologischen Druckschriften für und wider die Reformation. Erfolglos versuchte die katholische Kirche, ihm die Kurfürstenwürde zu entziehen, um ihn politisch zu schwächen. Er blieb, trotz seiner inhaltlichen Differenzen mit Luther, dem reformatorischen Anliegen treu. 1524, ein Jahr vor seinem Tode, traf er Lucas Cranach in Nürnberg. Postum entstanden die zahlreichen Porträts aus der Werkstatt des Wittenberger Malers, die der Bildpropaganda der Reformation dienten. D.V.

Friedrich der Weise
Lucas Cranach d.Ä.
(1472-1553),
Werkstatt ?
1525-1527
Öl/Eschenholz;
40,5 x 25,6 cm
Monogramm oben links
Inv.-Nr.: 1988/705

Das Newe Testament Deutzsch (Septembertestament)
Martin Luther (1483-1546)
Wittenberg: Melchior Lotter d.J., 1522
Sign.: RA 92/3237

a) Titelholzschnitt

b) Vision des Johannes: Die sieben Leuchter und der Menschensohn
Apok. 1, 9-20; 2, 1
Lucas Cranach d.Ä. (1472-1553) nach Albrecht Dürer (1471-1528)

c) Die babylonische Hure
Apok. 17, 1-18
Lucas Cranach d.Ä. (1472-1553) nach Albrecht Dürer (1471-1528)

d) Die Vermessung des Tempels. Das Tier aus dem Abgrund und die zwei Zeugen
Apok. 11, 1-7
Lucas Cranach d.Ä. (1472-1553)

Luthers »Septembertestament«, seine erste vollständige Übersetzung des Neuen Testaments, war für die Fortführung der Reformation, die Entwicklung einer einheitlichen neuhochdeutschen Schriftsprache und auch für die Geschichte des Buchdrucks von entscheidender Bedeutung.
Während seines Wartburgaufenthaltes übersetzte Luther das Neue Testament nach der griechisch-lateinischen Ausgabe des Erasmus von Rotterdam. Im September 1522 erschien es mit dem schlichten Holzschnitt-Titel »Das Newe Testament Deutzsch« zu Wittenberg in der Offizin von Melchior Lotter d.J. Den Bilderschmuck, 21 Holzschnitte zur Apokalypse, fertigte Lucas Cranach nach Vorlagen von Dürer an. In den zwei Holzschnitten »Das Tier aus dem Abgrund« und »Die babylonische Hure«, auf denen die zentrale Figur mit der päpstlichen Tiara geschmückt ist, kommt noch die antipäpstliche Polemik zum Ausdruck.
Die erste Auflage von wahrscheinlich 3 000 Exemplaren war trotz des hohen Preises von etwa 1 1/2 Gulden schnell verkauft. Bereits im Dezember 1522 erschien eine zweite Auflage, das »Dezembertestament«, allerdings ohne die Papstkrone in den erwähnten Bildern zur Apokalypse. R.Bl.

Der größte Teil der überlieferten Bildpolemik ging von protestantischer Seite aus und schmähte Papst und Klerus; die sehr drastischen Motive wurden immer wieder aufgegriffen und kopiert und von Luther sogar gegen zartfühlendere Mitstreiter aus den eigenen Reihen verteidigt.

Die Darstellung des mit der Tiara gekrönten, Dudelsack spielenden Esels greift auf den Mensch-Tier-Vergleich als traditionelle Form der Bildsatire zurück, während die der erhängten Kleriker das Motiv der Schmähbriefe aufnimmt. Darin wird der Gegner so gezeigt, wie man ihn sich wünscht: tot am Galgen hängend. Kleine Teufelsboten greifen sich die soeben aus den Körpern geschlüpften Seelen des Papstes und der drei Kardinäle.

1496 war im Tiber die antike Statue eines mißgestalteten Ungeheuers gefunden worden. Melanchthon verleitete dieser Fund zu einer satirischen Anspielung auf den Papst. Lucas Cranach hat daraus das Motiv des »Papstesels«, eines geschuppten weiblichen Monstrums vor der Engelsburg, entwickelt. Die Entstehung des Klerus wird interpretiert als die von heftigen Fürzen begleitete Aftergeburt eines häßlich grinsenden, verunstalteten Weibes, dessen Kinder – Papst und Kardinäle – von schlangenköpfigen Ammen gesäugt, gewiegt und auf ihren ersten Schritten geführt werden. P.M.G.

Reformatorische Spottblätter auf Papsttum und Klerus
Nach Lucas Cranach d.Ä. (1472-1553)
Deutschland, Mitte 16. Jh.
Holzschnitte mit handschriftlichem Text

a) Papa doctor theologiae et magister fidei
Der Papst – Doktor der Theologie und Magister des Glaubens
30 x 18 cm (Blatt), 14 x 9,5 cm (Darstellung)
Inv.-Nr.: 1988/708.3

b) Digna merces Pape satanissimi et cardinalium suorum
Der verdiente Lohn für den teuflischsten Papst und seine Kardinäle
30 x 18 cm (Blatt), 14 x 10,2 cm (Darstellung)
Inv.-Nr.: 1988/708.4

c) Papasinus, monstrum, Romae inventum in Tiberi. A. 1496
Der Papstesel (Das 1496 im Tiber zu Rom aufgefundene Ungetier)
30 x 18 cm (Blatt), 14,3 x 10,3 cm (Darstellung)
Inv.-Nr.: 1988/708.5

d) Nativitas Papae et cardinalium
Die Geburt des Papstes und der Kardinäle
30 x 17,9 cm (Blatt), 14 x 10,4 cm (Darstellung)
Inv.-Nr.: 1988/708.6

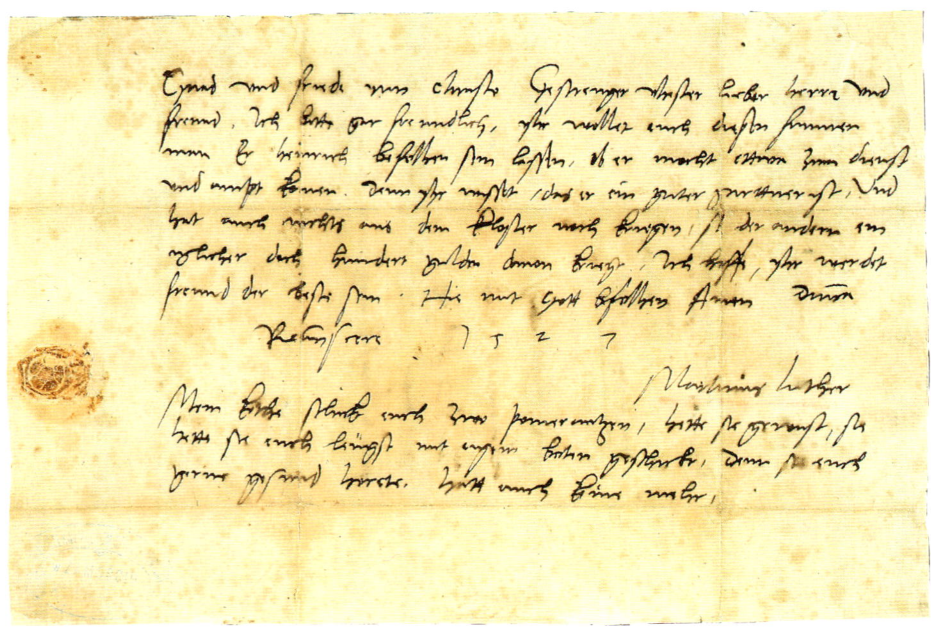

Brief Martin Luthers
Eigenhändiges Empfehlungsschreiben für einen ehemaligen Mönch an den kursächsischen Rat Hans von Dolzig (Wittenberg), 17. März 1527
Papier, Tinte; 14,2 x 21 cm
Inv.-Nr.: Do 92/9

Gnad und friede inn christo. Gestrenger, vhester, lieber herre und freund. Ich bitte gar freundlich, yhr wollet euch diesen frumen man, (H)Er(r) Heinrich, befolhen sein lassen, ob er mocht ettwa zum dienst und ampt komen. Denn yhr wisset, das er ein guter garttner ist. Und hat auch nichts aus dem kloster noch kriegen, so der andern ein iglicher doch hundert gulden davon kriegt. Ich hoffe, ihr werdet freund der beste sein. Hie mit Gott befolhen. Amen. Dominica Reminiscere 1527

Martinus Luther

Mein Kethe schick euch zwo pomerantzen, hette sie gewust, sie hette sie euch lëngst mit eigem boten geschickt, denn sie euch gerne gesund herete. Hatt auch keine mehr.

Martin Luther hat das Schreiben mit seinem Briefsiegel, von dem sich noch Spuren erhalten haben, verschlossen und persönlich adressiert. Das Siegel zeigt neben den Initialen ML die Lutherrose, ein Kreuz in einem Herz vor einer Rose. Die Adresse auf der Rückseite des Bittbriefes lautet: »Dem gestrengen und vesten Hans von Doltzick ... zu Torgaw meinen gunstigen herrn und freunde.«

Hans von Dolzig, der bereits Friedrich dem Weisen als Hofmarschall gedient hatte, war während der Regierungszeit des Kurfürsten Johann des Beständigen einer der vier »täglichen Hofräte« und weilte am Sitz des kürfürstlichen Hofes in Torgau. Neben Gregor Brück und Hans von Minckwitz gehörte Dolzig zu den einflußreichsten Förderern der Reformation im kursächsischen Rat. Spätestens seit 1521 bekannte er sich zum reformierten Glauben und wurde von Luther auch persönlich hoch geschätzt, wie der, wohl im Auftrag von Luthers Frau Katharina, ganz privat an den kranken Dolzig gerichtete Nachsatz dieses Briefes beweist.

Der Fall des mittellosen ehemaligen Mönches, dem Luthers Sorge in dem Schreiben gilt, zeigt ein typisches Einzelschicksal der Reformationszeit, als viele Nonnen und Mönche aus religiöser Überzeugung die wirtschaftliche Sicherheit ihres Klosters verließen oder verlassen mußten. Der Wohnsitz Martin Luthers und seiner Familie im ehemaligen Augustiner-Eremitenkloster in Wittenberg wurde für viele Bittsteller Ort der Hoffnung. H.A.

Martin Luther
Lucas Cranach d.Ä.
(1472-1553)
1529
Öl/Holz;
51,5 x 36,3 cm
Inv.-Nr.:
1989/1547.1

Katharina von Bora, Ehefrau Martin Luthers
Lucas Cranach d.Ä.
(1472-1553)
1529
Öl/Holz;
51,8 x 34,6 cm
Inv.-Nr.:
1989/1547.2

Zu den Punkten, die Luther an den Lebensformen der Kirche kritisierte, gehörte auch der Zölibat. In mehreren Schriften hatte sich Luther gegen die Ehelosigkeit und die »falsche keuschheyt« der Ordensleute gewandt und Mönchen zur Ehe geraten. Er selbst heiratete am 13. Juni 1525 die ehemalige Nonne Katharina von Bora, der er zur Flucht aus dem Zisterzienserinnen-Kloster Nimbschen bei Grimma verholfen hatte.

Lucas Cranach, in dessen Haus Katharina nach ihrer Flucht lebte, schuf ein Porträtpaar der beiden, das in abgewandelter Form in seiner Werkstatt mehrfach kopiert und in die überall neu entstandenen protestantischen Gemeinden geschickt wurde. Bei unseren Bildnissen blickt Katharina nicht, wie in früheren Darstellungen, auf den Betrachter, sondern auf ihren Mann. Er ist es, der die Verbindung zur Außenwelt herstellt. Die Inschriften verdeutlichen die Rollenteilung. Über dem Haupt des Reformators am oberen Bildrand verläuft der Spruch aus Jesaja 30,15: IN SILENCIO ET SPE ER(IT) FORTITUDO VESTRA – Durch Stillesein und Hoffen würdet ihr stark sein. Über dem Haupt Katharinas ist zu lesen: SALVAE (B)ITUR PER FILIORUM GENERACIONEM – Sie wird (aber) selig werden durch Kinderzeugen (1. Timotheus, 2,15).

Aus der Ehe zwischen Martin Luther und Katharina von Bora gingen sechs Kinder hervor. D.V.

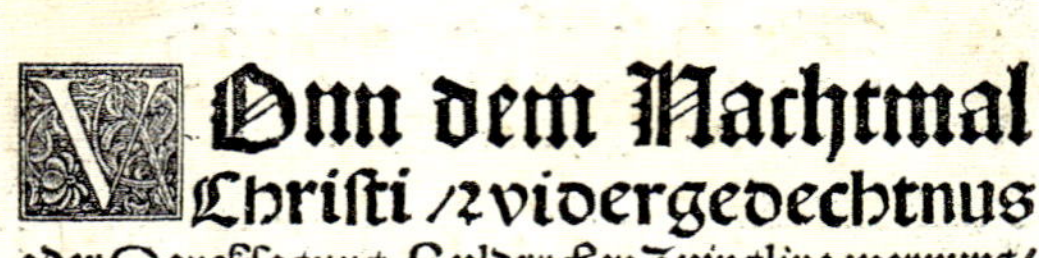

Vonn dem Nachtmal Christi / zvidergedechtnus oder Dancksagung Huldrychen Zuinglins meynung/ yetz im Latinischen Commentario beschriben/ vnnd durch dry getrüw brüder ylends in tütsch gebracht. Ob Gott wil zů gůtem ouch tütscher Nation.

Christus Matth. xj.
Kummend zů mir alle die arbeytend vnd beladen sind/ vnd ich wil üch růw geben.

Von dem Nachtmal Christi/ Gedächtnus/ oder Dancksagung/ vssz Huldrych Zuinglins Commentario trüwlich vertütschet.

Ir habēd vor zweyen jaren vnder den .67. Articklen im achtzehenden von der Eucharistia, das ist von der Dancksagung geschriben: da wir vil geschriben habend / mee der zyt dann der sach faarende. Dann ouch Christus nit gnůg lobē kan den trüwen schaffner vñ zůdiener sines worts / der zů rechter zyt dem gsind des Herren spyß fürsetzt. Matth. am. 24. do er in grossem đ wundernus also spricht: Wie groß vnd fürtreffenlich ist der getrüw vnd fürsichtig schaffner/ dem der Herr syn gsind vertruwet vnd beuolhē hat/ dz er im die spyß zů rechter zyt gäbe? Deßhalb vnd ouch wir vns fürgenommen habend für vñ für allwägen das wort also vßzeteylen/ damit wir vnserem Herren vil frücht gewünnen vnnd überkomen mögind. Dañ wär wolt einen sölichen knecht nit hynwäg jagen/ der zů kaltem winters frist dz erdrych mit dem pflůg zeeren/ vnd somen daryn zewerffen vnderstůnde? Im Glentz sol sölichs geschehen. Also habend ouch wir zur selben zyt vil nachgelassen/ vnd zůggeben der blödigheyt vnd zarty deren/ denen wir geschriben habend: doch alles darumb das wir buwen möchtind. Vnd nach dem exempel Christi habend wir yetz hindersich

Vonn dem Nachtmal Christi zvidergedechtnus
Ulrich Zwingli (1485-1531)
Zürich: Christoph Froschauer, 1525
Sign.: R 94/412

a) Titelblatt mit Holzschnitt des Abendmahls

b) Seite mit W-Initiale, darin Wilhelm Tells Apfelschuß

Ulrich Zwingli gehört neben Luther und Calvin zu den prägenden Gestalten der Reformation – er war der Reformator der deutschsprachigen Schweiz, insbesondere von Zürich.

Zwingli, der stark vom Humanismus geprägt war, hatte 1522 unter Luthers Einfluß mit der Reformation begonnen, sie aber ganz eigenständig fortgesetzt. Theologische, soziale und politische Reformgedanken waren bei ihm untrennbar miteinander verbunden. Radikaler als Luther brach er mit der Kirche in Rom und führte eine völlig neue Form der Liturgie und der Andacht ein.

Grundlegend verschiedener Ansicht waren beide in der Abendmahlslehre. Zwinglis Schrift »Vonn dem Nachtmal Christi« (1525), Herzstück seiner Bekenntnisse, bildete den Ausgangspunkt der verhängnisvollen Trennung der beiden Reformationskirchen. Es ist die Übersetzung eines Teils seiner Schrift »De vera et falsa religione commentarius« (1525). Gegenstand des Lehrstreits war das Sakrament des Abendmahls.

Die Frage nach Art und Weise der Gegenwart des Leibes und Blutes Christi war unter den Reformatoren umstritten. Während Luther an der Gegenwart von Christi Leib und Blut in Brot und Wein, den sinnlichen Elementen des Abendmahls, festhielt, betrachtete Zwingli im Gegensatz zu der Lehre von der »Realpräsenz« Christi das »Nachtmahl« als ein reines Gedächtnismahl, nämlich als ein Gedenken an den Tod Christi. R.Bl.

21.
Von leibaygeschaft oder knechthait/wie sich Herren vnnd aygen leüt Christlich halten sollend/Bericht auß götliche Rechte.

Durch D. Vrbanum Regium zů Augspurg gepredigt.

M D XXV.

Eyn brieff an die Fürsten zu Sachsen von dem auffrurischen geyst.

Martinus Luther.

Wittemberg. 1524.

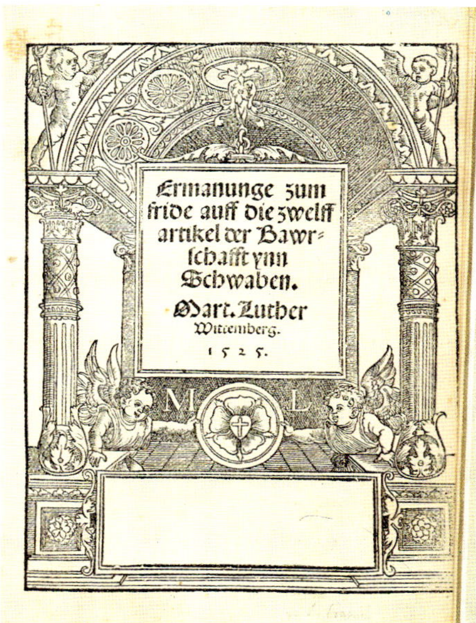
Ermanunge zum fride auff die zwelff artikel der Bawrschafft ynn Schwaben.

Mart. Luther Wittemberg.

1525.

Zu den wichtigsten Flugschriften des deutschen Bauernkrieges zählen die »Zwölf Artikel der Bauernschaft«. Sie enthalten eine Zusammenfassung von Beschwerden der Bauern, die von Sebastian Lotzer und Christoph Schappeler redigiert und mit einer programmatischen Einleitung versehen wurden.

Enthalten sind unter anderen die Forderungen nach Abschaffung der Leibeigenschaft, Einschränkung der Fronarbeit und freier Pfarrerwahl. Erstmals bezogen sich die Bauern nicht nur auf das »alte Recht«, sondern erhoben das Evangelium zur Grundlage ihrer Ansprüche. Die »Zwölf Artikel« waren »Beschwerdeschrift, Reformprogramm und revolutionäres Manifest« (Blickle) zugleich und wurden durch die Verbindung mit dem reformatorischen Gedankengut in allen Aufstandsgebieten rasch verbreitet (25 Ausgaben sind bekannt).

Nachdem Luther die Forderungen der Bauern anfangs unterstützt hatte, rief die radikale Umsetzung der »Zwölf Artikel« unter Berufung auf das Evangelium eine Gegenreaktion Luthers und anderer Reformatoren hervor.

Sie finden ihren Niederschlag in Martin Luthers »Ermanunge zum fride«, in dem »Brieff an die Fürsten zu Sachsen« sowie in einer Predigt von Urbanus Rhegius »Von leibayge(n)schaft oder knechthait«, in denen sich die Autoren gegen die Anwendung des Evangeliums auf die politischen Zustände wandten. R.Bl.

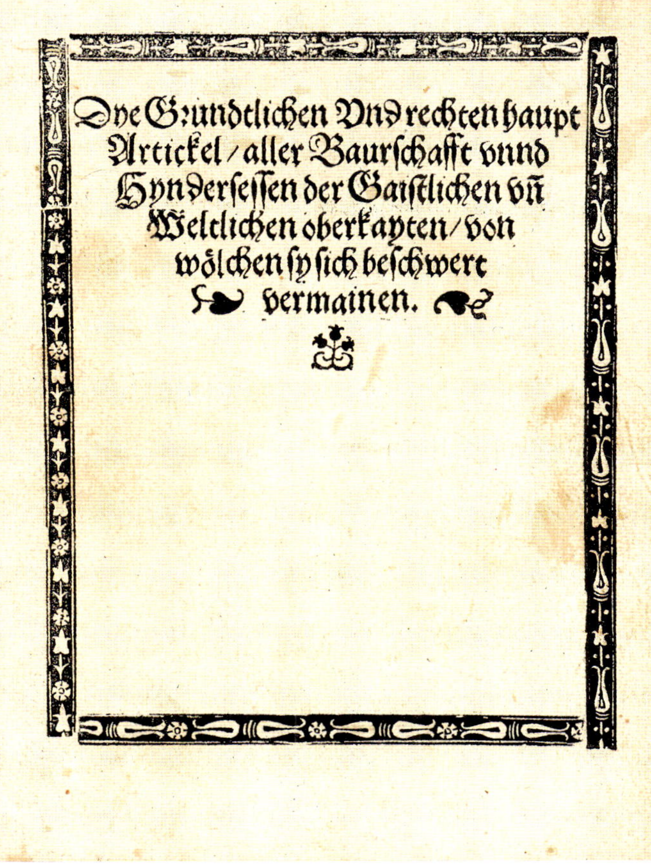
Dye Grundtlichen Vnd rechten haupt Artickel/aller Baurschafft vnnd Hyndersessen der Gaistlichen vnd Weltlichen oberkayten/von wölchen sy sich beschwert vermainen.

Von leibayge(n)schaft oder knechthait
Urbanus Rhegius (1489-1541)
Augsburg: Simprecht Ruff für Sigmund Grimm, 1525
Sign.: R 94/411

Eyn brieff an die Fürsten zu Sachsen von dem auffrurischen geyst
Martin Luther (1483-1546)
Augsburg: Heinrich Steiner, 1524
Sign.: R 92/2245

Ermanunge zum fride auff die zwelff artikel der Bawrschafft ynn Schwaben
Martin Luther (1483-1546)
Wittenberg: Josef Klug, 1525
Sign.: R 92/2604

Dye Grundtlichen Vnd rechten haupt Artickel aller Baurschafft vnnd Hyndersessen
Zwölf Artikel
Augsburg: Melchior Ramminger, 1525
Sign.: R 56/4870

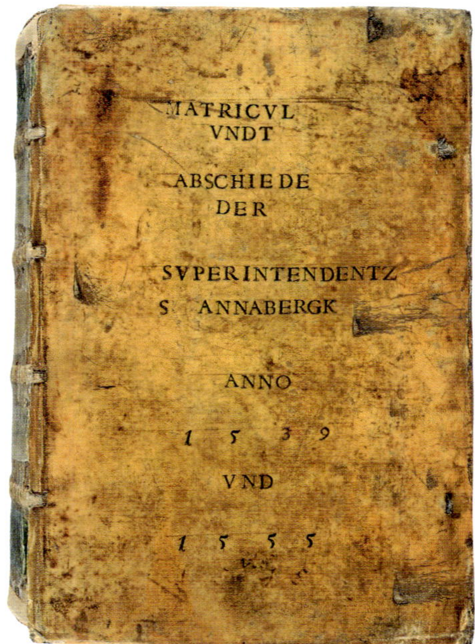

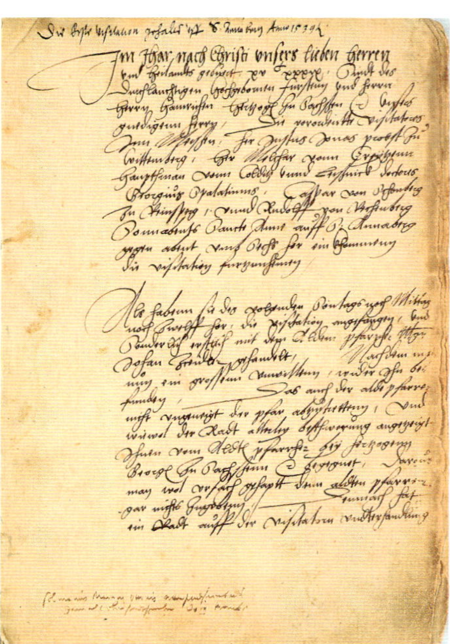

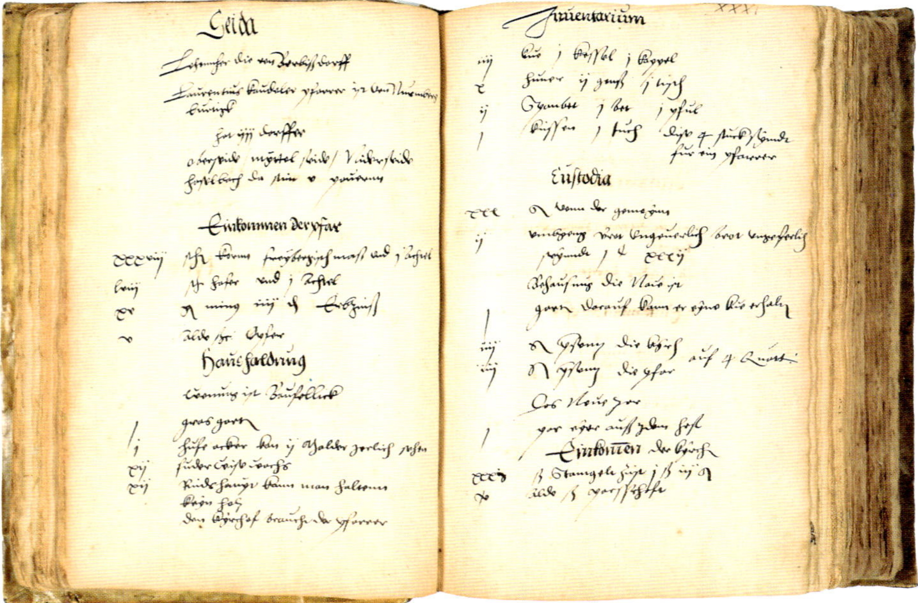

Visitations-protokolle
Matricul und Abschiede der Superintendenz Annaberg
1539-1578
432 Blatt, Ledereinband der Zeit;
32,2 x 21,8 cm
Inv.-Nr.: 1991/2528

a) Einband

b) Buchseite

c) Seitenpaar

Vnterricht der Visitatorn
Philipp Melanchthon
(1497-1560)
Wittenberg:
Hans Lufft, 1538
Sign.: R 55/831

Der Bauernkrieg, Aufstände und Unruhen verstärkten im reformierten Sachsen die Einsicht, eine neue Kirchenordnung mit Hilfe der landesherrlichen Obrigkeit herstellen zu müssen. Die innerkirchlichen Mißstände betrafen sowohl Fragen der Zeremonie als auch der Ökonomie, denn die fehlende kirchliche Autorität hatte zu Problemen bei der Verwaltung der Kirchengüter, der Bezahlung der Pfarrer und Lehrer geführt. In einer ersten Kirchenvisitation in Sachsen (1527-1529) wurden umfangreiche Erhebungen über die kirchlichen Verhältnisse angestellt, Pfarrer, Prediger und Lehrer auf ihre Befähigung geprüft sowie auf die Einhaltung der Wittenberger Lehre gedrängt. Die Ergebnisse der Visitationskommission wurden zur Grundlage für Philipp Melanchthons »Unterricht der Visitatoren«.

Zu den Wegbereitern der Visitationsordnung von 1528 zählte neben Martin Luther, Melanchthon und Johannes Bugenhagen auch Georg Spalatin, der als Sekretär, Rat und Seelsorger Friedrichs des Weisen und seit 1525 als Pfarrer von Altenburg mit den Besonderheiten des seit 1486 in zwei Linien geteilten Sachsen vertraut war: Im ernestinischen Sachsen hatte Friedrich der Weise die Reformation eingeführt, und im albertinischen Sachsen versuchte Georg der Bärtige die Reformation mit allen Mitteln zu verhindern.

Als Herzog Georg der Bärtige 1539 starb, wurden auch im albertinischen Sachsen die Reformation eingeführt und zur Durchsetzung der Reformen zunächst eine Kirchenvisitation angeordnet. Kirchenbesitz, Rechts- und Wirtschaftsverhältnisse wurden systematisch in den Visitationsprotokollen verzeichnet, Mißstände vermerkt sowie Anweisungen und Empfehlungen der Kommission festgehalten. Zu der Visitatorengruppe, die vom 26. bis 29. Juli 1539 in Annaberg weilte, gehörte auch Georg Spalatin. H.A.

NATVS ES ISLEBII DIVINE PROPHETA LVTHERE,
RELLIGIO FVLGET TE DVCE. PAPA IACET ·

· IAPETI DE GENTE PRIOR MAIORVE LVTHERO,
NEMO FVIT, TV PAR DOCTE MELANTHON ERAS ·

Als die beiden Gemälde 1568 in Auftrag gegeben wurden, waren seit dem Tod Martin Luthers (1483-1546) bereits über zwanzig und dem Philipp Melanchthons (1497-1560) acht Jahre vergangen. Die Gegenreformation, die Rekatholisierung der protestantisch gewordenen Gebiete und die Festschreibung katholischer Glaubenssätze in Abgrenzung zur protestantischen Lehre, war in vollem Gange. Der Besteller der Porträts bekannte sich augenfällig zur Reformation, für die die beiden Gelehrten fünfundzwanzig Jahre lang gemeinsam gewirkt hatten.

Die von Luther in vielen Flugblättern und Streitschriften geforderte Reformation der katholischen Kirche wurde von Melanchthon publizistisch verteidigt. Bereits 1521 verfaßte er die erste Systematik des Luthertums, die »Loci communes rerum theologicarum« (Grundwahrheiten des Christentums). Als Höhepunkt ihrer gemeinsamen theologischen Arbeit gilt die hauptsächlich von Melanchthon verfaßte »Confessio Augustana«, die er Kaiser Karl V. auf dem Reichstag in Augsburg 1531 vorlegte, während Luther, immer noch geächtet, auf der sächsischen Veste Coburg saß.

Die Inschriften auf den Gemälden lauten in der Übersetzung: »Du bist in Eisleben geboren, göttlicher Prophet Luther / Die Religion glänzt, der Papst liegt darnieder, weil du Führer bist« und »Seit dem Geschlecht Japhets ist niemand größer als Luther gewesen / du aber warst ihm gleich, gelehrter Melanchthon«.

D.V.

Martin Luther
Lucas Cranach d.J.
(1515-1586)
1568
Öl/Holz;
83,5 x 61 cm
Inv.-Nr.: 1993/2993

Philipp Melanchthon
Lucas Cranach d.J.
(1515-1586)
1568
Öl/Holz;
83,5 x 61 cm
Inv.-Nr.: 1993/2994

Confessio Augustana
Lateinische Fassung des Augsburger Bekenntnisses
Philipp Melanchthon (1497-1560) u. a.
Wittenberg: Georg Rhau, 1531
Sign.: R 92/3233

a) Titelblatt

b) Letzte Seite

CONFESSIO FIDEI
exhibita inuictiſſ. Imp. Carolo V.
Cæſari Aug. in Comicijs
Auguſtæ.
Anno
M. D. XXX.

Addita eſt Apologia Confeſsionis.

Beide/ Deudſch
vnd Latiniſch.

Pſalm. 119.
Et loquebar de teſtimonijs tuis in conſpectu Regum, & non confundebar.

VVITEBERGAE.

motus qui exorti ſunt prętextu noſtræ doctrinæ. Ad hæc breuiter reſpondemus. Si in vnum conferantur omnia ſcandala, tamen vnus articulus de remiſsione peccatorum quod propter Chriſtum gratis conſequamur remiſsionem peccatorum per fidem, tantum affert boni, vt omnia incommoda obruat. Et hic inicio conciliauit Luthero non tantum noſtrum fauorem, ſed etiam multorum qui nunc nos oppugnãt παλαιὰ γὰρ εὕδει χάρις, ἀμνάμονες δὲ βροτοί inquit Pindarus. Nos tamen neque deſerere veritatem neceſſariam Eccleſiæ volumus, neque aſſentiri aduerſarijs condemnantibus eam poſſumus. Oportet enim Deo magis obedire, quam hominibus. Iſti rationem Schiſmatis excitati reddent, qui manifeſtã veritatem inicio condemnauerunt, & nunc ſumma crudelitate perſequuntur. Deinde nullane ſcandala herent apud aduerſarios? Quantum mali eſt, in ſacrilega prophanatione Miſſæ ad quęſtum collatę, quanta turpitudo in cœlibatu, ſed omittamus comparationem. Hæc pro tempore reſpondimus ad confutacionem. Nunc iudicium permittimus omnibus pijs, an aduerſarij recte glorientur ſe confeſsionem noſtram, ſcripturis vere confutaſſe.

FINIS.

Impreſſum per Georgium Rhau.
M. D. XXXI.

Vor und nach Eröffnung des Reichstages in Augsburg 1530 wuchs der Druck auf die Protestanten, sich gegen den Vorwurf der Häresie verteidigen und ihre Rechtgläubigkeit beweisen zu müssen. Die Aufgabe, die Standpunkte der lutherischen Theologie zusammenfassend darzulegen, wurde federführend von Philipp Melanchthon übernommen. Am 25. Juni 1530 wurde die Bekenntnisschrift (*Confessio*) dem Kaiser auf deutsch vorgelesen. Sie enthält 28 Artikel und gliedert sich in zwei Teile. Der erste Teil, Artikel 1 bis 21, behandelt diejenigen Glaubens- und Lehrfragen, bei denen man sich mit der römischen Kirche wesentlich in Übereinstimmung wähnte. Die sieben Artikel des zweiten Teils enthalten die Punkte, die von Luther und seinen Anhängern als Mißbräuche deklariert und bekämpft wurden, wie zum Beispiel das Vorenthalten des Kelchs beim Abendmahl, den Priesterzölibat und die Auffassung von der Messe als Opfer. Hier ging es indirekt immer um die Frage nach der Autorität der Kirche. Vor allem trat in diesem Abschnitt zutage, daß für die Reformation die Schrift allein maßgeblich ist. Die Vertreter der alten Kirche reagierten mit einer Widerlegung *(Confutatio)*, die sich der Kaiser zu eigen machte. Wieder einmal ging man unversöhnt auseinander. Auf seiten der Reformatoren erlangte die Confessio Augustana den Rang eines offiziellen Ausdrucks der lutherischen Lehre. Bei der hier vorliegenden Ausgabe handelt es sich um den ersten autorisierten Druck in lateinischer Sprache. M.S.

1535, ein Jahr nach Veröffentlichung der ersten kompletten Bibelübersetzung Martin Luthers, erschien in Augsburg bei Heinrich Steiner mit Unterstützung des Hauses Fugger eine zweibändige Luxusausgabe. Es ist die einzige deutsche illustrierte Bibel, die, eigens für Fürsten, Gönner und kirchliche Würdenträger angefertigt, in einer kleinen Auflage ganz auf Pergament gedruckt wurde. Sie ist zeitgenössisch im »Fürsten-Kolorit« illu-

striert mit 75 teils großen Holzschnitten und etwa 100 Initialen nach Holbein, Cranach und dem Meister M.S.

Das abgebildete Exemplar war die persönliche Bibel des Reichsgrafen Joachim von Ortenburg, der den Protestantismus in seiner Grafschaft in Bayern einführte. Ein weibliches Mitglied der Familie Fugger brachte es als Mitgift in die Ehe mit dem Grafen von Ortenburg. 1563 wechselten die Ortenburgs zur lutherischen Konfession. Infolge Erbteilung wurden die beiden Bände im 17. Jahrhundert getrennt und kamen in verschiedene Hände. Der Besitzer des ersten Bandes, Graf Casimir von Ortenburg, war strenger Kalvinist, er machte die Darstellungen des Antlitzes Gottes auf dem Titel und dem Genesis-Holzschnitt aus religiösen Gründen säuberlich unkenntlich.

Nach mehr als 300 Jahren konnten die beiden Bände 1986 wieder vereint werden. R.Bl.

Biblia. Das ist die gantze heilige Schrifft Deudsch (2 Bde.)
Martin Luther (1483-1546)
Augsburg: Heinrich Steiner, 1535
Sign.: RA 92/2968.1-2
Mit persönlichen Eintragungen der Reichsgrafen Joachim (1530-1600) und Friedrich Casimir von Ortenburg (1591-1658)
Erworben aus Mitteln der Stiftung Deutsche Klassenlotterie Berlin

a) Titelblatt des ersten Bandes

b) Die Offenbarung Sanct Johannes
Seiten CXLv-CXLIr

c) Einbände
Kalbsleder der Zeit mit Blind- und Schwarzprägung in Streicheisen, Rollen- und Einzelstempeln, Metallbeschläge mit Buckeln

Szenen aus dem Leben Johann Friedrichs des Großmütigen von Sachsen
Lucas Cranach d.Ä. (1472-1553), Schule
Nach 1554
Öl/Holz;
146 x 260 cm
Inv.-Nr.: Kg 58/16

Das Bild gehört zu einem Zyklus von vier Tafeln mit Szenen aus dem Leben Johann Friedrichs des Großmütigen von Sachsen, eines der Führer des Schmalkaldischen Bundes. Die Tafel berichtet über den Verlauf der Schlacht zwischen den kaiserlichen Truppen und denen des Schmalkaldischen Bundes bei Mühlberg am 24. April 1547. Unter Führung Johann Friedrichs hatte sich der Bund bei Meißen über die Elbe zurückgezogen und die Brücken hinter sich abgebrannt, um seine Verfolger abzuhängen. In völliger Sorglosigkeit begab sich der Kurfürst nach einer Predigt zur Mahlzeit, als die kaiserlichen Truppen überraschend angriffen. Sie hatten eine Furt durch die Elbe gefunden und waren im Schutz des Nebels auf die Truppen des Schmalkaldischen Bundes gestoßen. Den Gefangenen Johann Friedrich übernahm der Herzog von Alba, um ihn persönlich dem Kaiser vorzuführen; ein Kriegsgericht verurteilte ihn am 10. Mai 1547 zum Tode. Auf dem Gemälde sind der

Schlacht Episoden zugeordnet, die das Schicksal des Kurfürsten veranschaulichen. Neben den Zelten links im Bild ist der Kniefall seiner Ehefrau Sibylle von Cleve vor Kaiser Karl V. dargestellt. Mit der Kapitulation der Stadt Wittenberg wurde aus der Todes- eine Haftstrafe am spanischen Hof. So zeigen weitere Szenen den entmachteten Kurfürsten in einer Kutsche als Gefangenen des Kaisers und im Kreise einiger Höflinge in spanischer Tracht vor Karl V. D.V.

Der Friedensschluß mit Frankreich 1544 und ein Waffenstillstand mit den Türken 1545 gaben Karl V. für seine deutsche Politik freie Hand: Nun sollte der schon häufig erwogene Schlag gegen die protestantischen Stände des Schmalkaldischen Bundes erfolgen. Das für Anfang 1546 angesetzte Religionsgespräch evangelischer und altkirchlicher Vertreter in Regensburg stand bereits im Zeichen von beiderseitigen Kriegsvorbereitungen. Als endlich am 20. Juli 1546 die Reichsacht über Kurfürst Johann Friedrich von Sachsen und Landgraf Philipp von Hessen erging, waren päpstliche Hilfstruppen schon auf dem Wege nach Deutschland. Diese Achterklärung nannte als Grund den jahrelangen Ungehorsam der beiden Fürsten und den Bruch des Landfriedens »vnder dem schein der Religion« (Zeile 14). Das war eine rechtliche Argumentation. Die zeitgenössische öffentliche Meinung war sich jedoch darin nahezu einig, daß es sich beim Feldzug gegen die Schmalkaldischen um einen Religionskrieg handele, den der Kaiser im Dienste der römischen Kirche führe. König Ferdinand, der Bruder des Kaisers, der hier die Verhängung der Reichsacht für die von ihm regierten habsburgischen Erblande verkündet, war eine treibende Kraft der gewalttätigen Lösung gewesen. Der Schmalkaldische Krieg endete mit der Niederlage der Protestanten. Kurfürst Johann Friedrich und Landgraf Philipp gerieten für mehrere Jahre in Gefangenschaft. M.S.

Reichsacht über Kurfürst Johann Friedrich von Sachsen und Landgraf Philipp von Hessen
Mandat König Ferdinands I. mit eigenhändiger Unterschrift und Siegel
Prag, 20. August 1546
Papier, einseitig bedruckt, Tinte; 41,6 x 59 cm
Inv.-Nr.: Do 53/10

Der Schafstall Christi
Jan van Wechelen [Wachelen] (erwähnt 1557) ?
2. Hälfte 16. Jh.
Öl/Holz;
53 x 68,5 cm
Inv.-Nr.: 1989/1103

»Der Schafstall Christi« ist ein anspielungsreiches Gemälde der reformatorischen Bildpropaganda. Ein Gleichnis Jesu aus dem Johannes-Evangelium (Joh. 10, 1-11) wird polemisch gegen die römische Kirche ausgelegt: »Wer nicht zur Tür hineingeht in den Schafstall, sondern steigt anderswo hinein, der ist ein Dieb und ein Mörder ... Alle, die vor mir gekommen sind, die sind Diebe und Mörder; aber die Schafe haben ihnen nicht gehorcht. Ich bin die Tür; so jemand durch mich eingeht, der wird selig werden und wird ein und aus gehen und Weide finden. Ein Dieb kommt nur, daß er stehle, würge und umbringe. Ich bin gekommen, daß sie das Leben und volle Genüge haben sollen.« Johannes der Täufer weist in der linken Bildhälfte auf Christus, der in der Tür zur Neuen Kirche steht. Auf ihn zu schreitet eine Gruppe Reformierter. Auf dem Dach erkennen wir die im Gleichnis erwähnten Diebe. Sie sind hier als Repräsentanten des Papismus wiedergegeben: Papst, Mönch, Kardinal und falsche Schriftgelehrte. D.V.

Die gefesselten niederländischen Provinzen vor Herzog Alba
Antwerpener Schule, um 1600
Öl/Holz;
81,2 x 152 cm
Inv.-Nr.: 1994/1291

Karl V. hatte 17 niederländische Provinzen zu einem Gesamtstaat unter spanisch-habsburgischer Verwaltung zusammengefaßt. Dem Streben nach politischer Freiheit und der Verbreitung des Protestantismus begegnete sein Nachfolger Philipp II. seit 1556 mit der Inquisition. 1566 kam es zum Aufstand. Die protestantischen Niederländer entfachten einen Bildersturm in den katholischen Kirchen. Zur Unterstützung der Statthalterin Margarete von Parma gegen die Aufständischen entsandte Philipp II. den Herzog von Alba. Dessen blutiges Regiment forderte Zehntausende von Opfern. Gestützt auf das Reichsheer, konnte Alba die Macht für Spanien-Habsburg in zehn südlichen Provinzen behaupten. Die Schlacht in der Zuidersee 1573 bedeutete einen Wendepunkt im Unabhängigkeitskrieg: Die spanische Flotte unterlag; in unserem Bild wird eines ihrer Schiffe, mit der Darstellung der Muttergottes beflaggt, von den durch die blau-weiß-rote Trikolore erkennbaren niederländischen Schiffen eingeschlossen. Die finanzielle Belastung durch den seit 1566 geführten Krieg schwächte die Position des spanischen Herzogs. Seit Mitte der siebziger Jahre konnte kaum noch Sold ausgezahlt werden. Seine marodierenden Truppen rächten sich an der Bevölkerung. 1576 plünderten sie Antwerpen und legten große Teile der Stadt in Brand. D.V.

Die Schlacht in der Zuidersee am 11. Oktober 1573
Abraham Jansz Storck (1635-1710)
Nach 1660
Öl/Leinwand;
85,3 x 114 cm
Inv.-Nr.: 1994/1290

Spanische Söldner setzen am 4. November 1576 das Antwerpener Rathaus in Brand
Daniel van Heil (1604-1662) ?
Um 1650
Öl/Holz;
73,6 x 105 cm
Inv.-Nr.: 1994/1292

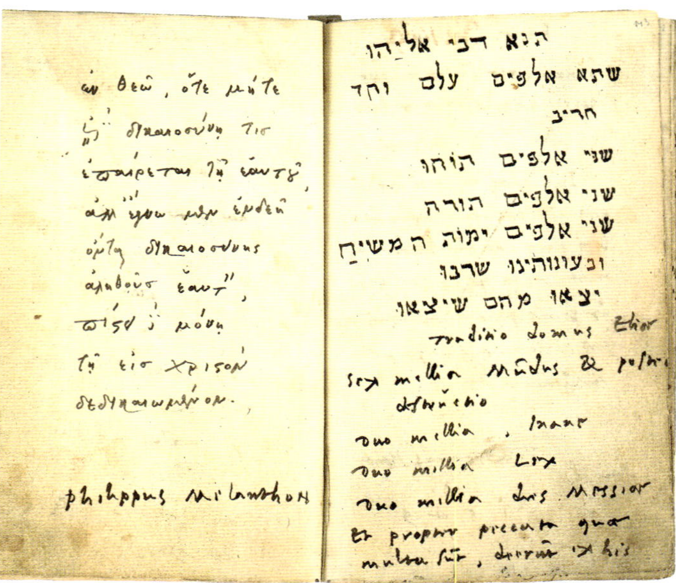

Wittenberger Gelehrtenstammbuch
Stammbuch von Abraham (1526-1577) und David Ulrich (1561 - nach 1612) mit 327 Eintragungen, Wappengouachen, Miniatur und Skizzen 1549-1606
325 Seiten, Pergamenteinband des 17./18. Jh.; 15,6 x 9,5 cm
Inv.-Nr.: Do 92/71
Aufgeschlagen: Philipp Melanchthon
Erworben aus Mitteln des Landes Berlin

Album Amicorum
Stammbuch des Franz von Domsdorf mit 531 Eintragungen, Wappengouachen und Miniaturen 1569-1587
425 Seiten, Ledereinband der Zeit; 15 x 9,5 cm
Inv.-Nr.: Do 93/100
Aufgeschlagen: Johann Georg, Kurfürst von Brandenburg, 1586; Erzherzog Matthias von Österreich, 1587 (unten)

Handschriften berühmter Zeitgenossen oder guter Freunde in Stammbüchern zu sammeln, wurde um die Mitte des 16. Jahrhunderts Mode. Die ersten Bücher tauchten im Umkreis der Wittenberger Universität auf, denn dort hatten sich zunächst Studenten um Handschriftenproben ihrer Professoren bemüht. Der Wittenberger Magister und spätere Superintendent Abraham Ulrich begann ein solches Gelehrtenstammbuch im Jahre 1549. Die darin enthaltenen Einträge von Humanisten und Reformatoren wie Johannes Bugenhagen, Georg Maior, Joachim Camerarius, Joachim Westphal, Erhard Schnepff, Leonhard Krenzheim und vielen anderen sowie von Juristen, Theologen, Philologen, Medizinern, Mathematikern, Astronomen und Pädagogen bieten heute einen Blick in die gelehrte Welt des Reformationszeitalters. Überwiegend in lateinischer Sprache, aber auch in Griechisch, Arabisch und Hebräisch, haben so berühmte Personen wie Philipp Melanchthon in dieses Buch geschrieben. Meist sind es Zitate griechischer und lateinischer Klassiker – Cicero und Ovid waren damals sehr beliebt – oder Bibelzitate. Melanchthon schrieb auf drei Seiten ein griechisches Basilius-Zitat und einen hebräisch-lateinischen Text zur Messias-Erwartung ein.

Von ganz anderer Art ist das prächtig gestaltete Stammbuch des westfälischen Adligen Franz von Domsdorf. Alle Seiten des dicken, in Leder gebundenen und mit dem Domsdorfschen Wappen verzierten Buches sind mit einer Schmuckbordüre versehen, und viele der Einträge sind mit Wappenminiaturen illustriert. Im Dienste des Kurfürsten Friedrich III. von der Pfalz und auch noch nach dessen Tod reiste Domsdorf durch viele Länder Europas und sammelte dabei vor allem die Eintragungen von Fürsten und Regierenden, die sich oft in knappster Form auf Datum, Devise, Namen und Wappen beschränken. In dieser Art finden sich auf einer Doppelseite Wappen und eigenhändiger Eintrag des Johann Georg Kurfürst von Brandenburg. Die Buchstaben zwischen der Jahreszahl 1586 sind die Initialen seiner drei Ehefrauen Sophie, Sabine und Elisabeth. Abgekürzt ist auch sein persönliches Motto »Alles nach Gottes Willen« in der Zeile darunter. Der Eintrag von 1587 auf derselben Seite stammt von keinem Geringeren als dem späteren Kaiser Matthias.

H.A.

5
DIE »MONARCHIA UNIVERSALIS« KAISER KARLS V.

Am 26. Juni 1519 fiel in Frankfurt am Main eine große europäische Entscheidung: Die sieben Kurfürsten wählten den Habsburger und spanischen König Karl als Karl V. zum römischen Kaiser. Gegenkandidat war der französische König Franz I. gewesen; wäre die Wahl auf ihn gefallen, hätte Frankreich bereits im 16. Jahrhundert Europa beherrscht wie später zur Zeit Napoleons. Aber das Gold des Augsburger Handelshauses Fugger entschied die Wahl zugunsten des Habsburgers, und der bereits seit einem Jahrhundert schwelende Dauerkonflikt zwischen Habsburg und Frankreich setzte sich fort und verschärfte sich.

Karls Träume reichten weit über Europa hinaus. Sein Großkanzler Gattinara trat offensiv für eine »Monarchia universalis« und ein »Dominium mundi«, eine Weltherrschaft des Kaisers, ein, um »die Welt unter einem Hirten zu vereinen«, denn nur die Einheit der Christenheit könnte der Welt den Frieden bringen. Auch hatte Karl selbst bis zu seiner Abdankung 1556 an seine hohe Sendung geglaubt, der »Welt« durch die Einheit des Glaubens den Frieden zu sichern. In der Praxis jedoch stützte sich »das größte supranationale Experiment der frühen Neuzeit« ebenso wie dessen französischer Gegenspieler auf eine »modern« organisierte Staatlichkeit. Spanien, die Niederlande und die österreichischen Erblande, seit 1521 von Karls Bruder Ferdinand regiert, nicht aber die Kaiserkrone, waren die machtpolitische Basis, von der aus Karl, wie sein französischer Gegner, immer wieder die territorial zersplitterte Landkarte Italiens und Deutschlands zu seinen Gunsten neu zu ordnen suchte.

Karl hatte als 6jähriger von seinem Vater, Philipp dem Schönen, Burgund und die Niederlande, als 16jähriger von seinem Großvater mütterlicherseits, Ferdinand dem Katholischen, Spanien geerbt, als ihm 1519 mit dem Tode seines anderen Großvaters, Kaiser Maximilians I., die österreichischen Stammlande zufielen. 1526 gerieten auch die Königreiche Böhmen und Ungarn in habsburgische Hand. Die Ausbeutung der neuen spanischen Kolonien Mexiko (seit 1521) und Peru (seit 1533) brachte unermeßliche Goldschätze zur Finanzierung der Kriegszüge nach Europa.

Die Bedingungen und Ursachen für das Scheitern der »Monarchia universalis« waren komplex und vielfältig: Neben der Gegnerschaft Frankreichs waren dies der Gegensatz zwischen Kaiser und Reich, nicht nur den evangelischen, sondern auch den katholischen antihabsburgischen Ständen, die Reformation, die Karl trotz seines Sieges im Schmalkaldischen Krieg nicht zu unterdrücken vermochte, die über lange Zeiträume seiner Regierungszeit politisch gegensätzliche Interessenlage des Papsttums, die Bedrohung durch die Türken an Österreichs Grenzen (1529 erste Belagerung Wiens) und jene durch den nordafrikanischen Islam im Mittelmeerraum sowie die Rivalitäten innerhalb des Hauses Habsburg.

Nach der Fürstenverschwörung 1552 und dem Augsburger Religionsfrieden 1555, der den politischen Protestantismus trotz seiner vorausgegangenen militärischen Niederlage im Schmalkaldischen Krieg bestätigte, sah Karl seine Konzeption der »Monarchia universalis« endgültig gescheitert, dankte ab und zog sich in ein Kloster in Spanien zurück. Sein Reich zerfiel: Als Kaiser und Herrscher über die österreichischen Erblande folgte ihm sein Bruder Ferdinand I., in Spanien sein Sohn Philipp II. auf dem Thron. Erst ein Vierteljahrtausend später versuchte Kaiser Napoleon Europa erneut und vergeblich unter einer Hand zu einen. W.R.

1475 hatte Karl der Kühne von Burgund seinen Feldzug am Oberrhein zunächst erfolgreich begonnen. Als er nach der Einnahme von Elsaß, Breisgau und Lothringen gegen Köln marschierte, stellte sich ihm das Reichsheer unter Friedrich III. von Habsburg entgegen und zwang ihn zum Abzug. Im Friedensvertrag mußte Karl der Heirat seiner Tochter Maria mit Maximilian, dem Sohn Friedrichs, zustimmen. 1477 fand die Hochzeit statt.
Dies lag nun zwanzig Jahre zurück, als sich der spätere Kaiser Maximilian I. in vergoldetem Harnisch und reich besticktem grünem Mantel porträtieren ließ. Seine Brust ziert der burgundische Orden vom Goldenen Vlies.
1486 war er in Frankfurt am Main zum römischen König gewählt worden und besaß durch die Heirat mit Maria von Burgund Einfluß auf die Niederlande. Nach dem Tod seinen Vaters 1493 bestieg er den Thron. Als er 1508 römischer Kaiser wurde, war die habsburgische Vormacht in Europa gesichert.
Mit diplomatischem Geschick betrieb er gegen die Interessen Frankreichs die Verbindung seiner Kinder mit dem spanischen Königshaus. Philipp heiratete Johanna von Kastilien, deren Bruder Juan Philipps Schwester Margarete. Maximilian legte damit den Grundstein zum habsburgischen Weltreich. Neidvoll schauten die europäischen Höfe auf Wien, das mehr durch Heirat denn durch Kriege seinen politischen Spielraum erweiterte. D.V.

Kaiser
Maximilian I.
Bernhard Strigel
(1460/61-1528)
1496
Öl/Pergament/Holz;
76,5 x 48 cm
Inv.-Nr.: 1988/1493

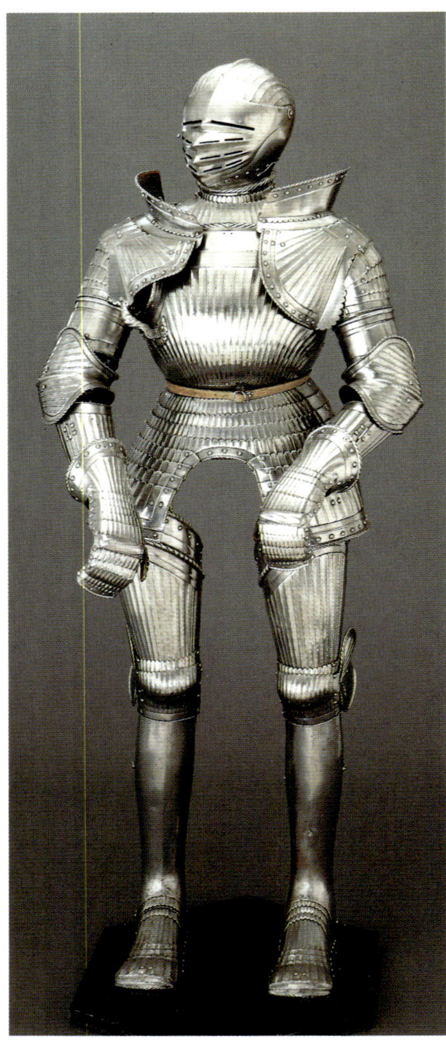

Feld- und Turnierküriß (Riefelharnisch)
Landshut, um 1530
Metall; H 178 cm, B 70 cm; G 27,6 kg
Inv.-Nr.: 1989/2734
Erworben aus Mitteln der Stiftung Deutsche Klassenlotterie Berlin

Der Weiß Kunig
Eine Erzehlung von den Thaten Kaiser Maximilian des Ersten
Marx Treitzsaurwein (gest. 1527)
Mit Holzschnitten von Hans Burgkmair
Wien: Joseph Kurzböck, 1775
Sign.: RA 92/2420

a) Der junge Weißkunig besucht seine Hofplattnerei in Innsbruck

b) Der junge Weißkunig eignet sich Kenntnisse der Artillerie an

Theuerdank
Die geeuerlichkeiten vnd eins teils der geschichten ... des ... Ritters Tewrdannckhs
Hrsg. von Melchior Pfintzing (1481-1535)
Augsburg: Johann Schönsperger d.Ä., 1519
Sign.: RA 63/1147
Aufgeschlagen: Die Brautwerbung

Der »Weißkunig« ist eine in Prosa abgefaßte Autobiographie Kaiser Maximilians. Er bezeichnet sich darin als »weißen König« nach einem weißen Feld- und Turnierharnisch, den er häufig trug. Das reich illustrierte Buch hat Maximilian eigenhändig entworfen, aber durch seinen Privatsekretär Marx Treitzsaurwein ausführen lassen. Über 250 Jahre nach dem Entstehen wurde das Manuskript im 18. Jahrhundert zum ersten Mal gedruckt.

Das Versepos »Theuerdank« behandelt die Brautfahrt Maximilians zu Maria von Burgund und die damit verbundenen Abenteuer und Gefahren.

116

Tewrdannck hin zů der Küunigin gieng
Gar freündlich Sy Jn empfienng
Füert Jn in Jr köstlich gemach
Darinn Sy stetz zůwonen pflag
Nam darzů etlich Jr gehaim Rede
Deßgleichen auch Tewrdannck der Held thet
Auf dasselb Sy anfieng vnnd sprach
Herr habt Jr Euch auf dise sach

Vor allem der »Weißkunig« enthält interessante Ausführungen zum Kriegswesen der Zeit. Maximilian war ein kenntnisreicher Anreger und Förderer der Waffentechnik und Auftraggeber für Rüstungen und Turniergeräte in großem Umfang. In dieser Zeit entstanden die Riefelharnische. Geriefelte Flächen hatten eine höhere Festigkeit, so daß die Plattner dünnere und leichtere Harnische herstellen konnten. Lange Zeit wurden diese Maximiliansharnische genannt, weil man vermutete, der Kaiser habe die Anregung für diese Gestaltung gegeben. Die eigentliche Ausbreitung der Harnische begann aber erst nach seinem Tode und hielt bis etwa 1530 an. Da die Herstellung der Riefelharnische schwierig und kostspielig war, kehrte man ziemlich bald wieder zu den glatten Harnischen zurück. G.Qu.

Philipp der Schöne von Kastilien
Meister des Magdalenenaltars (tätig 1. Drittel 16. Jh. in Brüssel)
1500 -1520
Öl/Holz; 14 x 12 cm
Inv.-Nr.: 1992/635

Das kleine Bildnis zeigt Philipp I. in der burgundischen Hoftracht mit dem burgundischen Orden vom Goldenen Vlies.

Philipp I. (1478-1506), Sohn Maximilians I. und Marias von Burgund, trat bereits mit drei Jahren, nach dem Tod seiner Mutter, das Erbe in den burgundischen Niederlanden an. Gegen den Willen der Niederländer setzte allerdings zunächst Maximilian seine Vormundschaft für den kindlichen Regenten durch. Erst mit der Volljährigkeitserklärung 1494 übernahm der Fünfzehnjährige die Regierungsgeschäfte mit Sitz in Brüssel. 1496 heiratete Philipp Johanna von Kastilien, Erbtochter der Katholischen Könige Ferdinand und Isabella. Als Isabella von Kastilien 1504 starb, fiel die spanische Krone an Johanna und damit an Philipp. Kurz vor seinem Tod erreichte er im Juli 1506 die Anerkennung ihres Königtums durch die Cortes von Kastilien. Als Philipp im September 1506 an den Folgen eines Fiebers starb, fiel Johanna (die Wahnsinnige) in tiefe Umnachtung. D.V.

Kaiser Karl V. mit dem Kommandostab
Peter Paul Rubens (1577-1640) ?
1. Viertel 17. Jh.
Öl/Leinwand; 115,5 x 89,5 cm
Inv.-Nr.: 1989/2022
Erworben aus Mitteln des Landes Berlin

Karl V. war unbestreitbar die prägende Gestalt der Habsburger Weltmonarchie im 16. Jahrhundert. Als Nachfolger Maximilians I. regierte er seit 1519 mit dem Titel Römischer König und erwählter Kaiser. Im Osten mußte er sein Reich gegen die vordringenden Osmanen behaupten und im Westen sein burgundisches Erbe gegen Franz I. in vier Kriegen sichern. Diese außenpolitische Anspannung erleichterte es der Reformation, sich in Deutschland zu etablieren.

Das Original von Tizian, nach dem später mehrere Kopien angefertigt wurden, so auch vorliegendes Bild aus der Rubens-Werkstatt (?), entstand nach Karls Sieg über den Schmalkaldischen Bund in der Schlacht bei Mühlberg 1547. Seinen militärischen Sieg konnte der Kaiser weder reichs- noch religionspolitisch ausbauen.

Sein Kampf gegen die Reformation und sein Versuch, auf dem Reichstag in Augsburg 1547/48 eine vorläufige Regelung der religiösen Verhältnisse durchzusetzen, führten zur Fürstenverschwörung. Sowohl katholische wie evangelische Reichsstände erhoben sich unter der Führung des Kurfürsten Moritz von Sachsen im März 1552. Im Passauer Vertrag (1552) vermochten sie den bedrängten Karl zur Aufhebung des Augsburger Interims zu zwingen und bewirkten die Einbehaltung säkularisierten Kirchenguts. Die Confessio Augustana wurde noch einmal bekräftigt und im Augsburger Religionsfrieden 1555 bestätigt. Der Versuch Karls V., den Protestantismus in seinem Reichsgebiet aufzuhalten, war gescheitert. D.V.

Die Kreuzigung Christi ist ein Hauptthema in der abendländischen Kunst. Schon die ersten Darstellungen halten sich genau an die historischen Berichte über die Gefangennahme, Verurteilung und anschließende Kreuzigung durch die römischen Besatzer in Palästina. Die Vollstrecker des Urteils erkennt man an ihrer römischen Bekleidung und Bewaffnung. Die Juden als Befürworter der Kreuzigung stehen als Augenzeugen unter den Römern.

Dieses traditionelle Personenrepertoire wurde in unserer Darstellung aus der Mitte des 16. Jahrhunderts aktualisiert. Jetzt führen nicht mehr die Römer den Zug der Soldaten an, sondern ein Feldherr des Osmanischen Reiches. Schwer bewaffnet reitet er von rechts heran und führt in reicher, auffälliger Kleidung den Heerzug der Widersacher der Christenheit an. Deutlich erhebt sich über ihnen eine Standarte mit drei Halbmonden.

Seit der Eroberung Konstantinopels im Jahre 1453 war das christliche Europa immer wieder durch das Osmanische Reich bedroht worden. Die Eroberung Wiens im Jahre 1528 war einer der Höhepunkte der Expansionsgelüste. Die Abwehr des Islam wurde zu einer der Hauptaufgaben Kaiser Karls V. Seine Feldzüge gegen das Osmanische Reich banden über viele Jahre die Kräfte der kaiserlichen Truppen. Im Windschatten dieser außenpolitischen Bedrohung konnte sich die Reformation entfalten. Die sogenannten Türkenkriege zogen sich jedoch noch bis zum Ende des 17. Jahrhunderts hin. 1687 war der islamische Einfluß durch die Schlacht bei Mohács endgültig zurückgedrängt. D.V.

Kreuzigung
Ruprecht Heller
(erwähnt 1529)
Um 1560
Öl/Holz;
119 x 95 cm
Inv.-Nr.: 1992/1619

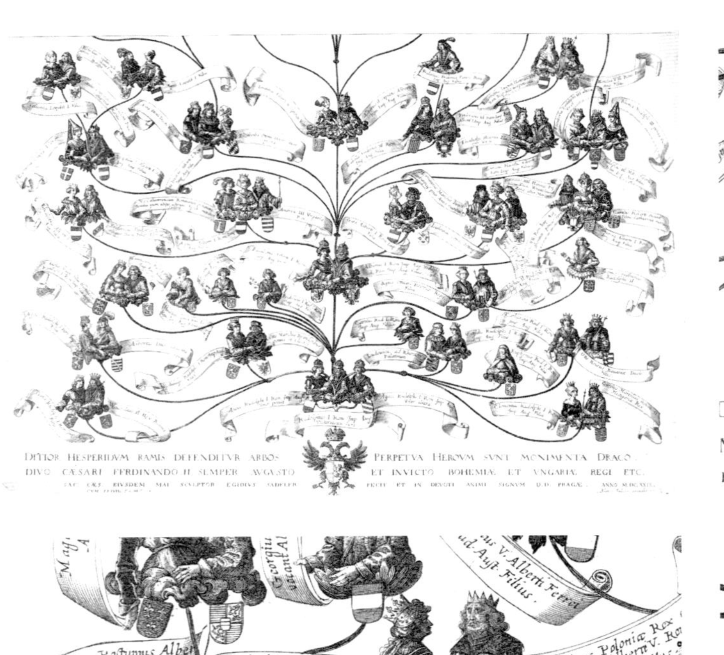

Stammbaum der Habsburger
Egidius Sadeler II
(1570 -1629)
1629
Amsterdam:
Marcus Sadeler,
2. Viertel 17. Jh.
Kupferstich;
40,5 x 60 cm
Inv.-Nr.: Gr 93/66

a) Teilansicht

b) Rudolf I.

c) Albrecht II.

d) Friedrich III.

Der aus vier Blättern zusammengesetzte Stammbaum beginnt mit dem Grafen Rudolf von Habsburg und seinen beiden aufeinander folgenden Ehefrauen Anna und Agnes.

Rudolf I. war 1273 nach dem langen Interregnum zum deutschen König gewählt worden. Wenngleich es ihm nicht gelang, die Kaiserkrone zu erwerben und seinen Nachfahren die Reichskrone zu sichern, legte er doch den Grundstein für den Aufstieg der Habsburger Dynastie. Seit dem 1438 zum König gekrönten Albrecht saßen – von einem dreijährigen Wittelsbacher Intermezzo im 18. Jahrhundert abgesehen – immer Habsburger auf dem deutschen Thron. Der Stammbaum führt Albrecht, den zweiten König dieses Namens, als fünften Habsburger. Nachfolger Albrechts II. (V.) wurde Friedrich V. von der Steiermark, der als Kaiser Friedrich III. das Herrscheramt 53 Jahre lang ausübte. Von ihm stammt das Motto A E I O U (Austria erit in orbe ultima, Österreich besteht bis zum Ende der Welt). Als römischer König wird er in dem Stammbaum als Friedrich IV. aufgeführt. Ihm gelang, seinen Sohn Maximilian mit Maria von Burgund zu verheiraten, wodurch die Niederlande, Flandern, Burgund und die Franche Comté zum Reich kamen. Maximilian setzte die geschickte Heiratspolitik des Vaters fort. Er schuf die Vorraussetzungen dafür, daß im Reich seines Enkels Karl V. »die Sonne nie unterging«. P.M.G.

6
ENTDECKUNG DER WELT ENTDECKUNG DES MENSCHEN

Obgleich Vorstöße in unbekannte Gebiete zu allen Zeiten gemacht wurden, spricht man vom Zeitalter der Entdeckungen, weil Europa sich vom 14. bis 16. Jahrhundert die Umrisse der Erdoberfläche erschloß und dadurch selbst starke Wandlungen erfuhr, durch Änderungen im Wirtschaftssystem und Verlagerung der Wirtschaftsschwerpunkte, Aufstieg der Seemächte und Anregungen der Wissenschaften. Ebenso bedeutete die Ankunft der Europäer eine einschneidende Zäsur in der Geschichte der außereuropäischen Gebiete.

Arabische Wissenschaftler hatten seit dem 8. Jahrhundert die Lehren des Ptolemäus von der Kugelgestalt der Erde und der »Terra australis incognita« studiert, deren Vorhandensein das Altertum für notwendig erachtet hatte, als Gegengewicht zur nördlichen Landmasse, damit die Erdkugel im Gleichgewicht gehalten würde. Diese Theorie stand im Gegensatz zu der von den Kirchenvätern geprägten Vorstellung, wonach die Erde eine Scheibe sei. Durch die Kreuzzüge, durch den Handelsverkehr der Venezianer und Genuesen mit dem Orient und durch die islamische Herrschaft in Südspanien erhielt das spätmittelalterliche Europa Kenntnis von Ptolemäus. Im 15. Jahrhundert gelangte auch die antike Kartenkunde wieder zu Ehren. Die Kegelprojektion war ein wesentlicher Fortschritt gegenüber mittelalterlichen Landkarten, auf denen die Erde als von Ozeanen umflossene Scheibe erschien, in deren Mittelpunkt Jerusalem lag. Aufgrund der Angaben des Marco Polo (1254-1324) wurde das Ende der eurasischen Landmasse weit nach Osten verlegt. Um 1450 waren Anhänger des Ptolemäus der Überzeugung, daß man auf einer Fahrt westwärts über den Atlantik an den Ostrand der »Alten« Welt, nach Japan und China, gelangen würde. Der amerikanische Doppelkontinent und der Pazifik waren unbekannt, der Erdumfang wurde weit unterschätzt. Aus diesen Vorstellungen schöpften die Entdecker des späten 15. und frühen 16. Jahrhunderts den Mut zu ihrer Fahrt ins Unbekannte. Mit Hilfe des Kompasses, der ab dem 12. Jahrhundert, aus China kommend, durch arabische Seefahrer auch in der europäischen Navigationskunst bekannt wurde, konnte die Himmelsrichtung exakter festgestellt werden; zur Positionsbestimmung diente das Astrolabium.

Im ausgehenden Mittelalter bezog Europa zahlreiche Produkte aus dem Orient: Teppiche, Seidenstoffe, Edelsteine, Perlen, Riech- und Farbstoffe erfreuten sich größter Nachfrage. Besonders hoch war der Bedarf an Gewürzen wie Pfeffer, Nelken, Muskatnuß, Ingwer, Zimt und Kardamom, da Speisen stärker gewürzt waren als heute und auch Bier und Wein durch Würzung schmackhafter gemacht wurden. Die Erzeugnisse des Ostens gelangten durch Vermittlung der Araber zu den Häfen des östlichen Mittelmeeres, von wo sie italienische Kauffahrer nach Westen verfrachteten. Infolge des Zwischenhandels waren die Preise für diese Produkte ungeheuer hoch. Durch das Vordringen der Türken, die Einnahme von Konstantinopel 1453 und den türkischen Vorstoß nach Ägypten wurden die Handelswege zunehmend abgeriegelt. Die Preise stiegen daraufhin ins unermeßliche. So entstand das Bedürfnis nach einem von der türkischen Sperre unabhängigen Weg nach Indien. Die Portugiesen stießen entlang der Westküste Afrikas nach Süden vor, umsegelten 1497 unter Vasco da Gama das Kap der Guten Hoffnung und erreichten den Indischen Ozean. Die Spanier hingegen waren über den Atlantik nach Westen gefahren. Sechs Jahre vor den Portugiesen war Christoph Kolumbus zu seiner ersten Expedition aufgebrochen. 1492 erreichte er die karibischen Inseln San Salvador, Haiti und Kuba und war überzeugt, Indien gefunden zu haben. Als Amerigo Vespucci auf einer der portugiesischen Expeditionen an der Küste Südamerikas anlegte, war er gewiß, hier nicht an der Küste Asiens, sondern an der eines bisher unbekannten Kontinents gelandet zu sein. Die spanischen und portugiesischen Kolonialreiche in Amerika wurden durch eine Reihe spektakulärer Eroberungen einzelner Konquistadoren wie Pizarro oder Cortez begründet. Missionsidee und wirtschaftliche Ausbeutung gingen Hand in Hand, und die indianische Bevölkerung wurde durch Unterdrückung und Zwangsarbeit, vor allem aber durch europäische Krankheiten, gegen die sie nicht immun war, katastrophal reduziert.

Parallel zur Entdeckung der Welt und der Expansion nach außen erfolgte im 14. und 15. Jahrhundert die (Neu-)Entdeckung des Menschen als natürliches Wesen. Auf dem Gebiet der Medizin und Anatomie leisteten italienische Universitäten, zum Beispiel Bologna und Padua, Pionierarbeit. Auch hier war das antike Wissen vor allem durch arabische und jüdische Ärzte tradiert worden, die Kaiser Friedrich II. in Sizilien und Süditalien gefördert hatte. 1385 erlaubte der französische König der Universität Montpellier, jedes Jahr eine Leiche zu sezieren, 1404 wurde Anatomie in Wien als Lehrfach eingeführt. Am einflußreichsten wurde das anatomische Werk des Andreas Vesalius, Professor für Anatomie in Padua und späterer Leibarzt von Kaiser Karl V. Er forderte die Autopsie, das heißt die Sektion der Leiche, als allein zuverlässigen Weg zur Erkenntnis des Körperbaus und begründete damit das morphologische Denken in der Medizin. W.R.

Der von dem aus Nürnberg stammenden Reisenden und Kaufmann Martin Behaim (1459-1507) in Auftrag gegebene Globus ist die älteste erhaltene Darstellung der Erde in Kugelgestalt. Seine Form ist nicht Ausdruck des revolutionär neuen Weltbildes zu Beginn der Neuzeit, sondern Resultat der Erfahrungen der seefahrenden Völker aus dem Mittelmeerraum. Über den in Portugal lebenden Behaim dürfte ihr nautisches Erfahrungswissen in die Fertigung des Globus eingeflossen sein.

Der »Erdapfel« spiegelt das Weltbild im Zeitalter der Entdeckungsfahrten. Er zeigt westlich von Europa nicht Amerika, sondern Zipangu (Japan). Auch Christoph Kolumbus (1451-1506) war bekanntlich über das westliche Meer gefahren, um auf diesem Wege Asien zu erreichen.

Die »Epistola de insulis nuper inventis« ist der Bericht des Kolumbus an seine Gönner Ferdinand und Isabella von Spanien über seine ersten Entdeckungen 1492; er verfaßte ihn auf der Rückreise von seiner Expedition. Unser Exemplar ist die erste lateinische Übersetzung. Die schnelle Übertragung in die internationale Gelehrtensprache sollte die Entdeckung in Europa bekannt machen. Vorausgegangen waren nur zwei spanische Ausgaben dieses Briefes, dessen Original nicht erhalten ist.

Auf den vier kleinen Folioseiten beschreibt Kolumbus die Lage der Inseln, die Schönheit der Landschaft, die Vegetation, berichtet über den Reichtum an Edelmetallen und über die Lebensweise der Inselbewohner. R.B./R.Bl.

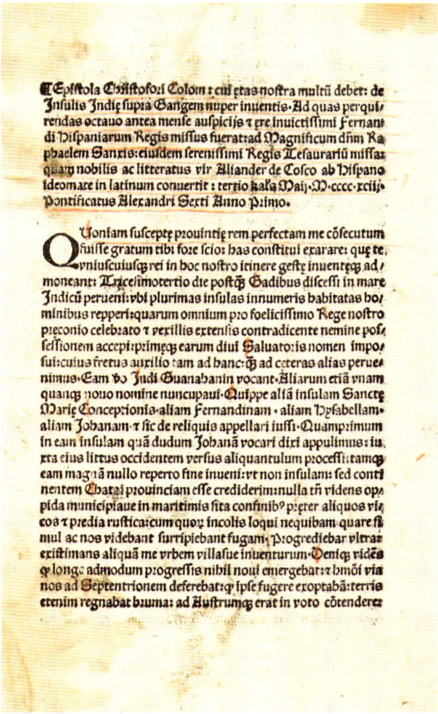

Epistola de insulis nuper inventis
Brief über die Entdeckung Amerikas.
4 Blatt
Christoph Kolumbus (1451-1506)
Rom: Stephan Plannck, nach 29. April 1493
Sign.: R 53/2894
Aufgeschlagen: Blatt 1a, 3b, 4a

Nachbildung des Behaim-Globus von 1492
Nürnberg ?, um 1892
Metall, bemalt, Eisen, Messing, Holz; H 133 cm, Dm 63 cm
Inv.-Nr.: DL 63/450

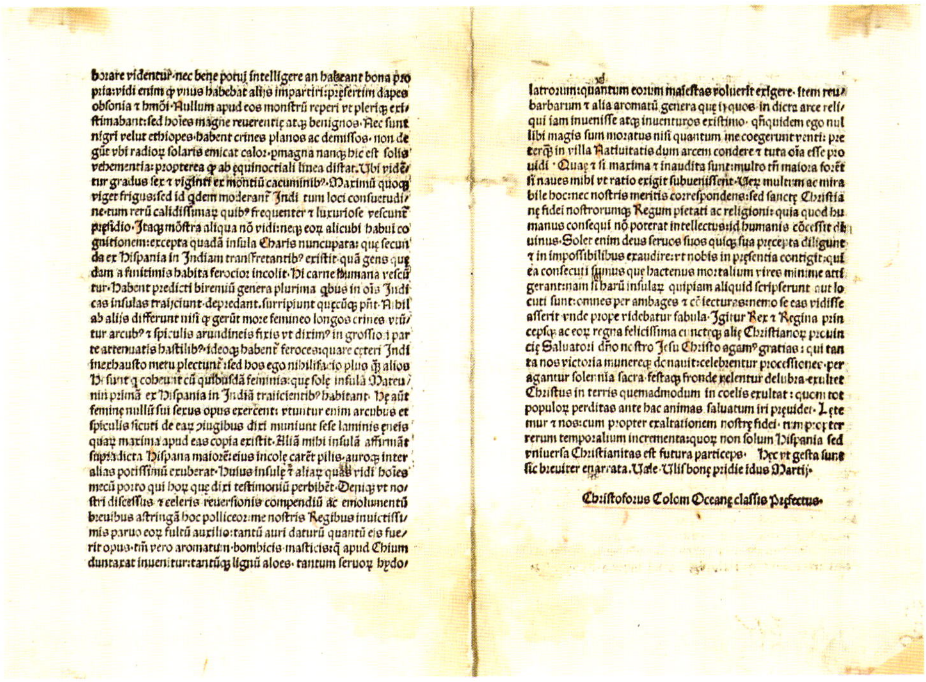

Die Schedelsche Weltchronik
Hartmann Schedel (1440-1514)

Liber cronicarum
Lateinische Ausgabe. Koloriert
Nürnberg:
Anton Koberger,
12. Juli 1493
Sign.: RB 52/816

Das Buch der Chroniken
Deutsche Ausgabe
Nürnberg:
Anton Koberger,
23. Dezember 1493
Sign.: RB 54/4164

a) Stadtansicht von Erfurt
Blatt 155v-156r der lateinischen Ausgabe

b) Xylographisches Titelblatt für das vorgebundene Register der deutschen Ausgabe

c) Die staatliche Hierarchie des Heiligen Römischen Reiches: Die Quaternionen
Blatt 183v-184r der lateinischen Ausgabe

Die von dem Arzt, Humanisten und Büchersammler aus Leidenschaft Hartmann Schedel nach zeitgenössischen und älteren Quellen zusammengestellte Weltchronik, auch als »liber cronicarum« oder »buch der Croniken« bekannt, gehört mit ihren 1809 Holzschnitten zu den am reichsten illustrierten Wiegendrucken. Sie erschien 1493, finanziert von Sebald Schreyer und von Sebastian Kammermeister, in zwei Ausgaben, einer lateinischen am 12. Juli und einer deutschen Übersetzung in Nürnberger Mundart von Georg Alt am 23. Dezember. Die Holzschnitte wurden in der damals größten Malerwerkstatt Nürnbergs nach Entwürfen von Michel Wolgemut und Wilhelm Pleydenwurff geschnitten.

Register des buchs der Croniken und geschichten mit figurē und pildnussen von anbegiñ der welt bis auf dise unsere zeit

Die Illustrationen reichen vom kleinen Porträtholzschnitt über Darstellungen der Schöpfungsgeschichte bis zu den bekannten, zum Teil doppelblattgroßen Stadtansichten (davon 32 authentische). Neben künstlerisch wertloser Massenware finden sich bedeutende Leistungen der Holzschneidekunst: »der Antichrist« und »der Totentanz«. Das Gesamtwerk ist ein typisches Zeugnis für den Übergang vom Mittelalter zur Neuzeit – Phantasiebilder und Wirklichkeit stehen unmittelbar nebeneinander. R.Bl.

Durch byzantinische Flüchtlinge gelangte zur Zeit der Eroberung Adrianopels 1361 eine Fülle griechischer Handschriften nach Italien. Darunter befanden sich auch Abschriften der »Astronomia« und »Geographia« des Klaudios Ptolemaios aus dem 2. nachchristlichen Jahrhundert. Das geozentrische Weltsystem des Ptolemäus mit der Erde als festem Mittelpunkt des Kosmos wurde und blieb trotz der ihm widersprechenden Entdeckungen des Nikolaus Kopernikus Lehrmeinung bis in das 17. Jahrhundert.

Die »Geographia«, eine Art Gebrauchsanleitung zur Erstellung von Landkarten, erfuhr in griechischen und lateinischen Abschriften und seit 1475 auch in gedruckter Form weite Verbreitung. Der in Straßburg 1525 in einer Bearbeitung von Johann Hüttich und dem Humanisten Willibald Pirckheimer gedruckte Atlas stützt sich auf die 1406 von Jacobus Angelus vollendete Übersetzung, berücksichtigt aber auch Anmerkungen des Astronomen und Mathematikers Regiomontanus. Die der »Geographia« beigefügten Karten in der von Nicolaus Germanus um 1460 entwickelten trapezförmigen Projektion umfassen 27 Karten der Ptolemäus-Überlieferung und 33 moderne Karten (Tabula Moderna), die den Wissensstand der Zeit widerspiegeln.

So zeigt die von Martin Waldseemüller bereits für die »Geographia«-Ausgabe von 1513 geschaffene Karte »Tabula Terre Nove« den erst im Jahr 1492 von Kolumbus entdeckten neuen Kontinent Amerika. H. A.

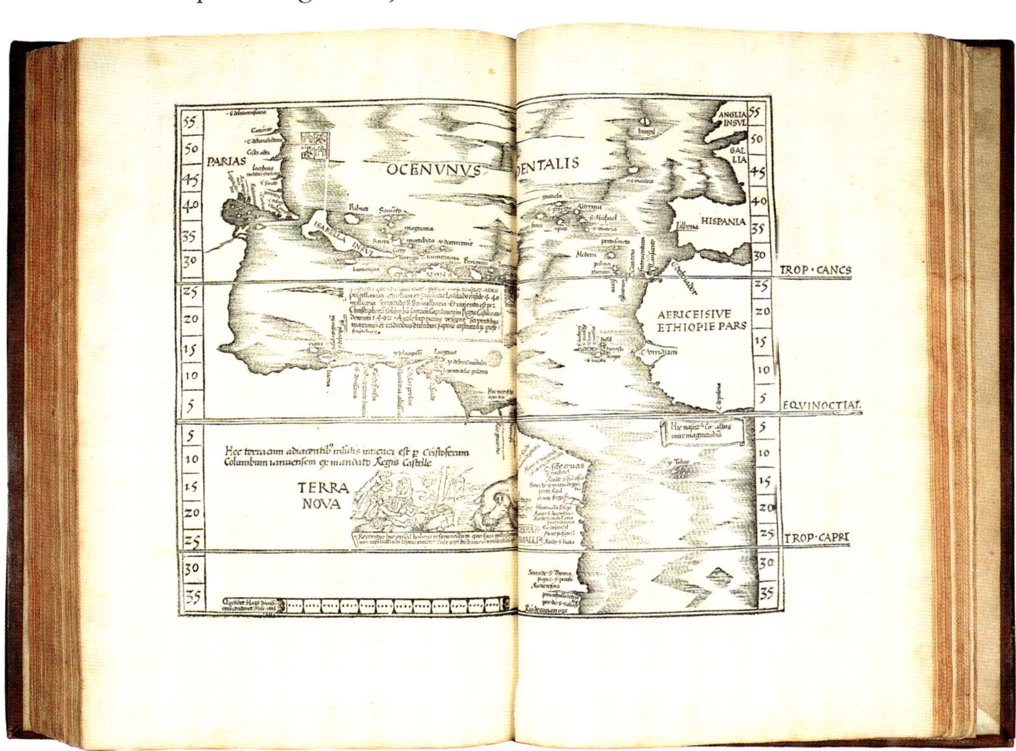

Claudii Ptolemaei geographicae enarrationis libri octo
Atlas des Claudius Ptolemäus (um 100 - um 160)
Bearb. von Johann Hüttich (gest. 1544) und Willibald Pirckheimer (1470-1530)
Straßburg: Johann Grüninger und Johann Koberger, 30. März 1525
Sign.: RB 68/425

a) **Weltkarte**
Holzschnitt

b) **Karte der Neuen Welt**
Holzschnitt

Einem Auftrag Philipps des Schönen (1494-1506 Herzog von Burgund) ist die Entstehung des Bildteppichs mit der Darstellung eines Triumphzuges zu verdanken. Die Bezeichnung der Serie, zu der der Teppich ursprünglich gehörte (»à la manière de Portugal et de Indye«), weist auf das eigentliche Thema hin: den Beginn der portugiesischen Seefahrt nach Indien.

Vasco da Gama unternahm im Jahr 1497 (Abfahrt von Lissabon am 8. Juli) im Auftrag des portugiesischen Königs Emanuel (reg. 1495-1521) die erste See-Expedition und kehrte 1499 nach beschwerlicher Reise mit nur einem Drittel der ursprünglichen Mannschaft zurück. Im Jahr darauf schickte der König bereits eine Flotte von zwölf Schiffen unter dem Kommando von Pedro Álvares Cabral auf die Reise. In erster Linie wirtschaftliche Überlegungen begründeten das große Interesse der Portugiesen an Indien.

Aus dem Orient wurden vor allem Gewürze, Pfeffer, Muskatnuß, Zimt, Gewürznelken und Ingwer, importiert. Der gesamte Fernhandel nach Indien war zuvor über Venedig und Genua gelaufen und hatte fest in Händen der Araber gelegen. Nicht allein die Portugiesen, sondern auch andere europäische Kaufleute zeigten sich nun an dem Aufbau eines stabilen Überseehandels mit Indien sehr interessiert: Bereits 1502 gründete das Augsburger Familienunternehmen der Welser eine Zweigniederlassung in Lissabon und nahm, nachdem es sich mit König Emanuel vertraglich geeinigt hatte, an den folgenden portugiesischen Seereisen nach Indien mit eigenen Schiffen teil. Wie sehr die neu entdeckten Länder entlang der ostafrikanischen und asiatischen Küste die Phantasie der Menschen beschäftigte, zeigt die Wiedergabe exotischer Reisemotive auf Bildteppichen. Bei den Teilnehmern des Festzuges, der auf unserem Wandteppich dargestellt ist, handelt es sich um die Rückkehrer von einer der ersten Indien-Expeditionen: Portugiesische Würdenträger in langen Gewändern werden begleitet von Soldaten mit Standarten und Fahnen, schwarzen, halbwüchsigen Sklaven mit Pauken und jungen portugiesischen Edelleuten in modisch-eleganter Kleidung. Im Vordergrund präsentiert ein Inder in einer großen Schale die kostbaren Gewürze.

Ein Zug von exotischen Tieren bewegt sich von rechts nach links am Betrachter vorbei: Auf den Giraffen hocken indische Kinder, ein Trompete blasender Herold sitzt auf einem Kamel. Die Tiere sind offensichtlich keine Importe aus Indien, sondern wurden schon früher aus Afrika herbeigeschafft. Auf den internationalen Handel mit exotischen Tieren waren unter anderen die Fugger spezialisiert. L.K.

La Marche Triomphale
Tapisserie aus der Serie »à la manière de Portugal et de Indye«
Manufaktur Jehan Grenier
Tournai, 1504
Wolle, Seide;
347 x 461 cm
Inv.-Nr.: KT 93/241

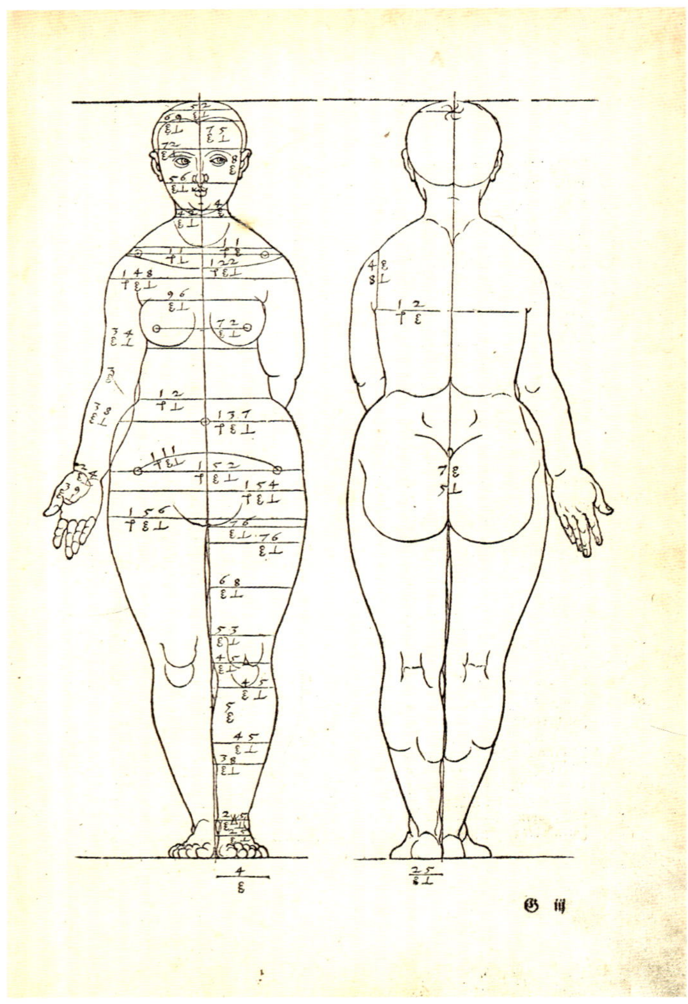

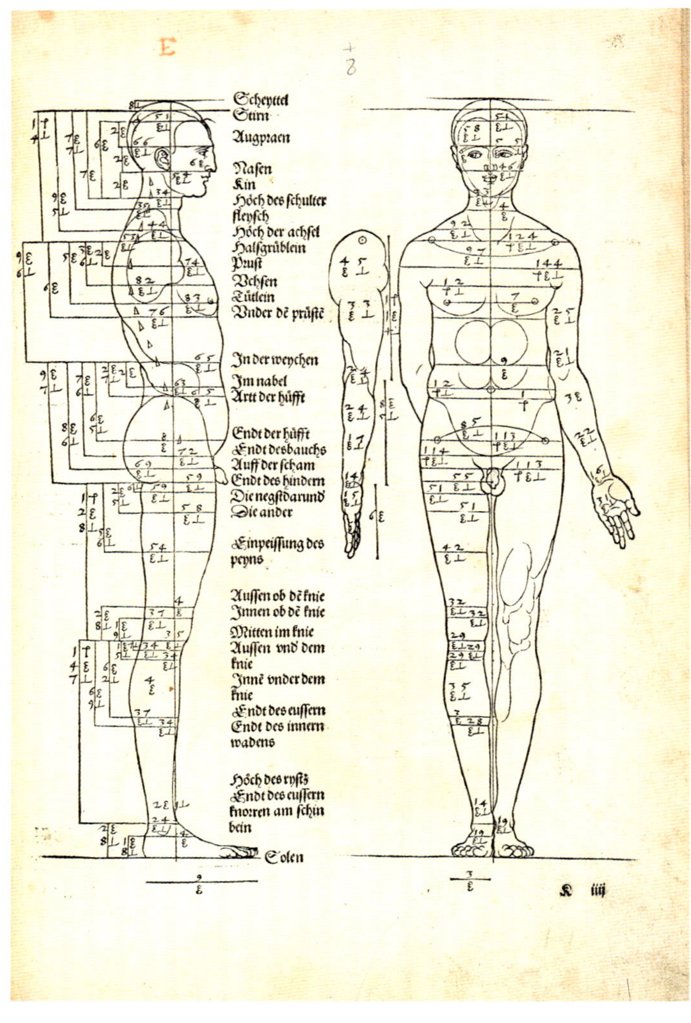

Hierin(n) sind begriffen vier bücher von menschlicher Proportion ...
Lehre von den menschlichen Proportionen
Albrecht Dürer (1471-1528)
Nürnberg: Hieronymus Formschneider, 1528
Sign.: RA 91/1378

a) Blatt G III: Vorder- und Rückenansicht einer Frau

b) Blatt K IIII: Seiten- und Vorderansicht eines Mannes

Der Flame Andreas Vesalius veröffentlichte sein berühmtes Werk »De Humani corporis fabrica Libri septem« im Jahr 1543. Es gilt als die Grundlegung der empirischen Anatomie der Neuzeit. Herausragend ist die Holzschnittfolge eines vor der toskanischen Landschaft sich drehenden »écorché«, eines Muskelmenschen: Nicht toter Körper oder Fragment ist diese anatomische Figur, sondern lebendiger Leib, und in seiner Zergliederung entdeckt der Mensch sich hier als ganzen.

Das erinnert an Albrecht Dürer, der – wenngleich nur auf dem Papier – den menschlichen Körper in seine Proportionen zerlegte, um ihn danach wieder zusammenzusetzen und den Menschen auf diese Weise naturgetreuer darstellen zu können. Dürer war der erste Künstler des Nordens, der auf seiner Suche nach einer geometrischen Theorie der Proportionen der italienischen Kunsttheorie der Renaissance folgte. In beiden Werken spiegelt sich der veränderte Blick auf den Menschen zu Beginn der Neuzeit. Um den menschlichen Leib darzustellen, scheint das allein durch die Augen aufgenommene Bild nicht mehr zu genügen. Gleichsam als erschlösse erst die Mathematisierung die Gestalt, als forme sich erst mit der Erschließung des unter der Haut Liegenden das Äußere, blicken die Anatomen erstmals *in* den Körper, schieben die Künstler zwischen das Auge und das Gegenüber ein geometrisches Raster. R.B.

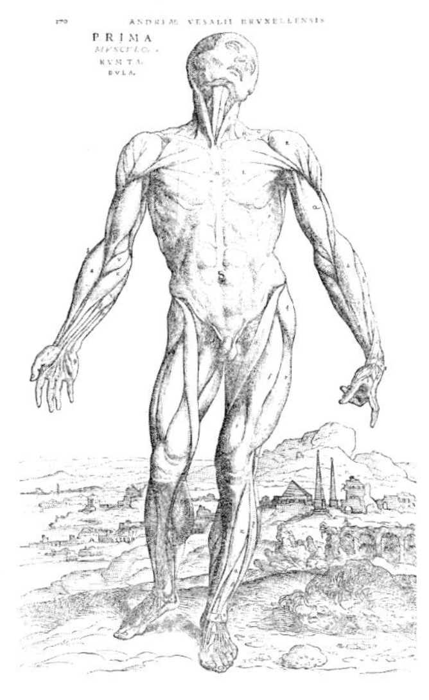

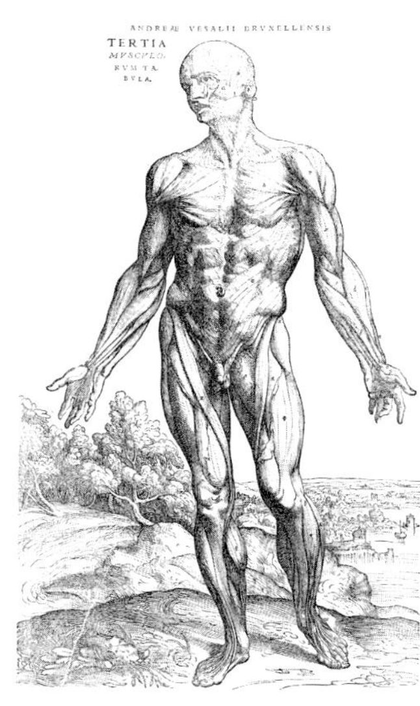

De Humani corporis fabrica Libri septem
Andreas Vesalius (1514/15-1564)
Basel:
Johann Oporin, 1543
Sign.: RB 92/2221
Neun ganzseitige Tafeln:
Der »Muskelmann« vor der toskanischen Landschaft

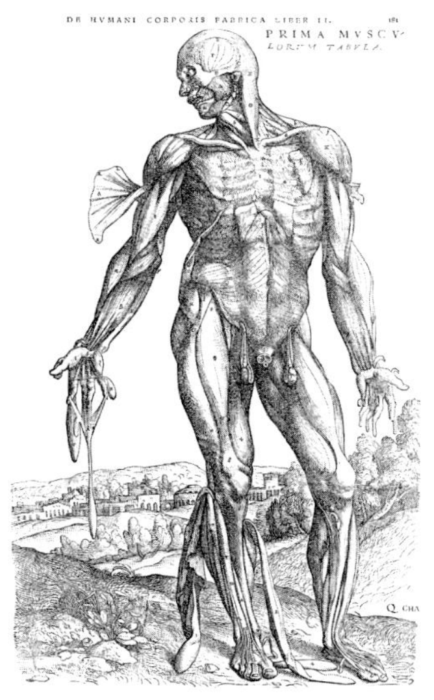

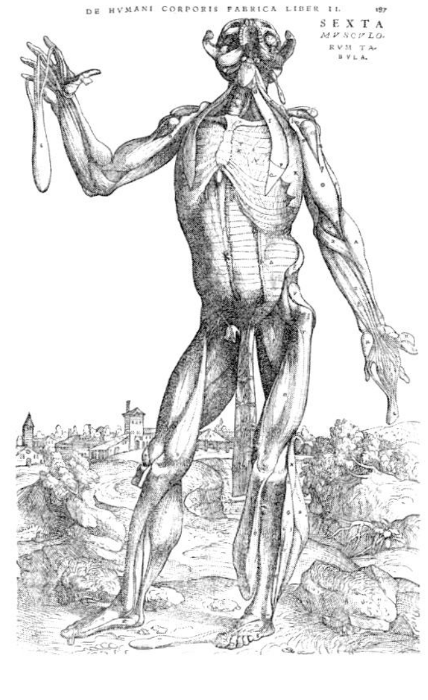

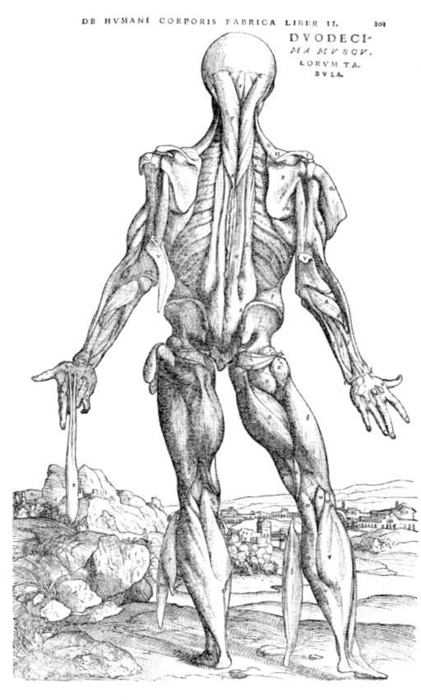

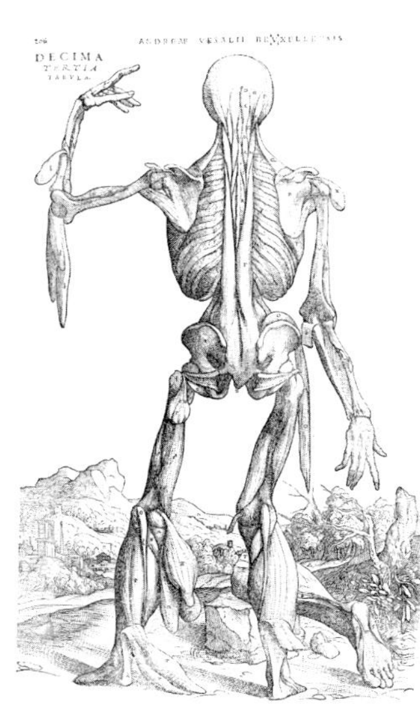

Salvator mundi
Christus
mit der Weltkugel
Spanische Schule ?,
16. Jh.
Öl/Leinwand;
63,5 x 54,6 cm
Inv.-Nr.: 1993/783

Die Darstellung des segnenden Christus als Heilsbringer der Welt ist eine der ältesten in der christlichen Kunst. Die Rechte zum Segensgestus erhoben, trägt er in der Linken die Welt. Das Erstaunliche an unserem »Salvator mundi« ist die exakte Wiedergabe eines Erdglobus, der die kartographischen Kenntnisse der Zeit zu Anfang des 16. Jahrhunderts verzeichnet, in einem Bild mit religiösem Thema. Zu erkennen sind Europa, Afrika, ein Teil Südamerikas und die Antarktis als Kontinent. Den größten Raum nimmt der Atlantische Ozean ein.

Caspar Vopell gehörte im Vergleich zu anderen Kartographen des 16. Jahrhunderts, beispielsweise Martin Waldseemüller, Sebastian Münster, Gemma Frisius und Gerhard Mercator, eher zur »zweiten Garde«. Von seinen vier bekannten Globen sind noch zwei erhalten (beide in Köln). Bei dem auf dem Gemälde dargestellten Globus dürfte es sich um ein verschollenes Modell handeln.

Die Inschrift auf dem Globus, die ihn als nach den neuesten Kenntnissen verfertigt ausweist, und der Hinweis auf Hersteller und Adresse legen die Vermutung nahe, daß dieses Bild als »Werbeplakat« gedacht war. Zum einen für Caspar Vopell selbst, der gleichsam mit »himmlischem Gutachten« ausgestattet seine Globen anpreist, zum anderen für die von der Kirche skeptisch betrachtete Naturwissenschaft. Die Kirche war immer wieder gefordert, eine Übereinstimmung zwischen christlicher Lehre und naturwissenschaftlicher Erkenntnis zu finden.

D.V.

7
ARBEIT UND LEBEN IN DER STADT

Mit zunehmender Bedeutung der Geldwirtschaft seit dem späten Mittelalter wandelten sich auch Bevölkerungs- und Siedlungsstrukturen im Reich. Etwa ein Viertel der Gesamtbevölkerung lebte in den vor allem im Süden und Südwesten gelegenen Städten. Insgesamt waren es im 16. Jahrhundert rund 3 500 Orte, die als »Stadt« bezeichnet werden konnten. Großstädte, von denen es höchstens 30 gab, waren Orte mit mehr als 10 000 Einwohnern; in den meisten Städten lebten sogar nur 1 000 bis 3 000 Menschen.
Oft hatten sich die Städte aus Ansiedlungen um große Burgen oder um Bischofssitze entwickelt, häufig in verkehrsgünstiger Lage an Flüssen, auf denen zur damaligen Zeit die meisten Waren transportiert wurden. Mehrstöckige Häuser, enge, verwinkelte Gassen und Türme bestimmten das Erscheinungsbild einer Stadt, die sich zum Land hin in der Regel durch einen Mauergürtel abgrenzte. Hinein und hinaus gelangte man nur tagsüber durch bewachte Tore, die nachts geschlossen wurden. Vor der Stadt befanden sich Friedhöfe und die Gärten der Städter, mit der Zeit entwickelten sich auch regelrechte Vorstädte aus Ansiedlungen der Handwerker, deren Gewerbe ein niedrigeres Ansehen genoß als das ihrer in den Zentren tätigen Kollegen. Am Hauptmarkt lagen meist das Rathaus und eine große Hauptkirche, außerdem Gast- und Wirtshäuser; er war nicht nur der geographische, sondern auch der wirtschaftliche, gesellschaftliche und kulturelle Mittelpunkt der Stadt. Wochen- und Jahrmärkte fanden hier statt, Umzüge, kirchliche Feste und weltliche Feiern, aber auch öffentliche Schaustellungen und Hinrichtungen. Daneben gab es oft noch kleinere Marktplätze, die mitunter dem Verkauf von bestimmten Waren vorbehalten waren, wie übrigens auch bestimmte Straßen verschiedenen Handwerken. Abgesehen von diesen Hauptplätzen war das Leben in einer Stadt im Grunde recht beengt. In den schmalen, dunklen Gassen lief allerlei Kleinvieh herum, auch Schweine, die sich von Abfällen ernährten; menschliche und tierische Exkremente verursachten üble Gerüche.
Der Bevölkerungsaufbau war in allen Städten ähnlich. Neben einer alteingesessenen Patrizierschicht, deren Familien traditionell die Ratsherren, Bürgermeister und hohen städtischen Beamten stellten, gab es eine kleine, aber immens reiche Schicht von Kaufleuten,

die sich auf den Fernhandel spezialisiert hatten und ihre Waren im eigenen Haus oder in gemeinsamen Kaufhöfen veräußerten. Diese neureichen Kaufmannsfamilien mit ihrem ausgeprägten Repräsentationsbedürfnis zogen Künste und Kunsthandwerk in die Stadt. Sie entwickelten einen Lebensstil, der die verfeinerte Kultur an den weltlichen und geistlichen Residenzen häufig übertraf. Bald durften sich die Kunsthandwerker aufgrund ihres Einkommens und gesellschaftlichen Umgangs zur Oberschicht einer Stadt zählen.
Handwerker, die Waren für den täglichen Bedarf, wie Lebensmittel und Bekleidung, herstellten oder im Baugewerbe arbeiteten, bildeten schließlich zusammen mit kleineren Kaufleuten und öffentlich Bediensteten eine breite Mittelschicht, neben der es noch eine besitzlose Schicht von Lohnarbeitern und »unehrlichen«, das heißt nicht zünftisch organisierten, Handwerkern gab. In allen Städten, besonders den großen Metropolen, gab es Obdachlose und Bettler.
Die Arbeit wurde vor allem in den Handwerken streng geregelt und kontrolliert. Die Menschen waren regelmäßig 12 bis 14 Stunden pro Tag beschäftigt. Obwohl sie, gemessen an heutigen Verhältnissen, kaum einen »Feierabend« hatten und überhaupt keinen Erholungsurlaub, gab es doch auch so etwas wie »Freizeit« durch die relativ häufigen kirchlichen Feste, die den Jahreslauf gliederten. In manchen Städten war es gut organisierten Gesellen sogar gelungen, einen »blauen Montag« durchzusetzen.
Das Bildungsangebot war in den Städten recht gut. Neben kirchlichen und öffentlichen Schulen gab es auch selbständige Schreib- und Rechenmeister. Der Lese- und Schreibunterricht erfolgte zunächst mit Hilfe religiöser lateinischer Texte, mit der Zeit aber setzten sich schließlich die »deutschen« Schulen immer mehr durch. Ziemlich viele Stadtbürger konnten zumindest lesen, etwas weniger, aber immer noch deutlich mehr als in der Landbevölkerung, waren auch in der Lage zu schreiben.
Insgesamt hatte die Stadtbevölkerung einen höheren Lebensstandard als die auf dem Lande lebenden Menschen. Wenn es auch nur eine kleine Schicht von Bürgern war, die im Überfluß lebte, so profitierten mitunter auch die städtischen Normalbürger von deren Verschwendungssucht. So waren zum Beispiel die Altkleiderhändler immer gut sortiert, weil ihnen die Reichen ihre rasch altmodisch gewordene Garderobe zum Verkauf überließen. Und während die Landbevölkerung bei Mißernten regelrecht vom Hungertod bedroht war, hatte man in den Städten schon früh Getreidespeicher, die sogenannten Kornhäuser, eingerichtet, aus denen das lebensnotwendige Grundnahrungsmittel in Zeiten der Teuerung preiswert abgegeben wurde. P.M.G.

In den freien Reichsstädten Augsburg und Nürnberg wie auch an den Höfen von Kassel und Prag entstanden im 16. und 17. Jahrhundert kunstvolle Uhren und Automaten. Mit präzise arbeitenden Räderwerken ausgestattet, galten sie als Symbole des neuen wissenschaftlichen Zeitalters. Räderuhren verdrängten zunehmend die seit dem Altertum üblichen Sonnen- und Wasseruhren.

Als Tischuhr in Form eines Türmchens wurde die Räderuhr Ende des 16. Jahrhunderts populär. Die 1558 in Augsburg gegründete Uhrmacherzunft orientierte sich bei der Herstellung an den Vorgaben, die die Ratsherren von Nürnberg 1565 für die Meisterstücke der Uhrmacher entwickelt hatten. Dementsprechend ist auch unsere Uhr auf der ersten Schauseite mit Minuten- und Stundenring sowie Segmenten für Tag- und Nachtlänge ausgestattet, darunter angeordnet das Einstellblatt für Tag- und Nachtlänge. Auf der gegenüberliegenden Seite befinden sich die Indikationsscheiben zum Stand der Planeten. Die beiden restlichen Schauseiten tragen jeweils Kalenderscheiben für sechs Monate mit Angabe der Heiligen und Sonntagsbuchstaben. An der aufwendigen Herstellung einer Türmchenuhr waren neben dem Uhrmacher auch Bronzegießer, Goldschmiede, Gravierer, Vergolder, Steinschneider und Emaillierer beteiligt. L.K.

Astronomische Tischuhr
Augsburg, um 1580
Bronze, feuervergoldet (Gehäuse), Silber, emailliert (Zifferblätter), Messing, Eisen (Werk);
H 39 cm, 45,7 cm (mit Bodenplatte)
Inv.-Nr.: 1989/2188
Erworben aus Mitteln der Stiftung Deutsche Klassenlotterie Berlin

Jahreszeiten-Bilder
Nach Jörg Breu d.Ä.
(um 1480-1537)
Augsburg, 16. Jh.
Öl/Leinwand

a) Die Monate Januar, Februar, März
214 x 352 cm
Inv.-Nr.: 1990/185.1

b) Die Monate April, Mai, Juni
228 x 341,6 cm
Inv.-Nr.: 1990/185.2

c) Die Monate Juli, August, September
227 x 362 cm
Inv.-Nr.: 1990/185.3

d) Die Monate Oktober, November, Dezember
227,5 x 353 cm
Inv.-Nr.: 1990/185.4

Nicht viele Städte waren zu Beginn der Neuzeit in der Lage, Gemälde in der Art des Augsburger Jahreszeiten-Zyklus hervorzubringen. Denn das verlangte eine ausgeprägte Urbanität, politische Macht, eine gesellschaftliche Arbeitsteilung und einen leistungsfähigen Kunstbetrieb. Im Reich gab es nur ein Dutzend Städte, die diesen Grad an Urbanität erreicht hatten. Augsburg und Nürnberg nahmen dabei Spitzenpositionen ein. Die vier großformatigen Gemälde setzen einen Bürgerstand von europäischem Rang in Szene. Nicht den Alltag einer deutschen Stadt verfolgt dieser Zyklus durch den Verlauf eines Jahres, sondern Exklusivität und Festtagsstimmung sind seine Themen. Nichts ist auf den Bildern zu sehen, was die städtische Idylle jener reichen bürgerlichen Schicht hätte beeinträchtigen können.

Die gesellschaftspolitische und religiös-kulturelle Dynamik zu Beginn der Neuzeit bleibt außerhalb. Nicht die reformatorische Bewegung, nicht der Bauernkrieg und die Ritterrevolte, nicht der wirtschaftspolitische Griff nach Übersee und auch nicht die Umgestaltung des Reiches unter Kaiser Karl V. fanden Eingang in die detailreiche Schilderung Augsburger Bürgerlebens, obwohl gerade diese Stadt von der Umbruchsituation nachhaltig geprägt wurde.

In die unverrückbare Abfolge der Monate eingestellt, bildet der Zyklus ein Lehrbild städtisch-bürgerlichen Lebens als immer gültigen Gesellschaftsentwurf, der sich bewußt von den Zeitereignissen absetzt und unbeeindruckt von Umbruch und Aufruhr der Zeit eine abstrakte und eher philosophische Gesellschaftstheorie der Augsburger Führungsschicht propagiert. Die Übertragung der himmlischen Sternzeichen in Form der Monate auf den Wandel der irdischen Geschicke fand schon seit dem Altertum Anwendung, um den Gleichklang zwischen himmlischer und irdischer Gesetzmäßigkeit zu unterstellen.

Stabilität, Ruhe und Gesetzmäßigkeit, die der Jahreszyklus ausstrahlt, lesen sich angesichts der bewegten Ereignisgeschichte des 16. Jahrhunderts wie ein programmatischer Gegenentwurf zum Umbruch in Europa, wie eine bürgerliche, konfliktfreie »politische Ideallandschaft«. D.V.

Rechenung nach der lenge/ auff den Linihen vnd Feder.

Darzu forteil vnd behendigkeit durch die Proportiones/Practica genant/Mit gründlichem vnterricht des visierens.

Durch Adam Riesen.

im 1550. Jar.

Cum gratia & priuilegio Cæsareo.

Rechenung nach der lenge auff den Linihen vnd Feder
Rechenlehrbuch
Adam Riese
(1492-1559)
Leipzig:
Jacob Berwalt, 1550
Sign.: R 54/3515

Ein neues Interesse an Bildung führte insbesondere in den Städten zum Ausbau des Schulwesens und zu einer Reform des Unterrichts. Es entstanden protestantisch geprägte höhere Schulen und Gymnasien oder Kollegien der Jesuiten. Gedruckte Lehrbücher, wie das Rechenbuch von Adam Riese, erleichterten den Zugang zum Wissen, und vermehrt begannen Pädagogen, sich Gedanken über Schulordnungen, Lehrpläne und Didaktik zu machen.

Über Selbstverständnis und Aufgabe eines Lehrers gibt das kunstvoll gestaltete Schreiben des Schul- und Rechenmeisters Stamler Auskunft: Der Lehrer und Zuchtmeister muß fromm, ehrlich und verständig sein und die Schüler zu Gottes Lob unterrichten, wobei Arithmetik oder Rechnen wie auch Schreiben am nützlichsten und dienlichsten sind. Weiter kündigt Stamler eine öffentliche Probe der Fähigkeiten seiner Schulknaben an, damit die Jugend, dadurch herausgefordert, eine größere Lust und Liebe zum Lernen bekomme. Geschrieben wurde dieser Text wohl in Augsburg von Johann (Hans) Matthäus Stamler, dessen Familie zu den Augsburger Herrengeschlechtern zählte und der auch selbst 1576 zum Rat der Stadt gehörte. Die Stadt Augsburg besaß mit der von dem Humanisten Hieronymus Wolf reformierten Schule St. Anna bereits eine moderne Bildungseinrichtung. H.A.

Schlecht vnnd recht behüt mich.

Petter Stamler Schul

Anschlagzettel des Schul- und Rechenmeisters Stamler
Johann Matthäus Stamler (erwähnt 1568-1576)
(Augsburg),
30. April 1570
Handschrift auf Pergament;
21 x 27 cm
Inv.-Nr.: Do 93/61

Bauern bezahlen den Zehnt
Pieter Brueghel d.J. (um 1564 - nach 1636)
1. Viertel 17. Jh.
Öl/Kupfer;
28,9 x 35,6 cm
Inv.-Nr.: 1993/578

Das Leben in der Stadt hing nicht zuletzt von den Bauern ab. Doch sie produzierten nicht nur für den städtischen Markt und ihren eigenen Bedarf, sondern auch für den Zehnt, den sie regelmäßig abzuführen hatten.

Der Zehnt war eine obligatorische Naturalabgabe, die ein Zehntel des landwirtschaftlichen Ertrags ausmachte. Dabei wurde unterschieden zwischen dem Feld- oder Fruchtzehnt, der aus Getreide, Wein, Obst und Gemüse bestand, und dem Blutzehnt – Tiere und tierische Produkte wie Eier, Milch, Butter, Käse, aber auch Honig.

In demütiger Haltung warten die Bauern in einem Kontor, bis sie an die Reihe kommen. In Körben und Kiepen haben sie ihren Ertrag herbeigeschafft. Hinter einem langen Truhentisch sitzt der Steuereintreiber; eine Sanduhr signalisiert, daß er nicht gewillt ist, seine Zeit an einzelne Bittsteller zu verschwenden. In ihrer abgerissenen, geflickten Kleidung scheinen die Bauern kaum in der Lage, die von ihnen geforderte Schuld zu begleichen. Eifrig mit Rechnen beschäftigt, sitzt ein Schreiber an einem kleineren Tisch, der vor gestapelten Schriftstücken überquillt. Auf dem Boden liegen angerissene Zettel, lose und gebündelte Blätter und Geldsäcke. Die Unordnung in der Amtsstube vermittelt nicht den Eindruck, als ob die Abgaben der Bauern, die diese sicher hart treffen, sorgsam verwaltet und einer sinnvollen Verwendung zugeführt würden. P.M.G

Ein Fleisch- und Fischmarkt im Winter
Frederik I van Valckenborch
(vor 1535 - 1597)
Um 1590
Öl/Leinwand;
106 x 182 cm
Inv.-Nr.: 1989/1980

Es ist Markttag in einer niederländischen Stadt. Entlang einer Uferstraße sind in zwei Reihen die Fleisch- und Fischstände aufgestellt. Im Hintergrund öffnet sich das Panorama einer Stadt des 16. Jahrhunderts mit Brücke, Kirche und gotischen Giebelhäusern. Auf dem zugefrorenen Fluß spielen Kinder, Schneeflocken fallen vom Himmel. In einer überdachten Halle sehen wir die Fleischbänke, an denen Männer aus ihrem reichlichen Vorrat anbieten. Die drei davor stehenden Frauen sind durch ihre Kleidung als wohlsituierte Patrizierinnen ausgewiesen. Zwei von ihnen prüfen gerade die Ware, während eine zu der Hökerin hinüberschaut, die ihr einen Fisch entgegenhält.

Im Unterschied zum Fleisch wird der Fisch unter freiem Himmel angeboten, und Frauen sind die Verkäufer. Auch erweist sich die Kundschaft als nicht so erlesen. Ein älterer Mann mit Kiepe schreitet gebeugt auf den Fischstand zu. Ein Junge bietet seine Maronen an. Fisch gab es reichlich in den Niederlanden, die im 16. Jahrhundert die Vormachtstellung im Heringshandel übernahmen und das Monopol der Deutschen Hanse ablösten. Bei dem enormen Bevölkerungswachstum in dieser Zeit war gerade der Fisch wegen seines günstigen Preises eine bedeutende Nahrungsquelle für die ärmeren Bevölkerungsschichten. Fleisch hingegen zählte zu den Genüssen einer luxuriösen Lebensführung. D.V.

8 DER DREISSIGJÄHRIGE KRIEG

Der Dreißigjährige Krieg begann als eine ständisch-religiöse Auseinandersetzung in Böhmen, die sich bald zu einem erbitterten Kampf der europäischen Mächte auf deutschem Boden ausweitete. Die Mißachtung verbriefter Rechte und der Glaubensfreiheit der Protestanten durch die Habsburger löste den Aufstand der protestantischen böhmischen Stände aus. Der spektakuläre »Prager Fenstersturz«, bei dem Vertreter der protestantischen Stände zwei kaiserliche Statthalter aus einem Fenster des Hradschin stürzten, wurde dabei zum Funken, der den angehäuften Konfliktstoff zum gewaltigen Kriegsbrand auflodern ließ. Die kurze Regentschaft des Kurfürsten Friedrich V. von der Pfalz in Böhmen endete mit der verheerenden Niederlage in der Schlacht am »Weißen Berg« (1620). Friedrich verlor die Königskrone und die Kurpfalz. Böhmen und Mähren wurden rekatholisiert, die Anführer der Rebellion hingerichtet. Nahezu drei Viertel des Bodens wechselten die Besitzer, die Günstlinge des Kaisers erwarben riesige Ländereien.
Wenig später griff der Krieg auf das Reich über, und spanische Truppen besetzten die Kurpfalz. Der Kaiser übertrug die Kurwürde sowie die Oberpfalz Maximilian I. von Bayern. Der Krieg weitete sich auf die nordwestdeutschen Territorien aus, nachdem einige Fürsten den Pfälzer unterstützt hatten. Angesichts der drohenden Rekatholisierungsversuche im Norden griff der dänische König Christian IV. im eigenen territorialen Interesse in den Konflikt ein. Er wurde dabei von England, Frankreich und den Niederlanden unterstützt. In der Schlacht bei Lutter am Barenberge 1626 besiegte das Heer der Liga unter dem bayerischen General Johann Tserclaes Graf von Tilly den dänischen König und besetzte weite Teile Norddeutschlands. Unterstützt wurde Tilly dabei von Albrecht von Wallenstein, dessen Aufstieg in dieser Zeit begann. Wallenstein hatte durch Spekulationen ein riesiges Vermögen und umfangreichen Landbesitz angesammelt. Vom Kaiser in den Fürstenstand erhoben, erhielt er 1625 das Amt des »Capo« (Generals) über die kaiserlichen Truppen im Reich. Als militärischer Unternehmer nutzte er die Wirtschaftskraft seiner Güter sowie internationale Finanzverbindungen und stellte auf eigene Rechnung für den Kaiser ein Heer auf. Nach der Devise »Der Krieg muß den Krieg ernähren«

entwickelte er ein ausgeklügeltes Kontributionssystem zum Unterhalt seiner Söldner. »Schöpfer kühner Heere, des Lagers Abgott und der Länder Geißel« nannte ihn später Friedrich Schiller. Er war eine widersprüchliche Persönlichkeit und einer der letzten großen Condottieri, der dem Krieg seinen Stempel aufdrückte. Aufgrund seiner militärischen Erfolge belehnte ihn der Kaiser 1628 mit dem Herzogtum Mecklenburg.

Nach den Siegen der kaiserlich-ligistischen Truppen forderte Kaiser Ferdinand II. die Rückerstattung aller geistlichen Besitzungen, womit er unter den evangelischen Fürsten und Reichsständen große Bestürzung auslöste; selbst das katholische Lager fürchtete um seine Freiheiten. So fand man sich über die Konfessionsgrenzen hinweg zur Abwehr kaiserlicher Pläne zusammen und erzwang die Absetzung Wallensteins. Ein Abbau kaiserlicher Macht lag auch im Interesse ausländischer Regierungen, die ihre Politik nur in einem territorial zersplitterten Deutschland umsetzen konnten. In der ersten Hälfte des Krieges wurden Diplomatie und Kriegsgeschehen noch sehr stark von konfessionellen Frontstellungen geprägt. Die katholischen Reichsstände sprachen von der »Verteidigung des Landfriedens und der wahren Religion«, während die Protestanten beanspruchten, gegen die »spanische Servitut« und für »Libertät« zu kämpfen. Der Krieg wurde zunehmend bestimmt durch die Interessengegensätze zwischen den Fürsten und der Habsburger Monarchie sowie die Auseinandersetzungen der europäischen Staaten um die Vorherrschaft in Europa.

1630 landete Gustav Adolf von Schweden mit einem Heer auf Usedom, denn die kaiserliche Politik gefährdete die schwedische Herrschaft und Handelsinteressen im Ostseeraum. Das katholische Frankreich unterstützte die Aktionen Schwedens finanziell. Der Schwedenkönig trat mit einem modernen Heer an, in dem er das Reformwerk der Oranier auf die neuen Bedingungen übertragen hatte. In der Schlacht bei Breitenfeld (1631) zeigte sich die Überlegenheit der schwedischen Taktik. Die zunächst als »Befreier« vom »päpstlichen Joch« begrüßten Schweden hinterließen auf ihrem Zug bis tief nach Süddeutschland, wie alle Kriegsvölker, ein Werk der Zerstörung.

Der Kaiser mußte Wallenstein wieder einsetzen. In seinem zweiten Generalat erhielt er noch größere Vollmachten als zuvor. In der Schlacht bei Lützen (1632) fiel Gustav Adolf. Das eigenmächtige Handeln Wallensteins und geheime Gespräche mit Sachsen, Schweden und Frankreich riefen seine Gegner erneut auf den Plan, denn Wallenstein war in einen unlösbaren Widerspruch zu den Interessen der Konfliktparteien geraten. Vom Kaiser abgesetzt, des Hochverrats bezichtigt, wurde er 1634 in Eger von seinen eigenen Offizieren ermordet.

Nach der Niederlage der Schweden in der Schlacht bei Nördlingen (1634) schlossen Kaiser und Reichsstände den Prager Frieden, in

dem Ferdinand II. auf seine Rekatholisierungspläne verzichtete. Wenige Tage vor Abschluß der Friedensverhandlungen hatte Frankreich Spanien den Krieg erklärt und auf seiten der Schweden militärisch in den Konflikt eingegriffen. Richelieu wollte damit die Umklammerung durch die Habsburger durchbrechen. Der Krieg löste sich mehr und mehr in Einzelaktionen auf. Keine Seite konnte den Kampf militärisch für sich entscheiden.
In den vom Kriegsgeschehen betroffenen Gebieten mußte die Bevölkerung die ganze Last des Krieges tragen. Marodierende Söldner wurden zur Landplage und betrachteten die Bauern als Freiwild. Vergewaltigung, Folterungen und Mord waren an der Tagesordnung. Krieg, Hunger und Seuchen dezimierten die Bevölkerung in Stadt und Land. Die Bedrängten setzten sich gegen die zahllosen Übergriffe zur Wehr, versteckten Hab und Gut und vertrieben auch kleinere Söldnerverbände. Am Ende des Krieges waren mehr als 15 000 Dörfer zerstört, die Zahl der Einwohner Deutschlands von etwa 17 auf 8 Millionen Menschen gesunken.
Nach dem Prager Frieden schleppte sich der Krieg noch dreizehn Jahre fort. Die allgemeine Erschöpfung und Sehnsucht nach Frieden zwangen die Beteiligten endlich an den Verhandlungstisch, und am 24. Oktober 1648 kam der Westfälische Friede zustande. Die konfessionellen Grenzen wurden nach dem Stand von 1624 festgelegt und der Kalvinismus als dritte Konfession anerkannt. Alle Versuche zur Stärkung der kaiserlichen Zentralgewalt waren gescheitert. Die Landesherren erhielten die volle Souveränität, einschließlich des Rechtes, mit ausländischen Mächten Bündnisse abzuschließen, sie durften sich nur nicht gegen Kaiser und Reich richten. Schweden und Frankreich wurden zu Garantiemächten des Friedens erklärt, erhielten Besitzungen im deutschen Reich und damit Sitz und Stimme im Reichstag. Die Entwicklung zum nationalen Einheitsstaat war für lange Zeit abgebrochen. Für eine Reihe von Problemen hatte man im Vertrag langfristige Lösungen gefunden. Trotz der folgenden Kriege sicherte er die innere Ordnung des Reiches für anderthalb Jahrhunderte. G.Qu.

Allegorie auf die Regierung des Kaisers Matthias
Prager Schule, 1614/15
Öl/Holz; 67,2 x 42,3 cm
Inv.-Nr.: 1993/182

Drei Putten senken die Rudolfinische Krone auf das Haupt des Herrschers herab. Diese Krone zu erlangen, war für Matthias ein weiter Weg.

Im Jahr 1577 ging er gegen den Willen seines regierenden Bruders, Kaiser Rudolfs II., in die Niederlande, um die Statthalterschaft anzutreten. Er vermochte es allerdings nicht, den Glaubenskonflikt zwischen den Provinzen zu lösen. 1581 kündigte er die Generalstatthalterschaft nach der niederländischen Unabhängigkeitserklärung. Seine Mission war nicht nur erfolglos verlaufen, er hatte sich auch finanziell ruiniert.

Nach dem Tode seines Bruders Ernst 1595 rückte Matthias in die direkte Thronnachfolge des inzwischen depressiv erkrankten Rudolf. Seit 1599 drängte Matthias auf die Regelung der Nachfolge, der Rudolf mit äußerstem Argwohn begegnete. Die unterschiedliche Auffassung nach der Erhebung der ungarischen Siebenbürgen 1604 verschärfte den Konflikt zwischen den Brüdern. Die Friedensverträge mit Ungarn und Türken, beide im Jahre 1606, hatte Matthias seinem Bruder abgetrotzt, der sie anschließend sabotierte. Dieser als »Habsburgischer Bruderzwist« bekannt gewordene Konflikt förderte erneut Aufstände in Ungarn und stärkte die Opposition in Mähren und Österreich gegen Rudolf II. Matthias verbündete sich mit den oppositionellen Ständen und dem ungarischen Reichstag. 1608 griff er seinen Bruder mit Waffen an. Im Vertrag zu Lieben zwang er ihn, Ungarn, Österreich und Mähren an ihn abzutreten. 1611 wurde Matthias zum König von Böhmen gekrönt und erhielt 1612, nach dem Tod Rudolfs, die ersehnte Kaiserkrone.

Die Regierungsübernahme bedeutete für die katholische Seite eine Niederlage. Angesichts der Kinderlosigkeit von Matthias bemühten sich die Vertreter der katholischen Interessen schon seit 1613, die Nachfolge im Sinne einer katholischen Dynastie zu sichern. Man einigte sich 1617 auf den überzeugten Gegenreformator Ferdinand von Steiermark. D.V.

Im Frühsommer des Jahres 1619 war der Krieg zwischen den protestantischen Ständen Böhmens, die nach dem Prager Fenstersturz vom 23. Mai 1618 eine provisorische Regierung gebildet und eine Armee angeworben hatten, und den kaiserlichen Truppen in eine kritische Phase getreten: Die protestantischen Stände Böhmens fochten nach dem Tod des Kaisers Matthias am 20. März 1619 die Rechtswirksamkeit der Nachfolge von Ferdinand II. als König von Böhmen beim Reichsvikariat an und entsandten einen Teil ihrer Truppen unter Heinrich Matthias Graf Thurn nach Wien. Die kaiserlichen Truppen unter dem Oberbefehl von Karl von Boucquoi konnten ihre Stellungen in Böhmen verstärken. In dieser Situation ersuchten die »Directores« der provisorischen Regierung des Königreichs Böhmen den Bürgermeister und den Rat der Stadt Eger zur Verteidigung der Landesgrenzen um weitere Unterstützung und schlugen zur Aufbringung einer namhaften Summe Geldes die Verpfändung des Stiftes St. Clara in Eger vor. Unterzeichnet haben diesen Brief 28 Directores mit ihrem Ringsiegel, darunter die Wortführer der böhmischen Opposition, Wenzel Budowetz von Budow und Joachim Andreas Graf Schlick. Zwölf der Unterzeichner wurden 1621 beim »Prager Blutgericht« hingerichtet. H.A.

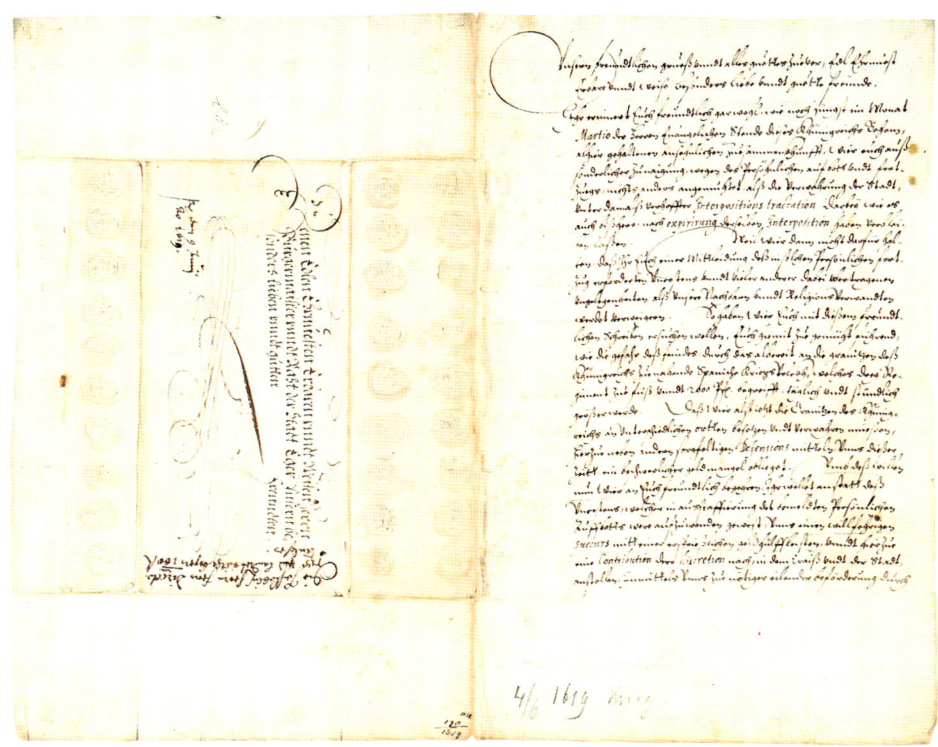

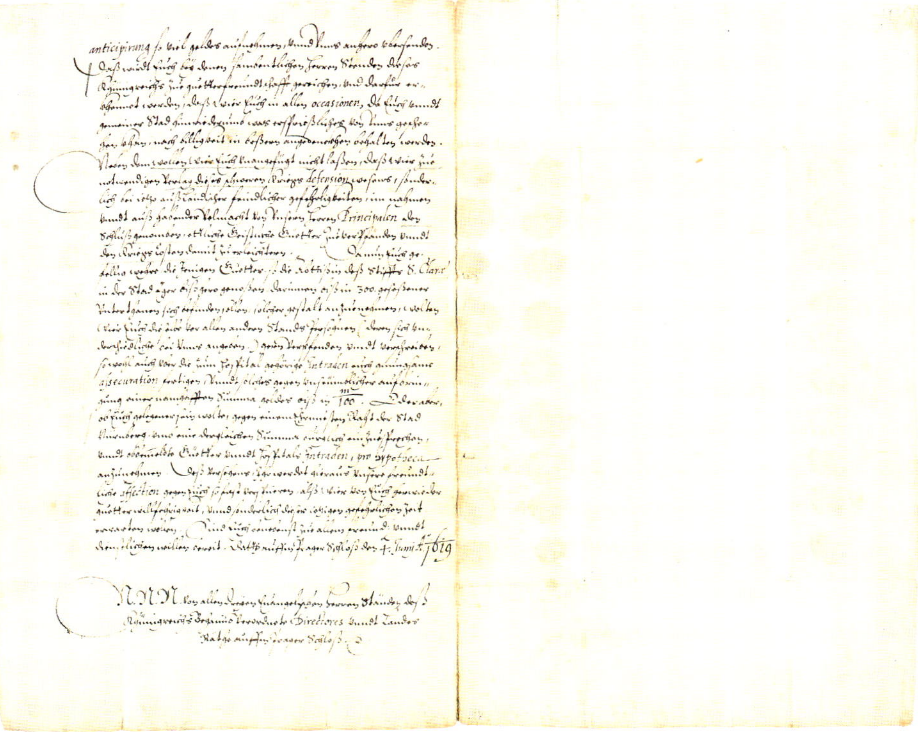

Protestantische Stände in Böhmen
Schreiben mit 28 Siegelunterschriften der »dreyen Evangelischen Herren Ständen« von Böhmen
Prag, 4. Juni 1619
Papier, Tinte;
33 x 20,5 cm
Inv.-Nr.: Do 92/161

Friedrich V., Kurfürst von der Pfalz, der »Winterkönig«
Gerrit van Honthorst (1590-1656)
Um 1630
Öl/Holz;
65,2 x 50,7 cm
Inv.-Nr.: 1989/1903

Friedrich V., Kurfürst von der Pfalz, verheiratet mit Elisabeth Stuart, der Tochter des englischen Königs Jakob, hatte 1614 die Regierung in der Kurpfalz übernommen. In Frankreich erzogen, stand er dem Kalvinismus nahe. Nach dem »Prager Fenstersturz« 1618 wählten ihn die böhmischen Stände zum König. Als ihn Kaiser Ferdinand II. in dieser Funktion für abgesetzt erklärte, führte dies zur ersten militärischen Auseinandersetzung zwischen Union und Reichstruppen. Nach der Niederlage der Union in der Schlacht am Weißen Berge bei Prag im November 1620 floh der Pfälzer geächtet in die Niederlande. Seine Erblande wurden verwüstet, und seine Kurwürde fiel an Bayern. Wegen seiner nur von 1619 bis 1620 dauernden Regierungszeit erhielt er den Beinamen »Winterkönig«. Mit Unterstützung der Schweden versuchte er 1632 sein Fürstentum zu besetzen, starb überraschend aber schon im gleichen Jahr. Erst sein Sohn erhielt im Westfälischen Frieden (1648) Teile seines Erblandes und die Kurwürde zurück. D.V.

Deß Pfaltzgrafen Urlaub
Spottblatt auf den »Winterkönig« Friedrich V. von der Pfalz
Deutschland, 1621
Kupferstich, Typendruck;
13,8 x 17,7 cm (Darstellung),
32,1 x 39,5 cm (Blatt)
Inv.-Nr.: 1988/1394

Nach seiner Niederlage in der Schlacht am Weißen Berge erschienen zahlreiche Spottblätter auf den »Winterkönig«, die auf sein politisches und militärisches Desaster, aber auch auf seine Situation als heimatloser Familienvater zielen. Die pfalzgräfliche Familie war zunächst nach Breslau, Berlin und Küstrin geflüchtet. Erst in den Niederlanden fand sie Exil.

»Deß Pfaltzgrafen Urlaub« spielt auf diese Wanderschaft an, die im »Stockfischlandt« endete. Als Hinweis auf die verlorene Krone steht rechts der böhmische Thron, darauf vier Spielkarten, die den »Winterkönig« als Spielkartenkönig persiflieren. Im Lauf des Jahres 1620 war er zunächst Schellenkönig, eine Anspielung auf die Narrenschellen zur Faschingszeit, danach, jahreszeitlich gesehen, Laub- und Eichelkönig und schließlich »Hertzkönig war im Winter / Dein Hinter[n]«: Das Herz sei Friedrich nämlich beim Anblick des »Bayrischen Schwertes« in die Hose gerutscht.

Der Liedtext gibt Friedrichs Schicksal als Spottgedicht wieder und nimmt auf Teile der Darstellung Bezug: Weder der Schwager Georg Wilhelm von Brandenburg noch der Schwiegervater Jakob I. von England hätten sich bereit gefunden, Friedrich militärische Unterstützung zu gewähren, so daß dieser sich nun jeglicher Hoffnung beraubt sähe, zumindest seine Kurlande zurückzugewinnen. Es bliebe ihm nichts als Resignation: »Die angst die macht offt schwitzen / Den Fritzen [Friedrich]«. P.M.G.

Als Haupt der katholischen Liga hatte Herzog Maximilian I. von Bayern den Oberbefehl über das Heer übernommen, das unter Graf von Tilly nach Böhmen vorgedrungen war, am 8. November 1620 in der Schlacht am Weißen Berge die Aufständischen besiegt und ihren neugewählten König, den Pfalzgrafen bei Rhein, zur Flucht getrieben hatte.

Die in vier Bildfelder aufgeteilte Radierung schildert in chronologischer Abfolge die Ereignisse der »... Blutigen Schlacht und Niderlag der Böhmischen Armada ...« von den ersten Scharmützeln über die eigentliche Schlacht, wo im Rauch der abgefeuerten Kanonen und brennenden Dörfer ein akkurat formiertes kaiserliches Heer einem ungeordneten Haufen von fliehenden böhmischen Rebellen gegenübersteht, bis zum Einmarsch der kaiserlichen Truppen in Prag. Bildunterschriften erläutern die dargestellten Stadien der Schlacht, Inschriften bezeichnen einzelne Szenen oder Truppenteile, die Numerierung der Details verweist darüber hinaus auf einen kommentierenden Text, der diesem Blatt verlorenging.

Die Technik der Radierung ermöglichte es, wichtige zeitgeschichtliche Ereignisse in relativ kurzer Zeit ins Bild zu setzen und zu vervielfältigen. Flüchtig gezeichnet, bestechen Flugblätter wie dieses nicht durch ihre künstlerische Qualität, sondern durch den aktuellen Nachrichtenwert, der sie zu einem wichtigen Medium der Kriegspublizistik machte. P.M.G.

Die Schlacht am Weißen Berge bei Prag
Deutschland, um 1620/21
Radierung; 29,5 x 36,9 cm
Inv.-Nr.: 1988/1389

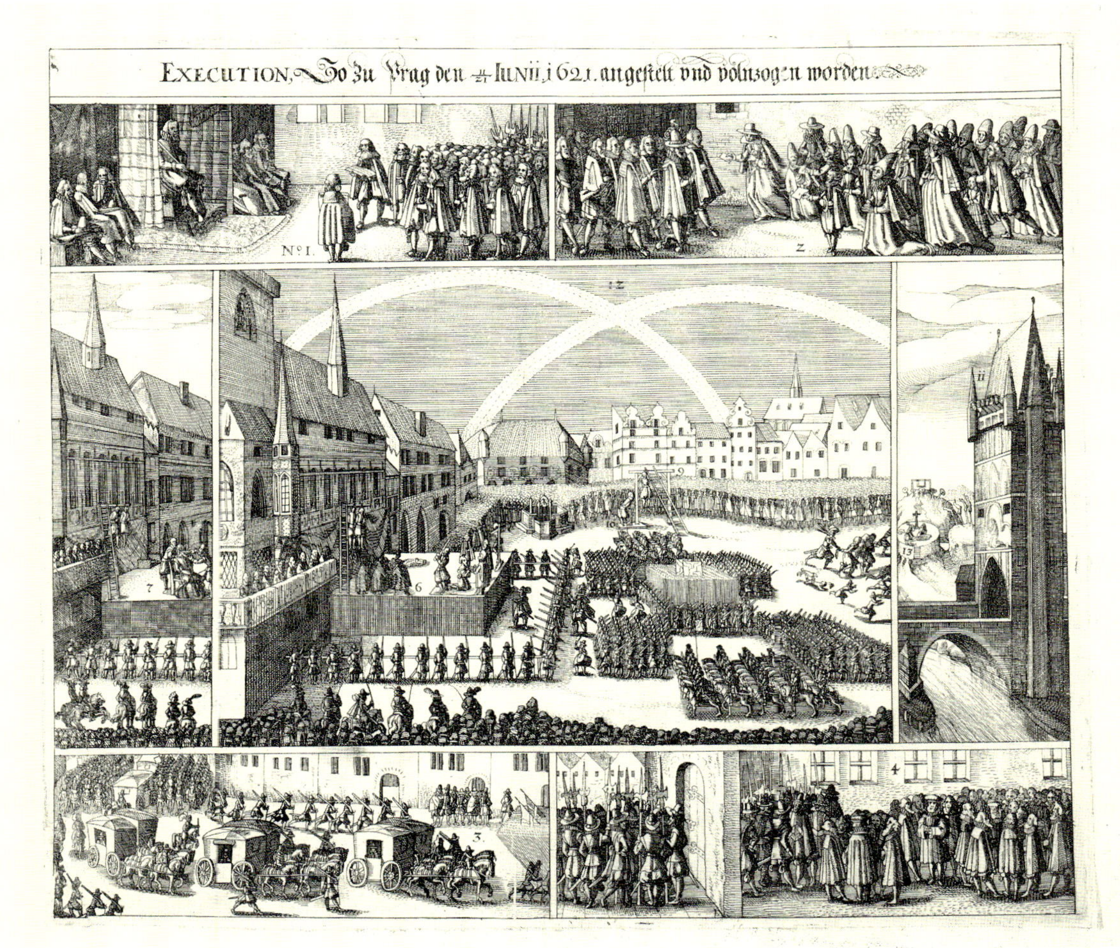

Flugblatt anläßlich der Prager Hinrichtungen
Deutschland, 1621
Radierung;
28 x 32,3 cm
Inv.-Nr.: 1988/1397

Ende Februar 1621 wurden die für den böhmischen Aufstand verantwortlich gemachten Rebellen verhaftet und in einem Prozeß fast alle zum Tode verurteilt. Um Gnade gebeten, blieb Kaiser Ferdinand II. hart und befahl die sofortige Vollstreckung. Darüber hinaus erkannte er den Böhmen die im Majestätsbrief von 1609 durch Rudolf II. zugesicherte Religionsfreiheit wieder ab und beendete das böhmische Wahlkönigtum.

Die in sieben Bildfeldern abgebildeten Szenen schildern die Ereignisse von der Urteilsverkündung auf der Prager Burg (oben links), dem vergeblichen Gnadengesuch der Angehörigen an den kaiserlichen Statthalter Karl von Liechtenstein (oben rechts), den Transport der Gefangenen von der Burg in die Stadt (unten links), der letzten in gemeinsamem Gebet verbrachten Nacht der Verurteilten (unten rechts) bis zu deren Hinrichtung. Im mittleren und größten Bildfeld sind die verschiedenen Richtstätten zu sehen, wo die Exekution im Beisein einer großen Menge von Zuschauern unter zwei sich überschneidenden Regenbogen, die angeblich am Morgen dieses Tages zu sehen waren, stattfindet. Auf einem Schafott vor dem Altstädter Rathaus werden die Delinquenten gehängt oder mit dem Schwert geköpft, ein weiterer Galgen befindet sich in der Mitte des Platzes. In einer Ausschnittsvergrößerung sind nochmals die Gehängten an der Fassade des Rathauses zu sehen, während davor eine Folterung stattfindet. Das rechte Bildfeld zeigt den Altstädter Brückenturm an der Karlsbrücke, an dem auf Spießen die Köpfe der Hingerichteten zu sehen sind. P.M.G.

Protagonisten des Dreißigjährigen Krieges

a) Albrecht Wenzel Eusebius Wallenstein, Herzog von Friedland
Deutschland,
Mitte 17. Jh.
Kupferstich;
19,6 x 13,2 cm
Inv.-Nr.: Gr 63/546

b) Maximilian I., Herzog von Bayern, Kurfürst von der Pfalz
Deutschland,
um 1623
Kupferstich;
28,2 x 18,7 cm
Inv.-Nr.: Gr 61/131

c) Johann Tserclaes von Tilly
Pieter de Jode d.Ä.
(1570-1634) nach
Anton van Dyck
(1599-1641)
Um 1632
Kupferstich;
24,5 x 18,8 cm
Inv.-Nr.: 1988/706.4

Das repräsentative Reiterbildnis zeigt Herzog Maximilian I. von Bayern, kurz nachdem er Kurfürst geworden war und daher angetan mit dem hermelinbesetzten Mantel, als eigentlichen Sieger des Böhmisch-Pfälzischen Krieges, der ersten Phase des Dreißigjährigen Krieges.
Die Feldherren Johann Tserclaes Graf von Tilly und Albrecht Wenzel Eusebius von Wallenstein kämpften seit dem böhmischen Aufstand auf der kaiserlichen Seite. Tilly hatte bereits seit 1610 dem bayerischen Herzog gedient und dessen Heer und die Truppen der katholischen Liga durch die Schlachten geführt, bis er 1632 bei Rain am Lech tödlich verwundet wurde. Das nach einem Gemälde Anton van Dycks gestochene Bildnis zeigt ihn in selbstsicherer Pose vor einer Mauer, hinter der die hochschlagenden Flammen auf das Kriegsgeschehen hindeuten. Wallenstein, dem böhmischen Adel entstammend, konvertierte erst zum katholischen Glauben, nachdem er seine militärische Karriere in kaiserlichen Diensten begonnen hatte. Durch seine Erfolge als Führer eines privaten Söldnerheeres verhalf er dem Kaiser – und sich selbst – zu einer derartigen Machtsteigerung, daß er sich den Neid und das Mißtrauen der Reichsfürsten zuzog. Als er geheime Verhandlungen mit den Schweden führte, geriet er in den Verdacht des Hochverrats und wurde am 25. Februar 1634 in Eger ermordet.

P.M.G.

Unter einem Triumphbogen ist im Zentrum des großformatigen Kupferstichs in der Tracht eines römischen Feldherrn mit wehendem Mantel der lorbeerbekränzte Ferdinand zu sehen. In seiner Rechten den Feldherrenstab, hat er in der Linken die Zügel seines prachtvoll geschirrten Pferdes sicher im Griff. Er ist der Sieger über seine in manieristischer Verdrehung am Boden liegenden Feinde, die vergebens versuchen, sich vor den Hufen des sich aufbäumenden Hengstes zu schützen. Ferdinand hat sie unterworfen, seine Gegner sind tot oder in dicken Eisenketten gefangen. Kriegsgerät und Rüstungsteile liegen zerbrochen unter ihren Körpern.

Zwei weibliche allegorische Skulpturen, Personifikationen des unerschütterlichen Glaubens, der sein reiches Füllhorn ausleert, und der unerschrokkenen Gerechtigkeit, die den vielköpfigen Drachen der Häresie mit Füßen tritt, flankieren das Reiterbildnis. Durch zentralperspektivische Architekturen staffelt sich der Bildraum in die Tiefe, führt den Blick zu einer im Hintergrund dargestellten Siegessäule. In der allegorischen Sphäre darüber fällt göttliches Licht durch die zur Seite gedrängten, dunklen Wolken. Putti und Engel künden den Ruhm des Kaisers und leeren ihre Gaben über ihn. Aus den Wolken, in denen sich Personifikationen von Sieg und Frieden, Wachsamkeit, Weisheit, Wohlstand und Glauben versammelt haben, fallen Lorbeerkranz, Erzherzogshut, Wenzelskrone und die Krone des Reichs herab. Der Reichsadler breitet schützend seine Schwingen aus.

P.M.G.

Kaiser Ferdinand II. in Siegerpose
Egidius Sadeler II (1570-1629)
1629
Amsterdam: Marcus Sadeler, 2. Viertel 17. Jh.
Kupferstich; 89 x 62,5 cm
Inv.-Nr.: Gr 93/39

König Gustav Adolf von Schweden
Deutschland,
17. Jh.
Öl/Leinwand;
52 x 42 cm
Inv.-Nr.: 1992/1590

König Gustav II. Adolf stammte aus dem Hause Wasa, das bereits seit 1523 in Schweden regierte. Erst sechzehnjährig war er nach dem Tod seines Vaters, Karls IX., 1611 auf den schwedischen Thron gekommen. Bei seinen Untertanen galt er als gläubiger, gottesfürchtiger Mann, und so war es wohl auch seine protestantische Überzeugung, die ihn 1630 in den Dreißigjährigen Krieg eingreifen und den Marsch nach Deutschland antreten ließ. Aber auch dynastische und machtpolitische Interessen spielten eine Rolle: Zum einen fürchtete er um die schwedische Vormachtstellung im Ostseeraum, die bei einem Sieg und einer weiteren Machtfestigung der Habsburger gefährdet worden wäre, zum anderen gab es in Polen noch eine katholische Linie des Hauses Wasa, die mit Hilfe des katholischen Kaiserhauses ihren Thronanspruch hätte anmelden können. Von der protestantischen Bevölkerung in Deutschland begeistert als Retter und Befreier empfangen, hatte er doch auch keine Skrupel, sich in seiner Kriegführung vom katholischen Frankreich materiell unterstützen zu lassen. Nach einem triumphalen Siegeszug durch ganz Deutschland fiel er Ende des Jahres 1632 in der Schlacht bei Lützen, weil er aufgrund seiner Kurzsichtigkeit versehentlich unter die feindliche Kavallerie geraten war.

P.M.G.

Flugblatt anläßlich der Landung Gustav Adolfs von Schweden
Nürnberg:
Georg Köler, 1632
Radierung;
27,7 x 36,4 cm
Inv.-Nr.: 1990/2410

Das Flugblatt ist eine Allegorie auf die Ankunft Gustav Adolfs in Deutschland und seine Eroberungen, die von den Protestanten als Befreiung empfunden wurden. Der Bildtitel »Cum duplicantur lateres venit Moses« nimmt zitierend Bezug auf die Stelle im 2. Buch Mose, wo von den immer drückender werdenden Frondiensten des Volkes Israel in Ägypten berichtet wird: Als die Anzahl der zu brennenden Ziegel verdoppelt wurde, kam Moses zu seiner Rettung.

Ebenso erscheint hier Gustav Adolf als Retter des deutschen Volkes. Vor dem Hintergrund seiner bewaffneten Truppen, die vor ihren ersten Eroberungen, Rügen, Usedom, Wollin, Wolgast und Stralsund, aufmarschiert sind und den Segen eines Pfarrers empfangen, und seiner Flotte steht er, lorbeergekrönt, auf einer Anhöhe und nimmt aus der Hand Gottes ein Schwert entgegen. Die Bibelzitate setzen Gustav Adolf in Analogie zu alttestamentarischen Erretter- und Befreierfiguren und legitimieren damit sein Eingreifen in den Kampf zwischen den Konfessionen auf der Grundlage des Alten Testaments.

Dem gleichen Zweck dient auch der wie ein Heiligenschein um seinen Kopf geschriebene Psalm 34, Vers 9, aus dessen Wortanfängen der Name des Schwedenkönigs, GUSTAV SVED, gebildet und damit gleichsam als biblische Vorankündigung auf sein Erscheinen gedeutet werden kann: *GU*STATE ET *V*IDETE QUAM *S*UAVIS *E*ST *D*OMINUS (Schmecket und sehet, wie freundlich der Herr ist). P.M.G.

Die Münchener Schwedengeiseln
Lucas Kilian
(1579-1637)
Kupferstich;
27,7 x 32,1 cm
Inv.-Nr.: Gr 54/1565

Am Ufer der Isar, hinter der die Silhouette Münchens und weiter in der Tiefe brennende Dörfer zu sehen sind, hat sich eine Delegation versammelt, die dem siegreichen Schwedenkönig die Stadtschlüssel darbringt. Zwei Tage nach der Übergabe am 15. Mai 1632 ritt Gustav Adolf in München ein. Um einer Plünderung und dem Niederbrennen durch die königlichen Truppen zu entgehen, sollte die Stadt 300000 Taler zahlen, konnte aber nicht einmal die Hälfte davon aufbringen. Als Bürgschaft für den Rest nahmen die Schweden 44 Münchner von Stand als Geiseln, die Hälfte davon Geistliche. Aber weder der bayerische Herzog noch die Stadt München sahen sich in der Lage, das restliche Geld aufzubringen, so daß die Geiseln noch fast drei Jahre in schwedischer Gefangenschaft ausharren mußten.

Das Flugblatt erinnert an die Freilassung der vierzig überlebenden Gefangenen im März 1635, die als Dank für ihre Errettung eine Wallfahrt nach Ramersdorf unternahmen und der Muttergottes eine Votivtafel stifteten, die auch als Vorlage für den hier abgebildeten Stich diente. Im Dankgebet versammelt, kniet die »Münchner Geyselschafft« vor der Kulisse ihrer Heimatstadt, vor deren Mauern, am Gasteig, noch die Zelte des schwedischen Feldlagers aufgestellt sind. Einer der Männer hält den bei Antritt der Gefangenschaft verfaßten Gelöbnisbrief in Händen, mit dem sich die Geiseln unter den besonderen Schutz Marias gestellt hatten.

P.M.G.

In den großen Söldnerheeren gliederte sich die Infanterie in Musketiere und Pikeniere, zur Kavallerie gehörten die Kürisser, Dragoner und leichten Reiter. Ein Infanterieregiment setzte sich aus etwa 10 Kompanien mit je rund 300 Mann zusammen, ein Kavallerieregiment aus 600 bis 1 200 Reitern.

Hauptwaffe der Musketiere war die Muskete mit Luntenschloßmechanismus. Zur besseren Handhabung wurde diese schwere Waffe auf eine Gabel aufgelegt. Im Verlauf des Dreißigjährigen Krieges wurde dank der Einführung leichterer Musketen die unhandliche Gabel entbehrlich. Zur Ausrüstung gehörten außerdem Kugelbeutel, Pulver- und Zündkrautflasche.

Die Pikeniere trugen die bis zu fünf Meter lange Pike und schützten sich durch einen leichten Harnisch. Unter dem Einfluß der spanischen Mode und zum Rostschutz wurden die Harnische vielfach geschwärzt. Auch die Dragoner und die leichte Reiterei trugen Feuerwaffen. Die Zahl der Schützen nahm ständig zu, und im Heer des Schwedenkönigs Gustav Adolf waren bereits zwei Drittel der Infanterie mit Handfeuerwaffen und nur noch ein Drittel mit Piken ausgerüstet.

Die Wirkung der Geschosse führte bei der schweren Reiterei allmählich zur Aufgabe der kompletten Harnische. Im Nahkampf diente der Haudegen mit ausgeprägtem Bügelgefäß als Waffe.

G.Qu.

Luntenschloß-muskete
Deutschland,
1. Hälfte 17. Jh.
Eisen, Stahl, Holz;
L 147 cm (gesamt);
Kaliber 18 mm
Inv.-Nr.: W 59/1165

Musketengabel
1. Hälfte 17. Jh.
Eisen, Holz;
L 136,5 cm (gesamt)
Inv.-Nr.: W 2202

Pikenierharnisch
Süddeutschland,
um 1600
Eisen, geschwärzt;
L 74,5 cm
(ohne Helm),
B 58 cm
Inv.-Nr.: 1988/1147

Haudegen
Deutschland,
2. Hälfte 17. Jh.
Eisen, Stahl;
L 88 cm (gesamt),
73 cm (Klinge),
B 3,3 cm (Klinge);
G 880 g
Inv.-Nr.: W 58/8

Pulverflasche
1. Hälfte 17. Jh.
Eisen, Holz, Hanf;
H 25 cm, B 20,5 cm
Inv.-Nr.: W 59/350

Zündkrautflasche mit Kugelbeutel
1. Hälfte 17. Jh.
Eisen, Holz;
H 13 cm, B 8,5 cm
Inv.-Nr.: W 59/3541

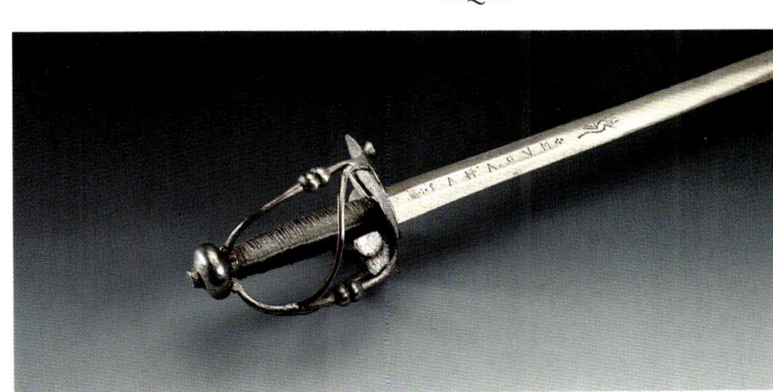

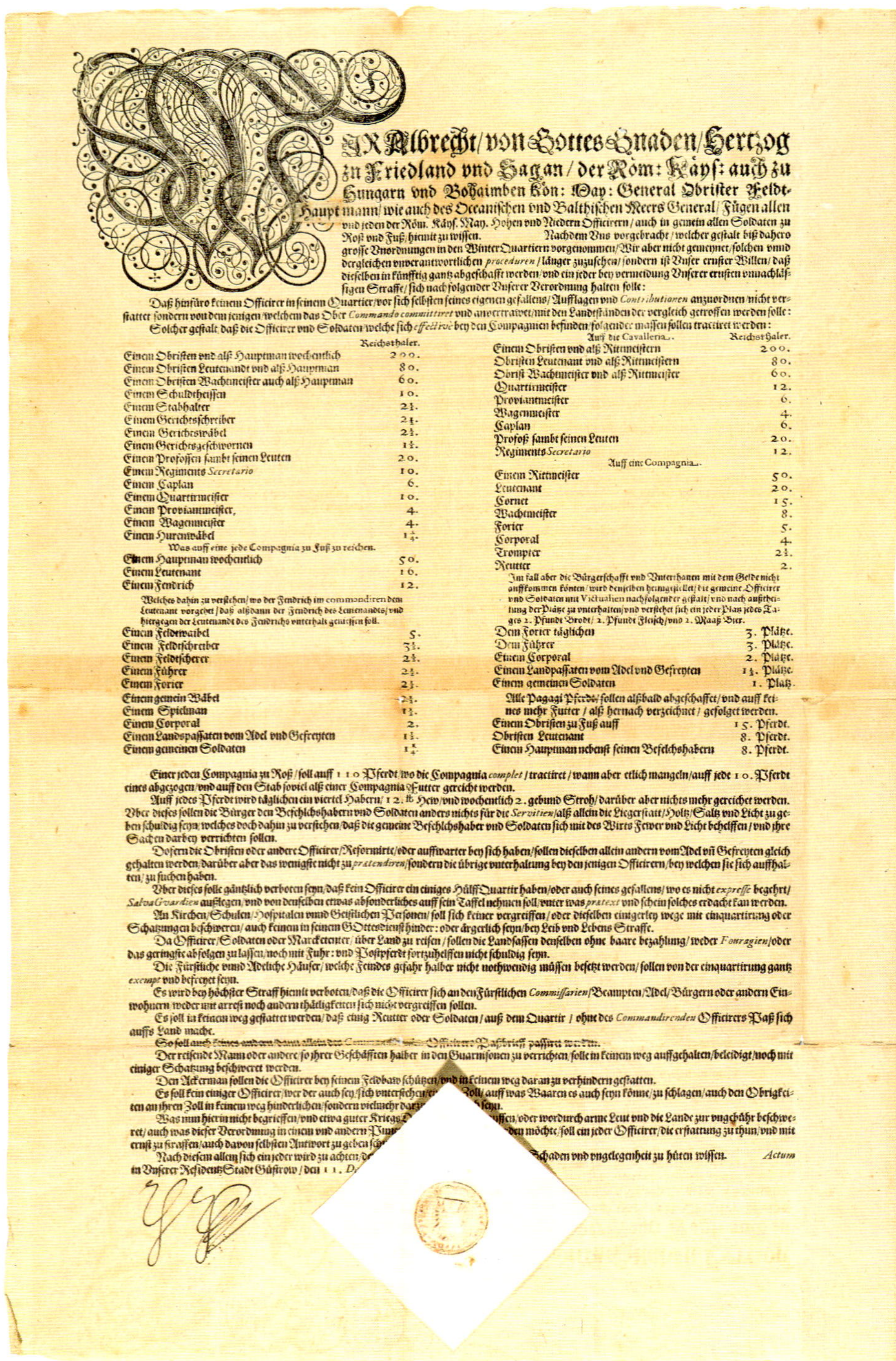

WIR Albrecht / von Gottes Gnaden / Hertzog zu Friedland vnd Sagan / der Röm: Käys: auch zu Hungarn vnd Bohaimben Kön: May: General Obrister Feldt-Hauptmann / wie auch des Oceanischen vnd Balthischen Meers General / Fügen allen vnd jeden der Röm. Käys. May. Hohen vnd Niedern Officirern / auch in gemein allen Soldaten zu Roß vnd Fuß / hiemit zu wissen. Nachdem Vns vorgebracht / welcher gestalt biß dahero grosse Vnordnungen in den WinterQuartiern vorgenommen / Wir aber nicht gemeynet / solchen vnnd dergleichen vnverantwortlichen *proceduren* / länger zuzusehen / sondern ist Vnser ernster Willen / daß dieselben in künfftig gantz abgeschafft werden / vnd ein jeder bey vermeidung Vnserer ernsten vnnachläßsigen Straffe / sich nach folgender Vnserer Verordnung halten solle:

Daß hinfüro keinem Officirer in seinem Quartier / vor sich selbsten seines eigenen gefallens / Aufflagen vnd *Contributionen* anzuordnen nicht verstattet / sondern von dem jenigen / welchem das Ober *Commando committiret* vnd anvertrawet / mit den Landtständen der vergleich getroffen werden solle: Solcher gestalt / daß die Officirer vnd Soldaten / welche sich *effectivè* bey den Compagnien befinden / folgender massen sollen tractiret werden:

	Reichsthaler.
Einem Obristen vnd alß Hauptman wochentlich	200.
Einem Obristen Leutenandt vnd alß Hauptman	80.
Einem Obristen Wachtmeister auch alß Hauptman	60.
Einem Schuldtheissen	10.
Einem Stabhalter	2½.
Einem Gerichtsschreiber	2½.
Einem Gerichtswäbel	2½.
Einem Gerichtsgeschwornen	1½.
Einem Profossen sambt seinen Leuten	20.
Einem Regiments *Secretario*	10.
Einem Caplan	6.
Einem Quartirmeister	10.
Einem Proviantmeister,	4.
Einem Wagenmeister	4.
Einem Hurenwäbel	1¼.
Was auff eine jede Compagnia zu Fuß zu reichen.	
Einem Hauptman wochentlich	50.
Einem Leutenant	16.
Einem Fendrich	12.
Welches dahin zu verstehen / wo der Fendrich im commandiren dem Leutenant vorgehet / daß alßdann der Fendrich des Leutenandts / vnd hiergegen der Leutenandt des Fendrichs vnterhalt geniessen soll.	
Einem Feldtwaibel	5.
Einem Feldtschreiber	3½.
Einem Feldtscherer	2½.
Einem Führer	2½.
Einem Forier	2½.
Einem gemein Wäbel	2½.
Einem Spielman	1½.
Einem Corporal	2.
Einem Landspassaten vom Adel vnd Gefreyten	1½.
Einem gemeinen Soldaten	1¼.

Auff die Cavalleria.	Reichsthaler.
Einem Obristen vnd alß Rittmeistern	200.
Obristen Leutenant vnd alß Rittmeistern	80.
Obrist Wachtmeister vnd alß Rittmeister	60.
Quartirmeister	12.
Proviantmeister	6.
Wagenmeister	4.
Caplan	6.
Profoß sambt seinen Leuten	20.
Regiments *Secretario*	12.
Auff eine Compagnia.	
Einem Rittmeister	50.
Leutenant	20.
Cornet	15.
Wachtmeister	8.
Forier	5.
Corporal	4.
Trompter	2½.
Reutter	2.

Im fall aber die Bürgerschafft vnd Vnterthanen mit dem Gelde nicht auffkommen könten / wird denselben heimgestellet / die gemeine Officirer vnd Soldaten mit Victualien nachfolgender gestalt / vnd nach außtheilung der Plätze zu vnterhalten / vnd verstehet sich ein jeder Platz jedes Tages 2. Pfundt Brodt / 2. Pfundt Fleisch / vnd 2. Maaß Bier.

Dem Forier täglichen	3. Plätze.
Dem Führer	3. Plätze.
Einem Corporal	2. Plätze.
Einem Landpassaten vom Adel vnd Gefreyten	1½. Plätze.
Einem gemeinen Soldaten	1. Platz.

Alle Pagagi Pferde / sollen alßbald abgeschaffet / vnd auff keines mehr Futter / alß hernach verzeichnet / gefolget werden.

Einem Obristen zu Fuß auff	15. Pferdt.
Obristen Leutenant	8. Pferdt.
Einem Hauptman nebenst seinen Befelchshabern	8. Pferdt.

Einer jeden Compagnia zu Roß / soll auff 110 Pferdt / wo die Compagnia *complet* / tractiret / wann aber etlich mangeln / auff jede 10. Pferdt eines abgezogen / vnd auff den Stab soviel alß einer Compagnia Futter gereicht werden.

Auff jedes Pferdt wird täglichen ein viertel Habern / 12. ℔ Hew / vnd wochentlich 2. gebund Stroh / darüber aber nichts mehr gereichet werden. Vber dieses sollen die Bürger den Befelchshabern vnd Soldaten anders nichts für die *Servitien* / alß allein die Liegerstatt / Holtz / Saltz vnd Licht zu geben schuldig seyn / welches doch dahin zu verstehen / daß die gemeine Befelchshaber vnd Soldaten sich mit des Wirts Fewer vnd Licht behelffen / vnd ihre Sachen darbey verrichten sollen.

Dofern die Obristen oder andere Officirer / Reformirte / oder auffwarter bey sich haben / sollen dieselben allein andern vom Adel vñ Gefreyten gleich gehalten werden / darüber aber das wenigste nicht zu *prätendiren* / sondern die übrige vnterhaltung bey den jenigen Officirern / bey welchen sie sich auffhalten / zu suchen haben.

Vber dieses solle gäntzlich verboten seyn / daß kein Officirer ein einiges HülffQuartir haben / oder auch seines gefallens / wo es nicht *expresse* begehrt / *SalvaGvardien* außlegen / vnd von denselben etwas absonderliches auff sein Taffel nehmen soll / vnter was *prätext* vnd schein solches erdacht kan werden.

An Kirchen / Schulen / Hospitalen vnnd Geistlichen Personen / soll sich keiner vergreiffen / oder dieselben einigerley wege mit einquartirung oder Schatzungen beschweren / auch keinen in seinem GOttesdienst hinder: oder ärgerlich seyn / bey Leib vnd Lebens Straffe.

Da Officirer / Soldaten oder Marcketenter / über Land zu reisen / sollen die Landsassen denselben ohne baare bezahlung / weder *Fouragien* / oder das geringste abfolgen zu lassen / noch mit Fuhr: vnd Postpferdt fortzuhelffen nicht schuldig seyn.

Die Fürstliche vnnd Adeliche Häuser / welche Feindes gefahr halber nicht nothwendig müssen besetzt werden / sollen von der einquartirung gantz *exempt* vnd befreyet seyn.

Es wird bey höchster Straff hiemit verboten / daß die Officirer sich an den Fürstlichen *Commissarien* / Beampten / Adel / Bürgern oder andern Einwohnern / weder mit arrest noch andern thätligkeiten sich nicht vergreiffen sollen.

Es soll in keinen weg gestattet werden / daß einig Reutter oder Soldaten / auß dem Quartir / ohne des *Commandirenden* Officirers Paß sich auffs Land mache.

So soll auch [illegible] Paßbrieff passiret werden.

Der reisende Mann oder andere / so ihrer Geschäfften halber in den Guarnisonen zu verrichten / solle in keinem weg auffgehalten / beleidigt / noch mit einiger Schatzung beschweret werden.

Den Ackerman sollen die Officirer bey seinem Feldbaw schützen / vnd in keinem weg daran zu verhindern gestatten.

Es soll kein einiger Officirer / wer der auch sey / sich vnterstehen / [illegible] Zoll / auff was Waaren es auch seyn könne / zu schlagen / auch den Obrigkeiten an ihren Zoll in keinem weg hinderlichen / sondern vielmehr dar[illegible] seyn.

Was nun hierin nicht begriffen / vnd etwa guter Kriegs[illegible]uffen / oder wordurch arme Leut vnd die Lande zur vngebühr beschweret / auch was dieser Verordnung in einem vnd andern Pun[illegible]den möchte / soll ein jeder Officirer / die erstattung zu thun / vnd mit ernst zu straffen / auch davon selbsten Antwort zu geben sch[illegible]

Nach diesem allem sich ein jeder wird zu achten / [illegible] Schaden vnd vngelegenheit zu hüten wissen. *Actum* in Vnserer ResidentzStadt Güstrow / den 11. *D*[illegible]

Verordnung gegen die »grosse(n) Unordnungen in den WinterQuartiern«
Mit eigenhändiger Unterschrift Wallensteins »W« und Siegel
Güstrow, 11. Dezember 1628
Papier, einseitig bedruckt; 61 x 39 cm
Inv.-Nr.: 1988/302

Das Kriegführen mit freien Söldnertruppen, wie es Wallenstein im Dreißigjährigen Krieg beispielhaft exerzierte, erforderte ein hohes Maß an Planung und Organisation, um die stets drängende Frage des Heeresunterhalts in den Griff zu bekommen. Der Schlüssel dazu lag in dem von Wallenstein neu interpretierten Kontributionssystem. Waren die Kontributionen ursprünglich eine Forderung an kriegsdienlichen Sach- und Lebensmitteln, die feindlichem, besetztem Gebiet aufgezwungen wurde, so zog Wallenstein auch die verbündeten Reichsgebiete zu Leistungen heran, die er sich vor allem in Geld entrichten ließ. Grundlage der Wallensteinschen Kontributionsforderungen waren die »Ordinanzen«, Listen, in denen die Verpflegungsansprüche für jede Rangklasse in Geld oder – für das Fußvolk – in der Menge der Lebensmittel angegeben waren. Eine zentrale Rolle kam in diesem System den Obersten zu. Sie hatten auf die Durchführung der Ordinanz durch die Regierung des Territoriums achtzugeben. Aber gerade an ihnen und ihrem Bestreben, zum Vorteil ihrer Liquidität weitere Abgaben zu erpressen oder zu Lasten der einfachen Soldaten möglichst viel der gewöhnlichen Kontributionen in die eigene Tasche zu lenken, lag es, wenn die Verpflegungsverordnungen keine Garantie gegen »Unordnungen in den WinterQuartiern« leisteten und es weiterhin zu Übergriffen und Plünderungen kam.

M.S.

Wallenstein, der sich seit dem 7. April 1625 »Capo über alles kaiserliche Volk« nennen durfte und zum Herzog von Friedland erhoben worden war, finanzierte sein Söldnerheer auch durch den Verkauf von Schutzbriefen: Gegen Zahlung einer ansehnlichen Geldsumme konnte Befreiung von Einquartierung und Schutz vor Plünderungen erkauft werden. Bei seinem Feldzug gegen Ernst von Mansfeld, der am 25. April 1626 an der Dessauer Elbbrücke geschlagen wurde, verkaufte er einen Schutzbrief an Ludwig Fürst zu Anhalt für seine Residenzstadt Köthen. »Bey unaußbleibender Leib und Lebens Straff« verbot Wallenstein Einquartierung und jegliche Form von Plünderung. Obgleich exemplarische Bestrafungen durchgeführt wurden, gelang es weder Wallenstein noch anderen Heerführern, ihre Söldner von eigenmächtigem Vorgehen abzuhalten. So verspricht Tilly dem Liborius Weißberg »Restitution des erlittenen Schadens« für einen Weißbergschen Diener, dem trotz erteilter »salva guardia« das Pferd abgenommen und der »ganz nackend ausgezogen« davongejagt wurde. H.A.

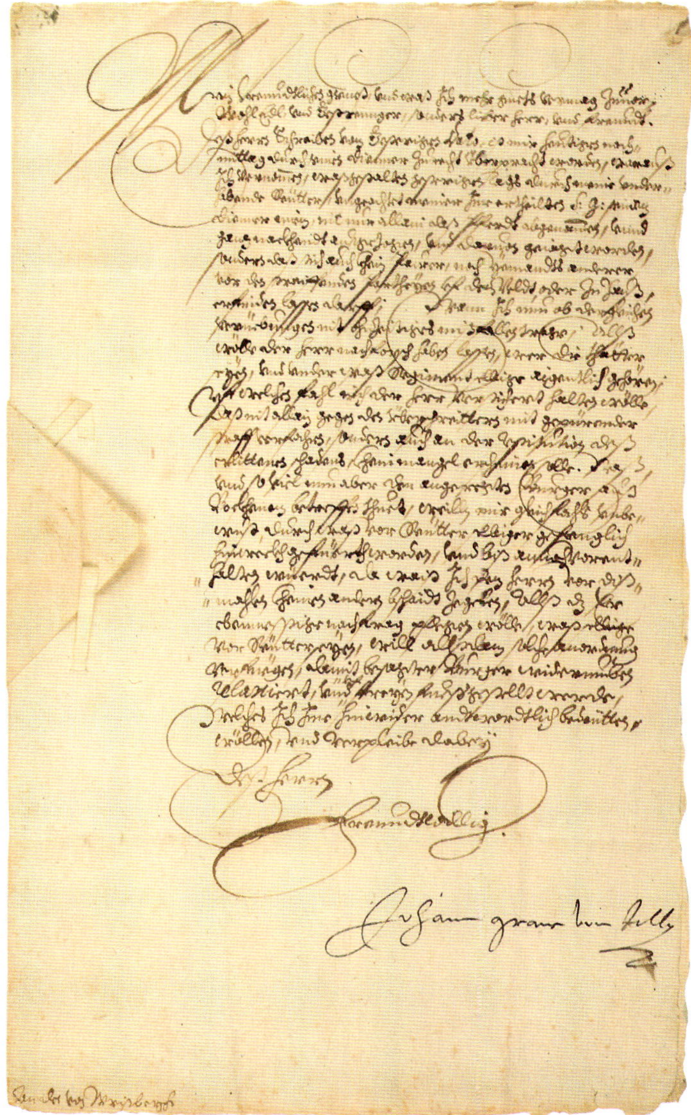

Johann Tserclaes Graf von Tilly
Schreiben an Liborius Weißberg wegen Plünderungen und Gewalttaten durch Tillys Reiter mit eigenhändiger Unterschrift »Johann grave von Tilly« und Siegel (Bockenem bei Hildesheim, 15. bis 25. Oktober 1625)
Papier, Tinte; 33 x 20 cm
Inv.-Nr.: Do 91/127

Von Gottes Gnaden Wir Albrecht/ Hertzog zu Friedlandt/ Röm: Käys: Majest: Kriegß-Raht/ Cammerer/ Oberster zu Prag/ vnd General vber dero Armeë, etc. Geben allen vnd jeden/ Höchsternenter Jhrer Käy: Majest. bestelten Obersten/ Obersten Leutenanten/ Obersten Wacht: vnd Quartiermeistern/ Rittmeistern/ Capitäinen/ vnd allen andern hohen oder niedern Officirern vnd Befehlichshabern/ wie auch der samentlichen Soldatesca zu Roß vnd Fuß/ hiemit zu vernehmen: Demnach wir deß [illegible] Residentz vnnd Schloß Köthen [illegible], sampt dessen pertinentien, aller der Soldatesca einlosir: vnd einquartirung eximirt vnd befreyet. Als ist an alle obbemelte hohe oder niedere Officier vnd Befehlichshaber/ bevoraus die verordnete Quartiermeister vnd Furier/ Vnser/ bey vnaußbleibender Leib vnd Lebens Straff/ ernstlicher Befehlich/ daß sie obbemelte Residentz vnnd Schloß [illegible] allen desselben an: vnd zugehörungen/ vnperturbirter vnd Quartier frey verbleiben lassen/ die Vnterthanen mit ei[illegible]mächtiger exaction oder Geldschätzungen nicht beschweren/ Sie/ wie auch ihr groß vnd klein Viehe/ [illegible]gen vnd alles anders/ wie das Namen haben mag/ keines weges antasten/ beleidigen/ [illegible] Gewalt hinweg nehmen/ noch andern solches zu thun gestatten/ vielmehr aber in allen [illegible]n vnd defendiren sollen/ Wornach sich Menniglich zu richten vnd für Schaden zu [illegible] [illegible]en zu Aschersleben, den 26. Februarij. Ao. 1626.

Schutzbrief für Schloß Köthen
Mit eigenhändiger Unterschrift Wallensteins »AHzFrd« und Siegel Aschersleben, 26. Februar 1626
Papier, einseitig bedruckt, mit handschriftlichen Eintragungen; 32 x 29 cm
Inv.-Nr.: Do 93/11
Erworben aus Mitteln des Landes Berlin

Jacques Callot, Augenzeuge des Krieges, verarbeitete seine Beobachtungen in einer Folge von 18 Radierungen, die er die »Schrecken und das Unglück des Krieges« nannte; die Blätter sind versehen mit Versen des Abts Michel de Marolles. Drastisch schildert Callot den Überfall auf einen Bauernhof: Soldaten haben das Haus gestürmt, vergreifen sich an den Wein- und Essensvorräten, quälen, foltern oder töten die, die sich ihnen in den Weg stellen, und vergewaltigen Frauen. Im Beisein des Heeres werden Diebe und Mordbrenner bestraft: Man knüpft sie an einem Galgenbaum auf, wo sie »wie unheilvolles Obst« – so der Text – zur Abschreckung hängen bleiben. Nicht ohne den Blick auf individuelle Schicksale schildert Callot die Exekution: Sie findet im Beisein von Geistlichen statt, die den Verurteilten beistehen und ihnen die letzte Beichte abnehmen. Vor einem Hospital haben sich Kriegskrüppel versammelt, in der Hoffnung, hier zu essen zu bekommen. Während manche ihren Nutzen aus dem Krieg ziehen, andere am Galgen enden, sieht man hier das traurige Schicksal, das viele der Soldaten erwartet. Durch den Verlust ihrer Arme oder Beine, durch Erblindung nicht mehr fähig, sich selbst zu ernähren, müssen sie sich fortan als Bettler durchs Leben schlagen. In einem Wäldchen haben Bauern durchziehende Soldaten hinterrücks überfallen. Sie nehmen Rache für das, was ihnen im Krieg widerfahren ist.

P.M.G.

Les grandes misères de la guerre
Folge von 18 Blättern
Jacques Callot (1592-1635)
Paris: Israël Henriet, 1633
Radierung; 9 x 19,3 cm (Platte)

a) Überfall auf einen Bauernhof (Blatt-Nr. 5)
Inv.-Nr.: 1988/795.5

b) Der Galgenbaum (Blatt-Nr. 11)
Inv.-Nr.: 1988/795.11

c) Das Hospital (Blatt-Nr. 15)
Inv.-Nr.: 1988/795.15

d) Die Rache der Bauern (Blatt-Nr. 17)
Inv.-Nr.: 1988/795.17

Soldaten plündern einen Bauernhof
Sebastian Vrancx
(1573-1647)
Um 1600
Öl/Holz;
50,8 x 69,5 cm
Inv.-Nr.: 1988/1842

Eine Rotte von Marodeuren ist in einen Bauernhof eingedrungen. Ein Geharnischter holt aus, um den am Boden liegenden Bauern zu erschlagen. Zwei Frauen versuchen schreiend, ihn davon abzuhalten. Einen anderen Mann hat er bereits umgebracht. Auf den zur Tür flüchtenden Knaben ist eine Muskete angelegt. Bald wird von diesem Haus nichts mehr übrigbleiben als ein Haufen rauchender Trümmer. Der Maler des Bildes und seine Werkstatt waren im katholischen Antwerpen tätig. So ist anzunehmen, daß es sich bei den Soldaten um Protestanten, sogenannte Geusen, handelt. Als junger Mann war Sebastian Vrancx Zeuge des Krieges zwischen Spanien und den protestantischen niederländischen Provinzen. Die Detailgenauigkeit seiner Bilder macht sie zu Dokumenten der Kriegführung um 1600, die auch noch für das Erscheinungsbild des Dreißigjährigen Krieges gilt.

D.V.

Die Belagerung von Valenza del Po
Peeter Snayers
(1592-1666)
Mitte 17. Jh.
Öl/Leinwand;
165 x 192 cm
Inv.-Nr.: 1994/239

Vierzig Tage lang wurde Valenza, die kleine Stadt am Po, belagert, nachdem sich Kardinal Richelieu im Jahr 1635 entschlossen hatte, aktiv in die militärischen Auseinandersetzungen einzugreifen. So wurde der Dreißigjährige Krieg endgültig zu einem europäischen, bei dem nicht mehr die konfessionelle Frage, sondern territoriale Interessen im Vordergrund standen. Wenngleich die Hauptschauplätze des Schlachtengeschehens immer noch auf deutschem Boden lagen, hatte doch eine Internationalisierung stattgefunden, die auch kleinere Staaten dazu veranlaßte, ihre mächtigen Bündnispartner militärisch zu unterstützen. Valenza war eine der sichersten Festungen des auf spanisch-habsburgischer Seite kämpfenden Herzogtums Mailand, dessen unmittelbare Nachbarn, die Herzöge von Parma und Savoyen, sich im Juli mit den Franzosen verbündet hatten.

Die Geschichte der Belagerung ist exemplarisch für diese vierte und letzte Phase des Krieges: Über fünfzig Mal liefen die Franzosen mit ihren Verbündeten Sturm auf Valenza, etliche tausend Mann büßten sie ein, bevor sie unverrichteter Dinge wieder abzogen.

P.M.G.

Kardinal Mazarin
Philippe
de Champagne
(1602-1674),
Nachfolge
Nach 1650
Öl/Leinwand;
216 x 143,5 cm
Inv.-Nr.: 1994/645

Kardinal Richelieu
Philippe
de Champagne
(1602-1674),
Nachfolge
Nach 1650
Öl/Leinwand;
216 x 143,5 cm
Inv.-Nr.: 1994/646

Die Leitung der französischen Politik lag zwischen 1624 und 1661 nacheinander in den Händen der Kardinäle Richelieu (1585-1642) und Mazarin (1602-1661).

Richelieu, der innenpolitisch die Hugenotten und den gegen die Krone frondierenden Hochadel bekämpfte und damit den Grundstein für den Absolutismus Ludwigs XIV. legte, sah sein außenpolitisches Hauptziel im Widerstand gegen die Habsburger, die Frankreich im Süden (Spanien) und Norden (Niederlande) umklammerten und im Reich den Kaiser stellten. Daher verbündete er sich 1631 ohne konfessionelle Bedenken mit dem Schwedenkönig Gustav Adolf, dem Haupt der protestantischen Union. Er setzte nach des Königs Tod 1632 alle Machtmittel Frankreichs gegen die Habsburger und den Kaiser ein und verhinderte so den Sieg der kaiserlich-katholischen Seite im Dreißigjährigen Krieg. Die noch von Richelieu 1641 eingeleiteten Friedensverhandlungen brachte sein Nachfolger im Westfälischen Frieden 1648 zu einem für Frankreich günstigen Abschluß: Die Schwächung der Reichsinstanzen und die Stärkung der Territorialgewalten besiegelten die Vormachtstellung Frankreichs. Die Schwächung des Reiches blieb eine der Maximen französischer Außenpolitik auch in den folgenden Jahrhunderten. W.R.

Abbildung deß Schwedischen Löwens/
Welcher den 25 Sept. 1649. Jahrs bey Ihrer Hochf. Durchl. deß Herrn Generalissimi Fridenmahl/so in deß H. Röm. Reichsstatt Nürnberg hochansehlichst gehalten/roht und weissen Wein in 6. Stunden häuffig auß seinem Rachen fliessen lassen.
DEr Stadt und Landmann sich üm diesen Löwen dringet/
Auß dessen Rachen Wein von zweyen Farben springet/
Sein Haubt ist Lorbeergrün/die Recht den Palmzweig trägt/
Die Lincke hat das Schwert zerstückt zur Ruh gelegt.
Das Laubwerck zeigt/das Land das werde wieder tragen/
Das Gold zeigt/daß man werd vom güldnen Frieden sagen.
Wie vormals jener Löw gab süssen Hönig-Safft/
So gibet dieser Wein der Menschen beste Krafft.
Man sihet ein Geläuff/ ein hin- und wiederreissen/
Ein Auffstehn auff das Faß/ein Wiederunterschmeissen/
Der bringet ein Geschirr/der fängt Wein in den Hut/
Und weil der Mann zu kurtz/so thut der Hut nicht gut/
Man bindt ihn an was an/an Gabeln und an Stangen/
So kan man desto baß hinlangen und Wein fangen/
Den er denn in sich schluckt/und weil er fell und wol/
So läst er nicht eh nach/biß sein Gehirne toll.
J. K.

Nach dem Friedensschluß von 1648 in Münster und Osnabrück fanden in Nürnberg weitere Verhandlungen zwischen den ehemals kriegführenden Parteien statt, die vor dem Abzug der Truppen Gebietsverteilungen, Reparationszahlungen und konfessionelle Aufteilungen regeln sollten. Nach dem Abschluß der Vorverhandlungen und Unterzeichnung der »Praeliminar tractaten« gab der schwedische Bevollmächtigte Karl Gustav, Pfalzgraf von Zweibrücken und späterer König von Schweden, am 25. September 1649 ein Fest, das als »Nürnberger Friedensmahl« in die Geschichte einging. Im festlich geschmückten Nürnberger Rathaussaal haben sich die Abgesandten der verhandlungsführenden Parteien um eine reich gedeckte Tafel versammelt. Die einst »ergrimmten Feinde«, namentlich gekennzeichnet als Anhänger Karl Gustavs auf schwedischer, Ottavio Piccolomini-Pieris auf kaiserlicher Seite und Vertreter verschiedener Städte, wurden, wie die Überschrift besagt, »neuvertraute Freunde«. Während die Konferenzteilnehmer sich an erlesenen Speisen und musikalischen Darbietungen erfreuten, fand auf dem Platz vor dem Rathaus ein Volksfest statt, zu dem Menschen aus Stadt und Land herbeigeströmt kamen. Die Attraktion war eine im mittleren Fenster des Rathaussaales aufgestellte Skulptur des Schwedischen Löwen, aus dessen Rachen in zwei Strahlen roter und weißer Wein floß, der von den Leuten auf der Straße in ihren Hüten oder großen Krügen aufgefangen wurde. P.M.G.

Das Nürnberger Friedensmahl im Jahr 1649
Wolfgang Kilian (1581-1662) nach Joachim Sandrart (1606-1688)
Nürnberg: Jeremias Dümler, um 1649
Kupferstich, koloriert;
56 x 68,3 cm
Inv.-Nr.: Gr 61/951

Kostenloser Weinausschank vor dem Nürnberger Rathaus
Flugblatt zum Nürnberger Friedensmahl
Nürnberg, 1649
Radierung, Typendruck;
30,3 x 32,5 cm
Inv.-Nr.: 1988/1416

9
BOURBON UND HABSBURG

Man kann die Geschichte Europas als den immer wiederkehrenden Versuch deuten, die verlorene Einheit des Kontinents durch die Errichtung der Hegemonie eines Staates herzustellen. Seit dem Spätmittelalter schwelte der Machtkampf zwischen dem Reich und Frankreich um den Vorrang in Europa; nach dem Westfälischen Frieden von 1648 trat der Konflikt der Häuser Habsburg und Bourbon in ein neues Stadium.

Den Interessen der auswärtigen Mächte Frankreich und Schweden sowie der nach Souveränität strebenden deutschen Reichsfürsten entsprechend, hatte der Westfälische Friede die politische Ohnmacht des Reiches bekräftigt. Die Erlangung der Kaiserkrone war zwar nicht mehr mit Machtzuwachs, wohl aber immer noch mit einem erheblichen Prestigegewinn verbunden. Das erklärt, warum Ludwig XIV. von Frankreich bei der Kaiserwahl 1658 als Gegenkandidat des Habsburgers Leopold I. auftrat.

Die neben dem Kaiser im Reich dauerhaft präsenten, verfassungsrechtlich verankerten Ausgleichs- und Schlichtungsinstanzen waren schwerfällige Organe ohne großen politischen Einfluß, die jedoch den mittleren und kleineren Territorien einen gewissen rechtlichen Schutz vor den expansiven Ambitionen ihrer größeren Nachbarn boten: die Reichskreise, der Reichshofrat, das Reichskammergericht und vor allem der Reichstag, der 1663/64 zu einem immerwährenden Gesandtenkongreß der Reichsstände mit Sitz in Regensburg umgebildet worden war. Da die Könige von Schweden und Dänemark, später auch die von Polen und Großbritannien für ihre deutschen Besitztümer im Reichstag vertreten waren, standen in Regensburg stets auch europäische Dinge zur Debatte.

Die eigentliche politische Dynamik im Reich ging nicht von den schwachen Reichsinstanzen, sondern von den großen Territorien aus: neben Österreich, das, gestützt auf die habsburgischen Erblande, als Territorialstaat zu verstehen war, vor allem von den weltlichen Kurfürstentümern Bayern, Sachsen, Brandenburg und Hannover. Der Westfälische Friede hatte den Reichsständen das freie Armierungs- und Koalitionsrecht verbrieft. Aufgrund dieses Rechts der Fürsten, stehende Heere zu unterhalten und Koalitionen untereinander sowie mit auswärtigen Mächten einzugehen, bot die

Reichsgeschichte dieser Epoche das Bild eines europäischen Mächtesystems im kleinen. Die zahlreichen Allianzen zwischen deutschen und auswärtigen Mächten – in erster Linie mit Frankreich, aber auch mit Schweden, den Niederlanden, England, Polen und dem Papst – führten dazu, daß das Ringen zwischen den deutschen Territorialstaaten immer zugleich Teil des gesamteuropäischen Mächtespiels war. Alle großen europäischen Kriege und Friedensschlüsse berührten auch die innerdeutschen Verhältnisse.

Die mittleren Territorien am Rhein und im Westen des Reiches trafen sich in dem Bestreben, die weiterhin überragende Stellung Österreichs auszugleichen. Das gab Ludwig XIV. Gelegenheit, als Bündnispartner dieser Fürsten immer wieder direkt in die Reichspolitik einzugreifen und eine aus der französischen Staatsräson abgeleitete, vorrangig gegen Reichsgebiet gerichtete Expansionspolitik zu betreiben.

Mit zunehmender Übermacht Frankreichs schlossen sich immer wieder große Abwehrallianzen gegen Ludwig XIV. zusammen, so unter Wilhelm von Oranien, dem Statthalter der Niederlande und seit 1689 König von England, den der französische Einfall in die Niederlande 1672 bis 1678 zum erbitterten Gegner Ludwigs XIV. gemacht hatte. Er brachte 1682 die Laxenburger Allianz zwischen dem fränkischen und dem schwäbischen Kreis mit Leopold I. zustande. Auch Kursachsen und Hannover schlossen ein Bündnis mit dem Habsburger, dem 1683 sogar Kurbayern beitrat.

Die antifranzösische Stimmung verstärkte sich, als Ludwig XIV. 1683 ein Bündnis mit dem Osmanischen Reich einging, um Leopold I., dessen Kräfte in Ungarn durch eine Magnatenverschwörung teilweise gebunden waren, in einen Zweifrontenkrieg zu verwickeln. Die alliierten Truppen eilten den österreichischen zu Hilfe und besiegten im Jahre 1683 die Türken vor Wien. Doch der überlegenen französischen Diplomatie gelang es erneut, die Allianzen unter geschickter Ausnutzung ihrer inneren Gegensätze zu sprengen und die militärische Niederlage in Verhandlungserfolge umzumünzen.

Es folgte von 1688 bis 1697 der Pfälzische Erbfolgekrieg, den Ludwig XIV. mit Erbansprüchen seiner Schwägerin Liselotte von der Pfalz begründete. Ganze Landschaften wurden in verheerenden Kriegszügen verwüstet, Städte wie Heidelberg, Mannheim, Oppenheim, Worms und Speyer nahezu dem Erdboden gleichgemacht. Dieser Raubkrieg hat die geschichtliche Erinnerung der Pfalz geprägt und das deutsch-französische Verhältnis lange belastet. Mit dem Pfälzischen Krieg sowie nur vier Jahre später mit dem Spanischen Erbfolgekrieg (1701-1714), durch den die Bourbonen sich das Erbe der mit ihnen verschwägerten spanischen Habsburger sichern wollten, hatte Ludwig XIV. den Bogen jedoch überspannt.

1688 und 1702 wurde ihm von Leopold I. der Reichskrieg erklärt. Die einzigen Parteigänger Frankreichs im Reich waren wiederum die Wittelsbacher in Bayern und in Köln. Während des Spanischen Erbfolgekriegs ging Bayern erneut ein Bündnis mit dem Sonnenkönig ein. Der Kaiser erwirkte daraufhin die Reichsacht gegen Kurfürst Max Emanuel von Bayern, doch Ludwig XIV. sollte sich noch im Augenblick der Niederlage stark genug zeigen, die Restitution seines Verbündeten zu erzwingen.

Die Position Kaiser Karls VI. – 1711 nach dem Tod seines Bruders Joseph I. auf den Thron gekommen – in den Friedensverhandlungen nach dem Spanischen Erbfolgekrieg war schwierig. Karl VI. wollte mit der Pragmatischen Sanktion seinen eigenen Nachkommen die Erbfolge vor den Kindern Josephs I. sichern. Ludwig XIV. spielte diese Situation geschickt aus: Trotz der schweren Niederlagen, die ihm die Heere Prinz Eugens und seines englischen Verbündeten, des Herzogs von Marlborough, beigebracht hatten, erreichte er in den Friedensverhandlungen sein politisch wichtigstes Ziel: die französischen Bourbonen endgültig auf den spanischen Thron zu bringen und die Umklammerung durch die Habsburger damit zu sprengen. Bedingung war allerdings, daß Frankreich und Spanien nie in Personalunion vereint würden. Österreich erhielt aus dem Erbe der spanischen Habsburger die südlichen Niederlande und die Besitzungen in Italien.

Der Friede von Utrecht, der somit 1713 dem langen Spanischen Erbfolgekrieg ein Ende machte, enthielt als erster völkerrechtlicher Vertrag den Begriff der *balance of power,* des Gleichgewichts der europäischen Mächte, der damit in den Rang eines Grundprinzips der europäischen Politik erhoben wurde. Das war eine feierliche, von allen europäischen Mächten bekräftigte Absage an jeden Versuch, eine europäische Vormacht zu begründen, ob habsburgisch oder bourbonisch. Und es war kein Zufall, daß dieses Prinzip in englischer Sprache formuliert war: Von nun an war England als Großmacht auf dem Kontinent präsent, bis weit in das 19. Jahrhundert hinein Schiedsrichter Europas. W.R.

Ludwig XIV.
Henri Testelin
(1616-1695) ?
1684
Öl/Leinwand;
280 x 195 cm
Inv.-Nr.: 1993/1183

Als überragende Herrschergestalt, unter einem golddurchwirkten, rotsamtenen Thronbaldachin sitzend, begegnet uns hier Ludwig XIV. von Frankreich (1643-1715), genannt der Sonnenkönig. Seine mächtige, den Kopfumriß vergrößernde Allongeperücke, die gebieterisch ausgestreckte Linke mit dem Zepter, der Siegeslorbeer in der Rechten als Symbol für Ludwigs Kriegsglück und vor allem der hermelinbesetzte, mit der Lilie der Bourbonen durchwirkte schwere Krönungsmantel dienen der Inszenierung absolutistischen Königtums. »L'État c'est moi« – der Staat, das bin ich – lautete das Leitwort seiner Regierung, ein Gottesgnadentum, welches dem Volk keinerlei Rechenschaft schuldig war.

Als Bühne seiner Selbstdarstellung erbaute der König in Versailles das größte Schloß der Welt mit einem riesigen, streng geometrisch angelegten Park. Versailles und seine höfische Kultur wurden zum bewunderten Vorbild zahlreicher europäischer Fürstenhöfe. Das französische Zeitalter löste das spanische ab. Im späten 17. und im 18. Jahrhundert wurde an fast allen deutschen Höfen französisch gesprochen. Die Nachahmung des Sonnenkönigs überforderte jedoch häufig die Finanzkraft deutscher Fürstentümer.

1685 hob Ludwig XIV. das Edikt von Nantes auf, welches den Hugenotten (den französischen Protestanten) Religionsfreiheit gewährt hatte. Etwa eine halbe Million Menschen emigrierte ins Ausland, so auch nach Preußen und Hessen, wo sie aufgrund ihrer Fertigkeiten in Industrie und Handel die dortige Wirtschaft stärkten. W.R.

Bei dem ganzfigurigen Porträt handelt es sich vermutlich um ein Bildnis Georg Ludwigs Graf von Sinzendorff, dargestellt in der Robe des Reichs-Erzschatzmeisters. Die Aufgabe des Erzschatzmeisters bestand darin, daß er »bey öffentlichen und solennen Reichs-Handlungen dem Kaiser die güldene Reichs-Krone fürtrage, und die von Kaiserlicher Majestät hergegebene[n] Freund- und Krönungs-Münzen in Gold und Silber unter das Volck auswerfe«. Dieses Amt war erst seit dem Westfälischen Frieden anstelle des Erztruchsessen-Amtes eingeführt und dann vom Kurpfälzischen Hause besetzt worden; 1653 wurde das Geschlecht derer von Sinzendorff damit belehnt. Bei der Krönung Leopolds I. zum Römischen Kaiser in Frankfurt 1658 setzte Sinzendorff im Namen des Kurfürsten dem Kaiser während der Krönungsmesse die Krone aufs Haupt. Sinzendorff wurde 1680 beschuldigt, Geld, das für die Befestigung der Stadt Wien bestimmt war, unterschlagen zu haben. Der Kaiser ließ ihn gefangensetzen, den größten Teil seiner Güter beschlagnahmen und verkaufen.

Allein der Fürbitte seiner Frau verdankte Sinzendorff die Gnade, sich als Privatperson auf ein Gut zurückziehen zu dürfen. Er starb noch im gleichen Jahr. D.V.

Kaiser Leopold I.
Paul Strudel (1648-1708),
Peter Strudel (1660-1714),
Werkstatt
Wien, 1699-1705
Marmor, Messing,
teilvergoldet;
79 x 62 cm
Inv.-Nr.: 1990/1606
Erworben aus Mitteln
des Landes Berlin

Georg Ludwig Graf Sinzendorff mit der Krone des Heiligen Römischen Reiches
Simon Peter
Tilemann
(1601-1668/70)
1653 oder 1658
Öl/Leinwand;
191,5 x 108,5 cm
Inv.-Nr.: 1988/871

Medaille auf die Rückeroberung Neuhäusels
Martin Brunner (1659-1725)
Nürnberg, 1685
Bronze, Prägung;
Dm 6,1 cm
Inv.-Nr.: N 77/514

Medaille auf die Schlacht bei Mohács
Johann Jacob Wolrab (1633-1690)
Nürnberg, 1687
Bronze, Prägung;
Dm 4,3 cm
Inv.-Nr.: N 77/518

Türkischer Gefangener in Ketten
Süddeutschland ?, um 1700
Holz, gefaßt;
H 67 cm
Inv.-Nr.: 1993/499

Medaille auf den Sieg vor Wien
Martin Heinrich Omeis (1650-1703)
Sachsen, 1683
Silber, Prägung;
Dm 3,3 cm
Inv.-Nr.: N 77/649

Den Blick flehend nach oben gerichtet und beide Arme mit geöffneten Händen bittend nach vorne gestreckt, demonstriert der gefesselte Türke Demut und Unterwürfigkeit. Gefangene Türken waren in der Kunst des 17. und 18. Jahrhunderts häufige Motive. Ihre Darstellung diente zumeist der Verherrlichung siegreicher Feldherren oder als Allegorie für den Triumph des Abendlandes über den Islam.

Ausgangspunkt war die achtwöchige Belagerung von Wien durch die osmanischen Truppen im Jahr 1683. Am 12. September schlug ein vereinigtes Reichsheer unter wesentlicher Beteiligung einer polnischen Entsatzarmee die türkischen Truppen vernichtend. Auch Kurfürst Johann Georg III. von Sachsen war mit einem größeren Kontingent zu Hilfe geeilt und ließ sich auf Medaillen als MARS SAXONICUS abbilden. Die Heere wandten sich donauabwärts und begannen bereits 1683 mit der Rückeroberung Ungarns. Auf zahlreichen Medaillen wurden die folgenden Siege über die Türken verewigt. Dramatische Schlachtenszenen bilden das Kernstück der Bildsprache vieler Medaillen, so beispielsweise aus Anlaß der Befreiung von Gran und Neuhäusel im August 1685 oder der Schlacht bei Mohács 1687. W.R./M.K.

Entsatz von Wien 1683
Um 1700
Öl/Leinwand;
120 x 160 cm
Inv.-Nr.: 1992/636

Eroberung von Buda 1686
Um 1700
Öl/Leinwand;
120 x 160 cm
Inv.-Nr.: 1992/637

Als 250 000 Türken im Juli 1683 vor Wien rückten und die Stadt belagerten, entfloh Kaiser Leopold I. mit seiner Regierung aus der Stadt und rief die Fürsten Europas zu Hilfe. In dem bayerischen Kurfürsten Max II. Emanuel fand der Kaiser eine wichtige Stütze im Kampf gegen die Expansion der Osmanen. Zusammen mit dem polnischen König Jan III. Sobieski schlug Max Emanuel mit nur 65 000 Soldaten im September 1683 die türkischen Truppen in die Flucht. Mit dem Entsatz von Wien war die jahrhundertelange Bedrohung durch die Türken überwunden. 1684 begann die Belagerung von Buda, das sich seit über 140 Jahren in türkischer Hand befand. Nach der Einnahme von Gran durch die christlichen Heere mußten die Türken wichtige Positionen in Ungarn aufgeben. 1686 verloren sie auch Buda. D.V.

Der Immerwährende Reichstag
Mappe mit Ansichten und Sitzordnungen des Reichstages in Regensburg
1797
Kupferstiche und Handzeichnungen, in Leder gebunden;
33 x 31,5 cm
Inv.-Nr.: Do 54/1272

a) Reichs-Städisches Collegium

b) Fürstliches Collegium

c) Der grosse Re- und Correlations-Saal

d) Churfürstliches Collegium

Reichs-Städisches Collegium. Le College des villes Imperiales.

Fürstliches Collegium. Le College des Princes.

Der grosse Re- und Correlations-Saal. La grande Sale, ou La Sale de Re- & Correlation.

Anläßlich der Geburt des späteren Königs Friedrich August II. von Sachsen wurde diese kleine Sammlung von Ansichten, Grundrissen und Sitzordnungen des Immerwährenden Reichstags in Regensburg zusammengestellt, wie er nach den Bestimmungen des Westfälischen Friedens bestand. Der Kaiser war bei allen Regierungshandlungen an Mitwirkung und Zustimmung der Reichsstände gebunden, die seit 1663 ständig im Rathaus der Stadt Regensburg tagten. Der kaiserliche Vorschlag (proposition) wurde in den drei Kollegien – »Churfürstliches Collegium«, »Fürstliches Collegium« und »Reichs-Städisches Collegium« – getrennt beraten, und der gemeinsame Beschluß (consultum imperii) erhielt durch die Zustimmung des Kaisers als Reichs-

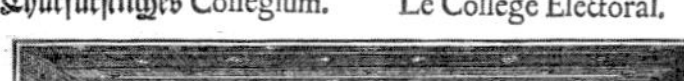

tagsabschied (conclusum imperii) Gesetzeskraft. Welches Gewicht die drei Kurien im Reichstag hatten, verdeutlicht die Sitzordnung des Reichssaals: An der Stirnseite sitzen Kaiser – vier Stufen erhöht – und Kurfürsten – zwei Stufen erhöht; auf der rechten und linken Seite sind die Plätze der Fürsten – eine Stufe erhöht – und hinter dem Gatter die der Reichsstädte. Bedeutung und Ansehen des Reichstags waren gering, der Kaiser ließ sich durch einen Prinzipialkommissarius vertreten, und die Fürsten schickten weisungsgebundene Gesandte nach Regensburg. Aus Gründen der Sparsamkeit vertrat ein Gesandter auch oft mehrere Fürsten. H.A.

Karte des deutschen Reiches
L'empire d'Allemagne
Nicolas de Fer
(1646-1720)
Paris:
Louis-Charles
Desnos, 1770
Kupferstich,
koloriert;
64 x 92,5 cm
Inv.-Nr.: Do 93/36

Als die jüngste Tochter der Kaiserin Maria Theresia, Marie Antoinette, im Jahre 1770 den französischen Thronfolger Ludwig heiratete, verlegte der Pariser Geograph Desnos eine aktualisierte Karte des deutschen Kaiserreiches aus dem Jahre 1705, die sich nur an wenigen Stellen von der ersten Ausgabe de Fers unterscheidet. So ergänzte Desnos den Fries von Medaillons deutscher Kaiser durch eine aufgeklebte Krone mit den Porträts von Leopold I., Joseph I., Karl VI., Karl Albrecht, Franz I. und seiner Gemahlin und gekrönten Kaiserin Maria Theresia. In der Fassung des Jahres 1705 befindet sich an der Stelle der Krone ein großes Porträt von Leopold I. Die Szenen der Kaiserkrönung sind auf beiden Karten identisch: Es wurde lediglich das Datum der Krönung von Leopold I. 1658 durch das vom Juli 1745 ausgetauscht. Zwischen den Krönungsszenen prangen, das deutsche Wahlkaisertum symbolisierend, auf den Schwanzfedern des Reichsadlers die Wappen der Kurfürsten. Nicht geändert wurden die Wappen der Auftraggeber in den beiden unteren Ecken. Rechts sind die blauen Delphine und goldenen Lilien auf dem Wappen des französischen Thronfolgers Ludwig zu sehen, und links steht das Wappen seines Sohnes Philipp von Anjou als König von Spanien. Nicolas de Fer, der diese Karte mit dem als Reichsadler gestalteten Rahmen während des Spanischen Erbfolgekriegs schuf, konnte so die Bedeutung der französischen Krone unterstreichen. H.A.

Plan der Schlacht bei Höchstädt
Gest. von
Jan van Vianen
(um 1655 - nach 1726)
Den Haag:
Anna Beeck,
um 1705
Kupferstich,
koloriert;
81,6 x 50,2 cm
Inv.-Nr.: 1990/547

Anfang August 1704 hatten sich bei Höchstädt französische und bayerische Truppen unter ihren Heerführern General Camille Tallard und Kurfürst Max Emanuel getroffen. Daraufhin schlossen sich die kaiserliche Armee unter dem Prinzen Eugen von Savoyen mit dem englisch-holländisch-preußischen Heer unter dem Herzog von Marlborough zusammen. Am 13. August kam es in der Gegend von Höchstädt an der Donau zur Entscheidungsschlacht im Spanischen Erbfolgekrieg. 56 000 Franzosen und Bayern standen 52 000 gegnerische Soldaten gegenüber; nicht zuletzt den 13 000 Kavalleristen Marlboroughs ist der glänzende Sieg der Alliierten zu verdanken. Die Schlacht forderte etwa 20 000 Gefallene, Tausende von ihnen waren auf der Flucht in der Donau ertrunken. Der bayerische Kurfürst Max Emanuel mußte Bayern, das von kaiserlichen Truppen besetzt wurde, verlassen und durfte erst nach dem Frieden von Rastatt wieder nach München zurückkehren.

Der gewestet gezeichnete Plan gibt die Gegend um Höchstädt und die Dörfer Blindheim, Oberglauheim und Lutzingen, wo die entscheidenden Kämpfe stattfanden, topographisch getreu wieder. Im unteren Drittel sind die Aufstellung der Truppen und die Schlachtordnung der alliierten Armee angegeben, hierarchisch gegliedert mit den Namen der einzelnen Kommandeure.

Auf einer Anhöhe, vor dem Hintergrund des Schlachtgetümmels, wo zwischen Rauchwolken und angedeuteten Dörfern Kavalleristen und Fußvolk kämpfen, galoppieren, von Standarten und Lanzen hinterfangen, die drei siegreichen Heerführer Prinz Eugen, der Herzog von Marlborough und der Erbprinz von Hessen-Kassel heran.

P.M.G.

In der üppig gestalteten Titelkartusche dieser Wandkarte von der Iberischen Halbinsel sind die Stationen des zunächst siegreichen Kampfes der habsburgischen Partei um den spanischen Thron in Bilder gefaßt: von der Eroberung Gibraltars durch die englische Flotte 1704, dem umjubelten Einzug König Karls III. in Barcelona bis zur Eroberung Madrids 1706 mit Hilfe der englischen und portugiesischen Verbündeten.

Versehen mit den Attributen des Triumphes, seines Ranges und seiner Macht, thront Karl III., der spätere Karl VI., in brokatene Gewänder und einen wehenden roten Umhang gehüllt, auf seinem Streitroß. Auf der Brust trägt er den Orden vom Goldenen Vlies, mit dem Feldherrenstab in seiner Rechten weist er auf die eroberten Gebiete. In den Wolken über seinem Haupt verkünden Engel seinen Sieg, sie tragen einen Schild mit dem kaiserlichen Adler.

Ein spanischer Edelmann hält ihm, demütig das Knie beugend, den Steigbügel und bekundet mit dieser Geste die Unterwerfung unter den neuen Regenten. Der Triumph des Königs wird umrahmt von Szenen aus den vergangenen Kriegsjahren.

An der Küste drängen sich die Landungstruppen in ihren detailgenau wiedergegebenen Ruderbooten und Barkassen mit Rahsegel, während die Dreimaster bis zum Horizont reichen.

H.A.

Wandkarte der Iberischen Halbinsel
Théâtre de la guerre en Espagne et en Portugal
Amsterdam: Pieter Mortier, 1704/06
Kupferstich, koloriert;
92,5 x 116 cm
Inv.-Nr.: Do 93/8

Mars zerstört den Tempel der Minerva
Jacobus Ignatius de Roore (1686-1747)
1724
Öl/Holz; 46 x 64 cm
Signatur unten rechts (ligiert): JIRoore I. et. Fecit. 1724
Inv.-Nr.: 1992/1430

Die Zeit enthüllt die Wahrheit, während die freien Künste blühen
Jacobus Ignatius de Roore (1686-1747)
Vor 1747
Öl/Holz; 46 x 64 cm
Signatur unten Mitte (ligiert): JIRoore I. et. Fecit.
Inv.-Nr.: 1992/1431

Bis zum Ende des 18. Jahrhunderts spielt die Allegorie im Denken und in der bildenden Kunst eine wichtige Rolle. Dies entsprach dem Bedürfnis des Menschen der Frühen Neuzeit, nicht den Schein der Dinge, sondern die dahinterstehende allgemeingültige Wahrheit zu suchen.

In unseren Bildern werden Motive aus der antiken Mythologie verwendet. Die Allegorie »Mars zerstört den Tempel der Minerva« offenbart das Vernichtungswerk des Krieges, dem die Schöpfungen der Kunst zum Opfer fallen. Mars in voller Rüstung befiehlt seinen Soldaten, den Tempel mit dem Standbild der Göttin der Künste und der Weisheit einzureißen. Links im Bild flieht die Weisheit mit Merkur, dem Götterboten. Auch die Musen, Euterpe, Thalia und wohl Polyhymnia, wenden sich entsetzt ab. Dem weinenden Amor bietet sich ein Bild der Vernichtung: zerfledderte Bücher, zerstörte Kunst, Axt und Spitzhacke.

Im Gegensatz dazu zeigt das zweite Bild eine friedvolle Szene: »Die Zeit enthüllt die Wahrheit, während die freien Künste blühen«. In der Mitte stehen Minerva und Abundantia, die Göttin des Überflusses mit dem Füllhorn. Minerva reicht der nackten Göttin der Wahrheit einen Ölzweig. Der geflügelte Gott der Zeit, Chronos, enthüllt die Szene. Die Musen bevölkern die linke Bildhälfte. Rechts fliehen, getrieben von der geflügelten Verkünderin des Friedens, die Ungeheuer des Krieges, während Löwe und Schaf wie im Paradies friedlich vereint sind. Um zu unterstreichen, daß die Künste nur im Frieden blühen können, hat sich der Maler hier in einem ovalen Bildnis selbst dargestellt. W.R.

10
DER AUFSTIEG BRANDENBURG-PREUSSENS

Im westfälischen Frieden wurden dem Kurfürstentum Brandenburg die ehemaligen Bistümer Kammin, Minden und Halberstadt sowie die Anwartschaft auf Magdeburg und Hinterpommern zugesprochen. Durch die Verdoppelung seines Stammlandes war der seit 1640 regierende Kurfürst Friedrich Wilhelm zum größten Nutznießer des Krieges unter den deutschen Territorialfürsten geworden. Wenn auch sein Herrschaftsgebiet in sich nicht geschlossen war, verteilt und zergliedert von der Memel bis an den Rhein reichte, so war Brandenburg mit dem nicht zum Deutschen Reich gehörenden Herzogtum Preußen doch fünfmal größer als Hannover und dreimal so groß wie Sachsen. Die Vergrößerung verdankte der Kurfürst der Kräftekonstellation am Ende des Krieges: Die in Europa führende Macht Frankreich war bestrebt, durch Einfluß auf die politischen Kräfte in Deutschland ein Gegengewicht zur Macht der Habsburger zu schaffen, zudem war die kaiserliche Macht in Norddeutschland kaum präsent.

Einerseits bedeutete der Gebietsgewinn eine Aufwertung Brandenburgs, andererseits war das Land 1648 wirtschaftlich ruiniert, der Kurfürst von den Großmächten abhängig und seine Position gegenüber den Ständen geschwächt. Ackerbau und Viehzucht, Handel und Gewerbe lagen darnieder. Verwüstungen, Zerstörungen und Hungersnöte hatten ganze Landstriche entvölkert.

Durch konsequenten Landesausbau und die Schaffung zentraler Verwaltungsbehörden konnten die Kriegsschäden allmählich überwunden werden. Der seit 1651 bestehende »Geheime Rat« und das 1655 eingerichtete »Generalkriegskommissariat« stärkten die Souveränität und Handlungsfreiheit des Kurfürsten gegenüber den Ständen. In der Auseinandersetzung mit ihnen errang Friedrich Wilhelm 1653 im Kurmärkischen Landtagsrezeß einen außerordentlichen Erfolg zur Festigung seiner landesherrlichen Stellung: Der kurmärkische Adel bewilligte die Geldmittel für Ausbau und Unterhalt eines ständigen Heeres. Im Gegenzug garantierte ihm der Kurfürst die Steuerfreiheit sowie die Zollfreiheit für Holz, Korn und Wolle und sicherte ihm die rechtliche Verfügungsgewalt über die Bauern zu. Dieser vertraglich geschlossene Kompromiß zwischen Kurfürst und Adel war die Geburtsstunde des Absolutismus in Brandenburg-Preußen. Die Stände waren von der unmittelbaren politischen Machtausübung ausgeschlossen und wurden nicht mehr einberufen.

Friedrich Wilhelm hatte sich als Kurprinz in den Niederlanden mit einer modernen Verwaltung, Wirtschaft und Kriegführung vertraut gemacht. Nach dem Krieg wurden die Zerstörungen mit Hilfe holländischer Fachleute planmäßig beseitigt. Nach der am 29. Oktober 1685 erfolgten Unterzeichnung des Ediktes von Potsdam gewährte der Kurfürst 20000 aus Frankreich vertriebenen Hugenotten Aufnahme. Von ihrem Wissen und ihren Fähigkeiten gingen wesentliche Impulse für den Aufschwung der unterentwickelten brandenburgischen Wirtschaft aus. Die Mittel für den Landesausbau kamen aus der von den Städten zu entrichtenden und als Akzise bezeichneten Verbrauchssteuer. Im 1. Nordischen Krieg (1655-1660) erlangte der Kurfürst durch mehrfachen Bündniswechsel die territoriale Abrundung seines Herrschaftsgebietes und die volle Souveränität über Ostpreußen. Das 31000 Mann starke Heer hatte seine Kampfkraft durch den Sieg über die Schweden 1675 in der Schlacht bei Fehrbellin bewiesen. Die Herrschaft über die mittlere Ostsee und den Unterlauf der Oder sowie das Herstellen einer räumlichen Geschlossenheit der zerstreuten Landesteile blieben als Ziele unerfüllt. Trotz des wirtschaftlichen Aufschwungs reichten die Mittel nach wie vor nicht aus, politische Ziele aus eigener Kraft durchzusetzen. Auf Subsidien angewiesen, blieb das Land zwar eine Hilfsmacht, war jedoch zur stärksten Territorialmacht in Norddeutschland aufgestiegen. Als Friedrich Wilhelm 1688 starb, waren die Landesherrschaft der Hohenzollern gesichert, das Land wirtschaftlich erholt und die Verwaltung geordnet. Das herausragende machtpolitische Ereignis, die Erlangung der Königswürde, verband sein Nachfolger, der sich am 18. Januar 1701 in Königsberg als Friedrich I. (in Preußen) krönte, mit barocker Prunk- und Prachtentfaltung. Im Kronvertrag vom 16. November 1700 hatte Kaiser Leopold I. als Gegenleistung für die Entsendung von Truppen im Pfälzischen Krieg und im Spanischen Erbfolgekrieg dem Hohenzollern die Königswürde auf das außerhalb des Reiches liegende Herzogtum Preußen gewährt. In der Regierungszeit Friedrichs wurden die Universität Halle gegründet, das Berliner Zeughaus und das Charlottenburger Schloß gebaut, die Akademie der Künste sowie die Sozietät der Wissenschaften ins Leben gerufen.

Bereits in den Jahren vor seiner Thronbesteigung 1713 hatte der spätere König Friedrich Wilhelm I. erkannt, daß das zerrüttete Land einer grundlegenden Umgestaltung bedurfte. Erzogen im Geist des Kalvinismus, war für ihn »die Königswürde keine Sache der Repräsentation, sondern Gebot zur steten Wahrnehmung der Selbstregierung«. Zur Erhaltung der Macht und Erlangung der politischen Unabhängigkeit Preußens von ausländischen Subsidien mußte das Land nach den Vorstellungen des Königs aus eigener Kraft wehrhaft gemacht werden, indem die Monarchie, basierend auf dem

Heer als Grundpfeiler, zum Militärstaat umfunktioniert wurde. Der Ausbau von Wirtschaft und Verwaltung diente vor allem der Vergrößerung und zunehmenden Disziplinierung der Armee. Die bevorzugte Verarbeitung und Verwendung einheimischer Waren und Rohstoffe schaffte Arbeitsplätze und belebte Handwerk und Manufakturen. So entstand zum Beispiel mit dem 1713/14 gegründeten Lagerhaus, der größten Textilmanufaktur Deutschlands, ein leistungsfähiges Textilgewerbe, und durch die Potsdamer Gewehrmanufaktur wurde das Land weitestgehend unabhängig von Waffenimporten. Diese beiden Manufakturen hatten eine Monopolstellung, wurden vom König besonders gefördert und belegen, daß für das Heer notwendige Wirtschaftszweige den Vorrang hatten.
Zum Schutz der einheimischen Zivilbevölkerung vor unkontrollierten Zwangswerbungen wurde das Land in Kantone mit Kompaniebezirken aufgeteilt. Den Offiziersberuf zu ergreifen war das gesicherte Privileg des Adels. Das Offizierskorps, gekennzeichnet durch Kastengeist und Standesbewußtsein, nahm eine exponierte Stellung im Staat ein. Der Soldat unterlag einem strengen Disziplinarsystem und war härtestem Drill ausgesetzt. Seinem Sohn Friedrich II. hinterließ Friedrich Wilhelm I. einen straff organisierten Militärstaat mit einem Staatsschatz von 9 Millionen Talern und einem stehenden Heer von rund 80 000 Mann. K.P.M.

Sechs Jahre nachdem Friedrich Wilhelm die volle Souveränität über das Herzogtum Preußen erlangt hatte, huldigten ihm die Stände am 18. Oktober 1663 in Königsberg. Die eindrucksvollste Medaille auf diesen Anlaß ist eine Prägung aus der Werkstatt des Danziger Künstlers Johann Höhn. Der Revers gibt sich geradezu militant – ein Feldlager vor der Stadt demonstriert Stärke. Alles beherrscht der brandenburgische Adler, stets zur Verteidigung neu gewonnener Privilegien bereit. Kraftvoll auch die Devise: »Mutige Adler zeugen keine feige Taube«.
Später war dann das Bild des Großen Kurfürsten festgefügt, wie es die von Schlüter 1696 begonnene Plastik, das Reiterstandbild des Potentaten, zeigt. Im Jahre 1700 in einem Stück gegossen und bis 1709 im Sockelbereich mit Allegorien ergänzt, wurde es während des Zweiten Weltkrieges von seinem angestammten Standort, der Langen Brücke in Berlin, geborgen und 1952 im Ehrenhof des Schlosses Charlottenburg aufgestellt. Der ursprüngliche Sockel, 1896 entfernt, befindet sich mit einem Nachguß der Reiterfigur seit 1904 in der Großen Kuppelhalle des heutigen Bodemuseums. Repliken, oft im Maßstab 1:7, wurden seit 1824 als Erzeugnisse des Berliner Eisenkunstgusses feilgeboten; die berühmte Gießerei Gladenbeck brillierte mit schönen Güssen für Empfangshalle, Salon und Bureau. M.K.

Reiterdenkmal des Großen Kurfürsten
Andreas Schlüter
(1660-1714)
1700 (verkleinerte Nachbildung 19. Jh.)
H 62 cm
Inv.-Nr.: 1989/1157.10

Medaille auf die Königsberger Erbhuldigung – Vorder- und Rückseite
Johann Höhn d.J.
(um 1642 - 1693)
Danzig, 1663
Silber, Prägung;
Dm 6,2 cm
Inv.-Nr.: N 93/270

Zu den begabtesten brandenburgischen Heerführern in der Zeit des Großen Kurfürsten zählten der Generalfeldmarschall Georg von Derfflinger (1606-1695) und der Generalmajor der Kavallerie Hennig von Treffenfeld (1610-1688). Beide stammten aus einfachen Verhältnissen und begannen ihre militärische Laufbahn während des Dreißigjährigjährigen Krieges. In brandenburgischen Diensten gelangten sie zu höchsten militärischen Ehren und sozialem Aufstieg.

Die Feldzeichen ihrer Regimenter sind mit ihren Sinnsprüchen und Symbolen Belege aus der Anfangszeit des stehenden Heeres. Der von einem Kurhut gekrönte Namenszug Friedrich Wilhelms – »F(W)C« – auf der Treffenfeld-Standarte ist Ausdruck der landesherrlichen Verfügungsgewalt über das Heer. Der rückseitige Spruch »WER EIN TAPFER KRIEGSMAN(N) / SCHAWE DIESES ZEICHEN AN / UND GEBRAUCHE SEINE HAND / FÜR GOTT UND DAS VATERLAND« versinnbildlicht den Auftrag des durch den Fahneneid gebundenen Soldaten. Dagegen läßt die Dragoner-Fahne keinen Hinweis auf den Kurfürsten erkennen. Die beidseitige Gestaltung mit dem schwertbewehrten Arm über einem Feuer sowie der Devise »Handeln oder Stärkeres dulden« in Lateinisch knüpft noch an die Symbolik aus der Zeit des Dreißigjährigen Krieges an. K.P.M.

Standarte des Regiments zu Pferde Hennig von Treffenfeld – Vorder- und Rückseite
Kurfürstentum Brandenburg, 1679
Seide, Metallfadenstickerei;
56,5 x 64 cm
Inv.-Nr.: Fa 74/4

Fahne des Dragoner-Regiments Georg von Derfflinger
Kurfürstentum Brandenburg, 1680/1695
Seidendamast, Metallfadenstickerei;
94 x 114 cm
Inv.-Nr.: Fa 74/55

Preußische
Krönungs-Geschichte/
Oder
Verlauf der Ceremonien/
Mit welchen
Der Allerdurchlauchtigste/Großmächtigste
Fürst und Herr/
Hr. Friderich der Dritte/
Marggraf und Churfürst zu Brandenburg/
Die
Königliche Würde
Des von Ihm gestiffteten
Königreichs Preussen E.D.C.
angenommen/
Und Sich und Seine Gemahlin
Die Allerdurchlauchtigste Fürstin und Frau/
Fr. Sophie Charlotte/
Aus dem Chur-Hause Braunschweig/
Den 18. Januarii des 1701. Jahres
Durch die Salbung als König und Königin
einweihen lassen.
Nebst allem was sich auf Ihrer Majestäten Preußischen Hin- und Her-Reise bis zu Ihrer Wiederkunfft und Einzuge in Berlin/ und dem darauf erfolgtem Danck- Buß- und Beth-Tage zugetragen;
Aufs sorgfältigste beschrieben/ und im Jahr 1702. das erstemahl gedrucket/ itzo aber in diesem andern Druck an vielen Orten gebessert/ und mit denen darzu gehörigen Kupffern ausgegeben.
Cölln an der Spree/ Bey Ulrich Liebpert/ Königlich-Preußischen Hoff-Buchdrucker. 1712.

Preußische Krönungs-Geschichte Oder Verlauf der Ceremonien Mit welchen … Friderich der Dritte … Die Königliche Würde des … Königreichs Preussen angenommen
Johann von Besser (1654-1729)
Kupferstiche von Johann Georg Wolfgang (1662-1744) nach Zeichnungen von Johann Friedrich Wentzel d.Ä. (1670-1729)
Cölln an der Spree: Ulrich Liebpert, 1712
Sign.: RB 92/2220

a) Inthronisation des Königspaares

b) Titelblatt

c) Friedrich I.

d) Sophie Charlotte

Mit der Erhebung des Kurfürstentums Brandenburg zum Königreich Preußen hatte Friedrich III. (I.) eine wichtige Grundlage für den weiteren Aufstieg seines Landes geschaffen. Die mehrere Tage dauernden Krönungsfeierlichkeiten wurden mit barocker Lust an Fest und Prunk begangen. Diese Prachtentfaltung entsprang aber nicht nur der persönlichen Prunksucht Friedrichs, sondern gehörte als Teil der höfischen Lebensart zu den Statussymbolen aller Fürstenhöfe und war hier auch eine Demonstration der Ebenbürtigkeit des preußischen Königshauses mit den übrigen europäischen Höfen. Johann von Besser, 1690 geadelt und 1701 zum Oberzeremonienmeister ernannt, war der Verfasser der Festbeschreibung. Der bereits 1702 erschienene Druck wurde zur Verewigung der Krönung 1712 nochmals aufgelegt mit einem Anhang von 20 Kupferstichen. Es handelt sich hier um eines der repräsentativsten Abbildungswerke jener Zeit – die 17 Kupfertafeln zum Einzug von König und Hofstaat in die Krönungskirche erreichen 8,75 m Länge. Das Werk enthält unter anderem Illustrationen der Proklamation und der einzelnen Zeremonien der Inthronisation. Die Trachtenbilder des Festzuges geben eine lebendige Vorstellung von dem Gepränge dieser Zeit. R.Bl.

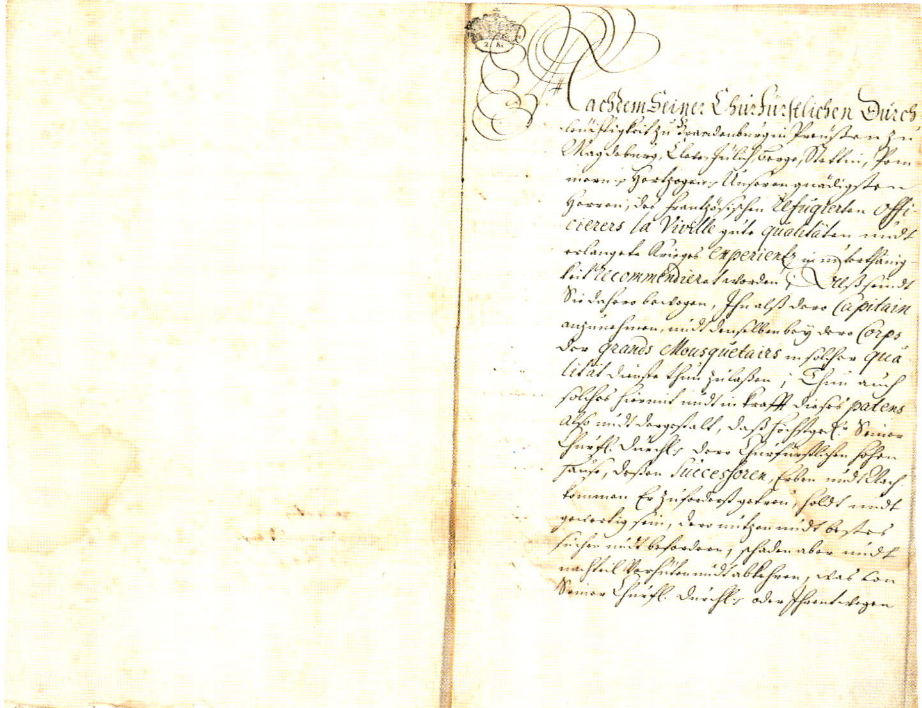

Offizierspatent für (Josna) Renouard de Viville
Mit eigenhändiger Unterschrift Friedrichs III. »Friedrich«, Kontrasignatur von Eberhard von Danckelmann (1643-1722) »EDanckelma(nn)« und Siegel
Cölln an der Spree, 10. März 1694
Papier, Tinte; 32,5 x 20,5 cm
Inv.-Nr.: 1988/829

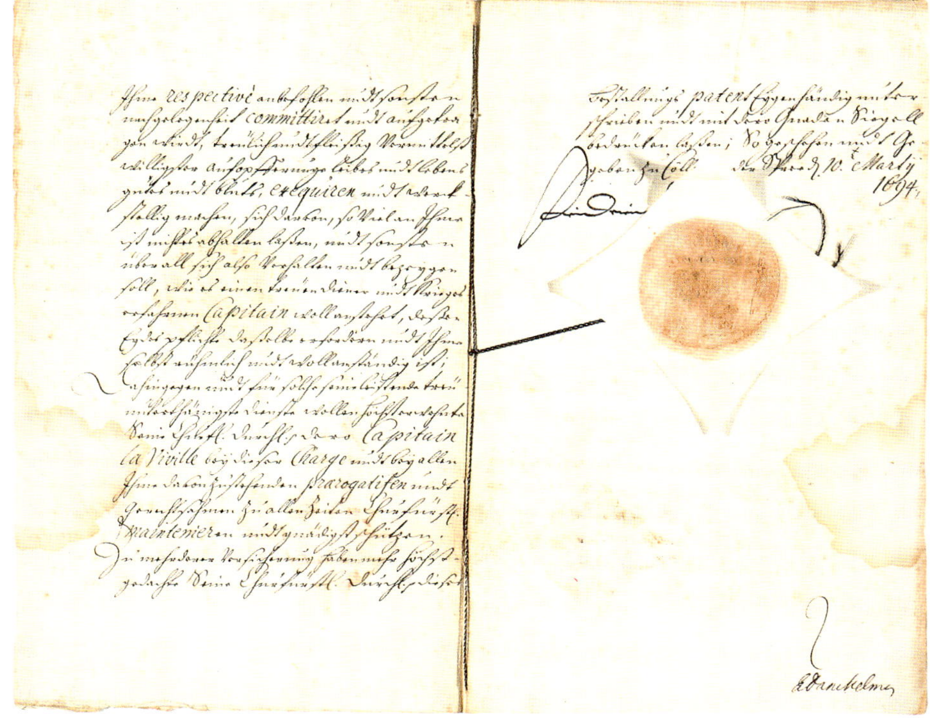

Kurfürst Friedrich III. ernannte Josna Renouard de Viville zum Capitaine (Hauptmann), nachdem des »frantzösischen refugierten Officiers la Viville gute qualitäten undt erlangete Krieges experientz« bescheinigt worden waren. Friedrich III. unterzeichnete die Ernennung persönlich, da er sich das Recht vorbehielt, über die Beförderung von Offizieren selbst zu entscheiden. Das Patent wurde mit dem kurfürstlichen Gnadensiegel versehen und von dem Geheimen Staats- und Kriegsrat Danckelmann gegengezeichnet. Für die Ausstellung seines Ernennungsschreibens durch die Geheime Kriegskanzlei mußte de Viville noch eine Gebühr an die Chargenkasse bezahlen. Renouard de Viville gehörte den in Prenzlau und Fürstenwalde stationierten Grands Mousquetaires an, einer der neuen Kompanien, die von Kurfürst Friedrich Wilhelm für Glaubensflüchtlinge aus Frankreich, die Réfugiés, eingerichtet worden waren. Denn unter den etwa 20000 Flüchtlingen, die nach der Aufhebung des Edikts von Nantes 1685 in Brandenburg Zuflucht suchten, waren auch Soldaten. Renouard de Viville stammte aus der Provinz Anjou und avancierte in der preußischen Armee zum Major.

H.A.

Allegorie auf die Krönung Friedrichs I. in Preußen
Gez. von Samuel Theodor Gericke (1665-1730), gest. von Johann Georg Wolfgang (1662-1744)
1. Hälfte 18. Jh.
Kupferstich; 78,6 x 61,5 cm
Inv.-Nr.: 1989/854

War es zu seinen Lebzeiten seine majestätische Erhabenheit, so krönt den nunmehr toten ersten preußischen König Friedrich I. sein unsterblicher Ruhm. Antikisch gekleidet steht er auf einem Sockel, dessen lateinische Inschrift von seiner Tugend und seinem ewigen Ruhm kündet. Das Gorgonenhaupt, das er als Gürtelschnalle trägt, rückt ihn in die Nähe der Athena, Kriegsgöttin und zugleich Beschützerin der Künste und Wissenschaften. Bekräftigt wird diese Anspielung auf die kulturellen Verdienste Friedrichs von den emblematischen Schaumünzen, die unter anderem auf seine Akademiegründungen hinweisen.

Eine denkmalhafte Pyramidenarchitektur, Metapher für ewiges Fortbestehen, ist Hintergrund für die Dreiergruppe aus dem Verstorbenen und zwei weiblichen Personifikationen: Die rechte, auf ein Füllhorn gelehnt, aus dem ein Kleinod in Form eines Johanniter-Kreuzes (Hoher Orden vom Schwarzen Adler ?) heraushängt, trägt den geteilten Kurfürstenhut, der linken, die das umgestaltete Zepter mit dem preußischen Adler hält, setzt Friedrich selbst die Königskrone auf – ein allegorischer Hinweis auf die von ihm begründete Monarchie.

Rechts zu Füßen der Gruppe schreiben Historia und Chronos, ausgestattet mit Symbolen der Weisheit (Spiegel) und Treue (Hund), die Chronik des preußischen Herrscherhauses fort. P.M.G.

Das Porträt zeigt König Friedrich Wilhelm in Preußen (1688-1740), wie er sich selbst am liebsten sah: als Feldherrn im Brustharnisch, den Marschallstab in der Rechten, mit der Linken seinen Truppen den Weg ins Schlachtgetümmel weisend. Das Bild ist jedoch Fiktion: Obwohl der »Soldatenkönig« über die im Verhältnis zur Einwohnerzahl seines Landes größte Armee in Deutschland verfügte, hat er nie einen Krieg geführt.

Eine extrem harte kalvinistische Erziehung machte aus Friedrich Wilhelm einen fanatisch arbeitenden, absoluten Herrscher, der das individuelle Glück seiner Untertanen ganz dem Aufbau staatlicher Macht unterordnete. Sein puritanisch-praktischer Sinn verachtete Kunst und Wissenschaft, sofern sie nicht unmittelbar von Nutzen waren. Von ungeheurer Reizbarkeit und von Mißtrauen gegen den eigenen Sohn, den späteren Friedrich II., erfüllt, forderte er die inhumane Versachlichung der Person, den absoluten Gehorsam und übertrug militärisches Ordnungsdenken auf das gesamte zivile Leben. Seine besondere Leidenschaft galt dem Aufbau der berühmten »Riesengarde«. Fremde Herrscher wie August der Starke von Sachsen machten ihm übergroße Soldaten zum Geschenk. Die durch den Soldatenkönig selbst exerzierten »langen Kerls« sollten das Vorbild der ganzen Armee sein. W.R.

Friedrich Wilhelm I., König in Preußen
Antoine Pesne
(1683-1757) ?
18. Jh.
Öl/Leinwand;
146 x 112 cm
Inv.-Nr.: Kg 89/9

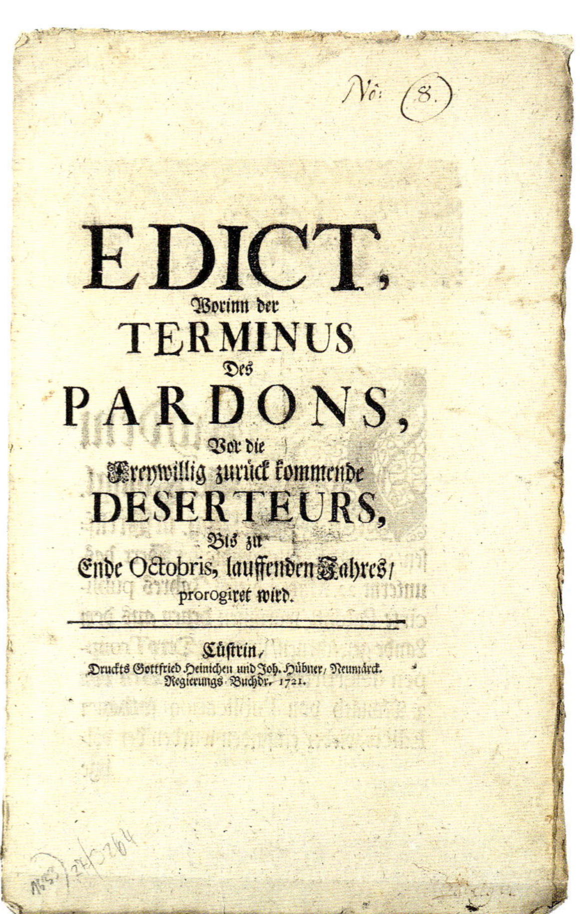

EDICT,
Worinn der
TERMINUS
Des
PARDONS,
Vor die
Freywillig zurück kommende
DESERTEURS,
Bis zu
Ende Octobris, lauffenden Jahres,
prorogiret wird.

Cüstrin,
Druckts Gottfried Heinichen und Joh. Hübner, Neumärck. Regierungs-Buchdr. 1721.

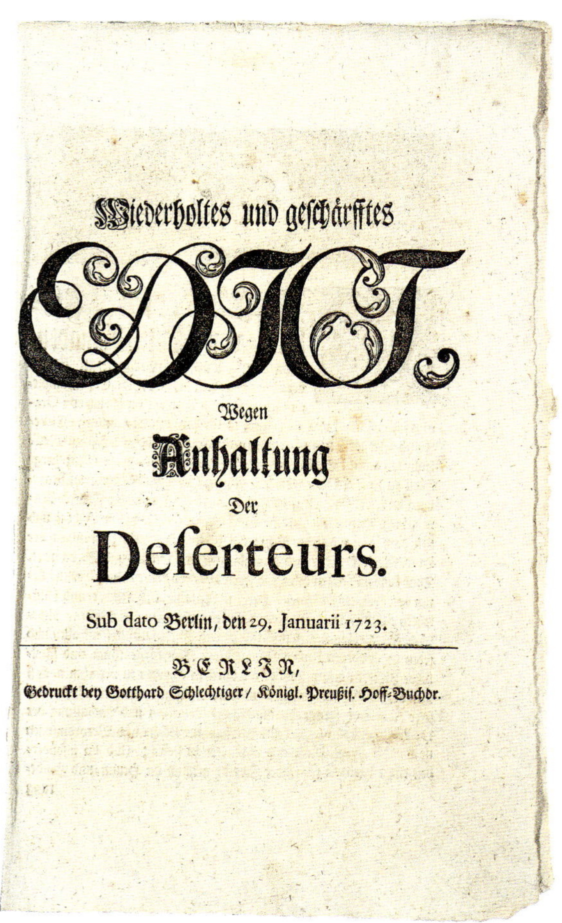

Wiederholtes und geschärfftes
EDICT,
Wegen
Anhaltung
Der
Deserteurs.
Sub dato Berlin, den 29. Januarii 1723.

BERLIN,
Gedruckt bey Gotthard Schlechtiger, Königl. Preußis. Hoff-Buchdr.

Edikt, Worinn der Terminus des Pardons ... prorogiret wird
Verlängerung der Straffreiheit für Deserteure bis Ende Oktober
Küstrin: Gottfried Heinichen und Johann Hübner (Neumärckische Regierungs-Buchdruckerei), 15. Juli 1721
Papier, Typendruck; 34 x 20,8 cm
Inv.-Nr.: 1988/886

Wiederholtes und geschaerfftes Edict, Wegen Anhaltung Der Deserteurs
Verordnung zur Verhütung der Desertion
Berlin: Gotthard Schlechtiger, 29. Januar 1723
Papier, Typendruck; 33,5 x 20,5 cm
Inv.-Nr.: Do 61/375

Die von Friedrich Wilhelm I. verlangte Vergrößerung des Heeres wurde mit allen, auch gewaltsamen, Mitteln betrieben. Der Druck auf die Regimentskommandeure, ihre Truppen auffüllen zu müssen, führte zu rabiaten Rekrutierungsmethoden. Die »Werbung« verlor jeden Schein von Freiwilligkeit, selbst Reisende und Kaufleute mußten fürchten, angehalten und zur Armee gepreßt zu werden. Die Folge war die massenhafte Flucht der Untertanen vor dem Militärdienst. Die geographische Gestalt des langgestreckten preußischen Staatsgebietes erleichterte das Entweichen. Schon in einer Nacht ließ sich von Potsdam aus die sächsische Grenze erreichen. Die stetig »wiederholten und geschärften« Edikte zur Verhütung der Desertion setzten zum einen auf Abschreckung durch die Androhung des Spießrutenlaufens und, im Rückfall, der Hinrichtung durch den Strang; zum anderen schufen sie ein System der sozialen Überwachung. Machte sich ein Soldat davon, so hatten Bürger und Bauern die Sturmglokken zu läuten und die Verfolgung aufzunehmen. Wer einen Deserteur ergriff, erhielt 12 Taler Belohnung. Dem Dorf, dessen Bewohner untätig blieben, wurde dagegen ein kollektives Bußgeld auferlegt.

In eigentümlichem Gegensatz dazu stellte man den über die Grenzen geflohenen Soldaten für den Fall ihrer Rückkehr ein »Pardon«, also Straffreiheit, in Aussicht und verlängerte immer wieder die Amnestiefristen. M.S.

1737

a Berlin ce 24e 7bre 1737

j'ai recu votre lettre mon cher frere par laquelle je vois que vous etes tout encore bien portants dont je me rejouis; le tabac est enfin arrivé a bon port et a eté approuvé, je ne manquerai pas sitôt que mes affaires seront un peu raccomodées de vous faire payer le tout a Paris, mais il faut avoir patience car vous savés que quand on se marie qu'on a bien des choses a payer, mais ce qui me console c'est que je retrouverai le tout chez ma future.
quand a ce que vous me mandés de mr. [illegible] je vous dirai que je luy ai ecrit il y a quelque temps, j'attends sa reponce tous les jours de votre coté mon cher frere si vous avés quelqu'un de capable pour pouvoir me procurer un couble de grands hommes qui soient encore jeunes et bien plantés et de la taille de 5 pieds 11 pouces de france pieds nuds, et bien membrés vous me mettriés

Anwerbung von »Langen Kerls« in Frankreich
Brief Friedrich Wilhelm von Forcades (1699-1765) an seinen Bruder in Paris
Berlin, 24. September 1737
Papier, Tinte, Lacksiegel; 23,4 x 18,6 cm
Inv.-Nr.: 1988/1805

Grenadier James Kirkland der Riesengarde Friedrich Wilhelms I.
Johann Christof Merk (gest. nach 1726) ?
Um 1714
Öl/Leinwand; 278 x 112 cm
Inv.-Nr.: Kg 54/291

Allein im ersten Jahr seiner Regierung vergrößerte Friedrich Wilhelm I. die Armee um ein Viertel. Seine Vorliebe galt dabei auffallend großgewachsenen Männern, den »Langen Kerls«. Der ansonsten streng auf Sparsamkeit in den Staatsausgaben bedachte König scheute keine Handgelder, Abfindungen und Reisespesen, wenn es galt, irgendwo, auch im fernen Ausland, einen Riesen für sein Potsdamer Leibregiment aufzutreiben. Ein berühmter »Langer Kerl« war der Grenadier James Kirkland. Er kam aus Irland und maß 6 Fuß 11 Zoll, also etwa 2,10 m. Für die Kompaniechefs war die Anwerbung großer Soldaten ein Weg, sich der besonderen Gunst des Monarchen zu versichern. Noch in einem Edikt von 1732 versprach »Seine Majestät denen Stabs=*Officiers* und *Capitains*, welche sich durch große Leute von 6 Fuß und darüber *distinguieren* werden, daß sie Ihnen bey aller Gelegenheit dero Königliche Gnade wirklich angedeihen lassen werden«. Auch Friedrich Wilhelm von Forcade (1699-1765), Generalleutnant und Chef des 23. Infanterieregiments, versuchte über seinen Bruder in Frankreich von dorther großgewachsene Rekruten zu bekommen. Sein Schreiben nennt die Mindestgröße von 5 Fuß 11 Zoll, des weiteren sollten die Männer kräftig gebaut und noch jung sein. Man sollte ihnen einen sechsjährigen Vertrag versprechen und jeden von ihnen mit 2000 französischen Livre locken. M.S.

Ausbau des Manufaktursystems

a) Edikt gegen den Gebrauch ausländischer Stoffe
Verbot für alle Staatsbeamten und deren Diener, für ihre Kleidung anderes rotes oder blaues Tuch zu verwenden, als das, was im Lande hergestellt wird
Berlin: Christoph Süßmilch, 26. April 1718
Papier, Typendruck; 34 x 21,8 cm
Inv.-Nr.: 1988/997.20

b) Edit Du Roy
Verbot gleichen Inhalts in französischer Sprache
Berlin: Joh. T. Toller, 26. April 1718
Papier, Typendruck; 34 x 22,3 cm
Inv.-Nr.: Do 55/1221

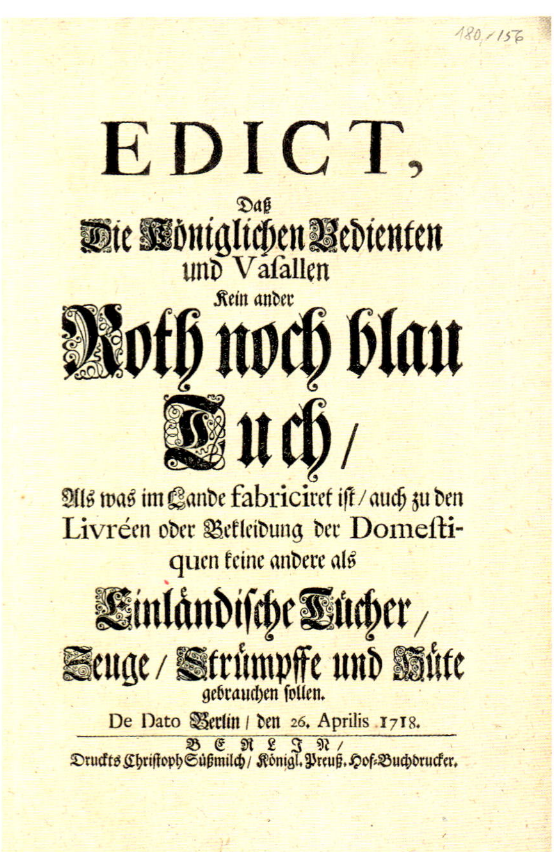

EDICT,
Daß
Die Königlichen Bedienten
und Vasallen
Kein ander
Roth noch blau
Tuch/
Als was im Lande fabriciret ist/ auch zu den
Livréen oder Bekleidung der Domesti-
quen keine andere als
Einländische Tücher/
Zeuge/ Strümpffe und Hüte
gebrauchen sollen.
De Dato Berlin/ den 26. Aprilis 1718.
B E R L I N/
Druckts Christoph Süßmilch/ Königl. Preuß. Hof-Buchdrucker.

EDIT
DU ROY
Contenant une Défense à tous les Officiers ou Serviteurs & Vassaux de SA MAJESTÉ, de porter pour leur usage aucun autre drap rouge ou bleu, que celui qui est fabriqué dans le Païs, & d'employer pour les Livrées ou habits de leurs Domestiques, d'autres draps, etoffes, bas, & chapeaux, que ceux du Païs.

A BERLIN.
Chez JOH. T. TOLLER, Imprimeur Privilégié.

Der große Umfang der Schafhaltung und der daraus gewonnenen Wollmengen prädestinierten die Textilherstellung dazu, zur Führungsbranche der gewerblichen Produktion in Preußen zu werden. In der Planung der staatlichen Gewerbepolitik unter Friedrich Wilhelm I. war das Gedeihen der Textilfabrikation eng mit der Heeresverstärkung verflochten. Der rasch gestiegene Bedarf des Militärs an Uniformen sollte den einheimischen Tuchmanufakturen einen festen Absatz garantieren. Weiteren Schutz erhielten sie durch das Ausfuhrverbot von Wolle, womit der Wollpreis niedriggehalten und gewährleistet werden sollte, daß stets genug Rohstoff für die Textilproduktion vorhanden war. Zahlungskräftige Konsumenten bevorzugten aber weiterhin, sei es aus Gründen der Qualität oder aus modischen Erwägungen, gerade bei roten und blauen Tuchen die feineren ausländischen Angebote. Um diese Lücke im System der merkantilistischen Gewerbeförderung zu schließen, ergingen Gebrauchsverbote, die zunächst den Staatsangestellten und ihren Dienern und bald darauf (1719) allen Untertanen untersagten, für ihre Kleidung andere als in Preußen hergestellte Tuche zu verwenden. Das wegen der vielen gewerbetreibenden Réfugiés auch in französischer Sprache ausgefertigte Edikt ist das erste preußische Gesetz, das mit Geltung für alle Provinzen erlassen wurde. Hier drückt sich deutlich die Idee der Wirtschaftseinheit des preußischen Staates aus. M.S.

Im Erzstift Salzburg wurden die Protestanten je nach wirtschaftlicher Lage und politischem Ziel strenger oder auch weniger rigoros unterdrückt. Nach mehreren Wellen der Verfolgung und Ausweisung kam es 1731 zum Salzburger Emigrationsedikt; danach hatten alle Protestanten, die älter als 12 Jahre waren, das Land innerhalb von acht Tagen zu verlassen. Die Bauern bekamen 12 Wochen Zeit, ihren Besitz zu verkaufen. 17000 Salzburger wanderten aus. König Friedrich Wilhelm I. in Preußen erklärte sich bereit, die Vertriebenen in seinen entvölkerten Ostprovinzen anzusiedeln. Die »Andenkenindustrie« reagierte auf den unerhörten Vorfall und schuf zahlreiche Erinnerungsmedaillen, vorrangig auf den Exodus nach Preußen.

Wesentlich aufwendiger waren die gegossenen oder getriebenen Hohlschraubmedaillen, die im Innern Bilderzyklen der Emigrationsgeschichte bargen. In der Mehrzahl stammten sie aus Augsburg. Der vorliegende Zyklus besteht aus 17 handkolorierten Rundbildchen mit biblischen Gleichnissen und konkreten Szenen aus der religiösen Bewegung im Salzburger Land bis hin zum Auszug der Emigranten und deren Ankunft in Preußen. Die Augsburger Schraubmedaillen waren sehr beliebt und weit verbreitet. M.K.

Schraubmedaille mit 17 kolorierten Einlagen auf die Salzburger Emigranten
Daniel Höckhinger (tätig um 1732 in Augsburg)
Augsburg, 1732
Silber, Radierungen, koloriert;
Dm 4,4 cm,
3,9 cm (Einlagen)
Inv.-Nr.: 1988/1331

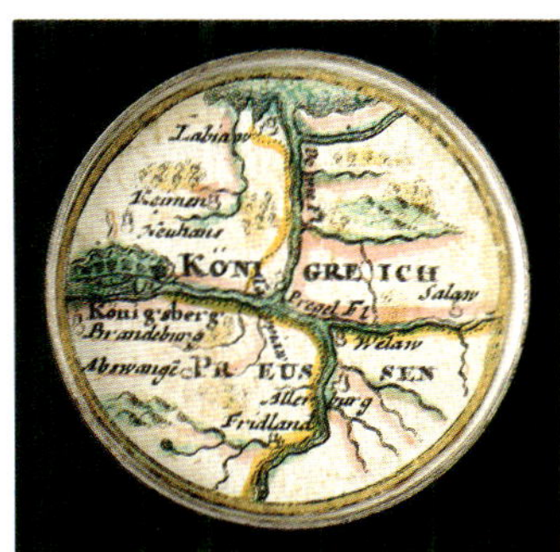

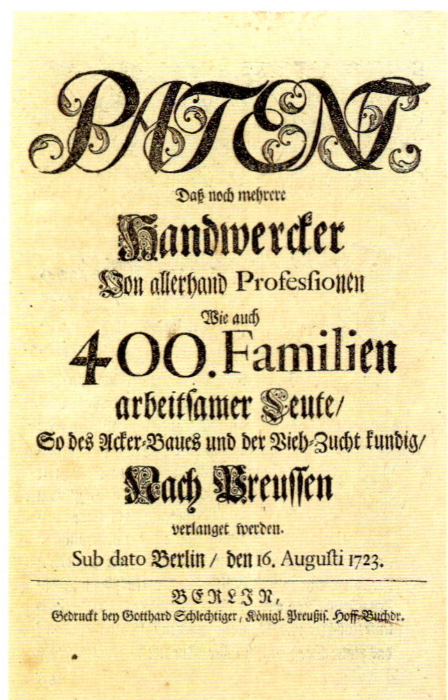

PATENT.
Daß noch mehrere
Handwercker
Von allerhand Professionen
Wie auch
400. Familien
arbeitsamer Leute/
So des Acker-Baues und der Vieh-Zucht kundig/
Nach Preussen
verlanget werden.
Sub dato Berlin / den 16. Augusti 1723.

BERLIN,
Gedruckt bey Gotthard Schlechtiger, Königl. Preuß. Hoff-Buchdr.

EDICT.
Daß in der
Chur-Marck
Auf dem
Platten Lande
So viel
Hausleute/ Spinner
Und
Leinweber/
als man kan und will, angesetzet werden mögen,
Aber
Keine Leinweber/ die in einländischen Städten
wohnhafft gewesen.
De dato Berlin/ den 2. Februarii 1729.

BERLIN,
Gedruckt bey dem Königlichen Preußischen Hof-Buchdrucker
Daniel Andreas Rüdiger.

PATENT.
Daß die
Fremden/
So auf der
Friderichstadt
hiesiger Residentzien
anbauen/
Die hierin benannten Freyheiten
geniessen sollen.
De Dato Berlin/ den 29. Octobris 1732.

BERLIN/
Gedruckt bey dem Königl. Preußischen Hof-Buchdrucker,
Daniel Andreas Rüdiger.

Patent, Daß noch mehrere Handwercker … Wie auch 400. Familien … Nach Preussen verlanget werden
Berlin: Gotthard Schlechtiger, 16. August 1723
Papier, Typendruck; 33 x 20 cm
Inv.-Nr.: Do 61/361

Patent, Daß die Fremden … Die hierin benannten Freyheiten geniessen sollen
Berlin: Daniel Andreas Rüdiger, 29. Oktober 1732
Papier, Typendruck; 34,2 x 22,4 cm
Inv.-Nr.: Do 61/412

Edict, Daß in der Chur-Marck … Hausleute, Spinner und Leinweber … angesetzet werden moegen
Berlin: Daniel Andreas Rüdiger, 2. Februar 1729
Papier, Typendruck; 29,5 x 18,5 cm
Inv.-Nr.: 1988/859

Die innere Kolonisation war eine der größten Herausforderungen des preußischen Staatsaufbaus im 17. und im 18. Jahrhundert.

Dem durch Kriege und Seuchen entstandenen »Leutemangel« und dadurch stark beeinträchtigten Wirtschaftsleben begegneten die preußischen Landesherren seit dem Großen Kurfürsten mit einer aktiven Einwanderungs- oder »Peuplierungs«politik. Die kompaktesten Kolonistenströme bildeten die infolge religiöser Intoleranz aus ihren Heimatländern ausgewanderten Anhänger evangelischer Glaubensrichtungen: nach 1685 die französischen Hugenotten, ab 1732 die Salzburger Protestanten.

Die preußische Bevölkerungspolitik beschränkte sich jedoch nicht auf die Aufnahme von Glaubensflüchtlingen. In immer neuen Ausschreiben versuchte man, auch einzelne qualifizierte Arbeitskräfte anzuwerben. Den Zuwanderern winkten neben der zugewiesenen Stelle finanzielle Starthilfen und andere Vergünstigungen: Der Staat übernahm Transportkosten, gewährte Zollfreiheit für alles Mitgebrachte, Sach- oder Geldmittel für den Hausbau beziehungsweise die Wiederherstellung verlassener Häuser und Höfe, er stellte Arbeitsgeräte, das erste Saatgut oder Vieh zur Verfügung, garantierte die Freiheit von gewaltsamer Werbung, Militärerfassung *(Enrollierung)* und Einquartierung sowie – für eine bestimmte Frist – von allen Steuern. Das Bürger- und Meisterrecht, sonst nur teuer zu erlangen, sollten die Angeworbenen kostenlos erhalten.

M.S.

11 STÄDTISCHES LEBEN

Die Mehrzahl der Deutschen lebte im 17. und 18. Jahrhundert nicht in der Stadt, sondern auf dem Land: Etwa zwei Drittel der Bevölkerung arbeiteten direkt in der Landwirtschaft, und Handwerker, deren Tätigkeit eng mit der Landwirtschaft verbunden war, wie beispielsweise Müller und Schmiede, ließen sich bevorzugt in deren Umfeld nieder. In die Städte zog es dagegen Gewerbe, die für den »gehobenen« städtischen Bedarf und den Export produzierten, vor allem Bau-, Bekleidungs- und Kunsthandwerker. Insgesamt schätzt man den Anteil der in den handwerklichen Berufen tätigen Bewohner deutscher Territorialstaaten um 1800 auf 21 bis 23 Prozent.

Bis ins 19. Jahrhundert waren die Handwerker, einer mittelalterlichen Tradition folgend, in Zünften organisiert. Diese Zünfte spielten im Leben der Städte eine besondere Rolle. Sie kontrollierten nicht allein die Einhaltung von Qualitätsstandards und den Ausbildungsgang des Nachwuchses, sie regulierten auch das Privatleben ihrer Mitglieder und hatten oft als Angehörige des Stadtregiments politischen Einfluß.

Untereinander standen die Zünfte häufig in Konkurrenz. Gegenüber der Obrigkeit kam es zu offenen Machtkämpfen, da diese versuchte, das Monopol der Zunftmitglieder auf Gewerbeausübung und den Anspruch auf Eigengerichtsbarkeit zu brechen. Territoriale Polizeiordnungen schränkten die Autonomie der Zünfte und Gesellenvereinigungen ein, bis 1731 eine Reichshandwerksordnung gegen die Machtmißbräuche der Gesellen erlassen wurde. Ihre Privilegien konnten die Zünfte trotzdem bis zu ihrer Aufhebung verteidigen. Die Aufhebung der Zünfte begann 1793 in den linksrheinischen Gebieten und war erst 1868 in allen deutschen Ländern abgeschlossen. L.K.

Innungslade der Weber – Vorder- und Rückseite
Mittel- oder Süddeutschland, 1675
Eiche, intarsiert, Eisen;
46 x 57 x 36 cm
Inv.-Nr.: MK 60/411

Gestalt-Gefäß der Weber – Vorder- und Rückseite
Lausitz, 18. Jh.
Zinn;
22 x 34 x 10 cm,
L 90 cm (Kette)
Inv.-Nr.: 1988/1206

Die Mitgliedschaft in einer Zunft oder Gesellenvereinigung war für den größten Teil der Handwerker Voraussetzung für die Ausübung ihres Berufes. Nach dem Ende des Dreißigjährigen Krieges setzte eine Welle von Zunftneugründungen ein: Vor allem die Baugewerbe – Steinmetze, Maurer und Zimmerleute – hatten nun Hochkonjunktur. Ende des 18. Jahrhunderts waren die meisten Handwerker im Textil- und Bekleidungsgewerbe tätig.

Die Ausbildung und die einzelnen Schritte bis zum Meister hatten die Zunftvorstände in »Ordnungen« festgelegt. In den meisten Gewerben wurde eine »ehrliche Geburt« vorausgesetzt. Kinder von Schaustellern, Kartenmachern, Nachtwächtern, Feldhütern, Schäfern, Gassenkehrern, Scharfrichtern und Totengräbern galten als unehrlich, ebenso unehelich gezeugte Kinder. Die Jungen wurden meist im Alter zwischen elf und vierzehn Jahren in die Lehre gegeben. Die Mitglieder der Zünfte feierten gemeinsam die Befreiung der Gesellen und die Ernennung der Meister. Das Öffnen der Zunftlade, in der die Zunftordnung aufbewahrt wurde, signalisierte den Beginn, das Schließen das Ende der Zusammenkunft. Trotz strenger Regeln bezüglich des Ablaufs der Sitzungen arteten diese meist in Trinkgelage aus. Mancherlei Bräuche anläßlich der Freisprechung der Gesellen waren berüchtigt. Sie seien »wider christliche Liebe und Ehrbarkeit«, klagt Pastor Christian Gerber, »in dem sie den Gesellen als einen Narren traktieren, sehr übel vexieren, stoßen, zerren, werfen, naß machen, mit einem schimpflichen Namen belegen, endlich vollsäufen und an seiner Gesundheit Schaden zufügen« (»Unerkannte Sünden der Welt«, 1690). Gäste und zugewanderte Gesellen mußten den mit Bier oder Wein gefüllten Willkomm-Pokal üblicherweise in einem Zug leeren.

Die Zünfte ließen sich für Ihre Trinkgelage bei den ortsansässigen Zinngießern repräsentative Gefäße arbeiten. Neben den traditionellen Kannen und Krügen erfreuten sich im 17. und 18. Jahrhundert die Willkomm-Pokale und Gestalt-Gefäße besonderer Beliebtheit. Eingravierte Embleme oder Inschriften verweisen auf das ausgeübte Handwerk, zuweilen ergänzt durch einen Wahlspruch beziehungsweise Segenswunsch. Führende Zunftmitglieder sind häufig mit ihrer Funktion genannt; Daten beziehen sich auf die Gründung der Zunft, die Stiftung des Zunftgerätes oder sonstige besondere Ereignisse. Eine Ortsangabe wurde im allgemeinen nicht als notwendig angesehen. Oft läßt sich die Herkunft der Pokale nur über die entschlüsselten Stadtmarken ermitteln.

Viele Willkomm-Pokale waren ursprünglich mit Widmungsschildchen behängt. Silberne Münzen wurden erst in jüngster Zeit ergänzt, wenn die originalen Schildchen fehlten. L.K.

Becher des Schneiderhandwerks mit Futteral
1752
Glas, Buchsbaumholz; H 7,2 cm, 11cm (Futteral)
Inv.-Nr.: 1988/847.1-3

Willkomm-Pokal der Schneider
1714
Zinn; H 52 cm
Inv.-Nr.: MK 90/126

Willkomm-Pokal der Seifensieder und Lichtzieher
1764
Zinn; H 51 cm
Inv.-Nr.: K 58/32

Zunftkanne der Zimmerleute
Heinrich Jobin (erwähnt 1643-1684)
Annaberg (Sachsen), 1650
Zinn, graviert; H 50 cm
Inv.-Nr.: 1988/1204

Nur äußerst wohlhabende Zünfte konnten sich silberne Gefäße leisten, die meisten mußten mit Zinn vorliebnehmen. Zu den reicheren Zünften gehörten die Böttchergesellschaften in den großen Messe- und Hafenstädten. Sie stellten die Fässer und Tonnen her, die nicht allein für die Bierlagerung, sondern auch für Gütertransport und Vorratshaltung benötigt wurden.

Eine der bedeutendsten Handelsstädte am baltischen Meer war Riga. Obwohl im Baltikum vor allem Esten und Letten lebten, hatte sich in den Städten eine deutsche Oberschicht etabliert, die über die Jahrhunderte zugewandert war. Nach der Eroberung Rigas durch Rußland im Nordischen Krieg hatten die estnischen und livländischen Stände kapituliert (1710); im Frieden von Nystad (1721) mußte Schweden endgültig Livland und Estland an Rußland abtreten. Trotzdem blieb das Zunftrecht nach deutschem Vorbild bis in das 19. Jahrhundert hinein erhalten.

Die Böttchergesellen von Riga verfügten über einen nachweisbar großen Silberschatz, zu dem auch die drei teilvergoldeten, mit dem Emblem der Böttcher verzierten Deckelbecher gehörten. Auf jedem der Deckel sind die Namen des Zunftältesten und seines Beisitzers eingraviert, auf den Außenwänden der Becher sind die Gesellen namentlich aufgelistet. Obwohl sich die Becher äußerlich gleichen, wurden sie in einem Zeitraum von 57 Jahren von drei verschiedenen Goldschmiedemeistern gefertigt. L.K.

Deckelbecher der Böttchergesellen-Bruderschaft zu Riga
Silber, gegossen, getrieben, teilweise vergoldet, graviert; H 31 cm (2 x), 32 cm

a) Heinrich von der Eiche
(gest. 1757)
1753
Inv.-Nr.: 1986/2.1

b) Georg Vendt
(gest. 1786)
1780
Inv.-Nr.: 1986/2.3

c) Carl Gustav Krezner
(gest. 1741)
1723
Inv.-Nr.: 1986/2.2

12 LUXUSGEWERBE IN SACHSEN

Das Fundament der sächsischen Wirtschaft bildeten 1694 beim Regierungsantritt Kurfürst Friedrich Augusts I. der Bergbau und das Münzwesen. Im südlichen Teil Sachsens, wo außer Silber auch Eisen, Zinn, Kupfer, Blei, Zink, Wismut und Kobalt gewonnen und Kohle, Marmor und Edelsteine abgebaut wurden, hatten sich Handwerk und Handel angesiedelt. Diese ökonomische Stärke war Voraussetzung für die Entfaltung sächsischer Kultur und Hofhaltung nach dem Vorbild von Versailles.

Neben dem Bergbau entwickelte sich im 18. Jahrhundert das Textilgewerbe zum zweitwichtigsten Wirtschaftszweig: 1726 umfaßte die Chemnitzer Weberzunft 319 Meister mit 345 Gesellen. Die in Leipzig ansässigen Samt- und Seidenmanufakturen – vor 1756 waren es elf – und die sieben Gold- und Silberspinnereien arbeiteten vor allem für den Export. Leipzig besaß eine zentrale Bedeutung als Messestadt. Durch die Verleihung von Privilegien und den Ausbau von Straßen und Brücken wurde ihre Stellung von den Landesherren unterstützt.

In den 39 Jahren seiner Herrschaft ließ Friedrich August I. (= August der Starke) eine ganze Reihe von Stadt- und Jagdschlössern errichten und prunkvoll ausstatten. Die Künstler und Handwerker rekrutierte er nicht allein aus Sachsen, sondern er warb auch Fachleute aus dem Ausland an. Größtenteils waren die Handwerker in Zünften organisiert. Daneben ermöglichte jedoch die Gründung von staatlich geförderten Manufakturen zur Herstellung von Textilien, Fayencen, Porzellan, Glas, Gold- und Silberwaren, Musikinstrumenten, Gewehren und Pulver sowie Druckerzeugnissen eine Erhöhung der Produktivität gegenüber dem klassischen Gewerbe: In den Manufakturen stellten die Handwerker bei Arbeitsteilung lediglich ihre Arbeitskraft zur Verfügung, während in Zünften organisierte Meister jeweils über eigene Arbeitsräume verfügen und teure Werkzeuge anschaffen mußten.

Entscheidend für den Erfolg der Manufakturen war auch der Erfindungsreichtum sächsischer Techniker und Alchimisten. Zu den neu entwickelten Maschinen und Herstellungsverfahren gehörten die Schleif- und Poliermaschinen in Glas- und Spiegelmanufakturen, der Farbdruck in Baumwollmanufakturen und nicht zuletzt die Erfindung des Porzellans durch Johann Friedrich Böttger, die überhaupt erst die Gründung der Porzellanmanufaktur (1710) in Meißen ermöglichte.

Handwerker, die mit dem Hoftitel ausgezeichnet waren, standen sozial und materiell besser da als die Mitglieder der Zünfte und Mitarbeiter der Manufakturen. Sie waren nicht an deren Reglementierungen gebunden und verfügten normalerweise über ein höheres Einkommen. Der »Hof- und Staatskalender auf das Jahr 1750« führt 66 »Hof-Befreyte« Handwerker des Hofmarschallamts, zehn Hofmaler und 29 Handwerker mit dem Hoftitel im Bereich der Oberkämmerei auf, unter anderen Juweliere, Edelsteinschleifer, Ziseleure, Drechsler, Tischler, Stuhlmacher, Schlosser, Lackierer, Tapezierer, Kürschner, Schneider, Strumpfwirker, Perückenmacher, Posamentierer, Knopfmacher …

Friedrich August I. und sein Sohn Friedrich August II. förderten beide das Luxusgewerbe, setzten aber unterschiedliche Akzente in der Zurschaustellung ihrer Reichtümer: Der erste liebte prunkvolle Feste, er ließ Künstler und Manufakturen für die Ausstattung repräsentativer Schlösser und aufwendig inszenierter Schauen arbeiten. Friedrich August II. hatte dagegen eine Vorliebe für die »stilleren« Künste. Gemeinsam mit seinem Staatssekretär und späteren Premierminister Heinrich Graf von Brühl erweiterte er die Bestände der neu gegründeten Museen. Seit Auflösung der Kunstkammer wurden herausragende Produkte des Luxusgewerbes direkt in die Spezialmuseen gegeben: in die Porzellansammlung, das Grüne Gewölbe (gegr. 1723), den Mathematisch-Physikalischen Salon (gegr. 1728), die Rüstkammer und die Gewehrgalerie (gegr. 1733).

Annähernd vergleichbare Förderung fand das Luxusgewerbe in der mitteleuropäischen Region im 18. Jahrhundert lediglich in den Residenzstädten Wien und Berlin. Auch hier stützte sich das Gewerbe nicht allein auf Zünfte, sondern auch auf staatlich subventionierte Manufakturen, die dank Arbeitsteilung wesentlich effizienter arbeiteten. Für Sachsen kam das Ende der wirtschaftlich prosperierenden Zeit mit der Katastrophe des Siebenjährigen Krieges. L.K.

Seit 1694 Kurfürst in Sachsen, bemühte sich Friedrich August I. (1670-1733) auch um den vakanten polnischen Königsthron, den er schließlich nach seinem Übertritt zum Katholizismus 1697 als August II. von Polen erlangte. Nachdem er zusammen mit Zar Peter I. und Friedrich von Dänemark den Nordischen Krieg gegen den Schweden Karl XII. ausgelöst hatte, verlor er nach schweren Niederlagen die polnische Krone 1706 zugunsten von Stanislaus Leszczyński. Erst mit russischer Hilfe gewann er sie 1709 nach der schwedischen Niederlage bei Poltawa zurück.

Aus dieser zweiten Phase seines Königtums stammt das repräsentative Porträt als Kniestück. Über seiner Brust trägt August II. das blaue Band mit dem polnischen Orden des Weißen Adlers, den er 1705 erneuert hatte. Der dazugehörige Bruststern mit der Inschrift »Pro Fide Lege et Rege« (Für Glauben, Recht und König) ziert seine linke Brust. Um die Hüfte hat er eine polnische Schärpe gewunden. Die ausgestreckte Rechte ruht auf dem Zepter, das auf den Thronsessel gestützt ist.

Mit Krone, Reichsapfel und Zeremonialschwert rechts im Hintergrund sind die polnischen Krönungsinsignien gemeint, die der französische Porträtist Louis de Silvestre, wenn überhaupt, nur aus Erzählungen kannte. Es sind prunkvolle Erfindungen des Künstlers, die er auf seinen zahlreichen Gemälden von August dem Starken immer wieder variierte. D.V.

August der Starke
Charles Boit (1663-1727), Umkreis
Nach 1718
Email, Metall, Diamanten, Rubine; 6,7 x 4,5 cm
Inv.-Nr.: KG 93/15

Friedrich August I., Kurfürst von Sachsen, als König August II. von Polen
Louis de Silvestre d.J. (1675-1760)
1725-1730
Öl/Leinwand; 128 x 95 cm
Inv.-Nr.: 1991/2500

Sechs Deckelhumpen mit Spielkartenmotiven
Glashütte Pretzsch
Pretzsch (Sachsen),
um 1710/20
Glas, Email;
H 18,5-19,5 cm
Inv.-Nr.:
K 55/370-375

Ein in Lyon von Claude Valentin in den Jahren 1650 bis 1675 entwickeltes Kartenspiel diente als Vorlage für die Bemalung der sächsischen Spielkartengläser. Stilistisch gehören sie zu den bereits im 16. und 17. Jahrhundert populären emaillierten Wappengläsern. Typisch für die sächsischen Spielkartengläser mit Deckel ist, daß die umlaufenden Bänder mit Blattranken und jeweils passenden Kartensymbolen verziert sind.

Meist wurden diese Gläser in kompletten Serien, entsprechend der Kartenzahl, hergestellt und ausgeliefert. Der sächsische Hof gehörte zu den Hauptabnehmern. So schickte die Hofkellerei Dresden 1748 »13 Pass Gläser, auf deren jeden ein Charten Blatt gemahlet« war, nach Warschau als Preise für dort stattfindende Schießspiele anläßlich des Festes zum Weißen-Adler-Orden. Im Inventar von Schloß Moritzburg sind 1733 »Drey und vierzig Stück Morizgläsern, worauf die Französische Karte gemalt, darunter 5 Stück ohne Deckel« verzeichnet.

Im Laufe des 18. Jahrhunderts wurde das Emailglas fast gänzlich von der Kunst der Glasschneider verdrängt, deren Technik eine wesentlich feinere und naturalistischere Wiedergabe der Motive erlaubte als die Malerei mit Emailfarben. L.K.

Die sächsischen Hoftischler, die für die Ausstattung der zahlreichen Schlösser und Palais in und um Dresden zuständig waren, orientierten sich häufig an englischen und französischen Vorbildern: Aufsatzschreibschränke, die in England bereits um 1700 weit verbreitet waren, wurden 1731 in Dresden ebenfalls als Meisterstücke zugelassen. Der Toilettentisch, auch Poudreuse oder Coiffeuse genannt, war eine Erfindung französischer Ebenisten. Er kam dem zunehmenden Bedürfnis nach vielseitigen Kleinmöbeln entgegen, da er gleichzeitig die Funktion eines Schminktisches wie die eines Schreibtisches erfüllte. Einige Stilmerkmale lassen vermuten, daß unser Tisch ursprünglich im Boudoir einer sächsischen Prinzessin stand.

Der Schreibschrank weist ebenfalls Eigenarten auf, die auf eine höfische Provenienz hindeuten: Die beiden in der sogenannten Eglomisétechnik nach Vorlagen von Jean Bérain d. Ä. (1637-1711) gestalteten und in die Schranktüren eingelassenen Glasscheiben sind ein herausragendes Beispiel für die Kunstfertigkeit des sächsischen Luxusgewerbes. Die vergoldeten Bronzeschlüssel tragen unter einer Krone die Initialen »JR« = J(osepha) R(egina) für Maria Josepha, die Frau Friedrich Augusts II. und Tochter Kaiser Josephs I. L.K.

Toilettentisch (Poudreuse)
Dresden,
2. Drittel 18. Jh.
Weichholz (Korpus), Olivenholz (Furnier);
77,5 x 101,5 x 50 cm
Inv.-Nr.: 1989/1630

Schreibschrank mit Glastüren in Eglomisétechnik
Dresden,
2. Drittel 18. Jh.
Weichholz (Korpus), Nußbaum (Furnier), Ahorn und Obsthölzer (Bandeinlagen), Glas;
237 x 129,5 x 67 cm
Inv.-Nr.: 1989/2148

Bergmann
Johann Joachim Kaendler (um 1706-1775)
Königlich-Sächsische Porzellanmanufaktur Meißen, um 1740
Porzellan, bemalt; H 19,7 cm
Inv.-Nr.: KG 93/54

Schmied
Peter Reinicke (1715-1768)
Königlich-Sächsische Porzellanmanufaktur Meißen, 1750/60
Porzellan, bemalt; H 21 cm
Inv.-Nr.: KG 93/45

Weinleserin
Johann Joachim Kaendler (um 1706-1775)
Königlich-Sächsische Porzellanmanufaktur Meißen, um 1740
Porzellan, bemalt; H 27,3 cm
Inv.-Nr.: 1986/45

Zimmermann
Peter Reinicke (1715-1768)
Königlich-Sächsische Porzellanmanufaktur Meißen, 1750/60
Porzellan, bemalt; H 21,5 cm
Inv.-Nr.: KG 93/44

Mit der Anstellung der beiden Bildhauer Johann Gottlieb Kirchner und Johann Joachim Kaendler 1730/31 in der Meißner Porzellanmanufaktur verband August der Starke den Wunsch, das Japanische Palais in Dresden mit in Porzellan gegossenen Großplastiken auszustatten. Dem Auftrag entsprechend versuchten sich die beiden Modelleure zuerst an Tierfiguren im Großformat, die zwischen 60 und 80 cm hoch waren. Der Herstellungsprozeß erwies sich jedoch als äußerst schwierig, da man die Möglichkeiten des Porzellans überschätzt hatte. Vor allem beim Brennen gingen zahlreiche Stükke zu Bruch.

So verlagerte Kaendler den Schwerpunkt seiner Tätigkeit auf den Entwurf von Kleinplastiken. Zuerst wurden diese Stücke nur vereinzelt auf Schränken und Kaminen der höfischen Wohnräume aufgestellt, in den vierziger Jahren dienten sie aber zudem als Tischdekoration. Im »Frauenzimmer-Lexikon« von 1773 findet sich ein Hinweis für die Verwendung der Porzellanfiguren: »An großen Ceremonien Tafeln verbindet man mit dem Confect öfters viele Sinnbilder und figürliche Vorstellungen, zu deren gehörigen Anordnung aber viel Wissenschaft aus der Historie, Poesie und Fabellehre, ingleichen aus der Architectur und Perspective gehöret. Die leichtesten Vorstellungen bey großen Desserts sind die Lustgärten mit Spaziergängen, Gebäuden, Springbrunnen, Parterren und Statuen, zu welchen letztern die Porcellain-Fabriken in Meissen, Berlin, Wien etc. die schönsten und zierlichsten Figuren von allen nur erdenklichen Arten und Stellungen zubereiten, und den Conditorn dadurch viel Arbeit ersparen, weil diese vormals dergl. Figuren und Statuen von Tragant-Teige oder Caramel-Zucker mühsam und mit viel Kosten verfertigen mußten. In hohen Häusern hält man daher insgemein auf hin-

länglichen Vorrath von Porcellainfiguren und Glaswerke, zu den Dessert-Aufsätzen.«

Am beliebtesten waren mythologische oder allegorische Figuren: die Musen, die Freien Künste, die Tugenden, die fünf Sinne, die Tages- und Jahreszeiten, die vier Elemente und die vier Erdteile. Eine zweite große Gruppe bildeten die Berufsdarstellungen: zum einen die ländlichen Beschäftigungen wie Winzer, Schnitter und Obstverkäufer, zum anderen die Handwerksberufe. In höfischen Kreisen herrschte eine romantisch verklärte Ansicht von den gewerblichen Beschäftigungen vor. Man schätzte die Produkte des Luxusgewerbes und der Landwirtschaft und stellte sich die damit verbundenen Arbeiten als spielerische Tätigkeiten vor. Auch als Geschenke für besondere Anlässe wurden Porzellanfiguren hergestellt, wie das Christkind von Aracoeli, das, in verschiedenen Größen, zum Neuen Jahr überreicht wurde. L.K.

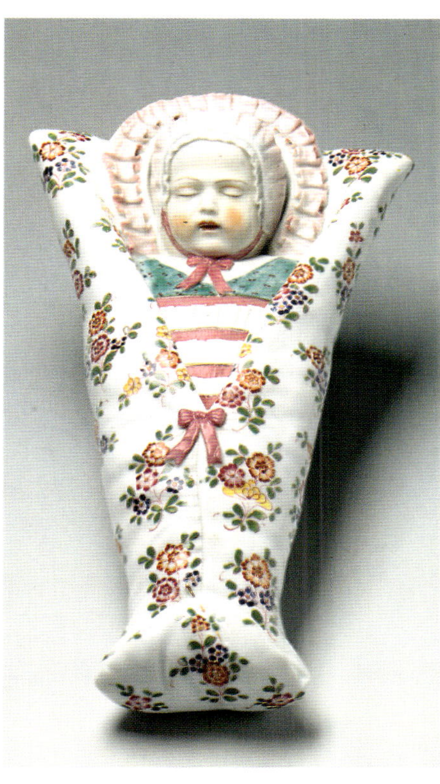

Wickelkind (Christkind von Aracoeli)
Johann Joachim Kaendler
(um 1706 - 1775)
Königlich-Sächsische Porzellanmanufaktur Meißen,
2. Hälfte 18. Jh.
Porzellan, bemalt;
L 31 cm
Inv.-Nr.: KG 93/3

Die vier Erdteile – Afrika, Europa, Asien, Amerika
Johann Joachim Kaendler
(um 1706 - 1775)
Königlich-Sächsische Porzellanmanufaktur Meißen,
Mitte 18. Jh.
Porzellan, bemalt;
H 19,5 cm, 21 cm, 18,5 cm, 18,7 cm
Inv.-Nr.: KG 93/1-4
Erworben aus Mitteln des Landes Berlin

Der mit Etui und Ständer ausgestattete Kalender steht für die Kunstfertigkeit der Dresdner Perlmuttschnitzer und Metallgießer, die Wertschätzung naturwissenschaftlicher Erkenntnisse und die Freude an Luxus und Schönheit in Sachsen. Immerwährende Kalender sollten nicht allein über das aktuelle Datum Auskunft geben, sondern weitergehende Fragen beantworten: Die einliegenden Metallscheiben geben Tag- und Nachtlängen, Sonnenaufgangs- und Sonnenuntergangszeiten an und zeigen, in welchem Sternzeichen die Sonne steht. Astrologische Daten waren wichtig für die Lebensplanung eines Renaissance- und Barockmenschen in Hinsicht auf Glück und Gesundheit. Neben den Wochentagen stehen die Zeichen der Planeten: die Sonne beim Sonntag, der Mond beim Montag, der Mars gehört zum Dienstag, Merkur zum Mittwoch, Jupiter zum Donnerstag, Venus zum Freitag und schließlich Saturn zum Sonnabend.

Obwohl die Bedeutung der Astrologie im 18. Jahrhundert nachgelassen hatte, blieben die immerwährenden Kalender mit astrologischen Hinweisen weiter populär. In Preußen versuchte Friedrich der Große 1778 vergeblich, alle abergläubischen Zeichen und Deutungen im Kalender zu verbieten: Das Volk stürmte die Verkaufsbuden, und nach einem kalenderlosen Jahr 1779 wurden 1780 wieder die gewohnten Kalender angeboten. L.K.

Immerwährender Kalender mit Ständer
Dresden, 18. Jh.
Perlmutt, Rubin, Metall, Holz, Messing, Samt;
39 x 18 cm (Kalendarium),
54 x 34 cm (Ständer)
Inv.-Nr.: 1991/3138.1-3
Erworben aus Mitteln des Landes Berlin

13
BAROCKE HOFKULTUR
JAGD UND SPIELE

Wie das Rom des Augustus in der Antike, so galt das Paris Ludwigs XIV. (1638-1715) generationenlang als Mittelpunkt der europäischen Zivilisation. Macht und Pracht des »Sonnenkönigs« waren im Schloß von Versailles vereint. Das Beispiel seiner glänzenden Herrschaftsinszenierung strahlte bis in die kleinsten Fürstenresidenzen aus. Man errichtete Schloß- und Gartenanlagen nach dem Beispiel von Versailles, übernahm das französische Hofzeremoniell und vergnügte sich bei Spiel und Jagd.

Am Hofe Ludwigs XIV. wurden die Empfänge »Appartements« genannt, da zu diesen Anlässen alle Prunkgemächer offenstanden. Während dieser dreimal wöchentlich stattfindenden Unterhaltungsabende gab es ein breit gefächertes Angebot: In einem Saal wurde getanzt, in einem zweiten wurde ein Konzert gegeben, in einem weiteren Saal waren mehrere Spieltische aufgebaut; sodann gab es einen Saal, wo von 18 bis 22 Uhr das Nachtessen eingenommen werden konnte. Nach der Eröffnung des Appartements zog sich Ludwig XIV. in der Regel zum Kartenspiel zurück.

Neben dem Kartenspiel bevorzugte man in Frankreich das aus Italien übernommene Billardspiel, das Tric-Trac-Spiel und verschiedene Glücksspiele. In Deutschland war 1694 für alle Spielbegeisterten ein Werk in zwei Bänden mit Kupferstichen und mannigfaltigen Spielanleitungen erschienen: »Das Zeit kürtzende Lust= und Spiel= Hauß / Darinnen der Curiose Künstler ... allerhand rare Künste und Spiele vorstellet, als das Kunst= und Sinnreiche König=Stein= oder Schach=Spiel, ... den lustigen Schlaff=Vertreiber oder Würffelspiel, das neu erfundene Glücks=Rad, desgleichen von Ballen=Bret= Taffel= neuen Art Kegeln= und vielen andern sowohl raren als gebräuchlichen Spielen ...«.

Aufgrund der engen verwandtschaftlichen Beziehungen zwischen den europäischen Fürstenhäusern wurden die Festgebräuche rasch von einer Residenz zur anderen weitergegeben. Überall ließen sich die Fürsten neue Sommerresidenzen errichten, beispielsweise in Schönbrunn bei Wien, Schleißheim und Nymphenburg bei München, Ludwigsburg bei Stuttgart, Moritzburg und Pillnitz bei Dresden, Salzdahlum bei Braunschweig und Herrenhausen bei Hannover. Die in Wien residierende Maria Theresia schätzte jede Art von

Vergnügungen – Bälle, Feste, Konzerte, Theateraufführungen –, besonders liebte sie jedoch das Kartenspiel. Abends standen ihre Salons den Gästen offen, wie der französische Reisende Lafue berichtet: »Man brauchte keine Standesperson zu sein, um zu den Spielsalons zugelassen zu werden, wo die reichsten den vornehmsten den Rang ablaufen. In ihren innersten Gemächern ... hat Maria Theresia eine Pharao-Bank eingerichtet, bei der es nur hohe Einsätze gibt. Tausende von Dukaten rollen über die grünen Dekken der großen Tische oder über die Einlegearbeiten der Spieltischchen für vier Personen ...«

Zu vielen größeren Festlichkeiten gehörte ein Kostümball. Am Wiener Hof galten türkische Kostüme als besonders originell. Anläßlich der Hochzeit Maria Annas, der Schwester Maria Theresias, mit Karl Alexander von Lothringen erschien die königliche Familie zum Ball am 12. Januar 1744 als »Wasser Götter und Göttinnen« verkleidet. Man ließ in Wien aber auch das einfache Volk an den Festlichkeiten teilhaben: Anläßlich der Verlobung Marie-Antoinettes (1770) wurde außerhalb des Schlosses eine Festarchitektur errichtet; dort gab es ein Feuerwerk, Musik und Tanz für jedermann. Für die 1000 geladenen Gäste des französischen Botschafters wiederum wurde ein opulentes Festessen ausgerichtet.

August der Starke holte sich viele Anregungen zur Festkultur aus Wien, das er regelmäßig besuchte. Gäste aus dem Norden wiederum kamen zu den Hoffesten in Dresden und trugen die Festkultur weiter. Aus London reiste Georg Friedrich Händel an, um die neuesten Festmusiken und Singspiele zu studieren.

Zum vollendet gebildeten Barockmenschen gehörte auch die Beherrschung der Jagdkunst. Drei höfische Jagdmethoden wurden im 18. Jahrhundert in Deutschland bevorzugt: das »Deutsche oder Eingestellte Jagen«, die »Parforcejagd« und die »Beizjagd«. In den kleinen Territorialstaaten war häufig nur die »Eingestellte Jagd« möglich: Das zu bejagende Gebiet wurde mit Tüchern und Netzen eingegrenzt, in den äußeren Bereichen mußten »Lappen« als Fluchtbarrieren genügen. Das zusammengetriebene Wild konnte so vom »Jäger« aus kurzer Distanz abgeschossen werden.

Die Parforcejagd wurde in Deutschland erst 1680 eingeführt, in Frankreich kannte man sie bereits unter dem Namen »Chasse à courre«. Für diese Jagdart benötigte man schnelle Hunde und Reitpferde, die Reiter mußten über eine gute Kondition verfügen, und Bläser signalisierten, wo der Hirsch war und wohin er flüchtete. Ein umfangreiches Zeremoniell bildete den Rahmen dieser Jagd, für die der heilige Hubertus als Schutzpatron fungierte. Für die Vorbereitung und Durchführung wurde ebenso wie bei der Eingestellten Jagd eine große Zahl von Hilfskräften benötigt. Vor allem die Bauern litten unter der Jagdleidenschaft ihrer Herren, zum einen, weil sie sich als Treiber zur Verfügung stellen mußten, zum anderen, weil ihre Äcker häufig vom bejagten Wild in Mitleidenschaft gezogen wurden. Bei der Beizjagd unterschied man zwischen der höheren und der niederen Beize. Der hohe Adel bevorzugte die elegantere Jagd mit dem Falken, für die ein weites, offenes Gelände benötigt wurde, der niedere Adel begnügte sich mit dem Habicht, der als Greifvogel zwar weniger elegant in Erscheinung trat, dafür aber um so ergiebiger Hasen und Kaninchen erbeizte, weshalb er in der älteren Literatur auch »Küchenvogel« genannt wird.

Normalerweise fanden die großen Jagden im Rahmen von mehrtägigen Festlichkeiten statt. Es gab aber auch Landesherren, die auf ein pompöses Spektakel weniger Wert legten. Clemens August, Kurfürst und Erzbischof von Köln, machte sich beispielsweise in einem Brief lustig über die feine Hofgesellschaft, die der wilden Parforcejagd nicht folgen konnte, und betonte voller Stolz, daß nur er und zwei oder drei weitere Teilnehmer der Jagd bis zum Schluß durchgehalten hatten. In Preußen betrieb Friedrich Wilhelm I., der Soldatenkönig, zwar mit Begeisterung die Parforce- und die Beizjagd, er verzichtete aber auf die Errichtung repräsentativer Jagdschlösser, wie sie die Landesherren in Bayern, Württemberg, Hessen und Sachsen hatten bauen lassen, und begnügte sich mit vergleichsweise bescheidenen Forsthäusern. Sein Sohn Friedrich der Große schließlich hatte gar nichts für die Jagd übrig. L.K.

Vier »Spiele«-Bilder
Deutschland,
Mitte 18. Jh.
Öl/Leinwand;
62,5 x 63 cm

a) Musik-gesellschaft
Inv. Nr. 1990/29

b) Billard
Inv.-Nr.: 1990/30

c) Kegeln
Inv.-Nr.: 1990/31

d) Kartenspiel
Inv.-Nr.: 1990/32

Die vier gleichformatigen Bilder zeigen Menschen, die sich aus Freude am gemeinsamen Spiel zusammengefunden haben. So ist im Saal eines vornehmen Hauses eine Familie zur Hausmusik versammelt. Der Vater spielt Spinett, die Mutter Laute, und die Kinder singen nach Noten. Ein weiteres Bild zeigt Kartenspieler vor einem Fenster. Im dritten Bild haben sich sehr unterschiedlich gekleidete Menschen aus Spaß am Kegelspiel versammelt. Beim vierten Bild blickt man in eine öffentliche Gaststube, eine Kaffeestube, in deren Mittelgrund zwei Männer Billard spielen.

Die Darstellung des »Homo ludens«, des spielenden Menschen, ist seit der Antike geläufig. Das »Musikstück« war im 16. Jahrhundert bereits ein voll ausgebildeter Typus der Genremalerei. Seit dieser Zeit fanden auch andere Gesellschaftsspiele Eingang in die Kunst, besonders in den Niederlanden. Oft verfolgten diese Darstellungen moralisierende Absichten.

Die Zusammenstellung von Bildzyklen mit menschlichen Tätigkeiten erfolgte in der Regel im allegorischen Sinnzusammenhang bei Jahreszeiten-, Monats- und Lebensalterzyklen oder bei Fünf-Sinne-Darstellungen. Möglicherweise ist unser Zyklus unvollständig und diente ebenfalls als Allegorie der fünf Sinne: Hören, Sehen, Fühlen, Schmecken und Riechen. Die Musik wäre dann dem Hören, Kartenspielen und Licht dem Sehen, Kegeln dem Fühlen und die Darstellung der Kaffeestube dem Schmecken zugeordnet. Darüber hinaus sind die vier erhaltenen Bilder jedoch ganz sicher aufschlußreiche kulturhistorische Zeugnisse alltäglicher Vergnügungen im 18. Jahrhundert. W.R.

Spieltische
Süddeutschland oder Österreich, 2. Hälfte 18. Jh.
Nußbaum, Palisander, Zwetschgenholz, Buchsbaum, Ahorn

a) Tischbillard, »Flipper«-Spiel, Kanonenspiel
83 x 66,5 x 113 cm
Inv.-Nr.: KG 93/59

Zur Ausstattung vieler Schlösser gehörte im 18. Jahrhundert ein Spieltisch. Üblicherweise war in dessen Deckplatte ein Mühle- oder Schach-/Damebrett als Intarsie eingelegt, aufwendigere, aufklappbare Tischkonstruktionen enthielten zusätzlich ein Tric-Trac-Spiel. Auch von Kugelspieltischen wird in der Literatur zuweilen berichtet – erhalten haben sich von diesen allerdings nur wenige.

Eine ganz besondere Rarität stellen die zwei mit je drei Kugelspielvarianten versehenen Spieltische im Bestand unserer Sammlung dar. Äußerlich gleichen sie einander, da die Spiele unterhalb der Deckplatten verborgen liegen. Der erste der beiden Tische zeigt auf der oberen Spielebene ein kleines Tischbillard. Klappt man dieses hoch, so stößt man auf einen Spieleinsatz mit einer Vorform des heutigen Flipperspiels: Ein Abschußmechanismus bringt die Kugel auf ihre Bahn. Im bogenförmigen oberen Teil des schräggestellten Spielfeldes tritt sie aus, um sich dann ihren Lauf durch gegeneinander versetzte Metallstäbe und Wertungstore zu bahnen und in einem der 15 Wertungslöcher zu landen.

Der unterste herausnehmbare Einsatz bietet eine Art Kanonenspiel: Sieben Kanonen mit einem gemeinsamen Auslösemechanismus schleudern je eine Kugel in Richtung der gegenüberliegenden 13 Tore, wobei der Lauf der Kugeln durch mittig vor jedes Tor gesetze Metallstifte nochmals abgelenkt

werden kann. Römische Ziffern über den einzelnen Toren bestimmen die Wertung.

Der zweite Tisch enthält auf oberster Ebene ein Kreiselspiel: Mittels einer Schnur vom Spieler angetrieben, soll der Kreisel über das Spielfeld wandern und im Idealfall alle neun aufgestellten Kegel abräumen, eine Torwand passieren und im Zentrum eines Tor-Oktogons im hinteren Bereich des Feldes liegenbleiben.

Nach Hochklappen des Kreiselspiels kommt eine weitere Version des Flipperspiels zum Vorschein: Nachdem die Kugel mittels eines Abschußmechanismus auf die Bahn geschickt ist und das Spielfeld umrundet hat, muß sie das Spielfeld durchkreuzen und dabei neun Kegel umstoßen. Das ungewöhnlichste Tischspiel verbirgt sich auf der untersten Ebene: ein Schießstand *en miniature*, der, nach Herausnahme auseinandergezogen und ausgeklappt, auf die etwa dreifache Länge gebracht werden kann. Der von einer Kanone abgegebene Schuß soll das Zentrum der Zielscheibe treffen.

Da mehrere dieser Spiele gleichzeitig genutzt werden können und auch für Zuschauer einen hohen Unterhaltungswert besitzen, handelt es sich um echte Gesellschaftsspiele, die vor allem bei festlichen Anlässen zum Einsatz gekommen sein dürften. Die Ausrüstung mit zerlegbaren Untergestellen erleichterte den Transport von einer Residenz zur anderen. L.K.

b) Kreiselspiel, »Flipper«-Spiel, »Schießstand«
86 x 66,5 x 115,5 cm
Inv.-Nr.: KG 93/60

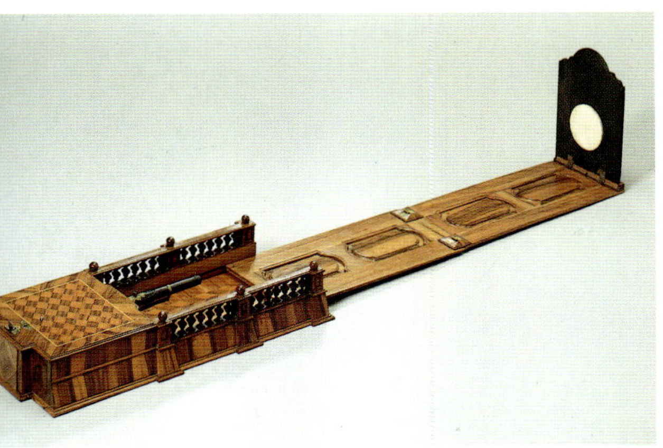

Georg Friedrich Händel
Balthasar Denner (1685-1749)
1733
Öl/Leinwand; 76 x 63,5 cm
Signatur Mitte rechts: Denner 1733
Inv.-Nr.: 1988/1503
Erworben aus Mitteln des Landes Berlin

Als brandenburgischer Untertan 1685 geboren, wuchs Georg Friedrich Händel im sächsischen Halle auf. Als er neun Jahre alt war, begann sein Musikunterricht an der Orgel. Bereits 17jährig übernahm er den Organistenposten an der reformierten Schloßkirche in Halle. 1703 verließ er die provinzielle Atmosphäre und ging als Geiger und Cembalist an die Hamburger Oper am Gänsemarkt. Hier entstand 1704 die »Johannes-Passion«. Von 1706 bis 1710 studierte er in Italien die italienischen Opern und Oratorien. Diese Zeit prägte seine Musikwelt. Der Erfolg seiner Oper »Agrippina«, in Venedig 1709 uraufgeführt, verschaffte ihm eine Stelle als Hofkapellmeister in Hannover. Mit seiner Oper »Rinaldo« (1711) feierten ihn die europäischen Höfe.

London, zunächst nur Ausflugsziel des auch in England begehrten Komponisten, wurde seine Lebensbühne, nachdem sein Brotgeber, der Kurfürst von Hannover, 1714 als König Georg I. den englischen Thron bestiegen hatte. Händel machte die italienische Oper in England bekannt. Zwischen 1720 und 1740 entstanden über 40 Opernwerke, die allerdings so schnell bejubelt wie auch vergessen wurden. Die italienische Oper konnte sich gegenüber dem englischen Geschmack nicht durchsetzen. Bedingt durch die zunehmenden Mißerfolge komponierte Händel seit 1741 vorwiegend Oratorien. In den bis zu seinem Tod noch verbleibenden Jahren schuf er so bedeutende Werke wie »Messias« (1743), »Judas Makkabäus« (1747) und »Feuerwerksmusik« (1749).

D.V.

Nürnberg und Augsburg waren seit dem ausgehenden Mittelalter *die* Zentren für deutsche Goldschmiedekunst. Zu den Abnehmern der wertvollen Gerätschaften gehörten kirchliche und weltliche Kunden aus ganz Europa. Fürstenhäuser ließen in Augsburg ihr Tafelsilber arbeiten.

Ende des 17. Jahrhunderts entwickelte man in Frankreich und Deutschland eine Vorliebe für sogenannte Reiseservice. Die Kombination von Toilettenutensilien mit Speisegeräten weist darauf hin, daß derlei Ensembles bei der ausgedehnten Morgentoilette zum Einsatz kamen. Die zu unserem Service gehörende Dose mit Nadelkissen spricht zudem dafür, daß es ursprünglich im Besitz einer Dame gewesen sein muß. Während sie sich schminkte und die Frisur herrichten ließ, konnte sie eine Mahlzeit einnehmen und Gäste empfangen.

Obwohl alle Silberteile, bis auf die später ergänzte Dochtschere mit Tablett, aus der Hand eines Goldschmiedemeisters stammen, sind zwei unterschiedliche Stilauffassungen vertreten. Vermutlich wurde das Ensemble nach zwei verschiedenen, bereits vorliegenden Entwurfsserien gearbeitet. Der passend eingerichtete Koffer war weniger für den Transport auf Reisen bestimmt, vielmehr diente er als originelle »Verpackung«, zumal wenn das Service einmal als Geschenk überreicht worden ist. L.K.

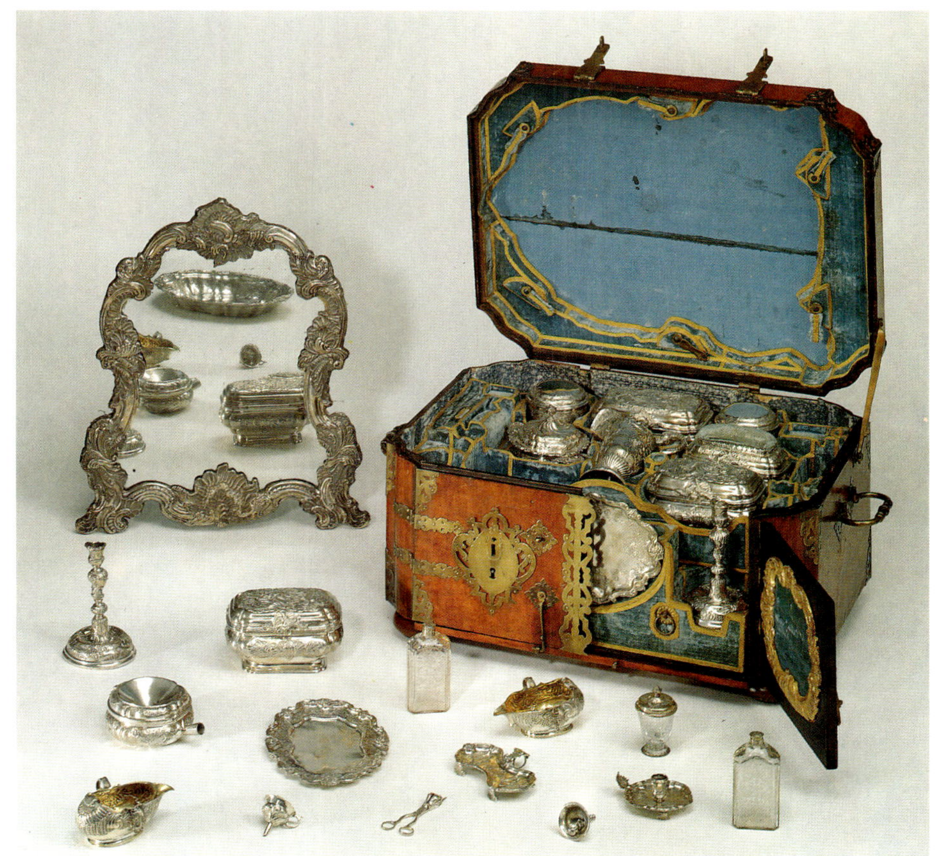

Silbernes Reiseservice im Koffer
Franz Christoph Saler (1690-1760)
22 Teile
Augsburg, 1747-1749
Silber, getrieben, graviert, punziert; Glas; Holz, Leder, Samt, Messing (Koffer);
46,4 x 88 x 64 cm
Inv.-Nr.: KG 92/13

Prunkjagd im Park von Schwetzingen
Jacobus Schlachter ?, um 1730
Öl/Leinwand; 70 x 120 cm
Inv.-Nr.: 1989/74

Jagdlappen – Vorder- und Rückseite
Deutschland, 1700
Leinen, bedruckt, Hanf;
H 66 cm, B 41,5 cm, L 411 cm (Seil)
Inv.-Nr.: 1989/1192

Neben der Parforce- oder Hetzjagd wurde im 17. und 18. Jahrhundert das »Eingestellte Jagen« üblich. Das Wild wurde zusammengetrieben und in einem zuvor mit Hecken, Netzen oder Tüchern umzäunten Waldbezirk »eingestellt«. Schubweise kam es dann in den »Lauf«, ein sackartig abgesperrtes Areal, und der Festgesellschaft, die in abgesicherten Unterständen, den »Jagdschirmen«, ausharrte, vor den »Schuß«.

Eine Variante des »Eingestellten Jagens« zeigt die verkleinerte und motivisch reduzierte Kopie der Hirsch- und Wildschweinjagd aus einem mehrteiligen Gemäldezyklus. Im Park von Schwetzingen findet eine »Wasserjagd« statt, bei der das Wild in ein künstlich angelegtes Bassin getrieben wird. Die stimmungsvoll gemalte Kulissenlandschaft im Schußfeld stellt einen Illusionsraum her, in dem das Töten der vielen wehrlosen Tiere fast spielerisch wirkt.

Für die prunkvoll zelebrierten Jagdveranstaltungen mußte das Wild aus den Wäldern zusammengetrieben werden. Hierfür eigneten sich die an 50 bis 80 Meter langen Seilen befestigten Jagdlappen. Sie konnten ohne großen Aufwand in der Natur gespannt werden und gaben dem Wild die gewünschte Treibrichtung. Einen zusätzlichen Abschreckungseffekt sollte der aufgemalte Türkenkopf mit großem Turban und Federbusch haben. Floh das Wild dennoch, so ging es »durch die Lappen«.

M.E./R.F.

Nach der Jagd
Peter Jacob Horemans (1700-1776) 1729
Öl/Leinwand; 90,5 x 111,5 cm
Signatur unten links: P. Horemans 1729
Inv.-Nr.: 1989/1197

Becher mit Jagdmotiven
Dresden, um 1700
Glas, Silber; H 15,7 cm
Inv.-Nr.: KG 93/51

Seit 1725 lebte der in Antwerpen geborene Maler Horemans in Müchnen; seit 1729 malte er fast ausschließlich für den Adel und den Hof des Kurfürsten Karl Albrecht, der als Karl VII. 1742 zum deutschen Kaiser gekrönt wurde.

Dargestellt ist eine höfische Gesellschaft, die sich nach der Jagd vor einer zerfallenen Architektur zur Ruhe niedergelassen hat. Auch wenn der zum Schlaf ausgestreckte Jäger, das Liebespaar und die Gruppe der miteinander Parlierenden zum festen Bestand der Gemälde Horemans' gehören, so verleiht er in diesem Bild einigen seiner Figuren porträthafte Züge. Bei der sitzenden Dame links könnte es sich um Maria Anna Karoline von Pfalz-Neuburg, bei dem rechts stehenden Mann um ihren Gemahl, den bayerischen Kurprinzen Ferdinand Maria Innozenz, handeln. Die Mußestunde, der sich diese Jagdgesellschaft hingibt, spricht für die Stimmung ihrer Zeit.

Die Brunnenfigur eines gefesselten Sklaven spielt darauf an: Nach dem Sieg über die Türken vor Wien 1683 und der endgültigen Einnahme von Belgrad 1717 war für Mitteleuropa die vom Osmanischen Reich ausgehende Gefahr vorerst gebannt. Vorbild für den gefesselten Sklaven mag ein seit 1624 in Livorno stehendes Denkmal gewesen sein, das an die Seesiege der Ritter vom Stephansorden über die sich zum Islam bekennenden afrikanischen Seeräuber erinnert. D.V.

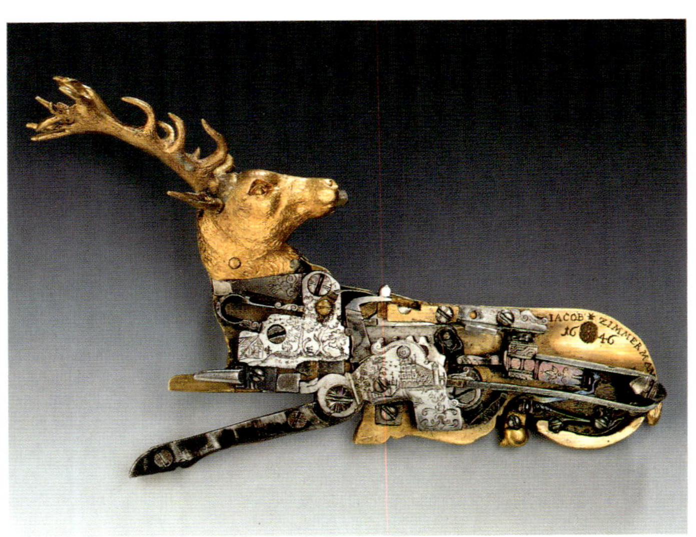

Jagdplaute mit Beimesser
Österreich, 2. Hälfte 18. Jh.
Eisen, Stahl, geätzt, Messing, vergoldet, Porzellan;
L 54,3 cm (gesamt)
Inv.-Nr.: W 94/22

Hirschfänger aus dem Besitz des Kurfürsten Karl Theodor von der Pfalz und von Bayern (1724-1799)
Mannheim, 1784
Eisen, Stahl, Messing, vergoldet, Brillantsplitter, Horn;
L 77,6 cm (gesamt), 63,2 cm (Klinge), B 3,3 cm (Klinge)
Inv.-Nr.: W 92/1

Radschloßbüchse des Kurfürsten Friedrich Wilhelm von Brandenburg (1620-1688)
Jacob Zimmermann (tätig in Berlin ca. 1620-1646)
Berlin, 1646
Eisen, Stahl, Messing, vergoldet, Halbedelsteine, Horn, gefärbt, Holz;
L 102 cm (gesamt), 72 cm (Lauf);
Kaliber 17 mm
Inv.-Nr.: W 4279

Pulverflasche
Deutschland, 17. Jh.
Holz, Messing;
H 19,7 cm, Dm 14,5 cm
Inv.-Nr.: W 1214

Außergewöhnlich an der Pirschbüchse ist die Gestaltung der Schloßplatte, denn der Schloßmechanismus wird durch einen liegenden Hirsch aus vergoldetem Messingguß verdeckt. Als Selbstspanner wird das Schloß über ein Zahnradsystem gespannt. Die Körperteile des Hirsches sind in den Funktionsablauf einbezogen. Auf der Schloßinnenseite sind eine Stadtansicht, vermutlich von Berlin, und die Bezeichnung »Jacob Zimmermann 1646« graviert. Die Darstellungen auf der linken Seite der Jagdwaffe beziehen sich auf das brandenburgische Kurfürstentum und auf Lebensstationen Friedrich Wilhelms.

Die Pulverflasche ist auf der einen Seite verziert mit einem galoppierenden Reiter und auf der anderen mit einer nackten Frau, die einen Fuchs zwischen ihren Beinen gefangenhält. Das Motiv weist auf die makabre Belustigung des Fuchsprellens hin.

Hirschfänger dienten vorwiegend dem Zerlegen von Rot- und Damwild und galten als Zeichen des ausgebildeten Jägers; die Waffe konnte deshalb vom Jagdherrn getragen werden wie auch vom einfachen Jäger. Unterschiede gab es nur in der Art der Ausstattung.

Jagdplauten wurden zum Durchschlagen der Hinterlaufsehnen eines bei der Parforcejagd gestellten Hirsches benutzt. Charakteristisch für die Plauten sind die säbelförmigen Klingen. Beide Seiten sind hier mit »Vivat Pandur« und einem Pandur in voller Montur geätzt. Die jeweils darunter stehenden Inschriften »Der Königin ich Dien Ihr opfre ich mein Leben« und »Die Seele aber dem der Sie mir hat gegeben« beziehen sich auf Maria Theresia; die Waffe gehörte offensichtlich einem Offizier.

G.Qu.

Die Fasanerie beim Jagdschloß Moritzburg
Dresden, 1791 ?
Öl/Leinwand;
78 x 106 cm
Inv.-Nr.: 1990/67

Um der Lust am Jagen jederzeit frönen zu können, ließen die Fürsten außerhalb ihrer Residenzen nahe bei einem Jagdschloß sogenannte Tiergärten errichten, die der Aufzucht und Haltung des Wildes für die Parforcejagd dienten. Als Friedrich August I. 1723 die Moritzburg nach seinen Plänen zu einem barocken Jagdschloß umbauen ließ, wurde gleichzeitig der angrenzende Friedwall in einen weitläufigen Tiergarten umgestaltet. 1739 wurde der Fasanengarten angelegt, dessen Zentrum das Lustschlößchen mit dem gewölbten Kupferdach bildet. Entsprechend dem Geschmack der Zeit wurden weitere Baulichkeiten dem Gelände hinzugefügt, so daß in der zweiten Hälfte des 18. Jahrhunderts mit kleinem Hafen, Grotte, Bootshäuschen, Leuchtturm, Garnhaus – einer großen Voliere – , mehreren Pavillons und einer Windmühle jenseits des Sees eine Miniaturlandschaft entstanden war, in der die höfische Gesellschaft des Rokoko sich verlustierte.

Friedrich August III., der 1769 diese Kulturlandschaft *en miniature* in Auftrag gegeben hatte, ließ sich mit seiner Gemahlin in dem Park verewigen: Die aus einer Nadelholzhecke gestalteten Riesenlettern sind die Initialen des kurfürstlichen Paares A(malie) F(riedrich) A(ugust). L.M.

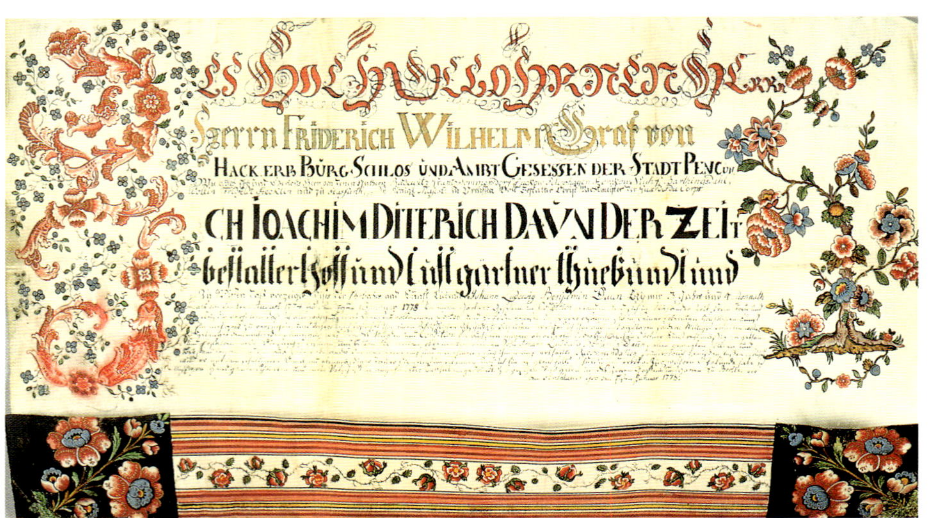

Zeugnis des Hof- und Lustgärtners Joachim Dietrich Daun
Ausgestellt für seinen Sohn, den Gärtnergesellen Ludwig Benjamin Daun
Berlin, im Lustgarten des Grafen Hacke vor dem Stralauer Tor, 1. Januar 1778
Pergament, Tinte, Tusche; 35,5 x 65,5 cm
Inv.-Nr.: Do 53/53

Gesellenbrief des Hof-Lust- und Orangengärtners Johann Gottlob Mittag
Ausgestellt von Caspar Heinrich Blum
Königl. Kunstgarten zu Pretzsch (Sachsen), 2. Mai 1757
Pergament, Tinte, Tusche; 37 x 61 cm
Inv.-Nr.: Do 53/11

Der klassische französische Garten, wie ihn Ludwig XIV. in Versailles von André Le Nôtre anlegen ließ, war Bühne für die rituelle Selbstdarstellung des Monarchen. Der Garten, streng geometrisch gegliedert, zog sich entlang der Hauptachse mit Alleen, Wegen, Hainen, Boskettgärten, Kanälen, Wasserparterres, Brunnen und Fontänen in Stufen vom Schloß herab. Gebäude und Garten bildeten ein Gesamtkunstwerk, das zum ästhetischen Vorbild für die höfische Gesellschaft Europas wurde. Bis in die Mitte des 18. Jahrhunderts war die französische Gartengestaltung führend.

Allerdings brachte das Rokoko eine Milderung der strengen geometrischen Linien, und es wurden kleinere und intimere Gärten mit mehr Blumenschmuck und neuen Dekorationselementen gebaut. Ihre Auftraggeber waren weltliche und geistliche Fürsten sowie der Adel. Nach den Plänen der Gartenarchitekten und Baumeister – oft war es ein und dieselbe Person – schufen Fontänenmeister, Grottierer und Gärtner diese Gartenkunst. Stellung und Selbstverständnis der Gärtner spiegeln sich in den liebevoll nach höfischem Vorbild gemalten und geschriebenen Urkunden der Gärtnergesellen. Der bestallte »Hoff Lust und Orangen Gaertner« im »Königl. Kunst-Garten zu Pretsch« gestaltete ebenso wie der einfache »Hof- und Lustgärtner« im Lustgarten vor dem Stralauer Tor in Berlin des Grafen Hacke, Obristen beim Garde du Corps, das Gesellenzeugnis mit Bildern aus der Gartenwelt des Rokoko: Muscheln, Blumen, Rosen, Vasen und Statuen. H.A.

Der Hofzwerg Johann Franz von Meichelböck
Frans van Stampart (1675-1750)
Um 1730
Öl/Leinwand; 90 x 70 cm
Inv.-Nr.: 1988/987

Die Lust des Barock am Bizarren, seine Freude am Ungewöhnlichen förderten zu Beginn des 18. Jahrhunderts unter anderem auch das Interesse an kleinwüchsigen Menschen. Einen Zwerg sein eigen zu nennen, und sei es nur als steinerne Gartenfigur, war »in«. Die Zwergenmode, besser das »Zwergenfieber«, ließ ganze Galerien, weitläufige Zwergenbalustraden auf den Dächern und auflagenstarke Druckwerke mit Darstellungen von Zwergen entstehen. Einen Zwerg am Hofe zu haben, zählte zur verfeinerten Ausstattung fürstlicher Hofhaltung. Das ganzfigurige und wohl auch lebensgroße Bildnis zeigt Johann Franz von Meichelböck (1695-1746), den »Hochfürstlichen Hof- und Kammerzwerg« dreier Fürstbischöfe von Salzburg. Er dürfte wohl im Jahre 1711 bei Franz Anton in Dienst getreten sein, der ihn sogleich fürstlich einkleiden ließ. Zwei Galakleider, dreimal so teuer wie das erzbischöfliche Galakostüm, wurden für ihn in Wien gefertigt. Darunter befand sich ein »ungarisches Hof-Kleyd« aus blauem Samt mit zweihundert Fuß langer goldener Verschnürung und Posamentierungen. Die Knöpfe fertigte ein ungarischer Goldschmied in Wien. Dieses Kleid hat Meichelböck sein Leben lang getragen – auch als er sich porträtieren ließ. D.V.

Stoffmusterbücher
Frankreich,
1782/1805
Verschiedene
Gewebe, Papier,
Pappe,
Baumwollgarn;
H 34 cm, B 26 cm
Inv.-Nr.: KT 92/1-3

Herrenanzug, bestehend aus Justaucorps, Weste, Kniehose
Frankreich ?,
um 1770-1790
Seide (Velours
Ottoman), Goldstik-
kerei; L 111 cm
(Justaucorps),
75 cm (Weste),
63 cm (Kniehose)
Inv.-Nr.:
KT 92/39.1-3

Die Mode des 18. Jahrhunderts mit ihrer verspielten Eleganz wurde fast ausschließlich am französischen Hof entwickelt und von der Aristokratie in ganz Europa übernommen. Man kleidete sich »à la française«.

Die Kinder waren wie Erwachsene angezogen. Das kleine Gewand wurde vermutlich von einem 2- bis 3jährigen Mädchen getragen. Der leger anmutende Schnitt darf allerdings nicht darüber hinwegtäuschen, daß sich darunter ein zarter, aber fest geschnürter Mädchenkörper verbarg. Etwa ab dem zweiten Lebensjahr war das Korsett zu besonderen Anlässen üblich.

Die modische Silhouette bestimmte bei den Herren der Justaucorps, der den Körper sehr weich und rundlich modellierte. Die halbrund geschnittenen Vorderkanten geben den Blick auf die ebenso wie der Rock reich verzierte Weste frei. Durch die faltenreichen Schöße wurde der Degen getragen.

Kindergewand
England ?,
3. Viertel 18. Jh.
Seide, lanciert;
L 60 cm
Inv.-Nr.: KT 92/41

Edikt, durch das den »Dienst-Maegden und gantz gemeinen Weibesleuten« das Tragen seidener Kleidung verboten wird
Bei Zuwiderhandlung wird ihnen die seidene Kleidung öffentlich auf der Straße abgenommen
Berlin: Daniel Andreas Rüdiger,
6. November 1731
Papier, Druck,
35,2 x 21,2 cm
Inv.-Nr. Do 56/730

Für die luxuriösen Westen und Röcke lieferten Stickereimanufakturen, vor allem aus Lyon, kostbare Seidengewebe, in die Bordüren für Vorderkanten, Schoßteile oder Taschenpatten bereits eingestickt waren. Auch in unseren Musterbüchern aus dem ausgehenden 18. Jahrhundert finden sich dafür Beispiele. Sie stammen aus Frankreich und zeigen ein breites Spektrum an seidenen Kleider- und Dekorationsstoffen, die vermutlich in den bedeutenden Seidenmanufakturen Lyons gefertigt wurden. Dort machte der rasche Wechsel von Stoffmustern und Farben den Musterschutz notwendig. Hohe Geldstrafen und sogar körperliche Züchtigung standen auf Musterspionage. 1787 wurde in Lyon der Schutz für Musterentwürfe von Kleiderstoffen auf sechs Jahre festgesetzt.

An der Spitze der seidenerzeugenden deutschen Staaten stand bis zum Ende des 18. Jahrhunderts das friderizianische Preußen, und hier vor allem Berlin. Da die Rohseide größtenteils aus Italien und Frankreich importiert werden mußte, ließ Friedrich II. zur Förderung der heimischen Seidenherstellung Maulbeerplantagen anlegen, denn die Blätter der Bäume waren für die Seidenraupen eine besonders zuträgliche Nahrung.

Von den Obrigkeiten erlassene Kleiderordnungen für die Zivilbevölkerung legten neben Farbe und Schnitt vor allem Qualität und Menge der Stoffe fest, damit der gesellschaftliche Stand erkennbar und unterscheidbar blieb. Das änderte sich erst mit der Französischen Revolution; nach englischem Vorbild demokratisierte die eher dunkle und nüchterne Kleidung des aufgeklärten Bürgers die Mode, die nun nicht mehr Zeichen gesellschaftlicher Ungleichheit sein sollte. R.F.

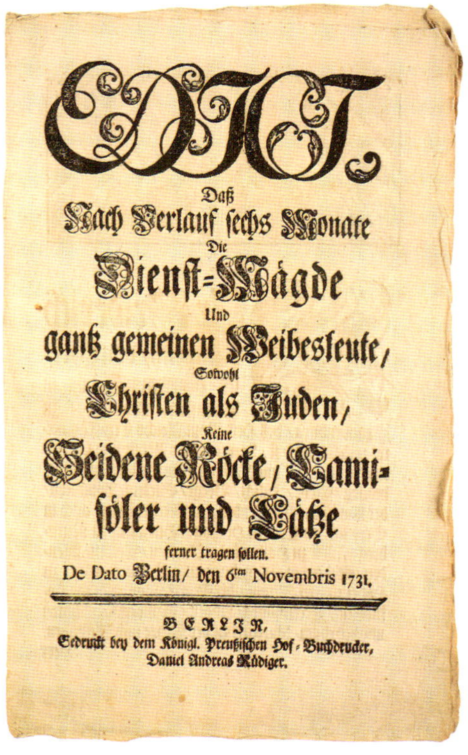

EDICT.
Daß
Nach Verlauf sechs Monate
Die
Dienst-Mägde
Und
gantz gemeinen Weibesleute,
Sowohl
Christen als Juden,
Keine
Seidene Röcke, Camisöler und Lätze
ferner tragen sollen.
De Dato Berlin, den 6ten Novembris 1731.

BERLIN,
Gedruckt bey dem Königl. Preußischen Hof-Buchdrucker,
Daniel Andreas Rüdiger.

Schokoladen-trinkstube
Süddeutschland oder Oberitalien, 2. Hälfte 18. Jh.
Öl/Leinwand; 63 x 51 cm
Inv.-Nr.: 1988/1490
Schenkung von Frau Margarete Borchard

Die süße Schokolade galt ebenso wie der anregende Kaffee und Tee als Luxusgetränk. Sie war weniger umstritten als Kaffee oder Tee und eroberte sich schnell einen festen Platz auf der Frühstückstafel der Königs- und Fürstenhäuser.

Spanische Soldaten hatten »Chocolatl«, den kräftespendenden Göttertrunk, in Mexiko kennengelernt und führten den Kakao im 16. Jahrhundert in Spanien ein. Mit der Verlagerung des europäischen Machtschwerpunktes nach Frankreich während des 17. Jahrhunderts verbreitete sich die Schokolade über Europa. Nicht zuletzt sein Ruf als aphrodisisches Stimulans sowie die Zeremonie der Zubereitung ließen den Kakao zu einem beliebten Modegetränk der vornehmen Gesellschaft in ganz Europa werden. Das kleine Bild zeigt den Ritus der Zubereitung, denn zunächst mußte die Schokoladentafel zerkleinert und unter Zusatz von Gewürzen und Eiern, mit Zucker und Wasser, mit Milch oder Wein erhitzt und schaumig gequirlt werden.

Im 18. Jahrhundert wurde in bildlichen Darstellungen der Schokoladentrinkstube dem »süßen Laster« des Getränkes gerne die erotische Pikanterie hinzugefügt. Nicht ohne Grund zaudert der Geistliche am linken Bildrand vor der doppeldeutigen Aufforderung, sich dem süßen Trunke hinzugeben.

L.M.

14
FRIEDRICH II. UND DIE SCHLESISCHEN KRIEGE

Aus der Kronprinzenzeit Friedrichs II. (1712-1786) waren seine Neigungen für Musik und Philosophie sowie sein Interesse für die französische Aufklärung bekannt. Vom Charakter unterschied er sich grundlegend von seinem nüchternen und autoritären, auf das Militär fixierten Vater. Als aufgeklärter Herrscher wollte Friedrich II. mit Vernunft und Toleranz zum Wohle der Untertanen regieren. Im Sinne des aufgeklärten Absolutismus verstand er sich nicht als »Herrscher von Gottes Gnaden«, sondern als »erster Diener« seines Staates. Der Abschaffung der Folter folgte 1747 unter der Leitung von Samuel von Cocceji eine tiefgreifende Justizreform, die mehr Rechtssicherheit für die Bürger brachte und systemstabilisierend wirkte. Auch dem Landesausbau widmete der König Aufmerksamkeit, so unter anderem mit der von 1747 bis 1753 durchgeführten Trockenlegung des Niederoderbruchs. Trotz seiner Hinwendung zur Aufklärung beschritt Friedrich II. mit den drei Schlesischen Kriegen den Weg expansiver Machtpolitik.

Im Oktober 1740 starb Kaiser Karl VI., ohne männliche Nachkommen zu hinterlassen. Seine Tochter Maria Theresia mußte das Erbe gegen Sachsen und Bayern verteidigen, die die Pragmatische Sanktion von 1713, in der die Unteilbarkeit und die weibliche Erbfolge im Habsburger Reich geregelt waren, nicht anerkannten. Friedrich nutzte die schwache Position Habsburgs, um mit einem unerwarteten Angriff auf Schlesien weit zurückliegende und sehr fragwürdige preußische Erbansprüche auf diese reiche österreichische Provinz geltend zu machen, die er dann im ersten Schlesischen Krieg durchsetzte. Im Friedensvertrag von Berlin 1742 mußte Maria Theresia Niederschlesien, große Teile Oberschlesiens und die Grafschaft Glatz an Preußen abtreten.

Mit Hilfe Englands und Rußlands konnte Österreich seine nun freigewordenen militärischen Mittel gegen den im Januar zum Kaiser gewählten bayerischen Kurfürsten Karl Albrecht, Karl VII., und seine französischen Verbündeten einsetzen. Friedrich, aufgrund der militärischen Erfolge Österreichs um seine schlesischen Eroberungen besorgt, marschierte 1744 in Böhmen ein und eröffnete den zweiten Schlesischen Krieg. Ein Jahr später wurden ihm im Frieden von Dresden seine neuen Besitzungen bestätigt; er erkannte dafür die bereits stattgefundene Wahl Franz Stephans zum Kaiser an.

Englands Politik zielte um 1754/55 darauf ab, sich die französischen Kolonien in Nordamerika anzueignen. Wurde dieser Konflikt zwischen den beiden Ländern zunächst auf See und in den Kolonien ausgetragen, so belastete er auch die Beziehungen zwischen den Ländern des europäischen Festlandes nachhaltig. England versuchte Frankreich auf dem europäischen Festland zu isolieren und schloß durch die Konvention von Westminster vom 16. Januar 1756 ein Bündnis mit Preußen. Ziel der englischen Politik war es, Preußen als Gegengewicht zu Frankreich »aufzubauen« und Hannover, dessen Kurfürst gleichzeitig englischer König war, vor französischem Zugriff zu sichern. Im Vertrag von Versailles einigten sich Frankreich, Österreich und Rußland am 1. Mai 1756 auf ein Bündnis – die Habsburger vor allem in der Hoffnung, Schlesien zurückzuerlangen. Zwischen Österreich und Preußen ging es um die politische und wirtschaftliche Vormachtstellung unter den deutschen Ländern. Mit dem Einmarsch preußischer Truppen am 29. August 1756 in Sachsen begann der dritte Krieg um Schlesien, der als Siebenjähriger Krieg in die Geschichte einging. Ein Zusammenhang zwischen diesem und dem Krieg in Übersee konnte kaum treffender herausgestellt werden als durch die Worte des britischen Premierministers William Pitt d.Ä.: »Amerika ist in Deutschland erobert worden«. Aus der Besetzung Sachsens zog Friedrich II. strategische und wirtschaftliche Vorteile. Die Anfangserfolge Preußens basierten auf einer für ihre Zeit gut ausgerüsteten und optimal gedrillten Armee sowie der militärischen Befähigung des Königs, der das Heer selbst führte und eigene Entscheidungen traf. Die Befehlshaber der gegnerischen Heere hingegen waren an Weisungen des Hofes gebunden und hatten keine uneingeschränkte Verfügungsgewalt über die Truppen. Durch diese Art der Kabinettkriegführung und ohne einheitliches Oberkommando waren sie nicht in der Lage, ihre zahlenmäßige Überlegenheit strategisch und taktisch effektiv zu nutzen, so daß es Friedrich II., trotz aller Schwierigkeiten und Niederlagen, selbst unter Bedingungen der Aufsplitterung seiner Kräfte in einem Mehrfrontenkrieg gelang, sich zu behaupten. Nach der im Januar 1757 von der Mehrheit der Reichsfürsten gegen Preußen veranlaßten Reichsexekution kam es für Friedrich darauf an, den Krieg schnell zu beenden, um durch eine strategische Offensive Österreich zum Friedensschluß zu bewegen, ehe Frankreich und Rußland kriegsbereit waren. Die Niederlage in der Schlacht von Kolin am 18. Juni vereitelte Friedrichs Pläne, er mußte sich auf einen lange dauernden Mehrfrontenkrieg einstellen. Die preußische Armee besiegte am 5. November 1757 bei Roßbach die durch die Reichsexekution aufgestellte Reichsarmee und die Franzosen vernichtend. Dieser Sieg hinterließ bei der Bevölkerung einen propreußischen Eindruck, wurde doch Frankreich, das seit dem 17. Jahrhundert deutsche Territorien wiederholt verwüstet hatte, zum ersten Mal eindeutig militärisch besiegt.

Einen Monat später errang Friedrich II. in der Schlacht bei Leuthen zwar seinen bedeutendsten militärischen Sieg über die österreichische Hauptarmee, der jedoch keine Kriegsentscheidung brachte. Vertrauend auf ihre materielle und zahlenmäßige Überlegenheit, waren Frankreich und Österreich an einer Fortführung des Krieges interessiert. Großbritannien brauchte Preußen als »Festlanddegen« und gewährte am 11. April 1758 Subsidien von 5,3 Millionen Talern. Die Kräfteüberlegenheit der antipreußischen Koalition zwang Friedrich zur Defensive. In der Schlacht von Kunersdorf wurde den preußischen Truppen am 12. August 1759 eine schwere Niederlage bereitet.

Infolge der Uneinigkeit der russischen und österreichischen Führung gelang es jedoch nicht, eine Kriegsentscheidung herbeizuführen. 1761 waren halb Schlesien, Teile Sachsens sowie ganz Hinterpommern von der antipreußischen Koalition eingenommen. Großbritannien, das seine Ziele erreicht hatte, erneuerte den Subsidienvertrag nicht. Mit der Thronbesteigung Zar Peters III. wendete sich das Blatt zugunsten Friedrichs: Peter III. schied aus dem Bündnis mit Österreich und Frankreich aus und schloß einen Separatfrieden mit Preußen.

Die allgemeine Erschöpfung führte Ende 1762 zu Friedensverhandlungen. Der Pariser Frieden vom 10. Februar 1763 zwischen Großbritannien und Frankreich bestätigte Großbritanniens führende Rolle als See- und Kolonialmacht. Durch den Friedensschluß von Hubertusburg am 15. Februar 1763 wurde zwischen Österreich, Preußen und Sachsen der Vorkriegsstand festgeschrieben – Preußen hatte sich endgültig als Großmacht etabliert.

Der von allen Beteiligten zur Abrundung ihrer Territorien geführte Koalitionskrieg kostete Preußen, das aus Sachsen 50 Millionen Taler herauspreßte, 139 Millionen Taler. Neben der Zerstörung von Städten und Ortschaften wirkten sich die finanziellen Lasten auf die Bevölkerung Sachsens und Preußens verheerend aus. Die Verschlechterung des preußischen Münzfußes rief inflationäre Erscheinungen hervor. Preissteigerungen führten zur sozialen Verarmung. Während große Teile der Bevölkerung ein Kriegsende herbeisehnten, ganze Gewerbezweige wirtschaftlich Schaden nahmen, profitierten einige Manufakturunternehmer, Kaufleute und Münzspekulanten vom Krieg. Die Zahl der Kriegsopfer betrug 550000 an Gefallenen, Verwundeten und an Krankheiten verstorbenen Soldaten, davon 180000 Preußen, 140000 Österreicher, 120000 Russen und 70000 Franzosen. K.P.M.

Friedrich II. von Preußen als Feldherr
Antoine Pesne (1683-1757), Werkstatt
Um 1745
Öl/Leinwand; 131 x 99 cm
Inv.-Nr.: 1990/28

Prüfung der Regeln des Machiavells von der Regierungskunst eines Fürsten.

Das erste Capitel.

Von den unterschiedenen Gattungen der Fürstenthümer, und wie man dazu gelangen könne.

Wenn man von einer Sache recht urtheilen will, muß man zuförderst ihre Natur ergründen, und so weit als möglich, auf ihren Ursprung zurücke gehen: Denn darnach ist es leicht, den Fortgang, und die möglichen Folgen daraus herzuleiten. Ehe demnach Machiavell den Unterschied der Staaten angezeiget, hätte er, meines Erachtens, zuvor den

Alle Staaten und Herrschaften, welche jemahls über die Menschen Gewalt gehabt, und noch haben, sind entweder, wie sie es auch noch itzo sind, Republi-

A Ursprung

Anti-Machiavel Oder Prüfung der Regeln Nic. Machiavells Von der Regierungskunst eines Fürsten
Friedrich II. von Preußen (1712-1786)
Göttingen: Königliche Universitäts-Buchhandlung, 1741
Sign.: R 92/2409

Unter dem Einfluß der französischen Frühaufklärung verfaßte Friedrich II. während seiner Rheinsberger Kronprinzenzeit 1739/40 eine von Voltaire redigierte Polemik gegen den Florentiner Staatstheoretiker Machiavelli. Dessen 1532 erschienenes Buch »Il principe« (Der Fürst) stieß bei Friedrich auf Ablehnung. Er hielt es fälschlich für eine »Gebrauchsanweisung« prinzipienloser Tyrannei, der es eine Tugendlehre des aufgeklärten Absolutismus entgegenzusetzen galt. Im »Anti-Machiavel« bekannte sich Friedrich zur Lehre vom Gesellschaftsvertrag und stellte die absolutistische Monarchie als beste aller Staatsformen dar. Trotz einer generellen Zurückweisung der Lehre Machiavellis ließ er jedoch Aspekte wie den Vertragsbruch oder den Angriffskrieg gelten.

Der preußische Hofmaler Antoine Pesne hat Friedrich II. mit Dreispitz und Kommandostab in der Pose des Feldherrn dargestellt, ein seitenverkehrtes Zitat des Porträts von seinem Vater, Friedrich Wilhelm I. Die widerspruchsvolle Persönlichkeit Friedrichs, der sich als »erster Diener seines Staates« und gerne als »Philosoph von Sanssouci« sah, trug zugleich Züge eines zynischen Menschenfeindes und kaltblütigen Machtpolitikers. Seine innenpolitischen Leistungen erstreckten sich über die Einführung der Schulpflicht, Meliorationen, Kanalbau, Ansetzen von Neusiedlern bis zur Initiierung des »Preußischen Allgemeinen Landrechts«. Hohe Steuern und strenge Monopole belasteten die Wirtschaft ebenso schwer wie die Folgen seiner Kriege.

W.R.

Wie auch andere Herrscher seiner Zeit, suchte Friedrich den Kontakt zu den Philosophen der Aufklärung. Nahezu 300 Briefe schrieb er zwischen 1736 und 1778 an François-Marie Arouet, bekannt unter dem Namen Voltaire. Der Preußenkönig bewunderte die universale Persönlichkeit Voltaires – den Philosophen, den Literaten, den Historiker, den Naturwissenschaftler und den Weltmann. Aber seine Beziehung zu dem so Verehrten war auch zwiespältig. Treffen gestalteten sich spannungsreich, wobei nur oberflächlich betrachtet die Ursache im schwierigen Charakter beider begründet lag. Vielmehr war das eigentliche Problem Friedrichs monarchisches Selbstverständnis, sein Anspruch, nicht nur durch Geburt und Amt der Höhergestellte zu sein, sondern ebenso »nach seinem geistigen Rang«. Dem Prinzip der Aufklärung, der idealen geistigen Weltordnung konnte Friedrich in seiner persönlichen Beziehung zu Voltaire nicht gerecht werden.

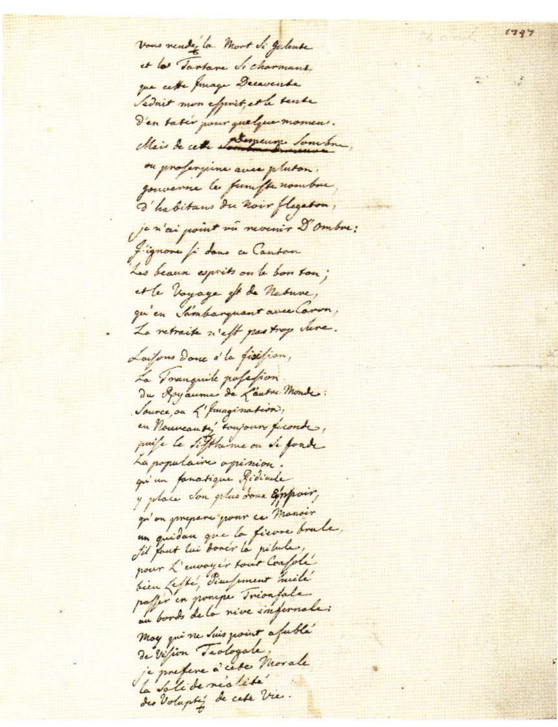

Friedrich II. von Preußen
Eigenhändiger Brief mit Unterschrift »Federic«
O.O., 24. April 1747
Papier, Tinte;
24 x 21 cm
Inv.-Nr.: 1988/1806

Das zwiespältige Verhältnis offenbart auch Friedrichs Brief vom 24. April 1747. Voltaire hatte dem König einige seiner Schriften zugesandt. Friedrich stellte mit gewisser Selbstgefälligkeit seinem Antwortschreiben ein 80zeiliges Gedicht voran »Je vous rends un peu de laiton pour de l'or« (Ich gebe euch etwas Messing für Gold), um sodann Voltaires Werke anzusprechen.

Scheinbar bescheiden vermeidet der König ein Urteil, da er augenblicklich in die Geschichte vertieft sei. Der Grund: Friedrich hatte erst am 10. April das Manuskript der »Première partie de l'histoire de Brandebourg« an den Präsidenten der Akademie Maupertuis gesandt. H.A.

Erb-Huldigung,
Welche der
Allerdurchleuchtigst-Großmächtigsten
FRAUEN / FRAUEN
MARIÆ
THERESIÆ,
Zu
Hungarn, und Böheim
Königin,
Als
Ertz-Herzogin zu Oesterreich,
Von
Denen gesammten Nider-Oesterreichischen Ständen / von Prälaten / Herren / Rittern / auch Städt und Märckten allerunterthänigst abgeleget
Den 22. Novembris Anno 1740.
Und auf Verordnung Wohl-ermelten Löblichen Herren Ständen / mit allen Umständen außführlich beschrieben worden
Durch
Herrn Georg Christoph Kriegl / einer Löbl. Ni. Oest. Landschaft Syndicum.
Gedruckt zu Wienn in Oesterreich,
Bey Johann Baptist Schilgen, einer Hochlöbl. Nider-Oesterreichischen Landschaft Buchdruckern.

Erb-Huldigung ... Mariae Theresiae ... Von Denen gesammten Nider-Oesterreichischen Ständen
Georg Christoph Kriegl
Wien: Johann Baptist Schilgen, 1740
Sign.: RB 79/515

a) **Der Zug Von Hof nach St. Stephans Thom Kirchen**
Kupferstich;
56 x 123 cm

b) **Titelblatt**

c) **Titelkupfer: Maria Theresia mit den Allegorien von Justitia und Pax und sieben Wappen**
Gez. von Andreas Altomonte (1699-1780),
gest. von Gustav Adolf Müller (1694-1767)
Kupferstich;
44 x 28,5 cm

Als Kaiser Karl VI. am 20. Oktober 1740 starb, trat seine älteste Tochter Maria Theresia (1717-1780) aufgrund der Pragmatischen Sanktion die Regierung in den habsburgischen Ländern an. Noch am Sterbetag ihres Vaters empfing sie die Hof-Würdenträger und Minister und bestätigte sie in ihren Ämtern. Die mit der Erbhuldigung Maria Theresias verbundenen pompösen Feierlichkeiten und Würdigungen am 22. November 1740 beschreibt der zum Hofpersonal gehörende Landschafts-Sekretär Georg Christoph Kriegl in seinem Festbuch.

Es enthält eine namentliche Auflistung der Vertreter der niederösterreichischen Stände, der Dekrete anläßlich des Thronwechsels, ein Verzeichnis der Erbämter und einen Festkalender mit Teilnehmerverzeichnis der Ständevertreter. Die prachtvollen zwölf Kupferstiche geben ein Bild der höfischen Zeremonie und der Sitten des Wiener Hofes. Der 1,23 m lange Kupferstich »Der Zug Von Hof nach St. Stephans Thom Kirchen« zeigt Maria Theresia in einer Sänfte getragen, begleitet von den Inhabern der Erbämter, die teils die Insignien, teils die Symbole ihrer Würden halten, und anderen Mitgliedern der Stände, dazu Herolde, Kammerherren, Leibgarde. Alle sind in schwarze Gewänder gekleidet. Der Zug ist gesäumt von der königlichen Stadtgarde und den zur Huldigung erschienenen Bürgern. R.Bl.

In kostbaren Staatsgewändern treten Kaiserin Maria Theresia (1717-1780) und ihr Gemahl Franz Stephan von Lothringen (1708-1765), seit 1745 als Franz I. Kaiser des Heiligen Römischen Reiches, als absolutistische Herrscher vor den Betrachter. Der Lieblingsmaler der Kaiserin, Martin van Meytens d.J., unterstreicht mit der aufwendigen Darstellung von Samt und Seide, Hermelin, Spitzen, Brokaten und Diamantschmuck den Rang seiner Auftraggeber.

Franz, mit Allongeperücke und Federhut und geschmückt mit dem Orden vom Goldenen Vlies, hat der Maler mit der deutschen Kaiserkrone abgebildet. Demgegenüber ist seine Frau, mit Diadem und Diamantagraffe im gepuderten Haar, mit der Krone des heiligen Stephan als Königin von Ungarn dargestellt. Maria Theresias glücklicher Ehe mit Franz, den sie geistig überragte, entstammten 16 Kinder. Franz hatte keinerlei Einfluß auf Politik und Militär, er widmete sich der Kunst und naturwissenschaftlichen Liebhabereien. Nach seinem Tode wurde beider ältester Sohn Joseph II. Kaiser.

Maria Theresia förderte Industrie und Handel, beseitigte 1776 die Folter, milderte Leibeigenschaft und Frondienste und führte den Volksschulunterricht in Österreich ein. Aufgrund dieser Politik und ihres persönlichen Charmes erfreute sie sich bei ihren Untertanen, im Gegensatz zu vielen anderen Herrschern ihrer Zeit, großer Beliebtheit.

W.R.

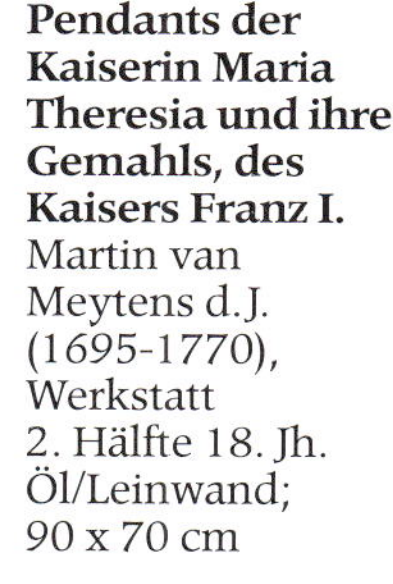

Pendants der Kaiserin Maria Theresia und ihres Gemahls, des Kaisers Franz I.
Martin van Meytens d.J. (1695-1770), Werkstatt
2. Hälfte 18. Jh.
Öl/Leinwand; 90 x 70 cm

a) Maria Theresia als Königin von Ungarn
Inv.-Nr.: 1993/2761

b) Franz Stephan von Lothringen
Inv.-Nr.: 1993/2760

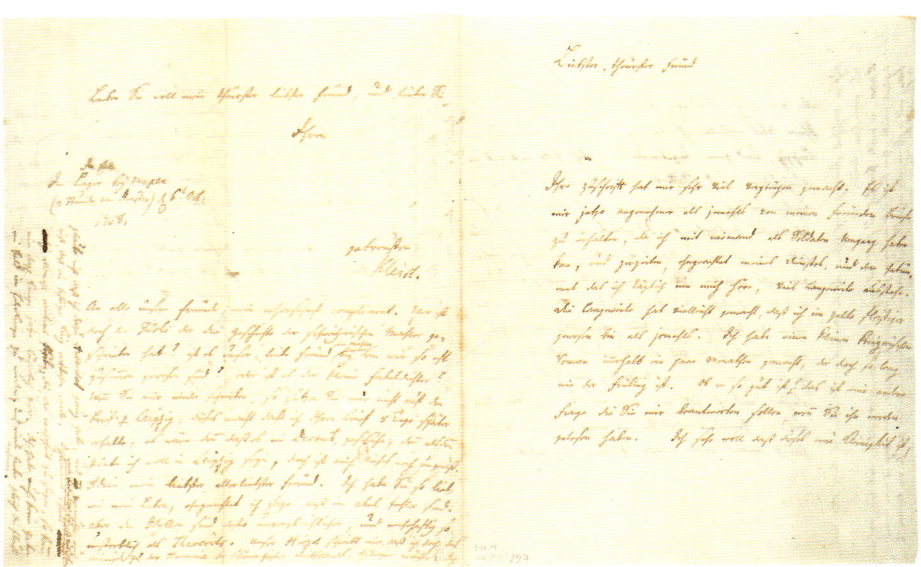

Ewald Christian von Kleist
Eigenhändiger Brief an seinen Freund, den Schweizer Dichter und Maler Salomon Geßner »Im Lager bei Maxen (3 Stunden von Dresden)«, 6. Oktober 1758
Papier, Tinte; 22,8 x 18,7 cm
Inv.-Nr.: 1988/297

»Es ist mir jetzo angenehmer als jemahls von meinen Freunden Briefe zu erhalten, da ich mit niemand als Soldaten Umgang haben kan, und zuzeiten, ohngeachtet meines Dienstes, und der Getümmel das ich täglich um mich höre, viel Langeweile ausstehe. Die Langeweile hat vielleicht gemacht, daß ich im Zelte fleißiger gewesen bin als jemahls. Ich habe einen kleinen kriegerischen Roman [das Epos »Cissides und Paches« erschien Ende 1759] *innerhalb ein paar Monathen gemacht, der doch so lang wie der Früling ist. Ob er so gut ist? Das ist eine andere Frage die Sie mir beantworten sollen, wenn sie ihn werdn gelesen haben […]*
Viel wichtiges von unserer Armée weiß ich Ihnen nicht zu schreiben. Wir haben an den Österreichern und der Reichs-Armée dieses Jahr keinen zu bösen Feind. Kleine Scharmützel giebt es genug, die sind aber kaum werth daran zu denken. Der Major Kleist von dem Sie in den Zeitungen gelesen haben, ist ein anderer als ich. Er ist unter den Husaren und ist jetzo ObristLieutenant. Von meinem Nahmen giebt es sehr Viele in unserer Armée, und so kan mir oft unverdiente Ehre wiederfahren. Vielleicht, wenn ich Gelegenheit hätte, würde ich sie so gut zu verdienen suchen als andere, aber ich habe kein bischen Glück im Kriege. Ich habe mich seit 1756 schon viermahl, außer meiner Tour, zu Expeditionen gedrängt, und dachte einmahl Gelegenheit zu bekommen einen Coup von Wichtigkeit zu machen, aber der Feind ist immer zu früh gelaufen, und Infanteristen können nicht leicht Gefangene machen […]
In der Schlacht bey Zorndorff gegen die Rußen, hat unser großer Friedrich, seine Truppen selber mit der Fahne in der Hand, gegen den Feind geführt. Er hat all seine Adjutanten und Pagen, bis auf einen verlohren. – selbst aber ist er Gottlob unbeschädigt geblieben. Wer weiß ob er gesiegt hätte, wenn er nicht dieß expedient ergriffen. Es ist ein terribler Feind, der sich todtschlagen läßt wie vieh, ehe er weicht.«

Ewald Christian von Kleist (1715 bis 1759) entstammte dem pommerschen Zweig einer Adelsfamilie, deren männliche Mitglieder sich beharrlich dem Dienst als Offizier im preußischen Militär verschrieben. Auch er konnte sich dem Sog dieser familiären Tradition nicht entziehen, nachdem er zwar in Königsberg zunächst Jura und Philosophie studiert, aber in der Folge keine zivile Anstellung gefunden hatte. Der Eintönigkeit des Garnisonslebens setzte er die poetische Arbeit entgegen. Zusammen mit dem Adressaten dieses Briefes, dem Schweizer Salomon Geßner, zählte Kleist zu den tonangebenden Dichtern sogenannter idyllischer Literatur, die in sentimentaler Form die Einfachheit und Unschuld des Landlebens idealisierte. Sein berühmtestes Werk »Der Frühling« (1749) war ein großer Publikumserfolg. Als der Siebenjährige Krieg begann, sah der inzwischen zum Major Beförderte eine Chance, sich auf dem Schlachtfeld zu bewähren. Eine Mischung aus Ruhm- und Todessehnsucht zog sich seither wie ein roter Faden durch Werk und Briefe Kleists. Seinen Tod nach der Schlacht bei Kunersdorf im August 1759 verklärte die preußische Nachwelt, indem sie Werk und Person miteinander gleichsetzte und Kleist als einen dichtenden Kriegshelden klassischer Größe betrachtete, eine Verehrung, mit der sich noch sein Großneffe Heinrich von Kleist auseinandersetzen mußte. M.S.

Die Niederlage bei Kunersdorf im August 1759 bedeutete für Preußen den militärischen Tiefpunkt des Siebenjährigen Krieges. Im November folgte ein – von Friedrich zeitlebens so empfundener – moralischer Tiefpunkt, als ein preußisches Korps bei Maxen (südöstlich von Dresden) widerstandslos vor den Österreichern kapitulierte und 12 500 Soldaten in Gefangenschaft gerieten. Wie schon nach der Schlacht bei Kunersdorf drohte ein Durchbruch des Feindes auf preußisches Gebiet. Inhalt und Ton des Briefes offenbaren die Erleichterung darüber, was Friedrich an anderer Stelle »das Mirakel des Hauses Brandenburg« oder auch »die göttliche Eselei meiner Feinde« nannte, daß nämlich die Reichsarmee und Rußland die Gelegenheit für einen Vorstoß auf Berlin auch dieses Mal nicht wahrnahmen. Beide Armeen verbrachten den außergewöhnlich strengen Winter 1759/60 bei knietiefem Schnee in Lagern auf freiem Feld. Die Adressatin, Friedrichs jüngste Schwester Amalie (1723-1787), war nach dem Tode der Schwester Wilhelmine des Königs vertrauteste Korrespondentin. Da sie nicht geheiratet hatte, gemäß den Überzeugungen dynastischer Politik aber irgendeine politische Funktion erfüllen mußte, übernahm sie 1755 das Amt der Äbtissin von Quedlinburg. Die Erwähnung der Wahrsager spielt auf Amalies unbeirrbare Indienstnahme von Kartenlegern an, deren Erkenntnisse sie ihrem Bruder regelmäßig mitteilte. M.S.

a freiberg ce 12 de Dec: 1759

Ma chere Soeur. Vous vous consoléz facilement parceque vous voyéz les objets de loin, d'ou un Certain nuage les cache, oudumoins par son obscurité ne les laisse distinguer que Confusément, j'ai eté pendant quatre semaines dans une Situation Violente, endernier Lieu encore la Marche de Bek paraissoit menasser berlin, mais mes aprehentions se sont Dissipées par sa rettraite, j'atans L'arivée des secours qui me Vienent de Silesie, etde L'armée des alliéz pour agir dans cette saisson Epouvantable et rude, il faut chasser a tout prix Les autrichiens de La Saxe et nous battre contre La Saison et les Enemis, cette abominable Campagne ne finira probablement qu'au Mois de Janvier, que Vos profettes se hatent de faire la paix, il en est tems chere Soeur, ou nous pèrirons de froit et de Misere

je suis avec la plus parfaite tendresse

Ma chere Soeur

Votre fidele
frere et Serviteur
Federic

Meine liebe Schwester. Ihr tröstet Euch leicht, denn Ihr betrachtet die Dinge aus der Ferne, wo so etwas wie eine Wolke sie verbirgt oder sie wenigstens wegen ihrer Dunkelheit nicht anders als undeutlich erkennen läßt. Ich habe mich während der vergangenen vier Wochen in einem aufgewühlten Zustand befunden, schließlich schien der Marsch Becks [des österreichischen Generals] *Berlin zu bedrohen; meine Besorgnisse haben sich jedoch durch seinen Rückzug zerstreut. Ich erwarte die Ankunft von Unterstützungstruppen, die mir aus Schlesien zu Hilfe kommen, und der Armée der Verbündeten* [des Kronprinzen von Braunschweig], *um in dieser scheußlichen und strengen Jahreszeit zu handeln; es ist um jeden Preis nötig, die Österreicher aus Sachsen zu werfen, und wir kämpfen gegen die Witterung und die Feinde.*
Dieser entsetzliche Feldzug wird wahrscheinlich nicht vor dem Monat Januar beendet sein; daß Eure Wahrsager sich nur beeilen, den Frieden herbeizuführen, es ist Zeit dafür, liebe Schwester, oder wir gehen an Kälte und Elend zugrunde.
Ich bin mit der vollkommensten Zärtlichkeit, meine liebe Schwester, Euer treuer Bruder und Diener
Federic

Friedrich II. von Preußen
Eigenhändiger Brief an seine Schwester Amalie über die militärische Lage nach dem Gefecht bei Maxen am 21. November 1759
Freiberg, 12. Dezember 1759
Papier, Tinte; 23,1 x 18,6 cm
Inv.-Nr.: L 93/5

Herzog Ferdinand von Braunschweig-Lüneburg in der Robe eines Ritters des Hosenband-ordens
Johann Georg Ziesenis (1716-1776)
Nach 1763
Öl/Leinwand; 122,5 x 88 cm
Inv.-Nr.: 1988/1079

Herzog Ferdinand von Braunschweig-Lüneburg (1721-1792), der Schwager Friedrichs des Großen, stand seit 1740 im preußischen Dienst. Im Siebenjährigen Krieg kommandierte er seit November 1757 die sogenannte Combinierte Armee. Diese Armee, bestehend aus dem hannoverschen Heer und norddeutschen Soldtruppen, hatte erst zwei Monate zuvor kapituliert. Sie wiederaufzubauen und zur Verteidigung Hannovers und Hessens gegen die französischen Invasionstruppen an der Westflanke Preußens aufzurichten, war die Aufgabe des Herzogs. Durch seine Siege bei Krefeld (23. Juni 1758) und bei Minden (1. August 1759) und die erfolgreiche Verteidigung Hannovers (1761) band er französische Kräfte auf dem Kontinent und sicherte damit die englischen Erfolge in Amerika. 1759 wurde ganz Kanada britisch, und Frankreich verlor überdies alle Stützpunkte in Südindien.
Ferdinands überregionaler Patriotismus – zeitweise führte er Truppen aus acht Nationen und verteidigte mit ihnen den gesamten norddeutschen Raum – ließ ihn über staatliche Einzelinteressen hinwegsehen. So hat er auf dem Gemälde den britischen Hosenbandorden angelegt, den er zwei Wochen nach der Schlacht bei Minden 1759 erhielt, und das Ritterkreuz des Johanniter-Ordens (1741). Auf dem Tisch liegen Schärpe und Kleinod des Hohen Ordens vom Schwarzen Adler (verliehen 1741 von Preußen), vermutlich das Ritterkreuz des dänischen Ordens de l'union parfaite oder de la fidélité (gestiftet 1732), das Halskreuz des Collegiatsstiftes St. Sebastiani zu Magdeburg und ganz rechts das Kreuz des Magdeburger Domstiftes, dessen Dechant der Herzog 1763 wurde. D:V.

Dargestellt ist Landgraf Friedrich II. von Hessen-Kassel (1720-1785) in der Offiziersuniform des 45. preußischen Infanterieregiments, dessen Chef er ab 1760 war. Schon 1756 hatte ihn Friedrich der Große in die preußische Armee geholt, als sich abzeichnete, daß der zum katholischen Glauben konvertierte Landgraf überredet werden sollte, in österreichische Dienste zu treten. Mit Beginn des Siebenjährigen Krieges wurde ihm ein Gehalt von 4000 Talern zugesichert. Hoch dekoriert aufgrund seiner militärischen Erfolge, blieb er auch nach dem Krieg im preußischen Dienst.

Hessen hatte unter dem Siebenjährigen Krieg sehr gelitten, und mit dem Friedensschluß blieb auch die finanzielle Unterstützung durch England aus. Das rohstoffarme Land hatte wenig zu exportieren, und als Ende 1775 englische Unterhändler nach Kassel kamen, um Truppen gegen die Aufständischen in den nordamerikanischen Kolonien zu mieten, griff man dort gerne zu. Zwischen 1776 und 1784 wurden insgesamt 17000 hessische Landeskinder gegen Geld für den Unabhängigkeitskrieg an England vermietet. Obwohl solche Vermietung von Soldaten für das 18. Jahrhundert nicht ungewöhnlich war, hielt Friedrich der Große diesen Menschenhandel für unwürdig. Das bisher gute Verhältnis zu Preußen war getrübt.

Mit Hilfe der durch den Soldatenhandel eingenommenen Gelder ergänzte der Landgraf die Kunstsammlung, förderte das Gewerbe und Ausbildungsstätten. Unter den zahlreichen Bauten, die er für seine Residenzstadt Kassel schuf, ist das Museum Fridericianum, das erste öffentlich zugängliche Museum in Deutschland, der bekannteste.

D.V.

Landgraf Friedrich II. von Hessen-Kassel
Johann Heinrich Tischbein d.Ä. (1722-1789)
1773
Öl/Leinwand; 85,5 x 70,5 cm
Signatur unten rechts: J. H. Tischbein pinx. 1773
Inv.-Nr.: 1989/964

Prinz Friedrich Heinrich Ludwig von Preußen
Anton Graff
(1736-1813)
Nach 1785
Öl/Leinwand;
79 x 62,5 cm
Inv.-Nr.: 1992/226

Prinz Heinrich (1726-1802) war von den Brüdern Friedrichs II. zweifellos der begabteste. Er wirkte als Feldherr in den zahlreichen Kriegen seines Bruders und als Diplomat. 1752 begann der Bau seines Palais Unter den Linden, der heutigen Humboldt-Universität. Im selben Jahr übereignete ihm Friedrich seinen Kronprinzensitz Schloß Rheinsberg, auf dem Heinrich mit Ausnahme der Wintermonate lebte.

William Wraxall, ein englischer Reisender, berichtete 1777 über den Prinzen: »Er ist von Person unscheinbar und ohne alle äußerliche Anmuth. Von Natur kalt und von schweigsamen Wesen, kann er nichtsdestoweniger gelegentlich durch die Lebendigkeit seines Gesprächs einen gewinnenden Eindruck machen.«

Die Beziehungen zwischen Prinz Heinrich und König Friedrich waren niemals herzlich. In vielem waren sich die Brüder sehr ähnlich, beide schwierige Charaktere mit Hang zum Sarkasmus und menschlicher Kälte. 1770/71 sondierte Heinrich am Hofe Katharinas der Großen von Rußland die Möglichkeiten der Ersten Polnischen Teilung, die 1772 erfolgte. Die Zweite Polnische Teilung (1793) hielt Heinrich für einen Fehler, da er meinte, ein schwaches, aber selbständiges Polen könnte Preußen als Puffer gegen Rußland nützlich sein. W.R.

Katharina II. von Rußland (1729-1796) – als deutsche Prinzessin Sophie Friederike Auguste von Anhalt-Zerbst – heiratete 1745 den russischen Thronfolger und späteren Zaren Peter III., den sie 1762 stürzen und ermorden ließ, um sich danach selbst zur Zarin auszurufen. Obgleich im Sinne der Aufklärung gebildet, führte ihre Regierung zu keiner Liberalisierung, wohl aber zu einer Modernisierung und Machtsteigerung Rußlands. Sie verschärfte die bäuerliche Leibeigenschaft und dehnte sie auf die Ukraine aus. Nach der Niederschlagung des dadurch ausgelösten Bauernaufstandes unterdrückte sie alle sozialen Reformvorschläge rigoros. Einflüsse der Französischen Revolution bekämpfte sie mit Schärfe. Außenpolitisch verfolgte sie eine rücksichtslose Expansion Rußlands nach Westen auf Kosten Polens (die drei polnischen Teilungen gingen wesentlich auf ihre Initiative zurück) und nach Süden auf Kosten der Türkei. Die im Süden neu gewonnenen Gebiete ließ sie seit 1764 mit Kolonisten aus Deutschland (»Wolgadeutsche«) besiedeln. Katharinas glanzvoller St. Petersburger Hof, der in starkem Kontrast zur Armut des Reiches stand, war geprägt durch ihren ausschweifenden Lebensstil mit zahllosen Liebhabern und Günstlingen, von denen Fürst Potemkin der bedeutendste war. Als Katharina 1787 auf Inspektionsreise gehen wollte, ließ er angeblich rasch zum Schein bevölkerte Dörfer aufbauen, die einen blühenden Zustand des Landes vortäuschen sollten – die sprichwörtlich gewordenen »Potemkinschen Dörfer«. W.R.

Katharina die Große
Johann Baptist Lampi d.Ä. (1751-1830)
Um 1794
Öl/Leinwand; 85,4 x 67,1 cm
Inv.-Nr.: 1988/1498
Erworben aus Mitteln des Landes Berlin

Werbeplakat für das Infanterieregiment von Anhalt
Deutschland, 1762/63
Holzschnitt, schablonenkoloriert; 61 x 36 cm
Inv.-Nr.: Gr 92/65

»Auf Befehl des Königs …« wurde das Werbeplakat an öffentlichen Orten ausgehängt. In die Aussparungen mußten die Namen der jeweiligen Rekrutierungsstellen und der zuständigen Hauptmänner handschriftlich eingetragen werden.

In freundschaftlichem Ton wirbt der Text um Männer, »so Lust haben …«, dem verbündeten französischen König im »hochlöblichen teutschen Infanterie-Regiment von Anhalt zu dienen«. Nicht von den Pflichten des Soldaten ist die Rede, sondern von den vielen Vorteilen, die er genießen würde. Als Ersatz für familiäre Geborgenheit verspricht das Regiment dem »wackere[n] Soldat[en] alle mögliche Vorsorge [Fürsorge] und väterliche Liebe …«.

Eine fast höfische Ausbildung erhält derjenige, der sich für vier Jahre verpflichtet, und nebenbei ganz umsonst die Gelegenheit, ein anderes Land kennenzulernen; etwas, »wornach viele andere streben und doch nicht anders als durch Verschwendung ihres Vermögens dazu gelangen«. »Unterricht im Tanzen und Fechten …«, Studium der französischen Sprache, nicht nur mündlich, sondern auch »im Lesen und Schreiben«, waren im zivilen Leben nur einer kleinen Schicht vorbehalten. Den möglichen Bewerbern, denen Lesen und Schreiben auch in der Muttersprache Schwierigkeiten bereiteten, wurde, wenn sie nur fleißig übten und »sich wohl aufführ[t]en … gewisse Beförderung« versprochen.

Auch die Illustration suggeriert ein schönes Leben bei der Armee: Der Soldat muß zwar strammstehen, das Gewehr präsentieren, aber dafür winken ihm ein Sack voll Geld und fröhliche Zecherei. P.M.G.

Der Wandbehang, der aus über 150 Bildfeldern besteht, wurde vermutlich in Sachsen oder Preußen in der friedlichen Zeit zwischen 1776 und 1778 hergestellt. Die Wappen im zentralen Bildfeld erschließen die Figurengruppe über dem Oval: Friedrich II., Maria Theresia und Kurfürst Friedrich August II. von Sachsen (August III. von Polen).

Sie reichen sich zum Abschluß der Friedensverhandlungen im Jagdschloß Hubertusburg im Februar 1763 die Hände. Preußen und Österreich verhandelten an diesem bei Oschatz gelegenen Ort unter sächsischer Vermittlung. Genien halten den Siegerkranz, Reiter tragen die Kunde mit Trompetenschall ins Land, und Bacchus erhebt sein Glas, wobei ihm Merkur und Amor zusehen. Über das zentrale Motiv hinaus läßt sich hier ein zeitgenössisches Welt- und Alltagsbild entschlüsseln. Beherrschend waren Kriege, allgegenwärtig das Militär. Entsprechend nehmen Soldaten verschiedener Heere und Waffengattungen drei Bildreihen ein. Erzählt wird aber auch die biblische Geschichte mit Sündenfall sowie Geburt, Kreuzigung und Auferstehung Jesu. Weitere Bildfelder zeigen verschiedene Volkstrachten, Nationalitäten und Stände, die Kultivierung der Natur mit Gärtner und Gärtnerin oder das feudale Jagdvergnügen. Zahlreich sind Sträucher, Bäume oder Blumen appliziert und gestickt. In den vier Ecken befinden sich abstrakte Ornamente, die an einen Festungsgrundriß erinnern. R.F.

Wandbehang zum Frieden von Hubertusburg 1763
Sachsen oder Preußen,
1776, 1778
Wolle, appliziert, bestickt, Reparaturmaßnahmen mit verschiedenen Wollqualitäten, Regeneratzellulose, Seide; 200 x 156 cm
Inv.-Nr.: 1988/613

Privilegierter Pfandbrief über 100 Reichstaler auf das Gut Kriekau
Breslau,
24. Dezember 1776
Pergament, Tinte, einseitig bedruckt, mit handschriftlichen Eintragungen und gestempelt;
19,3 x 32,2 cm
Inv.-Nr.: Do 92/59

Nach den beiden Schlesischen Kriegen und besonders nach dem Siebenjährigen Krieg war die Lage der schlesischen Rittergüter desolat. Der gutsbesitzende Adel der neuen preußischen Provinz, auf den sich Friedrich der Große in Regierung und Verwaltung bevorzugt stützen wollte, hatte sich in der Kriegsepoche hoch verschuldet. Um die Existenzgrundlage des Landadels zu sichern und seine hervorgehobene soziale Position wiederherzustellen, war es nötig, ihm Geld und Kredit zu verschaffen. Das zu diesem Zweck eingerichtete Pfandbriefsystem fußte auf dem Gedanken, die Gesamtheit der Rittergutsbesitzer als »Landschaft« gegenüber den Gläubigern, den Pfandbriefkäufern, bürgen zu lassen. Jedes Gut konnte bis zur Hälfte seines Schätzwertes beliehen werden. 1770 wurden die ersten Pfandbriefe aus Pergament, die sogenannten ledernen Briefe, ausgegeben. Der adlige Grundbesitzer war jetzt in den Stand versetzt, aus dem Verkauf eines solchen Wertpapiers bares Geld für die Bewirtschaftung seines Gutes zu gewinnen. Dafür zahlte er dem Gläubiger Zinsen, in unserem Beispiel $3^1/_2$ Prozent jährlich. Der vorliegende Pfandbrief war über anderthalb Jahrhunderte hinweg, bis 1929, gültig. Der Erfolg des schlesischen Immobilienkredits war so überzeugend, daß daraufhin auch in den anderen preußischen Provinzen genossenschaftliche Kreditinstitute gegründet wurden. M.S.

Das Bild der jungen Frau, die dem Betrachter lächelnd Kartoffeln präsentiert, entstand zu einer Zeit, in der Friedrich der Große die Kartoffel gegen den Widerstand seiner Bauern, die das Nahrungsmittel für minderwertig oder gar ungenießbar hielten, populär machen wollte. Vor diesem Hintergrund wirkt das Gemälde fast wie ein Teil seiner umfangreichen Werbekampagne für die damals in Preußen noch ungewohnten Erdäpfel. Die Kartoffel, die den Andenindianern als Hauptnahrungsmittel diente, nutzten die spanischen Eroberer auf ihren Rückfahrten nach Europa als Proviant. In Spanien wurde sie seit der Mitte des 16. Jahrhunderts angebaut. Noch am Hofe Ludwigs XIV. war die Kartoffel eine Delikatesse der Reichen. Bedingt durch die Ernährungsnotlage im Dreißigjährigen Krieg wurde sie – zuerst im westlichen Deutschland – zum Nahrungsmittel auch für die einfachen Leute. Durch pfälzische Auswanderer gelangte die Kartoffel nach Brandenburg-Preußen, wo Friedrich II. als erster europäischer Herrscher 1756 den Anbau in Pommern und Schlesien anordnete. Er hoffte, dadurch Getreidemißernten und damit verbundenen Hungerrevolten der Bevölkerung begegnen zu können. Aber noch 1774 mußten die hungernden Bewohner der Stadt Kolberg förmlich gezwungen werden, die vom König gesandten Kartoffelladungen zu verbrauchen. W.R.

Die Kartoffelverkäuferin
Daniel Nikolaus Chodowiecki (1726-1801)
Letztes Viertel 18. Jh.
Öl/Leinwand; 90 x 58 cm
Inv.-Nr.: 1993/503

Zwei Iserlohner Tabakdosen
Iserlohn,
um 1760/70
Messing, Kupfer;
L 15-16,7 cm

a) Tabakdose mit der Darstellung der Schlacht bei Zorndorf – Vorder- und Rückseite
Inv.-Nr.: MK 75/157

b) Tabakdose mit dem Bildnis Friedrichs II. und Darstellung der Schlacht bei Lobositz – Vorder- und Rückseite
Inv.-Nr.: MK 90/44

Tabaklade mit der Reiterstatuette des grüßenden Friedrich II.
Preußen, nach 1773
Holz, furniert, geschnitzt, gefaßt;
H 54 cm
Inv.-Nr.: 1988/291

Zu Beginn des 18. Jahrhunderts hatte sich in Mitteleuropa der Tabak als Genußmittel durchgesetzt. Die strengen Verbote des 17. Jahrhunderts waren einer liberaleren Einstellung gewichen, und das Rauchen war nur noch an feuergefährdeten Orten und in der Öffentlichkeit aus Gründen des Anstandes verboten. Der preußische König Friedrich Wilhelm I. hatte mit seinem »Tabakkollegium« zu der Popularisierung des Pfeiferauchens beigetragen. Sein Sohn, Friedrich II., schloß sich der neuesten, aus Spanien und Frankreich herüberschwappenden Mode an, indem er dem Schnupftabak den Vorzug gab. Die Behältnisse für den Tabak waren den jeweiligen Bedürfnissen entsprechend gestaltet: größere Kästen mit teilweise aufwendigen Schnitzereien oder figürlichem Schmuck als Kamin- oder Tischdekoration und kleinere Schachteln und Dosen für den Reisenden. Verbreitung fanden die Iserlohner Rauchtabakdosen mit Motiven aus dem Siebenjährigen Krieg und Porträtbildnissen Friedrichs II. In Iserlohn, einer Kaufmannstadt mit Bergbautradition, war um die Mitte des 18. Jahrhunderts ein spezielles Walzverfahren für Messing und Kupfer mittels Stahlmatrizen erfunden worden, das eine relativ preiswerte Herstellung der Dosen ermöglichte. Erläuternde Schriftzüge ergänzten die dargestellten Szenen. L.K.

Mit den in der Regierungszeit Friedrich Wilhelms I. kreierten preußischen Uniformen – eng anliegend und knapp zugeschnitten – erfolgte eine bewußte Abgrenzung von der durch französische Einflüsse geprägten Mode. Bereits als Kind war Friedrich II. der alltägliche Anblick von Uniformen vertraut, wurden ihm solche doch selbst seit seinem Eintritt in die Armee im Alter von zehn Jahren angemessen. Dem Beispiel seines Vaters folgend, trug er nach seinem Regierungsantritt während der Tagesgeschäfte die Uniform seines Leibbataillons. Diese bestand aus dem ungestickten, blauen Interimsrock mit dem Bruststern des Hohen Ordens vom Schwarzen Adler, Dreispitz mit Plumage, gelber Weste und Hose sowie schwarzen Schaftstiefeln. Es ist überliefert, daß Friedrich in Kleidungsfragen keine hohen Ansprüche stellte und mit zunehmendem Alter diesbezüglich eher noch nachlässiger wurde. So weist sein zuletzt getragener Interimsrock erhebliche Schnupftabakspuren auf. Bei seinen Handschuhen, von denen aus Sparsamkeitsgründen lediglich ein verlorengegangener neu beschafft wurde, fehlen die Kuppen von Daumen und Zeigefinger, die abgeschnitten worden sind, damit er den Tabak besser aus den Dosen greifen konnte. K.P.M.

Kleidungsstücke und Accessoires Friedrichs II. von Preußen
1786

a) Interimsrock des I. Bataillons Garde mit Bruststern vom Hohen Orden vom Schwarzen Adler
Tuch, Pailletten, Silberlahn; L 103 cm
Inv.-Nr.: U 267
(O 59/70)

b) Handschuhe
Leder; L 25 cm
Inv.-Nr.: U 269.a,b

c) Hut
H 11,5 cm, B 49 cm
Inv.-Nr.: U 354

Galanteriedegen als Erinnerungsstück an die preußischen Siege im Siebenjährigen Krieg
Auf dem Porzellangriff sind mit Prag, Lobositz, Roßbach, Breslau und Zorndorf durch die preußische Armee errungene Siege verzeichnet
Preußen, um 1780
Stahl, Messing, Porzellan; L 75,5 cm
Inv.-Nr.: W 94/24

Emaildose mit Schlachtennamen aus den Schlesischen Kriegen
Preußen, 1758/60
Kupfer, Email;
4 x 8,5 x 6 cm
Inv.-Nr.: KG 93/40

Emaildose mit Darstellung der Schlacht bei Lobositz
Preußen, 1756/60
Metall, Email, kupfervergoldet;
4 x 8,5 x 6,5 cm
Inv.-Nr.: KG 93/16

Vivatband auf den Sieg bei Zorndorf
Preußen, 1758
Seide, Papier;
28 x 18,5 cm
Inv.-Nr.: 1994/810

Handwerker und Künstler stellten sich auf Kundenwünsche ein und fertigten Gebrauchsgegenstände zu aktuellen Ereignissen des Siebenjährigen Krieges an. Großer Popularität erfreuten sich die schnell und billig herzustellenden Vivatbänder, auf denen jüngst errungene Siege gepriesen wurden. Außen an der Kleidung getragen, erfüllten sie auch noch einen propagandistischen Zweck.

Abgesehen von diesem Massenartikel kamen die Handwerker auch speziellen Wünschen nach und stellten Preziosen für gehobene Ansprüche her, wie die kleinen Emailtabatieren, die mit Schlachtplänen, Trophäen und den Namen gewonnener Schlachten bemalt wurden.

Unter Offizieren waren Blankwaffen mit entsprechend verzierten Griffen, Klingen oder Stichblättern als Erinnerungsstücke an Feldzüge und Schlachten sehr beliebt. Solche Waffen wurden als Präsente zu Dienstjubiläen oder als Ehrengaben für militärische Verdienste überreicht. Häufig ließ der Auftraggeber noch einen Wahlspruch oder eine Devise eingravieren, in denen er seine Treue zum Land oder zum Landesherrn bekundete. K.P.M.

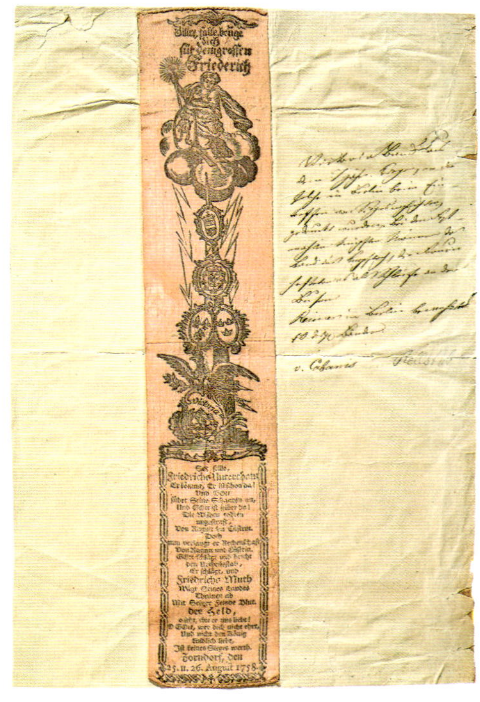

15 EUROPÄISCHE AUFKLÄRUNG UND DEUTSCHE KLASSIK

Das geistige Klima der Aufklärung beflügelte, von England und Frankreich ausgehend, das europäische Geistesleben im 18. Jahrhundert. Ursprünglich eine Sache der Philosophen, wirkte sie sich bald auf alle Lebensbereiche aus, auf Politik, Rechtsprechung, Erziehung, Literatur und Wissenschaften. Sie war die entscheidende geistige Voraussetzung für die Französische Revolution und wirkt in vielfältiger Form bis auf den heutigen Tag fort.

Immanuel Kant definierte Aufklärung als »Ausgang des Menschen aus seiner selbstverschuldeten Unmündigkeit. Unmündigkeit ist das Unvermögen des Einzelnen, sich seines Verstandes ohne die Leitung eines anderen zu bedienen.«

Diese Definition setzt die Annahme voraus, daß die Vernunft das eigentliche Wesen des Menschen ist, die ihn befähigt, sich in seinen Entscheidungen allein durch Erkenntnis und Einsicht bestimmen zu lassen. Damit wandte sich die Aufklärung gegen autoritätsbezogene politische Systeme wie den fürstlichen Absolutismus und religiöse Traditionen wie den christlichen Offenbarungsglauben.

Die vom Glauben an den positiven Fortschritt der Geschichte beseelten Denker der Aufklärung waren überzeugt, daß der Mensch von Natur aus gut und die Welt als Ganzes vernünftig angelegt seien. Durch Anleitung und Erziehung sollte ein jeder zu eigenständigem Vernunftgebrauch finden und sich so von seinen Abhängigkeiten befreien. Mit dieser Rückkehr zu seiner Natur, so die optimistische Utopie, werde ein freiheitliches, menschenwürdiges und glückliches Dasein in einer neuen und friedliebenden Gesellschaft möglich.

Ansätze der Aufklärung finden sich bereits in Renaissance und Humanismus. Sie entwickelten sich im 17. Jahrhundert in den philosophischen Gedankengebäuden des Rationalismus, Empirismus, Skeptizismus und Materialismus. Entscheidend wurden die aus Holland und England kommenden Einflüsse der Naturrechtslehre, die jedem Menschen naturgegebene, gleiche und unveräußerliche Menschenrechte zubilligte.

In der Mitte des 18. Jahrhunderts erfuhr die Aufklärung in Frankreich eine starke Politisierung und Radikalisierung. Voltaire und die

Enzyklopädisten wie Diderot, so benannt nach ihrem Bestreben, sämtliches Wissen enzyklopädisch zusammenzufassen, entwickelten atheistische und materialistische Ideen. Eine andere Richtung verkörperte der Naturalismus Rousseaus, der die seelisch-gefühlsmäßigen Momente stärker hervorhob.

In den Jahrzehnten vor der Französischen Revolution war ganz Europa von gelehrter und publizistischer Diskussion erfüllt. Die in Philosophie und Literatur, Wissenschaft und Kunst führenden Zeitgenossen empfanden sich als Weltbürger einer gemeinsamen Gelehrtenrepublik, in der Standesschranken keine Bedeutung mehr hatten. Die Naturwissenschaften nahmen einen beispiellosen Aufschwung: Beobachten, Sammeln und Systematisieren, das Experiment als gültige Form naturwissenschaftlicher Erkenntnis traten ihren Siegeszug an.

Im Gegensatz zu England und Frankreich fehlte der Aufklärung in Deutschland weitgehend der politische Aspekt. Hier überwogen die praktischen, moralpädagogischen Ansätze mit einem Zug ins Populäre, Bürgerliche.

Leibniz, Kant, Lessing und der jüdische Gelehrte Moses Mendelssohn galten als Wegbereiter der Aufklärung in Deutschland. Letztere traten für eine Emanzipation der Juden ein, Lessing etwa in seinem einflußreichen Schauspiel »Nathan der Weise«. Als Vollender der Aufklärung gilt Kant, der, unbeachtet von seinem Landesherrn Friedrich II., in Königsberg wirkte.

Einige europäische Monarchen wie Friedrich II. von Preußen und Katharina von Rußland korrespondierten mit dem von ganz Europa verehrten Aufklärungsphilosophen Voltaire und beanspruchten, das Gedankengut der Aufklärung zur Maxime ihres politischen Handelns erhoben zu haben. In der Praxis zeigte sich jedoch, daß Philosophie und Machtpolitik selten zusammenfanden. Eine überzeugendere Synthese von Aufklärung und fürstlichem Absolutismus gelang an kleineren deutschen Höfen, denen die Mittel zu machtstaatlicher Politik fehlten. Das »Gartenreich« von Anhalt-Dessau, Sachsen-Gotha-Altenburg und Sachsen-Weimar-Eisenach seien als Beispiele genannt. Eine einmalige Stellung nahm der Hof von Weimar ein, der unter der Herzogin Anna Amalia und ihrem Sohn Karl August zum Zentrum der deutschen Klassik wurde. In der kleinen Residenz wirkten zwischen Herders Ankunft 1776 und Goethes Tod 1832 neben den vier »Riesen« Goethe, Schiller, Herder und Wieland zahlreiche andere Literaten, Künstler und Gelehrte. Diese Epoche der Weimarer Klassik, die eine Balance zwischen der vernunftbetonten Aufklärung und der dann folgenden gefühlsbetonten Romantik darstellt, ist ein literaturgeschichtlicher Höhepunkt in einer Zeit der gesellschaftlichen und politischen Krise in Deutschland. Ihre Leitideen der Humanität und Harmonie übten nachhaltigen Einfluß auf die Literatur, das Geistesleben und Bildungswesen bis ins 20. Jahrhundert aus. W.R.

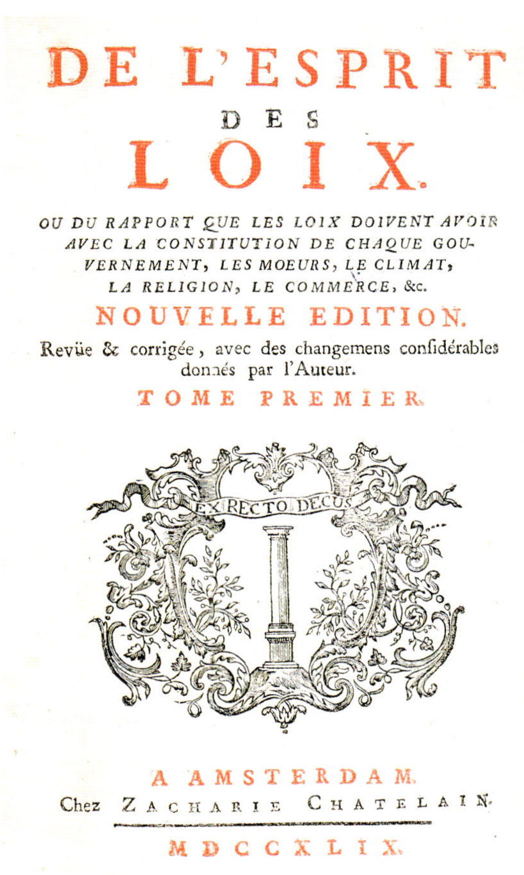

DE L'ESPRIT DES LOIX.

OU DU RAPPORT QUE LES LOIX DOIVENT AVOIR AVEC LA CONSTITUTION DE CHAQUE GOUVERNEMENT, LES MOEURS, LE CLIMAT, LA RELIGION, LE COMMERCE, &c.

NOUVELLE EDITION.

Revüe & corrigée, avec des changemens conſidérables donnés par l'Auteur.

TOME PREMIER.

A AMSTERDAM,
Chez ZACHARIE CHATELAIN.
MDCCXLIX.

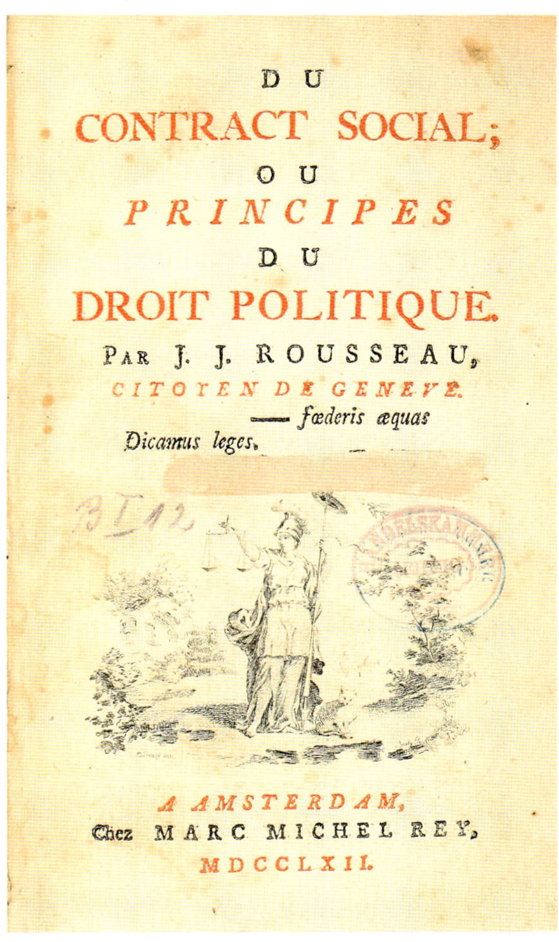

DU CONTRACT SOCIAL; OU PRINCIPES DU DROIT POLITIQUE.

PAR J. J. ROUSSEAU, CITOYEN DE GENEVE.

—— fœderis æquas
Dicamus leges.

A AMSTERDAM,
Chez MARC MICHEL REY,
MDCCLXII.

De l'esprit des loix
Charles de Secondat, Baron de la Brède et de Montesquieu (1689-1755)
Amsterdam: Zacharie Chatelain, 1749
Sign.: 55/3017-1749

Du contract social; ou principes du droit politique
Jean Jacques Rousseau (1712-1778)
Amsterdam: Marc Michel Rey, 1762
Sign.: R 91/537

a) Titelblatt

b) Textseite: Auszug aus dem 1. Kapitel
[Übers.] *Der Mensch ist frei geboren, und überall liegt er in Ketten. Einer hält sich für den Herren der anderen und bleibt doch mehr Sklave als sie. Wie ist dieser Wandel zustande gekommen? Diese Frage glaube ich beantworten zu können.*

Montesquieus Hauptwerk von 1748 »De l'esprit des loix« (Vom Geist der Gesetze) wurde allgemein als das größte staatstheoretische Werk seiner Zeit betrachtet. Montesquieu betonte hier, daß politische Gesetze nur für eine Gesellschaft in einer bestimmten Entwicklungsphase gelten können und den zeitgeschichtlichen, sozialen und lokalen Bedingungen Rechnung tragen müssen. Seine am idealisierten Muster der englischen Verfassung entwickelte Theorie von der Gewaltenteilung hatte großen Einfluß auf das konstitutionelle Staatsrecht und damit auch auf die drei während der Französischen Revolution verabschiedeten Verfassungen sowie die Verfassung der Vereinigten Staaten von Amerika.

Rousseau erreichte den Höhepunkt seiner Auseinandersetzungen mit den gesellschaftspolitischen Theorien seiner Zeit 1762 mit dem Werk »Du contract social« (Gesellschaftsvertrag). Nach seinen staatstheoretischen Vorstellungen ist es der Gesamtwille der mündigen Bürger (Volkssouveränität), der die Grundgesetze beschließen und die Regierung ernennen sollte.

Dieser Gesamtwille verkörpert die absolute Staatsgewalt – die Gewaltenteilung lehnte Rousseau ab. Der Staat hat das Recht und auch die Pflicht, jeden Bürger und das Eigentum eines jeden zu schützen, die Anhäufung großen Reichtums zu verhindern und annähernd wirtschaftliche Gleichheit durchzusetzen. Während der Jakobinerherrschaft wurde der »Contract social« zur theoretischen Grundlage und Rechtfertigung für die Bekämpfung der Feinde der Revolution. Verlauf und Resultat der Revolution zeigten aber auch die Grenzen der Realisierbarkeit dieser Ideen. R.Bl.

CHAPITRE I.

Sujet de ce premier Livre.

L'HOMME eſt né libre, & par-tout il eſt dans les fers. Tel ſe croit le maître des autres, qui ne laiſſe pas d'être plus eſclave qu'eux. Comment ce changement s'eſt-il fait? Je l'ignore. Qu'eſt-ce qui peut le rendre légitime? Je crois pouvoir réſoudre cette queſtion.

Critik
der
reinen Vernunft
von
Immanuel Kant,
Professor in Königsberg,
der Königl. Academie der Wissenschaften in Berlin
Mitglied.
Zweyte hin und wieder verbesserte Auflage.
Riga,
bey Johann Friedrich Hartknoch
1787.

Critik
der
practischen Vernunft
von
Immanuel Kant.
Zweyte Auflage.
Riga,
bey Johann Friedrich Hartknoch
1792.

Critik
der
Urtheilskraft
von
Immanuel Kant.
Berlin und Libau,
bey Lagarde und Friederich
1790.

Schriften der kritischen Periode Immanuel Kant (1724–1804)

a) Critik der reinen Vernunft
2. hin und wieder verbesserte Auflage
Riga: Johann Friedrich Hartknoch, 1787
Sign.: R 52/908

b) Critik der practischen Vernunft
2. Auflage
Riga: Johann Friedrich Hartknoch, 1787
Sign.: R 74/1804
Aufgeschlagen: Titelblatt und Grundgesetz der reinen practischen Vernunft

c) Critik der Urtheilskraft
Berlin, Libau: Lagarde und Friederich, 1790
Sign.: R 56/1107

§. 7.
Grundgesetz der reinen practischen Vernunft.
Handle so, daß die Maxime deines Willens jederzeit zugleich als Princip einer allgemeinen Gesetzgebung gelten könne.
Anmer-

Die Philosophie Kants bedeutet die Summe und den Höhepunkt der deutschen Aufklärung. Zugleich stellt sie den Beginnn der idealistischen deutschen Philosophie dar. In der Entwicklung der Kantschen Philosophie werden gewöhnlich zwei Perioden unterschieden: die vorkritische und die kritische. Letztere beginnt mit der »Critik der reinen Vernunft«. Dieses Werk enthält Kants Lehre von der Transzendentalphilosophie. Seine Überzeugung von der unbedingten Gültigkeit der mathematischen Urteile führte ihn zur Theorie der Erkenntnisse a priori.

In seinem zweiten Hauptwerk »Critik der practischen Vernunft« begründete er seine Sittenlehre. Hierin formulierte er sein Grundgesetz der Ethik, den vielzitierten kategorischen Imperativ: »Handle so, daß die Maxime deines Willens jederzeit zugleich als Princip einer allgemeinen Gesetzgebung gelten könne.« Die »Critik der Urtheilskraft« ist die letzte der drei großen Kritiken, die zusammen das System der kritischen Philosophie zur Darstellung bringen. Der erste Teil, die »Critik der ästhetischen Urtheilskraft«, handelt von dem Schönen und dem Erhabenen, der zweite Teil, die »Critik der teleologischen Urtheilskraft«, von der zweckmäßigen Anordnung der Natur nach »unseren« Vorstellungen, wobei Kant nicht behauptet, daß die Natur wirklich so angeordnet ist. R.Bl.

Herzogin Luise Dorothea von Sachsen-Gotha-Altenburg in ihrem Schreibkabinett
S. Hellmund
1754
Öl/Leinwand;
59,5 x 76,5 cm
Signatur
unten links:
S. Hellmund 1754
Inv.-Nr.: 1990/123

Mit Friedrich dem Großen befreundet, vom Schmeichler Voltaire als »beste Fürstin der Erde« und »deutsche Minerva« gepriesen, galt Herzogin Luise Dorothea von Sachsen-Gotha-Altenburg (1710-1767) als eine der gebildetsten Fürstinnen ihrer Zeit. Gegenüber ihrem Mann, der ihr intellektuell nicht ebenbürtig war, nahm sie die Rolle einer Beraterin wahr. So ließ sie in England Absatzmöglichkeiten für den Thüringer Waid, einen blauen Farbstoff, erkunden und gründete das Eisenschmelzwerk Luisenthal.

Mit zahlreichen Vertretern der Aufklärung in Deutschland und Frankreich stand sie in brieflichem Gedankenaustausch, darunter mit Diderot und Rousseau. Der Besuch Voltaires im Frühjahr 1753 war für das politisch unbedeutende Herzogtum ein besonderes Ereignis. Im darauffolgenden Jahr ist unser Porträt entstanden, das die Herzogin in modisch-weitem Rokoko-Reifrock am Schreibtisch in ihrem Salon zeigt. In der Rechten hält sie die Schreibfeder, in der Linken einen Brief. Die Tür zur benachbarten Bibliothek ist geöffnet, auf dem Schreibtisch stapeln sich Bücher und Briefe. Links steht ein Globus, an der Alkovenwand rechts ist in einer Nische die Statue der Göttin Minerva, Beschützerin der Künste, placiert. Alle Gegenstände des Interieurs sind Attribute der vielgepriesenen Wesensart und des weiten geistigen Horizonts der Herzogin. W.R.

Weltkarte
Mappa Mundi
Leonhard Euler
(1707-1783)
Berlin: Preußische Akademie der Wissenschaften, 1753
Kupferstich;
32,5 x 39 cm (Platte)
Inv.-Nr.: Do 94/19

Friedrich II. erteilte 1748 der Königlich Preußischen Akademie der Wissenschaften zu Berlin ein Landkartenprivileg: Danach hatte sie in Preußen das alleinige Recht, Landkarten herstellen zu lassen und eingeführte Karten mit einer Steuer zu belegen. Diese Maßnahme richtete sich vor allem gegen die Homannschen Landkarten aus Nürnberg, die in großer Zahl – 1760 hatte Homann etwa 600 Landkarten in seinem Sortiment – und recht billig den Markt überschwemmten. Die Berliner Kartenproduktion kam jedoch nur langsam in Schwung, und oft mußte mangels Quellen auf Karten anderer Hersteller zurückgegriffen werden. 1753 gab der Mathematiker Leonhard Euler im Auftrag der Akademie einen Schulatlas, den »Atlas Geographicus«, mit 41 Karten heraus, der 1760 und 1777 eine Neuauflage erfuhr. Alle Karten wurden auch einzeln zu dem recht hohen Preis von drei Groschen verkauft, wie die kleine Weltkarte mit dem Privilegienstempel der Akademie. In den unteren Ecken der Karte sind Tabellen mit Gravitätsberechnungen von Newton, Bradley und Maupertuis sowie Lagebestimmungen der Jahre 1677 bis 1737 eingefügt; besonders reizvoll sind die eingetragenen Kommentare zur Geschichte der Entdeckungen. Die Bemerkung »Die Russen sind im I. 1743 bis hieher gekommen und auf den untieffen gescheitert und ertrunken« bezieht sich wohl auf die letzte Entdeckungsreise des dänischen Polar- und Asienforschers Vitus Bering, der 1741 in russischen Diensten die Kamtschatka gegenüberliegende Küste Amerikas näher erforschen wollte und mit einem großen Teil seiner Mannschaft umkam. H.A.

Modell des menschlichen Auges mit Behältnis
Stephan Zick (1639-1715)
Nürnberg, Anfang 18. Jh.
Walnußholz, Elfenbein, Glas;
H 11,2 cm, Dm 3,2 cm (Augapfel geschlossen), 5,3 cm (Behältnis)
Inv.-Nr.: 1991/2641

Anatomische Präparate und Modelle, die in Kunst- und Wunderkammern aufbewahrt wurden, dienten während des 17. und frühen 18. Jahrhunderts in erster Linie der Schaulust und Freude an Kuriosem und Außergewöhnlichem. So berichtete der Nürnberger Kaufmann Johann Magnus Volckammer in der 1727 erschienenen »Museographia oder Anleitung zum rechten Begriff und nützlicher Anlegung der Museorum, oder Raritäten-Kammern« über »Bewunderungs-würdige Dinge« in seiner Sammlung, unter anderem über »Vom alten Zicken und seinem Sohn aus Helffenbein gar künstlich gedrehte Stücke, und dergl. ...«.
Dresden verfügte zu dieser Zeit bereits über eine eigenständige anatomische Sammlung. Dazu heißt es in dem zitierten Museumsführer: »... in grossen Städten findet man gantze Anatomie-Kammern, in welchen die Häute, das Gerippe und Ingeweide von Menschen, Thieren, Fischen und Vögeln, kürzlich allerley anatomirte oder zerschnittene, zubereitete und balsamirte Cörper und Glieder gezeiget werden.«
In der zweiten Hälfte des 18. Jahrhunderts kam zur allgemeinen Neugierde ein echtes naturwissenschaftliches Interesse hinzu, das auch an einigen Universitäten eine anatomische Studiensammlung entstehen ließ. L.K.

Sonnenmikroskop
J. G. Mitsdörffer
Berlin, 1751
(Standfüße spätere Ergänzung)
Messing, Glas, Holz; H 48 cm, B 28,5 cm, T 25,5 cm
Inv.-Nr.: HI 72/161

Froschplatte (»Anatomisches Mikroskop«), nach Johann Nathanael Lieberkühn (1711-1756)
J. G. Mitsdörffer
Berlin, nach 1734
Messing; H 50 cm, B 22 cm, T 22,5 cm
Inv.-Nr.: HI 75/30

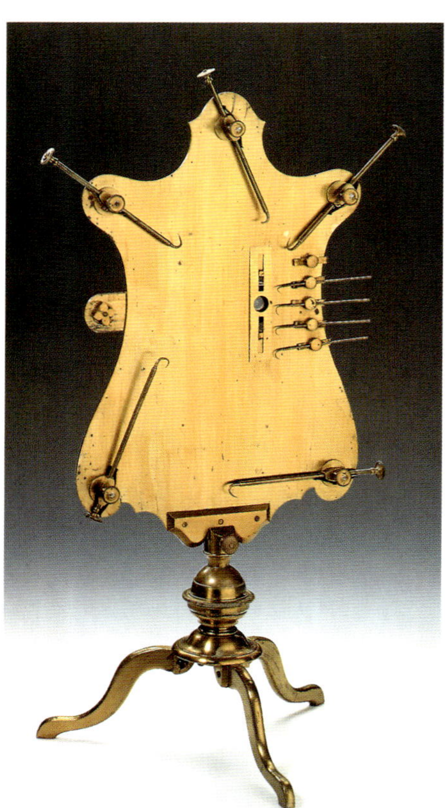

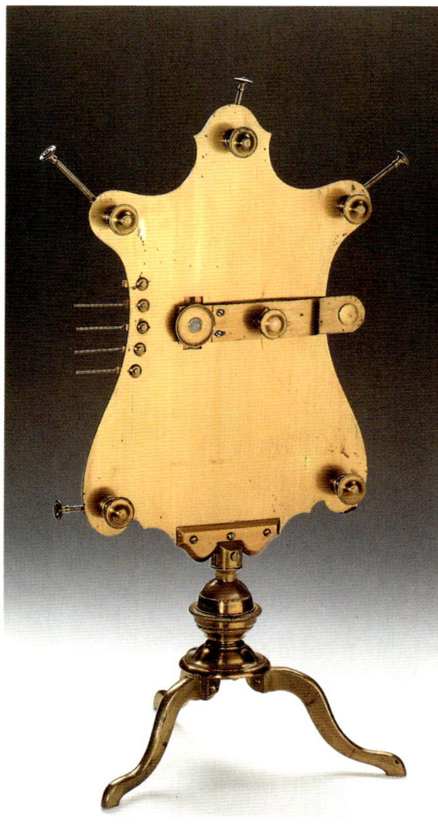

Das seit dem frühen 18. Jahrhundert gebräuchliche Sonnenmikroskop war ein Vergrößerungsgerät, das die Sonne über einen Beleuchtungsspiegel als Lichtquelle benutzte. Insekten und andere kleine Lebewesen, die auf den Objektträger gelegt wurden, erschienen in einem abgedunkelten Raum in riesenhafter Vergrößerung. Dazu wurde das Mikroskop horizontal im Fenster befestigt, wobei der Spiegel nach außen zeigte und durch eine Verstelleinrichtung der Sonne nachgeführt werden konnte. Das vergrößerte Bild benutzten zum Beispiel Kupferstecher für ihre Arbeit. Vor allem aber wurde das Instrument in Kreisen des naturkundlich interessierten Bürgertums eingesetzt. Man studierte die verschiedenen Insektenarten und amüsierte sich über ihr Aussehen in der Vergrößerung. Das Sonnenmikroskop eröffnete dem Bürgertum der Aufklärungszeit, das mit »Vernunft« und Experiment den Geheimnissen der Natur auf den Grund zu kommen suchte, eine neue Dimension des Sehens.

Die wissenschaftliche Neugier machte auch vor dem Lebendigen nicht halt. Auf den schwenkbaren Nadeln der »Froschplatte« wurden lebende kleine Tiere, wie etwa Lurche, aufgespießt. Durch die vergrößernde Linse konnten so, wie es in einer Abhandlung von 1748 heißt, der »Lauf des Geblüts«, also der Blutkreislauf, und die Bewegungen der inneren Organe beobachtet werden. R.B.

Die »Sammlung Anatomischer Tafeln« zur Geburtshilfe zeigt verschiedene Kindslagen, Geburtsvorgänge sowie Instrumente und ihre Anwendung. Das Sammelwerk, das vier Jahre nach seinem Erscheinen bereits in deutscher Übersetzung vorlag, beeindruckt durch seinen instruktiven Wert und die künstlerische Ausgestaltung. Aus erhöhter Perspektive blickt der Betrachter auf die Gebärmutter, deren obere Hälfte abgenommen ist und den Blick auf den in sie eingeschlossenen Fötus freigibt. Die präzise und detailreiche Wiedergabe des herangewachsenen Kindes vor der Geburt ruft einen lebendigen, geradezu körperlichen Eindruck hervor.

William Smellie (1697-1763) war nicht nur der erste Geburtshelfer Großbritanniens, sondern gilt in seinem Fach als einer der bedeutendsten Spezialisten seiner Zeit. Smellie schilderte als einer der ersten den Geburtsvorgang des vorangehenden Kopfes richtig. Sein Werk zeugt zugleich von einem neuen wissenschaftlichen Blick auf den weiblichen Körper, auf Schwangerschaft und Geburt. Dieser erreichte eine nie dagewesene Naturtreue, zugleich löste er aber auch den Fötus aus seinem organischen Zusammenhang. Nicht mehr »Leibesfrucht« ist das Ungeborene, sondern eigenständiges Leben, während der Körper der Mutter nur noch punktuell angedeutet wird.

R.B.

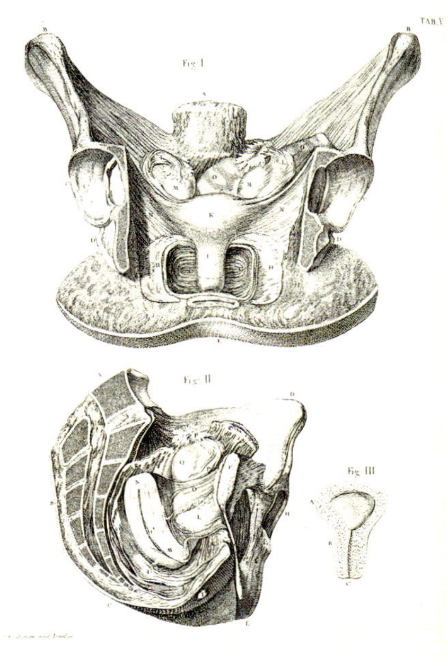

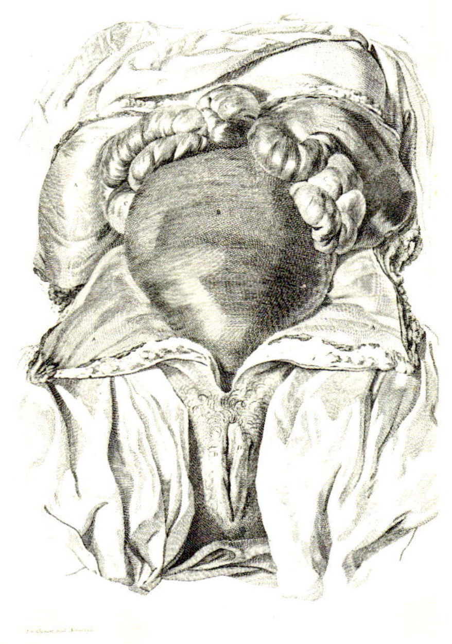

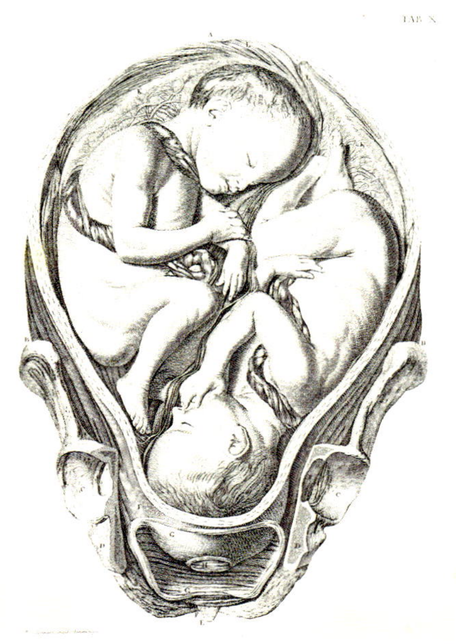

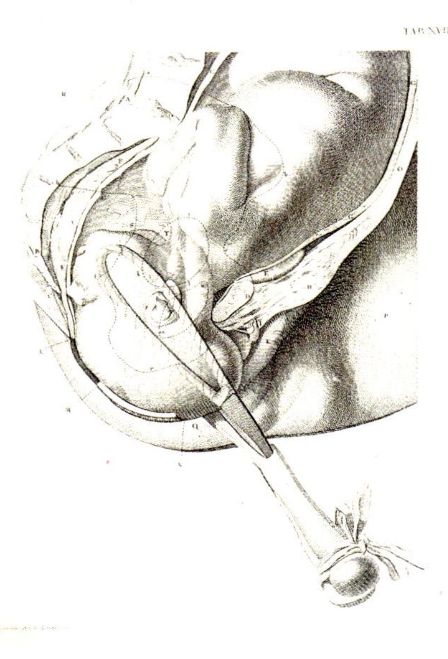

Sammlung Anatomischer Tafeln nebst einer Erklärung derselben und einem kurzen Begriff der Hebammenkunst
William Smellie (1697-1763)
Nürnberg: Johann Michael Seeligmann, 1758
Sign.: RB 92/2955

a) Tafel V: Darstellung der natürlichen Lage der Gebärmutter

b) Tafel VII: Darstellung des geöffneten Unterleibs einer im 6. oder 7. Monat Schwangeren

c) Tafel X: Darstellung der Lage von Zwillingen in der Gebärmutter kurz vor der Geburt

d) Tafel XVIII: Darstellung des Einsatzes der Geburtszange

Guckkastenblätter
Augsburg: Georg Balthasar Probst, um 1750
Kupferstich, koloriert;
31 x 42,5 cm

a) Gesicht des Eingangs nach Hof u. der Arno Strasse zu Florenz
Inv.-Nr.: 1989/1110.9

b) Prospect des Königl. Dänischen Schlosses Fridrichs-Berg
Inv.-Nr.: 1989/1110.20

c) Gesicht der Amstel-Schleuse sehend von Außen zu Amsterdam
Inv.-Nr.: 1989/1110.26

Der im 18. Jahrhundert populäre, äußerlich schlichte Guckkasten ergötzte den aufgeklärten Besucher durch sein geheimnisvolles Inneres. Mit technisch einfacher Ausstattung, Linse, Spiegel und Lichteinfall, nahm das Auge ein aufscheinendes Bild vergrößert und räumlich vertieft wahr.

Nicht nur die großen kolorierten Kupferstiche wurden in den Kasten geschoben, es gab auch Geräte für kleine Kulissenbilder, bestehend aus fünf bis acht Rähmchen und einem geschlossenen Schlußprospekt. In ihrer starken perspektivischen Wirkung sind sie vor allem einem optischen Unterhaltungsmedium verwandt: der Guckkastenbühne des barocken Theaters, wie sie sich im 18. Jahrhundert entwickelte. Die zunehmende Verdunkelung des Zuschauerraums und die Steigerung der Helligkeit auf der Bühne stellten eine Intimität zwischen Zuschauer und Aufführung her – wie auch beim Guckkasten. Ganz pädagogisch werden die Augen durch den schwarzen Tunnel auf ein Ziel hin gelenkt.

Die kleinformatigen Papierdioramen gelten als die direkten Vorläufer des im 19. Jahrhundert so überaus beliebten Papiertheaters, und auch ausziehbare Leporellos gehen auf sie zurück. Vor allem in Augsburg wurden die Kupferstiche hergestellt, verlegt und bis ins Ausland vertrieben. Martin Engelbrecht (1684-1756) hatte sich dort 1719 selbständig gemacht und wurde schnell zu einem bedeutenden Verleger. Bei ihm erschienen auch Ausschneide- und Lackierbögen, Kinderbilderbögen und Vedutenblätter. Die Themen der von Engelbrecht herausgebrachten Miniaturtheater spiegeln die ganze Vielfalt der zeitgenössischen

Kupferstichproduktion: Szenen höfischen Lebens, Jahreszeitenzyklen, der Blick ins Bergwerk, das Freimaurertreffen und die rokokohafte Schäferidylle fehlen ebensowenig wie der prächtige Garten mit Brunnen und Statuenschmuck. So fügen sich die kräftig kolorierten und sorgfältig ausgeschnittenen Blätter zu idealisierten Einblicken in das Leben des 18. Jahrhunderts.
Vielfältig präsentiert sich dem Betrachter auch der Blick in die Welt auf den bei Georg Balthasar Probst, ebenfalls in Augsburg ansässig, um 1750 erschienenen Guckkastenblättern: Er verlegte ein größeres Sortiment mit Ansichten von bekannten Bauwerken vieler europäischer Städte. Ohne Mühe konnte der Betrachter von Amsterdam nach Florenz, von Wien nach Hamburg oder um die ganze Welt »reisen«, ohne sich wirklich auf den Weg zu machen.
Die Anwendung optischer Erkenntnisse über das Licht im Zeitalter der Aufklärung, bezeichnenderweise auch »le siècle des lumières« oder »the Enlightenment« genannt, brachte klare Einblicke in die Beschaffenheit der Dinge, rückte sie wortwörtlich ins rechte Licht. R.F./C.J.

Papiertheaterszenen
Augsburg: Martin Engelbrecht, um 1730
Kupferstich, koloriert; 9 x 14 cm

a) Im Bergwerk
Inv.-Nr.: 1989/1111.6

b) Freimaurerzusammenkunft
Inv.-Nr.: 1989/1111.4

Guckkasten mit eingelegten Blättern
Deutschland, 1. Hälfte 19. Jh.
Holz; 57 x 16 x 12 cm
Inv.-Nr.: 1989/1111.1

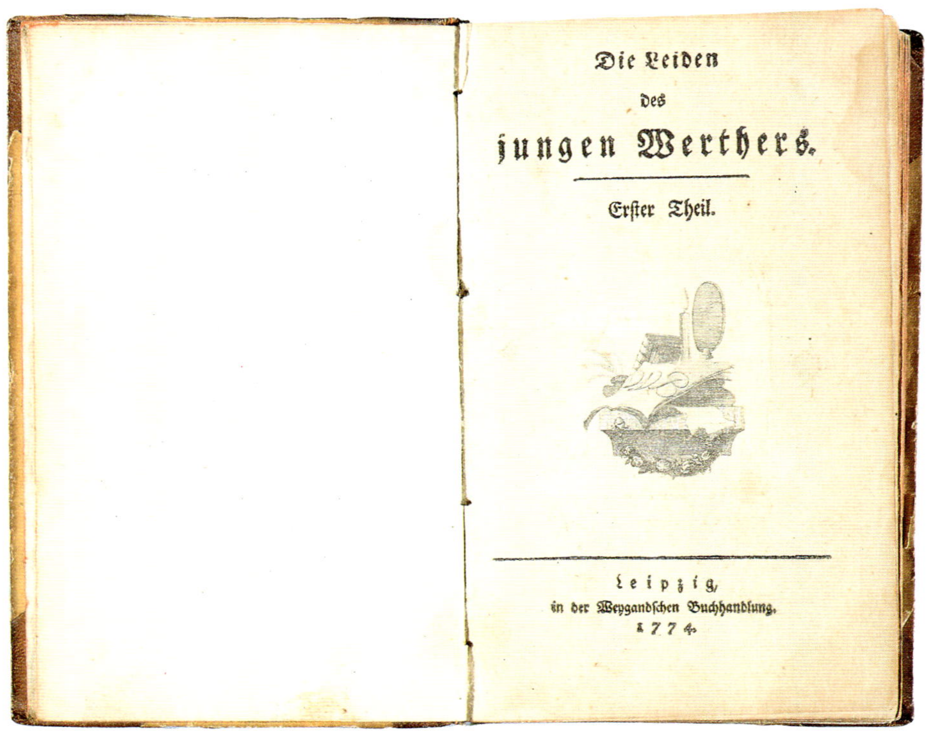

Die Leiden des jungen Werthers.

Erster Theil.

Leipzig, in der Weygandschen Buchhandlung, 1774.

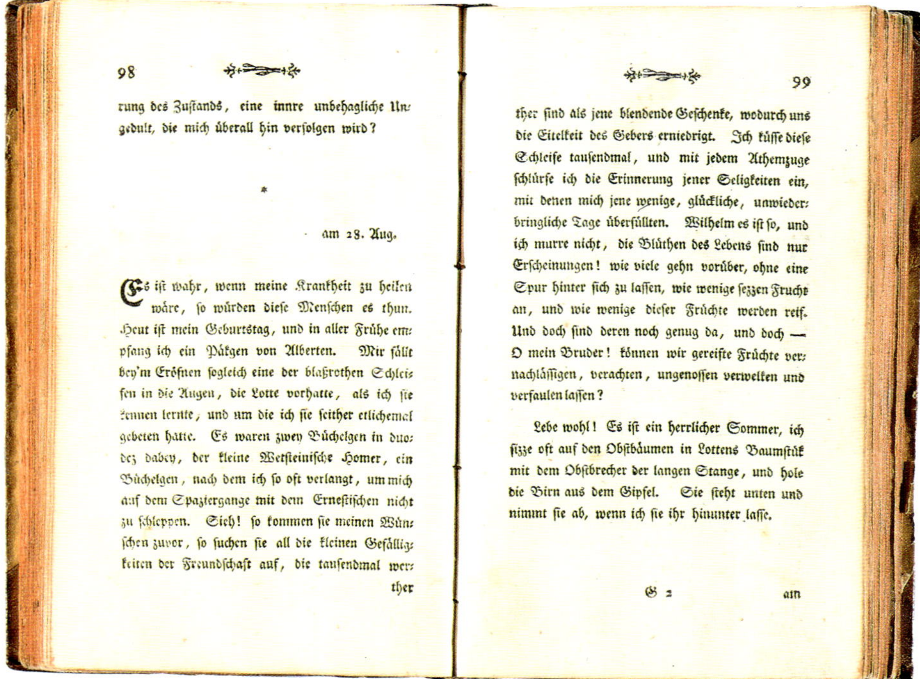

98

rung des Zustands, eine innre unbehagliche Ungedult, die mich überall hin verfolgen wird?

*

am 28. Aug.

Es ist wahr, wenn meine Krankheit zu heilen wäre, so würden diese Menschen es thun. Heut ist mein Geburtstag, und in aller Frühe empfang ich ein Päkgen von Alberten. Mir fällt bey'm Eröfnen sogleich eine der blaßrothen Schleifen in die Augen, die Lotte vorhatte, als ich sie kennen lernte, und um die ich sie seither etlichemal gebeten hatte. Es waren zwey Büchelgen in duodez dabey, der kleine Wetsteinische Homer, ein Büchelgen, nach dem ich so oft verlangt, um mich auf dem Spaziergange mit dem Ernestischen nicht zu schleppen. Sieh! so kommen sie meinen Wünschen zuvor, so suchen sie all die kleinen Gefälligkeiten der Freundschaft auf, die tausendmal wer-

99

ther sind als jene blendende Geschenke, wodurch uns die Eitelkeit des Gebers erniedrigt. Ich küsse diese Schleife tausendmal, und mit jedem Athemzuge schlürfe ich die Erinnerung jener Seligkeiten ein, mit denen mich jene wenige, glückliche, unwiederbringliche Tage überfüllten. Wilhelm es ist so, und ich murre nicht, die Blüthen des Lebens sind nur Erscheinungen! wie viele gehn vorüber, ohne eine Spur hinter sich zu lassen, wie wenige sezzen Frucht an, und wie wenige dieser Früchte werden reif. Und doch sind deren noch genug da, und doch — O mein Bruder! können wir gereifte Früchte vernachlässigen, verachten, ungenossen verwelken und verfaulen lassen?

Lebe wohl! Es ist ein herrlicher Sommer, ich sizze oft auf den Obstbäumen in Lottens Baumstük mit dem Obstbrecher der langen Stange, und hole die Birn aus dem Gipfel. Sie steht unten und nimmt sie ab, wenn ich sie ihr hinunter lasse.

G 2 am

Die Leiden des jungen Werthers
Johann Wolfgang von Goethe (1749-1832)
Leipzig: Weygandsche Buchhandlung, 1774
Sign.: R 92/2160

Johann Wolfgang von Goethes Roman »Die Leiden des jungen Werthers« erschien in der Erstfassung anonym zur Herbstmesse 1774 in Leipzig. Dieses in Form eines Briefromans geschriebene Werk leitete eine neue Periode in der literarischen Auseinandersetzung der Aufklärung ein und bedeutete den Durchbruch zur Sturm-und-Drang-Bewegung.

Goethe schildert die Gefühlswelt des jungen Werther, der durch die unerfüllte Liebe zu der bereits verlobten Lotte mit den engstirnigen, konventionellen Vorstellungen der bürgerlichen, aber auch feudalen Gesellschaft in Konflikt gerät. Als Ausweg aus den für ihn unlösbaren Widersprüchen wählt Werther den Selbstmord.

Dieses nach Goethes Zeugnis »mit dem Blute meines Herzens« geschriebene lyrisch-stimmungsvolle, dabei rebellisch aufbegehrende Werk spiegelt die Empfindungen und das Denken eines nach Entfaltung seiner Fähigkeiten und Gefühle verlangenden, aber am herrschenden Moralkodex zerbrechenden jungen Mannes wider. Mit dem »Werther« schuf Goethe ein Werk, das damals allgemein verbreitete Lebensprobleme aufgriff. Dementsprechend hatte es starke Resonanz und führte zu einer Reihe literarischer Nachahmungen und musikalischer Adaptionen, die die anhaltende Wirkung des Romanstoffes widerspiegeln.

R.Bl.

Nur wenige Wochen bevor Friedrich von Schiller (1759-1805) starb, malte Tischbein das letzte Bildnis des Dichters, von dem er 1806 diese Replik anfertigte. Tischbein versuchte, durch die heroische Kopfhaltung, den ernsten Blick in die Ferne, die idealisierten Gesichtszüge und die offen getragenen Haare dem Pathos Schillerscher Dramen nochmals Ausdruck zu geben. Schiller wird als antiker Dichter dargestellt, mit hellbrauner Tunika über weißem Untergewand, mit roter, dem Imperator vorbehaltener Toga, in der Rechten eine Schriftrolle haltend. Die antikisierende Kleidung und Haltung des Dargestellten sollten dem Bildnis zeitenthobene und allgemeine Gültigkeit verleihen. Schillers erstes Drama »Die Räuber«, 1781 anonym erschienen, gelangte 1782 im Nationaltheater Mannheim zur Uraufführung und wurde ein triumphaler Erfolg. Schiller, zu dieser Zeit württembergischer Militärarzt, reiste heimlich zur Premiere. Nach seiner Rückkehr wurde er mit Arrest bestraft. Sein Herzog untersagte ihm jede weitere dichterische Tätigkeit. Daraufhin floh Schiller nach Stuttgart. Das Stück war nicht nur eine Anklage gegen adligen Despotismus, sondern auch gegen bürgerliche Beschränktheit, Enge und Anpassung. Die beiden Gegenspieler, Franz und Karl Moor, agieren als titanenhafte, überpersönliche Ideenträger. Die Gesellschaft wird als Pervertierung der Natur dargestellt, innerhalb deren bestehenden Ordnung eine »Rückkehr zur Natur« im Rousseauschen Sinne nicht mehr möglich ist. Da die Rebellion der gesellschaftlichen Außenseiter jedoch keinen Weg in eine gerechte Zukunft zeigen kann, endet das Drama tragisch: Der Rebell liefert sich den Herrschenden aus. W.R.

Die
Räuber.
Ein Schauspiel
von fünf Akten,
herausgegeben
von
Friderich Schiller.

Zwote verbesserte Auflage.
Frankfurt und Leipzig.
bei Tobias Löffler.
1782.

Die Räuber. Ein Schauspiel von fünf Akten. Zwote verbesserte Auflage
Friedrich von Schiller (1759-1805)
Frankfurt, Leipzig: Tobias Löffler, 1782
Sign.: R 52/5269

Friedrich von Schiller
Johann Friedrich August Tischbein (1750-1812)
1806
Öl/Leinwand; 91 x 70 cm
Signatur Mitte links: Tischbein 1806
Inv.-Nr.: 1988/1494
Erworben aus Mitteln des Landes Berlin

Ideen zur Philosophie der Geschichte der Menschheit (4 Bde.)
Johann Gottfried Herder (1744-1803)
Riga, Leipzig:
Johann Friedrich Hartknoch,
1784-1791
Sign.: R 52/801.b

a) Doppelseite

b) Einband

c) Titelblatt

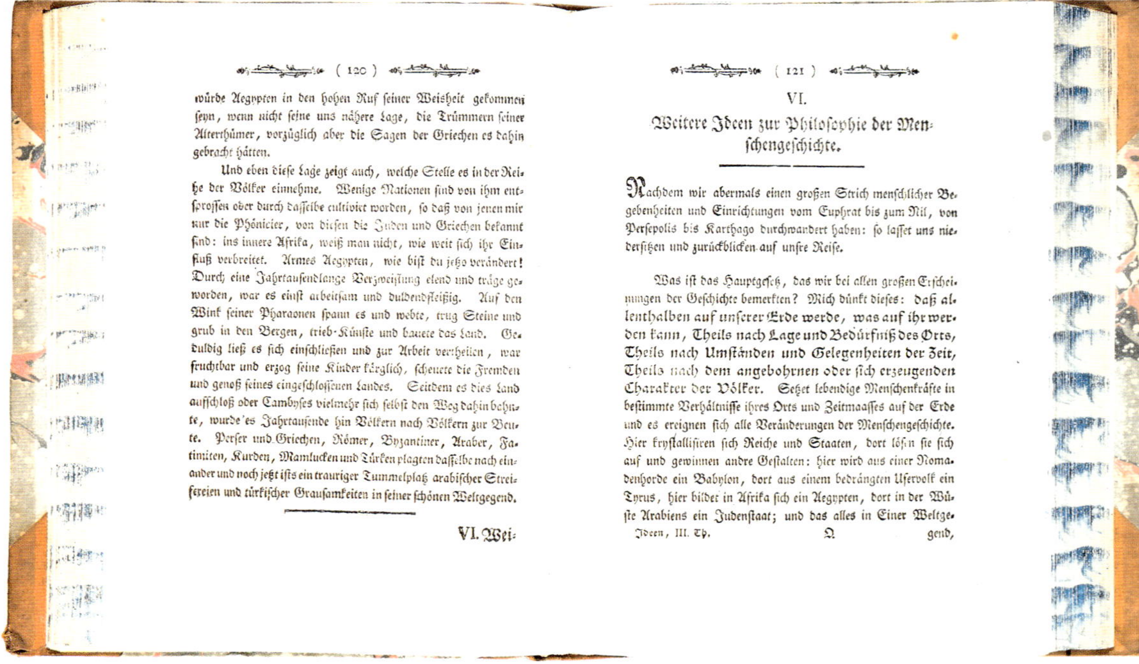

(120)

würde Aegypten in den hohen Ruf seiner Weisheit gekommen seyn, wenn nicht seine uns nähere Lage, die Trümmern seiner Alterthümer, vorzüglich aber die Sagen der Griechen es dahin gebracht hätten.

Und eben diese Lage zeigt auch, welche Stelle es in der Reihe der Völker einnehme. Wenige Nationen sind von ihm entsprossen oder durch dasselbe cultivirt worden, so daß von jenen mir nur die Phönicier, von diesen die Juden und Griechen bekannt sind: ins innere Afrika, weiß man nicht, wie weit sich ihr Einfluß verbreitet. Armes Aegypten, wie bist du jetzo verändert! Durch eine Jahrtausendlange Verzweiflung elend und träge geworden, war es einst arbeitsam und duldendfleißig. Auf den Wink seiner Pharaonen spann es und webte, trug Steine und grub in den Bergen, trieb Künste und bauete das Land. Geduldig ließ es sich einschließen und zur Arbeit vertheilen, war fruchtbar und erzog seine Kinder kärglich, scheuete die Fremden und genoß seines eingeschlossenen Landes. Seitdem es dies Land aufschloß oder Cambyses vielmehr sich selbst den Weg dahin bahnte, wurde es Jahrtausende hin Völkern nach Völkern zur Beute. Perser und Griechen, Römer, Byzantiner, Araber, Fatimiten, Kurden, Mamlucken und Türken plagten dasselbe nach einander und noch jetzt ists ein trauriger Tummelplatz arabischer Streifereien und türkischer Grausamkeiten in seiner schönen Weltgegend.

VI. Wei-

(121)

VI.

Weitere Ideen zur Philosophie der Menschengeschichte.

Nachdem wir abermals einen großen Strich menschlicher Begebenheiten und Einrichtungen vom Euphrat bis zum Nil, von Persepolis bis Karthago durchwandert haben: so lasset uns niedersitzen und zurückblicken auf unsre Reise.

Was ist das Hauptgesetz, das wir bei allen großen Erscheinungen der Geschichte bemerkten? Mich dünkt dieses: **daß allenthalben auf unserer Erde werde, was auf ihr werden kann, Theils nach Lage und Bedürfniß des Orts, Theils nach Umständen und Gelegenheiten der Zeit, Theils nach dem angebohrnen oder sich erzeugenden Charakter der Völker.** Setzet lebendige Menschenkräfte in bestimmte Verhältnisse ihres Orts und Zeitmaasses auf der Erde und es ereignen sich alle Veränderungen der Menschengeschichte. Hier krystallisiren sich Reiche und Staaten, dort lösen sie sich auf und gewinnen andre Gestalten: hier wird aus einer Nomadenhorde ein Babylon, dort aus einem bedrängten Ufervolk ein Tyrus, hier bildet in Afrika sich ein Aegypten, dort in der Wüste Arabiens ein Judenstaat; und das alles in Einer Weltge-

Ideen, III. Th. Q gend,

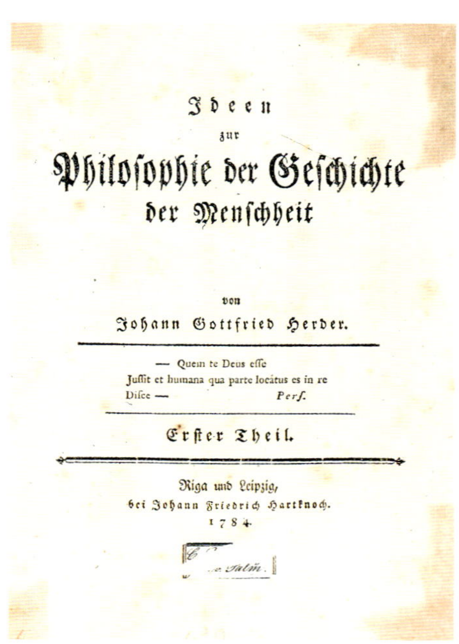

Ideen
zur
Philosophie der Geschichte
der Menschheit

von
Johann Gottfried Herder.

— Quem te Deus esse
Jussit et humana qua parte locatus es in re
Disce — Pers.

Erster Theil.

Riga und Leipzig,
bei Johann Friedrich Hartknoch.
1784.

Herders »Ideen zur Philosophie der Geschichte der Menschheit« gelten als das bedeutendste gesellschaftsphilosophische Werk der deutschen Aufklärung. Es erschien unter dem Einfluß von Goethe zwischen 1784 und 1791. Von den Ideen der französischen Aufklärung, besonders von Rousseau, Diderot und d´Alembert, dem englischen Sensualismus, Spinoza, Leibniz und Shaftesbury beeinflußt, stellte Herder das Verhältnis von Natur und Gesellschaft in den Mittelpunkt seiner Abhandlung. Er verarbeitete damit die politischen, philosophischen und die naturwissenschaftlichen Erkenntnisse der europäischen Aufklärung.

In den »Ideen« versuchte Herder, von dem Streben nach Humanität und Harmonie geleitet, die Entwicklung der menschlichen Gesellschaft von den ältesten Grundlagen bis zum Ausgang des Mittelalters anhand von Untersuchungen über Natur und Geschichte, Sprache und Sitten, Religion und Dichtung, Wissenschaft und Kunst als naturgeschichtlichen Prozeß darzustellen. Er betrachtete die menschliche Geschichte als Ergebnis der Auseinandersetzung des Menschen mit der Natur – sah Natur und Mensch, Gesellschaft und Individuum in ihrer Wechselwirkung: »aller Zusammenhang der Kräfte und Formen ist weder Rückgang noch Stillstand, sondern Fortschreitung«. Herders umfangreiches und äußerst vielseitiges Schrifttum hinterließ in Philosophie, Geschichtswissenschaft, Literatur- und Sprachwissenschaft und Kulturtheorie tiefe Spuren. Seine Werke wurden zu einer Voraussetzung der Naturphilosophie Schellings und der Philosophie Hegels und Feuerbachs. R.Bl.

Der Kasseler Hofmaler Tischbein hat Anna Amalia von Sachsen-Weimar-Eisenach (1739-1807), einer Mode des Klassizisimus folgend, als Heldin einer griechischen Tragödie dargestellt: Elektra, die Tochter Agamemnons, beweint den vermeintlichen Tod ihres Bruders Orestes an dessen Urne.

Herzogin Anna Amalia war eine geborene Prinzessin von Braunschweig-Wolfenbüttel und eine Nichte Friedrichs des Großen. Schon in der Kindheit zeigte die begabte Prinzessin ein starkes Interesse an der klassischen Literatur, das sie in der berühmten Bibliothek ihrer Vaterstadt Wolfenbüttel intensiv pflegen konnte. Nach dem frühen Tod ihres Mannes wurde Anna Amalia bis zur Großjährigkeit ihres Sohnes Karl August Regentin ihres Landes, das sie mustergültig verwaltete. 1771 berief sie Wieland als Prinzenerzieher nach Weimar, und 1773 folgte Goethe. Ihre Tafelrunde im Wittumspalais wurde zur Keimzelle des Weimarer Musenhofs. In Tiefurt schuf sie einen berühmten Landschaftspark.

Nach Goethes italienischer Reise trat Anna Amalia 1788 selbst eine zweijährige Reise nach Italien an, um die Werke der Antike vor Ort zu studieren. Goethe nannte sie gegenüber Eckermann eine »vollkommene Fürstin mit vollkommen menschlichem Sinne«. Das Gemälde hing auf Schloß Weißenstein bei Kassel. 1812 wurde es von Napoleons Kunstexperten Denon beschlagnahmt und in den Louvre nach Paris gebracht. Dort ausgestellt, wurde es nach dem Krieg von 1870/71 an Deutschland zurückgegeben. W.R.

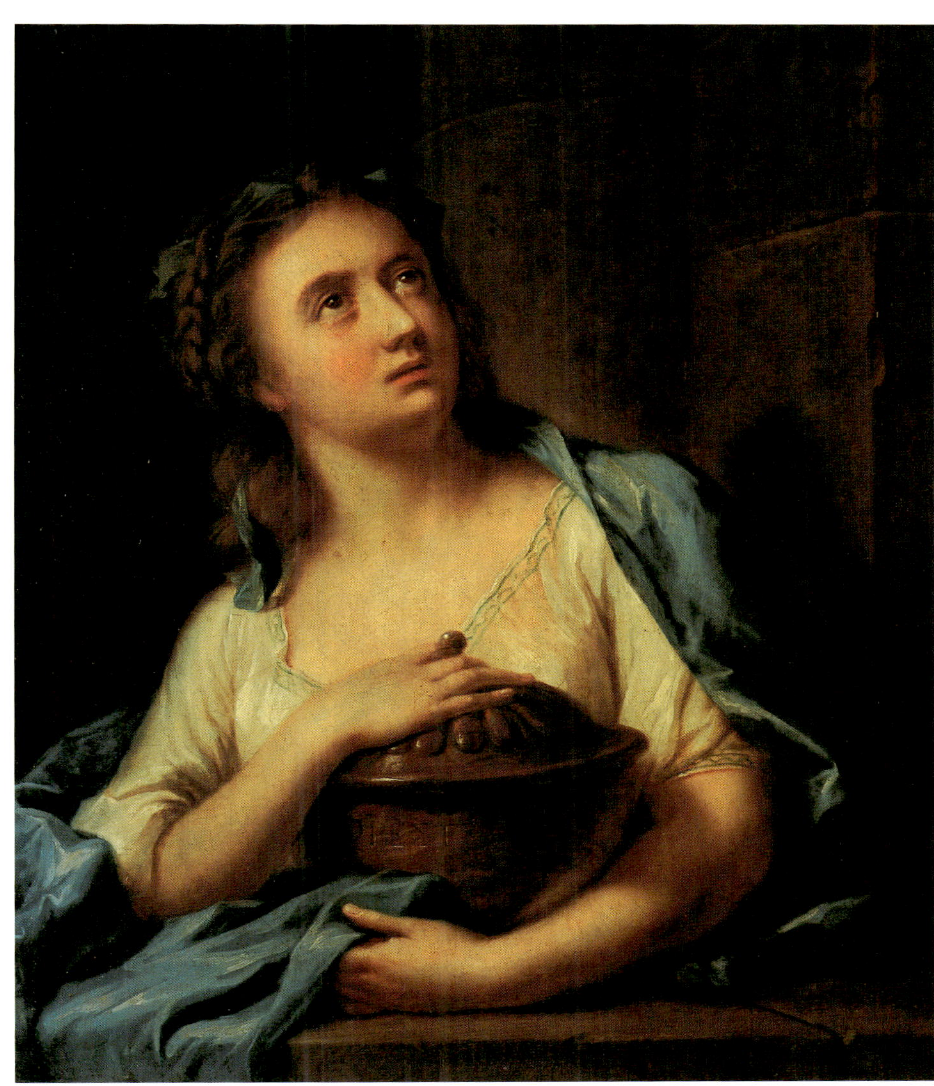

Herzogin Anna Amalia von Sachsen-Weimar-Eisenach als Elektra
Johann Heinrich Tischbein d.Ä. (1722-1789)
1784
Öl/Kupfer;
70 x 60 cm
Inv.-Nr.: 1993/686

Verwandlungstisch
David Roentgen
(1743-1807),
Werkstatt
1785/95
Mahagoni;
82,5 x 94,5 x 65 cm
Inv.-Nr.: 1987/377

Wie die meisten funktionalen Mehrzweckmöbel aus dem zu Ende gehenden 18. Jahrhundert sind auch die Verwandlungstische ursprünglich eine englische Erfindung, die von der Werkstatt David Roentgens übernommen und mittels Ergänzung einiger raffinierter Details vervollkommnet wurde. Das Modell wurde vermutlich um 1785 entwickelt und 1795 in der ersten deutschen Modezeitung »Journal des Luxus und der Moden« mitsamt Konstruktionszeichnung unter dem Namen »Pultschreibtisch mit Veränderungen« veröffentlicht. Der Tisch, dessen Platte zweifach verstellbar ist, so daß er auch die Funktion eines Stehpultes erfüllen kann, wurde in hoher Auflage hergestellt und an Kunden in verschiedenste Länder verschickt. Allein in der Eremitage in St. Petersburg sind mehrere Exemplare erhalten.

Zum Kundenkreis der Werkstatt von Abraham und David Roentgen gehörten die französischen, preußischen und russischen Herrscherhäuser. Auf Anraten des Architekten Erdmannsdorff ließ auch der fortschrittliche Fürst von Anhalt-Dessau 1771 einige Möbel für das neu errichtete Schloß in Wörlitz bei Roentgen in Neuwied arbeiten. Als Anhänger der englischen Möbelkunst – er schätzte besonders Thomas Chippendales Entwürfe – gab Erdmannsdorff sein 1763/64 auf einer Englandreise erworbenes Wissen an Roentgen weiter, indem er ihm detaillierte Vorschläge hinsichtlich der Form und der Intarsien der bestellten Möbel machte. L.K.

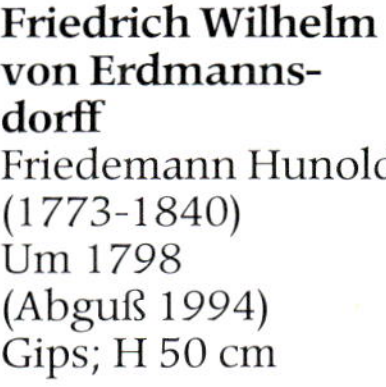

Friedrich Wilhelm von Erdmanns-dorff
Friedemann Hunold
(1773-1840)
Um 1798
(Abguß 1994)
Gips; H 50 cm

Johann Wolfgang von Goethe
Martin Klauer
(1742-1801)
Um 1780
(Abguß
1. Hälfte 20. Jh.)
Gips; H 42 cm
Inv.-Nr.: Kg 62/31

Stuhl
Friedrich Wilhelm von Erdmannsdoff
(1736-1800)
Dessau, um 1770
Birnbaumholz,
Roßhaarbezug;
97 x 49 x 52 cm
Inv.-Nr.: 1990/2923

Stuhl aus dem Besitz der Familie Goethes
Weimar, um 1785
Obstholz,
Roßhaarbezug;
98 x 48,5 x 53 cm
Inv.-Nr.: KG 92/25.1

Kupfersammlung zu J. B. Basedows Elementarwerke für die Jugend und ihre Freunde
Johannes Bernhard Basedow (1724-1790)
Leipzig: Siegfried Lebrecht Crusius, 1774
Sign.: A 57/4032

a) Titelblatt

b) Tafel XXI: Tätigkeiten von Handwerkern
Kupferstich von Daniel Nikolaus Chodowiecki (1726-1801)

Kupfersammlung
zu
J. B. Basedows
Elementarwerke
für die
Jugend und ihre Freunde.

Erste Lieferung in 53 Tafeln.
Zweyte Lieferung in 47 Tafeln von L bis XCVI.

RECUEIL D'ESTAMPES
RELATIVES AU
MANUEL ÉLÉMENTAIRE
D'ÉDUCATION
PAR
JEAN BERNARD BASEDOW
DESTINÉES
A L'USAGE DES JEUNES GENS ET DE LEURS AMIS.

TABULARUM AENEARUM
COLLECTIO
AD
JOANNIS BERNHARDI BASEDOVII
OPUS ELEMENTARE
IN USUM
JUVENTUTIS ET ILLIUS AMICORUM.

Leipzig,
bey Siegfried Lebrecht Crusius.

Anweisung zu einer, zwar nicht vernünftigen, aber doch modischen Erziehung der Kinder
Christian Gotthilf Salzmann (1744-1811)
Erfurt: Georg Adam Keyser, 1780
Sign.: R 92/3242

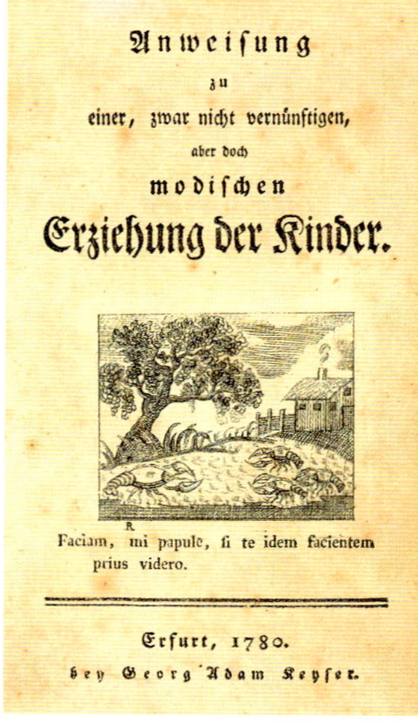

Anweisung
zu
einer, zwar nicht vernünftigen,
aber doch
modischen
Erziehung der Kinder.

Faciam, mi pupule, si te idem facientem prius videro.

Erfurt, 1780.
bey Georg Adam Keyser.

Es waren insbesondere die Philanthropen (Menschenfreunde), die sich, beeinflußt von Rousseaus Roman »Emile« mit seinem Ideal der »natürlichen Erziehung«, in der zweiten Hälfte des 18. Jahrhunderts gegen die miserablen Zustände des Schulwesens wandten. Zu den Initiatoren dieser pädagogischen Reformbewegung gehörten Johannes Bernhard Basedow und Christian Gotthilf Salzmann.

Basedow, der 1774 mit Unterstützung des an einer Schulreform stark interessierten Fürsten Leopold Friedrich Franz von Anhalt-Dessau in Dessau eine Erziehungsanstalt, das »Philanthropin«, eröffnete, strebte eine gründliche Revision der Bildungsinhalte und Erziehungsmethoden an. Das Hauptziel seiner Erziehung war, »die Kinder zu einem gemeinnützigen, praktischen und glückseligen Leben vorzubereiten«. Die Philanthropen forderten, die Erziehung zu einer Aufgabe des Staates zu machen und sie von der kirchlichen Bevormundung zu befreien.

In dem 4 Bände umfassenden »Elementarwerk«, einem der bedeutendsten Schulbuchwerke der Geschichte der Pädagogik, hat Basedow die Forderung nach einer engen Verbindung von Schule und Leben theoretisch begründet. Zum Elementarwerk gehören etwa 100 Kupfertafeln, die meisten von Chodowiecki gestochen, deren Anordnung psychologisch-didaktisch ist. Dieses dreisprachige Werk prägte eine ganze Generation von Lehrern.

Die Gedanken und Theorien der Philanthropen spiegeln sich auch in einer Anzahl von Schriften Salzmanns wider, der 1784 im thüringischen Schnepfenthal eine Erziehungsanstalt gründete. In seiner 1780 erschienenen »Anweisung«, die ab der dritten Auflage den Namen »Krebsbüchlein« erhielt, bekämpfte er in beispielhaften, satirischen Geschichten die geläufigen Fehler und Torheiten der Erziehung. R.Bl.

Der
Gesellige,
eine
moralische Wochenschrift.
Erster Theil.
HALLE,
Druck und Verlag Joh. Justinus Gebauers. 1748.

Die
Vernünftigen
Tadlerinnen
Andrer Jahr-Theil
1726.
LEIPZIG,
bey Johann Friedrich Brauns, sel. Erben.
Anno 1727.

Der Hauptzweck den man in Verfertigung folgender Blätter vor Augen gehabt, ist dieser gewesen, dem Frauenzimmer einen nützlichen Zeitvertreib zu machen. Daher ist fast durchgehends von der Gelehrsamkeit und Tugend des schönen Geschlechts auf eine solche Art gehandelt worden, die zu gleicher Zeit belustigen

Mannigfaltigkeiten
Eine gemeinnützige Wochenschrift
Berlin: Johann George Bosse, 1772
Sign.: Z 1045

Der Kinderfreund
Ein Wochenblatt.
Dritte verbesserte Auflage
Hrsg. von Christian Felix Weiße (1726-1804)
Leipzig: Siegfried Lebrecht Crusius, 1780
Sign.: Z 4765-3

Der Gesellige
Eine moralische Wochenschrift
Halle: Joh. Justinus Gebauers, 1748
Sign.: R 52/3246

Die Vernünftigen Tadlerinnen
Hrsg. von Johann Christoph Gottsched (1700-1766)
Leipzig: Johann Friedrich Brauns sel. Erben, 1727
Sign.: R 92/2616

a) Titelblatt

b) Textseite: Über den Zweck dieser Frauenzeitschrift

Zu Beginn des 18. Jahrhunderts, noch bevor die literarische Aufklärung in Deutschland einsetzte, kam es, dem Bedürfnis des sich emanzipierenden Bürgertums und der sich herausbildenden Intelligenzschicht nach Bildung entsprechend, zu einem starken Anwachsen der Buch- und Zeitschriftenproduktion. Zeitgenossen sprachen von einer wahren »Leseflut« und »Lesewut«. Auf dem Gebiet der Periodika vollzog sich ein geradezu explosionsartiges Anwachsen von Neuerscheinungen; allein für das 18. Jahrhundert sind etwa 4 000 Zeitschriften verzeichnet, eine gewaltige Zahl, auch wenn viele davon sich nur kurze Zeit halten konnten.

Die »Moralischen Wochenschriften«, ein weitverbreiteter Zeitschriftentyp der populären bürgerlichen Aufklärung, waren vor allem für das wohlsituierte und mittlere Bürgertum gedacht.

In Geschichten, Fabeln, Briefen, Gesprächen, Satiren und ähnlichem wurden sozial vorbildliches, »tugendhaftes« Verhalten in der Familie, bei der Kindererziehung und der Behandlung von Dienstboten sowie wirtschaftliche Fragen behandelt. Sie dienten der Selbstaufklärung und Selbstverständigung des neuen Lesepublikums und trugen so bezeichnende Namen wie »Der Gesellige« (1748-1750), »Die vernünftigen Tadlerinnen«, »Mannigfaltigkeiten« (1772) oder auch »Der Kinderfreund«, der trotz seines moralisierenden Tons sehr beliebt war, mehrfach aufgelegt wurde und etliche Fortsetzungen fand. R.Bl.

Denis Diderot
Jean-Antoine Houdon (1741-1828)
1771
(Abguß 1994)
Gips; H 56 cm

Voltaire
Jean-Antoine Houdon (1741-1828)
1778
(Abguß 1. Hälfte 20. Jh.)
Gips; H 51 cm
Inv.-Nr.: Kg 62/36

Jean Jacques Rousseau
Jean-Antoine Houdon (1741-1828)
1778
(Abguß 1994)
Gips; H 61 cm

Immanuel Kant
Emanuel Bardou (1744-1818)
1798
(Abguß 1994)
Gips; H 45 cm

Moses Mendelssohn
Jean Pierre Antoine Tassaert (1727-1788)
1785
(Abguß 1. Hälfte 20. Jh.)
Gips; H 52 cm
Inv.-Nr.: Kg 62/35

Gotthold Ephraim Lessing
Ernst Friedrich August Rietschel (1804-1861)
Mitte 19. Jh.
(Abguß 1994)
Gips; H 64 cm

Friedrich Nicolai
Johann Gottfried Schadow (1764-1850)
Abguß vom Original
Gips; H 52 cm

Friedrich von Schiller
Johann Heinrich Dannecker (1758-1841)
1808/1810
(Abguß 1994)
Gips; H 67 cm

Johann Gottfried Herder
Martin Klauer (1742-1801)
1783
(Abguß 1994)
Gips: H 65 cm

16 DIE FRANZÖSISCHE REVOLUTION

Der rasante wirtschaftliche, gesellschaftliche und kulturelle Wandel Europas seit der Mitte des 18. Jahrhunderts führte rund um den Nordatlantik zu vielfältigen revolutionären Krisen. Wenn wir uns von dem Mythos der Französischen Revolution faszinieren lassen, übersehen wir oft, daß in Frankreich auf besonders dramatische Weise geschah, was den schmerzhaften Übergang zur modernen Welt allenthalben geprägt hat.

Zahlreiche Kriege, eine korrupte Hofhaltung und Fehler in der Finanzpolitik hatten in Frankreich den Verfall der alten Ordnung beschleunigt. Die Monarchie war nicht mehr in der Lage, die ökonomischen, sozialen und politischen Probleme zu lösen. Anhaltende Rezession und Mißernten, verbunden mit Hungersnöten, führten schließlich zum Ausbruch der Revolution. Das Bürgertum forderte die Abschaffung feudaler Privilegien und die Gleichheit aller Stände. Vom Denken der Aufklärung zutiefst beeinflußt, drängte die Bourgeoisie immer entschlossener auf die Veränderung der Gesellschaft. Alle Beziehungen wurden »vor dem Richterstuhl der Vernunft« geprüft.

Unter dem Druck der Verhältnisse mußte der König 1789 die Ständeversammlung einberufen, die seit 1614 nicht mehr getagt hatte. Nach dem Vorbild des amerikanischen Nationalkongresses erklärten sich die Abgeordneten des dritten Standes am 17. Juni 1789 zur Nationalversammlung. Ihre Wortführer stammten aus der geistigen Elite des Bildungs- und Besitzbürgertums.

Der Sturm auf die Bastille (14. Juli 1789), das Staatsgefängnis und verhaßte Symbol absolutistischer Herrschaft, wirkte als Fanal für eine breite Volksbewegung. Der König kapitulierte und fügte sich den Forderungen des dritten Standes. Der revolutionäre Prozeß führte zu einer Radikalisierung und Polarisierung der politischen Kräfte. Die von der Generalversammlung verabschiedeten Menschen- und Bürgerrechte im Namen der persönlichen Freiheit, der rechtlichen Gleichstellung und nationalen Einheit bildeten die Präambel der Verfassung von 1791. Frankreich wurde damit eine konstitutionelle Monarchie.

Der mißglückte Fluchtversuch des Königs im Juni 1791 deckte die geheimen Verhandlungen der Krone mit den Emigranten und aus-

ländischen Mächten auf. Als Österreich und Preußen eine Intervention vorbereiteten, erklärte das revolutionäre Frankreich 1792 präventiv den Krieg und wurde von einer Welle nationaler Begeisterung erfaßt. Das Kampflied der Marseiller Freiwilligen, die spätere Nationalhymne, sangen bald alle Regimenter. Die Kanonade von Valmy (20. September 1792) endete mit dem Rückzug der preußischen Truppen. Johann Wolfgang von Goethe, der diesen Feldzug als »Schlachtenbummler« miterlebte, bemerkte: »Von hier und heute geht eine neue Epoche der Weltgeschichte aus, und ihr könnt sagen, ihr seid dabeigewesen.«
Nach der Abschaffung der Monarchie und der Hinrichtung des Königs 1793 traten fast alle europäischen Mächte in den Krieg gegen Frankreich ein. Unter den Kriegsbedingungen mit royalistischen Aufständen im Innern und chaotischen wirtschaftlichen Verhältnissen mündete die Revolution in die Jakobinerdiktatur. Die Ideologie des Terrors forderte immer mehr Opfer aus den eigenen Reihen: »Die Revolution vereist« (Saint-Just).
Erst die Hinrichtung Robespierres am 27. Juli 1794 war der Wendepunkt der Revolution; ein aus dem Konvent gewähltes fünfköpfiges Direktorium übernahm die Führung. Mit der Dekretierung der allgemeinen Wehrpflicht überwand die Armee die schwierige Situation an den Fronten, und Friedensschlüsse erweiterten den außenpolitischen Spielraum. Die innenpolitische Lage blieb weiterhin instabil. In dieser Situation riß der populäre General Bonaparte am 18. Brumaire (9. November 1799) als Erster Konsul die Macht an sich.
In Deutschland wich die begeisterte Rechtfertigung der Revolution, in der Immanuel Kant eine Äußerung der »moralischen Anlage im Menschengeschlecht« vermutete, zur Zeit der Jakobinerdiktatur einer tiefen Ernüchterung. Eine Verbindung von Geist und Macht, von Philosophie und Politik war offenbar nicht möglich. Die Impulse zum Umdenken und zur Umgestaltung verblaßten. Man arrangierte sich wieder mit der bestehenden Ordnung und setzte auf Reformen und behutsamen Wandel. Dennoch hatten die von den Repräsentanten des deutschen Geisteslebens zu philosophischen Systemen zusammengefaßten Ideen von einer bürgerlichen Gesellschaft, die auf bürgerlicher Freiheit und Rechtsgleichheit beruhen sollte, weit über ihre Zeit hinaus Bestand. G.Qu.

Die Deklaration der Vereinigten Staaten von Amerika wurde zum entscheidenden Anstoß für den Ausbruch der Revolutionen in Europa. Die Erklärung der im Kontinentalkongreß in Philadelphia versammelten Repräsentanten der Vereinigten Staaten, »daß diese Vereinigten Colonien Freye und Unabhängige Staaten sind« und »daß sie von aller Pflicht und Treuergebenheit gegen die Brittische Krone frey- und losgesprochen sind«, wurde am 4. Juli 1776 einstimmig verabschiedet. Der genaue Wortlaut der Erklärung fand als Flugblatt und Zeitungsdruck rasche Verbreitung in Amerika. Besonders für die zahlreichen in Pennsylvania lebenden deutschstämmigen Siedler wurde der Text auch in deutscher Sprache gedruckt. Die von Thomas Jefferson, einem Rechtsanwalt und Plantagenbesitzer aus Virginia, weitgehend verfaßte Erklärung war an König und Parlament in London gerichtet, rechtfertigte aber auch das Tun der Aufständischen in Amerika und erlangte vor allem durch die Formulierung der Menschenrechte – Alle Menschen sind gleich und mit gewissen unveräußerlichen Rechten begabt, »worunter sind Leben, Freyheit und das Bestreben nach Glückseligkeit« – weltweite Aufmerksamkeit und Bedeutung. Ferner wurde festgeschrieben, daß die Sicherung der Menschenrechte Aufgabe der Regierungen sei, die ihre »gerechte Gewalt von der Einwilligung der Regierten herleiten«, und es deshalb das Recht des Volkes sei, eine Regierungsform bei schwerwiegenden Verstößen zu verändern oder abzuschaffen. Die erfolgreiche amerikanische Revolution, die Ablösung der britischen Kolonialherrschaft durch einen demokratisch verfaßten Staatenbund, beflügelte vor allem die öffentliche Meinung in Frankreich. H.A.

Im Congreß, den 4ten July, 1776.

Eine Erklärung durch die Repräsentanten der Vereinigten Staaten von America, im General-Congreß versammlet.

Unterzeichnet auf Befehl und im Namen des Congresses,

John Hancock, Präsident.

Bescheiniget,
Carl Thomson, Secretär.

[Philadelphia: Gedruckt bey Steiner und Cist, in der Zweyten-strasse.]

Erklärung der Repräsentanten der Vereinigten Staaten von Amerika im General-Kongreß. Deutschsprachiger Erstdruck der Unabhängigkeitserklärung der Vereinigten Staaten von Amerika.

Philadelphia, 4. Juli 1776
Philadelphia: Steiner und Cist, 6.-8. Juli 1776
Papier, Druck; 41 x 33,5 cm
Inv.-Nr.: Do 93/101
Erworben aus Mitteln der Kulturstiftung der Länder, der Stiftung Deutsche Klassenlotterie Berlin, der Robert Bosch-Stiftung, der Robert Bosch GmbH und des Landes Berlin

Tableaux de la révolution française
Gez. von Jean Louis Prieur d. J. (1759-1795), gest. von Pierre Gabriel Berthault (um 1748 - um 1819)
Paris: Jean Duplessi-Bertaux, 1791/92

a) Schwur im Ballhaus
Kupferstich; 27,3 x 35,5 cm
Inv.-Nr.: Gr S 57/10457

b) Sturm auf die Bastille
Kupferstich; 27,5 x 36 cm
Inv.-Nr.: Gr S 57/10419

c) Zug der Hallenweiber nach Versailles
Kupferstich; 27,9 x 37,5 cm
Inv.-Nr.: Gr S 57/10434

d) Gefangennahme des Königs in Varennes
Kupferstich; 27,9 x 38,7 cm
Inv.-Nr.: Gr S 57/10500

e) Proklamierung der Verfassung
Kupferstich; 28,5 x 37,7 cm
Inv.-Nr.: Gr S 57/10496

f) Gedenkfeier auf den Bastillesturm
Kupferstich; 28,2 x 37,2 cm
Inv.-Nr.: Gr S 57/10491

Trompe-l'œil-Blatt revolutionärer Assignaten
Gest. von Johann Carl Bock (1757 – nach 1837) und J. M. Moßner
Nürnberg: Johann Friedrich Frauenholz, 1797
Radierung, koloriert; 50 x 46,2 cm
Inv.-Nr.: Gr 87/133

In den Jahren 1791/92 erschienen die ersten Lieferungen der »Tableaux de la révolution française«, einer graphischen Bilderfolge, die, noch relativ zeitnah, die Ereignisse aus der ersten Phase der Französischen Revolution illustriert und kommentiert. Als »Collection complète des tableaux historiques ...« wurden sie später weitergeführt und auf die gesamte Revolutionsgeschichte erweitert. Geschaffen für einen festen Abonnentenstamm, beschränkten sich die Tafeln und Berichte nicht nur auf die politisch bedeutenden Hauptereignisse, sondern berichteten auch von den Nebenschauplätzen der Revolution.

Vor der Erstürmung der Bastille am 14. Juli 1789, die als der eigentliche Beginn der Revolution angesehen wird, bereiteten in Versailles andere Ereignisse diesen gewaltsamen Aufstand gleichsam vor: Bereits am 20. Juni hatten die Vertreter des dritten Standes

Marché des Marseillois
Zeitgenössische Abschrift der Marseillaise (Ausschnitt)
Um 1800
Karton, handgeschrieben; 33,7 x 43 cm
Inv.-Nr.: Do 91/146

den Schwur im Ballhaus geleistet, gemäß dem sie nicht auseinandergehen wollten, bevor eine neue Verfassung gegeben worden sei. Weniger bekannt als diese oft wiedergegebene Szene ist der Zug der Hallenweiber nach Versailles im Oktober 1789, die gegen die explosionsartig steigenden Getreidepreise protestierten und die königliche Familie mit dem Ruf »jetzt wird es uns an Brot nicht fehlen, wir bringen den Bäcker, die Bäckerin und den Bäckerjungen« zum Umzug in die Hauptstadt veranlaßten, wo man den König besser unter Kontrolle glaubte. Im Juni 1791 gelang es ihm dennoch, zusammen mit der Familie aus den Tuilerien zu entkommen. Er wurde jedoch entdeckt und auf dem Weg ins Ausland in Varennes gefangengenommen. Durch seinen Fluchtversuch hatte er seine Glaubwürdigkeit und die immer noch vorhandene Treue seiner Untertanen verspielt, die sich am dritten Jahrestag des Bastillesturms nicht scheuten, die königlichen Embleme auf einem riesigen Scheiterhaufen zu verbrennen. Schon vorher wurde er dem Gesetz unterworfen und mußte die neue, konstitutionelle Verfassung annehmen, die am 14. September 1791 verkündet worden war. Die in Nürnberg vom Verleger Johann Friedrich Frauenholz, der, wie andere Nürnberger Kaufleute auch, gute Kontakte zum revolutionären Frankreich pflegte, angebotene Radierung »Collection des papiers monnoyes« ist ein nur leicht variierter späterer Druck einer in Paris erschienenen Auflage des Blattes. Sie zeigt in täuschend echter Nachahmung eine Sammlung von Geldnoten, die seit der Revolution in Frankreich und in den französisch besetzten linksrheinischen Gebieten in Umlauf waren. Die Assignaten, zunächst als Schuldverschreibungen zur Abwendung des Staatsbankrotts gedruckt, hatten zunehmend den Charakter von Papiergeld bekommen, das in großer Menge kursierte und dessen stetige Entwertung eine Inflation in Gang setzte, deren Auswirkungen auch in Deutschland zu spüren waren. P.M.G.

La Révolution française
Gest. von Jean Duplessi-Bertaux (1747-1819)
1793
Radierung;
53 x 61,6 cm
Inv.-Nr.: Gr 89/3

Wohl 1793, vielleicht zum Fest der Einheit und Unteilbarkeit der Republik, erschien die in vier horizontale Bildzonen unterteilte, großformatige Radierung des Jean Duplessi-Bertaux, der auch schon die oben vorgestellten »Tableaux ...« herausgegeben hatte. In allegorischer Verkleidung feiert die Revolutionsgraphik das Ergebnis der revolutionären Ereignisse: Freiheit und Gleichheit. Harpyien verkörpern die eigensüchtigen Vertreter des Ancien régime. Mit der Fackel der Wahrheit, deren Licht sie durch ein Brennglas herabfallen läßt, kommt die Aufklärung über das Volk und damit die freie, neue Ordnung, vertreten durch ihr Staatssymbol, die Jakobinermütze, und durch die Säule der Verfassung, in die die Namen ihrer Väter eingraviert werden.

In Anlehnung an die Zeremonie der barocken »pompes funèbres« findet ein Leichenzug statt, bei dem der dritte Stand die Mißstände des Ancien régime, die symbolisiert sind durch geistliche und weltliche Embleme, zu Grabe trägt. Darunter wird die Basis der neuen Ordnung, das aufklärerische Schrifttum der Enzyklopädisten und Physiokraten, von Hand zu Hand gereicht und der Baum der alten Ordnung gefällt, während Chronos deren Sinnbilder zerschlägt. Auf der Ruine der geschleiften Bastille hockend, umgeben von den Symbolen der kampfbereiten Republik, der phrygischen Mütze, der Menschenrechtserklärung, von Kanonen und Gewehren, schlägt die Zeit auf den Meißel der Wahrheit und graviert den Eintrag dieser bedeutenden Epoche in die Annalen der Menschheit. P.M.G.

Nach der Flucht der königlichen Familie am 20. Juni 1791 aus Paris in Richtung Belgien erkannte der Postmeister Jean-Baptiste Drouet den als Diener verkleideten König Ludwig XVI. und ließ ihn in Varennes festnehmen. Für die Gefangennahme verlieh der Nationalkonvent den Bürgern dieser Stadt eine Fahne. In den Farben, der Devise sowie der Symbolik werden die politischen Machtverhältnisse zum Ausdruck gebracht.

Kokarden, gehalten in den Pariser Stadtfarben Blau und Rot, galten seit dem Sturm auf die Bastille als revolutionäres Gesinnungszeichen. Ludwig XVI. hatte seit dem 17. Juli 1789 diese Revolutionsfarben zusammen mit dem Weiß der Bourbonen angelegt. Die aus dieser Kombination entstandenen Nationalfarben bildeten nun nicht nur die Trikolore, sondern stellten auch die Grundfarben aller militärischen Fahnen in Frankreich dar. Bei den gestalterischen Elementen orientierte sich die Republik an Darstellungen aus der Antike.

Als Freiheitssymbol galt die seit 1792 verwendete phrygische Mütze, die vor allem die Herrschaft der Jakobiner verdeutlichte. Das aus dem antiken Rom entlehnte Rutenbündel (Fasces) steht als Gleichnis für die Macht und Amtsgewalt der Republik. K.P.M.

Fahne, den Bürgern der Stadt Varennes vom Nationalkonvent für die Gefangennahme Ludwigs XVI. verliehen
Frankreich, 1792
Seide, bemalt;
178 x 180 cm
Inv.-Nr.: Fa 74/49

Vier Kokarden in den Farben der französischen Republik
Frankreich, nach 1791
Seide, Pappe, bedruckt;
Dm 7,5 cm
Inv.-Nr.: MK 60/86.a-d

Jakobinermütze
Frankreich, nach 1792
Wolle, Seide, Papier, Baumwolle, bestickt; 59 x 26,5 cm
Zug.-Nr.: 1988/1347

Ludwig XVI. von Frankreich 1776-1789
Öl/Leinwand;
120 x 95 cm
Inv.-Nr.: 1993/730

König Ludwig XVI. von Frankreich (1754-1793) war ein Fürst von redlichen Absichten, aber geringen politischen Fähigkeiten. Er konnte die Finanzkrise der französischen Monarchie mit den Mitteln absolutistischer Staatsführung nicht mehr lösen. Der Widerstand des Adels und des Klerus, des privilegierten ersten und zweiten Standes, gegen die Ansätze seiner Reformpolitik zwang ihn 1789 zur Einberufung der Generalstände, dem äußeren Anlaß zum Auftakt der Französischen Revolution. Nach dem politischen Sieg der Bürger, des dritten Standes, wollte sich Ludwig nicht mit der Stellung eines konstitutionellen Monarchen abfinden, wie es die Verfassung von 1791 vorgab. Er hoffte heimlich auf eine militärische Intervention der europäischen Mächte. Darin wurde er durch seine im Volk verhaßte Frau Marie Antoinette, eine Tochter Maria Theresias von Österreich, bestärkt. Ein Fluchtversuch der königlichen Familie nach Deutschland scheiterte. Ludwig wurde am 21. September 1792 für abgesetzt erklärt, vom Nationalkonvent des Hochverrats angeklagt und am 21. Januar 1793 auf der heutigen Place de la Concorde in Paris hingerichtet. W.R.

17 NAPOLEON UND DIE BEFREIUNGSKRIEGE

Napoleon Bonaparte (1769-1821), das »unheimliche Phänomen eines immer arbeitenden ungeheuren Verstandes« (M. Freund), wäre ein namenloser bürgerlicher Artillerieoffizier geblieben, wenn nicht die Revolution ihm die Mittel zu seiner Entfaltung gegeben hätte. Das neue Heer der Revolution, der allgemeinen Wehrpflicht, in dem Bürger und Soldat eins waren, versetzte den General Napoleon – seit 1799 Erster Konsul, seit 1804 Kaiser der Franzosen – in die Lage, sich zum Herrn der westlichen Hälfte Europas aufzuschwingen. Das Alte Reich hielt seinem Herrschaftsanspruch nicht stand; 1806 traten 16 deutsche Staaten dem Rheinbund unter Napoleons Protektorat bei, und folgerichtig legte Franz II. die Krone des Heiligen Römischen Reiches Deutscher Nation nieder, nachdem es fast tausend Jahre bestanden hatte. Nur Preußen und Österreich konnten sich auf die Dauer der Mitgliedschaft im Rheinbund entziehen.

Der Revolutionierung der deutschen Landkarte folgte die Revolutionierung der inneren Ordnung jener Staaten im Sinne der Ideen von 1789. Verfassungen wurden erlassen, die Staatsverwaltungen nach französischem Vorbild modernisiert, der Code Napoléon, das neue französische Zivilgesetzbuch, wurde übernommen, der die Feudalverfassung nicht mehr kannte und den bürgerlichen Staat der nachrevolutionären Ära in rechtliche Normen faßte. Bürgerliche Rechte, Abschaffung der Adelsprivilegien, Befreiung der Bauern – dieser Teil Deutschlands hatte seine Unabhängigkeit verloren, aber im Innern war er freier und fortschrittlicher als das übrige Deutschland.

In völliger Verkennung der realen Lage reagierte Preußen auf das Expansionsstreben Napoleons mit einer Mobilmachung. In der Doppelschlacht bei Jena und Auerstedt (14. Oktober 1806) unterlag die preußische Armee der französischen Militärmacht. In Tilsit (1807) mußte der König einen schmachvollen Diktatfrieden hinnehmen: Er verlor fast sämtliche Gebiete westlich der Elbe, die Teil des neu gebildeten Königreichs Westfalen wurden.

Die Niederlage war zugleich die Stunde der Reformer im Offizierskorps und in der Verwaltung. Im Geiste eines neu erwachenden Nationalgefühls, beeinflußt von den Ideen der Französischen Revolution und den Verfassungsprogrammen englischer Staatstheoretiker, traten sie für eine grundlegende Umgestaltung der Gesellschaft ein. Dabei wurden die eingeleiteten Reformen als eine »Revolution von oben« durchgesetzt, und der aufgeklärte Absolutismus sollte einem bürgerlichen Liberalismus weichen. Die führenden Köpfe der Reformbewegung waren Karl Reichsfreiherr vom und zum Stein und Karl August Freiherr von Hardenberg. Die Kriegsbelastungen und die wirtschaftlichen Folgen der Kontinentalsperre gegen England machten eine Modernisierung der Wirtschaft dringend notwendig, und die Bauernbefreiung bildete deshalb das Kernstück der Reformen. Mit dem Oktoberedikt von 1807 wurde die bäuerliche Erbuntertänigkeit beendet. Hohe Ablösungsverpflichtungen vermehrten den Großgrundbesitz und trugen so zur Entstehung einer Schicht landloser Bauern bei. In der Verwaltungsreform entstanden Fachministerien, und die Behörden wurden hierarchisch gegliedert. Die Städteordnung vergrößerte den bürgerlichen Einfluß auf kommunale Angelegenheiten. Die Aufhebung der veralteten Zunftordnung durch die Gewerbefreiheit bahnte der Industrialisierung den Weg. Zur geistigen Erneuerung trugen die Reformen im Erziehungs- und Bildungswesen bei. Unmittelbar verbunden mit diesen Reformen war die Erneuerung des Heerwesens. Die Reformer aus dem Kreis der Offiziere dachten an ein Volksheer freier Staatsbürger nach französischem Muster. So wurde das Adelsprivileg für die Offizierslaufbahn abgeschafft, und die Militärstrafen wurden gemildert. Bis zur Einführung der allgemeinen Wehrpflicht war die Heeresstärke auf 42 000 Mann beschränkt. Das sogenannte Krümpersystem umging diese Bestimmung, denn die Soldaten wurden vor Ablauf der regulären Dienstzeit durch neue Rekruten ersetzt. Auf diese Weise entstand eine zahlenmäßig starke Reservearmee. Milizartigen Charakter hatte die ebenfalls neu geschaffene Landwehr. Die Bewaffnung der Nation durch Volksaufgebot, Landwehr und Wehrpflicht stieß auf erhebliche Bedenken bei konservativen Kräften.

Die Okkupationspolitik im Interesse der französischen Wirtschaft führte zu nationalen und patriotischen Erhebungen in weiten Teilen Europas. Im spanischen Unabhängigkeitskrieg wurden die sieggewohnten napoleonischen Truppen erstmals mit einer militärischen Volkserhebung, dem Guerrillakrieg, konfrontiert und mußten schwere Niederlagen hinnehmen. Nur unter großen Opfern gelang den mit Frankreich verbündeten Bayern die Unterdrückung des österreichischen Volksaufstandes unter Andreas Hofer.

In Preußen standen patriotisch gesinnte Offiziere und Beamte an der Spitze der antinapoleonischen Opposition. Einzelaktionen wie der Aufstand Ferdinand von Schills blieben erfolglos. Die Niederlage der Großen Armee im Rußlandfeldzug 1812 schuf bessere Bedingungen für einen nationalen Befreiungskampf. Eigenmächtig schlug sich der preußische General Yorck auf die russische Seite.

Friedrich Wilhelm III. mußte daraufhin einem Bündnis mit Rußland und der allgemeinen Volksbewaffnung zustimmen. Im März 1813 rief der König alle »Preußen und Deutsche« zum Befreiungskampf auf. Preußen verstärkte seine regulären Truppen auf mehr als das Doppelte. Neben dem Landsturm entstanden Freikorps, in denen viele Nichtpreußen dienten. Am bekanntesten waren die Lützower Jäger. In der Völkerschlacht bei Leipzig (16.-19. Oktober 1813) besiegte das Koalitionsheer Napoleon, seine Herrschaft in Deutschland brach zusammen. Zeitgenössische Berichte und spätere Darstellungen überhöhten und verklärten die Ära der Freiheitskriege. Nach dem Einmarsch der Truppen der Allianz in Paris im März 1814 wurde Napoleon zur Abdankung gezwungen und erhielt die Insel Elba als Fürstentum. Seine Rückkehr im Frühjahr 1815 war nur ein kurzes Zwischenspiel. Seine hunderttägige Herrschaft endete mit dem Fiasko von Waterloo und seiner endgültigen Verbannung auf die Insel St. Helena.

Der Wiener Kongreß regelte die Neuordnung Europas und stellte das Gleichgewicht der Mächte wieder her. Die Restauration vorrevolutionärer Verhältnisse gelang nur zum Teil. Die tiefgreifenden politischen Veränderungen und territorialen Umgestaltungen konnten häufig nicht mehr rückgängig gemacht werden, und die Hoffnungen der deutschen Patrioten von 1813 auf nationale Einheit blieben unerfüllt. An die Stelle des 1806 aufgelösten Heiligen Römischen Reiches Deutscher Nation trat der Deutsche Bund. Aus Enttäuschung über die politische Entwicklung schlossen sich die in verschiedenen Landsmannschaften organisierten Studenten zu einer Burschenschaft zusammen und gaben auf dem Wartburgfest ihrem Einheitswillen Ausdruck. Die Heilige Allianz als Bund der Monarchien überwachte die neue Ordnung in Abwehr aller revolutionären Tendenzen und reformorientierten Bestrebungen. Trotz der geistigen Reglementierung und des Verbots der Burschenschaften in den Karlsbader Beschlüssen ließen sich die nationalen Bewegungen und liberalen Forderungen nicht mehr unterdrücken.

G.Qu.

Napoleon I. im Krönungsornat
François Gérard (1770-1837), Werkstatt
Nach 1806
Öl/Leinwand; 255 x 151 cm
Inv.-Nr.: 1990/3083

Seit seiner Krönung zum Kaiser im Jahr 1804 ließ Napoleon zahlreiche offizielle Bildnisse von sich malen, die er großzügig verteilte. Nicht nur Rathäuser, Präfekturen und Gerichte sollte sein Porträt schmücken, auch befreundete Höfe, Staatsmänner oder verdiente Militärs wurden von ihm bedacht. Die Hofporträtisten waren hauptsächlich damit beschäftigt, Wiederholungen von Prototypen herzustellen, die Napoleon gutgeheißen hatte. Dazu gehörte das prunkvoll inszenierte Repräsentationsporträt des Kaisers im Krönungsornat von Francois Gérard, das in über zwanzig Kopien überliefert ist.

Vergleiche drängen sich auf, die einen Querschnitt der abendländischen Geschichte in Napoleons Kaisertum assoziieren, eine Herrschaftslegitimation, wie sie ausgeklügelter nicht sein könnte: Das Gesicht in seiner ernsten Unnahbarkeit und mit der eigenartigen »Gabel-Zange-Frisur« läßt an Darstellungen des ersten römischen Kaisers, Augustus, denken. Die auf den purpurnen Krönungsmantel gestickten goldenen Bienen sind eigentlich ein Attribut des Merowingerkönigs Childerich und verweisen damit auf die Ursprünge der eigenen, französischen Monarchie. Der Reichsapfel auf einem Kissen links neben Napoleon gehört zu den Herrscherinsignien Karls des Großen, des Begründers des fränkisch-römischen Kaiserreiches im Mittelalter. Die barocke Inszenierung des Staatsporträts greift zurück auf die offiziellen Bildnisse der Bourbonen, deren Nachfolge als Alleinherrscher Napoleon angetreten hat. P.M.G.

Joachim Murat (1767-1815), seit 1800 mit Karoline, einer Schwester Napoleons, verheiratet, erlangte über seine militärische Laufbahn im Kaiserreich Bonapartes hohe Ämter und Würden. 1804 avancierte er zum Marschall, 1805 wurde er Großadmiral und Prinz des französischen Reichs, 1806 Großherzog von Kleve und Berg, und 1808 erhielt er schließlich sein eigenes Königreich: das beider Sizilien.

Als König Joachim Napoleon trug Murat den Rock mit dem dazugehörigen Umhang. Am Rock ist ein Bruststern befestigt, der den Orden beider Sizilien in der dritten Fassung von 1810/11 darstellt. Denkbar ist, daß der König in diesem Kostüm zur Hochzeit Napoleon Bonapartes mit Marie Louise am 2. April 1810 erschien. Das weiße Ensemble ist im Stil angelehnt an die vorgeschriebenen Zeremonialgewänder des »Premier Empire« und wurde durch Kniehose und lange Strümpfe ergänzt.

Zu den aufwendig gearbeiteten Motiven gehören auf dem Umhang auch Bienen. Napoleon eignete sich dieses Symbol, das auf den Merowingerkönig Childerich I. zurückgeht, anstelle der Bourbonenlilie an und gab damit seinem jungen Kaiserreich den geistigen Ursprung im fränkischen Königtum. Die vielen von ihm eingesetzten Herrscher sollten, wie die Bienen mit ihrem sprichwörtlichen Fleiß, Pollen und Nektar eintragen und sich dabei loyal nach Frankreich orientieren. R.F.

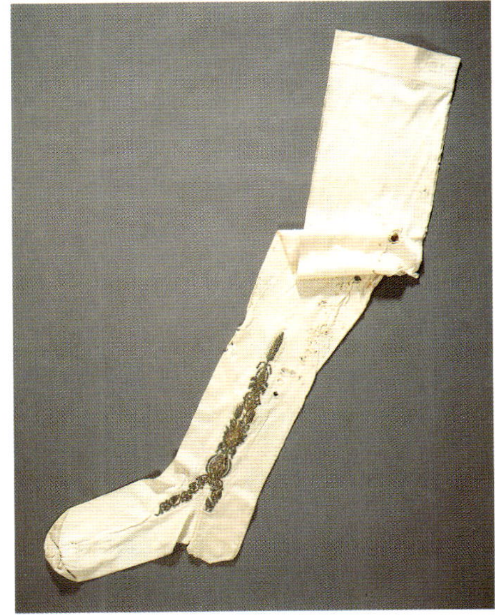

Zeremonialgewand, getragen von Joachim Napoleon, König beider Sizilien – Umhang; Rock; Strumpf
1810/11

Umhang und Rock: Wolle, Seidenfutter, Metallstickerei; L 97,5 cm, 87 cm; G 10 kg
Strumpf: Seide, gewirkt, Metallstickerei; L 70 cm
Inv.-Nr.: K 59/280-281; KTe 75/8

Deutschland in seiner tiefen Erniedrigung
Anonyme Flugschrift
Nürnberg: Johann Philipp Palm, 1806
Sign.: R 74/1373 a

Deutschland in seiner tiefen Erniedrigung. 1806.

Aufgeschnittene oder beschmutzte Exemplarien werden unter keinem Vorwand zurück genommen.

Visitenkarten der Bevollmächtigten deutscher Fürsten bei den Verhandlungen über die Verfassung des Rheinbundes
1806
Karton, Druck, handgeschrieben
Inv.-Nr.: Do 75/243 I

Scharfe Kritik an Napoleons expansiver Politik unter dem Deckmantel der »Freiheit« übte der anonyme Verfasser der Schrift »Deutschland in seiner tiefen Erniedrigung«. 1805 überquerte Napoleon mit seinen Heeren den Rhein, um einen Feldzug gegen das mit Rußland und England verbündete Kaiserreich Österreich zu führen, und verbündete sich mit Baden, Württemberg und Bayern. Am 2. Dezember 1805 wurden die österreichisch-russischen Armeen bei Austerlitz vernichtend geschlagen, Bayern und Württemberg aber von Napoleon zu souveränen Königreichen erhoben. Mit klaren Worten benennt der Autor die Unfähigkeit des Deutschen Reiches, dem in »die deutschen Staaten der Oestreichsschen Monarchie« eindringenden Feind entgegenzutreten, sowie den kurzsichtigen Eigennutz der Fürsten. Der Nürnberger Buchhändler Johann Philipp Palm übernahm die riskante Aufgabe, diese Flugschrift zu verbreiten.

Am 12. Juli 1806 unterzeichneten die Bevollmächtigten im Auftrag von 16 deutschen Fürsten die Verfassung des Rheinbundes. In Artikel 1 erklärten die 16 Staaten ihren Austritt auf Dauer aus dem Deutschen Reich (l'Empire Germanique) und den Eintritt in den Rheinbund (d'Etats confédérés du Rhin) unter dem Protektorat des Kaisers der Franzosen.

Zu diesem Zeitpunkt liefen auf Befehl Napoleons bereits Ermittlungen gegen den Buchhändler Palm, der schließlich am 26. August 1806 von einem französischen Kriegsgericht zum Tode verurteilt wurde. H.A.

Die militärischen Niederlagen Österreichs im Koalitionskrieg von 1805 sowie die von Napoleon I. betriebene Bildung des Rheinbundes führten zur Auflösung des Reiches. Die aus der Niederlegung der Reichskrone 1806 resultierenden politischen Folgen fanden ihren Niederschlag im Wappen der Heeresfahnen: Die beiden Adlerköpfe tragen kleinere Königskronen und werden von der kaiserlichen Hauskrone der Habsburger überhöht. Brustbild und Einzelwappen beschränken sich auf das österreichisch-ungarische Stammland. Bis 1816 war der Brustschild mit dem Kreuz des Deutschen Ordens unterlegt.

Gegen den Druck der Fremdherrschaft setzten sich die Völker zur Wehr. In dem nach dem Preßburger Frieden 1805 unter bayerische (und damit französische) Herrschaft gekommenen Tirol führte Andreas Hofer (1767 bis 1810) zunächst erfolgreich einen Volksbefreiungskampf. Nach der siegreichen Schlacht am Berg Isel über bayerische Truppen im Mai 1809 wurde er zum Oberkommandanten des Landes Tirol und zum Regenten ernannt. Zu diesem Zeitpunkt entstand das Brustbild, das ihn in Frontalansicht mit landestypischer Tracht vorstellt. Jägerstutzen und Säbel unterstreichen Kampf- und Verteidigungsbereitschaft. Das Ausbleiben einer konsequenten Unterstützung der Tiroler durch Österreich war schuld an der Niederlage von 1809. Hofer wurde gefangengenommen und am 20. Februar 1810 in Mantua erschossen. K.P.M.

Andreas Hofer
Franz Altmutter
(1745-1817)
1809
Öl/Leinwand;
33 x 24 cm
Schriftzug oben:
Andreas Hofer
Obercommandant /
der Landesvertheidiger
im Tirol 1809
Inv.-Nr.: 1992/1591

Österreichische Infanteriefahne
1806-1816
Seide, bemalt, bestickt;
135 x 167 cm
Inv.-Nr.: Fa 71/21

Sarkastisch bezeichnet der Künstler die legendäre Tischrunde des Kaisers der Franzosen am 6. Juli 1807 in Tilsit als »Freundschaftliches Verein«. Zu seinen Gästen zählte Napoleon neben dem preußischen Königspaar und dem russischen Kaiser auch seinen Schwager Joachim Murat. An das persönliche Zusammentreffen von Preußens Königin mit Napoleon hatte Preußen hohe Erwartungen für die Friedensverhandlungen mit Frankreich geknüpft – Hardenberg selbst bereitete die Königin auf dieses Gespräch vor. Doch Luises

Charme konnte nicht aus der schlechten Situation retten: Preußen hatte am 14. Oktober 1806 die Doppelschlacht bei Jena und Auerstedt verloren, Berlin war von französischen Truppen besetzt, Regierung und Königliche Familie hatten in Memel Zuflucht suchen müssen, und der russische Verbündete hatte nach der Niederlage bei Friedland vom 14. Juni 1807 bereits am 7. Juli einen Sonderfrieden mit dem Feind geschlossen. Napoleons Friedensdiktat von Tilsit am 9. Juli 1807 degradierte Preußen zu einem für lange Zeit tributpflichtigen und von den französischen Truppen besetzten Reststaat: Alle Gebiete westlich der Elbe und die polnischen Besitzungen mußten abgetreten werden. Aus »Preußisch-Polen« wurde das Herzogtum Warschau, aus den Ländern links der Elbe das Königreich Westfalen. H.A.

Bülletin.

Hauptpunkte des Friedens von Tilsit.

Preußisch-Polen erhält der König von Sachsen, und verbindet den Titel eines Herzogs von Warschau mit seinen übrigen. Eine Constitution wird die Freiheiten und Rechte der Polnischen Nation festsetzen.

Die Rußisch-Polnische Grenze ist bestätiget und eine Volksmenge von ohngefähr 200,000 Seelen zu Rußland geschlagen worden.

Die Länder Hessen-Cassel, Braunschweig, und alle Staaten, welche der König von Preußen an dem linken Elbufer besessen hat, Magdeburg mit einbegriffen, bilden das Königreich Westphalen. Der Prinz Jérôme Napoléon, Bruder des Kaisers, ist als König von Westphalen anerkannt.

Danzig mit einem Gebiet von zwey französischen Meilen um diese Stadt herum ist zu einer freyen Hanse-Stadt erklärt, unter dem Schutze des Herzogs von Warschau.

Der König von Preußen erhält Schlesien, Alt-Preußen, und alle übrige Preußische Staaten bis an die Elbe zurück.

Der König von Preußen entsagt allen Ansprüchen, Eventual-Erbfolgerechten, u. s. w. die er auf deutsche Länder haben möchte.

Die sämmtlichen Fürsten des Rheinischen Bundes sind anerkannt, so wie die Verfügungen, welche der Kaiser Napoleon noch treffen könnte über Besitzungen, die in seinen Händen geblieben sind.

Dem ehemaligen Churfürsten zu Hessen-Cassel, dem Fürsten von Oranien, und dem Fürsten von Braunschweig sind Pensionen angewiesen worden.

Die Fürsten von Meklenburg und von Sachsen-Coburg sind in den Besitz ihrer Lande wieder eingesetzt.

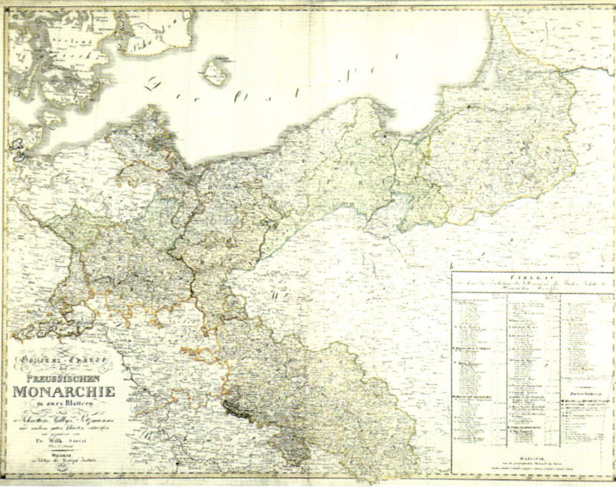

Tischrunde bei Napoleon in Tilsit
Gez. von Johann Meno Haas (1752-1833), gest. von Gottfried Arnold Lehmann (geb. um 1770)
Berlin: Franz Asner, Anfang 19. Jh.
Kupferstich, koloriert; 33 x 35,5 cm
Inv.-Nr.: Gr 80/124

Reisetruhe Friedrich Wilhelms III. – Wappen und Initialen
Holz, lackiert, Messingeinlagen; 37 x 126,8 x 61,5 cm
Inv.-Nr.: MK 89/101

Buelletin. Hauptpunkte des Friedens von Tilsit 1807
Papier, Druck; 34,5 x 21,5 cm
Inv.-Nr.: Do 68/240 I

General-Karte der Preussischen Monarchie
Friedrich Wilhelm Streit (gest. 1839)
Weimar: Geographisches Institut, 1812
Kupferstich; 63,5 x 81,5 cm, M ca. 1:1.100.000
Inv.-Nr.: Do 86/92 I

Königin Luise von Preußen
Nikolaus Lauer (1753-1824)
1799
Pastell/Pergament;
50 x 38,5 cm
Inv.-Nr.: 1987/430

Morgenrock der Königin Luise
1806-1810
Seide, leinwandbindig;
L ca. 155 cm
Inv.-Nr.: KTe 72/288

Ihre Wohltätigkeit, Frömmigkeit und ihre eher bürgerliche Lebensführung machten Königin Luise (1776-1810) zu einer geliebten Landesmutter. Ihr Verzicht auf jegliche Herrschaftsattitüde zeigt sich in dem Pastell aus dem Jahr 1799, das auch eine beliebige andere junge Frau wiedergeben könnte. Die Königin trägt eine »chemise« nach der neuesten Mode, um ihre Schultern liegt ein blauer Schal, ihre Locken hat sie sich »à la grecque« in die Stirn gekämmt. Durch die leichte Kopfneigung wirkt die En-face-Darstellung dennoch nicht streng. Pflichtbewußt setzte sich Luise für das Geschick Preußens ein, als sie am 6. Juli 1807 mit Napoleon in Tilsit zusammentraf, erreichte aber keine Zugeständnisse. Den schlichten Seidenmorgenrock mag sie auf der Flucht vor Napoleon sowie auf weiteren anstrengenden und entbehrungsvollen Reisen mitgeführt haben. Seine Farbe ist heute zu einem eintönigen Grau verblaßt. Wie im Inventarbuch des Hohenzollern-Museums nachzulesen ist, war er ursprünglich »lila«, in der Lieblingsfarbe der Königin, gehalten. Noch im Juni 1810, kurz vor Luises Tod, erwähnt der König in seinen persönlichen Aufzeichnungen den »Lilla Schlafrock«, den sie zur Teestunde getragen hat.

R.F./P.M.G.

Leopold Hermann Ludwig von Boyen
François Gérard (1770-1837)
1818
Öl/Leinwand;
55 x 44 cm
Beschriftung Keilrahmen hinten: General Lieutenant u. Kriegsminister Hermann von / Boyen gemalt von Franc. Gerard 1818 auf dem Kongreß zu Aachen, geb. 1771 gest. 1848
Inv.-Nr.: Kg 55/3

August Neidhardt Graf von Gneisenau
Marie von Clausewitz (1779-1836) ?
1815/16
Öl/Leinwand;
73 x 60 cm
Inv.-Nr.: Kg 54/42

Unter dem Druck der militärischen Niederlage gegen Napoleon und des staatlichen Zusammenbruchs 1806 begann in Preußen eine Phase innerer Reformen, in die auch die Armee einbezogen wurde. Zur treibenden Kraft der Heeresreform wurde August Neidhardt von Gneisenau (1760-1831). Er hatte nach seiner Offiziersausbildung zunächst im Solde Englands gegen die jungen Vereinigten Staaten gekämpft. Seit 1786 Offizier in preußischen Diensten, setzte er nach 1807 gemeinsam mit Scharnhorst die Allgemeine Wehrpflicht, die Abschaffung der Prügelstrafe und auch effizientere Gefechtsmethoden durch.

In den Freiheitskriegen galt er als »Stabschef« Blüchers als wichtigster Gegenspieler Napoleons und trug entscheidend zum Sieg bei Waterloo bei. Er starb 1831 in Posen an der Cholera, wo er den Aufstand der polnischen Unabhängigkeitsbewegung niederwerfen sollte.

Das Porträt zeigt ihn in preußischer Generalsuniform mit dem Orden »Pour le Mérite«, dem Roten Adlerorden und dem Großkreuz des Eisernen Kreuzes um den Hals, dem Hohen Orden vom Schwarzen Adler und dem Eisernen Kreuz I. Klasse auf der linken Brust.

Hermann von Boyen (1771-1848) gehörte ebenfalls zum Kreis der preußischen Heeresreformer. Als Kriegsminister (1814-1819 und 1841-1847) verankerte er die Allgemeine Wehrpflicht auch in Friedenszeiten. W.R.

Zu den bedeutendsten Propagandisten eines nationalen Bewußtseins und der Befreiungsbewegung zählten Johann Gottlieb Fichte mit seinen »Reden an die deutsche Nation« (1808), in denen er die demokratische Nationalerziehung als wichtigsten Beitrag zu einer Nation gleichberechtigter Bürger fordert, sowie Friedrich Ludwig Jahn mit seiner Schrift »Deutsches Volksthum« (1810) – ebenfalls ein Aufruf zum Aufbau eines nach bürgerlichen Grundsätzen regierten deutschen Nationalstaates.

Zahlreiche Sammlungen von Volksliedern, Märchen, Legenden und Sagen sollten dazu beitragen, über die kulturelle Tradition eine politische und geistige Einheit der Deutschen zu stiften. Die bedeutendsten Dichter der sogenannten Heidelberger Romantik, Clemens Brentano und Achim von Arnim, sammelten aus Jahrhunderten überlieferte Volkslieder und veröffentlichten sie, mit ihren eigenen Dichtungen vermischt, in der dreibändigen Ausgabe »Des Knaben Wunderhorn« (1806-1808). Die »Kinder- und Haus-Märchen« (1812/1815) von Jacob und Wilhelm Grimm haben nicht nur als wissenschaftliche Quellensammlung und als Volksbuch nachhaltig gewirkt, sondern haben Generationen von Kinderherzen erfreut. Grimms Märchen gehören zu den am häufigsten gedruckten Büchern der Welt. Ihre Erstausgabe ist eine Rarität. R.Bl.

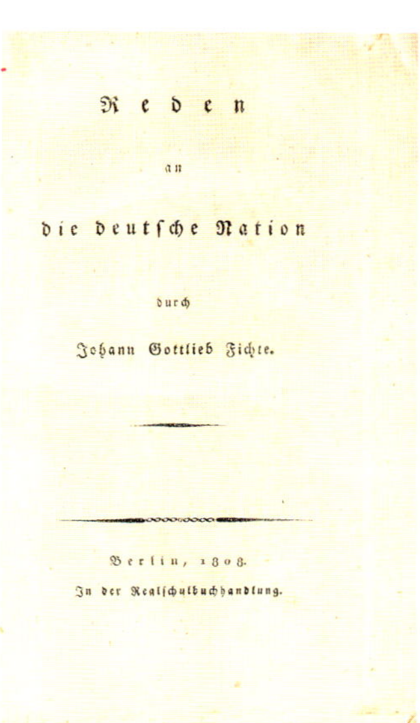

Reden
an
die deutsche Nation
durch
Johann Gottlieb Fichte.

Berlin, 1808.
In der Realschulbuchhandlung.

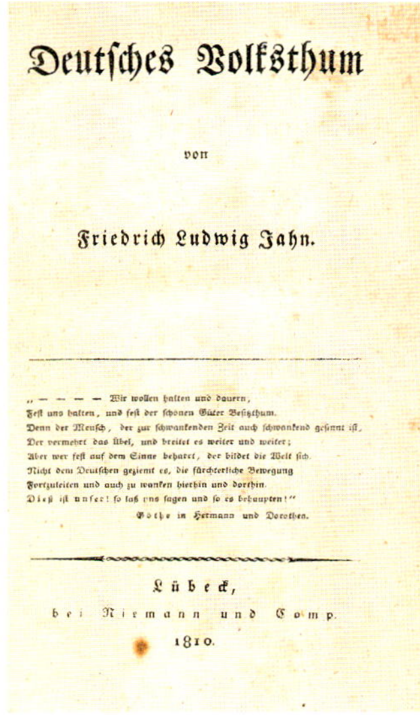

Deutsches Volksthum
von
Friedrich Ludwig Jahn.

„— — — — Wir wollen halten und dauern,
Fest uns halten, und fest der schönen Güter Besitzthum.
Denn der Mensch, der zur schwankenden Zeit auch schwankend gesinnt ist,
Der vermehrt das Übel, und breitet es weiter und weiter;
Aber wer fest auf dem Sinne beharrt, der bildet die Welt sich.
Nicht dem Deutschen geziemt es, die fürchterliche Bewegung
Fortzuleiten und auch zu wanken hierhin und dorthin.
Dieß ist unser! so laß uns sagen und so es behaupten!"
Göthe in Hermann und Dorothea.

Lübeck,
bei Niemann und Comp.
1810.

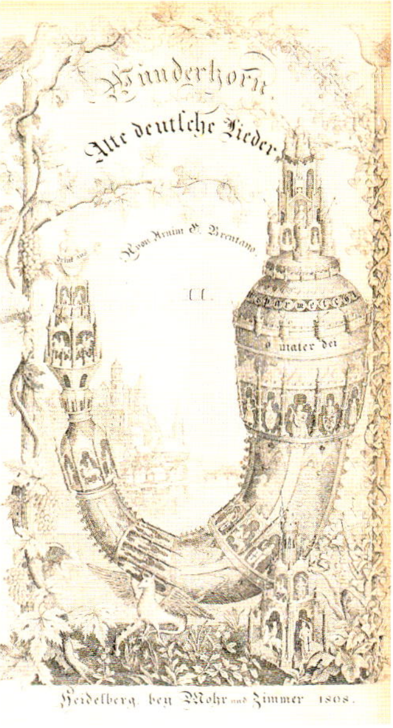

Kinder- und Haus-Märchen (2 Bde.)
Jacob Grimm (1785-1863), Wilhelm Grimm (1786-1859)
Berlin: Realschulbuchhandlung, 1812/1815
Sign.: R 92/963

Reden an die deutsche Nation
Johann Gottlieb Fichte (1762-1814)
Berlin: Realschulbuchhandlung, 1808
Sign.: R 53/171 a

Deutsches Volksthum
Friedrich Ludwig Jahn (1778-1852)
Lübeck: Niemann und Comp., 1810
Sign.: 53/927

Des Knaben Wunderhorn (3 Bde.)
Ludwig Achim von Arnim (1781-1831), Clemens Brentano (1778-1842)
Heidelberg: Mohr u. Zimmer, 1806-1808
Sign.: R 53/175

Der Brand von Moskau
Christian Johann Oldendorp (1772-1844)
Nach 1812
Öl/Leinwand; 71 x 92 cm
Inv.-Nr.: Kg 61/4

September 1812: Moskau brennt. Wie eingerahmt von den undurchdringlichen Rauchwolken hebt sich der Kreml gegen den Nachthimmel ab, erleuchtet von den überall auflodernden Flammen, die ihn schon bald in Schutt und Asche legen werden. Am Ufer der Moskwa, die den hellen Feuerschein reflektiert, morden und plündern versprengte napoleonische Soldaten.

Im Frühjahr war Napoleon mit seiner 700 000 Mann starken Grande Armée aufgebrochen, seinen imperialen Herrschaftsanspruch auf dem Kontinent zu festigen. Hinter sich Soldaten aus zwanzig Nationen, drang er im Juni auf russisches Territorium vor. Relativ ungehindert von der zaristischen Armee, die dem beeindruckenden Heer zumeist auswich, durchquerte er das Land. Am 14. September erreichte er Moskau. Doch seine Truppen konnten sich nicht von den Strapazen des langen, kräftezehrenden Wegs erholen: Die Stadt war geräumt worden, an unzähligen Stellen brachen Brände aus, die erst mehrere Tage später gelöscht werden konnten.

Vergeblich harrte der Kaiser in der zerstörten Stadt aus; der Zar unterbreitete kein Friedensangebot. Durch den Wintereinbruch sah sich Napoleon im Oktober zur Aufgabe gezwungen, sein Rückzug schließlich geriet zur Katastrophe. Angeblich nur tausend Mann mit sechzig Pferden und neun Kanonen erreichten Ende 1812 wieder die preußische Grenze. Napoleon war bereits ohne seine Truppen im Schlitten nach Paris zurückgekehrt. P.M.G.

Seit seinem ersten Feldzug in Italien 1796 war Napoleon beliebtes Objekt der europäischen Karikatur – beinahe 1 800 zeitgenössische satirische Zeichnungen sind bekannt. Während vor allem in England schon recht früh künstlerisch anspruchsvolle Napoleon-Karikaturen erschienen, setzten eigene deutsche Bilderfindungen erst nach dem Triumph in der Völkerschlacht bei Leipzig ein. Gegen die sublim gezeichneten englischen Karikaturen wirken sie grob, waren aber gerade deshalb um so volkstümlicher.

Bis zum Frühjahr 1814 wurden in Deutschland über 100 Napoleon-Karikaturen veröffentlicht. Zu den beliebtesten und am weitesten verbreiteten überhaupt zählen die des Nürnberger Karikaturisten Johann Michael Voltz, die in verschiedenen Varianten aufgelegt wurden.

Einen Abriß seines Lebens gibt »Buonapartes Stuffenjahre«, ein Blatt, das das traditionelle Motiv der Lebensalter-Treppe aufnimmt. Stetig erklimmt der »corsische Knabe« die Stufen seiner militärischen Karriere bis zum Konsul der Republik und – auf dem Höhepunkt – Kaiser der Franzosen. Von da an verliert er nacheinander alles: Spanien, Rußland, schließlich Deutschland, wo ihn ein Kosak, ein Preuße und ein Österreicher von der Treppe stürzen. Endlich bleibt ihm nur noch die Zeit: Durch ein Fernglas blikkend, sitzt er Chronos gegenüber, der ihm aus einer Landkarte die Insel Elba ausgeschnitten hat, und seufzt: »Ach wie klein ist mein.« P.M.G.

Stufenleiter der Größe und des Sturzes Napoleons
1814
Radierung, koloriert; 23 x 36,8 cm
Inv.-Nr.: Gr 90/206

Theodor Körner
19. Jh.
Öl/Elfenbein;
9 x 7 cm
Inv.-Nr.: Kg 90/9

Feldmütze für Offiziere der Jäger zu Pferde vom Lützower Freikorps
Preußen, um 1813
Tuch, Leder;
H 12 cm, L 25 cm
Inv.-Nr.: U 59/482

Epauletten für Offiziere der Kavallerie des Lützower Freikorps
Preußen, um 1813
Tuch, Messing;
B 10 cm, L 15 cm
Inv.-Nr.: U 57/17.a,b

Leyer und Schwert
Theodor Körner
(1791-1813)
Berlin: Nicolaische Buchhandlung,
1814
Sign.: R 62/82

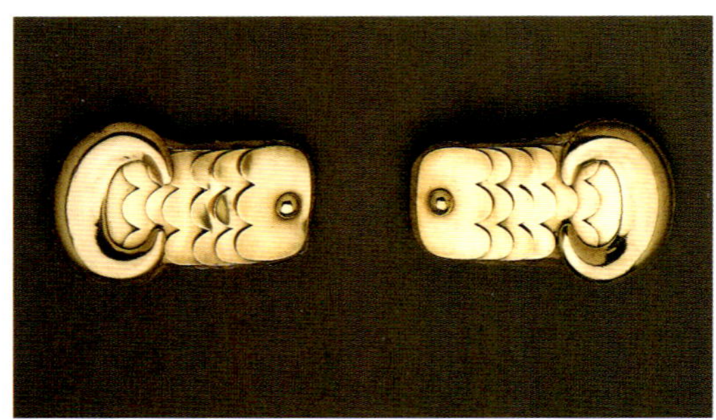

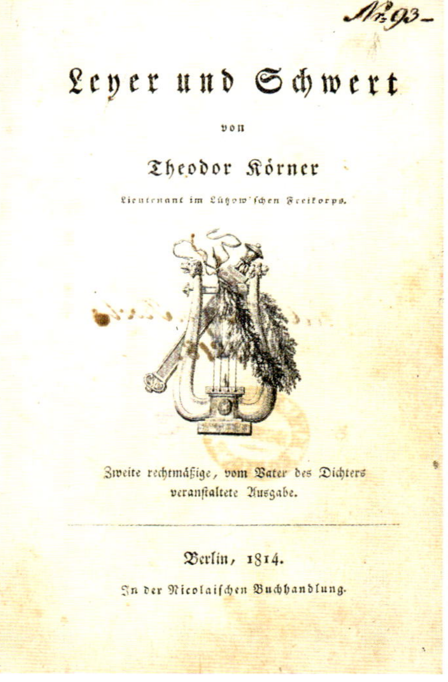

№ 93.

Leyer und Schwert

von

Theodor Körner

Lieutenant im Lützow'schen Freikorps.

Zweite rechtmäßige, vom Vater des Dichters veranstaltete Ausgabe.

Berlin, 1814.

In der Nicolaischen Buchhandlung.

Ausdruck des Entstehens einer deutschen Nationalbewegung waren die Bildung von Freikorps und das Aufstellen von Freiwilligen Jägerformationen. Bereits 1809 erlangte das von Ferdinand von Schill (1776-1809) angeführte Freikorps mit seinem Zug durch Norddeutschland allgemeine Beachtung. In erster Linie nahmen die ab 1813 gebildeten Korps Studenten, Akademiker sowie Vertreter des Bürgertums auf, die, ihrer patriotischen Gesinnung folgend, aktiv gegen Napoleon für nationale Unabhängigkeit kämpfen wollten. Zu den wichtigsten Verbänden zählte der des preußischen Majors Adolf von Lützow (1782-1834), dem auch Theodor Körner angehörte. Der am 23. September 1791 in Dresden geborene Körner ist auf einer Miniaturmalerei in Bergmannstracht zur Zeit seines Montanstudiums an der Bergakademie Freiberg dargestellt. Danach wirkte er als Hoftheaterdichter in Wien. Künstlerisch orientierte er sich stark an den Balladen Schillers, und inhaltlich befaßten sich seine Werke mit Vaterlandsliebe und Freiheitskampf. Körner fühlte sich nicht als Sachse, sondern als Deutscher, was seinen Ausdruck in dem 1813 entstandenen Gedicht »Mein Vaterland« fand. Am Kampf der Lützower gegen Napoleons Truppen nahm er aktiv teil und fiel am 26. August 1813 bei Gadebusch. Nach seinem Tod erschienen 1814 seine bekanntesten Lieder und Gedichte, zum Beispiel »Lützows wilde Jagd«, in dem Sammelband »Leyer und Schwert«.

K.P.M.

Steckmedaille auf die Schlachten von 1813 – Detail
Johann Thomas Stettner (1785-1872)
Nach 1813
Inhalt: 12 Schlachtenbildchen nebst Textblättchen von Friedrich Fleischmann (1791-1834)
Zinn, Kupferstich, koloriert;
L 64 cm (entfaltet), Dm 5 cm
Inv.-Nr.: N 79/1090

Am 20. März 1813 wurde die Stiftung des Eisernen Kreuzes in der »Schlesisch-privilegirten Zeitung« in Breslau bekanntgegeben. Zur Erinnerung an seine verstorbene Gemahlin, die Königin Luise, legte Friedrich Wilhelm III. das Stiftungsdatum auf ihren Geburtstag am 10. März fest. Mit dieser Dekoration in zwei Klassen sowie einer Großkreuzstufe gab es erstmals in Preußen eine Auszeichnung, die jedermann unabhängig von sozialer Herkunft, Rang oder Stellung für erbrachte Leistungen und Tapferkeit erhalten konnte. Nach Ideen und vorangegangenen Entwürfen schuf der Baumeister Karl Friedrich Schinkel die endgültige Form dieses aus Gußeisen und Silberrahmen bestehenden Kreuzes. Eine schlichte Gestaltung und die gediegene Ausführung entsprachen durchaus dem Charakter der Zeit sowie dem Anliegen des Befreiungskampfes. Bei dem Eisernen Kreuz von 1813 handelte es sich um eine populäre und begehrte Auszeichnung, die nach einem strengen Verleihungsmodus vergeben wurde. Entsprechend hohes Ansehen genossen die Träger. Die Dokumente aus dem Nachlaß des Landwehroffiziers Hans Ewald Lebrecht von Necker belegen, daß das Symbol des Kreuzes in das Adelswappen aufgenommen wurde und daß sich die Inhaber als Ritter bezeichneten. K.P.M.

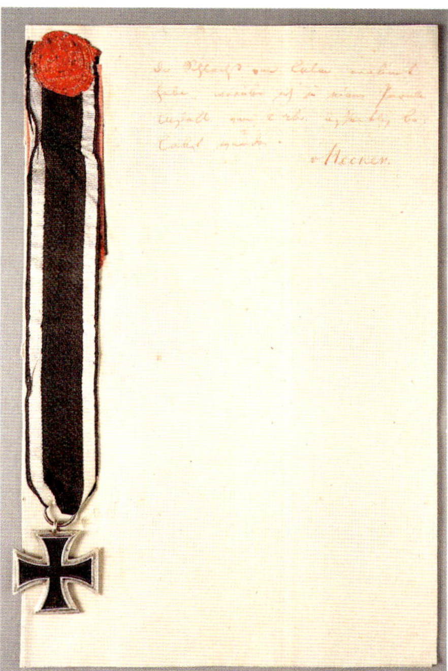

Aus dem Nachlaß des Majors Hans Ewald Lebrecht von Necker

a) Eisernes Kreuz II. Klasse, 1813, am Band für Kämpfer (mit Aufzeichnungen des Inhabers)
Preußen, nach 1813
Eisenguß, Silber, Papier, handgeschrieben, Siegellack;
4,2 x 4,1 cm (Kreuz), 32,3 x 20,2 cm (Blatt)
Inv.-Nr.: 1988/815.1.1,2

b) Wappen mit Porträtzeichnung Neckers
? Toppey
Nach 1814
Papier, Handzeichnung, koloriert, beschriftet;
35 x 21,8 cm
Inv.-Nr.: 1988/815.3

La Barrière de Clichy, 30. März 1814
Horace Vernet
(1789-1863)
1820
Öl/Leinwand;
96,5 x 130 cm
Inv.-Nr.: 1990/2502
Erworben aus Mitteln des Landes Berlin

Zu Beginn des Jahres 1814 betraten die antinapoleonischen Truppen französisches Staatsgebiet. Blücher hatte in der Silvesternacht den Rhein überschritten und marschierte, zunächst noch zögernd und mit Unterbrechungen, auf Paris. Am 30. März war das Ziel erreicht. An der »Barrière de Clichy« fand der einzig ernsthafte Versuch statt, die preußisch-russischen Truppen am Betreten der Stadt zu hindern. Die Nationalgarde hielt die Porte Clichy, ein Stadttor im Nordwesten von Paris, bis zum Waffenstillstand am folgenden Tag: Der Kommandeur des dritten Bataillons, Marschall Moncey, erteilt vom Pferde herab seine Befehle. Not und Elend der in die Stadt geflüchteten Landbevölkerung zeigt eine auf ihrer Truhe hockende Landfrau.

Napoleon war besiegt. Auf der Insel Elba gewährten die Sieger ihm Exil. Als er von dort im März 1815 nach Paris zurückkehrte, beschlossen die Alliierten eine militärische Intervention. Die beiden Hauptarmeen trafen in den südlichen Niederlanden auf Napoleon, der in der Zwischenzeit eine kampfbereite Armee um sich versammelt hatte und den Feinden entgegenmarschiert war. Nachdem er bei Ligny das preußische Heer unter Generalfeldmarschall Blücher geschlagen hatte, stieß er am 18. Juni unweit von Brüssel auf die

Engländer unter ihrem Feldmarschall, dem Herzog von Wellington.
»Ich wollte, es würde Nacht oder die Preußen kämen«, soll, der literarischen Überlieferung nach, der Herzog von Wellington ausgerufen haben, der nur noch mit Mühe dem französischen Ansturm standhalten konnte. Und sein Wunsch erfüllte sich. Am späten Nachmittag fielen die Preußen den Franzosen in die Flanke, und in der Nacht konnten sich Blücher und Wellington zum Sieg gratulieren.

Die Schlacht hatte 53 000 Tote gefordert. Eine kleine Insel im südlichen Atlantik war die letzte Station im Leben des Großen Generals und Kaisers der Franzosen, der nach seiner endgültigen Niederlage in der Schlacht von Waterloo nach St. Helena verbannt wurde. Britische Militärs haben den deportierten Napoleon empfangen. Bis zu einer Festung, die auf einem erloschenen Vulkan errichtet ist, sind sie mit ihm gegangen, um ihn vom Rande des Kraters aus mit seinem neuen Aufenthaltsort bekanntzumachen. Die Aussicht des kühnen Eroberers, der von der Universalmonarchie geträumt und die ganze Welt im Auge gehabt hatte, reduziert sich auf eine kleine Bucht zwischen den steilen Felsmassen: Jamestown, mit einigen Häusern und einer Kirche größte Ansiedlung der Insel. Dahinter kommen nur noch der Hafen und das Meer. Für ihn gab es keine Rückkehr. Er starb 1821. Im Jahr 1840 wurde sein Leichnam nach Paris überführt. P.M.G.

Begegnung Blüchers und Wellingtons in der Schlacht bei Waterloo
Thomas Jones Barker (1815-1882)
Um 1850
Öl/Leinwand;
93 x 165 cm
Inv.-Nr.: 1993/2517

Napoleon auf St. Helena
Um 1820
Deckfarben/Papier/Leinwand;
95 x 150 cm
Inv.-Nr.: 1989/2650

Herzog Friedrich Wilhelm von Braunschweig-Lüneburg-Oels (1771-1815) erlangte während der Napoleonischen Kriege Berühmtheit durch seinen Mut im Kampf gegen die französische Besatzung. Er war kein bedeutender Feldherr, aber ein Draufgänger und volkstümlicher Haudegen. Das Pastell zeigt ihn in der schwarzen Uniform seines Freikorps. Ihr verdankt er seinen Beinamen »Schwarzer Herzog«. Er trägt den Bruststern des Hohen Ordens vom Schwarzen Adler, den er als junger Prinz in preußischen Diensten erhalten hatte. 1806 geriet Herzog Friedrich Wilhelm in französische Kriegsgefangenschaft. Sein Herzogtum Braunschweig wurde zum Königreich Westfalen geschlagen, das Napoleons jüngerer Bruder Jérôme Bonaparte regierte. Nach seiner Freilassung stellte er 1809 im Bündnis mit Österreich in Böhmen und Schlesien ein Freikorps auf, mit dem er erneut gegen Frankreich zog. Am Feldzug von 1815 nahm er mit 7000 Mann teil. Er fiel zwei Tage vor der Niederlage Napoleons bei Waterloo in der Schlacht bei Ligny und Quatre-Bras am 16. Juni 1815. W.R.

Herzog Friedrich Wilhelm von Braunschweig (Der Schwarze Herzog)
Johann Christian August Schwartz (1756-1814)
1809
Pastell/Pergament/Holz; 37 x 30 cm
Inv.-Nr.: 1990/68

Das von einem Hofmaler Napoleons ausgeführte Porträt zeigt den preußischen Staatskanzler Hardenberg, mit den Insignien des Staatsmannes und des Außenpolitikers, vor einer Ansicht von Paris im Hintergrund. Hardenberg kam am 15. Juli 1815, eine Woche nach dem Einzug Ludwigs XVIII., nach Paris, wo sich die siegreichen Gegner Napoleons versammelten, um den Zweiten Pariser Frieden auszuhandeln. Hardenberg (1750-1822) hatte 1810 als Staatskanzler die Leitung der gesamten preußischen Politik übernommen. Seine Reformen setzten die des Freiherrn vom und zum Stein fort mit dem Ziel, Preußen vom aufgeklärten Absolutismus zum liberalen Verfassungsstaat zu führen. Er verwirklichte die Gewerbefreiheit, Judenemanzipation und eine mustergültige Provinzialverwaltung. Mit seinen Plänen für eine gerechtere Steuergesetzgebung, eine Verfassung und die Parlamentarisierung Preußens scheiterte er jedoch am Widerstand von König und Adel. Nach dem Wiener Kongreß warf ihm der König vor, dort dem Verhandlungsgeschick Metternichs unterlegen zu sein. Spätestens seit den Karlsbader Beschlüssen von 1819 kann der politische Teil seines Reformwerkes als gescheitert gelten.

Auf dem Bild ist er dekoriert mit dem Schwarzen und dem Roten Adlerorden, dem preußischen Johanniterorden und dem Eisernen Kreuz I. und II. Klasse (für Nichtkämpfende am weißen Band). W.R.

Karl August Fürst von Hardenberg
François Josèphe Kinson (1771-1839)
1816
Öl/Leinwand;
115 x 88 cm
Signatur Mitte links:
KINSON 1816
Inv.-Nr.: 1993/975

Sitzung des Wiener Kongresses
Gez. von Jean Baptiste Isabey (1767-1855),
gest. von Jean Godefroy (1771-1839)
1819
Kupferstich;
60,9 x 82,5 cm
Inv.-Nr.: 1988/290

Im Herbst 1814 trafen sich die Vertreter der europäischen Mächte in Wien, um nach Napoleons Niederlage über die territoriale Neuordnung Europas zu verhandeln. Diplomaten aus fast allen europäischen Ländern nahmen am Wiener Kongreß teil (Schlußakte vom 9. Juni 1815).

In einem Sitzungsraum des Palais am Ballhausplatz haben sich 23 Kongreßteilnehmer wie zum Gruppenporträt versammelt. Die Inschrift des Stiches und die Medaillen in den horizontalen Rahmenleisten weisen darauf hin, daß es sich um Delegationen der Unterzeichnerstaaten des Zweiten Pariser Friedens handelt: Von links nach rechts sind die Bildnisse und – unten, auf den Rückseiten der Medaillen – Wappen der amtierenden Monarchen von England, Österreich, Spanien, Frankreich, Portugal, Preußen, Rußland und Schweden wiedergegeben, während die vertikalen Rahmen die Wappen der dargestellten Delegierten zeigen.

Wahrheit, Klugheit, Weisheit, Wissenschaft und vor allem Gerechtigkeit, die allegorischen Rahmenmotive, stehen als Motto über den Verhandlungen.

Der Pariser Hofkünstler Jean Baptiste Isabey war im Gefolge der französischen Delegation nach Wien gereist und hatte dort Porträtzeichnungen der Kongreßteilnehmer angefertigt.

Die ordengeschmückten Sitzungsteilnehmer sind um einen runden Verhandlungstisch oder vor dem Fenster und der offenstehenden Tür zum Nebenraum gruppiert. Mit einer eleganten Geste weist der österreichische Staatskanzler Metternich auf den briti-

Petschaft Metternichs
Um 1800
Elfenbein, Metall;
H 9 cm
Monogramm
Grundplatte: M
Inv.-Nr.: MK 74/170

Dose mit einer allegorischen Darstellung zur Heiligen Allianz
Braunschweig,
um 1815
Papiermaché,
lackiert, bemalt;
H 2,3 cm,
Dm 9,3 cm
Inv.-Nr.: 1986/29

Dose mit symbolischer Darstellung der Heiligen Allianz (Profile von Franz I., Alexander I., Friedrich Wilhelm III.)
1816
Holz, Silber, Samt;
H 4,2 cm,
Dm 10,8 cm
Inv.-Nr.: 1990/1073

Franz I., Kaiser von Österreich
Johann Baptist
Lampi d.J.
(1775-1837)
1816
Öl/Leinwand/Holz;
77,5 x 61 cm
Beschriftung
Rückseite:
ritter von Lampi
k.k. Hofmaler
Inv.-Nr.: 1990/1573
Erworben aus Mitteln
des Landes Berlin

schen Außenminister Castlereagh, der leger seinen linken Arm über die Stuhllehne fallen läßt. In aufrechter Haltung ihm gegenüber sitzt der preußische Staatskanzler Hardenberg, hinter dem der englische Herzog von Wellington Blickkontakt zu seinem Landsmann sucht. Hinter dem französischen Vertreter Talleyrand, der in selbstbewußter Haltung seinen rechten Arm auf den Verhandlungstisch gelegt hat und durchaus gleichberechtigt neben den Delegierten der Siegermächte wirkt, steht als zweiter von rechts Wilhelm von Humboldt. Rasoumoffsky, der Vertreter Zar Alexanders I., ist etwa in der Bildmitte, vor der linken unteren Ecke des Gemäldes, zu erkennen.

Vor Unterzeichnung des Zweiten Pariser Friedens am 20. November 1815 kam es am 26. September des Jahres noch zum Abschluß eines eher ideellen, dem christlichen Glauben und der Brüderlichkeit verpflichteten Bündnisses zwischen Kaiser Franz I. von Österreich, König Friedrich Wilhelm III. von Preußen und Zar Alexander I. von Rußland. Die Popularität der Mitglieder dieser Heiligen Allianz animierte die Hersteller von Souvenirartikeln, Dosen und andere Gegenstände des täglichen Gebrauchs mit den Porträts der drei Monarchen zu verzieren.

P.M.G./L.K.

Friedrich Ludwig Jahn (Turnvater Jahn)
Friedrich Ludwig Heine
(tätig 1816-1834)
1820-1822
Öl/Holz; 19 x 15 cm
Signatur links über der Schulter: Heine pinx.
Inv.-Nr.: 1988/1497
Erworben aus Mitteln des Landes Berlin

Entwurf für die Statuten der Allgemeinen Deutschen Burschenschaften
1818
Papier, handgeschrieben;
33,5 x 20,1 cm
Inv.-Nr.: Do 77/122 I

Mit durchdringendem Blick, die Stirn in tiefe Sorgenfalten gelegt, schaut ein bärtiger Mann auf den Betrachter. Es handelt sich um ein Porträt des »Turnvaters« Jahn. Das Bild ist während seiner preußischen Festungshaft gemalt worden.

Friedrich Ludwig Jahn (1778-1852) eröffnete 1811 auf der Berliner Hasenheide den ersten Turnplatz, um junge Männer vormilitärisch auszubilden. Er rief zur Volkserhebung gegen die napoleonische Herrschaft, zur Volksbewaffnung und Errichtung eines deutschen Nationalstaates auf. Zahlreiche »Turner« schlossen sich während der Befreiungskriege von 1813 bis 1815 Freiwilligenverbänden an. »Turnvater« Jahn selbst kämpfte im Lützowschen Freikorps.

In Jahns Schriften finden sich auch die dunklen Seiten der frühen deutschen Nationalbewegung. In seinem »Deutschen Volksthum« (1810) äußerte er nationalistische und rassistische Gedanken. Mit seinen oft nebulösen Ideen, die auch die deutschen Burschenschaften prägten, geriet er nach 1815 in Gegensatz zur preußischen Restauration. 1819 in Berlin verhaftet, mußte er mehr als fünf Jahre auf der Festung Kolberg verbringen. In dieser Zeit entstand das Bild, das den 40jährigen im »altdeutschen« schwarzen Rock mit umgelegtem weißem Kragen zeigt.

W.R.

18
BÜRGERLICHE KULTUR

Wollte man die Epoche zwischen dem Wiener Kongreß und der Revolution von 1848 auf einen Begriff bringen, so müßte er »Sicherheit« lauten. Auf das dramatische, alle Verhältnisse umstürzende Vierteljahrhundert nach 1789 folgte eine Zeit der Stabilität. Eine Generation lang herrschte in Europa Frieden – die längste Friedensepoche in der bisherigen Geschichte. Doch der Frieden hatte seinen Preis: die Stabilisierung der überkommenen monarchischen Ordnung. Zwar gab es kein Zurück mehr in die Welt des Ancien régime, aber das öffentliche Leben wurde politisch stillgestellt, der Ruf nach Freiheit und nationaler Einheit galt als revolutionär und war verboten. Doch die Unterdrückung der offen eingeforderten Bürgerrechte konnte nichts ändern an der fortschreitenden Verbürgerlichung der Gesellschaft. Anstelle des sichtbaren Durchbruchs zum modernen parlamentarischen Staat freier Bürger kam es zu einer hochentwickelten bürgerlichen Lebenskultur. In ihr wurden die Symbole der Aufbruchzeit bewahrt, auch wenn sie ins Private und Harmlose verwandelt schienen. Dennoch bedeutete Stille nicht völlige Machtlosigkeit. Der lange europäische Frieden und die Modernisierung der Staaten boten dem Bürger viele Entfaltungsmöglichkeiten in Wirtschaftsleben und Verwaltung. Wo der nachrevolutionäre Adel wieder ganz bewußt an jahrhundertealte Traditionen anknüpfte, da berief sich das neue Bildungsbürgertum stolz auf die Heroen seiner Literatur und versuchte, deren sittliche Ideale im Lebensstil zu verwirklichen. Die Familienidylle, auf Liebesehe und patriarchalische Harmonie gegründet, war eines dieser Ideale. Es fügte sich vorzüglich in die Aussperrung des Bürgers aus der Sphäre öffentlicher Politik. Die Umdeutung des vom Staat gewünschten Rückzugs in die häuslichen vier Wände in einen Kult des introvertierten Glückes ist das Grundprinzip des »Biedermeier« – ein Begriff für diese Zeit, der allerdings erst 1855 in der ironischen Rückschau entstanden ist.

Das Bürgerhaus und die bürgerliche Familie stehen im Mittelpunkt der Biedermeierkultur. Sie hat eine unermeßliche Fülle von Möbeltypen, Gerätschaften, notwendigen wie dekorativ-überflüssigen Objekten hervorgebracht. Im Stil des deutschen Biedermeier verbinden sich Anklänge an den Revolutions-Klassizismus (»Empire«)

mit funktionalistischen Einflüssen des englischen Rationalismus, romantische Neugotik und verspielte Eklektizismen. Es zeugt vom geräuschlosen, aber unübersehbaren Aufstieg der bürgerlichen Kultur, daß schon am Beginn des Biedermeierstils um 1800 die gleiche Ausstattungstypologie auch in den Schlössern des Adels erscheint.

Das Streben nach Geborgenheit im häuslichen Kreis und im geselligen Austausch mit Freunden brachte einen spezifischen Familien- und Freundschaftskult hervor. In den Porträts der Zeit zeigt sich das Bürgertum selbstbewußt, dann aber auch inoffiziell-familiär und besonders gern im Gruppenbildnis beziehungsvoller Seelenindividualitäten. Souvenirs und Gedenkstücke, mit denen Verwandte, Freunde, früh Verstorbene, flüchtige Momente und erlebte Orte beschworen werden, sind charakteristische Schlüssel zur Mentalität dieser Epoche. Hunderterlei zerbrechliche Kostbarkeiten wurden in der »guten Stube« im offenen Spiegelschrank, in der Servante oder Etagere bewahrt und stolz präsentiert.

Auf der Suche nach neuen Sammlungspunkten entstanden verschiedene Gesinnungs- und Interessengemeinschaften. Während das wohlhabende Bildungsbürgertum seine »Salons« als begehrte Treffpunkte einrichtete, stillte das mittlere und kleinere Bürgertum seine Sehnsucht nach Gemeinschaft in den unterschiedlichsten Vereinen. Sie variierten von anspruchsvollen Bildungszirkeln bis hin zu bloßen Geselligkeits- und Vergnügungsvereinen, in denen man tanzte, sang, Gesellschaftsspiele veranstaltete und kleine Theateraufführungen inszenierte. In der Begeisterung für Literatur, Theater und Musik, in der weiten Verbreitung von amateurhafter Kunstpflege dokumentiert sich der Wille des Bürgertums, demnächst die Aristokratie als vorbildliche Elite abzulösen – unter dem Banner der »höheren Ideale«. Gleichsam zum bürgerlichen Allgemeingut werdend, eignete sich der Besitz »klassischer« Bildung aber auch als intellektuelle Ausweichposition in einer Welt, die für viele Bürger auf lange Zeit noch die Erfahrung der sozialen Unterlegenheit bereithalten sollte.

U.K.

Der politischen Realität abgewandt, entdeckte die Romantik in Deutschland die Innerlichkeit und den Geniekult. Die am meisten gefeierten Komponisten waren Carl Maria von Weber (1786-1826) und Felix Mendelssohn Bartholdy (1809-1847). Weber wurde 1817 Kapellmeister in Dresden. Seine Oper »Der Freischütz«, mit der 1821 Karl Friedrich Schinkels Schauspielhaus in Berlin eröffnet wurde, schlägt die Hauptthemen der deutschen Seelensuche an: Volkstümlichkeit und Naturnähe, Frömmigkeit und übersinnliche Mächte, Mittelalter und Sage. Felix Mendelssohn Bartholdy stammte aus einer der führenden jüdischen Familien Berlins. Sein Großvater Moses Mendelssohn gilt als der geistige Vater der Judenemanzipation. Felix trat im Alter von neun Jahren als Wunderkind auf. Er wurde als preußischer Generalmusikdirektor zu Berlin und als Leiter des Gewandhausorchesters zu Leipzig eine der glänzendsten Erscheinungen des deutschen Bildungsbürgertums in der ersten Hälfte des 19. Jahrhunderts. Auch in bescheidenerem Rahmen war die Romantik eine Blütezeit der Musik. Bürgerliche Kreise pflegten die Hausmusik; von ihr zeugt der Tisch aus dem Umkreis Schinkels. Ein Streichquartett konnte, um ihn versammelt, musizieren. Sein Verwandlungsmechanismus folgt englischen Mustern. Seit dem späten 18. Jahrhundert war die britische Kultur vorbildlich geworden für den bürgerlichen Lebensstil in Deutschland. W.R.

Carl Maria von Weber
Carl Christian Vogel von Vogelstein
(1788-1868)
1820/21
Öl/Leinwand;
55 x 45 cm
Inv.-Nr.: 1988/1499
Erworben aus Mitteln des Landes Berlin

Felix Mendelssohn Bartholdy
Theodor Hildebrandt
(1804-1874)
1834/35
Öl/Leinwand;
59,5 x 52,5 cm
Inv.-Nr.: 1988/614

Musiktisch mit montierbaren Notenständern
Berlin / Norddeutschland,
1. Viertel 19. Jh.
Weichholz (Kern), Mahagoni (massiv, Furnier);
77,5 x 99,5 x 65,5 cm
(ohne Ständer)
Inv.-Nr.: 1991/512

Der Geschichtsunterricht
Gustav Adolf Schmidt
(1807-1836)
1835 ?
Öl/Holz;
47,8 x 64,8 cm
Inv.-Nr.: 1986/8

Ein klassisches bürgerliches Familienporträt der dreißiger Jahre des 19. Jahrhunderts: Der Betrachter wird in ein Zimmer mit Kamin geführt. Auf den Vater, die männliche Hauptfigur, ist die Bildgestaltung ausgerichtet. Weise und autoritär wendet er sich mit erhobenem Zeigefinger an seinen auf dem Boden sitzenden Sohn. Der etwa zehnjährige Knabe hat sein Spielzeug, Säbel und Federhut, beiseite gelegt. Die Blicke der Frauen, wohl die Mutter und eine Tante, begleiten die Ausführungen des Vaters. Beide haben aus einer Graphikmappe zwei Blätter auf den Tisch gelegt, weitere befinden sich in dem Folio auf dem Teppich: ein Profilporträt des römischen Kaisers Nero über dem Bildnis des österreichischen Staatskanzlers Metternich. Auf diese Weise enthält die biedermeierliche Idylle eine verschlüsselte politische Anspielung, die entweder als Zustimmung oder als Kritik am »System Metternich« gedeutet werden kann. Die positive Lesart: Kaiser Nero alias Napoleon hat, besessen vom Cäsarenwahn, Schrecken und Elend über seine Zeit gebracht, Metternich hat Frieden und Wohlfahrt wiederhergestellt. So wird es der Hausvater seinem Sohn wohl erklärt haben. Umgekehrt zog aber das liberale Bürgertum auch Parallelen zwischen Metternichs verhaßter Innenpolitik mit Pressezensur, Bespitzelung und politischer Gängelei und dem Terror des römischen Kaisers Nero. W.R.

Die Petersens als Angehörige einer für das öffentliche Leben der Hansestadt Hamburg recht bedeutenden Familie vermochten es, sich von einem der meistbeschäftigten norddeutschen Porträtisten in einem repräsentativen Großformat darstellen zu lassen. Das ganzfigurige Doppelbildnis entstand aus Anlaß der Hochzeit Johann Philipps mit Emilie, geb. Eckardt. Petersen war Kaufmann, Sohn eines Senators und selbst einer von fünf Direktoren der Hamburger Versorgungs-Anstalt. Über mehrere Generationen hinweg kamen Bürgermeister aus dieser angesehenen Familie.

Das Gemälde ist Zeugnis des neuen Selbstbewußtseins der wohlhabenden großbürgerlichen Schicht zu Beginn des 19. Jahrhunderts. Das Paar steht auf einer Terrasse mit hoher Brüstung; die Säule, die bis dahin unverzichtbarer Bestandteil des Adelsporträts war, erscheint wie selbstverständlich links im Bild. Fürsorglich hält der fast einen Kopf Größere den Arm um seine junge Frau, die verträumt ihre linke Hand auf seine Schulter legt. Ein gewisser Stolz drückt sich aus in seinem Blick, der auf ihr bezauberndes Antlitz gerichtet ist. Das leuchtende Rot des Schals verbindet die Eheleute in dem sonst strengen Schwarz und Weiß ihrer großbürgerlichen Gesellschaftskleidung, die vom gediegenen »Understatement« der weltoffenen Hamburger Kaufmannschaft zeugt. P.M.G.

Emilie und Johann Philipp Petersen
Friedrich Carl Gröger (1766-1838)
1806
Öl/Leinwand;
205 x 148 cm
Inv.-Nr.: 1992/1721
Erworben aus Mitteln des Landes Berlin

Altberliner Markt
Franziska Kobes
(geb. um 1803)
Um 1835
Öl/Leinwand;
62 x 76 cm
Inv.-Nr.: Kg 62/2

Franziska Kobes, eine junge Malerin, die seit 1830 als Schülerin an der Berliner Akademie nachweisbar ist und von der Genrebilder, Porträts und Interieurs bekannt sind, führt uns auf einen Altberliner Markt um 1835.

Dargestellt ist vermutlich der Spittelmarkt nahe der alten Pfarrkirche von Cölln, St. Petri, die einige Jahrzehnte später durch einen neugotischen Bau ersetzt wurde, der im Zweiten Weltkrieg zerstört und dann abgetragen wurde. Im Vordergrund bietet eine junge Marktfrau einer Käuferin Obst und Gemüse an, rechts und links hinter ihr gehen Fischhändler ihrer Tätigkeit nach. An einem weiteren Stand hält eine junge Frau Wildbret feil. Aufmerksamkeit erregt ein barfüßiger Bursche, der einen großen Hund dazu gebracht hat, einen zweirädrigen Karren mit Milchkannen zu ziehen. Das Bild vermittelt dem Betrachter den Eindruck biedermeierlicher Idylle. Nach den unruhigen Jahren der französischen Besatzung und der Befreiungskriege war die Entwicklung Berlins gekennzeichnet durch wirtschaftliche Erholung und bescheidenen bürgerlichen Wohlstand. W.R.

Nicht in einem repräsentativen Familienbildnis ließ sich der Hüttenmeister Ferdinand Zimmermann mit Frau und Kindern darstellen, sondern in zwei schlichten Pendants, die jeweils einen Elternteil mit einem Kind zeigen. Daß dabei die fünfjährige Tochter Marie dem Vater, der kleine Sohn Leopold seiner Mutter Louise zugeordnet ist, mag verschieden gedeutet werden: So spielte vielleicht die auffallende physiognomische Ähnlichkeit des jeweils auf einem Bild vereinten Paares eine Rolle wie auch die Tatsache, daß das jüngere Kind noch mehr auf die mütterliche Wärme und Geborgenheit angewiesen war. Es könnte aber auch als Zeichen dafür genommen werden, daß in einer privaten, häuslichen Sphäre die starre Geschlechtertrennung aufgehoben wurde. Die öffentlich-berufliche Seite Ferdinands zeigt sich in seiner Bergmannstracht. Der preußische Adler auf der Gürtelschnalle deutet darauf hin, daß er Hüttenmeister im Mansfeldischen Revier war. Als Teilnehmer an den Kämpfen in den Jahren 1813 bis 1815 weist ihn die Kriegsgedenkmünze aus, die er an der linken Brustseite befestigt hat. So drückt sich in diesen konventionellen Biedermeierbildnissen auch die Sehnsucht nach stillem Familienglück nach den aufwühlenden Ereignissen der Befreiungskriege aus. P.M.G.

Hüttenmeister Ferdinand Zimmermann und seine Tochter Marie
Wilhelm Gottfried Bauer (1779-1853)
1833
Öl/Leinwand;
70 x 58 cm
Beschriftung Rückseite: Ferdinand Zimmermann, Hüttenmeister auf der / Kupferhammerhütte, geb. den 15ten April 1794, gemalt den 8ten October 1833. / Marie Zimmermann, geb. den 24ten November 1828, gemalt den 8ten Dezember 1833. / W. Bauer aus Leipzig pinxit.
Inv.-Nr.: 1990/159.1

Louise Zimmermann geb. Kersten mit ihrem Sohn Leopold
Wilhelm Gottfried Bauer (1779-1853)
1834
Öl/Leinwand;
70 x 58 cm
Beschriftung Rückseite: Louise Zimmermann geb. Kersten, geb. den 28sten April / 1808. Leopold Zimmermann geb. den 9ten April 1832, gemalt den 14ten October 1834. / W. G. Bauer
Signatur unten rechts : W B p 1834
Inv.-Nr.: 1990/159.2

Wiege
Süddeutschland,
um 1820
Kirschholz;
193 x 63 x 121 cm
Inv.-Nr.: 1991/3270

Kinderstuhl
1. Hälfte 19. Jh.
Eichenholz,
Stoffbezug erneuert;
102 x 48 x 58,5 cm
Inv.-Nr.: 1988/98

Breischälchen
Carl Spann oder
Christian Sander
Wien, 1830-1850
Silber, teilvergoldet;
H 4,3 cm, L 14,8 cm
Inv.-Nr.: 1991/640

Zwei Säuglingsflaschen
1. Hälfte 19. Jh.
Glas, Zinn;
H 17 cm, 16,5 cm
Inv.-Nr.:
1991/129, 130

In der bürgerlichen Familie war das Kind eingebunden in den häuslichen Tagesablauf. Ein allein ihm vorbehaltener Spiel- und Schlafraum war bis zum Ende des 19. Jahrhunderts die nur im Großbürgertum anzutreffende Ausnahme. So wird auch diese Wiege der Biedermeierzeit, deren halbrunde Wanne als Querschwinger beweglich zwischen zwei Pfosten hängt und leicht in Schaukelbewegung versetzt werden kann, tagsüber im Wohn- und Eßzimmer gestanden haben. Das Hochstühlchen erleichterte die Integration des kleinen Kindes in die Tischgemeinschaft. Der vorne zwischen den Armlehnen angebrachte, weich gepolsterte Riegel verhinderte ein Herabstürzen.

Säuglingsfläschchen aus Glas waren seit dem 18. Jahrhundert an die Stelle der »Ludeln« aus Holz, Zinn oder Porzellan getreten. Trotz ärztlicher Appelle an die Mütter, selbst zu stillen, war die »künstliche Ernährung« mit Tiermilch oder in begüterten Familien auch das Säugen durch eine Amme bis spät ins 19. Jahrhundert üblich. In einer Zeit hoher Säuglingssterblichkeit war gute Nahrung ein Garant des Überlebens. So drückt sich auch in der Formgebung des Breischälchens, dessen Ausgußlippe dem Kleinkind die Nahrungsaufnahme erleichterte, die Sorge um sein Gedeihen aus. Möglicherweise war dieses fein gearbeitete, silberne »boat« ein Patengeschenk zum ersten Geburtstag. R.B.

Paar Erinnerungstassen zur Goldenen Hochzeit
Königliche Porzellanmanufaktur Berlin
1834
Porzellan, bemalt, vergoldet;
H 13,1 cm, 13,5 cm (Tassen),
Dm 18,4 cm (Untertassen),
Inv.-Nr.:
KG 93/27.1,2;
KG 93/28.1,2

Erinnerungstasse zur Silbernen Hochzeit
Königliche Porzellanmanufaktur Berlin
1828
Porzellan, bemalt, vergoldet;
H 12 cm (Tasse),
Dm 14,8 cm (Untertasse)
Inv.-Nr.:
1989/2209.1,2

Die 25. oder gar die 50. Wiederkehr des Hochzeitstages wurde im Bürgertum der Städte seit der zweiten Hälfte des 18. Jahrhunderts als Fest der Silbernen und der Goldenen Hochzeit begangen. Die Enkelkinder sagten Gedichte auf, die Jubilare wurden mit Vivatbändern geehrt, und sogar von privaten Theateraufführungen wird berichtet. Auch das Überreichen von Erinnerungstassen zum Andenken an den Ehrentag war sehr beliebt. Widmungen und Inschriften hielten das Datum des Festtages, den Geber und die Beschenkten fest: »Den theuren Aeltern am Festtage der silbernen Hochzeit« oder »Der theuren Mutter« beziehungsweise »Dem theuren Vater« »zum gold'nen Hochzeitstage« ist da auf den glockenförmigen Tassen zu lesen. Diese Stücke der Erinnerung an eine herausragende Station im Lebensweg wurden sorgsam in einer Vitrine, Servante oder Etagere der bürgerlichen guten Stube aufbewahrt. Das Bürgertum der Biedermeierzeit betrieb einen wahren Erinnerungskult, der der Freundschaft ebenso galt wie dem Andenken an geliebte Personen oder an bedeutende Ereignisse im Familienleben. Im späten 19. Jahrhundert wurde, nicht zuletzt aufgrund der allgemein steigenden Lebenserwartung, auch in den unteren Schichten das Feiern der Ehejubiläen populär. R.B.

Den Brauch der Fürstenhäuser, zu besonderen Anlässen repräsentative Porzellangefäße anfertigen zu lassen, übernahm das gutsituierte Bürgertum Anfang des 19. Jahrhunderts in bescheidenerer Form und verschenkte statt der Prunkvasen mit Herrscherbildnissen und Schloßansichten einzelne Sammeltassen. Wenn diese nicht persönlichen, familiären Gedenktagen gewidmet waren, erinnerten Beschriftung und Bemalung an berühmte Persönlichkeiten oder Ereignisse von politischer Bedeutung. Die Tassen mit den Porträts des Dichters Johann Wolfgang von Goethe, des Komponisten Giacomo Meyerbeer und des Dichters und Freiheitskämpfers Theodor Körner sollten die Verehrung des Bildungsbürgertums für die Künstler der Klassik und der Romantik ausdrücken; die zum Gedenken an die Schlacht bei Leipzig 1813 und an die Rückführung der Quadriga des Brandenburger Tores von Paris nach Berlin 1814 produzierten Porzellane hielten die Erinnerung an die »Befreiungskriege« wach. Das 1813 gestiftete Eiserne Kreuz sowie Eichenlaub- und Lorbeerkränze gehörten zum Dekor dieser »vaterländischen« Sammelstücke. Während die Manufakturmaler Figuren und Ornamente von Hand auftrugen, wurden die Kartendarstellungen in der Art von Kupferstichen in einem um 1810 von England übernommenen Umdruckverfahren hergestellt. L.K.

Tasse zum Gedenken an die Völkerschlacht bei Leipzig 1813
Königliche Porzellanmanufaktur Berlin
Um 1815
Porzellan, bemalt;
H 7,8 cm (Tasse),
Dm 14 cm (Untertasse)
Inv.-Nr.: 1987/70

Tasse mit dem Porträt Giacomo Meyerbeers
Königliche Porzellanmanufaktur Berlin
Um 1840
Porzellan, bemalt, vergoldet;
H 13 cm (Tasse),
Dm 18,2 cm (Untertasse)
Inv.-Nr.: KG 92/8.1,2

Tasse mit dem Porträt Johann Wolfgang von Goethes
Königliche Porzellanmanufaktur Berlin
1824
Porzellan, bemalt, vergoldet;
H 11,3 cm (Tasse),
Dm 14,7 cm (Untertasse)
Inv.-Nr.: 1986/25.1,2

Deckeltasse mit dem Porträt Theodor Körners
Königliche Porzellanmanufaktur Meißen
Um 1820
Porzellan, bemalt, vergoldet;
H 10 cm (Tasse),
Dm 12,5 cm (Untertasse)
Inv.-Nr.: KG 93/17.1,2

Tasse mit dem Eisernen Kreuz und der Quadriga des Brandenburger Tores
Königliche Porzellanmanufaktur Berlin
Um 1814
Porzellan, bemalt;
H 9,2 cm (Tasse),
Dm 13,4 cm (Untertasse)
Inv.-Nr.: 1991/2192

19 INDUSTRIE UND SOZIALER WANDEL

Anders als in England, dem »industriellen Pionierland«, begann in Deutschland die Frühindustrialisierung im Schneckentempo. Zwar wurden schon wenige Jahre nach der Entwicklung der Niederdruck-Dampfmaschine durch James Watt (1782-1784) und der Erfindung von Richard Arkwrights Spinnmaschine (1775) solche Maschinen auch in Deutschland eingeführt, doch nur sehr zögernd. Von den teuren Dampfmaschinen, die als Auftragsarbeiten einzeln angefertigt wurden, gab es in Preußen 1830 ganze 210 Stück, im gewerbereichen Sachsen sogar nur 25. Vielerorts wurden Antriebsmaschinen erst Mitte des 19. Jahrhunderts aufgestellt. So war das Exemplar in der Sammlung des DHM aus dem Jahre 1847 die erste Dampfmaschine Quedlinburgs. Sie wurde vermutlich in einem kleinen Harzer Bergwerk oder in einer Mühle eingesetzt.

Die englische Industrie setzte alles daran, ihren Technologievorsprung zu wahren, und erließ Exportverbote und ein Auswanderungsverbot für Fachkräfte. Obwohl deutsche Unternehmer, Mechaniker und Beamte im Regierungsauftrag nach England reisten, um die Betriebe zu inspizieren, und obgleich Industriespionage an der Tagesordnung war, gelang es zunächst nur unter Schwierigkeiten, die neuartigen Maschinen aus dem Gedächtnis oder nach erlisteten Unterlagen nachzubauen. Die Fähigkeit zur Nachkonstruktion und das geeignete Material mußten erst entwickelt werden. Wahrscheinlich ist auch die »Water-Zwirnmaschine« der Nachbau eines englischen Modells.

Stolz auf ihre Innovationen und selbstbewußt präsentieren sich die frühen Industriellen auf Porträts, in deren Hintergrund oft eine Industrielandschaft mit rauchenden Schloten oder ähnlichem auf die wirtschaftliche Prosperität hinweist. Maschinenbauer stammten häufig aus dem Handwerk, denn Schlosser, Schmiede, Uhrenmacher, Feilenhauer zum Beispiel brachten eine gewisse Vertrautheit mit mechanischen Produktionsinstrumenten mit. Für die Unternehmer der Frühindustrialisierung ist die Nähe von Fabrikation und Wohnung typisch. Oft war ihr »Reich« repräsentativ geschmückt, etwa mit einer barockisierenden Gartenanlage.

Die industriellen Veränderungen erfaßten Deutschland nicht gleichmäßig, sondern konzentrierten sich auf bestimmte Regionen, allen voran die rheinisch-westfälischen Industriezentren mit Kohlenbergbau sowie Eisen- und Stahlverarbeitung und Maschinenbau. Herausragende Wachstumsregionen waren ferner das saarländische Kohlenrevier, Berlin, in dem sich seit den 1830er Jahren beschleunigt Maschinenbau und Metallindustrie ansiedelten, und das oberschlesische Industrierevier mit Kohlenbergwerken, Eisen- und Zinkhütten. In Sachsen, wo sich auch der Maschinenbau entwickelte, entstand seit dem Ende der dreißiger Jahre ein bedeutendes Zentrum der Steinkohlenförderung zwischen Chemnitz, Glauchau und Zwickau.

Der Absatz wurde im frühen 19. Jahrhundert durch die politische Zersplitterung Deutschlands und die überkommene Zoll- und Abgabenvielfalt behindert. Mit der Schaffung des Deutschen Zollvereins 1834 auf Initiative des preußischen Finanzministers von Motz und mit dem Ausbau des Verkehrswesens auf Straße und Schiene waren wichtige Schritte zur industriellen Entwicklung getan. Das Straßennetz verdoppelte sich zwischen 1825 und 1835 auf rund 10 000 km, und der Ausbau der Schnellpost wurde vorangetrieben. Gleichwohl war das Reisen mit der Postkutsche weiterhin langwierig und von mancherlei Widrigkeiten begleitet. 1839 wurde als erste große Ferneisenbahn in Deutschland die Linie Leipzig–Dresden freigegeben. Die Zeitgenossen bestaunten die allseits imponierenden Lokomotiven als den technischen Fortschritt schlechthin. Die schnaubenden Ungetüme, die durch Eigennamen wie »Adler« oder »Saxonia« personifiziert wurden, veränderten die Wahrnehmung von Raum und Zeit tiefgreifend. Wer kann sich heute noch vorstellen, daß eine Zugfahrt mit einer durchschnittlichen Geschwindigkeit von rund 40 km/h als unheimliches Vorbeirauschen der Landschaft empfunden wurde?

War solcherart das Leben einerseits von technischem Fortschritt und von Neuerungen geprägt, erschien andererseits das anwachsende Massenelend in Stadt und Land als Ausdruck einer tiefen Krise. Tagelöhner, Landarbeiter, Häusler, Kleinsthandwerker, Krämer, kurzum die unteren Schichten, lebten in bitterster Armut. Kleidung und Hausrat wurden verpfändet, Geld zu Wucherzinsen geliehen. Die Zahl der Armen, Almosenempfänger und Bettler wuchs unaufhaltsam; die Armenfürsorge war völlig unzureichend. »Pauperismus« wurde zu einem furchterregenden Reizwort, das in den rund anderthalb Jahrzehnten vor der Revolution von 1848/49 eine herausragende Rolle spielte. Während die Zeitgenossen die soziale Not zumeist als Begleiterscheinung der anlaufenden Industrialisierung deuteten (so auch Friedrich Engels in seinem Buch »Die Lage der arbeitenden Klassen in England«), war die Situation tatsächlich komplizierter. Schon vor der Mitte des 18. Jahrhunderts war die Bevölkerungszahl vehement gestiegen, unter anderem ermöglicht durch die beschleunigte Entfaltung des Agrarkapitalismus und des »protoindustriellen Verlagswesens«. Diese beiden frühen Formen des Kapitalismus sicherten viel mehr Menschen als zuvor ein – wenngleich kärgliches – Überleben. Doch in den 1830er Jahren hatte die Wirtschaft die Grenzen ihrer Aufnahmefähigkeit erreicht. Dem Wachstum von Landwirtschaft und Handwerk eilte das der Bevölkerung und damit des Arbeitskräftepotentials voraus. Mit dem Fehlen ausreichender Beschäftigungsmöglichkeiten wuchs die ländliche Armut, Landflucht setzte ein, und die Gewerke, die nicht mehr zünftigen Beschränkungen unterlagen, waren völlig überfüllt.

Hinzu kam, daß das protoindustrielle Heimgewerbe sich im Niedergang befand, da es der englischen Konkurrenz, zum Teil auch schon der einheimischen Industrie, nicht mehr gewachsen war. So befand sich die deutsche Textilindustrie, das einzige Exportgewerbe von Bedeutung, seit Anfang der vierziger Jahre in einer schweren Krise, denn englische Produzenten überschwemmten den Markt mit billigem, an mechanischen Webstühlen hergestelltem Tuch. Der Aufstand der schlesischen Weber (1844) gegen ihre unerträgliche Not ergriff die Zeitgenossen. Für viele verband sich, nach den Revolutionen von 1789 und 1830, mit dem Massenelend die Furcht vor politischer Radikalisierung und anwachsenden »kommunistischen« Tendenzen.

Die Hungerkrise von 1845 bis 1848 vergrößerte die Not um ein weiteres, und die Enttäuschung über die ausbleibende Verbesserung der Lebensverhältnisse breiter Bevölkerungskreise gehört unmittelbar zur Vorgeschichte der 48er Revolution. R.B.

Der preußische Staatsmann Friedrich von Motz (1775-1830), Finanzminister seit 1825, wurde zum Wegbereiter des Deutschen Zollvereins, dessen Zustandekommen er aber nicht mehr erlebte. Als Oberpräsident der Provinz Sachsen gewann er nachhaltigen Einblick in den wirtschaftlichen Schaden, den die territoriale Zersplitterung Deutschlands in Kleinstaaten verursachte. Sein 1828 zwischen Preußen und Hessen-Darmstadt abgeschlossener Zollvertrag bildete die wichtigste Voraussetzung der deutschen Wirtschaftseinheit. Bis zu seinem Tod 1830 schloß er weitere Verträge mit Anhalt-Köthen, Dessau, Sachsen-Gotha, Hessen-Homburg und Sachsen-Coburg.

Friedrich von Motz trägt den ihm 1827 verliehenen Roten Adlerorden I. Klasse, seine Frau mit schwarzem Kleid und weißer Spitzenhaube die bürgerliche Mode der Biedermeierzeit. W.R.

Der preußische Finanzminister Friedrich von Motz
Um 1825
Öl/Leinwand;
23,5 x 20,5 cm
Inv.-Nr.: 1992/1240

Albertine von Motz geb. von Hagen
Um 1825
Öl/Leinwand;
23,5 x 20,5 cm
Inv.-Nr.: 1992/1241

Zoll-Vereins-Karte von Deutschland und den benachbarten Ländern
München:
F. X. Lunglmayr,
1836
Lithographie/
Papier/Leinwand,
100 x 122 cm;
M ca. 1:1.400.000
Inv.-Nr.: Do 59/989

In der Poststube
Hermann Kauffmann d.Ä.
(1808-1889)
1834
Öl/Leinwand;
86,5 x 129 cm
Signatur
unten rechts:
H. Kauffmann 1834
Hamburg
Inv.-Nr.: 1988/615

Das Hochwasser
Antonie Waldorp
(1803-1866)
1843
Öl/Leinwand;
68 x 85cm
Signatur unten
rechts: 18 AW 43
Inv.-Nr.: 1986/24

Bevor die Eisenbahn als Konkurrenz aufkam, stellte die Post das klassische Mittel der Personenbeförderung dar. Preußen verfügte bereits im Jahr 1740 mit mehr als 300 Poststationen über ein sämtliche Provinzen verbindendes Verkehrsnetz. Während sich die größeren Staaten einen eigenen Postdienst leisteten, lag er in den Klein- und Mittelstaaten in den Händen der Familie Thurn und Taxis. Anlaß zu Kritik gaben der Straßenzustand, die ungefederten Fuhrwerke, die langen Reise- und Aufenthaltszeiten an den Poststationen. Preußen begann erst 1793 mit dem Bau von Chausseen. Dank besserer Straßen und gefederter Wagenkästen konnte man die Reisegeschwindigkeit erhöhen und Aufenthaltszeiten an den Poststationen verkürzen. Selbst die Mahlzeiten waren fest in den Fahrplan einbezogen. Davon zeugt auch die Darstellung einer Poststube aus dem Jahre 1834 des Hamburger Malers Hermann Kauffmann. Daß die Fahrpläne dennoch nicht immer eingehalten wurden, zeigt unser Bild »Das Hochwasser«. Vor einer weggeschwemmten Brücke stehen eine hochbeladene Postkutsche, eine Frau mit Kind, die offenbar zu Fuß unterwegs ist, und zwei Reiter. Während man noch überlegt und beratschlagt, was zu tun ist, hat ein weiterer Reiter bereits kehrtgemacht, um eine andere Route zu nehmen oder im nächsten Ort Zuflucht vor dem andauernden Regen zu suchen. W.R.

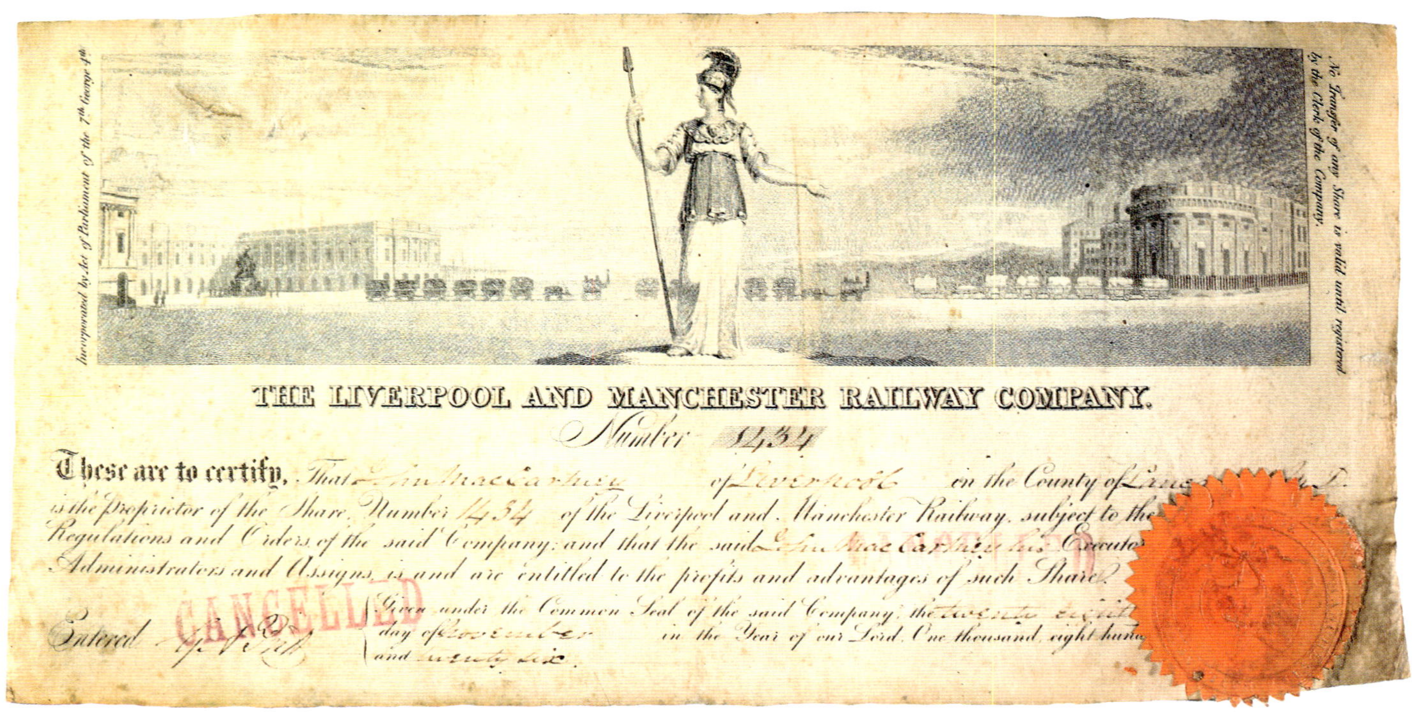
Incorporated by Act of Parliament of the 7th George 4th

THE LIVERPOOL AND MANCHESTER RAILWAY COMPANY.

Number 1434

These are to certify, That John MacCartney of Liverpool in the County of Lanc[illegible] is the Proprietor of the Share, Number 1434 of the Liverpool and Manchester Railway, subject to the Regulations and Orders of the said Company: and that the said John MacCartney his Executo[rs] Administrators and Assigns is and are entitled to the profits and advantages of such Share.

Entered [illegible] CANCELLED

Given under the Common Seal of the said Company, the twenty eighth day of November in the Year of our Lord, One thousand, eight hun[dred] and twenty six.

No Transfer of any Share is valid until registered by the Clerk of the Company.

Aktie der Liverpool and Manchester Railway Company
28. November 1826
Pergament, Kupferstich, papiergedecktes Siegel, handgeschrieben;
15 x 29 cm
Inv.-Nr.: Do 94/46

Mit der »Locomotion No. 1« von George Stephenson wurde am 27. September 1825 in England die erste öffentliche Bahnlinie zwischen Stockton und Darlington eröffnet, und bereits 1826 begann der Bau der 48 km langen Strecke Liverpool–Manchester. Initiiert wurde er von Kaufleuten aus Liverpool, die sich eine schnellere Verbindung zwischen dem Industriezentrum Manchester und der Hafenstadt Liverpool versprachen. Die »Liverpool and Manchester Railway Company« beauftragte Stephenson mit dem Streckenbau, der für diese Bahn die Lokomotive »Rocket« entwickelte; sie konnte das Fünffache ihres eigenen Gewichts ziehen und erreichte eine Geschwindigkeit von 14 bis 20 englischen Meilen. Der innovative Streckenbau und seine Finanzierung durch privates Kapital wurden auch zum Modell für die ersten Eisenbahngesellschaften in Deutschland. Die Gründeraktie der Liverpool and Manchester Railway Company, ausgestellt für John MacCartney, ist mit einer idealisierten Streckenansicht vom Liverpooler Hafen bis zur Börse von Manchester illustriert, über die Athene, die Symbolisierung von Klugheit und Erfindungsgabe, ihre schützende Hand hält.

H.A.

Am 7. Dezember 1835 wurde die erste Eisenbahnstrecke in Deutschland, die die Städte Nürnberg und Fürth miteinander verband, vom bayerischen König Ludwig I. eingeweiht. Das Ereignis erregte Aufsehen und wurde in allen Zeitschriften publiziert und kommentiert. Auf Kupferstichen, auf Spielzeug und Souvenirartikeln wurde das neue Verkehrsmittel abgebildet.

Da die Eisenbahn sich zuvor bereits in England bewährt hatte, kaufte die eigens für dieses Projekt gegründete Aktiengesellschaft ihre erste Lokomotive »Adler« bei der englischen Firma George and Robert Stephenson, als ersten Lokomotivführer engagierte sie William Wilson aus Newcastle. In den folgenden Jahren setzte eine Entwicklung ein, die das gesamte Verkehrswesen revolutionieren sollte. Friedrich List, der wichtigste Fürsprecher des deutschen Eisenbahnbaus, schrieb 1838 nieder, welche Hoffnungen er daran knüpfte: »Was die Dampfschiffahrt für den See- und Flußverkehr, ist der Eisenbahn- und Dampfwagentransport für den Landverkehr, ein Herkules in der Wiege, der die Völker erlösen wird von der Plage des Krieges, der Theuerung und des Schlendrians; der ihre Felder befruchten, ihre Werkstätten und Schachte beleben und auch den niedrigsten unter ihnen Kraft verleihen wird, sich durch den Besuch fremder Länder zu bilden, in entfernten Gegenden Arbeit und an entfernten Heilquellen und Seegestaden Wiederherstellung ihrer Gesundheit zu suchen.« L.K.

Guckkasten-Leporello: Deutschland's erste Eisenbahn zwischen Nürnberg und Fuerth
Um 1838
Kupferstiche, koloriert, gebunden; 13,5 x 19,5 x 64 cm (aufgefaltet)
Inv.-Nr.: 1988/1122

Dose mit einer Darstellung der Ludwigs-Eisenbahn bei Nürnberg
Um 1836
Papiermaché, lackiert, bemalt; H 2,2 cm, Dm 9 cm
Inv.-Nr.: KG 93/14

Unternehmer vor Industrielandschaft
1843
Öl/Leinwand;
76 x 63cm
Signatur unten links: Eckhard
Inv.-Nr.: 1988/1813

Vor einem roten Vorhang mit goldenen Quasten sitzt ein Unternehmer, rechts im Hintergrund fällt der Blick des Betrachters auf eine Industrielandschaft mit rauchenden Schloten. Da Leinwand und Rahmen des Bildes englische Fabrikate sind, liegt die Vermutung nahe, daß auch der Dargestellte Engländer ist.

Das klassische Unternehmerporträt mit der Quelle von Stolz und Wohlstand, der Fabrik, im Hintergrund, war um 1770 in den frühindustriellen Zentren der englischen Midlands entstanden. Als Pioniere gelten die außerhalb Londons wirkenden Maler Joseph Wright und George Stubbs. So, wie sich der englische Aristokrat bevorzugt vor der Kulisse seines ihm Wirtschaftsmacht, politischen Einfluß und Status verleihenden Landsitzes porträtieren ließ, so verwiesen Unternehmer bürgerlicher Herkunft mit gleichen Intentionen auf ihre Fabrik. Im frühen Unternehmerporträt sieht man vielfach auch noch die schloßähnliche Fabrikantenvilla im Hintergrund – Imitation des Adels wird definitiv zum bürgerlichen Kunstprinzip. W.R.

Nikolaus Dreyse revolutionierte mit der Konstruktion eines brauchbaren Hinterladersystems die Waffentechnik des 19. Jahrhunderts. Nach mehrjährigen Versuchen gelang ihm 1835 der Durchbruch. Mit Unterstützung der preußischen Militärverwaltung wurde die neue Waffe unter Geheimhaltung bei der Truppe erprobt und als Gewehrmodell M 41 eingeführt.

Die waffentechnische Überlegenheit der mit Zündnadelgewehren ausgerüsteten preußischen Armee zeigte sich in den Kriegen von 1864 bis 1866. Daraufhin wurden auch in anderen europäischen Ländern derartige Gewehre konstruiert und zum Einsatz gebracht.

Das Gemälde zeigt die Fabrikgebäude der Firma Dreyse & Collenbusch. Zusammen mit dem vorgelagerten Garten vermitteln die Gebäudekomplexe eher den Eindruck einer großen Wohnanlage als das Bild einer Produktionsstätte. Zum Fabrikgebäude in der Bildmitte gehörten Büros und Lagerhallen. Im Seitengebäude wurden Zündhütchen hergestellt. Im zweistöckigen Haus hinter den Büros befanden sich im Parterre ein Maschinenraum und im ersten Stock die Drehbänke für die Eisenwarenproduktion. G.Qu.

Ansicht der Fabrik-, Büro- und Wohngebäude der Firma Dreyse & Collenbusch in Sömmerda
Nach 1845
Öl/Leinwand;
79,5 x 89,5 cm
(mit Rahmen)
Inv.-Nr.: Kg 79/3

Zylinderdampfmaschine (9-12 PS) im neogotischen Stil
Gräflich Stolbergische Maschinenfabrik und Eisengießerei
Magdeburg, 1847
Gußeisen, Messing, Holz;
225 x 190 x 170 cm
Inv.-Nr.: Pro 62/151

Water-Zwirnmaschine mit 24 Flügelspindeln
1820-1840
Holz, Eisen;
120,5 x 290 x 95 cm
Inv.-Nr.: Pro 60/32

Die Dampfmaschine, die zu Ende des 18. Jahrhunderts entwickelt wurde, blieb über hundert Jahre die leistungsfähigste Antriebskraft und wurde zum Symbol der Industrialisierung. Unsere Bockdampfmaschine mit untenstehendem Zylinder gehört zu den kleineren Betriebsdampfmaschinen. Nach Art gotischer Kirchenfenster sind die Böcke, die das Schwungrad tragen, mit einem Dreipaß verziert. Das Stilgefühl der Zeit ließ keine reinen Zweckformen zu, verkleidete die »nackten« Maschinen nicht nur wie hier mit gotischen, sondern auch mit ionischen, dorischen, korinthischen, ägyptischen oder maurischen Stilelementen.

Die Zwirnmaschine aus einem sächsischen Unternehmen konnte mit Wasser- (daher der Name), aber auch mit Dampfkraft betrieben werden. Sie diente der Herstellung von Kett- und Nähgarn, das aus mindestens zwei Garnfäden gezwirnt, also zusammengedreht, und dann auf die Spulen der 24 waagerecht liegenden Flügelspindeln gewickelt wurde. Erstmals waren jetzt die in der Textilindustrie benötigten Kettgarne maschinell herstellbar. Die Maschinisierung brachte den traditionellen Arbeits- und Sozialaufbau zum Einsturz. Auch in der sächsischen Textilbranche kam es – ähnlich wie bei den schlesischen Webern 1844 – zu Akten der Maschinenstürmerei. R.B.

Die schlesischen Weber
Carl Wilhelm Hübner
(1814-1879)
1846
Öl/Leinwand;
39,2 x 52 cm
Signatur unten Mitte: Carl Hübner Düsseldorf 1846
Inv.-Nr.: Kg 90/8

Die wirtschaftlichen Veränderungen sprengten das soziale Gefüge der Gesellschaft. Zahlreiche kleine Handwerker unterlagen der Konkurrenz der effektiver und billiger produzierenden Fabriken. Am härtesten vom Wettbewerb mit der Maschinenproduktion betroffen waren die Weber. Trotz Arbeitszeiten von bis zu 16 Stunden am Tag und extensiver Mitarbeit von noch schlechter bezahlten Frauen und Kindern lebte ein Großteil der Bevölkerung in großer Armut. Zeitgenossen prägten dafür den Begriff Pauperismus (von lat. pauper = arm). Mißernten von Getreide und Kartoffeln in den vierziger Jahren des 19. Jahrhunderts ließen die Lebensmittelpreise explodieren. Es kam zu Hungerrevolten und im Jahr 1844 zum großen Aufstand der schlesischen Weber.

Sie zerstörten die Produktionsmittel in den Fabriken und plünderten die Villen reicher Fabrikanten. Unter Einsatz von Militär ließ die preußische Regierung den Aufstand blutig niederschlagen, doch hatte die gescheiterte Rebellion Not und Verzweiflung der besitzlosen Massen deutlich gemacht. Vor der Revolution von 1848 erschienen dann trotz der Zensur illegal zahlreiche Schriften, die die soziale Frage zum Inhalt hatten. Noch 50 Jahre später war das Thema von solcher Brisanz, daß Gerhart Hauptmanns Drama »Die Weber« 1893 durch einen Erlaß des Berliner Polizeipräsidenten verboten wurde. W.R.

Die Pfandleihe
August von Rentzell
(1810-1891)
1842
Öl/Leinwand;
63,5 x 80,5 cm
Signatur unten rechts: A. v. Rentzell
Inv.-Nr.: 1989/2671

Die Not zwang viele Menschen, ihr letztes Hab und Gut zu verpfänden: Im trüben Dunkel einer muffigen Pfandleihe stapelt sich eine Fülle von Dingen des täglichen Gebrauchs – Kerzenleuchter, Töpfe, Kannen, Kleider, Tabakspfeifen, Bücher, Säbel, Uniformrock. Alle Stände haben ihren Tribut zu entrichten. Im Durcheinander der aus den täglichen Zusammenhängen herausgenommenen Dinge steht, physiognomisch überzeichnet und an der obligatorischen Kopfbedeckung als solcher erkennbar, ein alter Jude, dem Geiz und Wucher ins Gesicht geschrieben sind. Vor dem Pfandleiher erscheint eine biedere Handwerkerfamilie, die offenbar den Sonntagsfrack verpfänden muß. Der Gesichtsausdruck des Vaters verrät die Bestürzung über den zu geringen Erlös. Den Zylinder in seiner Hand wird er auch noch draufgeben müssen.

Laut preußischer Berufsstatistik waren 1843, im Jahr nach der Entstehung des Bildes, 61 Prozent der selbständigen jüdischen Händler als Trödler und Hausierer tätig. In der physiognomischen Überzeichnung des Juden in der dargestellten Situation äußert sich eine deutlich judenfeindliche Tendenz. W.R.

20
VORMÄRZ

Die Ordnung Deutschlands und Europas, auf die sich die europäischen Mächte 1815 auf dem Wiener Kongreß geeinigt hatten, hatte die innenpolitischen Verhältnisse der Staaten einstweilen in der Schwebe gelassen; konservative wie liberale Verfassungsordnungen waren möglich. Aber die öffentliche Stimmung in West- und Mitteleuropa war durch die Freiheitskriege aufgewühlt; die Versprechen von Freiheit und Verfassung, die die Regierungen in der Zeit der Not gegeben hatten, wurden nun lautstark reklamiert. Die Studentenschaften der meisten deutschen Universitäten trafen sich 1817 auf der Wartburg und forderten ein einiges, freies Deutschland; zwei Jahre später erstach ein Student den Schriftsteller von Kotzebue, weil der die Ideale der Nationalbewegung verspottet hatte. Der österreichische Kanzler Metternich, der Architekt der neuen Staatenordnung, sah seine schlimmsten Befürchtungen bestätigt. Im August 1819 einigten sich die Minister der deutschen Staaten in Karlsbad darauf, revolutionäre und freiheitliche Regungen rigoros zu unterbinden. Von jetzt an stagnierte die Verfassungsentwicklung; Österreich und Preußen kehrten zum Absolutismus zurück, die Kräfte der National- und Freiheitsbewegung verschwanden im Untergrund. Der Damm gegen die Revolution schien gesichert zu sein; Metternich allerdings wußte, daß kein Weg zurückführte. »Mein geheimster Gedanke ist«, trug er in sein Tagebuch ein, »daß das alte Europa am Anfang seines Endes ist.«

Die Pariser Julirevolution von 1830 fachte die nationalen und liberalen Leidenschaften wieder an; die Welle erfaßte einen großen Teil Europas. Die liberalen Deutschen begeisterten sich besonders für die nationale Erhebung in Polen (1830/31), die in einer Vielzahl von Flugschriften, Gedichten und Liedern ihr Echo fand. In Abhängigkeit von den sozialen, wirtschaftlichen und verfassungsmäßigen Verhältnissen kam es in einer Reihe von Einzelstaaten zwischen 1830 und 1834 zu Volksunruhen und größeren Rebellionen.

Zumeist waren es lokale Erhebungen, die die Begrenzung der lebensbedrückenden hohen Steuern und Zölle auf ein vertretbares Maß, Pressefreiheit, Ende der Willkürmaßnahmen der Obrigkeit, Mitbestimmungsrecht durch Ständevertretungen und Schutz gegen Polizeiverfolgungen forderten. Neue oder verbesserte Verfassungen wurden in den Ländern Kurhessen, Sachsen, Braunschweig und Hannover durchgesetzt.

Das »Hambacher Fest« im Mai 1832 trug bereits den Charakter einer Volkserhebung. Vom »Deutschen Preß- und Vaterlandsverein« getragen und von den politischen Schriftstellern Philipp Jacob Siebenpfeiffer und Georg August Wirth initiiert, versammelten sich über 20 000 Menschen aller Schichten sowie ausländische Delegationen, darunter auch polnische Freiheitskämpfer, auf dem Hambacher Schloß. In den Festansprachen wurde die Forderung nach einem freien und geeinten Deutschland erhoben, man verlangte Pressefreiheit und prangerte Willkürherrschaft und soziale Mißstände an.

Der Bundestag nahm das Hambacher Fest zum Anlaß für erneute Repressionsmaßnahmen, da in Bewegungen dieser Art eine fundamentale Bedrohung der staatlichen Ordnung gesehen wurde. Metternich bezeichnete das Ereignis als einen »unerhörten Skandal«. Insbesondere wurde gegen diejenigen vorgegangen, die in Publikationen, Vorlesungen und bei öffentlichen Anlässen für die nationale und liberale Bewegung eintraten. Als sieben Göttinger Professoren (später die »Göttinger Sieben« genannt) am 18. November 1837 öffentlich gegen die Aufhebung der Verfassung des Königreiches Hannover auftraten, wurden sie aus ihren Ämtern entlassen; unter ihnen waren solche bekannten Gelehrten wie Jacob und Wilhelm Grimm.

Gegen die Restaurationspolitik in Europa opponierten trotz verschärfter Zensurbestimmungen in Deutschland in den dreißiger Jahren politisch engagierte Schriftsteller, vor allem repräsentiert durch Ludwig Börne und Heinrich Heine und die Gruppe »Junges Deutschland«. Ihre Schriften, die eine breite Bewußtseinsbildung über die »Zustände« und den »Geist der Zeit« bewirken wollten, wurden 1835 vom Deutschen Bundestag verboten.

An diese Publizistik knüpfte die politische Lyrik der vierziger Jahre an. Die Verse von Georg Weerth, Heinrich Hoffmann von Fallersleben, Georg Herwegh, Ferdinand Freiligrath und anderen reflektierten nicht nur die politisch-gesellschaftliche Entwicklung – vielmehr trugen die in ihnen mit Pathos zum Ausdruck gebrachten Freiheitsideale zur Aktivierung des bürgerlichen Emanzipationskampfes bei. Die ungewöhnlich hohen Auflagen sind dafür ein ebenso eindeutiger Beleg wie die Berichte der preußischen und österreichischen Polizeispitzel. Infolge der Repressionsgesetzgebung konnte sich in Deutschland keine breite Opposition etablieren, und viele Schriftsteller, geächtete Intellektuelle, Studenten, radikale Handwerker und Gesellen emigrierten. Sie versuchten, durch die Herausgabe von Schriften, die im liberalen Ausland gedruckt und über die Grenze geschmuggelt wurden, auf die politische Entwicklung in Deutschland Einfluß zu nehmen.

Im Jahre 1834 gründeten republikanisch gesinnte deutsche Handwerkergesellen in Paris den geheimen »Bund der Geächteten«, aus dem später der »Bund der Gerechten« hervorging, der erste Grundstein einer organisierten deutschen Arbeiterbewegung. Zentralfigur des Bundes und führender Theoretiker des Handwerkerkommunismus war Wilhelm Weitling. Der weitgehend in der Schweiz, in Frankreich, England und Belgien entwickelte Sozialismus bzw. Kommunismus sowohl Weitlingscher als auch Marx-/Engelsscher Prägung wirkte in den vierziger Jahren allerdings nur sehr bedingt auf Deutschland.

In den vierziger Jahren verstärkte sich die liberale Opposition, nun auch getragen von dem ökonomisch stärksten Teil des Großbürgertums, preußischen Intellektuellen, Kaufleuten und Bankiers. Die nationalstaatlichen Hoffnungen hatten durch die Rheinkrise und den preußischen Thronwechsel von 1840 neuen Auftrieb erhalten. Friedrich Wilhelm IV. hatte seine Regierungszeit mit einer Reihe liberaler und nationaler Gesten eingeleitet, eine moderne Verfassung jedoch, »ein beschriebenes Blatt«, war er trotz des verstärkten Drucks nicht bereit zuzugestehen. Erst als der Funke von den französischen Revolutionsunruhen im Februar 1848 auf die deutschen Staaten übersprang, kündigte der König von Preußen eine Verfassung an. Die Revolution war aber nicht mehr aufzuhalten. R.Bl.

Großfürst Alexander Nikolajewitsch empfängt den österreichischen Staatskanzler Clemens Lothar von Metternich in der Wiener Hofburg
Ferdinand Georg Waldmüller (1793-1865)
1839
Öl/Leinwand; 100 x 126 cm
Signatur unten links: Waldmüller 1839
Inv.-Nr.: 1989/699
Erworben aus Mitteln des Landes Berlin

In virtuoser Maltechnik rekonstruierte Ferdinand Waldmüller, der bevorzugte Maler der Wiener Oberschicht, den Empfang des österreichischen Staatskanzlers von Metternich (dritter von rechts) durch den russischen Großfürsten und späteren Zaren Alexander II. (links). Anlaß für diese Begegnung in der Wiener Hofburg war der Friedensvertrag von Adrianopel (1829), der Griechenland die Unabhängigkeit vom Osmanischen Reich brachte. Die Einigkeit der beiden in der »Heiligen Allianz« verbundenen Großmächte Österreich und Rußland sollen die einander entgegengestreckten Arme der beiden Hauptpersonen bekräftigen.

In Wahrheit verhüllen sie die Interessengegensätze: Metternich hatte den griechischen Freiheitskampf mißbilligt und wollte die Macht der Türkei erhalten wissen. Rußland dagegen war bestrebt, die Türkei zu schwächen, um selbst Einfluß auf dem Balkan und im Mittelmeerraum zu gewinnen.

Das 1839 wohl zum 10. Jahrestag des österreichisch-russischen Interessenausgleichs entstandene Historienbild sollte Metternich noch einmal als brillanten Diplomaten feiern. Tatsächlich war sein außenpolitischer Einfluß in Europa zu dieser Zeit bereits im Schwinden, doch blieb in Österreich sein politisches System mit Zensur und Polizeikontrolle bestehen. Metternich lehnte die Idee der Volkssouveränität ab und bekämpfte jede politische Betätigung des Volkes. W.R.

Notenalbum mit Musikstücken auf die Revolution in Polen 1830/31 – Marsch des Generals Dwernicki
? Fresbec u.a.
Berlin:
G. Eduard Müller u.a., nach 1831
Karton, Leder, Papier, Buchdruck; Lithographie, koloriert;
25 x 33,5 cm
Inv.-Nr.: Do 54/621

Das Beispiel der französischen Julirevolution gab in dem 1815 geschaffenen »Kongreßpolen« den letzten Impuls für einen bewaffneten Aufstand gegen die russische Herrschaft. Er endete nach anfänglichen Erfolgen im September 1831 mit der vollständigen Niederlage der Rebellen. In Deutschland fand der Kampf der Polen um Freiheit und nationale Selbständigkeit große Anteilnahme. Die deutschen Demokraten und Liberalen maßen der polnischen Erhebung gegen das zaristische Rußland, in dem sie den Inbegriff des Despotismus und des reaktionären Polizeiregimes sowie den Garanten der kleinstaatlichen Zersplitterung Deutschlands sahen, vorbildhafte Bedeutung zu für das eigene Verlangen nach Liberalisierung und nationaler Einheit. Eine Erscheinungsform des Solidaritätsgefühls mit der polnischen Befreiungsbewegung, der Polenbegeisterung, stellten die ungezählten Kompositionen von Liedern und Märschen dar, in denen der Kampf um Unabhängigkeit, das Drama der Niederlage und die folgende Emigration der aufständischen Polen besungen wurden. In sentimentaler Weise schilderten die Polenlieder den Heldenmut und die Opferbereitschaft der polnischen Soldaten wie einzelner Heerführer und handelten im Grunde von den eigenen Hoffnungen auf Umwälzung der politischen Verhältnisse in Deutschland. M.S.

Lesekabinett
L. Arnoto
Um 1840
Öl/Leinwand;
74 x 89 cm
Signatur unten rechts: L. Arnoto
Inv.-Nr.: Kg 63/6

Eines der Hauptanliegen der bürgerlich-demokratischen Bewegung im Vormärz bestand in der Forderung nach mehr Beteiligung bei politischen Angelegenheiten. Das Schlüsselwort dafür war die »öffentliche Meinung«. Die Weitergabe von Wissen und die Verbreitung von Nachrichten boten die Grundlage, auf der ein politisches Engagement überhaupt erst möglich wurde. Neugegründete Zeitungen trugen dem gesteigerten Informationsbedürfnis Rechnung. Aus der Tradition der Salons und Lesegesellschaften der Aufklärung entstanden im Vormärz die Leserunden, die sich – unterschiedlich je nach ihrem sozialen Umfeld – meist in Cafés oder Wirtshäusern zusammenfanden.

Bei dem dargestellten »Lesekabinett« dürfte es sich um die gute Stube einer örtlichen Standesperson handeln. Das Biedermeierinterieur strahlt eine behaglich-bürgerliche Atmosphäre aus, und die Runde der ins Lesen vertieften Männer erweckt nicht den Eindruck, als ginge ihr politisches Engagement über die gemeinsame Lektüre hinaus. Wahrscheinlich steckt hinter dieser Darstellung übereifriger Zeitungsleser eine parodistisch-karikierende Absicht, die aus konservativen Kreisen kommen könnte. P.M.G.

Gefangene in der Zuchthauskirche
Wilhelm Joseph Heine (1813-1839)
1837
Öl/Leinwand;
49,5 x 68,5 cm
Inv.-Nr.: 1993/894

Der 24jährige Düsseldorfer Maler Wilhelm Joseph Heine hat 1837 eine verschlüsselte Szene dargestellt, die er selbst »Verbrecher in der Kirche« nannte. Offensichtlich sind die »Verbrecher« aber keine Entwurzelten aus der Unterschicht. Die drei vor der Säule scheinen gutausgebildete Männer bürgerlicher Herkunft zu sein, wie auch die an den Wänden Stehenden. Ein Bärtiger, in den hellen Kittel des Webers gekleidet, fixiert trotzig die Wache. Widerwillen, Ablehnung und versteckte Rebellion spiegeln sich in ihren Gesichtern.

Das Gemälde ist zur Zeit der »Demagogen«-Verfolgung entstanden. Sie richtete sich gegen die aufständischen Arbeiter und Handwerker, die sich zu organisieren versuchten, gegen Weber und gegen Studenten, die Demokratie und nationale Einheit forderten. 1835 wurden die Schriften Heinrich Heines, Georg Büchners und anderer staatskritischer Autoren »für alle Zeiten« verboten. 1836 verurteilte das preußische Kammergericht 204 Mitglieder von Burschenschaften wegen angeblichen Hochverrats, davon 39 zum Tode. 1837 wurden sieben Göttinger Professoren des Landes verwiesen, weil sie gegen die Aufhebung der Verfassung durch den Landesherrn, den König von Hannover, protestiert hatten. Im selben Jahr nahm sich Pfarrer Ludwig Weidig, neben Büchner der Verfasser des »Hessischen Landboten«, nach zweijähriger Untersuchungshaft im Gefängnis das Leben. Wahrscheinlich soll der Alte vor der Säule an Weidig erinnern. W.R.

Mephistopheles.

Ein politisch-satyrisches Taschenbuch auf das Jahr 1833.

Herausgegeben von C. Herloßsohn.

Mit Kupfern von J. P. Lyser.

Leipzig, Brüggemann's Verlags-Expedition.

Mephistopheles. Ein politisch-satyrisches Taschenbuch auf das Jahr 1833
Karl Georg Herloßsohn (1802-1849), Johann Peter Lyser (1803-1870)
Leipzig: Brüggemann's Verlags-Expedition, 1832
Sign.: R 91/948

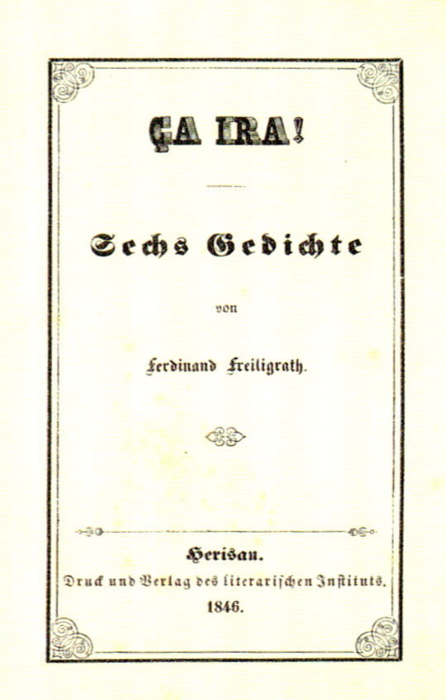
Ça Ira!

Sechs Gedichte

von

Ferdinand Freiligrath.

Herisau.
Druck und Verlag des literarischen Instituts.
1846.

Ça Ira! Sechs Gedichte
Ferdinand Freiligrath (1810-1876)
Herisau: Verlag des literarischen Instituts, 1846
Sign.: R 57/7247a

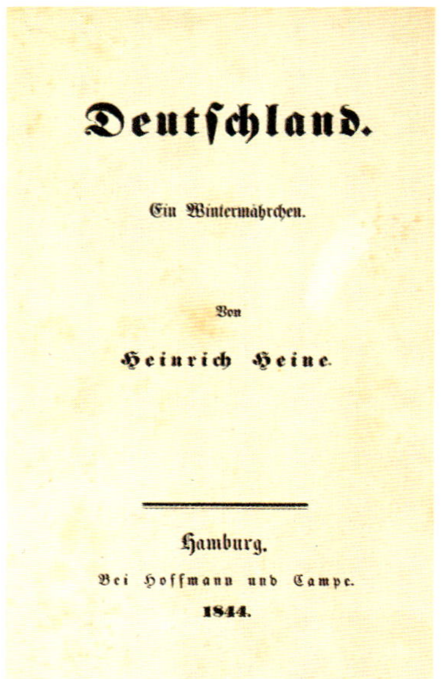
Deutschland.

Ein Wintermährchen.

Von

Heinrich Heine.

Hamburg.
Bei Hoffmann und Campe.
1844.

Deutschland. Ein Wintermährchen
Heinrich Heine (1797-1856)
Hamburg: Hoffmann und Campe, 1844
Sign.: R 60/1703

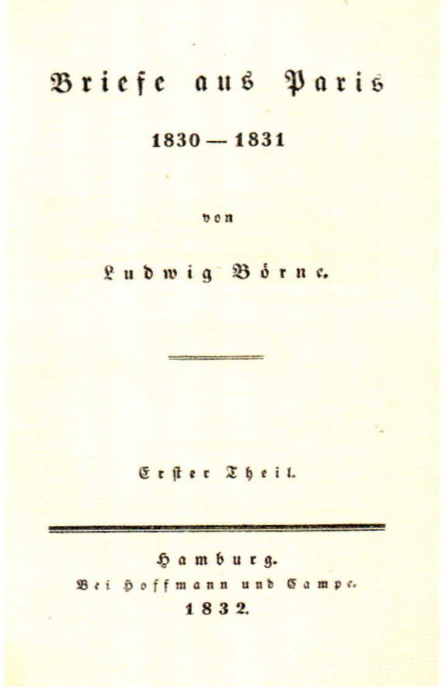
Briefe aus Paris

1830 — 1831

von

Ludwig Börne.

Erster Theil.

Hamburg.
Bei Hoffmann und Campe.
1832.

Briefe aus Paris 1830-1831. Erster Theil
Ludwig Börne (1786-1837)
Hamburg: Hoffmann und Campe, 1832
Sign.: 57/4799

In Deutschland entwickelte sich unter dem Einfluß der französischen Julirevolution von 1830 eine oppositionelle Literatur, die unter dem Namen »Junges Deutschland« bekannt wurde. Sie entstand aus dem Bewußtsein der Rückständigkeit des deutschen politischen Lebens als Folge der Restauration und der Karlsbader Beschlüsse. Viele ihrer Vertreter gingen ins Exil. Die Schriften dieser Gruppe, zu deren Wortführern Ludwig Börne und Heinrich Heine gehörten, wurden 1835 vom Frankfurter Bundestag mit einem allgemeinen Verbot belegt.

Börnes Hauptwerk, die »Briefe aus Paris«, 1830/31 im Exil geschrieben und bei Hoffmann und Campe 1832 verlegt, setzt sich kritisch mit den Ergebnissen der französischen Julirevolution auseinander. Heine schrieb unter den Eindrücken seiner ersten Rückreise aus dem französischen Exil 1844 die Verssatire »Deutschland. Ein Wintermährchen«, eine seiner schärfsten Stellungnahmen zu den deutschen Mißständen (Kleinstaaterei, Franzosenhaß, militantes Nationalgefühl).

Zum Umfeld des »Jungen Deutschland« gehört auch Karl Georg Herloßsohn mit seinem Buch »Mephistopheles«, in dem er eine ganze Palette liberaler Themen des Vormärz anspricht.

Ferdinand Freiligrath bezog in den vierziger Jahren bereits radikal-demokratische Positionen. Seine unter dem Titel »Ça Ira!« (Es wird schon gehen!) 1846 veröffentlichten sechs Gedichte sind leidenschaftliche Aufrufe zur Revolution und einer sich herausbildenden sozialistischen Literatur zuzurechnen. R.Bl.

Als das »Deutschlandlied« am 26. August 1841 auf der seit 1807 in britischer Hand befindlichen Insel Helgoland entstand, war der Autor bereits als Dichter »revolutionärer« Verse bekannt. Heinrich Hoffmann, Professor für deutsche Sprache und Literatur an der Universität Breslau, hatte 1840 seine »Unpolitischen Lieder« bei Hoffmann und Campe in Hamburg veröffentlicht. Diese kritischen Gedichte zu den politischen und gesellschaftlichen Verhältnissen in Deutschland hatten solchen Erfolg, daß schon 1841 eine Neuauflage und ein zweiter Band in Vorbereitung waren. Deshalb wurden in Hamburg auch eiligst die auf Helgoland gedichteten neuen Verse mit populären Formulierungen zu politischen Forderungen der Zeit – nationaler Einheitsstaat, Gleichheit und Freiheit des einzelnen –, unterlegt mit der Melodie von Joseph Haydns 1797 komponierter Kaiserhymne, gedruckt. 1842 wurde Hoffmann auf Betreiben des preußischen Kultusministers als staatsgefährdend aus dem Lehramt entlassen. Ursache war der zweite Band der »Unpolitischen Lieder«. Das »Lied der Deutschen« erhielt erst später politische Brisanz: Im Ersten Weltkrieg wurde es zu einem nationalen Bekenntnislied, und 1922 erklärte es Friedrich Ebert zur Nationalhymne der Weimarer Republik. Zwar wollte der Reichskanzler den Text »nicht als Ausdruck nationalistischer Überhebung«, sondern als »Sang von Einigkeit und Recht und Freiheit« verstanden wissen, aber bereits 1933 wurden »Recht und Freiheit« vergessen. Seit 1952 wird die dritte Strophe des Deutschlandliedes in der Bundesrepublik Deutschland wieder als Nationalhymne gesungen. H.A.

Deutsch-land, Deutsch-land ü - ber Al - les, ü - ber Al - les in der Welt!

2.

Deutsche Frauen, deutsche Treue,
Deutscher Wein und deutscher Sang
Sollen in der Welt behalten
Ihren alten schönen Klang,
Uns zu edler That begeistern
Unser ganzes Leben lang —
Deutsche Frauen, deutsche Treue,
Deutscher Wein und deutscher Sang!

3.

Einigkeit und Recht und Freiheit
Für das deutsche Vaterland!
Danach laßt uns alle streben
Brüderlich mit Herz und Hand!
Einigkeit und Recht und Freiheit
Sind des Glückes Unterpfand —
Blüh' im Glanze dieses Glückes,
Blühe deutsches Vaterland!

Das

Lied der Deutschen

von

Hoffmann von Fallersleben.

Melodie nach Joseph Haydn's:
„Gott erhalte Franz den Kaiser,
Unsern guten Kaiser Franz!"

Arrangirt für die Singstimme
mit Begleitung des Pianoforte oder der Guitarre.

(Text Eigenthum der Verleger.)
1. September 1841.

Hamburg, bei Hoffmann und Campe.
Stuttgart, bei Paul Neff.

[Preis 2 gGr.]

Das Lied der Deutschen
August Heinrich Hoffmann von Fallersleben (1798-1874)
Hamburg: Hoffmann und Campe
Stuttgart: Paul Neff, 1. September 1841
Papier, Druck; 27 x 17,5 cm
Inv.-Nr.: 1987/281

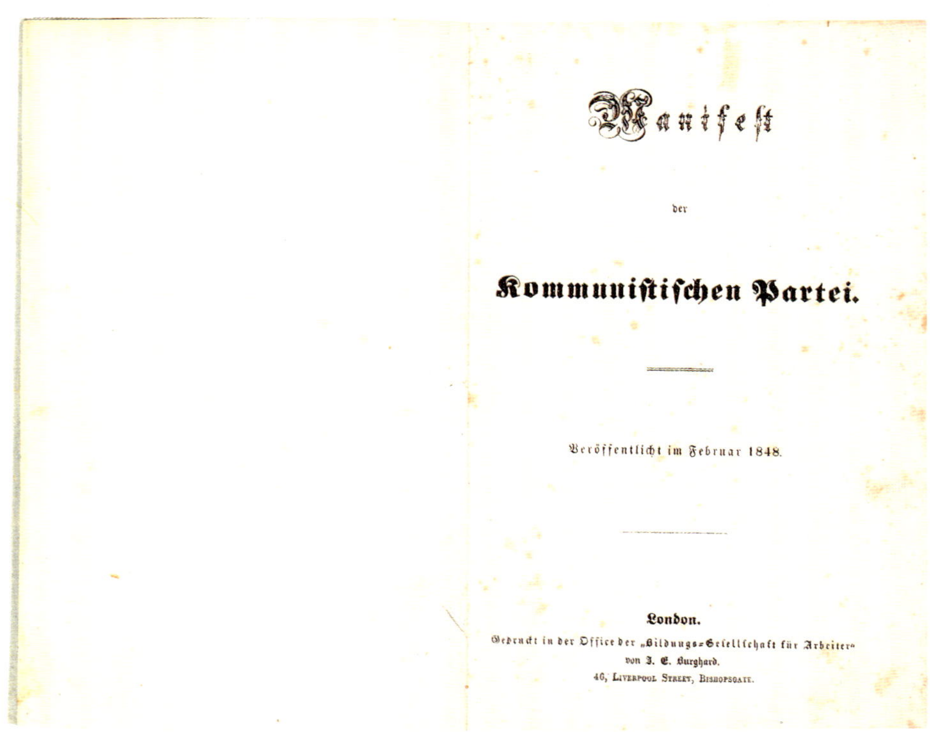

Manifest der Kommunistischen Partei.

Veröffentlicht im Februar 1848.

London.

Gedruckt in der Office der „Bildungs-Gesellschaft für Arbeiter"
von J. E. Burghard.
46, Liverpool Street, Bishopsgate.

Manifest der Kommunistischen Partei
Karl Marx (1818-1883), Friedrich Engels (1820-1895)
Vermutlich Köln 1850/51 (Nachdruck der wohl vom Deutschen Arbeiterbildungsverein, London, veröffentlichten Erstausgabe von 1848)
Sign.: R 92/2958

— 14 —

II.

Proletarier und Kommunisten.

In welchem Verhältniß stehen die Kommunisten zu den Proletariern überhaupt?

Die Kommunisten sind keine besondere Partei gegenüber den andern Arbeiterparteien.

Sie haben keine von den Interessen des ganzen Proletariats getrennten Interessen.

Sie stellen keine besondern Prinzipien auf, wonach sie die proletarische Bewegung modeln wollen.

Die Kommunisten unterscheiden sich von den übrigen proletarischen Parteien nur dadurch, daß einerseits sie in den verschiedenen nationalen Kämpfen der Proletarier die gemeinsamen, von der Nationalität unabhängigen Interessen des gesammten Proletariats hervorheben und zur Geltung bringen, andrerseits dadurch, daß sie in den verschiedenen Entwicklungs-Stufen, welche der Kampf zwischen Proletariat und Bourgeoisie durchläuft, stets das Interesse der Gesammt-Bewegung vertreten.

Die Kommunisten sind also praktisch der entschiedenste immer weiter treibende Theil der Arbeiterparteien aller Länder, sie haben theoretisch vor der übrigen Masse des Proletariats die Einsicht in die Bedingungen, den Gang und die allgemeinen Resultate der proletarischen Bewegung voraus.

Der nächste Zweck der Kommunisten ist derselbe wie der aller übrigen proletarischen Parteien: Bildung des Proletariats zur Klasse, Sturz der Bourgeoisieherrschaft, Eroberung der politischen Macht durch das Proletariat.

Die theoretischen Sätze der Kommunisten beruhen keineswegs auf Ideen, auf Prinzipien, die von diesem oder jenem Weltverbesserer erfunden oder entdeckt sind.

Sie sind nur allgemeine Ausdrücke thatsächlicher Verhältnisse eines existirenden Klassenkampfes, einer unter unsern Augen vor sich gehenden geschichtlichen Bewegung. Die Abschaffung bisheriger Eigenthumsverhältnisse ist nichts dem Kommunismus eigenthümlich Bezeichnendes.

Alle Eigenthumsverhältnisse waren einem beständigen geschichtlichen Wechsel, einer beständigen geschichtlichen Veränderung unterworfen.

Die französische Revolution z. B. schaffte das Feudal-Eigenthum zu Gunsten des bürgerlichen ab.

Was den Kommunismus auszeichnet, ist nicht die Abschaffung des Eigenthums überhaupt, sondern die Abschaffung des bürgerlichen Eigenthums.

Aber das moderne bürgerliche Privateigenthum ist der letzte und vollendeteste Ausdruck der Erzeugung und Aneignung der Produkte, die

— 15 —

auf Klassengegensätzen, die auf der Ausbeutung der Einen durch die Andern beruht.

In diesem Sinn können die Kommunisten ihre Theorie in dem einen Ausdruck: Aufhebung des Privat-Eigenthums zusammenfassen.

Man hat uns Kommunisten vorgeworfen, wir wollten das persönlich erworbene, selbsterarbeitete Eigenthum abschaffen; das Eigenthum, welches die Grundlage aller persönlichen Freiheit, Thätigkeit und Selbstständigkeit bilde.

Erarbeitetes, erworbenes, selbstverdientes Eigenthum! Sprecht Ihr von dem kleinbürgerlichen, kleinbäuerlichen Eigenthum, welches dem bürgerlichen Eigenthum vorherging? Wir brauchen es nicht abzuschaffen, die Entwickelung der Industrie hat es abgeschafft und schafft es täglich ab.

Oder sprecht Ihr vom modernen bürgerlichen Privateigenthum?

Schafft aber die Lohnarbeit, die Arbeit des Proletariers ihm Eigenthum? Keineswegs. Sie schafft das Kapital, d. h. das Eigenthum, welches die Lohnarbeit ausbeutet, welches sich nur unter der Bedingung vermehren kann, daß es neue Lohnarbeit erzeugt, um sie von Neuem auszubeuten. Das Eigenthum in seiner heutigen Gestalt bewegt sich in dem Gegensatz von Kapital und Lohnarbeit. Betrachten wir die beiden Seiten dieses Gegensatzes. Kapitalist sein heißt nicht nur eine reinpersönliche, sondern eine gesellschaftliche Stellung in der Produktion einnehmen.

Das Kapital ist ein gemeinschaftliches Produkt und kann nur durch eine gemeinsame Thätigkeit vieler Mitglieder, ja in letzter Instanz nur durch die gemeinsame Thätigkeit aller Mitglieder der Gesellschaft in Bewegung gesetzt werden.

Das Kapital ist also keine persönliche, es ist eine gesellschaftliche Macht.

Wenn also das Kapital in gemeinschaftliches, allen Mitgliedern der Gesellschaft angehöriges Eigenthum verwandelt wird, so verwandelt sich nicht persönliches Eigenthum in gesellschaftliches. Nur der gesellschaftliche Charakter des Eigenthums verwandelt sich. Es verliert seinen Klassen-Charakter.

Kommen wir zur Lohnarbeit.

Der Durchschnittspreis der Lohnarbeit ist das Minimum des Arbeitslohnes, d. h. die Summe der Lebensmittel, die nothwendig sind, um den Arbeiter als Arbeiter am Leben zu erhalten. Was also der Lohnarbeiter durch seine Thätigkeit sich aneignet, reicht blos dazu hin, um sein nacktes Leben wieder zu erzeugen. Wir wollen diese persönliche Aneignung der Arbeitsprodukte zur Wiedererzeugung des unmittelbaren Lebens keineswegs abschaffen, eine Aneignung, die keinen Reinertrag übrig läßt, der Macht über fremde Arbeit geben könnte. Wir wollen nur den elenden Charakter dieser Aneignung aufheben, worin der Arbeiter nur lebt, um das Kapital zu vermehren, nur so weit lebt, wie es das Interesse der herrschenden Klasse erheischt.

In der bürgerlichen Gesellschaft ist die lebendige Arbeit nur ein Mittel, die aufgehäufte Arbeit zu vermehren. In der kommunistischen

Von Karl Marx und Friedrich Engels im Auftrag des »Bundes der Kommunisten« verfaßt, erschien das »Manifest der Kommunistischen Partei« im Februar 1848 in London. Die Zahl der Nachdrucke ist nicht mehr überschaubar, geschätzt werden etwa 1 200 Ausgaben in nahezu allen Schriftsprachen der Welt. Welcher Ausgabe unser Exemplar zuzuordnen ist, kann nicht mit Sicherheit bestimmt werden. Vermutlich handelt es sich um den Kölner Nachdruck von 1850/51.

Mit genialer Klarheit und starker Ausdruckskraft wird die Grundthese des in vier Abschnitte gegliederten Manifestes umrissen, daß die Geschichte der Menschheit eine Geschichte von Klassenkämpfen sei. Die Autoren proklamieren die Aufhebung der Ausbeutung des Menschen durch den Menschen und den Aufbau einer klassenlosen Gesellschaft. Sie verkünden: »Mögen die herrschenden Klassen vor einer kommunistischen Revolution zittern. Die Proletarier haben nichts zu verlieren als ihre Ketten. – Proletarier aller Länder vereinigt euch!« Obwohl die Aussagen des »Kommunistischen Manifestes« auf Widerspruch von verschiedenen Seiten stießen, zählt es zu den bedeutendsten Dokumenten der europäischen Ideengeschichte aus dem 19. Jahrhundert, charakterisiert durch den britischen Sozialisten Harold Joseph Laski (1893-1950) als »one of the outstanding political documents of all time«. R.Bl.

21
DIE REVOLUTION VON 1848

Freiheit und Einheit waren die Forderungen von 1848. Nach der Februarrevolution in Frankreich kam es im März auch in den Staaten des Deutschen Bundes zu politischen Kundgebungen. Die vehement vorgetragenen Märzforderungen – Pressefreiheit, Vereins- und Versammlungsfreiheit, Bildung von Schwurgerichten, allgemeine Volksbewaffnung, Verfassungseid des Heeres und Wahl einer Nationalvertretung – bewogen den Bundestag in Frankfurt am Main zu ersten Reformbeschlüssen.

Dem Ausbruch der Revolution im Kaiserreich Österreich – Wien (13. März), bald darauf Ungarn und Lombardo-Venetien – und dem Rücktritt Metternichs folgte am 18. März der Umsturz in Preußen. Die Barrikadenkämpfe in Berlin konnte das Patent vom selben Tage, in dem König Friedrich Wilhelm IV. die Erfüllung der Märzforderungen und die Bildung eines konstitutionell verfaßten deutschen Bundesstaates versprach, nicht mehr verhindern.

Nach dem Sieg der Revolution wurde das Versprechen, eine verfassunggebende deutsche Nationalversammlung einzuberufen, von der bürgerlichen Opposition, den März-Kabinetten und dem Bundestag eilig betrieben, so daß bereits Anfang Mai 587 Abgeordnete gewählt werden konnten.

Am 18. Mai 1848 trat die erste deutsche Nationalversammlung in der Frankfurter Paulskirche zusammen und wählte mit großer Mehrheit den Liberalen Heinrich von Gagern zu ihrem Präsidenten. Dieser vertrat in seiner Antrittsrede die für den Bundestag provokante Ansicht, die Vollmacht zur Schaffung der Verfassung für Deutschland »liege in der Souveränität der Nation« begründet. Aber Österreich und Preußen protestierten nicht: Eine zweite Revolution am 15. Mai hatte die österreichische Regierung veranlaßt, sich aus Wien zurückzuziehen.

Mit der Schaffung einer provisorischen Reichszentralgewalt durchkreuzte die Nationalversammlung mit »kühnem Griff« die Pläne des Bundestages und verstimmte durch die Wahl Erzherzog Johanns von Österreich zum Reichsverweser (29. Juni) besonders den preußischen König. Doch Preußen legte keinen Widerspruch ein: Am 14. Juni hatte sich im Zeughaussturm der Unmut der Arbeiter über ihren Ausschluß aus der Volksbewaffnung entladen.

Mit dem Beschluß vom 26. Mai über die vordringliche Beratung der Grundrechte stellte die Nationalversammlung die Einigungsbestrebungen zugunsten der Freiheitsrechte hintan: Artikel I (Reichsbürgerrecht) hatte die von den Konservativen immer noch sehr umstrittene Gewerbe- und Auswanderungsfreiheit zum Inhalt. Artikel II (Gleichheit vor dem Gesetz) rief bei den Konservativen und Teilen der Liberalen starke Proteste hervor. Mit der Abschaffung des Adels als Stand geriet die Nationalversammlung gar in den Verdacht sozialrevolutionärer Umtriebe. Artikel III (»Die Freiheit der Person ist unverletzlich«) revolutionierte den Strafenkatalog mit der Abschaffung der Todesstrafe, des Prangers, der Brandmarkung und der körperlichen Züchtigung. Artikel IV (Pressefreiheit) gehörte zu den Grundforderungen des Vormärz. Artikel V (Glaubens- und Gewissensfreiheit) definierte das Verhältnis von Staat und Religion und berührte mit der Einführung der Zivilehe den Streit mit der katholischen Kirche um die Mischehe. Artikel VI (»Die Wissenschaft und ihre Lehre ist frei«) unterstellte das Erziehungs- und Unterrichtswesen der Oberaufsicht des Staates und machte den kostenlosen Besuch der unteren Volksschulen zur Pflicht.

Der Grundrechtekatalog wurde am 27. Dezember 1848 als Unterpfand der Einheit verabschiedet. Doch die Grundrechte wurden weder in Österreich noch in Preußen, Bayern oder Hannover anerkannt. In Österreich hatte sich nach der Eroberung der Stadt Wien (31. Oktober) durch Alfred Fürst zu Windischgrätz die Gegenrevolution durchgesetzt, und die Regierung Schwarzenberg war nicht einmal davor zurückgeschreckt, den Abgeordneten der Paulskirche Robert Blum als Teilnehmer der Wiener Barrikadenkämpfe erschießen zu lassen. In Preußen war General Friedrich von Wrangel, ohne auf Widerstand zu treffen, in Berlin eingerückt, und Friedrich Wilhelm IV. hatte die preußische Nationalversammlung auflösen lassen (5. Dezember).

Bei den Beratungen über die Verfassung spaltete sich die Nationalversammlung zunehmend in ein großdeutsches und ein kleindeutsches Lager. Das großdeutsche Modell sah einen Nationalstaat in den Grenzen des Deutschen Bundes, erweitert um das Herzogtum Schleswig und die preußischen Ostseeprovinzen, vor. Die reichsfremden Territorien Österreichs – Galizien, Ungarn, Kroatien, Lombardo-Venetien – aber sollten nicht Teil des Reiches sein, was einer Teilung Österreichs gleichkam.

Noch im Oktober 1848 hätte die Mehrheit der Abgeordneten, auch der österreichischen, für die großdeutsche Lösung gestimmt. Aber 1849 war für Österreichs Regierung Schwarzenberg ein großdeutscher Bundesstaat ebensowenig tragbar wie die kleindeutsche Lösung, die den Ausschluß Österreichs aus dem Reich vorsah. Der romantisch gesinnte preußische König fühlte sich der Tradition des römisch-deutschen Kaiserreiches und dem Hause Habsburg verpflichtet und lehnte deshalb den großdeutschen Gedanken ebenfalls ab. Die Verkündung der staatsrechtlichen Einheit der deutschen und nichtdeutschen österreichischen Staatsgebiete in der am 7. März 1849 oktroyierten Verfassung für Österreich entschied schließlich die Diskussion in Frankfurt. Am 27. März stimmte die Nationalversammlung mehrheitlich für die kleindeutsche Lösung und damit für den Ausschluß Österreichs. 290 Abgeordnete wählten dann am 28. März 1849 den preußischen König Friedrich Wilhelm IV. zum Kaiser der Deutschen.

Als am 3. April eine Deputation der Abgeordneten Friedrich Wilhelm IV. in Berlin die erbliche Kaiserkrone anbot, war er entschlossen, »solchen imaginären Reif, aus Dreck und Lettern gebacken«, zurückzuweisen, erklärte aber der brüskierten Abordnung, seine Entscheidung von der Zustimmung der Regierungen der einzelnen Staaten abhängig machen zu wollen. Die endgültige Ablehnung von Kaiserkrone und Reichsverfassung erfolgte schließlich am 28. April 1849, obgleich bereits 28 Regierungen die Reichsverfassung anerkannt hatten. Der Kampf, der im Mai um die Reichsverfassung entbrannte, endete mit der blutigen Niederschlagung in Sachsen, in der Pfalz und in Baden durch preußische Truppen. »Und wer nicht schläft in guter Ruh, / Dem drückt der Preuß' die Augen zu«, reimt das Badische Wiegenlied.

Aus zwei Gründen blieb die Revolution von 1848 erfolglos: Zum einen, weil die Kräfte der Bewegung, bürgerliche Liberale und demokratische Radikale, nicht zu gemeinsamem Handeln finden konnten. Zum anderen, weil der Versuch, das unter dänischer Herrschaft stehende Schleswig-Holstein in den künftigen deutschen Nationalstaat einzugliedern, auf den einhelligen Widerstand der europäischen Mächte stieß. Aus der Perspektive der Kabinette in Paris, London und St. Petersburg schien die Begründung der deutschen Einheit schierer Aufruhr gegen die Prinzipien des europäischen Gleichgewichts, und nicht zuletzt an der Gefahr einer Drei-Mächte-Intervention scheiterte die deutsche Revolution von 1848/49 und damit der Versuch, ein liberal verfaßtes Deutschland auf der Grundlage von Menschenrechten und Volkssouveränität zu begründen. H.A.

Barrikadenkampf in der Rue Soufflot, Paris, 25. Juni 1848
Horace Vernet
(1789-1863)
1848-1850
Öl/Leinwand;
36 x 46 cm
Inv.-Nr.: 1991/33

Das Recht auf Arbeit hatte die Februarrevolution in Frankreich proklamiert. Für die vielen Pariser Arbeitslosen hatte die provisorische Regierung der Republik daraufhin nationale Werkstätten (ateliers nationaux) eingerichtet, die allerdings von vielen Bürgern mit Argwohn betrachtet wurden. Nachdem die liberalen Republikaner bei den Wahlen am 23. April die Mehrheit der Stimmen auf sich vereinen konnten, fehlten in der neuen Regierung die Sozialisten Louis Blanc und Albert, so daß über die Frage neu verhandelt werden konnte. Die Schließung der als unproduktiv bezeichneten Nationalwerkstätten führte am 23. Juni zum ersten sozialistischen Arbeiteraufstand der Geschichte. Der am 24. Juni zum Militärdiktator ernannte Kriegsminister General Eugène Cavaignac schlug mit militärischer Übermacht und äußerster Brutalität den Aufstand nieder. Die Zahl der Toten wurde auf über 3 000 geschätzt! Eine der vom Militär gestürmten Barrikaden stand an der Rue Soufflot. Die Szene zeigt den Nachmittag des 25. Juni, als die Lage der aufständischen Arbeiter bereits aussichtslos war. Vom Panthéon her, vom Rauch der Geschütze umhüllt, die Trikolore mit sich führend, rückt das Militär gegen die Barrikade vor. Auf ihren Trümmern aber weht die rote Fahne, wie sie Ferdinand Freiligrath in seinem Protestschrei »Die Todten an die Lebenden« beschrieb. Preußens Regierung ließ den Dichter verhaften und Anklage gegen ihn erheben. H.A.

Die Karikatur zeigt Louis Philippe, Prinz Wilhelm von Preußen und Fürst Clemens von Metternich ihrer Ämter enthoben beim Kartenspiel. Der für seine Verdienste bei der Neuordnung Europas auf dem Wiener Kongreß vielgeehrte Metternich war bei Ausbruch der Revolution zum verhaßten Inbegriff der Reaktion geworden. Flugschriften bezeichneten ihn nun als »Samiel«, als Geist der Finsternis und der Tyrannei. Der österreichische Staatskanzler, der am 13. März 1848 von seinem Amt demissionieren mußte, konnte sich nur schwer vor dem Volkszorn retten. Es waren liberale Bürger, die Anfang März erstmals die Einberufung gesamtösterreichischer Reichsstände gefordert hatten, und eine Tagung der niederösterreichischen Stände im Landhaus in Wien am 13. März wurde zum Signal für die Revolution. Die Aufständischen stürmten den Versammlungsort, es kam zu ersten Zusammenstößen mit dem Militär, das Bürgerkorps lief zu den Aufständischen über, Fabriken brannten, Läden wurden geplündert und militärische Einrichtungen belagert. Demonstranten strömten zur Hofburg und forderten den Rückzug des Militärs sowie den Abschied Metternichs. Die Staatskonferenz gab schließlich nach und verkündete Metternichs Demission sowie die Aufhebung der Zensur, veröffentlichte aber bereits am nächsten Tag eine hinhaltende Proklamation, in der für den 3. Juli die Berufung eines ständischen Beirats angekündigt wurde. Dieses vage Versprechen rief erneute Proteste hervor. Erst mit dem kaiserlichen Manifest vom 15. März gab die Staatskonferenz das geforderte Verfassungsversprechen. H.A.

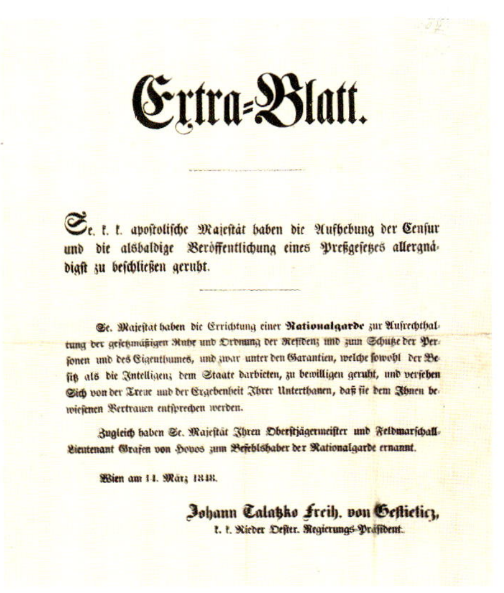

Extra-Blatt.

Se. k. k. apostolische Majestät haben die Aufhebung der Censur und die alsbaldige Veröffentlichung eines Preßgesetzes allergnädigst zu beschließen geruht.

Se. Majestät haben die Errichtung einer **Nationalgarde** zur Aufrechthaltung der gesetzmäßigen Ruhe und Ordnung der Residenz und zum Schutze der Personen und des Eigenthumes, und zwar unter den Garantien, welche sowohl der Besitz als die Intelligenz dem Staate darbieten, zu bewilligen geruht, und versehen Sich von der Treue und der Ergebenheit Ihrer Unterthanen, daß sie dem Ihnen bewiesenen Vertrauen entsprechen werden.

Zugleich haben Se. Majestät Ihren Oberstjägermeister und Feldmarschall-Lieutenant Grafen von Hoyos zum Befehlshaber der Nationalgarde ernannt.

Wien am 14. März 1848.

Johann Talatzko Freih. von Gestieticz,
k. k. Nieder Oester. Regierungs-Präsident.

Eine Whistgesellschaft ... »Sonst spielt ich mit Zepter, mit Krone und Stern!«
1848
Wilhelm Storck
(1808-1850)
Lithographie;
28,2 x 37,6 cm
Inv.-Nr.: Do 65/1012

Extra-Blatt. Bekanntmachung der Aufhebung der Zensur. Wien, 14. März 1848
1848
Papier, Druck;
38,5 x 29,2 cm
Inv.-Nr.:
1988/1090.8

Flugblatt: Italia libera – Viva Pio IX (Italien ist frei. Hoch lebe Pius IX.!)
Mailand: Messaggi, 1848
Papier, Druck; 28,5 x 18,6 cm
Inv.-Nr.: Do 91/109

Flugblatt: Catechismo nazionale. Dialogo I (Nationaler Katechismus. Erstes Gespräch)
1848
Papier, Druck; 28,2 x 18,4 cm
Inv.-Nr.: Do 91/83

Giuseppe Garibaldi
2. Hälfte 19. Jh.
Marmor; H 90 cm
Inv.-Nr.: 1991/3333.2

ITALIA LIBERA - W. PIO IX.

Coraggio e Gloria.

Esultate miei cari Lombardi
Esultate gioite, gioite
Dalle genti nemiche sparite
Alla fine siam liberi ognor.

Siamo sciolti dai nostri tiranni
Per la Santa grazia di Dio
Che mandò la clemenza di Pio
In nostro ajuto e favor.

Milanesi voi prodi campioni
Bergamaschi che in nostra difesa
Siete accorsi alla grande contesa
A combatter da grandi guerrier.

Voi che il sangue spargeste per tutti
Sarà grande di Voi la memoria
Nel conflitto la grande vittoria
Voi scacciaste il nemico crudel.

I tedeschi alla fin sterminaste
Dai crudeli dai nostri tiranni
Da quei perfidi già disumani
Ci rendesti liberi ognor.

Alla fine l'Italia è sciolta
Dalle genti nazioni straniere
Sventoliamo le nostre bandiere
Di tripudio di gioja d'onor.

Invochiamo la mano del Cielo
Che ci tenga noi tutti lontani
Dai nostri sciaurati Alemanni
Che non rechino ancora il squalor.

Siam felici noi tutti fratelli
Già voi pure, già voi il sapete
Vigilate voi tutti accorrete
Siate fermi nel vostro valor.

Festeggiamo con voci di gioja
Festeggiam questi giorni beati
Che noi tutti già siamo guidati
Da un gran padre pietoso pastor.

Gridiam suvvia gridiamo
Viva l'Italia Evviva Pio Nono
Si ascolti adunque il risuono
Degli evviva dei gaudi ognor.

Milanese gioventù d'animo giusto e pio, bella Itala gioventù ardente come il sol che ti riscalda, raggio di colui che tutto ha creato, aureola che incorona i magnanimi petti prosegui nel cimento, esulta che n'hai ben d'onde poichè l'ardua palma già stà nelle tue mani, e la più tarda età con bassa fronte non potrà che dire a' suoi nipoti: QUELLA RIVOLUZIONE FU LA PIU' EROICA E LA PIU' MORALE DEI SECOLI.
In luogo del disfatto regime è sorta per necessità di cose, per simpatie di nomi un'autorità provvisoria che in questi giorni di lotta già seppe co'suoi atti di umanità e di coraggio nazionale acquistarsi la nostra ammirazione.
Siamo quindi confidenti nel nostro Governo provvisorio: senza esitazioni, senza pensieri che turbino la nostra fiducia, porgiamo a questo Governo il soccorso dell'opera nostra, delle nostre parole.
Abbiamo vinto, abbiamo costretto il nemico a fuggire, sgomentato dal nostro valore e della sua viltà.

SPERIAMO IN DIO, DIO CI PROTEGGE.
PIO IX. PREGA PER NOI.

NOTIZIE RECENTI

CITTADINI

Tutte le Provincie hanno seguito il grande esempio con risultamento sempre felicissimo, e che tengono del prodigioso e del provvidenziale. Brescia, Bergamo, Cremona, Como e Pavia sono affatto libere. Le fortezze di Pizzighettone ha ceduto. Parma e Piacenza hanno scacciato gli Austriaci, Modena è insorta. Tutto il Veneto è agitato e Venezia è sommossa.

A RADESCHI

EPIGRAMMA

A Marengo celato in un pollajo
Ad Ulma il primo tra i fuggiaschi
A Milano un birbante macellajo
A Ferrara politico tra i fiaschi
Rinegato Polacco tra i tedeschi
Eccovi amici il General Radeschi.

Tip. Messaggi.

CATECHISMO NAZIONALE

DIALOGO I.

D. Chi siete voi?
R. Italiano per la grazia di Dio.
D. Chi è il vostro Dio?
R. Quello che sommerse Faraone e piovette fuoco fra i suoi nemici
D. Quanti sono i vostri nemici principali?
R. Sono due, uno visibile, invisibile l'altro.
D. Qual è l'invisibile?
R. Il Diavolo.
D. Qual è il visibile?
R. L'Imperatore d'Austria, vicario del Diavolo in terra.
D. Quante nature ha egli?
R. Due: l'umana e l'infernale.
D. Quanti Imperatori d'Austria vi sono?
R. Uno solo, ma però diviso in tre persone.
D. Come si chiamano queste tre persone?
R. Ferdinando, Metternich e Radetzky.
D. Quali sono gli attributi del primo?
R. Il dispotismo, la superbia e la barbarie.
D. Quali sono quelli del secondo?
R. Il tradimento e l'infamia.
D. Quali sono quelli del terzo?
R. La rapina, la sete di dominio e di sangue, e l'ignoranza.
D. Ferdinando da chi procede?
R. Dal peccato.
D. Metternich da chi procede?
R. Da Ferdinando.
D. E Radetzky?
R. Dalla fornicazione d'ambidue.
R. Dunque sono tre?
D. No, ma un sol mostro da tre code.
D. Come mai questo?
R. È un mistero.
D. Quali dei tre è il più scellerato?
R. Lo sono tutti e tre egualmente.
D. E i Tedeschi chi sono?
R. Mezzo uomini, mezzo orsi e tutti bestie.
D. Che danno fanno a noi?
R. Ci tolgono la vita, la libertà italiana; tentano toglierci l'anima, il pensiero, la patria, e persino la memoria di Dio.
D. Potremo noi scampare da loro?
R. È almen tempo di sperarlo.
D. In che modo?
R. Coll'unione tra noi fratelli, colla fidanza pei nostri sovrani, coll'armi, e principalmente sperando nel braccio di Dio.
D. Qual pena merita chi macchia il nome suo pregando pei Tedeschi.
R. Merita la morte, l'infamia, in nome di

PIO IX.

ALBERTO — LEOPOLDO II e DI TUTTA ITALIA.

Ein Aufstand in Palermo im Januar 1848 eröffnete den Reigen der Revolutionsereignisse dieses Jahres in Italien. In kurzer Folge mußten die Souveräne aller italienischen Staaten Verfassungen gewähren. Im Königreich Lombardo-Venetien standen die Dinge noch anders: Um politische Freiheiten und Mitwirkungsrechte zu erlangen, mußte hier zunächst die Befreiung von der österreichischen Besatzung vorausgehen. Die Entlassung Metternichs in Wien wirkte als ermutigender Ansporn auf die lombardischen Revolutionäre. Mailand wurde zum Ausgangspunkt des Aufstands gegen die Fremdherrschaft der »tedeschi« (der »Deutschen«, wie die Österreicher verallgemeinernd angesprochen wurden). In fünftägigem Barrikadenkampf gelang es der Bevölkerung, die österreichische Garnison unter Joseph Wenzel Graf Radetzky aus der Stadt zu werfen. Zu diesem Zeitpunkt hefteten sich die Hoffnungen vieler Revolutionäre an eine Befreiung Italiens unter Führung des als liberal angesehenen Papstes Pius IX. Die Flugblätter jener Tage bezeugen, daß dem Kampf gegen Österreich, den Unterdrücker Italiens, der Rang einer religiösen Mission zuerkannt wurde.

Einer der Kommandeure dieses ersten italienischen Unabhängigkeitskrieges hieß Giuseppe Garibaldi. Zwölf Jahre später, 1860, sollte er mit seinem Feldzug der Tausend entscheidend zur nationalen Einigung Italiens beitragen und noch zu Lebzeiten zur Legende des Risorgimento werden. M.S.

Am 21. März 1848 bekannte sich Friedrich Wilhelm IV. auf einem Umritt durch Berlin zur deutschen Einheit. Wie in dem Flugblatt »An die Deutsche Nation!« angekündigt, trugen er und seine Begleiter die im Vormärz verbotenen Farben der deutschen Nationalbewegung Schwarz-Rot-Gold, die nun als die »alten ehrwürdigen Farben Deutscher Nation« bezeichnet wurden. In einer zweiten Proklamation vom selben Tag unterstrich der preußische König noch einmal mit Worten wie »Deutschland«, »Einheit« und »Freiheit« seine nationale Gesinnung. Er bezeichnete sich als Führer des gesamten deutschen Volkes und forderte die Aufstellung eines Bundesheeres sowie die Einführung konstitutioneller Verfassungen in allen Einzelstaaten. Sich an die Spitze der revolutionären Nationalstaatsbewegung zu setzen, war nach Ansicht seiner politischen Berater der beste Weg, die Schlappe, welche die preußische Monarchie durch die revolutionären Ereignisse erlitten hatte, zu überspielen. Nach Metternichs Sturz hatte Friedrich Wilhelm die Zensur aufgehoben und dem Volk am 18. März eine Verfassung für Preußen sowie die Bildung eines deutschen Bundesstaates und eines deutschen Parlaments versprochen. Aber nach dem durch schwere Barrikadenkämpfe erzwungenen Abzug des Militärs aus Berlin am 19. März hatten die Revolutionäre auch die äußere Macht in der Hauptstadt übernommen. H.A.

Friedrich Wilhelm IV. in seinem Arbeitszimmer
Zeitgenössische Kopie nach Franz Krüger
Nach 1846
Öl/Leinwand;
62 x 48,5 cm
Inv.-Nr.: 1988/437

Vollständiges Verzeichniß

von sämmtlichen

im

Friedrichs-Haine Beerdigten,

welche

als Opfer für die Freiheit

am 18. und 19. März 1848 in Berlin

gefallen sind.

Preis 2½ Sgr.

Berlin.
Gedruckt bei W. Moeser und Kühn.
Stallschreiber-Straße Nr. 34.

— 9 —

VII. Abtheilung.

Lfde. Nr.	Namen und Vornamen.	Stand oder Gewerbe.	Alt Jahre	Geburtsort.
1	Albert Ohm	Tischlergeselle	26	Berlin
2	Carl Hartmann	Arbeiter	33	Berlin
3	Carl Siebert	Schmiedegeselle	28	Berlin
4	Joh. Friedr. Geraß	Buchdruckerlehrling	19	Berlin
5	J. Feinbube	Arbeiter	54	Berlin
6	F. W. C. Francke	Tischlergeselle	19	Berlin
7	C. Nic. Marasch	pens. Wachmeister	47	Halberstadt
8	Aug. Carl Wenzel	Advokat	28	Berlin
9	N. A. Lips	Webergeselle	36	Berlingerode
10	Joh. Krebs	Arbeiter	28	Berlin
11	Wilhelmine Lange	Handarbeiterin	23	Berlin
12	F. Krauschke	Maschinenbauer	21	Berlin
13	J. Löffler	Schneider-Meister	53	Berlin
14	Gottfr. Schneider	Stellmachergeselle	29	Pankow
15	Aug. Findert	Viktualienhändler	31	Berlin
16	Stephan Stein	Schneider-Meister	38	Olfenfeldt
17	J. School	Kattundruckergeselle	25	Berlin
18	Franz Wilke	Tischlergeselle	48	Göslin
19	Friedrich Schwartz	Schneider-Meister	39	Berlin
20	Herrmann Schneider	Weberlehrling	17	Berlin

Vollständiges Verzeichniß von sämmtlichen im Friedrichs-Haine Beerdigten, welche als Opfer für die Freiheit am 18. und 19. März 1848 in Berlin gefallen sind
Berlin: W. Moeser und Kühn, 1848
Papier, Druck;
23,5 x 22 cm
Inv.-Nr.: Do 60/671

An die Deutsche Nation!

Eine neue glorreiche Geschichte hebt mit dem heutigen Tage für Euch an! Ihr seid fortan wieder eine einige große Nation, stark, frei und mächtig im Herzen von Europa!

Preußens Friedrich Wilhelm IV. hat Sich, im Vertrauen auf Euren heldenmüthigen Beistand und Eure geistige Wiedergeburt, zur Rettung Deutschlands an die Spitze des Gesammt-Vaterlandes gestellt.

Ihr werdet Ihn mit den alten, ehrwürdigen Farben Deutscher Nation noch heute zu Pferde in Eurer Mitte erblicken.

Heil und Segen dem constitutionellen Fürsten, dem Führer des gesammten Deutschen Volkes, dem neuen Könige der freien wiedergebornen Deutschen Nation!

Berlin, den 21. März 1848.

An die Deutsche Nation! Berlin, 21. März 1848
Berlin: Deckersche Geheime Ober-Hofbuchdruckerei, 1848
Papier, Druck;
43 x 31,1 cm
Inv.-Nr.: Do 92/79

An mein Volk und an die Deutsche Nation.

Mit Vertrauen sprach der König vor fünf und dreißig Jahren in den Tagen hoher Gefahr zu seinem Volke, und sein Vertrauen ward nicht zu Schanden; der König mit seinem Volke vereint, rettete Preußen und Deutschland von Schmach und Erniedrigung.

Mit Vertrauen spreche Ich heute, im Augenblicke, wo das Vaterland in höchster Gefahr schwebt, zu der Deutschen Nation, unter deren edelste Stämme Mein Volk sich mit Stolz rechnen darf. Deutschland ist von innerer Gährung ergriffen und kann durch äußere Gefahr von mehr als einer Seite bedroht werden. Rettung aus dieser doppelten dringenden Gefahr kann nur aus der innigsten Vereinigung der Deutschen Fürsten und Völker unter einer Leitung hervorgehen.

Ich übernehme heute diese Leitung für die Tage der Gefahr. Mein Volk, das die Gefahr nicht scheut, wird Mich nicht verlassen und Deutschland wird sich Mir mit Vertrauen anschließen. Ich habe heute die alten Deutschen Farben angenommen und Mich und Mein Volk unter das ehrwürdige Banner des Deutschen Reiches gestellt. Preußen geht fortan in Deutschland auf.

Als Mittel und gesetzliches Organ, um im Vereine mit Meinem Volke zur Rettung und Beruhigung Deutschlands voranzugehen, bietet sich der auf den 2. April bereits einberufene Landtag dar. Ich beabsichtige in einer unverzüglich näher zu erwägenden Form den Fürsten und Ständen Deutschlands die Gelegenheit zu eröffnen, mit Organen dieses Landtages zu einer gemeinschaftlichen Versammlung zusammenzutreten.

Die auf diese Weise zeitweilig sich bildende Deutsche Stände-Versammlung wird in gemeinsamer freier Berathung das Erforderliche in der gemeinsamen inneren und äußeren Gefahr ohne Verzug vorkehren.

Was heute vor Allem Noth thut, ist

1. Aufstellung eines allgemeinen Deutschen volksthümlichen Bundesheeres,
2. bewaffnete Neutralitäts-Erklärung.

Solche vaterländische Rüstung und Erklärung werden Europa Achtung einflößen vor der Heiligkeit und Unverletzlichkeit des Gebietes Deutscher Zunge und Deutschen Namens. Nur Eintracht und Stärke vermögen heute den Frieden in unserem schönen durch Handel und Gewerbe blühenden Gesammt-Vaterlande zu erhalten.

Gleichzeitig mit den Maßregeln zur Abwendung der augenblicklichen Gefahr wird die Deutsche Stände-Versammlung über die Wiedergeburt und Gründung eines neuen Deutschlands berathen, eines einigen, nicht einförmigen Deutschlands, einer Einheit in der Verschiedenheit, einer Einheit mit Freiheit.

Allgemeine Einführung wahrer, constitutioneller Verfassungen, mit Verantwortlichkeit der Minister, in allen Einzelstaaten, öffentliche und mündliche Rechtspflege, in Strafsachen auf Geschwornengerichte gestützt, gleiche politische und bürgerliche Rechte für alle religiöse Glaubens-Bekenntnisse und eine wahrhaft volksthümliche, freisinnige Verwaltung werden allein solche höhere und innere Einheit zu bewirken und zu befestigen im Stande sein.

Berlin, den 21. März 1848.

Friedrich Wilhelm.

Graf Arnim. von Rohr. Graf Schwerin. Bornemann. Arnim. Kühne.

An mein Volk und an die Deutsche Nation. Berlin, 21. März 1848
Berlin: Deckersche Geheime Ober-Hofbuchdruckerei, 1848
Papier, Druck;
43 x 62,5 cm
Inv.-Nr.: Do 55/1251

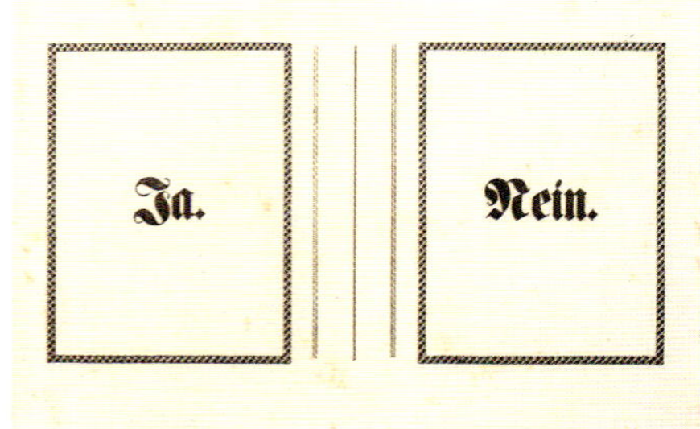

Die National-versammlung in der Paulskirche
Paul Bürde
(1819-1874)
Nach 1848
Lithographie;
58,8 x 79,4 cm
Inv.-Nr.: 1990/408

Stimmzettel der deutschen National-versammlung
1848/49
Papier, Druck;
14 x 22,1 cm
Inv.-Nr.: Do 54/1347

Die erste deutsche Volksvertretung, zusammengekommen, um eine Verfassung für den deutschen Gesamtstaat zu schaffen, tagte vom 18. Mai 1848 bis zum 30. Mai 1849 in Frankfurt am Main. Die 587 Abgeordneten waren nach dem allgemeinen und gleichen Wahlrecht nicht nur auf dem Gebiet des Deutschen Bundes, sondern auch in West- und Ostpreußen sowie Schleswig gewählt worden. Professoren, Juristen und Verwaltungsbeamte stellten die größte Berufsgruppe unter den Parlamentariern, weswegen die verfassunggebende Versammlung auch als Professoren- oder Beamtenparlament bezeichnet wird. Die politische Parteienlandschaft ließ sich grob in Konservative, Liberale und Radikale einteilen. Kritiker aus dem radikal-demokratischen Lager titulierten das Parlament abfällig auch als »Schwatzklub«. Paul Bürdes Zeichnung gewährt einen Blick auf die Frankfurter Nationalversammlung im Säulenrund der Paulskirche mit Heinrich Freiherr von Gagern am Präsidentenpult, Stenographentisch und Zuschauerraum. Aus 100 Köpfen montierte der Künstler eine Momentaufnahme der wichtigsten und populärsten Abgeordneten. Da sind zum Beispiel die Veteranen der Befreiungskriege »Turnvater« Jahn und der Dichter des »Deutschen Vaterlandes« Ernst Moritz Arndt, die Wegbereiter aus der Zeit des Vormärz Christoph Dahlmann und Jacob Grimm, die Vertreter der Linksliberalen Karl Mittermaier und Sylvester Jordan, der rheinische Liberale Hermann von Beckerath sowie der radikalste der Abgeordneten, Arnold Ruge, und der gemäßigte Linke aus Leipzig Robert Blum.

H.A.

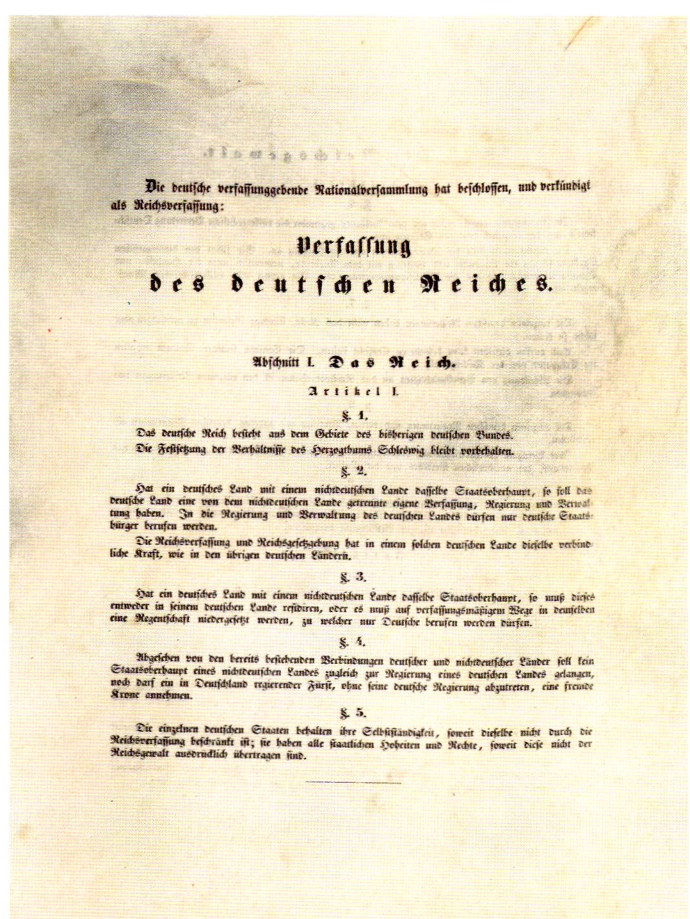

Die deutsche verfassunggebende Nationalversammlung hat beschlossen, und verkündigt als Reichsverfassung:

Verfassung

des deutschen Reiches.

Abschnitt I. Das Reich.

Artikel I.

§. 1.

Das deutsche Reich besteht aus dem Gebiete des bisherigen deutschen Bundes.

Die Festsetzung der Verhältnisse des Herzogthums Schleswig bleibt vorbehalten.

§. 2.

Hat ein deutsches Land mit einem nichtdeutschen Lande dasselbe Staatsoberhaupt, so soll das deutsche Land eine von dem nichtdeutschen Lande getrennte eigene Verfassung, Regierung und Verwaltung haben. In die Regierung und Verwaltung des deutschen Landes dürfen nur deutsche Staatsbürger berufen werden.

Die Reichsverfassung und Reichsgesetzgebung hat in einem solchen deutschen Lande dieselbe verbindliche Kraft, wie in den übrigen deutschen Ländern.

§. 3.

Hat ein deutsches Land mit einem nichtdeutschen Lande dasselbe Staatsoberhaupt, so muß dieses entweder in seinem deutschen Lande residiren, oder es muß auf verfassungsmäßigem Wege in demselben eine Regentschaft niedergesetzt werden, zu welcher nur Deutsche berufen werden dürfen.

§. 4.

Abgesehen von den bereits bestehenden Verbindungen deutscher und nichtdeutscher Länder soll kein Staatsoberhaupt eines nichtdeutschen Landes zugleich zur Regierung eines deutschen Landes gelangen, noch darf ein in Deutschland regierender Fürst, ohne seine deutsche Regierung abzutreten, eine fremde Krone annehmen.

§. 5.

Die einzelnen deutschen Staaten behalten ihre Selbstständigkeit, soweit dieselbe nicht durch die Reichsverfassung beschränkt ist; sie haben alle staatlichen Hoheiten und Rechte, soweit diese nicht der Reichsgewalt ausdrücklich übertragen sind.

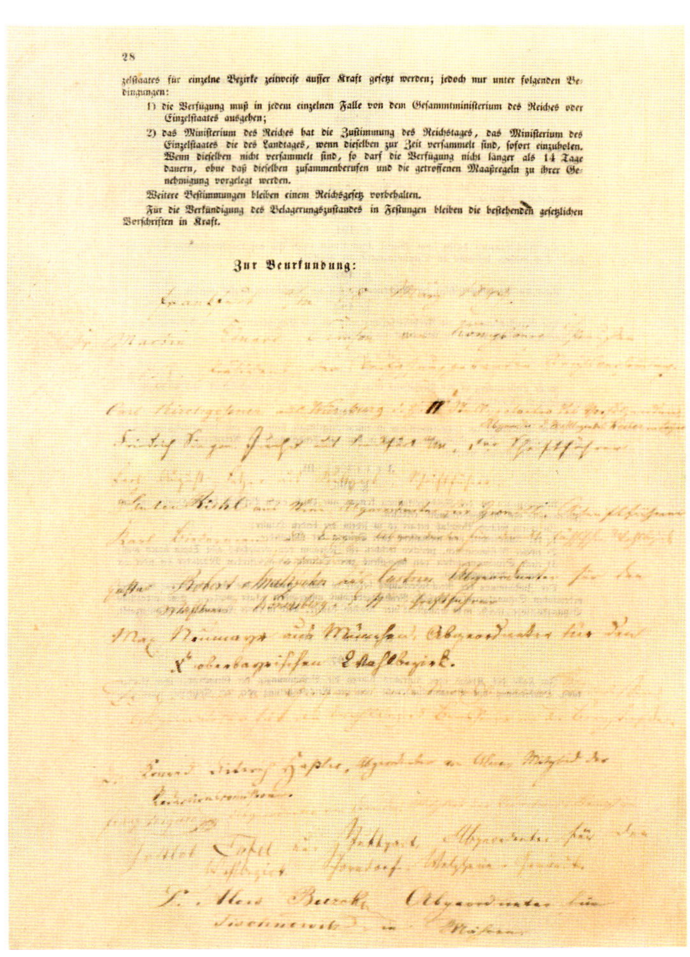

28

zelstaates für einzelne Bezirke zeitweise ausser Kraft gesetzt werden; jedoch nur unter folgenden Bedingungen:

1) die Verfügung muß in jedem einzelnen Falle von dem Gesammtministerium des Reiches oder Einzelstaates ausgehen;

2) das Ministerium des Reiches hat die Zustimmung des Reichstages, das Ministerium des Einzelstaates die des Landtages, wenn dieselben zur Zeit versammelt sind, sofort einzuholen. Wenn dieselben nicht versammelt sind, so darf die Verfügung nicht länger als 14 Tage dauern, ohne daß dieselben zusammenberufen und die getroffenen Maaßregeln zu ihrer Genehmigung vorgelegt werden.

Weitere Bestimmungen bleiben einem Reichsgesetz vorbehalten.

Für die Verkündigung des Belagerungszustandes in Festungen bleiben die bestehenden gesetzlichen Vorschriften in Kraft.

Zur Beurkundung:

Verfassung des Deutschen Reiches
1849
Pergament, Druck, handgeschrieben; 38 x 27 cm
Mit den eigenhändigen Unterschriften der Abgeordneten der deutschen Nationalversammlung
Inv.-Nr.: Do 54/92

Am 28. März 1849 verabschiedeten die Abgeordneten der deutschen Nationalversammlung in der Paulskirche in Frankfurt am Main die Verfassung des Deutschen Reiches. Mit 290 Stimmen bei 248 Enthaltungen wählte das Parlament Friedrich Wilhelm IV. zum Kaiser der Deutschen. Doch der preußische König lehnte Verfassung und Krone ab. Auf die Bemühungen der Nationalversammlung hin, möglichst viele der Landesregierungen zur Annahme der Verfassung zu bewegen, erklärte die königliche Regierung in Berlin das Frankfurter Parlament als nicht mehr »auf gesetzlichem Boden stehend«, und sie berief die gewählten Volksvertreter aus Frankfurt ab. Im darauffolgenden offenen Konflikt setzte sich Preußen mit militärischer Gewalt durch.

Mit dem Scheitern der Reichsverfassungskampagne begann die wechselvolle Geschichte der von 405 Abgeordneten unterschriebenen Verfassungsurkunde. Der Frankfurter Abgeordnete Jucho sorgte für die sichere Verwahrung der Urkunde in einem Banksafe in England. Als sich die Gründung des Deutschen Reiches 1870 bereits abzeichnete, holte er den Urkundenband zurück und übergab ihn dem Reichstagspräsidenten des Norddeutschen Bundes Eduard Simson. Während des Kaiserreiches und der Weimarer Republik bewahrte man die Verfassung im Reichstag auf. Erst nach dem Reichstagsbrand 1933 wurde sie an das Reichsarchiv übergeben. Im Zuge von Sicherungsmaßnahmen lagerte dieses seine wertvollsten Bestände, darunter die Reichsverfassung von 1849, in das Kaliwerk Staßfurt aus. 1951 wurde die beschädigte Urkunde im Neuen Garten in Potsdam gefunden. Der Weg des Dokumentes von Staßfurt nach Potsdam liegt bisher im dunkeln. H.A.

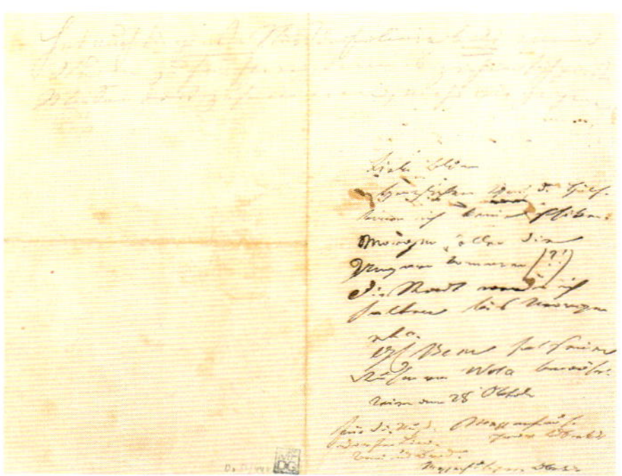

Erschießung Robert Blums am 9. November 1848 auf der Brigittenau bei Wien
Carl Constantin Heinrich Steffeck (1818-1890) ?
1848/49
Öl/Leinwand;
21 x 34,5 cm
Inv.-Nr.: Kg 78/5

Eigenhändiger Lagebericht Robert Blums als Kommandant der »Kleinen Nußdorfer Linie« an das Oberkommando der Stadt Wien, 28. Oktober 1848
Papier, Tinte, Bleistift, handgeschrieben;
19,6 x 24,8 cm
Inv.-Nr.: Do 56/446

Das Gemälde schildert dramatisch die letzten Momente im Leben Robert Blums, der am Morgen des 9. November 1848 auf der Brigittenau bei Wien standrechtlich erschossen wurde. Mit der Hinrichtung Blums, Messenhausers und weiterer 22 Männer fand die Revolution in Wien ein blutiges Ende. Vier Abgeordnete der deutschen Nationalversammlung, darunter Robert Blum, waren am 17. Oktober nach Wien gekommen, um den Aufständischen eine Sympathieadresse der Frankfurter Linksparteien zu überbringen. Als Fürst Windischgrätz am 20. Oktober den Belagerungszustand über Wien verhängte und schließlich mit dem Angriff auf die Stadt begann, beteiligte sich auch Blum an den Kämpfen. Wie aussichtslos die Lage der Revolutionäre bereits am 28. Oktober war, beweist der Briefwechsel zwischen Blum und dem Oberkommandierenden der Nationalgarde und Verteidiger Wiens, Wenzel Messenhauser: Der Nachschubbedarf an »viel Munition« war nicht erfüllbar. Mit dem Fall Wiens setzte eine Verhaftungswelle ein. Robert Blum, der als Abgeordneter einen Reisepaß nach Frankfurt beantragte, wurde verhaftet und auf besonderen Wunsch des österreichischen Ministerpräsidenten Felix Fürst zu Schwarzenberg unter Mißachtung seiner Immunität zum Tode verurteilt. Schwarzenbergs Bruch mit dem Nationalparlament erwies sich als Programm. Die Forderung aller politischen Richtungen der Paulskirche, die »unmittelbar und mittelbar Schuldtragenden« zur Verantwortung zu ziehen, blieb unerhört. H.A.

Die Geldwechsler
Gisbert Flüggen
(1811-1859)
1849
Öl/Leinwand;
62 x 53 cm
Signatur unten
rechts: G. Flüggen
München 1849
Inv.-Nr.: 1986/56

Der Münchener Genremaler Gisbert Flüggen lenkt auf diesem 1849 entstandenen Bild unseren Blick in das Kontor zweier Männer, die in fragwürdigen Geldgeschäften tätig sind. Der ältere sitzt, in einen abgetragenen Hausmantel gekleidet, vor seinem Schreibtisch, auf dem man Rechnungsbücher, Papiere, eine Feinwaage, Geldrollen und aufgetürmte Goldmünzen sowie Zeitungen gewahrt. Offensichtlich war er gerade dabei, sein Geld zu zählen und die Beträge zu notieren – die Schreibfeder hat er noch hinters Ohr geklemmt –, als sein kahlköpfiger Kompagnon, eine Tasche unterm Arm, mit der neuesten Zeitung erschien. Nun studieren die beiden Spekulanten mit gierig aufgerissenen Augen die neuesten Wechselkurse. Über einer geöffneten, eisenbeschlagenen Geldtruhe hängt eine Karte Deutschlands, dessen territoriale Zersplitterung die Transaktionen der verschiedenen deutschen Währungen überhaupt erst möglich machte.

Infolge der politisch instabilen Lage herrschte in Mitteleuropa vom Frühjahr 1848 bis zum Frühjahr 1849 ein zügelloses Finanz- und Handelschaos: »Agiotage«, das spekulative Ausnutzen der Inflationssprünge der verschiedenen deutschen Währungen, war die Devise der Zeit, unter der große und kleine Kapitalbesitzer über Nacht reich werden wollten. W.R.

Reservesoldaten von 1848 auf dem Marsch
Nikolaj François Habbe (1827-1889)
1870
Öl/Leinwand; 64 x 79 cm
Signatur unten rechts: N. Habbe 1870
Inv.-Nr.: 1989/1394

Der Maler Nikolaj Habbe zeigt dänische Reservisten, die 1848 in den Krieg um die nationale Zugehörigkeit des Herzogtums Schleswig ziehen. Das Hünengrab im Hintergrund erinnert an eine heroische graue Vorzeit des alten Königreichs Dänemark, daneben flattert der Danebrog, die dänische Nationalflagge, im Wind. Siegesgewiß winken die Soldaten zum Abschied. Im Vordergrund macht der Karren eines alten Bauern auf der Landstraße halt. Eine junge Bäuerin reicht den Soldaten auf dem Wagen eine Flasche Wasser zur Erfrischung. Mit Leidenschaft nahm sich die Bevölkerung Dänemarks ihrer Soldaten an. Der Krieg zwischen Dänemark und den von Preußen unterstützten Schleswig-Holsteinern, die die Herzogtümer gemäß dem Ripener Vertrag von 1460 »up ewig ungedeelt« sehen wollten, zog sich von 1848 bis 1850 hin, aber er konnte den Nationalitätenkonflikt ebensowenig lösen wie der Deutsch-Dänische Krieg von 1864. Der englische Premierminister Lord Palmerston, der sich während seiner Amtszeit wiederholt um Vermittlung bemühte, meinte resigniert, es gäbe auf der Welt nur drei Menschen, die die Lösung der schleswig-holsteinischen Frage wüßten: Der erste sei verstorben, der zweite sei darüber wahnsinnig geworden, der dritte sei er selbst; er aber habe die Lösung vergessen.

W.R.

Die Schlacht bei Novara am 23. März 1849
Albrecht Adam
(1786-1862)
1858
Öl/Leinwand;
69,5 x 85,5 cm
Signatur
unten rechts:
Albrecht Adam
1858
Inv.-Nr.: 1986/23

Vor den Toren der Stadt Novara in Piemont fand am 23. März 1849 eine für die Österreicher siegreiche Schlacht zwischen den Truppen des Feldmarschalls Joseph Wenzel Graf Radetzky und den Piemontesen unter König Karl Albert von Sardinien statt. Auf unserem Bild sieht man den greisen Heerführer auf einem Apfelschimmel in Beratung mit seinem Generalstabschef Freiherr von Heß. Links davon die Suite von Generalen, die aus sicherer Distanz den Fortgang der Schlacht beobachten.

Im von Österreich beherrschten lombardo-venezianischen Königreich war im März 1848 ein Aufstand gegen die Fremdherrschaft ausgebrochen. König Karl Albert von Piemont-Sardinien hatte versucht, die revolutionären Wirren in Wien auszunutzen, um von Turin aus die Österreicher aus Norditalien zu vertreiben und Italien unter seiner Führung zu einen. Der Plan scheiterte dann allerdings an der militärischen Überlegenheit Österreichs. Nach verlorener Schlacht mußte der König zugunsten seines Sohnes Viktor Emanuel II. abdanken.

Das Bild ist die Wiederholung der Mittelgruppe eines größeren Gemäldes von 1855, das sich im Wiener Heeresgeschichtlichen Museum befindet. Es könnte als Erinnerungsbild anläßlich des Todes von Radetzky 1858 entstanden sein.

W.R.

Allegorie auf die Niederschlagung der Revolution von 1848
Düsseldorfer Schule ?
Um 1849
Öl/Holz;
52,2 x 37 cm
Inv.-Nr.: 1987/303

Die erste sozialistische Erhebung Europas, der Aufstand Pariser Handwerker und Arbeiter im Juni 1848, hatte in weiten Teilen der Bevölkerung eine neue Schreckensvision entstehen lassen. Auch das deutsche Bürgertum war nach den Ereignissen des Sommers wieder näher an die alte Ordnung herangerückt und betrachtete nun die Linke mit Argwohn.

Die Zentren der radikalen Demokraten, der aus dem Exil zurückgekehrten Kommunisten und der neuen Arbeitervereine waren Wien, Berlin, die preußischen Rheinprovinzen, Baden, Thüringen und Sachsen. Karl Marx gehörte zu den Gründern der »Demokratischen Gesellschaft«, auf deren Fahne die Parole der Französischen Revolution »Freiheit! Gleichheit! Brüderlichkeit!« mit dem Rot der Jakobinermütze ihre symbolische Verbindung gefunden hatte, sowie der »Neuen Rheinischen Zeitung« in Köln. Düsseldorfer Radikale hielten am 17. September die erste »rote« Demonstration auf den Rheinwiesen bei Worringen ab, an der auch der junge Ferdinand Lassalle teilnahm, und schließlich kam es zwischen dem 16. und 25. September zu den revolutionären Aktionen von Frankfurt und Köln.

Preußische und österreichische Truppen stellten die Grundwerte der Bürger, Frieden und Wohlstand durch »Ruhe und Ordnung«, wieder her. Ein unbekannter Künstler fertigte eine allegorische Übersetzung: Der Teufel mit der roten Fahne, deren Spitze das Symbol des Bösen, der Fuchs, ist, wird von Frieden und Wohlstand verheißenden Engeln in die Hölle zurückgestoßen. H.A.

22
AUSWANDERUNG

Nach den Revolutionsjahren 1848/49 übten Amerika – vor allem Nordamerika – und Australien große Anziehungskraft auf politisch Enttäuschte aus. Sie transformierten ihr Revolutionsfieber in ein Amerikafieber. Die Auswanderung wurde für viele zu einer Art Ersatzhandlung. Auch wenn das Freiheitsstreben des Vormärz und der 48er Revolution gescheitert war, so hatte es doch eine Vision geschaffen, die Überzeugung von einer Glücksidee gebracht, daß selbst Schreckensnachrichten in Briefen oder Vorsichtsmaßregeln sowie Ermahnungen in der vielfältigen Ratgeberliteratur die Reisenden in die »Neue Welt« nicht aufzuhalten vermochten. Die Auswandererzahl stieg von 83200 Menschen im Jahr 1850 auf 239 200 im Jahr 1854, um 1855 auf 83 800 zurückzufallen. Fast eine Million Emigranten verließ in diesen fünf Jahren die deutschen Staaten.

Zuwachs erhielt die Auswanderungsbewegung auch durch die Folgen der Wirtschaftskrise in den vierziger Jahren. Mißernten, Lebensmittelteuerungen, das Erbrecht in der Landwirtschaft, das viele Anwesen verkleinerte und unrentabel werden ließ, veranlaßten Kleinbauern, Handwerker und Tagelöhner, im »Land der Verheißung« Zuflucht zu suchen. Auch die umherziehenden landwirtschaftlichen Saisonarbeiter, »fliegenden« Händler und Hausierer mit ihren heimgewerblichen Produkten oder Bauhandwerker wollten nicht in die ihnen drohende Armut geraten. Sie brachen in der Hoffnung auf, sich durch Arbeit und Fleiß einen Teil des »amerikanischen Traums« sichern zu können.

Die amerikanische Wirtschaftskrise (1857/58) und der Bürgerkrieg zwischen den konföderierten Südstaaten und den Nordstaaten ließen die Zahl der Auswanderer stagnieren. R.F.

Der Start in die »Neue Welt« erfolgte von Bremen/Bremerhaven und von Hamburg aus. Der Transport von Auswanderern war rentabel, da er die Schiffe auf ihrer Westroute auslastete. Um sich diesen wirtschaftlichen Vorteil zu sichern und sich den bereits gültigen Vorschriften in den USA anzupassen, verabschiedete 1832 die bremische Stadtregierung ein erstes Auswanderergesetz, vier Jahre später der Rat von Hamburg eine ähnliche Verordnung. Sie verpflichtete die Reeder unter anderem dazu, die Seetüchtigkeit ihrer Schiffe nachzuweisen und Proviant für 90 Tage mitzuführen. Die Überfahrt war gefährlich und voller Unwägbarkeiten und endete bisweilen – wie bei der »Austria« – in einer Katastrophe. Am 13. September 1858 brach auf dem Schiff ein Feuer aus, nachdem zur Desinfektion des Zwischendecks statt Essig zum Auswaschen Teer zum Ausräuchern verwendet worden und das benutzte Gefäß umgestürzt war. Von den insgesamt 542 Menschen an Bord sind lediglich 89 von vorbeifahrenden Booten geborgen worden.

Im billigen, meist überfüllten Zwischendeck, das nach einer Vorschrift

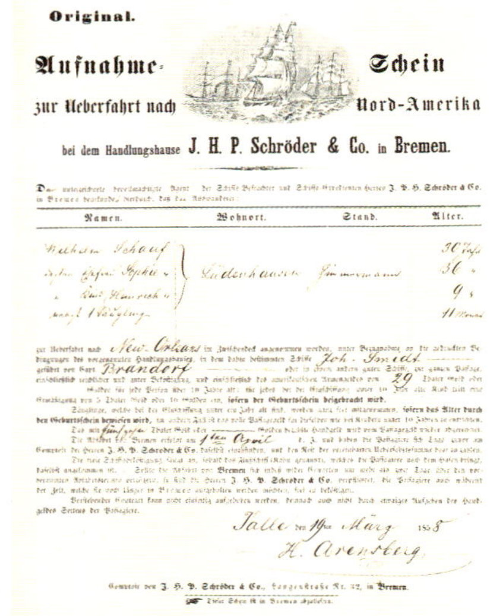

Original.

Aufnahme-Schein zur Ueberfahrt nach Nord-Amerika

bei dem Handlungshause J. H. P. Schröder & Co. in Bremen.

Namen.	Wohnort.	Stand.	Alter.

Aufnahme-Schein zur Ueberfahrt nach Nord-Amerika. Talle, 19. März 1858
Papier, Druck, handgeschrieben; 28,4 x 23,5 cm
Inv.-Nr.: 1988/396

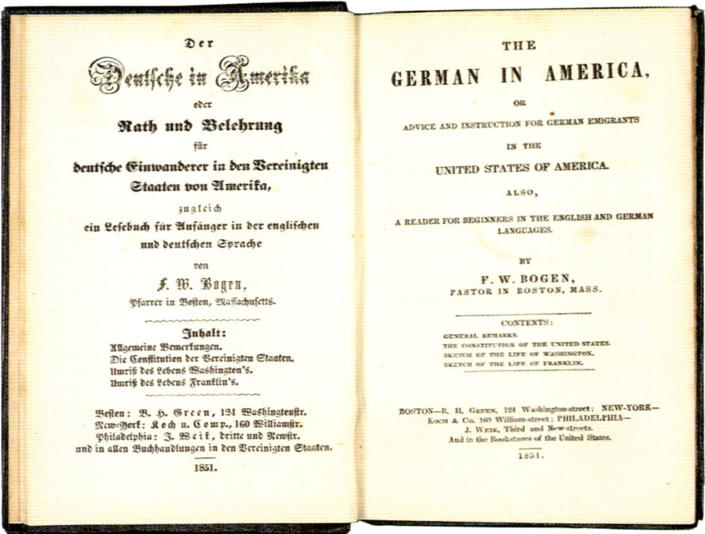

Der Deutsche in Amerika
oder
Rath und Belehrung
für
deutsche Einwanderer in den Vereinigten Staaten von Amerika,
zugleich
ein Lesebuch für Anfänger in der englischen und deutschen Sprache
von
F. W. Bogen,
Pfarrer in Boston, Massachusetts.

Inhalt:
Allgemeine Bemerkungen.
Die Constitution der Vereinigten Staaten.
Umriß des Lebens Washington's.
Umriß des Lebens Franklin's.

Boston: B. H. Green, 124 Washingtonstr.
New-York: Koch u. Comp., 160 Williamstr.
Philadelphia: J. Weik, dritte und Newstr.
und in allen Buchhandlungen in den Vereinigten Staaten.
1851.

THE
GERMAN IN AMERICA,
OR
ADVICE AND INSTRUCTION FOR GERMAN EMIGRANTS
IN THE
UNITED STATES OF AMERICA.
ALSO,
A READER FOR BEGINNERS IN THE ENGLISH AND GERMAN LANGUAGES.
BY
F. W. BOGEN,
PASTOR IN BOSTON, MASS.

CONTENTS:
GENERAL REMARKS.
THE CONSTITUTION OF THE UNITED STATES.
SKETCH OF THE LIFE OF WASHINGTON.
SKETCH OF THE LIFE OF FRANKLIN.

BOSTON—B. H. GREEN, 124 Washington-street; NEW-YORK—KOCH & CO. 160 William-street; PHILADELPHIA—J. WEIK, Third and New-streets.
And in the Bookstores of the United States.
1851.

The German in America
Frederick W. Bogen
Boston: B. H. Green, 1851 (u.a.)
Sign.: R 92/1723

Abschied der Auswanderer
Antonie Volkmar (1827-nach 1880)
1860
Öl/Leinwand; 112,4 x 190,5 cm
Signatur unten rechts: A. Volkmar. 1860
Inv.-Nr.: 1991/3264

aus Hamburg von 1850 nur 1,72 m hoch zu sein brauchte, hatte jeder der Auswanderer Anspruch auf eine Fläche von 1,88 x 0,63 m. Sie war nicht nur Schlafraum, sondern diente bei schlechtem Wetter zugleich auch als Eß- und Aufenthaltsraum. Mangelnde Hygiene und fehlende medizinische Versorgung machten die Überfahrt, die zwischen 40 und 80 Tagen dauerte, zur Strapaze. Erst als zwischen 1850 und 1870 vermehrt Dampfschiffe eingesetzt wurden, verkürzte sich die Reisezeit auf erträglichere zehn bis vierzehn Tage.

Der Abschied von Deutschland war meistens ein Abschied für immer. Wie ein Lebensschiff strebt das Boot, in dem verschiedene Generationen beisammensitzen, einem fernen Ziel zu. Für alle nimmt das Dasein eine entscheidende Wendung mit ungewissem Ausgang, was sich in Trauer, Angst, Ergebenheit oder Skepsis auf den Gesichtern spiegelt.

Die einzige Verbindung zur »Alten Welt«, zu Verwandten und Freunden stellten Briefe her, in denen detailliert über Alltag und Lebensgewohnheiten in der Fremde berichtet wurde, wie beispielsweise in einem Brief aus Texas von 1874: »Die Lebensmittel sind Maisbradt Fleisch Speck Eier Milch und Molasses (Sierub) aber alles genug. Und die Arbeit ist nicht so schwer wie in Deutschland es ist hier alles leichter eingerichtet. und zu Fuß brauch mann hier nicht gehen währ halwäge einen Klepper besitzt die man hier sehr billig zu kaufen bekommt Ein gutes starkes Pfert gostet 125 Dohlar ein kleiner Reit Poni gostet 25 Dohlar was sich fast jeter Arbeiter einen Reitponi hält ...«

R.F.

Untergang des Auswandererschiffes »Austria«
Josef Carl Berthold Püttner (1821-1881)
1858
Öl/Leinwand;
112 x 154 cm
Signatur
unten rechts:
J. C. B. Püttner 1858
Inv.-Nr.: 1988/86

Die Poststube
Felix Schlesinger
(1833-1910)
1859
Öl/Leinwand;
82,5 x 109,9 cm
Signatur
unten links:
Fel Schlesinger
Ddorf 1859
Inv.-Nr.: 1991/3263

Für zahllose Emigranten nach Amerika begann die lange, strapazenreiche Reise mit einer Postkutschenfahrt von ihrem Heimatort zu den Auswandererhäfen Hamburg, Bremen oder Bremerhaven.

Der Hamburger Maler Felix Schlesinger führt uns an einem dunklen Winterabend in eine als solche beschriftete »Passagier-Stube«. An der Fensterwand wirbt ein Plakat für Schiffspassagen über den Atlantik nach New York. Aus Kleidung und Gepäck der Reisenden ist nicht eindeutig zu ersehen, ob einige der Anwesenden sich tatsächlich am Beginn der Auswanderung befinden oder ob ihre Reise einfach an der nächsten Postkutschenstation endet. Links der Tür sieht man den Postillion im Gespräch mit einem Billettverkäufer am Schreibtisch. In der Bildmitte ist ein alter Mann an der Petroleumlampe um mehr Helligkeit bemüht, während ein junger die Zeit mit seiner Taschenuhr zu überprüfen scheint. Ein weiterer verabschiedet sich in der Tür von einer Frau – so, als hätte er eine lange Reise vor sich. W.R.

23 VON DER NATIONALBEWEGUNG ZUR REICHSGRÜNDUNG

Nach der gescheiterten Revolution von 1848/49 erstarrten politisches Leben und Einigungsprozeß in Deutschland zunächst für einige Jahre. Zwar hatten die Fürsten in fast allen deutschen Staaten Landesverfassungen oktroyiert, doch billigten diese – mit Ausnahme der liberalen südwestdeutschen Verfassungen – den gewählten Volksvertretern kaum Mitspracherechte zu. Auf Bundesebene hoben die Fürsten die von der Paulskirchenversammlung beschlossenen Grundrechte des deutschen Volkes 1851 wieder auf. Zensur und politische Verfolgung wurden neu belebt. Unter dem Druck der Reaktion wanderten zahlreiche Demokraten nach Frankreich, England, in die Schweiz oder die USA aus. Andere Vorkämpfer der Revolution von 1848 wandten sich, politisch desillusioniert, ganz ihrem wirtschaftlichen Fortkommen zu.

Erst Ende der fünfziger Jahre gewann die deutsche Nationalbewegung durch die spektakulären Erfolge des italienischen Risorgimento wieder an Schwungkraft. Österreich mußte nach verlorenem Krieg die Lombardei an das mit Napoleon III. verbündete Piemont abtreten, welches im Zusammenspiel mit dem Nationalrevolutionär Giuseppe Garibaldi die Führung im italienischen Einigungsprozeß übernommen hatte und 1861 das Königreich Italien gründete.

Nach dem Vorbild der »Società Nazionale« Italiens schufen deutsche Demokraten und Liberale 1859 den deutschen »Nationalverein«, der bald 25 000 Mitglieder zählte und unter dem Protektorat des Herzogs Ernst II. von Sachsen-Coburg-Gotha stand. Vor allem in Coburg trafen sich Turner, Sänger und Schützen, die einen deutschen Nationalstaat unter Einschluß Österreichs auf parlamentarischer Grundlage anstrebten.

Doch sollte sich die Reichseinigung unter der Führung Preußens als »kleindeutsche Lösung« unter Ausschluß Österreichs vollziehen. Wesentlich gestaltet wurde sie durch Otto von Bismarck, den ein als Verfassungskonflikt deklarierter Machtkampf zwischen dem preußischen König und dem Landtag um eine Reform des preußischen Heeres an die Macht brachte. Bismarck galt als hart, durchsetzungsfähig und als Feind der Demokratie. Schon kurz nach seiner Berufung zum preußischen Ministerpräsidenten gab er seiner

Gesinnung öffentlich Ausdruck: »Nicht durch Reden und Majoritätsbeschlüsse werden die großen Fragen der Zeit entschieden – das ist der große Fehler von 1848 und 1849 gewesen – sondern durch Eisen und Blut!«

Unter Bruch der Verfassung führte Bismarck die Heeresreform durch und sicherte sich außenpolitisch das Wohlwollen des Zaren, indem er polnische Freiheitskämpfer, die am Aufstand gegen Rußland teilnahmen, auch in Preußen verfolgen ließ.

Über die Frage der nationalen Zugehörigkeit des Herzogtums Schleswig, das die dänische Regierung ihrem Königreich einverleiben wollte, kam es 1864 zum Krieg gegen Dänemark. Bismarck gelang es, Österreich an seine Seite zu ziehen. Die zahlenmäßig weit unterlegenen Dänen wurden besiegt, Schleswig unter preußische, Holstein unter österreichische Verwaltung gestellt. Um die Kriegsbeute entstand ein Konflikt, der 1866 den preußisch-österreichischen Krieg auslöste. Was vordergründig wie ein Konflikt um Schleswig-Holstein aussah, war nichts weniger als das Ringen der beiden Mächte um die Vorherrschaft in Deutschland.

Bismarck erkannte die revolutionäre Schubkraft des nationalen Gedankens und suchte sie zu nutzen. Über die Machterweiterung Preußens und die Errichtung einer preußischen Hegemonie in Deutschland auf Kosten Österreichs trieb er die Einigung Deutschlands voran. Nach Preußens Sieg über Österreich in der Schlacht bei Königgrätz annektierte er Hannover, Kurhessen, Nassau, Frankfurt am Main und Schleswig-Holstein und entthronte die jeweiligen Herrscher ohne Rücksicht auf die von Konservativen hochgehaltene dynastische Legitimität.

Mit dieser Gebietserweiterung war die von Preußen lange ersehnte Landverbindung zwischen den Altprovinzen und dem wirtschaftlich bedeutenden Rheinland hergestellt. Der von Metternich 1815 ins Leben gerufene Deutsche Bund, in dem Österreich den Vorsitz führte, wurde aufgelöst. An seine Stelle setzte Bismarck den Norddeutschen Bund unter preußischer Führung, in den alle deutschen Staaten nördlich der Mainlinie eingegliedert wurden. Hessen südlich des Mains, Bayern, Baden und Württemberg lehnten sich noch im selben Jahr in »Schutz- und Trutzbündnissen« eng an den Norddeutschen Bund an. Österreich war somit vollständig aus dem deutschen Einigungsprozeß hinausgedrängt und konzentrierte sich in Zukunft auf seine Interessen auf dem Balkan.

Der Norddeutsche Bund war kein lockerer Staatenbund mehr, sondern ein Bundesstaat mit einem obersten Regierungsorgan, dem Bundeskanzler (der in der Regel mit dem preußischen Ministerpräsidenten identisch war), mit einheitlicher Außen- und Militärpolitik und vor allem mit Verfassung und Parlament, das aus allgemeinen, gleichen und direkten Wahlen hervorging. Die auf die Person Bismarcks zugeschnittene Verfassung war eine direkte Vorläuferin der Reichsverfassung von 1871. Mit dem Wahlrecht zum Norddeut-

schen Reichstag schien Bismarck einer Forderung der Demokraten nachgekommen zu sein. Jedoch war der Bundeskanzler keineswegs der Volksvertretung verantwortlich, und deren schärfste Waffe, das Budgetrecht, wurde durch Verordnungen und legislaturübergreifende Gesetzesvorlagen abgestumpft.
Das Frankreich Napoleons III. betrachtete die zunehmende Machtballung unter preußischer Hegemonie mit großer Sorge. Bismarck hingegen sah in einem Krieg mit Frankreich das geeignete Mittel, den Einigungsprozeß Deutschlands »durch Eisen und Blut« zu vollenden. Da sich die süddeutschen Staaten zur Waffenbrüderschaft mit Preußen verpflichtet hatten, sollten sie in einem gemeinsam gegen Frankreich geführten Krieg auch politisch in das Reich eingebunden werden. Anlaß zum Krieg gab der Konflikt um die Thronfolge in Spanien. Bismarck provozierte Napoleon III. in der »Emser Depesche«, so daß sich dieser – auch durch innenpolitischen Druck getrieben – zur Kriegserklärung gegen Preußen veranlaßt sah.
Die patriotische Begeisterung in Deutschland schlug ähnlich hohe Wellen wie im Befreiungskrieg gegen Napoleon I. Die süddeutschen Staaten zögerten nicht, sich an die Seite Preußens zu stellen. Den preußisch-deutschen Truppen gelang am 2. September 1870 der Sieg bei Sedan. Am 18. Januar 1871 wurde König Wilhelm I. von Preußen im Spiegelsaal von Versailles von den deutschen Fürsten und Militärs zum Deutschen Kaiser ausgerufen. Die Reichseinigung als »Revolution von oben« war vollendet. W.R.

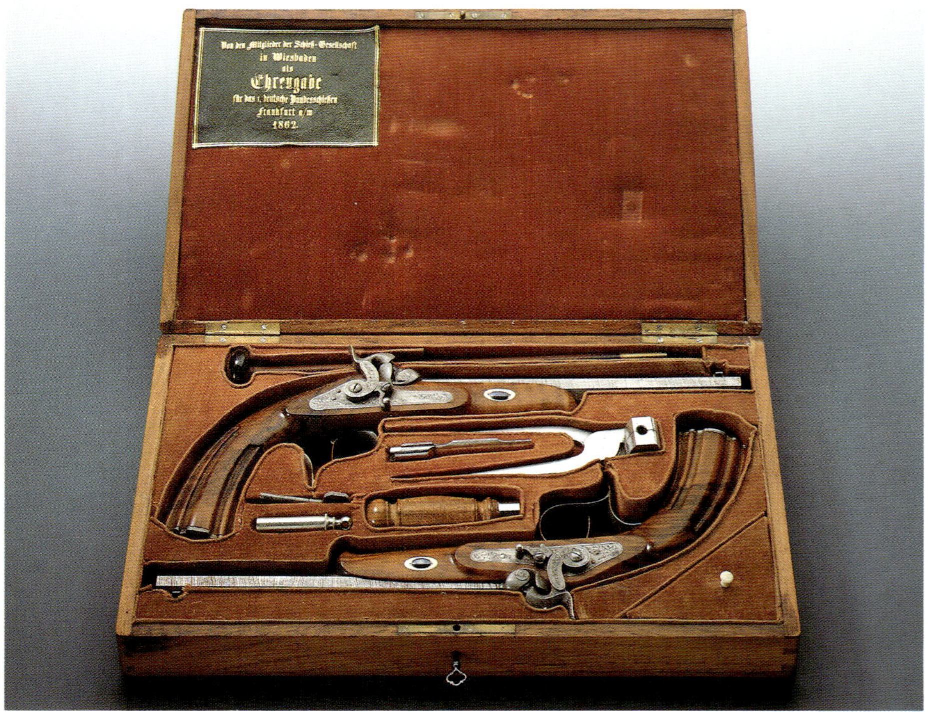

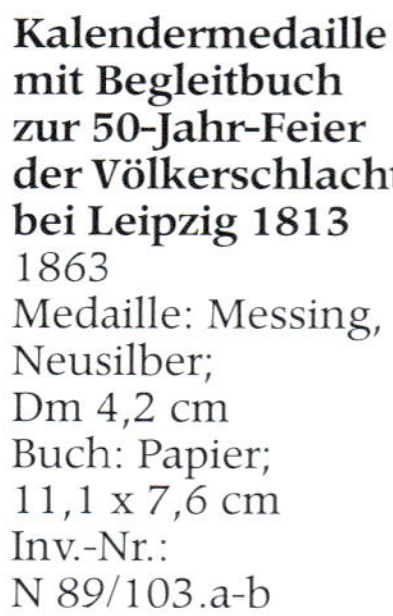

Kalendermedaille mit Begleitbuch zur 50-Jahr-Feier der Völkerschlacht bei Leipzig 1813
1863
Medaille: Messing, Neusilber;
Dm 4,2 cm
Buch: Papier;
11,1 x 7,6 cm
Inv.-Nr.:
N 89/103.a-b

Medaillen auf das Turnfest in Leipzig 1863

a) Germania – »Das ganze Deutschland soll es sein« (Vorder- und Rückseite)
C. Vogt
Zinn; Dm 4,6 cm
Inv.-Nr.: N 79/855.a

b) Turnvater Jahn (Vorderseite)
H. Wilke (tätig um 1849-1861 in Berlin)
Zinn; Dm 3,8 cm
Inv.-Nr.: N 78/103

Pistolenkoffer mit 2 Perkussionspistolen, Lade- und Reinigungsgeräten
Ehrengabe zum Bundesschießen
1862
Damaststahl, Nußbaumholz (Pistolen), Holz, Metall, Samt (Koffer);
4,8 x 49 x 41,2 cm
Inv.-Nr.: 1989/827

Große Schützenkette, Sachsen-Altenburg
1864
Silber, Gold, vergoldet, emailliert;
L ca. 104 cm,
B 4 cm
(Kettenglieder)
Inv.-Nr.: O 77/37

Im Jubiläumsjahr der Befreiungskriege, 1863, äußerte sich nicht allein in den Feierlichkeiten nationales Gedankengut, sondern es bildete sich eine Nationalbewegung heraus, über die eine Reformierung des Deutschen Bundes angestrebt wurde. Veranstaltungen wurden auf Bundesebene organisiert, unter anderem belegt durch die Ehrengabe eines Pistolenkoffers einer Schießgesellschaft zum 1. deutschen Bundesschießen.

1863 trafen sich in Leipzig 20000 Turner, beseelt vom Geiste Friedrich Ludwig Jahns, zum 3. deutschen Turnfest. Sie demonstrierten, wie sehr die nationale Einheit zum Ziel ihrer Bestrebungen geworden war. Auf den zu diesem Ereignis geprägten Erinnerungsmedaillen dominierten das Bild des »Turnvaters« und sein aus der Studentenschaft übernommener Wahlspruch »Frisch, Fromm, Fröhlich, Frei«. Dagegen bringt die Erinnerungsmedaille von C. Vogt mit der Losung »Das ganze Deutschland soll es sein« gegenüber dem liberalen Programm deutlicher die nationale Komponente zum Ausdruck.

Gerade das dürfte den Leipziger Stadtvätern vorgeschwebt haben, als sie die Vertreter zahlreicher deutscher Städte zu den Feierlichkeiten des Völkerschlachtjubiläums einluden. Zu den beliebtesten Souvenirs des Jubelfestes im Oktober 1863 gehörte ein Calendarium perpetuum in Denkmünzenform, das an Schlachten, Patrioten und Heerführer des Jahres 1813 erinnerte. M.K./K.P.M.

Die letzten Stunden der Schlacht bei Leipzig, 1813
Arthur Nikutowski
(1830-1888)
1863
Öl/Leinwand;
160 x 428,5 cm
Signatur
unten links:
Nikutowski 1863
Inv.-Nr.: 1990/177

1863, zum 50. Jahrestag der Völkerschlacht bei Leipzig, der überall in Deutschland feierlich begangen wurde, präsentierte der in Karlsruhe lebende Maler Arthur Nikutowski auf der »Internationalen Kunstausstellung« in München ein riesiges Gemälde. Auf ihm ist der entscheidende Angriff der preußischen Truppen in der Schlacht – sie dauerte vom 16. bis zum 19. Oktober 1813 – dargestellt. Von rechts nach links stürmt unter Gebhard Leberecht Blüchers Kommando die Landwehr heran. Der Feldmarschall mahnt seine furiosen Soldaten zu Zurückhaltung und Schonung der Franzosen, die weiße Tücher als Zeichen der Kapitulation hochhalten. Andere schießen weiter, links flüchten Kavallerie und Marketenderwagen. Napoleon gelang es, mit einem kleinen Teil seiner Truppen aus dem sich schließenden Ring der verbündeten Heere auszubrechen und sich nach Frankreich zurückzuziehen. In der Völkerschlacht hatten 190000 napoleonische gegen 205000 alliierte Soldaten gekämpft, es gab etwa 100000 Tote. Die Gedenkfeiern des Jahres 1863 gipfelten in der Einweihung der Befreiungshalle bei Kelheim, eines riesigen antikisierenden Rundbaus hoch über der Donau. 1813 war die nationale Einigungsbewegung auf ihrem ersten Höhepunkt gewesen. Die Feiern fünfzig Jahre später demonstrierten, daß trotz der nachfolgenden Niederlagen der liberalen und demokratischen Kräfte der Gedanke der deutschen Einheit nicht aufgegeben war. W.R.

Die Erstürmung der Insel Alsen durch die Preußen (Übergang nach Alsen)
Wilhelm Camphausen
(1818-1885)
1866
Öl/Leinwand;
165 x 284 cm
Signatur unten rechts:
WCamphausen
1866
Inv.-Nr.: 1990/176

Über die nationale Zugehörigkeit des Herzogtums Schleswig kam es 1864 zum Krieg zwischen Dänemark auf der einen und Preußen und Österreich auf der anderen Seite. Der dänische König hatte ein Gesetz erlassen, nach dem Schleswig mit Dänemark vereinigt werden sollte. In der Folge marschierten preußische und österreichische Truppen in Schleswig ein. Nach dem Sturm auf die Düppeler Schanzen, der 6000 Mann das Leben kostete und Tausende von Verwundeten zurückließ, eroberten die Preußen die Insel Alsen, im Sund zwischen Jütland und der Insel Fünen gelegen und der strategische Schlüssel zu beiden. Bei der Besetzung der Insel verloren weitere 800 Mann das Leben. Daraufhin schlossen die Dänen Frieden. Ganz Schleswig einschließlich des überwiegend dänischen Nordens fiel an Preußen. Erst 1920 kehrte Nordschleswig durch Volksabstimmung zu Dänemark zurück.

Wilhelm Camphausen nahm als preußischer Armeemaler am Krieg teil. Im Auftrag der »Verbindung für historische Kunst« lieferte er ein den preußischen Sieg verherrlichendes Schlachtengemälde, das dann 1871 der Bremer Kunsthalle übergeben wurde. Konzentriert ist die Komposition auf den Moment, in dem die Preußen über den Rücken einer Verschanzung, hinter der sich die Dänen ducken, auf diese vordringen. Auf der Kuppe der Schanze flackert eine schwarze Pechfackel, ein altes Symbol für den Krieg. Links drängen auf dem Sund immer neue Mannschaften auf die Insel herüber.

W.R.

Reiterattacke preußischer Roter Husaren gegen österreichische Dragoner
Wilhelm Alexander Meyerheim
(1815-1882)
1866
Öl/Leinwand;
70 x 100 cm
Signatur
unten links:
Meyerheim 1866
Inv.-Nr.: 1988/1096

Unweit der böhmischen Stadt Königgrätz kam es am 3. Juli 1866 zur Entscheidungsschlacht zwischen Preußen und Österreich, die den Ausgang des Deutschen Krieges besiegelte: Die Preußen unter König Wilhelm I. und seinem Generalstabschef Helmuth von Moltke besiegten die Österreicher, die damit erzwungenermaßen aus dem Deutschen Bund ausschieden und Preußen die Vorherrschaft in Deutschland überließen.

Das Gemälde zeigt König Wilhelm I., der mit ausgestrecktem Säbel der Kavallerie den Befehl zum Angriff erteilt: Preußische Rote Husaren brechen in die Reihen österreichischer Dragoner ein, die sich bereits zur Flucht gewandt haben. Von links preschen preußische Ulanen mit gezücktem Säbel heran. Dieser Vorstoß der preußischen Armee von Norden her in die rechte Flanke der Österreicher entschied die Schlacht.

Besorgt um ein mögliches Eingreifen Napoleons III., entschloß sich Bismarck zum schnellen Friedensschluß. Österreich wurde im Frieden von Prag geschont, dagegen annektierte Preußen das Königreich Hannover, dazu Kurhessen, Nassau und Frankfurt am Main, die auf österreichischer Seite gekämpft hatten. Damit war die langersehnte Landverbindung des brandenburgischen Kernlandes mit den wirtschaftlich wichtigen preußischen Westprovinzen hergestellt und Preußen wirtschaftlich, flächen- wie einwohnermäßig die absolut dominierende Macht in Deutschland. W.R.

Das Leihhaus
(Das Versatzamt)
Friedrich
Friedländer
(1825-1901)
1866
Öl/Leinwand;
53 x 67 cm
Signatur
unten links:
Friedländer 866
Inv.-Nr.: 1988/645

Vor dem geöffneten Schalter eines Leihhauses drängen sich Menschen verschiedenen Alters und verschiedener Herkunft, um ihre Habseligkeiten zu verpfänden. Auffallend ist die Zahl der Frauen, die das Bild bevölkern. Ein gutgekleideter Mann im Zylinder will ein Schmuckstück versetzen – vielleicht hat er Spielschulden gemacht. Ein anderer, möglicherweise Musiker, muß sich schweren Herzens von seiner Violine trennen. Wieder ein anderer trägt ein Bündel Kleider unter dem Arm. Rechts hat sich eine Frau mit zwei Töchtern – die eine hält eine wertvolle Kaminuhr – auf Matratzen niedergelassen. Sie spricht mit einer jungen Frau in Witwentracht. Neben ihr blickt ihr kleiner Sohn im grauen Wettermantel den Betrachter an. Seine Mutter will den Degen und die Feldbinde ihres offensichtlich gerade im Krieg gegen Preußen gefallenen Mannes versetzen. Damit wird das Gemälde des Wiener Malers Friedrich Friedländer nicht nur zum Dokument für die weit verbreitete Armut und das Fehlen eines sozialen Netzes im 19. Jahrhundert, sondern auch zu einer leisen Mahnung gegen den Krieg. W.R.

Otto Graf Bismarck-Schönhausen als Ministerpräsident von Preußen und Kanzler des Norddeutschen Bundes
Elisabeth Ney
(1830-1907)
1867
Marmor; H 64 cm
Signatur Rückseite:
Elisabeth Ney,
Berlin, 6. 10. 1867
Inv.-Nr.: 1988/1540

Kürassieruniform Bismarcks

a) Überrock
Preußen, um 1870
Tuch; L 120 cm
Inv.-Nr.: U 1192

b) Helm, Modell 1867
Preußen, nach 1867
Eisen, vernickelt, feuervergoldet, Leder, Seidenrips;
H 27 cm; G 830 g
Inv.-Nr.:
U 294 (09/55)

c) Pallasch mit Portepee
1854-1898
Stahl, Eisen, Messing, feuervergoldet, Leder;
B 16 cm,
L 115,5 cm
Inv.-Nr.: W 1092.a

Mit der Bildung des Norddeutschen Bundes übte Otto von Bismarck eine Doppelfunktion als preußischer Ministerpräsident sowie als Bundeskanzler aus. In dieser Zeit schuf Elisabeth Ney die als Halsstück ausgeführte Marmorbüste. In öffentlichen Einrichtungen, Ämtern und Behörden sollte neben dem Porträt des Königs das Antlitz Bismarcks gegenwärtig sein. Nach der Reichseinigung wurden ungezählte Gemälde und Skulpturen unterschiedlichster Qualität geschaffen sowie Photos gefertigt, die ihn in Uniform zeigen. Obwohl »nur« Landwehr-Offizier, ernannte ihn Wilhelm I. 1866 zum Generalmajor der Kavallerie, und 1868 bekam er eine Ehrenstelle beim Magdeburger Kürassier-Regiment, dessen Chef er schließlich 1894 wurde. Es ist eine Ironie, daß Bismarck in der Rolle des »Eisernen Kanzlers« das Tragen der Uniform mit Überrock, Helm oder Mütze bevorzugte, hatte er sich doch als junger Mann gegenüber den Eltern vehement gesträubt, Offizier zu werden.

Auch vor dem Dienst als Einjährigfreiwilliger, den er 1838 im Garde-Jäger-Bataillon ableistete, versuchte er sich zunächst mit der Begründung »Muskelschwäche« zu drücken. Seinem Naturell entsprach es nicht, beherrscht zu werden, vielmehr handhabte er die Macht. K.P.M.

Napoleon III. und Bismarck auf dem Weg zu Wilhelm I. am Morgen nach der Schlacht von Sedan
Wilhelm Camphausen (1818-1885)
1877
Öl/Leinwand; 68 x 115 cm
Signatur unten rechts: WCamphausen 1877
Inv.-Nr.: 1992/484

Seit der Machtausdehnung Preußens 1866 fürchtete Frankreich um seine Vormachtstellung in Europa. Bismarck gelangte zu der Überzeugung, daß eine militärische Auseinandersetzung mit Frankreich sich auf Dauer nicht vermeiden ließe, daß diese aber die nationale Einigung Deutschlands unter Preußens Führung vollenden könnte. Daher arbeitete er planmäßig auf einen Krieg zu. Den Anlaß bot die Kandidatur eines Hohenzollernprinzen für den spanischen Thron. Obwohl dieser aufgrund der französischen Proteste seinen Anspruch zurückzog, brüskierte Bismarck Napoleon III. mit der provozierenden »Emser Depesche« so stark, daß dieser Preußen am 19. Juli 1870 den Krieg erklärte. Durch Schutz- und Trutzbündnisse von 1866 und 1867 dazu verpflichtet, schlossen sich die Armeen Badens, Hessens, Württembergs und Bayerns den Truppen des Norddeutschen Bundes an. Preußen-Deutschland verfügte damit über 519 000 Soldaten, Frankreich nur über 336 000. Mit Hilfe der Eisenbahn vollzog sich der deutsche Aufmarsch an der französischen Grenze zügig.

Bei Sedan kam es am 2. September 1870 zum entscheidenden Sieg über die Truppen Napoleons. Auch der Kaiser selbst geriet in deutsche Kriegsgefangenschaft. Am Morgen nach der Schlacht wird Napoleon in offener Kutsche mit drei Adjutanten von Bismarck zu König Wilhelm geleitet. Obwohl Napoleon kapituliert, als Kriegsgefangener nach Wilhelmshöhe bei Kassel gebracht wird und später ins englische Exil gehen muß, tritt der

Krieg in eine neue Phase: In Paris wird die Republik ausgerufen.

Jules Favre und Léon Gambetta organisieren als »Regierung der nationalen Verteidigung« den Volkskrieg. Während Paris von deutschen Truppen belagert wird und die Schrecken des Krieges fortdauern – ein Zeugnis dafür ist die Ansicht einer in einer Scheune untergebrachten Verbandsstube, in der sich Nonnen und Sanitäter um verwundete französische Soldaten kümmern –, betreibt Bismarck diplomatische Verhandlungen mit den süddeutschen Staaten, um noch im Krieg die Reichsgründung »von oben« zu vollenden. Nicht aus den Beschlüssen einer gewählten deutschen Nationalversammlung, wie 1848 erstrebt, sondern aus Verträgen zwischen den Monarchen entsteht unter Preußens Führung das Deutsche Reich.

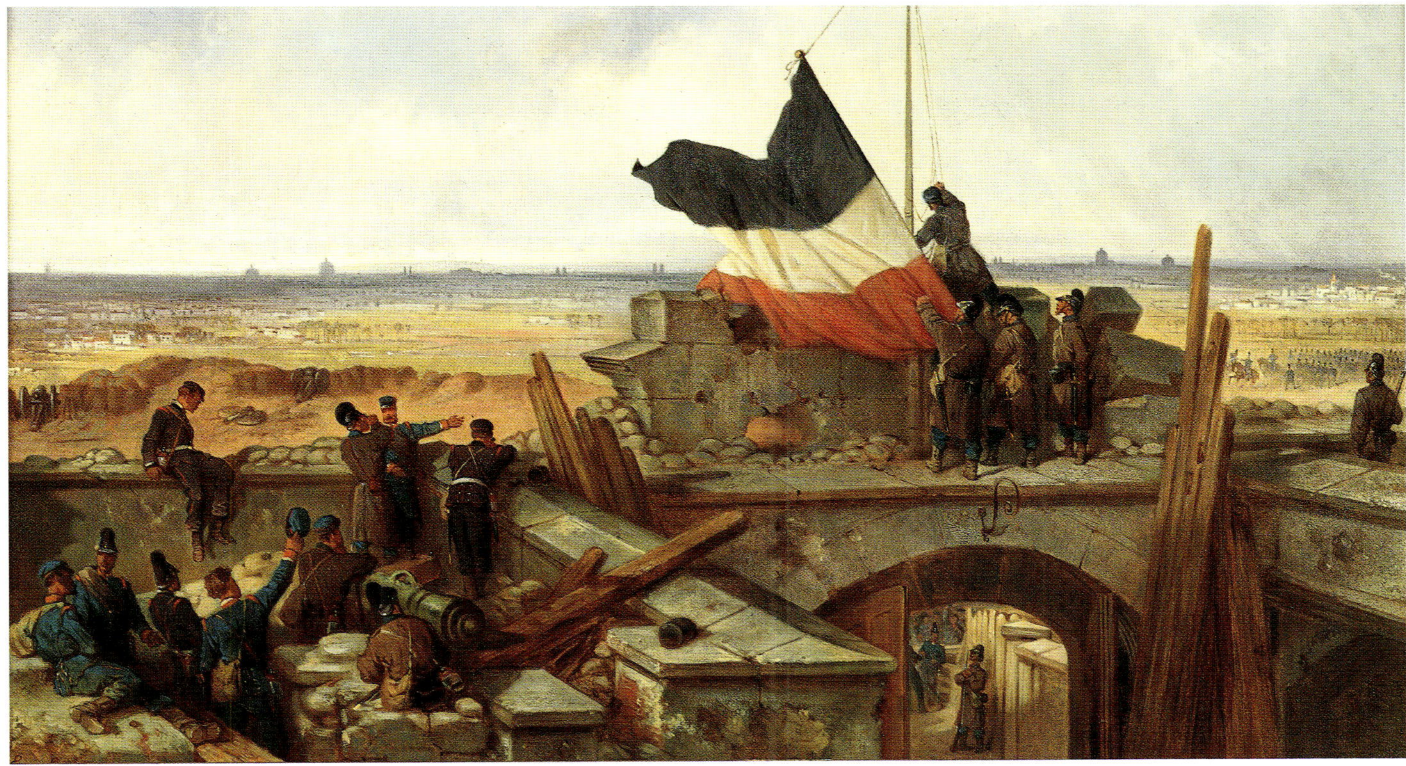

Nachdem am 18. Januar 1871 Wilhelm I. in Versailles zum Deutschen Kaiser ausgerufen worden war, hißten am folgenden Tag die deutschen Belagerer auf der Festung Vanves südwestlich vor Paris die deutsche Fahne. Sie trägt die Farben Schwarz-Weiß-Rot, die Farben des Norddeutschen Bundes. Die schwarz-rot-goldene Fahne war verpönt, da sie mit dem Vormärz und der 48er Revolution identifiziert wurde. W.R.

Im Feldlazarett
Max Volkhardt
(1848-1924)
1872
Öl/Leinwand;
43 x 57 cm
Signatur
unten links:
Max Volkhardt
Inv.-Nr.: 1988/1324

Das Aufhissen der deutschen Fahne auf dem Fort Vanves vor Paris am 19. Januar 1871
Eugen Adam
(1817-1880)
1878
Öl/Leinwand;
32,5 x 57,5 cm
Signatur unten
links: E. Adam 1878
Inv.-Nr.: 1992/1233

Germania (Die Wacht am Rhein)
Hermann Wislicenus (1825-1899)
1873
Öl/Leinwand; 192 x 145 cm
Signatur unten rechts: H. Wislicenus, 1873
Inv.-Nr.: 1992/904

Schautuch mit »Germania auf der Wacht am Rhein«
Deutschland, 1864-1870
Baumwolle, bedruckt; 67 x 70 cm
Inv.-Nr.: KTe 89/56

Der »Vater Rhein« als »Deutschlands Schicksalsstrom« hatte bereits während des gesamten 19. Jahrhunderts die Phantasie der Künstler beschäftigt. Clemens Brentano hatte um 1800 die Gestalt der »Lore Lay« erfunden, die den am rechten Ufer unter einem Felsen verborgenen Nibelungenhort bewacht, und Heinrich Heine hatte die Figur der Loreley durch sein 1824 veröffentlichtes Gedicht so populär gemacht, daß in der Folge auch viele Maler das Motiv der lieblichen, auf einem Felsen am Rheinufer sitzenden Jungfrau aufgriffen.

Mit der Veröffentlichung des Gedichtes »Die Wacht am Rhein« von Max Schneckenburger (1840) mutierte das romantische Mädchen dann allerdings zu einer schwertbewaffneten Kämpferin, deren feindlicher Blick gegen Frankreich gerichtet war. Anläßlich des Deutsch-Französischen Krieges kamen die Verse 1870/71 in vertonter Form zu neuer Popularität. Gemeinsam mit einer Reproduktion des 1860 entstandenen Gemäldes »Germania auf der Wacht am Rhein« von Lorenz Clasen wurden sie in hoher Auflage auf Schautücher gedruckt. Auch der wenig später mit der Ausmalung der Goslarer Kaiserpfalz beauftragte Hermann Wislicenus ließ sich von Schneckenburger inspirieren: »Es braust ein Ruf wie Donnerhall, / Wie Schwertgeklirr und Wogenprall: / ... / Lieb' Vaterland, magst ruhig sein, / Fest steht und treu die Wacht am Rhein.« L.K.

Frankreichs Künstler zeigten sich betroffen von der Niederlage, die ihr Land im Krieg gegen Deutschland erlitten hatte. Antonin Mercié schuf die Figurengruppe »Gloria Victis« in Erinnerung an seinen Freund und Kollegen Henri Regnault, der in den letzten Tagen des Krieges gefallen war: Eine weibliche Allegorie der Hoffnung – man könnte in ihr auch die Symbolgestalt der Freiheit Marianne sehen – trägt in ihren Armen einen sterbenden Krieger. Das abgebrochene Schwert ist Symbol für die Niederlage. Mercié wurde für das 1874 im Pariser Salon gezeigte originale Gipsmodell von »Gloria Victis« mit der Ehrenmedaille ausgezeichnet. Er erhielt Aufträge, das Denkmal in Bronze auszuführen. Verkleinerte Güsse wie dieser wurden in höherer Auflage hergestellt. Auch Gustave Doré, der bis dahin seine größten Erfolge als Buchillustrator hatte, sah in der Schaffung eines Denkmals zur Erinnerung an die nationale Verteidigung eine Herausforderung und nahm an einem 1879 ausgeschriebenen Wettbewerb mit einem Gipsmodell teil. Sein marschierender Soldat wirkt entschlossen und zuversichtlich, Marianne trägt als Schutzpatronin von Paris eine Mauerkrone. Doré konnte den Wettbewerb nicht für sich entscheiden, trotzdem fertigte man nach dem Modell Bronzegüsse in drei unterschiedlichen Maßen.

Die größte Version wurde 1889 auf der Weltausstellung in Paris gezeigt und konnte kürzlich vom DHM erworben werden. L.K.

Gloria Victis
Antonin Mercié
(1845-1916)
Nach 1874
Bronze,
Marmor (Basis);
H 108 cm,
121,3 cm (mit Basis)
Inv.-Nr.: Pl 94/6

La Défense Nationale
Gustave Doré
(1832-1883)
Nach 1879
Bronze,
Granit (Basis),
Holz (Sockel);
H 144,8 cm,
226 cm (mit Sockel)
Inv.-Nr.: Pl 94/7

Paar Silberleuchter zur Erinnerung an die Schlachten 1870/71 und die Reichseinigung
Sy & Wagner
Berlin, um 1871
Silber, graviert;
H 56,5 cm, 55,5 cm
Inv.-Nr.:
KG 93/35, 36

Die enge Verknüpfung von privater Familiengeschichte mit den zentralen politischen Ereignissen der Jahre 1870/71 im Bewußtsein eines preußisch-holsteinischen Adelsgeschlechts wird am Beispiel dieses aufwendig gestalteten Leuchterpaars sinnfällig. Beide Silberstücke haben die Form von efeuumrankten Eichenstämmen, sollen also den typisch deutschen Stammbaum verkörpern.

Während der eine Leuchter am Sockel die Wappen und Lebensdaten des Ehepaars Reichsgraf und Reichsgräfin zu Rantzau-Breitenburg trägt und auf den emporkletternden Efeublättern verteilt die Namen mit Geburtsdaten der insgesamt zwölf Kinder des Paares stehen (elf Töchter und ein Sohn!), sind auf den Efeublättern des zweiten die Daten der einzelnen Schlachten des Deutsch-Französischen Krieges festgehalten, ebenso die Meldung des einzigen Sohnes Otto als freiwilliger Offizier im August 1870. Schließlich sind im Sockel folgende Danksagungen eingraviert: »Der Sohn dankt Dir, o Gott! seine Lebensrettung bei Chenebier am 16 Januar 1871« und »Allvater wir danken Dir, dass auch unser Blut geflossen zur Herstellung des Deutschen Reichs«. L.K.

Kaiserproklamation im Spiegelsaal von Versailles
Anton Alexander von Werner (1843-1915)
1878
Tuschfederzeichnung, laviert;
41,5 x 57,5 cm
Signatur unten links: AvW 1878
Inv.-Nr.: 1988/532

»An das Deutsche Volk!«, Versailles, 17. Januar 1871
Papier, Druck;
67,2 x 46,3 cm
Inv.-Nr.: Do 57/250

Unter dem Eindruck des Krieges mit Frankreich waren noch während der militärischen Auseinandersetzungen die süddeutschen Staaten dem Norddeutschen Bund beigetreten und hatten damit den Weg für die deutsche Reichseinigung freigemacht. Nachdem auch der bayerische König Ludwig II. nach einigen Zugeständnissen Bismarcks bereit war, den preußischen König Wilhelm als »Deutschen Kaiser« anzuerkennen, konnte im Hauptquartier die Proklamation zum Kaiser stattfinden – auf Wunsch Wilhelms am 170. Jahrestag der Erhebung des Kurfürsten von Brandenburg zum König in Preußen und damit schon zwei Tage vor der Reichsgründung.

Anton von Werner war Augenzeuge der Kaiserproklamation am 18. Januar 1871 im Versailler Schloß, die er in mehreren (auch Gemälde-)Fassungen dargestellt hat:

Auf der vierstufigen Estrade des Spiegelsaales steht Wilhelm, umgeben von den deutschen Fürsten, darunter sein Schwiegersohn Friedrich von Baden links und der Kronprinz Friedrich Wilhelm rechts. Zwei Soldaten der Leibgarde flankieren in Habachtstellung das Podium und blicken auf die im Saal versammelten Offiziere und Soldaten. Bismarck, nur leicht aus der Mitte des Bildes gerückt und frontal zum Betrachter stehend, hat gerade die Proklamationsurkunde verlesen. Die deutsche Kaiserproklamation an diesem Identifikationsort der Grande Nation, Kompensation für die Deutschen, bedeutete für Frankreich eine Demütigung, die bis zum Ersten Weltkrieg fortwirkte. P.M.G.

An das Deutsche Volk!

Wir Wilhelm,

von Gottes Gnaden König von Preussen,

nachdem die Deutschen Fürsten und Freien Städte den einmüthigen Ruf an Uns gerichtet haben, mit Herstellung des Deutschen Reiches die seit mehr denn 60 Jahren ruhende Deutsche Kaiserwürde zu erneuern und zu übernehmen, und nachdem in der Verfassung des Deutschen Bundes die entsprechenden Bestimmungen vorgesehen sind, bekunden hiermit, daß Wir es als eine Pflicht gegen das gemeinsame Vaterland betrachtet haben, diesem Rufe der verbündeten Deutschen Fürsten und Städte Folge zu leisten und die Deutsche Kaiserwürde anzunehmen. Demgemäß werden Wir und Unsere Nachfolger an der Krone Preußen fortan den Kaiserlichen Titel in allen Unseren Beziehungen und Angelegenheiten des Deutschen Reiches führen, und hoffen zu Gott, daß es der Deutschen Nation gegeben sein werde, unter dem Wahrzeichen ihrer alten Herrlichkeit das Vaterland einer segensreichen Zukunft entgegenzuführen. Wir übernehmen die Kaiserliche Würde in dem Bewußtsein der Pflicht, in Deutscher Treue die Rechte des Reichs und seiner Glieder zu schützen, den Frieden zu wahren, die Unabhängigkeit Deutschlands, gestützt auf die geeinte Kraft seines Volkes, zu vertheidigen. Wir nehmen sie an in der Hoffnung, daß dem Deutschen Volke vergönnt sein wird, den Lohn seiner heißen und opfermüthigen Kämpfe in dauerndem Frieden und innerhalb der Grenzen zu genießen, welche dem Vaterlande die seit Jahrhunderten entbehrte Sicherung gegen erneute Angriffe Frankreichs gewähren. Uns aber und Unsern Nachfolgern an der Kaiserkrone wolle Gott verleihen, allzeit Mehrer des Deutschen Reichs zu sein, nicht an kriegerischen Eroberungen, sondern an den Gütern und Gaben des Friedens auf dem Gebiete nationaler Wohlfahrt, Freiheit und Gesittung.

Gegeben Hauptquartier
Versailles, den 17. Januar 1871.

Wilhelm.

Le Chevalier de la Mort
Karikatur auf Kaiser Wilhelm I.
Faustin Betbeder (geb. 1847)
Paris: Coulbœuf, 1870
Lithographie; 35 x 26,6 cm
Inv.-Nr.: 1989/1706

Mit immer wiederkehrenden Motiven thematisierte die Karikatur des Auslandes den Deutsch-Französischen Krieg. Oft sind dabei die Bildinhalte reduziert auf Symbole von allgemein verständlicher Aussage: den Tod als Sensenmann oder die Pickelhaube, die sich, obwohl erst im Jahr 1842 eingeführt, bereits als Bildzeichen für den preußischen Militarismus etabliert hatte.

Als Synthese beider Motive sieht der englische, in Paris ausgebildete Zeichner Faustin Betbeder den preußischen König: In einer Lithographie aus dem Jahr 1870 stellt er »Seine Königliche Hoheit Wilhelm von Preußen« als uniformiertes Skelett mit charakteristischer Barttracht und mit bluttriefender Sense und preußischer Pickelhaube dar.

In Frankreich war es vor allem der Pariser Maler und Lithograph Honoré Daumier, der sich als scharfsinniger Satiriker des Krieges, seiner Ursachen und Folgen erwies. Bereits in den sechziger Jahren hatte er in mehreren Karikaturen das preußische Ringen um die Vormachtstellung in Deutschland kommentiert. Seine zwischen 1870 und 1872 in der Zeitschrift »Charivari« erschienenen Lithographien sind gekennzeichnet von der Sorge, Preußen könne übermächtig werden, insbesondere aber auch von der Klage um die vielen Opfer und das Elend und Leid, das der Krieg mit sich brachte.

Bereits Anfang August 1870, kurz nach Kriegsbeginn, analysierte er den vermeintlichen Anlaß der militärischen Konfrontation als quasi vorgeschobenen Grund: »Der Prinz von Hohenzollern findet die Treppe entschieden zu steil«, die zum spanischen Thron führt. Die Opfer vor Augen, die eine Annahme der spanischen Krone fordern könnte, sträubt er sich, wird aber von einem unsichtbaren Zweiten außerhalb des Bildes – nur Bismarck

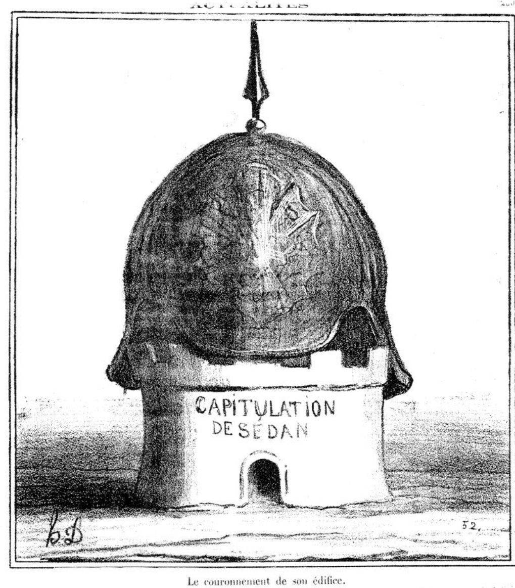

Le couronnement de son édifice.

ACTUALITÉS
— Le prince de Hohenzollern trouvant que décidément l'escalier est trop raide.
UN CAUCHEMAR DE M. DE BISMARK.
5
SEDAN
NOTRE DERNIER GATEAU DES ROIS
— Est-ce qu'il ne vous paraît pas fait pour dégoûter des autres?

Karikaturen der Folge Actualités
Honoré Daumier (1810-1879)

a) Der Prinz von Hohenzollern findet die Treppe entschieden zu steil
In »Charivari«, 8. August 1870
Lithographie; 28,6 x 27,3 cm
Inv.-Nr.: 1988/456.39

b) Kapitulation von Sedan
In »Charivari«, 22. September 1870
Lithographie; 28,8 x 26,7 cm
Inv.-Nr.: 1988/456.10

c) Bismarcks Alptraum
In »Charivari«, 22. August 1870
Lithographie; 31 x 26,4 cm
Inv.-Nr.: 1988/456.28

d) Unser letzter Königskuchen
In »Charivari«, 8. Januar 1872
Lithographie; 29,1 x 25,2 cm
Inv.-Nr.: 1988/456.50

kann hier gemeint sein – vorgeschoben, ungeachtet seiner Zweifel, den Thron zu besteigen.

Wenige Tage danach stellt Daumier sich einen »Alptraum des Herrn von Bismarck« vor, den dieser angesichts des Todes vielleicht trotz der schon zu Kriegsbeginn überragenden militärischen Erfolge der deutschen Truppen haben könnte: Nicht der »Eiserne Kanzler« ist hier zu sehen, sondern ein müder alter Mann, der erschöpft in seinen Sessel zurückgesunken ist. Ein hämisch grinsender Tod packt ihn am Handgelenk und bedankt sich bei ihm für die vielen Opfer, die er ihm auf den Schlachtfeldern geschenkt hat. Einen Monat später erschien in einer Karikatur als »Krönung seines Gebäudes« die preußische Pickelhaube auf der Stadt Sedan, wo die französische Armee kapitulieren mußte und Kaiser Napoleon III. in Kriegsgefangenschaft geriet. Als »Unser letzter Königskuchen« nimmt Daumier das Motiv im Januar 1872 wieder auf, nur sind die Mauern Sedans jetzt abgebröckelt – angefressen, aufgezehrt von den unmäßigen Reparationen, die Frankreich abverlangt worden waren. P.M.G.

15 Helme für Generale und Offiziere der deutschen Bundesländer nach der Reichsgründung

a-d) 4 Helme für Generale mit bzw. ohne Paradebusch – Preußen, Bayern, Sachsen, Württemberg
1871/1897, 1913, 1897 (2 x)
Metall; H 32-34 cm
Inv.-Nr.: U 53/110, U 71/136, U 59/333, U 71/299

e) Helm für Offiziere der Artillerie – Baden
1871/1897
Metall; H 23 cm
Inv.-Nr.: U 71/442

f-h) 3 Helme für Offiziere der Infanterie – Hessen, Oldenburg, Mecklenburg-Schwerin
1871/1897 (2 x), 1867/1871
Metall;
H 24,5-25,5 cm
Inv.-Nr.: U 53/2, U 71/59, U 59/222

i,j) 2 Helme für Offiziere der Reserve – Mecklenburg-Strelitz, Sachsen-Weimar
1871/1897
Metall;
H 23,5-24 cm
Inv.-Nr.: U 59/234, U 58/86

k-o) 5 Helme für Offiziere der Infanterie – Braunschweig, Sachsen-Altenburg, Anhalt, Reuß, Schwarzburg
1886/1896, 1871/1897 (4 x)
Metall; H 24-27 cm
Inv.-Nr.: U 71/54, U 71/212, U 71/289, U 71/216, U 71/288

Als preußische Erfindung hatte der Helm 1842/43 den recht unpraktischen Tschako als militärische Kopfbedeckung abgelöst.

Wenn auch in den Folgejahren mehrfach modifiziert, prägte dieser vom Volksmund als Pickelhaube bezeichnete Helm doch bis 1918 das Erscheinungsbild des preußisch-deutschen Militärs in der Öffentlichkeit. Unmittelbar durch den Einsatz preußischer Truppen zur Niederwerfung der Revolution von 1848/49 sowie bei der Verfolgung demokratischer Kräfte erlangte diese Kopfbedeckung eine symbolhafte Bedeutung, die für Konterrevolution, Reaktion und Militarismus steht. Gerade in zeitgenössischen Karikaturen kam das immer wieder zum Ausdruck. Aus Gründen der Zweckmäßigkeit führten auch einige Staaten des Auslandes zeitweise Pickelhauben ein, besonders traf das jedoch auf die deutschen Länder zu, die politisch, wirtschaftlich sowie militärisch von Preußen beeinflußt waren. Nach der Reichsgründung übernahmen alle Bundeskontingente die Pickelhaube – als letzte folgten 1886 Bayern und Braunschweig. Sahen die Helmmodelle äußerlich auch gleich aus, so wurden landestypische Helmwappen und Kokarden aus Rücksicht auf die Bundesfürsten beibehalten. K.P.M

24
DAS REICH UNTER BISMARCK

Die Verfassung des Deutschen Reichs vom 16. April 1871 lehnte sich eng an die des Norddeutschen Bundes an. Das Reich war ein Bundesstaat und bestand aus 26 Einzelstaaten: den vier Königreichen Preußen, Bayern, Sachsen und Württemberg, sechs Großherzogtümern, fünf Herzogtümern, sieben Fürstentümern, den drei Freien Städten Hamburg, Bremen und Lübeck und dem Reichsland Elsaß-Lothringen, das nach dem Deutsch-Französischen Krieg ohne Befragung seiner Bewohner von Frankreich abgetrennt und dem Reich angegliedert worden war. Neben den Elsässern und Lothringern waren die Dänen in Nordschleswig und die Polen der Provinz Posen nationale Minderheiten. Preußen verfügte über weit mehr als die Hälfte der Bewohner und über etwa zwei Drittel der Fläche des Reiches. Es besaß eine Sperrminorität gegen Verfassungsänderungen im Bundesrat, dessen Präsidium es stellte. Die obersten Behörden des Gesamtstaates waren zunächst mit den preußischen Ministerien und Ämtern identisch und blieben, angesiedelt in der Berliner Wilhelmstraße, bis 1918 eng mit diesen verflochten. Die Würde des Deutschen Kaisers lag erblich bei der preußischen Krone. Der Kaiser behielt die klassischen Bereiche monarchischer Macht in seinen Händen: Außenpolitik, Heer und Flotte und die Ernennung des Beamtenapparates Preußens und des Reiches einschließlich der Richter. Er konnte mit Zustimmung des Bundesrates über Krieg und Frieden entscheiden, Verträge mit auswärtigen Mächten abschließen und im Fall innerer Unruhen den Ausnahmezustand ausrufen. Einziger Minister war der nicht vom Reichstag gewählte, sondern vom Kaiser berufene Reichskanzler, der mit seinen Staatssekretären dem Parlament nicht verantwortlich und von dessen Vertrauen nicht abhängig war. Allerdings konnten ohne den Reichstag keine Gesetze, kein Haushalt verabschiedet werden. Doch Souverän war nicht das Volk, auch nicht der Kaiser, sondern die Gesamtheit der deutschen Fürsten und Freien Städte – staatsrechtlich gesehen war das Deutsche Reich eine Oligarchie.

Schon die zeitgenössischen Kritiker nannten das Kaiserreich einen unvollendeten Verfassungsstaat. Nach den Forderungen der Liberalen und der Demokraten sollte es parlamentarisch auf breiter

Basis regiert werden. In Wahrheit wurde es regiert von einem einzigen Mann: Bismarck. Als Reichskanzler, preußischer Ministerpräsident und Außenminister, dem sich Wilhelm I. weitgehend unterordnete, prägte er den Begriff der »Kanzlerdiktatur«.

Das neue Reich war von Anbeginn erfüllt von tiefen gesellschafts- und parteipolitischen Spannungen. Es war preußisch und protestantisch geprägt und geriet daher, wie fast alle anderen westeuropäischen Staaten auch, in Konflikt zur katholischen Kirche. Im »Kulturkampf« wandte sich Bismarck gegen die konfessionellen Sonderinteressen des Katholizismus, der sich in der Partei des »Zentrums« organisierte und auch weiteren Bismarck-Gegnern, wie Elsässern, Lothringern, Polen oder Welfen, eine politische Heimat bot. Bismarck führte die staatliche Schulaufsicht und die Zivilehe ein, schloß Klöster und verbot den Jesuitenorden. Katholische Bischöfe wurden des Landes verwiesen oder verhaftet. Die Ausnahme- und Verbotsgesetze des Kulturkampfes zerstörten den Glauben, daß die neu gefundene nationale Gemeinschaft zu einem friedlichen Ausgleich der Interessen und zu gegenseitiger Tolerierung führen würde.

Der politische Katholizismus wurde als »Reichsfeind Nummer eins« Mitte der siebziger Jahre durch die Sozialdemokratie abgelöst, die Bismarck schon seit August Bebels Protest gegen die Annexion Elsaß-Lothringens verfolgen ließ. Mit dem Sozialistengesetz von 1878, das bis zum Ende von Bismarcks Kanzlerschaft 1890 Geltung hatte, sollte die sozialdemokratische Arbeiterbewegung zerschlagen werden.

Außenpolitisch gelang es Bismarck, den Frieden in Europa durch komplizierte Bündnispolitik zu sichern. Deutschland, das seine Nachbarn nach Fläche, Bevölkerungszahl, Wirtschaftskraft und militärischer Stärke überragte, sei – so erklärte Bismarck mehrfach – »saturiert«, das heißt, es müßte von seinen Nachbarn nicht als potentieller Aggressor gefürchtet werden. Durch die Annexion Elsaß-Lothringens hatte sich das Reich allerdings Frankreich dauerhaft zum Gegner gemacht. Bismarcks Politik richtete sich folglich darauf, Frankreich zu isolieren und Koalitionen der übrigen Mächte gegen Deutschland zu verhindern. Seine Bündnispolitik war auch deshalb von Erfolg gekrönt, weil die starken Interessengegensätze der Kolonialmächte Rußland, Frankreich und England außerhalb Europas vorerst gegen Deutschland gerichtete Koalitionen verhinderten.

Doch Ende der achtziger Jahre geriet die Bismarcksche Sicherheitsarchitektur immer mehr ins Wanken. Die vom Kanzler nur unter starken Vorbehalten gutgeheißenen Kolonialerwerbungen trugen dazu bei, das traditionell gute deutsch-britische Verhältnis zu stören und Deutschland zu isolieren. W.R.

Ein Jahr nachdem er zwei Attentatsversuche überlebt hatte, ließ sich der 82jährige Kaiser Wilhelm I. 1879 in der Feldmarschallsuniform des Potsdamer 1. Garderegiments zu Fuß porträtieren. Im 1. Garderegiment – es hatte das höchste Prestige in Preußen – begannen nach alter Hohenzollerntradition die Prinzen im Alter von 10 Jahren ihre militärische Ausbildung. Neben zahlreichen anderen preußischen Auszeichnungen trägt der Kaiser den Bruststern des Hohen Ordens vom Schwarzen Adler mit dem Emailband des englischen Hosenbandordens, den ihm Queen Victoria verliehen hatte, und an der Feldbinde die russischen Orden von St. Georg und St. Wladimir.
Wilhelm hatte bereits seit 1858 für seinen gemütskranken Bruder Friedrich Wilhelm IV. regiert, als er mit seiner Selbstkrönung zum König 1861, die in der Verfassung nicht vorgesehen war, das Bürgertum brüskierte. Im Verfassungskonflikt um die Heeresreform begegnete er 1862 der liberalen Opposition durch die Berufung Bismarcks zum Ministerpräsidenten. Von ihm ließ sich Wilhelm, wenn auch nicht ohne Konflikte, bis zu seinem Lebensende politisch leiten. Nachdem Bismarck den König von Bayern als ranghöchsten Bundesfürsten durch Bestechung dazu gebracht hatte, dem preußischen Monarchen im sogenannten Kaiserbrief die Kaiserkrone anzutragen, wurde Wilhelm von den Bundesfürsten am 18. Januar 1871, mitten im Deutsch-Französischen Krieg, im Spiegelsaal von Versailles zum Kaiser ausgerufen. W.R.

Kaiser Wilhelm I. in der Uniform eines Feldmarschalls des 1. Garderegiments zu Fuß
Paul Bülow
(1842-1889)
1879
Öl/Leinwand;
148 x 110 cm
Signatur unten links:
Paul Bülow 1879
Inv.-Nr.: Kg 55/152

Otto von Bismarck
Franz Seraph
von Lenbach
(1836-1904)
1879
Öl/Leinwand;
121 x 96,5 cm
Signatur
unten rechts:
F. Lenbach 1879
Inv.-Nr.: 1990/761
Erworben aus Mitteln
des Landes Berlin

Im Jahr 1879 entstanden, zeigt das Bildnis Otto von Bismarck in der Pose des entschiedenen, offensiven Staatsmannes, der ein Jahr zuvor den Berliner Kongreß, auf dem die europäischen Großmächte die Einflußsphären auf dem Balkan neu regeln wollten, als »ehrlicher Makler« geleitet hatte. In der für den Maler Franz von Lenbach typischen Manier liegt die farbliche und zeichnerische Betonung des Porträts auf Kopf und Händen, während Hintergrund und Gewand des Dargestellten als Beiwerk in bräunlichen Farbtönen verschmelzen. Lenbach, der 1882 geadelt wurde und als glanzvoller »Malerfürst« in seiner Münchener Villa residierte, war der gefragteste deutsche Bildnismaler seiner Generation. Er verband die Fähigkeit zu psychologisierender Beobachtung mit der gefälligen Nachahmung altmeisterlicher Techniken. Die herausragenden Persönlichkeiten seiner Epoche saßen ihm Modell, allen voran aber der »Eiserne Kanzler«, von dem über 80 Bildnisse bekannt sind. Noch kurz vor Bismarcks Tod 1898 wurde dem Künstler gestattet, von dem 83jährigen Staatsmann ein sehr persönliches Porträt zu skizzieren. W.R.

Das Reichstagswahlgesetz von 1870 war eines der fortschrittlichsten seiner Zeit. Wahlberechtigt waren alle männlichen Staatsangehörigen ab 25 Jahren. Jeder der 397 Wahlkreise wählte in geheimer und direkter Wahl einen Abgeordneten, gegebenenfalls entschied eine Stichwahl. Die graphische Darstellung verdeutlicht die regional unterschiedlich starke Verankerung der Parteien und zeigt die Lage und Entwicklung ihrer Hochburgen. Am rechten Rand des Spektrums standen die »Deutsch-Konservativen« als Partei der traditionell tonangebenden Schichten von Grundadel und Militär, protestantischer Geistlichkeit und

Bürokratie. Sie waren östlich der Elbe die unangefochten führende politische Kraft. Die Kerngebiete des katholischen »Zentrums« lagen in Süddeutschland sowie in der preußischen Rheinprovinz und in Westfalen. Die gemäßigten »Nationalliberalen« bildeten zunächst die sicherste Stütze Bismarcks im Reichstag, wo sie die weitaus stärkste Fraktion stellten. Wie die linksliberale »Fortschrittspartei« (später »Freisinn«) litten sie unter inneren Spaltungen und verloren seit den achtziger Jahren an Gewicht. Das Stammland der Sozialdemokraten war das »rote Sachsen«. Daneben setzten sich ihre Kandidaten vor allem in den Großstädten und industriellen Ballungsräumen durch. Darüber hinaus konkurrierte eine Vielzahl kleiner Parteien mit berufsständischen, partikularistischen oder ethnischen Vertretungsansprüchen. M.S.

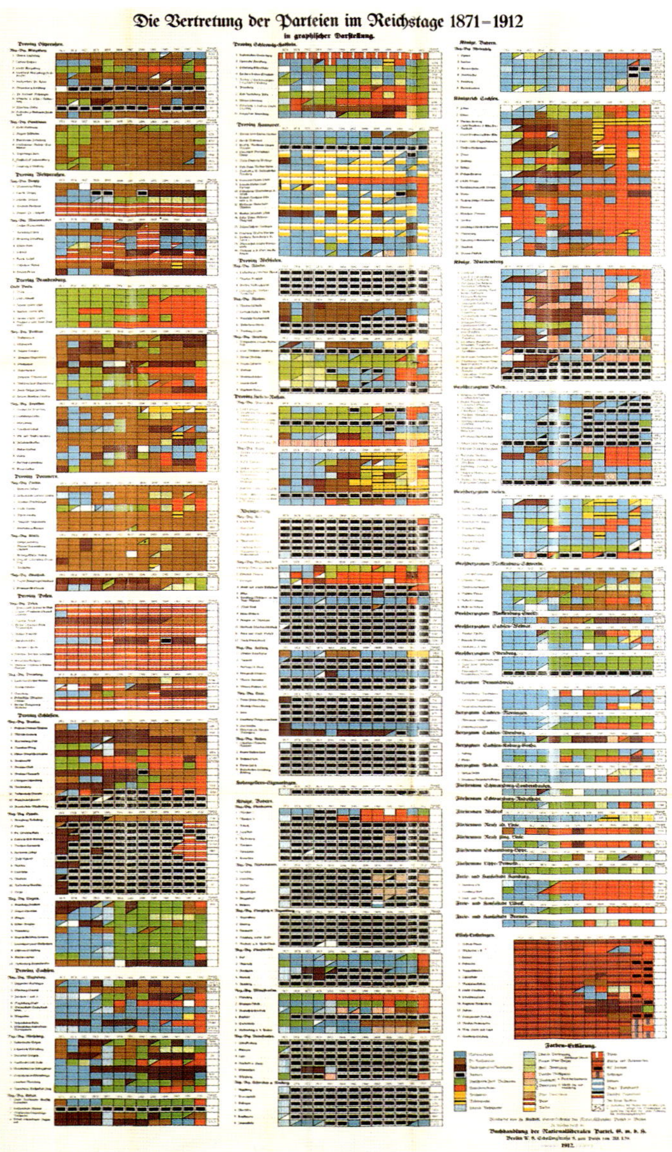

Fahne des Deutschen Reiches
1871
Baumwolle, bedruckt;
147 x 290 cm
Inv.-Nr.: Fa 70/30

Die Vertretung der Parteien im Reichstage 1871-1912 in graphischer Darstellung
Berlin: Buchhandlung der Nationalliberalen Partei, 1912
Druck, koloriert;
121,8 x 72,4 cm (entfaltet)
Inv.-Nr.: Do 63/418

Der Kongreß zu Berlin – Schlußsitzung am 13. Juli 1878
Anton Alexander von Werner (1843-1915)
1881
Öl/Leinwand; 360 x 615 cm
Signatur unten links und unten rechts: AvW 1881
Dauerleihgabe des Landes Berlin

Auf dem Berliner Kongreß legten die Vertreter der Großmächte 1878 eine Neuordnung des Balkans fest.

Der Wiener Kongreß 1814/15 hatte die Oberhoheit der Türkei auf dem Balkan nicht angetastet. Den Versuch Rußlands, eine eigene Schutzherrschaft über die Balkanvölker zu errichten, hatten England und Frankreich 1854 im Krimkrieg vereitelt. Im Frieden von San Stefano im März 1878 hatte die Türkei jedoch auf Rumänien, Bulgarien, Serbien, Montenegro und Mazedonien verzichten müssen. Auf Anregung Österreichs, das wie die Türkei das russische Übergewicht auf dem Balkan fürchtete, kam es in Berlin zur Zusammenkunft der Vertreter Rußlands, der Türkei, Englands, Österreichs, Deutschlands, Frankreichs und Italiens. Der Hofmaler Anton von Werner hat die führenden Staatsmänner Europas auf der Abschlußsitzung am 13. Juli 1878 in der Berliner Reichskanzlei wiedergegeben. Links legt der sitzende russische Kanzler Alexander M. Gortschakow dem englischen Premier Benjamin Disraeli die Hand auf den Arm, ihre Gesten verraten die gegenseitige Hochachtung. Dem entspricht rechts der Handschlag Bismarcks mit dem russischen Delegationsleiter Peter A. Graf Schuwalow, dem der österreichische Außenminister Julius Andrassy beiwohnt. Rechts steht zwischen der türkischen Delegation der englische Außenminister Lord Salisbury.

Das Bild, das bis zum Zweiten Weltkrieg im Festsaal des Berliner Rathauses hing, beurteilten die Zeitgenossen unterschiedlich, Kritiker nannten es ein »reines Wachsfigurenkabinett«.

W.R.

25
INDUSTRIE UND TECHNIK

Wirtschaft und Gesellschaft des Bismarck-Reiches waren gekennzeichnet von einem bis zum Ersten Weltkrieg andauernden Bevölkerungs- und Wirtschaftswachstum, von fortschreitender Industrialisierung und Urbanisierung. Zwischen 1871 und 1910 wuchs die Bevölkerung des Deutschen Reiches von 41 auf 64,9 Millionen Menschen an, was einer Steigerung von etwa 60 Prozent entspricht. Ursache dafür war der zunehmende Geburtenüberschuß. Während 1871 nur 36 Prozent der Deutschen in Städten von 2000 und mehr Einwohnern lebten, waren es 1910 bereits 60 Prozent. Demnach wuchs die Bevölkerungszahl der Städte überproportional schnell. Besonders die Reichshauptstadt Berlin und die sich zu Industriezentren entwickelnden Großstädte des Reiches vervielfachten ihre Einwohnerzahlen.

Um 1860 waren noch etwa 60 Prozent der Erwerbstätigen in der Landwirtschaft beschäftigt. Dieser Anteil ging im Deutschen Reich bis 1907 auf 27,4 Prozent und bis Ende des Ersten Weltkrieges auf unter 20 Prozent zurück.

Die Industrialisierung Deutschlands setzte sich weiter fort. Auf die erste Phase der industriellen Revolution, die ihre Grundlage in der Montanindustrie und im Eisenbahnbau hatte, folgte im letzten Drittel des 19. Jahrhunderts eine zweite Phase mit dem Aufstieg der chemischen Industrie, der Elektrizitätserzeugung und der Elektroindustrie sowie der maschinellen Serienproduktion. In all diesen innovativen Bereichen wurde Deutschland zu einem Pionierland, der Begriff »Made in Germany« schließlich zum Gütesiegel.

Auch die klassische Montanindustrie mit Bergbau und Stahlindustrie im Ruhrgebiet, im Aachener Becken, im lothringisch-saarländischen Eisenerzrevier sowie in Oberschlesien erhöhte ihre Produktion und absorbierte immer mehr Arbeitskräfte. Weitere Industrieschwerpunkte entwickelten sich in Berlin, im sächsisch-thüringischen Raum und im Rhein-Main-Gebiet.

Die in Industrie und Forschung tätigen Ingenieure wurden an den neu gegründeten Technischen Hochschulen, die für viele Länder eine Vorbildfunktion einnahmen, geformt. Die Naturwissenschaften, allen voran die Chemie, traten ihren Siegeszug an den Universitäten an. Schließlich wurde 1911 die Kaiser-Wilhelm-Gesellschaft (heute nach Max Planck benannt) mit zahlreichen Forschungsinstituten gegründet.

Technische Innovationen beschleunigten die Industrialisierung. Um 1900 waren alle Industrien mechanisiert. Die Dampfmaschine wurde durch die Elektrizität abgelöst. Der Elektromotor verlieh auch dem mittelständischen Handwerk, das durch Spezialisierung und Präzisionsarbeit einen Aufschwung nahm, weitere Entwicklungsmöglichkeiten.

Zahlreiche neue Erfindungen, wie die des Kraftfahrzeugs und des Flugzeugs vor 1900, waren im volkswirtschaftlichen Ganzen vor dem Ersten Weltkrieg noch von geringem Einfluß, da Eisenbahn und Schiffahrt vorläufig den Güter- und Personenverkehr weiterbestimmten. Sie wiesen aber voraus auf eine neue Ära der Moderne.

Neue Aktiengesellschaften und Großbanken finanzierten Firmengründungen und -erweiterungen. Durch Zusammenschlüsse stärkten sie ihre Wirtschaftsmacht. Parallel dazu verlief im industriellen Bereich die Konzentrierung von Firmen zu riesigen Konzernen (zum Beispiel Krupp, Stumm, Thyssen). Kartelle und Trusts schlossen verwandte und sich ergänzende Industriezweige zusammen.

In diesen Bereichen wie auch im Versicherungswesen und in der staatlichen und kommunalen Verwaltung stieg die Zahl der Angestellten. Sie bildeten neben den Industriearbeitern die zweite große Gruppe einer weitgehend besitzlosen städtischen Bevölkerung.

Am Vorabend des Ersten Weltkrieges bot sich das Deutsche Reich als eine nach innen von sozialen Spannungen geprägte, nach außen aber als mächtiger Industriestaat mit Weltmachtanspruch auftretende Nation im Herzen Europas dar. Innerhalb zweier Generationen nach der Reichsgründung hatte Deutschland das industrielle Pionierland England als Industrie- und Exportnation überrundet. Es stand an zweiter Stelle hinter der Nation, deren Aufstieg, von Europa kaum beachtet, zur selben Zeit stattgefunden hatte: den Vereinigten Staaten von Amerika. W.R.

Als selbstbewußter Bürger präsentiert sich der Unternehmer, Sozialpolitiker, Eisenbahnbauer und Bankier David Hansemann (1790-1864) auf diesem Ganzporträt von unbekannter Hand. Der Sohn eines Pfarrers gründete 1824 die »Aachener Feuerversicherungsgesellschaft«, 1834 den »Aachener Verein zur Beförderung der Arbeitsamkeit«, um das »Los der handarbeitenden Klasse« zu bessern. Er setzte sich in Denkschriften seit 1830 für die Entwicklung der Eisenbahnen, besonders des Staatsbahnsystems, ein. Politisch gehörte er zum gemäßigten Liberalismus der Rheinlande.

Nach der Märzrevolution 1848 in Berlin wurde er preußischer Finanzminister. Im Juni bildete er eine eigene Regierung, wurde aber bereits im September wieder entlassen. Danach leitete er die Preußische Bank, die Zentralnotenbank des preußischen Staates. Hansemann war zusammen mit Ludolf Camphausen der erste Bürgerliche, der – für kurze Zeit – in Preußen einen Ministerposten innehatte. Seine weitere Karriere nach dem Sieg der Reaktion 1848 ist nicht untypisch für das liberale Bürgertum. Obwohl er ein hohes Amt bekleidete, das ihm Ansehen und beträchtlichen Wohlstand verschaffte, blieb er politisch ohne Einfluß. W.R.

David Justus Ludwig Hansemann
B. Blockhorst ?
Nach 1862
Öl/Leinwand;
172 x 112 cm
Inv.-Nr.: Kg 54/295

Alfred Krupp
Vor 1887
Öl/Leinwand;
78 x 62 cm
Inv.-Nr.: Kg 63/32

Bertha Krupp
Vor 1887
Öl/Leinwand;
78 x 62 cm
Inv.-Nr.: Kg 63/33

Alfred Krupp (1812-1887) baute die ererbte Firma zur Herstellung von Gußstahl zum größten Stahlkonzern der Welt aus. Die Nutzung neuer Gußstahlverfahren und Neuerungen in der Eisenbahntechnik (Radbandagen ohne Schweißnaht, die bruchsicherer waren als verschweißte Räder) wurden zur Grundlage für sein Essener Imperium. Auf Weltausstellungen präsentierte Krupp seine Gußstahlkanonen, die gefragte Waffen wurden. Die preußische Armee begann 1859 mit dem Ankauf der den herkömmlichen Bronzekanonen überlegenen Produkte. Der Aufstieg der Firma zur Waffenschmiede des Deutschen Reichs hielt bis zum Zweiten Weltkrieg ungebrochen an.

Krupp ließ für sich und seine Frau Bertha die Essener »Villa Hügel« errichten, deren Funktionalität und Modernität sein bürgerliches Selbstbewußtsein reflektierten. Einen Adelstitel lehnte er mit den Worten ab, er sei lieber der Erste unter den Industriellen als der letzte Ritter. Seine Hoffnung, durch seine paternalistische Betriebsführung der Sozialdemokratie Einhalt gebieten zu können, erfüllte sich nicht. W.R.

Eisenwerk
Eduard Krause-Wichmann (geb. 1864)
Um 1900
Öl/Leinwand; 55 x 70 cm
Signatur oben rechts: E. Krause-Wichmann
Inv.-Nr.: Kg 86/8

Eisengießerei
Letztes Viertel 19. Jh.
Öl/Leinwand; 60,5 x 81 cm
Inv.-Nr.: 1988/1512

Bilder, welche die industrielle Arbeitswelt zum Inhalt haben, waren in England bereits um die Mitte des 18. Jahrhunderts verbreitet (Joseph Wright, gen. Wright of Derby), wurden in Deutschland aber erst entsprechend der verspäteten Industrialisierung in der zweiten Hälfte des 19. Jahrhunderts gemalt.

Der Stettiner Künstler Eduard Krause-Wichmann wählte als Motiv die Arbeitsabläufe in einem Eisenwerk. Das Gemälde war wohl Teil eines Triptychons, welches das Eisenwerk »Krafft« zeigte und vormals im Konferenzsaal Ballowitz in Stettin hing. Das bräunliche Kolorit, das glühende Eisen als Lichtquelle und das impressionistische Spiel von Licht und Schatten setzen die Kenntnis des 1875, also eine Generation zuvor, entstandenen »Eisenwalzwerkes« von Adolph Menzel (Berlin, Nationalgalerie) voraus, dessen narrative Dramatik und altmeisterliche Brillanz jedoch in keiner Weise erreicht werden. Krause-Wichmann hatte an der Dresdener Akademie studiert und sich zunächst als Marinemaler einen Namen gemacht. W.R.

Aktie mit Coupon-Schein der Dortmunder Bergbau- und Hüttengesellschaft
Dortmund,
5. Februar 1858
Papier, Druck, handgeschrieben;
25 x 35,7 cm,
28,8 x 36,7 cm
Inv.-Nr.: Do 92/4

Aktie der Duisburger Maschinenbau-Actien-Gesellschaft, vormals Bechem & Keetman
Duisburg,
14. November 1872
Papier, Druck, handgeschrieben;
36,6 x 26 cm
Inv.-Nr.: Do 92/3

Aktie der Hamburg-Amerikanischen Nähmaschinen-Fabrik, vormals Pollack, Schmidt & Co.
Berlin,
22. November 1871
Papier, Druck, handgeschrieben;
27,2 x 30,9 cm
Inv.-Nr.: Do 91/76

Obligation der Moskau-Smolensker Eisenbahn
St. Petersburg,
13. April 1869
Papier, Druck, handgeschrieben;
22,5 x 37,6 cm
Inv.-Nr.: Do 84/117 I

Ihre auch noch heute weitgehend gültige Rechtsform erhielt die Aktiengesellschaft im 19. Jahrhundert. Das ursprüngliche Konzessionsrecht des Staates, wie es noch 1843 das preußische Gesetz über Aktiengesellschaften vorsah, wurde 1870 für das Deutsche Reich abgeschafft und durch Normativbestimmungen ersetzt. Unsolide Betriebseröffnungen, insbesondere während der Gründerjahre, führten allerdings 1884 wieder zu einer Verschärfung der Bestimmungen. Die Zahl der Neugründungen stieg in der Folge sprunghaft an. Wurden in Deutschland vor 1871 nur 235 Gesellschaften gegründet, waren es zwischen 1871 und 1890 etwa 3000, wobei allerdings das durchschnittliche Kapital von 8,8 Millionen Mark auf 1 Million sank. Zu den kapitalträchtigen Unternehmen zählten die Aktiengesellschaften in den Bereichen Bergbau, Maschinenbau und Chemie.

Auf der Grundlage einer stark expandierenden Bergbau-, Verhüttungs- und Maschinenbauindustrie wurde der Eisenbahnbau nun auch exportintensiv. Besonders viel investierten französische und später auch deutsche Aktionäre in Rußland, das sich seit dem Krimkrieg um den Aufbau eines Streckennetzes bemühte. Die zaristische Regierung übernahm umfangreiche Zinsgarantien für Bau und Betrieb. Üblich wurde auch eine internationale Verflechtung von Aktiengesellschaften. Vorreiter war dabei die amerikanische Nähmaschinenfabrik Singer, die 1867 in Glasgow ein Werk gründete, bevor sie 1903 auch eine Niederlassung in Wittenberge/Elbe in Betrieb nahm. H.A.

Der Förderkorb und der »Hund« (auch »Hunt«) genannte Wagen wurden als Lastentransportmittel in einem sächsischen Bergwerk eingesetzt. Der Hund diente der Aufnahme und dem Transport der gewonnenen Steinkohle sowie des tauben (unbrauchbaren) Gesteins und hat ein Fassungsvermögen von knapp einem Kubikmeter. Aufgrund seiner Größe konnte er nur in weiten Stollen eingesetzt werden, in denen Schienen bis an die Gesteinsader herangelegt wurden. Auf diesen lief der Hund, dessen Scheibenräder zur besseren Beweglichkeit mit Spur- und Radkränzen versehen sind. Zum Förderkorb, der den Hund samt Inhalt aus der Grube ans Tageslicht brachte, wurde der Wagen entweder von den Kumpeln mittels der zwei an ihm befestigten Griffe transportiert, oder mehrere Hunde wurden so miteinander verbunden, daß ein »Zug« entstand. Dieser konnte bis zu zehn Wagen lang sein und wurde von den Grubenpferden fortbewegt. Eingesetzt wurden auch Lokomotiven, die durch Preßluft oder Elektrizität angetrieben wurden und bis zu zwanzig Hunde zogen.

Anders als bei der Fördertechnik, die im Untertagebergbau leicht mechanisierbar war, überwog beim Abbau bis weit ins 20. Jahrhundert die Handarbeit. Die Kumpel gewannen das Gestein manuell mit Schlegeln, Bergeisen und Keilhauen. R.B.

Förderkorb und Hund aus einem Steinkohlenbergwerk
Um 1870
Schmiedeeisen, Stahlblech, Gußeisen, Holz; 230 x 110 x 170 cm (Förderkorb), 100 x 90 x 165 cm (Hund)
Inv.-Nr.: Pro 61/190, Pro 61/191

Plakat: Allgemeine Elektricitäts-Gesellschaft Berlin
Louis Schmidt
(1816-1906)
Berlin: Königliches Hof-Kunst-Institut, Otto Troitzsch, 1888
Lithographie;
84,8 x 54 cm
Signatur unten links:
Louis Schmidt
Inv.-Nr.: P 57/738

Im Jahr 1879 entwickelte der amerikanische Techniker und Erfinder Thomas Alva Edison (1847-1931) eine elektrische Glühlampe, die Kohlefadenlampe. Ähnlich wie beim Telephon und beim Telegraphen kam es auch hier zu Prioritätsstreitigkeiten, denn eine ganze Reihe von Forschern beanspruchte die Erfindung des Glühlichtes für sich. So prozessierte die englische Firma »Swan United Electric Light Corporation« jahrelang gegen Edison, hatte Joseph Wilson Swan (1828-1914) seine Glühlampe doch bereits 1878 patentieren lassen. Der Berliner Unternehmer Emil Rathenau (1838-1915) erkannte frühzeitig die Zukunftschancen der Elektrotechnik. Er erwarb 1881 die Lizenz auf die Edison-Patente und gründete 1883 die »Deutsche Edison-Gesellschaft für angewandte Electricität«, aus der 1887 die »Allgemeine Elektricitäts-Gesellschaft« (AEG) hervorging. Das Selbstbewußtsein des rasch expandierenden Unternehmens, das auch die ersten leistungsfähigen

Kraftwerke außerhalb der USA baute und betrieb, kommt eindrucksvoll in dem von Louis Schmidt 1888 gestalteten Werbeplakat zum Ausdruck. Sein Zentrum bildet die Göttin des Lichtes, die über der Weltkugel auf einem geflügelten Rad, Symbol des technischen Siegeszuges (und ursprünglich der Eisenbahn), thront. Elektrische Beleuchtung, elektrische Bahnen und elektrische Kraftmaschinen traten ihren triumphalen Vormarsch an und drückten den Jahrzehnten vor dem Ersten Weltkrieg ihren Stempel auf. Für die elektrotechnischen Firmen (allen voran die AEG und Siemens & Halske) wurde der Verkauf der für die Erzeugung, Übertragung und Nutzung der Energie benötigten Einrichtungen und Geräte, der Kraftwerksanlagen, Turbinen, Generatoren, Transformatoren, Motoren, Zähler, Kabel, das große Geschäft der Zukunft. Überdies lag der Verkauf der Energie selbst in ihren Händen, denn das Stromlieferungsgeschäft war bald das Monopol zentraler Elektrizitätswerke, die wiederum Tochtergesellschaften der elektrotechnischen Firmen waren.

Auch die neuen Fertigungsmethoden, die dem amerikanischen Vorbild folgten, waren in Deutschland geradezu revolutionär. Die für die Herstellung eingesetzten Arbeitsmaschinen wurden ebenso standardisiert wie die Produkte, und die Fabrikarbeit wurde rationalisiert. Ordnung und Überschaubarkeit charakterisierten, wie die Fotos zeigen, die Fertigungshallen. Die zumeist angelernten Arbeiter und Arbeiterinnen stehen oder sitzen in Reih und Glied an ihren Arbeitsplätzen, während Akkordlohn und der scharfe Blick des Meisters für Schnelligkeit und unermüdliche Anstrengung sorgen. R.B.

4 Innenansichten von AEG-Produktionsstätten

a) Turbinenfabrik – Großmontage

b) Kleinmotorenfabrik

c) Glühlampenfabrik – Glasbläserei

d) Zählerfabrik – Spulenwickelei

Reproduktionen aus »Die Allgemeine Elektricitäts-Gesellschaft«
Berlin: Büxenstein, 1908
21 x 27 cm
Sign.: B 57/3610

Einsatz der ersten Dreschmaschine in Lankow bei Schwerin im Jahre 1882
Carl Wilhelm Christian Malchin (1838-1923)
1882
Öl/Leinwand; 60 x 94 cm
Signatur unten rechts: C. Malchin 1882
Inv.-Nr.: Kg 63/8

Modell einer Lokomobile mit Dreschmaschine um 1885
Hermann Ranft
Annaberg-Buchholz, 1962/63
Holz, Eisen, Messing, Kunstleder; 62,5 x 40 x 20 cm, 30 x 53 x 26 cm
Inv.-Nr.: Pro 62/258, Pro 64/280

Modell eines Dampfpflug-Umwende-Grubbers
Deutschland, 1886-1900
Eisen, Holz; 30 x 103 x 50 cm
Inv.-Nr.: Pro 65/44

Im letzten Drittel des 19. Jahrhunderts verdoppelte sich die landwirtschaftliche Produktion in Deutschland nahezu. Einer der Gründe ist in der Technisierung der Landwirtschaft zu sehen, durch die Arbeitskräfte eingespart und Ernteverluste reduziert wurden. Der Landschaftsmaler Carl Malchin aus Schwerin zeigt auf seinem Bild den Einzug der Maschine in die bäuerliche Arbeitswelt, die als ländliche Idylle dargestellt ist. Der aus der Esse der Lokomobile aufsteigende Rauch vermischt sich mit den dunklen Wolken, so daß die Maschine als organischer Teil der Natur erscheint.

Mit den Lokomobilen, den beweglichen Dampfmaschinen, begann die Industrialisierung des agrarischen Sektors. Die fest mit dem Dampfkessel verbundene Maschine ruhte auf einem Fahrgestell, und die Übertragung der von ihr erzeugten Energie erfolgte über einen auf die Schwungradwelle geworfenen Treibriemen. Dieser setzte – wie im gezeigten Modell – eine Dreschmaschine in Gang und betrieb nach Bedarf auch eine Häcksel-, Schrot- oder Futterschneidemaschine oder einen Grubber, einen Spezialpflug zum Auflockern des Bodens.

Der Einsatz der Dampfkraft setzte viele Landarbeiter frei; sie zogen zumeist in die Städte, wo sie sich als Fabrikarbeiter verdingten. R.B.

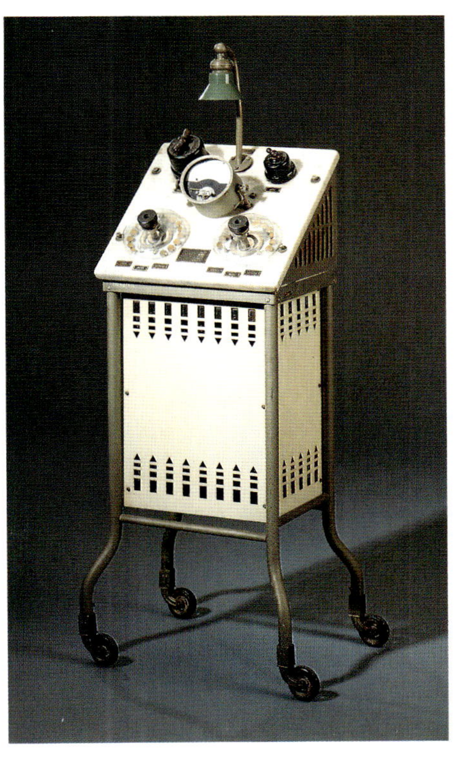

Wilhelm Conrad Röntgen entdeckte am 8. Oktober 1895 die von ihm so benannten X-Strahlen, die später seinen Namen erhielten. Seine aufsehenerregende Entdeckung, für die ihm im Jahr 1901 der erste Nobelpreis für Physik überreicht wurde, präsentierte Röntgen der Würzburger Physikalisch-Medizinischen Gesellschaft am 28. Dezember 1895 in einer »Vorläufigen Mitteilung« über »Eine neue Art von Strahlen«. Diese Schrift, zunächst in den Sitzungsberichten der Gesellschaft erschienen, wurde in der Folgezeit häufig nachgedruckt.

Die Entdeckung bildete die Grundlage der modernen Röntgendiagnostik und -therapie. Jetzt war es der Medizin möglich geworden, in das Leibesinnere zu schauen, ohne den Körper öffnen zu müssen. Schon 1898 erschien das erste Lehrbuch zur Röntgenuntersuchung. Mit der verbesserten Leistungsfähigkeit der Röntgenröhren wurde die Untersuchung größerer Körperpartien möglich. Die hier gezeigte Anlage zur Lungenuntersuchung besteht aus mehreren Teilen: dem Röhrenstativ, dem höhenverstellbaren Lungenstativ mit der Kassette für die Aufnahme, dem Hochspannungserzeuger sowie dem Schalttisch zur Bedienung der Akkumulatorenbatterien. Wie üblich, wurden auch hier im Zuge der technischen Weiterentwicklung Teile ausgetauscht, so daß wohl nur noch der Schalttisch aus der Zeit vor dem Ersten Weltkrieg stammt. R.B.

Röntgenanlage

a) Lungenstativ
Koch & Sterzel AG
Dresden, 1920-1930
Holz, Metall;
195 x 59,5 x 59,5 cm
Inv.-Nr.:
Pro 62/136.c

b) Röhrenstativ
1920-1930
Holz, Kunststoff, Metall;
159 x 108 x 53 cm
Inv.-Nr.:
Pro 62/136.b

c) Schalttisch
Reiniger, Gebbert & Schall AG
Erlangen, vor 1914
Metall;
121 x 45 x 37 cm
Inv.-Nr.:
Pro 62/136.d

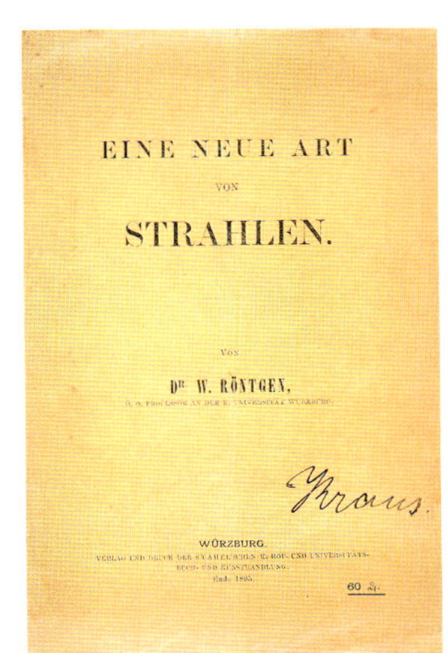

EINE NEUE ART

VON

STRAHLEN.

VON

D$^{R.}$ W. RÖNTGEN,

WÜRZBURG.

VERLAG UND DRUCK DER STAHEL'SCHEN K. HOF- UND UNIVERSITÄTS-BUCH- UND KUNSTHANDLUNG.

Ende 1895.

Eine neue Art von Strahlen
Wilhelm Conrad Röntgen (1845-1923)
Würzburg: Verlag und Druck der Stahel'schen K. Hof- und Universitäts-Buch- und Kunsthandlung, 1895
Sign.: R 91/1307

Plakat: Diktiere in Lindström's Parlograph
Louis Oppenheim
(1879 - nach 1932)
Vor 1912
Lithographie;
70,6 x 47 cm
Inv.-Nr.: P 74/2748

Schreibmaschine »Adler«, Modell 7
Adlerwerke
Frankfurt (Main),
ab 1901
Eisen, Stahl, Holz;
17 x 35 x 33 cm
(ohne Haube)
Inv.-Nr.: HI 71/11

Tischtelefon »OB 05«
Deutsche
Telephonwerke ?
Um 1905
Holz, Messing,
Eisen, Bakelit,
textiles Material;
30 x 28 x 12,5 cm
Inv.-Nr.: Pro 57/34

Während in den USA seit 1874 serienmäßig Schreibmaschinen hergestellt und in Handel und Verwaltung eingesetzt wurden, hielt sich in Deutschland die Auffassung, daß ein handgeschriebener Brief höflicher sei als ein mit der Maschine gefertigter. Erst seit den neunziger Jahren setzte auch hier mit der Zunahme der Büroarbeit ein wahrer »Technikboom« ein. Die seit 1901 von dem Gründer der »Adler Fahrradwerke«, Heinrich Kleyer, vertriebene »Adler No. 7« war die erste deutsche Schreibmaschine, die sich auch international mit großem Erfolg verkaufte.

Mit ähnlicher Zeitverzögerung verbreitete sich das Telephon: 1881, als in den USA bereits fast alle Städte über 15 000 Einwohner ein Telephonnetz besaßen, wurde in Berlin die erste Vermittlungsstelle in Deutschland eingerichtet. Rund zwanzig Jahre später war der mit dem Reichsadler verzierte Fernsprechtischapparat »OB 05« in jeder Amtsstube zu finden. Die Frauen drängten als Typistinnen und Bürogehilfinnen in die bis zu dieser Zeit männliche Domäne des »Bureaus«. Nicht nur für die Sekretärin, sondern auch für den Diktierenden bedeutete der Parlograph, der das gesprochene Wort speicherte und wiedergab, eine Veränderung. Franz Kafka beschreibt sie in einem Brief an seine Verlobte Felice Bauer, die in der Parlographenabteilung der Berliner Firma Carl Lindström A.G. tätig war, so: »... der Diktierende ist der Herr, aber vor dem Parlographen ist er entwürdigt und ein Fabriksarbeiter, der mit seinem Gehirn eine schnurrende Maschine bedienen muß.«

R.B.

Die Deutsche Heimarbeit-Ausstellung von 1906 konfrontierte eine breitere Öffentlichkeit erstmals mit dem verborgenen sozialen Elend in dieser Branche. Auch Käthe Kollwitz klagte mit ihrem Plakat das schwere Los der Hausindustriellen an. Der Anblick der abgearbeiteten, verhärmten Frau störte Kaiserin Auguste Viktoria so sehr, daß sie sich weigerte, die Ausstellung zu besuchen, bis das Plakat auf allen Litfaßsäulen in der Reichshauptstadt überklebt wurde.

Allein für die Bekleidungsindustrie, deren Zentren Großstädte wie Berlin, Hamburg oder Leipzig bildeten, waren um 1900 mehr als 200000 Heimarbeiterinnen tätig, die Tag für Tag und in der Hochsaison auch Nacht für Nacht im Akkord nähten. Der Anschaffungspreis für die unverzichtbare Nähmaschine lag mit rund hundert Mark außerordentlich hoch, verglichen mit einem Wochenlohn in dieser Branche von weniger als zehn Mark. Der sozialdemokratische Arbeiter-Radfahrer-Bund »Solidarität«, dem die Fahrradfabrik »Frisch auf« in Offenbach gehörte, vertrieb deshalb neben deren Hauptprodukt auch Nähmaschinen, die den Mitgliedern zu herabgesetzten Preisen überlassen wurden. Möglicherweise stammt das hier gezeigte Exemplar aus dem Fahrradhaus »Frisch auf« in Berlin oder Leipzig. R.B.

Plakat: Deutsche Heimarbeit-Ausstellung 1906
Käthe Kollwitz (1867-1945)
Berlin: H. Meysel Nachfolger, 1906
Lithographie;
74,5 x 47 cm
Inv.-Nr.: P 84/190

Nähmaschine »Frisch auf«
Um 1910
Holz, Gußeisen, textiles Material, Leder;
100 x 90 x 45 cm
Inv.-Nr.: 1989/2439

Modell des Schnelldampfers »Imperator«
1912
Silber;
36 x 17,5 x 92 cm
Inv.-Nr.: Pro 64/53

Die »Imperator« lief als größtes Schiff der Welt am 23. Mai 1912 in Hamburg vom Stapel. Taufpate war Kaiser Wilhelm II., auf den der Name Bezug nahm. Zur Erinnerung an den Festakt überreichte die Hamburg-Amerika-Linie der Hapag (Hamburg-Amerikanische Packetfahrt-Actien-Gesellschaft), in deren Auftrag der Ozeanriese gebaut worden war, dem Kaiser dieses aufwendig gearbeitete Modell, dessen Ausführung in Silber ein Bild von der Pracht des Luxusdampfers heraufbeschwört. Der (im Modell fehlende) kolossale, gekrönte Bronzeadler am eleganten Bug des Liners drückte das Selbstbewußtsein der Hapag als größter Reederei der Welt ebenso aus wie den imperialen Herrschaftsanspruch Deutschlands auf den Meeren: In seinen Klauen trägt er die Welt.

Das schwimmende Luxushotel, das Platz für mehr als 3 000 Passagiere und 1 200 Mann Besatzung bot, übertraf alles bisher Dagewesene. Dem Wohlergehen der 700 Fahrgäste der 1. Klasse diente das von einer hohen Glaskuppel überwölbte Ritz-Carlton-Restaurant ebenso wie der riesige Fest- und Ballsaal, der in englischem Stil gehaltene Rauchsalon oder das römischen Badeanlagen nachgebildete Marmorschwimmbad.

Mit seiner Spitzenrolle im internationalen Handel war aus Hamburg um 1900 »Deutschlands Tor zur Welt« geworden. R.B.

Personenkraftwagen »Maurer Union«
Ludwig Maurer (1873-1936)
Nürnberger Motorfahrzeuge-Fabrik Maurer Union GmbH, 1898-1907
Metall, Leder, Gummi, Glas;
150 x 150 x 270 cm
Inv.-Nr.: Pro 54/68

Plakat: Automobile Opel
Hans Rudi Erdt (1883-1918)
Berlin: Hollerbaum & Schmidt, 1911
Lithographie;
69,3 x 91 cm
Signatur oben rechts: H R ERDT
Inv.-Nr.: P 57/1634

Plakat: G.R.A. Combustor D.R.P. macht jedes Automobil rauchfrei und geruchlos
Hans Rudi Erdt (1883-1918)
Berlin: Hollerbaum & Schmidt, 1910
Lithographie;
71 x 95,5 cm
Signatur unten rechts: H R ERDT 10
Inv.-Nr.: P 57/1655

Das Automobil veränderte für Millionen Menschen die Erfahrung von Raum und Zeit tiefgreifend. In den ersten Jahrzehnten nach den bahnbrechenden Erfindungen der Ingenieure Gottlieb Daimler (1834-1900) und Carl Friedrich Benz (1844-1929) allerdings war der motorisierte Kraftwagen ein reines Luxusprodukt für die Kunden aus der vermögenden Oberschicht. Form und Gestaltung dieses Statussymbols orientierten sich dementsprechend an der herrschaftlichen Kutsche. Mit hochgeschlagenem Mantelkragen, Lederhaube und spezieller Brille trotzten die »Automobilisten« in den offenen Wagen Wind und Wetter. Vor den unvermittelt daherkommenden »Ungetümen«, die auf den Landstraßen riesige Staubwolken aufwirbelten und nach Treibstoff stanken, ergriffen erboste Fußgänger die Flucht, und die Pferde scheuten.

Zu den frühen Fahrzeugherstellern gehört der gelernte Mechaniker Ludwig Maurer, der das erste Nürnberger Automobil fertigte. Aus seiner 1898 gegründeten Werkstatt ging im Jahr darauf die »Motorfahrzeuge-Fabrik Maurer Union« hervor. Der von ihr produzierte »Doktorwagen« mit zwei Sitzen war speziell als »Berufsgefährt« für Ärzte gedacht und kostete mit Lederhalbverdeck 4300 Reichsmark. Ein technisches Novum bedeutete der von Maurer entwickelte »Friktionsantrieb«, der von anderen Autoherstellern übernommen wurde. R.B.

Leipziger Platz
Otto Antoine
(1865-1951)
Um 1910
Öl/Leinwand;
51,7 x 86 cm
Signatur
unten links:
Otto Antoine

In spätimpressionistischer Manier fing Antoine das quirlige Treiben auf dem Leipziger Platz in seiner Gestalt um das Jahr 1910 ein. Der Betrachter steht am Rand der auf den Potsdamer Platz führenden Leipziger Straße neben der Militärwache des Potsdamer Tores, die am rechten Bildrand angeschnitten dargestellt ist. Im Hintergrund begrenzen das 1906/07 nach Plänen von Richard Bielenberg und Josef Moser erbaute Hotel Fürstenhof sowie das davor befindliche Zollhäuschen des von Schinkel 1823/24 neugestalteten Tores das Geschehen. Öffentliche Verkehrsmittel – ein Pferde-Omnibus, Droschken, ein Decksitz-Omnibus und eine »Elektrische« – bahnen sich ihren Weg durch eine an Blumen-, Gemüse- und Ballonverkäufern vorbeihastende Menschenmenge.

Wenngleich die Dynamik des modernen Großstadtlebens veranschaulicht wird, bleibt die hektische Betriebsamkeit des verkehrsreichsten Platzes Europas dank dem gewählten Bildausschnitt ausgeblendet. Anders als Hugo Krayn idyllisierte Antoine den Aufbruch ins 20. Jahrhundert mit seiner modernen Großstadt und nahm ihr die Bedrohlichkeit. I.A./A.S.

Fauret malte den agilen, hellwachen, rastlosen Typus des Börsianers, dessen Herausbildung aufs engste mit der Entstehung der modernen Groß- und Handelsstadt verknüpft ist. Nach der Reichsgründung war die Berliner Börse zur richtunggebenden Produktenbörse geworden. Hektische Käufe wurden in den weitläufigen Marmorsälen des von Friedrich Hitzig zwischen 1859 und 1863 errichteten Gebäudes abgewickelt: Kleine Gruppen von kapitalkräftigen Herren sind in angeregte Gespräche über ihre pekuniären Angelegenheiten vertieft. Hinter einer balustradenartigen Schranke ist der Wertpapierhandel in vollem Gange. Die aktuellen Stückpreise werden auf einer Tafel notiert. Fauret siedelt den Betrachter mitten unter den lebhaft tuschelnden und gestikulierenden Börsianern an – er wird damit zum unmittelbar Beteiligten. Außenstehende konnten dem Geschehen sonst nur gegen ein Entgelt von 30 Pfennig auf der Galerie beiwohnen.

Ungewöhnlich ist die Verwendung der Grisailletechnik für ein Tafelbild. Vermutlich wollte Fauret die Authentizität einer Photographie erzielen. In einer Zeit, in der dieses junge Medium zunehmend mit der traditionellen Malerei konkurrierte, versuchte er mit deren Mitteln spezifisch photographische Effekte nachzuahmen.

I.A./A.S.

In der Berliner Börse
Jean Joseph Léon Fauret (1863-1955)
Vor 1914
Öl/Leinwand;
53,5 x 87 cm
Signatur unten rechts:
Léon Fauret
Inv.-Nr.: 1988/1638

Großstadt (Berlin)
Hugo Krayn
(1885-1919)
1914
Öl/Leinwand;
85 x 129,5 cm
Signatur
unten links:
H. Krayn 31.3.1914
Inv.-Nr.: 1987/113

Hugo Krayn »erkannte die Schönheit der Armseligkeit« (Karl Schwarz). Er zeigt die industrielle Großstadt als nächtlichen Ort. Vor einer Kulisse rauchender Fabrikschlote zerschneidet die vorbeibrausende Hochbahn das Dunkel. Den Vordergrund bevölkern ärmlich gekleidete, ausgezehrte Gestalten. Mensch und Tier befördern unter großer Anstrengung ihre Lasten. Kontrastierend setzt Krayn ein wohlsituiertes Bürgerpaar in der linken unteren Bildecke neben eine ausgemergelte Arbeiterin und die Lastenträger in der rechten unteren Bildecke. Ihre von schmerzvoller Entbehrung gezeichneten Gesichter appellieren an das Mitgefühl des Betrachters. Krayn sah »dieses in ewigem Gleichmaß freudlos, müde und träge sich fortwirkende Rad des werktätigen Lebens und fand so den Inhalt für seine Kunst« (Karl Schwarz).

Krayn stellt die Menschen in vom Naturalismus beeinflußter Weise eindringlich als widerstandslos leidende Subjekte dar. Diese passive Sicht der arbeitenden Bevölkerung läßt wenig von den aktiv agierenden, ihr Schicksal selbst in die Hand nehmenden Werktätigen im Sinne der Arbeiterbewegung erkennen. Daher erfuhren Künstler wie Hugo Krayn von dieser Seite nur begrenzte Wertschätzung.

I.A./A.S.

26
DIE ARBEITERBEWEGUNG

Für den 1847 in London entstandenen »Bund der Kommunisten« stellten Karl Marx und Friedrich Engels mit dem »Kommunistischen Manifest« von 1848 das erste Grundsatzprogramm der Arbeiterbewegung auf: Sie forderten den Klassenkampf des internationalen Proletariats als Mittel zur Überwindung des Kapitalismus. Das Manifest endet mit den Worten: »Proletarier aller Länder, vereinigt euch!« 1863 gründete Ferdinand Lassalle in Leipzig den »Allgemeinen Deutschen Arbeiterverein«, der von dem programmatischen Grundsatz ausging, daß die Durchsetzung des gleichen und allgemeinen Wahlrechts eine parlamentarische Vertretung der sozialen Interessen der Arbeiter und die Beseitigung der Klassengegensätze ermöglichen würde. Demgegenüber vertrat die 1869 unter der Führung von August Bebel und Wilhelm Liebknecht in Eisenach gegründete »Sozialdemokratische Arbeiterpartei« strenger an Marx orientierte Grundsätze.

Unter dem Eindruck gemeinsamer politischer Verfolgung durch Bismarck schlossen sich beide Arbeiterparteien 1875 in Gotha trotz programmatischer Differenzen zusammen. Die vereinigte Partei nannte sich bis 1890 »Sozialistische Arbeiterpartei Deutschlands«, danach »Sozialdemokratische Partei Deutschlands« (SPD). Obwohl es der Partei gelang, eine in der Welt vorbildliche Parteiorganisation und Disziplin aufzubauen, konnte der Gegensatz zwischen reformorientierten Lassalleanern und revolutionären Marxisten bis 1914 nie aufgehoben werden. Er äußerte sich zumeist in einer marxistischen Rhetorik und einer reformistischen politischen Praxis.

Als 1878 zwei Attentate auf Kaiser Wilhelm I. verübt wurden, gelang es Bismarck, die Revolutionsängste des Bürgertums so weit zu schüren, daß sich der Reichstag zur Verabschiedung des »Sozialistengesetzes« bereitfand, das bis 1890 galt. Bismarcks Intention war es, den wachsenden Einfluß der Arbeiterbewegung auszuschalten. Deshalb wurden sämtliche sozialistischen Parteiorganisationen, Versammlungen und Druckschriften verboten. Paradoxerweise konnten jedoch Sozialdemokraten weiter in den Reichstag gewählt werden und hier sogar eine sozialdemokratische Fraktion bilden, da die Reichsverfassung die reine Persönlichkeitswahl vorsah.

Nach Bismarcks Entlassung verlängerte Wilhelm II. das Sozialistengesetz nicht. Die Arbeiterschutzgesetze von 1890/91 sollten die SPD mit dem Reich aussöhnen, doch hielt die Partei an der Oppositionsrolle fest, was die kaiserliche Regierung mit erneuten Repressalien beantwortete. Trotz weiterer Marginalisierung und einer für die SPD ungünstigen Aufteilung der Wahlkreise gelang es der Partei, bei den Reichstagswahlen 1912 zur stärksten Fraktion im Reichstag zu werden. Zur gleichen Zeit hatte sich die Zahl der in den SPD-nahen sozialistischen »Freien Gewerkschaften« organisierten Arbeiter von 50000 im Jahre 1890 auf über 2,5 Millionen erhöht. Erst die mit Kriegsbeginn entfachte nationale Euphorie entschärfte vorübergehend die Gegensätze: Die SPD-Fraktion im Reichstag stimmte – entgegen ihrer oft beschworenen und von ihren Gegnern gefürchteten »Internationalität« – mehrheitlich für die Bewilligung der Kriegskredite. 1917 verweigerte dann ein Teil der SPD-Abgeordneten weiteren Krediten ihre Zustimmung und spaltete sich als »Unabhängige Sozialdemokratische Partei Deutschlands« (USPD) von der SPD ab. Formell schloß sich die USPD mit der »Gruppe Internationale« zusammen, die unter ihren Führern Karl Liebknecht und Rosa Luxemburg seit 1915 aktiv gegen die Kriegszielpolitik der Reichstagsmehrheit arbeitete. Als »Spartakusgruppe« bildete sie die Keimzelle der 1919 entstandenen »Kommunistischen Partei Deutschlands«.

Im nachhinein scheint es manchmal, als seien Sozialismus und Arbeiterbewegung identisch gewesen; tatsächlich jedoch sah sich die SPD innerhalb der Arbeiterschaft einem starken Gegner in Gestalt der christlichen Gewerkschaften gegenüber. Der deutsche Katholizismus entwickelte seit 1880 eine sozialpolitische Aktivität, die ihn nach der Sozialdemokratie zur zweiten großen Kraft innerhalb der deutschen Arbeiterbewegung werden ließ. Die 1894 gegründeten christlichen Gewerkschaften besaßen 342000 Mitglieder; ihre Hochburgen lagen in den industriellen Zentren: Saargebiet, Rheinland, Schlesien. Neben ihnen verblaßte die Bedeutung der liberalen Hirsch-Dunckerschen Gewerkvereine, des ältesten, bereits 1864 gegründeten Gewerkschaftsverbands, dessen über 100000 Mitglieder sich hauptsächlich aus Angestellten und Arbeitern in handwerklichen Berufen rekrutierten.

Es gehört zur Tragik der deutschen Arbeiterbewegung, daß ihre beiden großen Flügel, der sozialistische und der katholische, nicht zusammenfanden. Hier – wie so oft – zeigte sich die Spaltung Deutschlands durch Reformation und Gegenreformation geschichtsmächtiger als manche aktuelle Belastung, mächtiger sogar als die Klassenantagonismen des Industriezeitalters. Es bedurfte der Verfolgungen durch die NS-Diktatur, um die feindlichen Brüder in den Einheitsgewerkschaften des Deutschen Gewerkschaftsbunds zusammenzubringen. W.R.

Das Kapital. Kritik der politischen Oekonomie. Erster Band. Zweite verbesserte Auflage
Karl Marx
(1818-1883)
Hamburg: Verlag von Otto Meissner, 1872
Sign.: R 51/34-1872

Der Ursprung der Familie, des Privateigenthums und des Staats. Erstausgabe
Friedrich Engels
(1820-1895)
Hottingen-Zürich: Druck der Schweizerischen Genossenschafts-buchdruckerei, 1884
Sign.: R 52/1884

Evangelium der armen Leute (Arbeiter-evangelium)
Jens Birkholm
(1869-1915)
1900
Öl/Leinwand;
141 x 181 cm
Signatur unten rechts: J. B. 1900
Inv.-Nr.: 1988/305

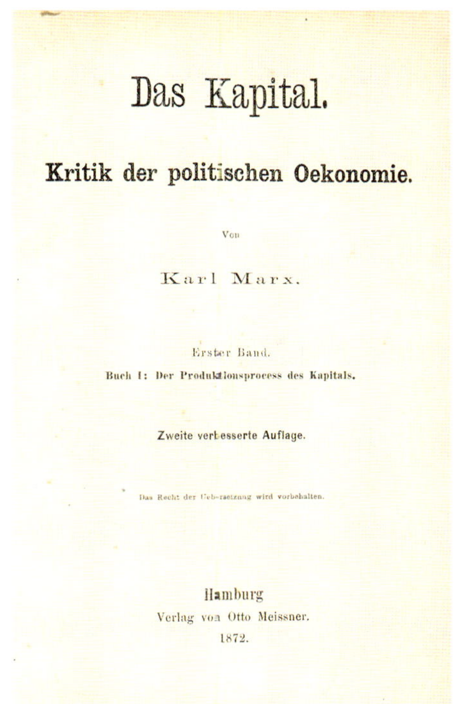

Das Kapital.

Kritik der politischen Oekonomie.

Von

Karl Marx.

Erster Band.

Buch I: Der Produktionsprocess des Kapitals.

Zweite verbesserte Auflage.

Das Recht der Uebersetzung wird vorbehalten.

Hamburg

Verlag von Otto Meissner.

1872.

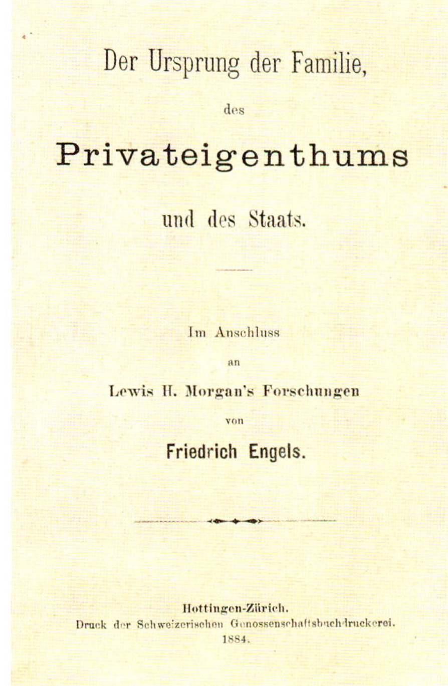

Der Ursprung der Familie,

des

Privateigenthums

und des Staats.

Im Anschluss

an

Lewis H. Morgan's Forschungen

von

Friedrich Engels.

Hottingen-Zürich.

Druck der Schweizerischen Genossenschaftsbuchdruckerei.

1884.

Nach mehr als zwanzigjähriger Arbeit veröffentlichte Karl Marx 1867 sein Hauptwerk »Das Kapital«. In ihm analysierte er die kapitalistische Wirtschaft und ihre Produktions- und Austauschverhältnisse. Nach Marx' Tod trugen die zahlreichen Abhandlungen seines langjährigen Weggefährten Friedrich Engels und die von diesem vorgenommene Herausgabe der hinterlassenen Marxschen Manuskripte in Gestalt des zweiten und dritten Bandes des »Kapitals« (1885/1894) viel zur Ausbreitung des Marxismus bei.

Auch die deutsche Sozialdemokratie zählte Marx und Engels zu ihren geistigen Vätern. In seinem Gemälde »Das Evangelium der armen Leute« thematisiert der dänische Autodidakt Jens Birkholm das Verhältnis zwischen der sozialdemokratischen Partei und der Arbeiterschaft. Auffällig ist die Zweiteilung des Bildes: Der Arbeiterschaft auf der einen Seite stehen auf der anderen die Vertreter des Staates *und* der Partei gegenüber. Nur die segnende Hand des sozialistischen Redners vermag die Kluft zu überbrücken. Doch gleichwohl lauschen die Zuhörer seinen Worten leidenschaftslos und fast demütig. Möglicherweise malte Birkholm, der anarchistischen Kreisen nahestand, sein Bild als Kritik an der Entfremdung zwischen der Partei und dem Volk. R.B.

Zu Trutz und Schutz. Festrede …
Wilhelm Liebknecht (1826-1900)
Leipzig: Verlag der Expedition des Volksstaat, um 1871
Sign.: 56/2283

Arbeiterprogramm
Ferdinand Lassalle (1825-1864)
Zürich: Verlag von Meyer & Zeller, 1863
Sign.: R 56/2292

Gewerkschafts-Bewegung und Politische Parteien
August Bebel (1840-1913)
Stuttgart: Verlag von J. H. W. Dietz Nachf., 1900
Sign.: R 58/3977

Fahne des Allgemeinen Deutschen Arbeitervereins, Mitgliedschaft Stuttgart
Stuttgart, 1863
Seide, Baumwolle, bestickt;
150 x 176 cm
Inv.-Nr.: Fa 79/20

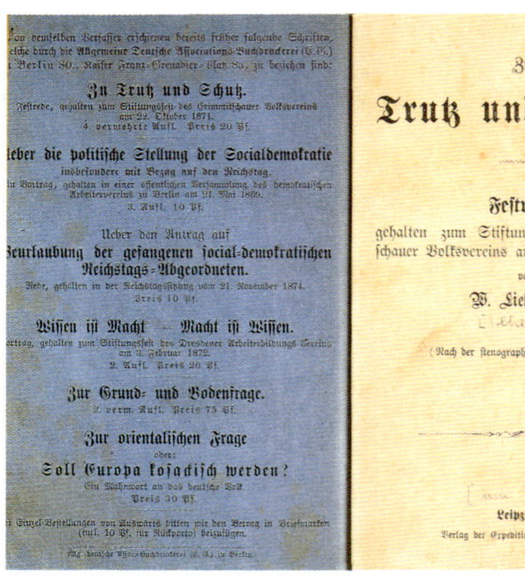

Zu Trutz und Schutz.

Ueber die politische Stellung der Socialdemokratie

Beurlaubung der gefangenen social-demokratischen Reichstags-Abgeordneten.

Wissen ist Macht – Macht ist Wissen.

Zur Grund- und Bodenfrage.

Zur orientalischen Frage

Soll Europa kosackisch werden?

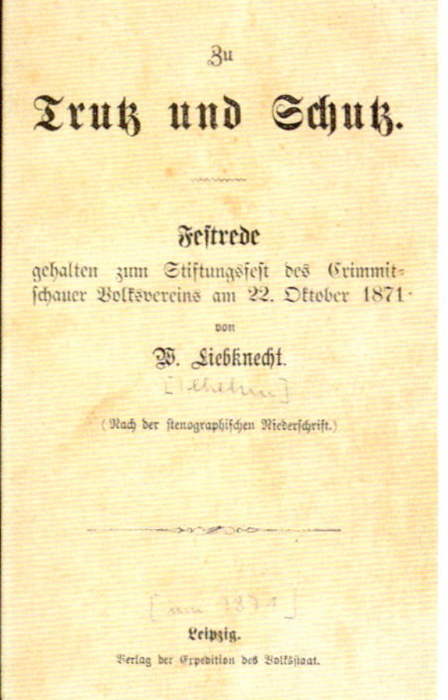

Zu

Trutz und Schutz.

Festrede

gehalten zum Stiftungsfest des Crimmitschauer Volksvereins am 22. Oktober 1871

von

W. Liebknecht.

(Nach der stenographischen Niederschrift.)

Leipzig.
Verlag der Expedition des Volksstaat.

Die Forderungen nach demokratischen und sozialökonomischen Reformen fanden zunächst ihren Ausdruck in der 1862 von Ferdinand Lassalle gehaltenen und 1863 publizierten Rede »Über den besonderen Zusammenhang der gegenwärtigen Geschichtsperiode mit der Idee des Arbeiterstandes«, die später als »Arbeiterprogramm« bekannt wurde. Lassalle gründete 1863 in Leipzig als ersten zentralen Verein den »Allgemeinen Deutschen Arbeiterverein« (ADAV).

Das Erstarken der Arbeiterbewegung unter August Bebel und Wilhelm Liebknecht mit der Gründung der »Sozialdemokratischen Arbeiterpartei« 1869 mußte nach damaligem Verfassungsrecht zwangsläufig zur Konfrontation mit der bestehenden Staatsordnung Bismarcks führen. Dokumente dieser Zeit, in denen Bebel und Liebknecht ihre sozialistischen Ideen gegen Entstellungen und Angriffe verteidigten, sind unter anderen »Zu Trutz und Schutz« (1871) und »Rede … über den Gesetz-Entwurf gegen die gemeingefährlichen Bestrebungen der Socialdemokratie« (1878). Trotz aller Verbote ging die Sozialdemokratie aus dieser Zeit gestärkt hervor. Mit dem Fall des Sozialistengesetzes im Jahre 1890 belebte sich auch die Gewerkschaftsbewegung. Dem Erreichen der Einheit und Selbständigkeit dieser Bewegung und ihrer Abgrenzung von der Parteipolitik widmete sich Bebel in seiner Schrift »Gewerkschafts-Bewegung und Politische Parteien« (1900). R.Bl.

Gewerkschafts-Bewegung
und
Politische Parteien

Von August Bebel

Stuttgart 1900
Verlag von J. H. W. Dietz Nachf. (G. m. b. H.)

Das Gemälde »Der Unzufriedene«, das ursprünglich wohl den Titel »Der Sozialdemokrat« trug, zeigt einen bärtigen Wirtshausbesucher bei Bier und Zigarre. Neben ihm liegt sein Hund mit einem Maulkorb. Das Flugblatt mit dem Aufruf »Bürger, Handwerker, Arbeiter, auf zur Wahl!« belegt, daß das Bild 1877 im Umfeld der Reichstagswahlen entstanden ist. An der Wand hängt neben der 1848 gegründeten satirischen Wochenzeitschrift »Kladderadatsch« die ab 1876 erscheinende »Berliner freie Presse«. Diese Zeitung, die der Unzufriedene auch vor sich auf dem Tisch liegen hat, gehörte neben dem Leipziger »Vorwärts« und dem »Hamburg-Altonaer Volksblatt« zu den drei großen sozialdemokratischen Tageszeitungen des Kaiserreichs. Ihr Titelmotto »Freiheit, Gerechtigkeit« stand allerdings in krassem Widerspruch zur Lebenswirklichkeit politisch engagierter Arbeiter. Hausdurchsuchungen, Verbote, Beschlagnahmungen und Verhaftungen waren an der Tagesordnung. 1877 wurde die sozialdemokratische Parteiorganisation in Preußen verboten, trotzdem konnten die Sozialdemokraten bei den Reichstagswahlen ihren Stimmenanteil erneut steigern und zwölf Sitze erobern. Das veranlaßte Bismarck 1878 dazu, im »Sozialistengesetz« jegliche politische Aktivität der Sozialdemokraten zu unterbinden. W.R.

Der Unzufriedene
Ludwig Knaus
(1829-1910)
1877
Öl/Holz;
82 x 61,5 cm
Signatur
unten rechts:
L. Knaus 1877
Inv.-Nr.: 1988/810

Der Sozialist
Robert Koehler
(1850-1917)
1885
Öl/Holz;
39,7 x 31 cm
Signatur
unten rechts:
Rob. Koehler.
Inv.-Nr.: 1989/1144
Erworben aus Mitteln
des Landes Berlin

Transparent
Berliner Sozial-demokraten
»Rache, für unsere Gemassregelten & Verfolgten ...«
1888
Baumwolle, bemalt;
79 x 168 cm
Inv.-Nr.: Fa 67/84

»Der Sozialist« Robert Koehlers ist vermutlich die erste Darstellung eines aus der Arbeiterklasse stammenden Agitators. Der Maler zeigt einen vehement gestikulierenden, leidenschaftlichen Redner. Die rote Decke auf dem Pult, das Anstecktuch von gleicher Farbe und die vor ihm liegende Zeitschrift »Sozialist« weisen auf seine politische Orientierung hin. Das Gemälde wurde 1885 in New York von der National Academy of Design mit der Unterschrift »A German Socialist propounding his bloodthirsty ideas« ausgestellt. Koehler, 1850 in Hamburg geboren, war als Kind mit seinen Eltern nach Amerika ausgewandert, wo sich die Familie in der überwiegend deutschsprachigen Industriestadt Milwaukee niederließ. Koehler wurde in Pittsburgh und New York zum Lithographen ausgebildet und studierte dann an der Münchner Kunstakademie. Zur Themenwahl könnte er durch die aufsehenerregenden Agitationsreisen deutscher Sozialdemokraten durch die USA angeregt worden sein. Während in Deutschland aufgrund von Bismarcks Sozialistengesetz seit 1878 sämtliche Publikationen und Versammlungen der Sozialdemokraten verboten waren, sprachen prominente Parteiführer auf

Massenkundgebungen in New York, Boston, Philadelphia oder Chicago. Die sozialistische Bewegung in den USA wurde vor allem von deutschen Einwanderern getragen. W.R.

Das Gemälde »Der Streik« zeigt die Konfrontation eines Unternehmers mit einer Gruppe im Ausstand befindlicher Arbeiter. Der Ausbruch offener Gewalt scheint kaum noch zu verhindern zu sein. Während der steif in Frack und Zylinder auf der Treppe seiner Fabrikantenvilla stehende Unternehmer ein Wortgefecht mit dem Anführer der aufgebrachten Menge führt – ein Diener verfolgt schreckensbleich die Szene –, bückt sich ein Arbeiter bereits, um sich mit Steinen zu bewaffnen. Aus dem Hintergrund, in dem rauchende Fabrikschlote und Hafenanlagen sichtbar sind, strömen weitere Arbeiter herbei. Koehler schuf dieses Gemälde in München und präsentierte es 1886 auf der Frühjahrsausstellung der National Academy of Design in New York, wo es zur Sensation wurde. Aufgrund der aktuellen politischen Krisensituation bewerteten Kritiker das Bild als den bedeutendsten Beitrag der Ausstellung. Die Achtstundentagbewegung der Arbeiter hatte im Frühjahr 1886 in den USA zu einer landesweiten Streikwelle geführt, die am 1. Mai 1886 in einem Massenausstand mit rund 350 000 Arbeitern in über 11 000 Unternehmen kulminierte und wenige Wochen später mit dem Haymarket-Massaker in Chicago blutig unterdrückt wurde.

In seiner Holzschnittumsetzung war »Der Streik« weit verbreitet und wurde bis in unsere Zeit hinein gefeiert, zuletzt von Peter Weiss in seiner »Ästhetik des Widerstands«. W.R.

Der Streik
Robert Koehler
(1850-1917)
1886
Öl/Leinwand;
181,6 x 275,6 cm
Signatur unten links: Robert Koehler 1886
Inv.-Nr.: 1990/2920

Arbeiter-Taschenuhr (»8-Stunden-Uhr«)
Schweiz, nach 1889
Silber, Porzellan;
H 7,3 cm,
Dm 5,3 cm
Inv.-Nr.: MK 65/104

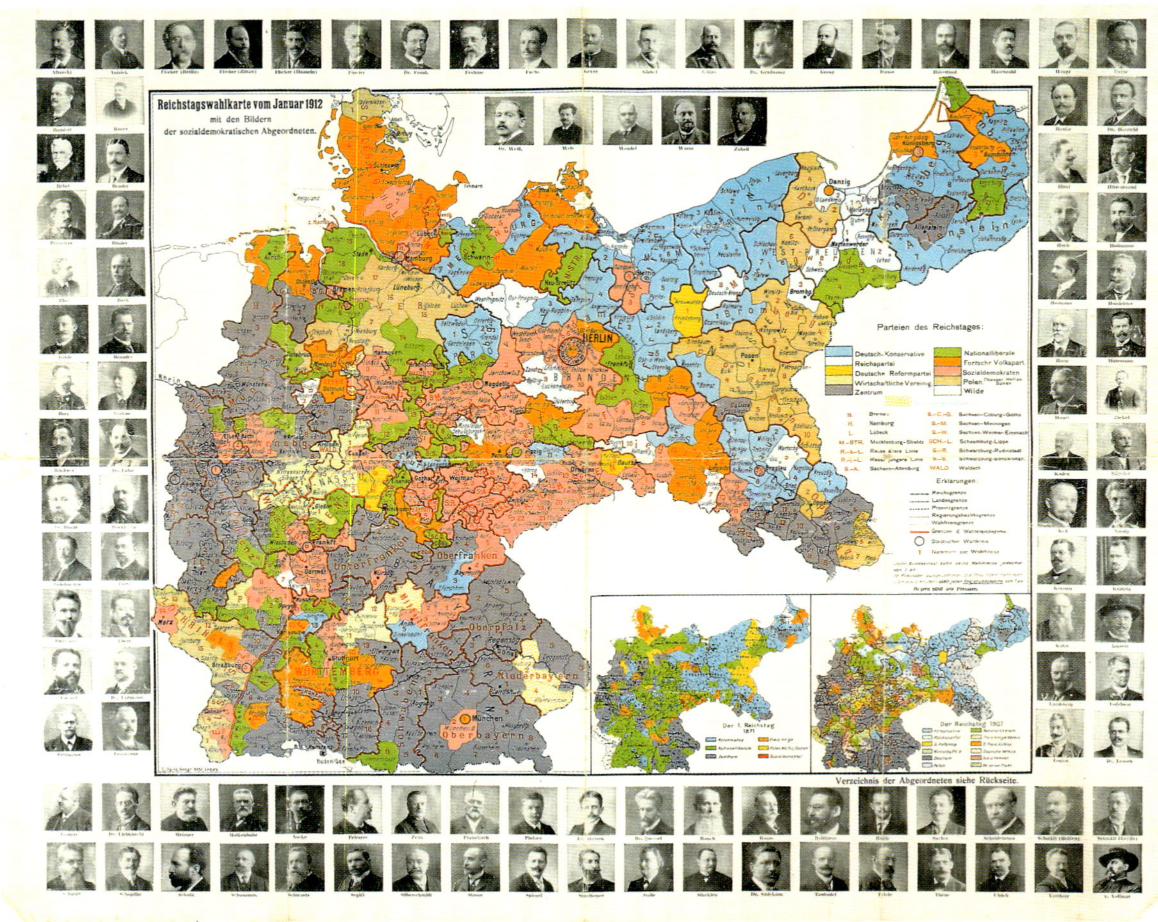

Reichstagswahlkarte vom Januar 1912 mit den Bildern der sozialdemokratischen Abgeordneten
Leipzig: C. Opitz Geogr. Anstalt, 1912
Druck, koloriert; 46,6 x 58,2 cm
Inv.-Nr.: Do 62/858

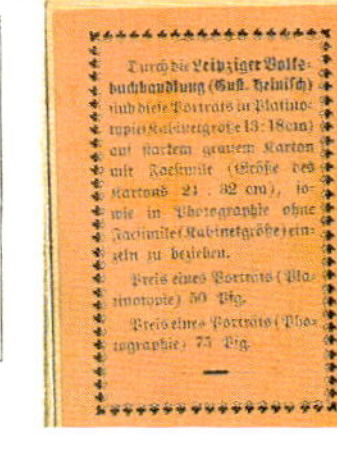

Die Arbeitervertreter im Deutschen Reichstag unter Berücksichtigung der Wahlen zusammengestellt
Leporello mit Fotos der 36 sozialdemokratischen Reichstagsabgeordneten der Reichstagswahl 1890
Leipzig: Leipziger Volksbuchhandlung (Gustav Heinisch), 1892
Druck; 8 x 6 cm, L 207 cm (entfaltet)
Inv.-Nr.: Do 82/1 I

Seit den ersten Reichstagswahlen 1871 hatten die Sozialdemokraten die auf ihre Kandidaten entfallenden Stimmen nahezu stetig vermehren können. Auch das von 1878 bis 1890 wirksame »Sozialistengesetz« brachte nicht den Effekt, die sozialdemokratische Fraktion aus dem Reichstag zu verdrängen. Noch vor der Aufhebung des Gesetzes gelang der SPD im Jahre 1890 ein erster gewaltiger Ausbau ihrer Positionen, indem sie ihre Stimmenzahl auf 1,4 Millionen beinahe verdoppeln und die Anzahl ihrer Mandate mit 35 mehr als verdreifachen konnte. Mit einem Anteil von 19,8 Prozent der abgegeben Stimmen übertraf sie erstmals alle anderen Parteien. Noch einmal gelang es den bürgerlichen Parteien bei den Wahlen 1907, durch einen ganz auf die Bekämpfung der Sozialdemokratie ausgerichteten Wahlkampf deren parlamentarische Vertretung beträchtlich zu schwächen. Doch die Reichstagswahl 1912 endete mit einem Ruck nach links: Die Sozialdemokraten vereinigten 4,25 Millionen Stimmen auf sich, etwa 100 000 mehr als zuvor, und wurden mit 110 Abgeordneten erstmals stärkste Fraktion im Reichstag. Dabei fällt auf, daß alle Sitze in Wahlkreisen mit einer ganz oder überwiegend gewerblichen Wirtschaftsstruktur errungen wurden, kein einziger in einem der ländlichen Wahlkreise. Die SPD blieb eine Partei der Industriearbeiter.

M.S.

27
DIE WILHELMINISCHE GESELLSCHAFT

Kaiser Wilhelm II. (1859-1941) war die wandelnde Metapher für das Volk, über das er herrschte. Man hat ihn den »Industriekaiser, den Großstädter auf dem Thron« genannt. Tatsächlich sah der letzte deutsche Kaiser in opulenter Repräsentation ebenso wie in Technikbegeisterung ein Mittel der politischen Reichs- und Selbstinszenierung. Das forcierte Bekenntnis Wilhelms zur monarchisch-feudalen Tradition war auch eine Reaktion auf die Begrenzung des Hofeinflusses durch die Demokratisierung und Politisierung des öffentlichen Lebens in Parteien, Interessenverbänden, Presse und Parlamenten.

Die »Kaiserstadt« Berlin wurde zur Bühne für imperiale Selbstbestätigung, Weltmachtambition, altpreußische Traditionspflege und Demonstration nationalen Ehrgeizes. Berlin wuchs bis 1914 zur zweitgrößten Stadt Europas nach London an und zählte vier Millionen Einwohner. Großbauten wie Reichstag, Dom, Gedächtniskirche, Bibliothek, Siegesallee setzten hauptstädtische Akzente. Das Zentrum und die Randbezirke Berlins mit ihren zahlreichen Kasernen und Exerzierplätzen wurden in visuell-zeremonieller Form vom Militär bestimmt. Zu Recht nannte man Berlin die »Metropole in Gardeuniform«. Wilhelm II. wollte mit dem Reserveoffizierspatent das militärische Karrieresystem modernisieren, um so die neuen besitz- und bildungsbürgerlichen Schichten in das Offizierskorps zu integrieren. Gleichzeitig förderte er altfeudale Militärtraditionen.

Mit dem Ausbau von Industrie und Hochfinanz hatte sich in vielen Industriezentren und den größten Städten im Reich eine neue Schicht eines wohlhabenden Großbürgertums gebildet, das in seinen Selbstdarstellungsformen mit der Aristokratie konkurrierte. Durch seine Finanzkraft stand es in Pracht und Luxus der Lebensführung der höfischen Repräsentation kaum nach, übertrumpfte aber oft den sachlichen kargen Lebensstil altadliger Großgrundbesitzer, die auf Einnahmen aus der krisengeschüttelten Landwirtschaft angewiesen blieben.

Mit 12 Prozent aller Nobilitierungen stellten diese Neureichen aus Industrie und Hochfinanz eine bedeutende Gruppe unter dem Neu-Adel dar. Auch die bedeutendsten Wissenschaftler und Gelehrten sahen ihre Laufbahn von einem Adelsprädikat gekrönt. Zwar machte die Nobilitierung »hoffähig«, doch bedeutete sie nicht in jedem Fall Integration in die Solidarität des alten Adels, der auf den Zuwachs parvenühafter Aufsteiger keinen Wert legte. Besonders jüdische Nobilitierte waren in der Hofgesellschaft oft weiter offener und versteckter Diskriminierung ausgesetzt. Hochschullehrer, Hofgeistliche und nationalistische Publizisten hatten den Antisemitismus auch und gerade in der Oberschicht salonfähig gemacht.

Es gehört zur Doppelgesichtigkeit jener Übergangsperiode der deutschen Gesellschaftsgeschichte, daß all diesen Phänomenen zur gleichen Zeit in Deutschland selbst mit heftiger Opposition begegnet wurde. Der Münchner »Simplicissimus« sparte nicht mit ätzender Kritik am preußischen Kasernenhofstil, an dumpf-bajuwarischer Bierseligkeit oder bürgerlichen Eitelkeiten wie der Sucht nach Adelsprädikaten, Orden und Kommerzienratstiteln. Sezessionen und künstlerische Avantgarde etwa in Berlin und Darmstadt stellten die kaiserlich favorisierte, offiziöse, historistische und eklektizistische Kunst radikal in Frage. In München entstand der »Blaue Reiter«, in Dresden die Künstlervereinigung »Die Brücke«. Die Architektur zeigte bereits vor 1914 in den von fortschrittlich orientierten Industriellen errichteten Fabrikgebäuden und Landhausvillen alle Kennzeichen der Moderne.

Ebenso äußerten sich in den Dramen von Gerhart Hauptmann, in der Literatur von Thomas und Heinrich Mann oder in der Lebensreformbewegung, die ein neues, alten Autoritäten gegenüber kritisch eingestelltes Menschenbild und Körperbewußtsein erstrebte, Strömungen einer Moderne, die oft in der Weimarer Republik ihre Vollendung finden sollten. Trotz eines virulenten Antisemitismus bestanden für die Juden nach zahllosen eigenen Zeugnissen in keinem Land Europas so glänzende Aufstiegschancen wie im wilhelminischen Deutschland. Nirgendwo sonst stand die Kultur der Arbeiterbewegung in so hoher Blüte. Die Rechte der Frauen wurden ebenso heftig diskutiert wie in Großbritannien oder den USA. Die wilhelminische Gesellschaft trug einen Januskopf, zukunfts- und vergangenheitsversessen zugleich. In keiner Epoche der deutschen Geschichte waren die Gegensätze schneidender. W.R.

Kaiser Wilhelm II. (1859-1941) präsentiert sich im Kreise seiner Familie vor den Terrassen des Schlosses Sanssouci und dem Reiterstandbild seines von ihm besonders verehrten Ahnherrn Friedrichs des Großen. Neben dem Kaiser erscheinen seine Frau Auguste Viktoria (1858-1921) und fünf seiner sechs Söhne: Prinz Eitel Friedrich, Prinz August Wilhelm, Prinz Adalbert und (rechts mit Hund) Kronprinz Wilhelm sowie in Mädchenkleidung vermutlich Prinz Oskar. Als Enkel der Queen Victoria von England strebte Wilhelm nach seiner Thronbesteigung 1888 für das Deutsche Reich eine ähnliche Weltmachtstellung an, wie sie das British Empire innehatte. Unverzichtbar dafür erschien ihm der Ausbau der Flotte, den er planmäßig vorantrieb. Seine Freude an Waffenglanz und zahlreiche chauvinistische Reden erweckten im Ausland den Anschein despotischer Neigungen und kriegerischer Absichten. Seine Vorliebe für Militärparaden und Uniformen bestimmte das gesellschaftliche Leben und die Mode im Kaiserreich. W.R.

Die kaiserliche Familie im Park zu Sanssouci
William Friedrich Georg Pape (1859-1920)
1891
Öl/Leinwand; 270 x 185 cm
Signatur unten rechts: William Pape Berlin 1891
Inv.-Nr.: 1988/424

Kinderuniform im Stil der Uniform für Mannschaften des Garde-Husaren-Regiments, getragen von Kronprinz Wilhelm
1886

a) Pelzmütze
Seehundfell, Messing, Leder, Seide; H 9,5 cm
Inv.-Nr.: U 59/37

b) Feldmütze
Tuch, Leder, Seide; H 8 cm
Inv.-Nr.: U 59/38

c) Attila (Rock)
Tuch, Wolle, Seide, Messing, feuervergoldet; L 37 cm
Inv.-Nr.: U 59/35

d) Säbeltasche mit Gehänge
Leder, Pappe, Tuch, Goldtresse, Messing, feuervergoldet; 19 x 17 cm (Tasche)
Inv.-Nr.: U 59/41

e) Hose
Tuch; L 58,5 cm
Inv.-Nr.: U 59/36

f) Schärpe
Baumwolle; L 35 cm
Inv.-Nr.: U 59/40

g) Kartuschtasche mit Bandelier
Leder, Messing; 4 x 8 cm (Tasche)
Inv.-Nr.: U 59/39

Der marineblaue Matrosenanzug wurde nach 1889, als Wilhelm II. die Marinebegeisterung mit seiner Flottenpolitik zu schüren begann, für Jungen aller Altersklassen zur beliebtesten Kinderkleidung. Sie war praktisch und strapazierfähig und konnte zu sämtlichen Anlässen getragen werden. Sogar Mädchen schlüpften in Matrosenblusen oder -kleider, erschienen zu Festen aber auch fein geputzt im blütenweißen oder pastellfarbenen Kleid, zu dem sie auf der Straße einen Hut trugen. In Schnitt und Material geht die Matrosenkleidung auf die Uniformen der englischen Seestreitkräfte zurück.

Die charakteristischen drei weißen Streifen an Kragen und Manschetten erinnerten an die drei großen Seeschlachten Nelsons. Im Reichskriegshafen Kiel, von dem aus Deutschland seine koloniale Eroberungs- und Weltmachtpolitik zu Wasser betrieb, siedelte sich gegen Ende des 19. Jahrhunderts Textilfabrikation für Matrosenkleidung an. Der »echte Kieler«, in dem sich auch die Kaiserkinder bevorzugt zeigten, wurde zum Zeichen bürgerlichen Nationalstolzes. Das Tragen von Matrosenkleidung, welches im 18. Jahrhundert bewußte Abgrenzung der Bürger gegenüber dem Adel signalisieren sollte, wandelte sich im Wilhelminismus zum Ausdruck der Übereinstimmung mit der Monarchie. Erst die Revolution von 1918, bei der die Matrosen eine entscheidende Rolle spielten, brachte den Matrosenanzug zumindest im Hamburger Bürgertum in Mißkredit.

Da das Militär mit Paraden, Musik, Wachablösungen und Manövern wesentlich das Alltagsleben im Kaiserreich prägte, fand es auch seine Nachahmung im Soldatenspiel der Kinder. Uniformen und Ausrüstungen sämtlicher Waffengattungen gab es in qualitativ unterschiedlicher Ausführung in

Kindergröße zu kaufen oder wurden von den Eltern aus Holz, Pappe und Papier selbst gefertigt. Auch die Kinder des Kaisers wurden spielerisch auf ihre zukünftigen militärischen Aufgaben vorbereitet. Kronprinz Wilhelm etwa (1882-1951) trug im Alter zwischen drei und vier Jahren eine verkleinerte Mannschaftsuniform der Leibgarde-Husaren, deren Regimentschef sein Vater war. Seine erste »echte« Uniform bekam er mit 10 Jahren, als er seine Ausbildung im 1. Garderegiment zu Fuß begann. R.F.

Kinderkleid
1904
Seide, Baumwollspitze; L 75 cm
Inv.-Nr.: KTe 77/44

Matrosenanzug
Um 1910
Baumwolle;
L 44 cm (Hose),
44 cm (Bluse)
Inv.-Nr.: KTe 75/68

Kinderkleid
Um 1910
Baumwolle, Seidenband, bestickt;
L 60 cm
Inv.-Nr.:
KTe 75/69.a

Strohhut
Um 1910
Stroh, Ripsband, Baumwolle;
B 23 cm, L 27 cm
Inv.-Nr.:
KTe 75/69.b

Tafelaufsatz in Form eines Denkmals
Sy & Wagner
Berlin, 1901
Marmor, Silber, teilvergoldet;
H 96 cm
Inschrift Kartusche:
1851. 1. Oktober 1901
Inv.-Nr.: 1987/110

Die Leitbilder der wilhelminischen Gesellschaft – Adel und Militär – waren in der Öffentlichkeit in Form von Denkmälern allgegenwärtig: Kaiser Wilhelm I., Bismarck, Moltke und Roon wurden zum Gedenken an die Reichseinigungskriege in Stein gehauen oder in Bronze gegossen und auf den zentralen Plätzen der Städte aufgestellt. Ein derartiges Denkmal, in verkleinertem Format aus Silber und Marmor gefertigt, erhielt der General der Infanterie von Lentze anläßlich seines 50jährigen Dienstjubiläums in der Armee am 1. Oktober 1901 als Geschenk. »In Verehrung dargebracht« wurde ihm das Präsent »von den Offizieren, Sanitätsoffizieren und oberen Militärbeamten des XVII. Armeekorps«, dessen kommandierender General er von 1890 bis 1902 war.

Lentze hatte unter vier preußischen Herrschern gedient: Während die silberne Figur Kaiser Wilhelms I. dominierend auf dem obersten Rundsockel steht, trägt der mittlere Marmorblock als Profilreliefs die Porträts König Friedrich Wilhelms IV., Kaiser Friedrichs und Kaiser Wilhelms II. Rechts und links davon sind auf der unteren Sockelplatte Soldaten gruppiert, die die Regimenter des Armeekorps symbolisieren. Widmungsinschriften, verkleinerte Nachbildungen von Orden und Eisernem Kreuz sowie Eichenlaubgirlanden sind weitere Dekorationselemente. Ein derart aufwendiges Geschenk zum Dienstjubiläum war außergewöhnlich: Andere hohe Militärs mußten sich mit silbernen Schalen oder Pokalen mit eingravierten Widmungen begnügen. L.K.

Ferdinand Eduard Freiherr von Stumm und Pauline Freiin von Hoffmann
Salvador Martínez Cubells (1845-1914)
1889/1890
Öl/Holz;
je 61 x 41 cm,
Signatur unten rechts (linke Bildtafel):
S. Martínez Cubells
Madrid 1890
Signatur unten rechts (rechte Bildtafel):
S. Martínez Cubells
Madrid 1889
Inv.-Nr.: 1988/889

Im Jahr der Entlassung Bismarcks (1890) nahm auch Ferdinand von Stumm (1843-1925) seinen politischen Abschied – aus »Gesundheitsrücksichten«, wie es hieß. Zuletzt war er kaiserlicher Botschafter in Madrid gewesen. Zur Erinnerung an seine spanischen Jahre ließ er von dem Maler Salvador Martínez Cubells Bildnisse von sich und seiner Frau Pauline anfertigen, die in einem Rahmen vereint sind. Stumm trägt die Uniform eines Majors des 8. Husarenregiments und zahlreiche Orden, darunter den russischen St. Wladimirsorden (1872 war er Botschaftsrat in Sankt Petersburg) und das Großkreuz des Danebrogordens (1877 Gesandter in Dänemark). Stumm hatte zwischen 1864 und 1871 an allen drei Kriegen Preußens teilgenommen und auch 1868 im Kolonialkrieg der Engländer in Abessinien gekämpft. Er war kein typischer Vertreter des vom Adel dominierten diplomatischen Korps, da seine Familie erst 1888 von Kaiser Friedrich nobilitiert wurde. Dieser und seine englische Frau Victoria wollten den Adel nach britischem Muster als »offene Elite« auch den wirtschaftlich erfolgreichsten bürgerlichen Familien zugänglich machen. Stumm gehörte einer der vermögendsten Familien Deutschlands an. Sein älterer Bruder Karl, Chef des Stumm-Konzerns (Kohle, Eisen, Stahl), von Bismarck »König Stumm« genannt, galt als allmächtiger Beherrscher des Saargebietes. W.R.

Der 70. Geburtstag des Kommerzienrates Valentin Manheimer
Anton Alexander von Werner (1843-1915)
1887
Öl/Holz;
110 x 140 cm
Signatur unten rechts: A. v. W. 1887
Inv.-Nr.: 1991/1848

Valentin Manheimer, seit 1884 Geheimer Kommerzienrat, nimmt im Brunnenhaus des Gartens seiner Berliner Villa in der Bellevuestraße 8 die Glückwünsche der Töchter und Enkelkinder entgegen. Der erfolgreiche Damenkonfektionär ist siebzig geworden, seine Frau Philippine (dritte von links im schwarzen Kleid) bestellte 1885 bei Anton von Werner ein Gemälde, das dieses Ereignis für die Nachwelt festhält. Manheimer, der es schon vor Beginn der Gründerzeit zu Ansehen und Reichtum gebracht hatte, verkörperte exemplarisch die gelungene Emanzipation der Berliner Juden im Kaiserreich und den beachtlichen Beitrag, den sie als Unternehmer leisteten. Als Sohn eines Kantors der jüdischen Gemeinde 1815 in Gommern bei Magdeburg geboren, kam Manheimer 1836 nach Berlin, wo er – der Firmenlegende nach mit dem Geld eines Lotteriegewinns – eine Textilfabrik gründete. Die Leistung Manheimers bestand in der industriellen Nutzung und internationalen Vermarktung des traditionsreichen Berliner Schneiderhandwerks. Sein Unternehmen war nach dem von Herman Gerson das umsatzstärkste in der Branche. Er beschäftigte etwa 8000 Personen. Von seinen Söhnen fortgeführt, mußte die Firma in der Weltwirtschaftskrise liquidiert werden. S.K./W.R.

Bei der Stellenvermittlung (Gesinde-Vermietungsbureau)
Fritz Paulsen
(1838-1898)
1881
Öl/Leinwand;
89,5 x 135 cm
Signatur unten links: Fritz Paulsen. Berlin. 1881
Inv.-Nr.: 1988/85

Im Zentrum des Bildes steht ein Handel zwischen drei Frauen: der prallen Spreewälder Amme, der Stellenvermittlerin und der schmächtigen jungen Frau aus dem Bürgertum, die die Nährmutter für ihr Kind engagieren möchte.

Der Gegensatz von Stadt und Land kennzeichnet die ganze Darstellung: Die rechte, der Mutter zugeordnete Bildhälfte ist in dunklen Farben gehalten, hier erscheinen Schreibtisch, Schreiber, Herrenhüte als städtische Attribute; in helle Farben ist die linke Hälfte getaucht, der üppig gefüllte Gemüsekorb, die gesunden Mädchen vom Lande und das puttengleiche, wohlgenährte »Herrschaftskind«, das sicher eine vergleichbare Amme hatte, verweisen auf die ländliche Fruchtbarkeit.

Die hier gezeigte Stellenvermittlung war typisch für das schnell wachsende wilhelminische Berlin, dessen Stadtplan an der Wand hängt. 1880 gab es 460 solcher »Gesinde-Vermietungsbureaux«, die die Dienste von Köchinnen, Ammen, Zimmermädchen, Dienern und Kutschern offerierten. Sie waren Drehscheibe für Zehntausende junger Menschen aus dem ländlichen Osten Deutschlands, die auf Arbeitssuche häufig schon von den Mitarbeitern der Büros am Bahnhof abgefangen wurden.

Eine Amme war im Berlin des Kaiserreichs eine ausgesprochene Prestigesache. Im Adel und im höheren Bürgertum stillten die Mütter oft nicht selbst. 1885 wurden in Berlin freilich gerade 3 Prozent aller Säuglinge mit Ammenmilch ernährt. R.B./W.R.

Stürmer der Bonner Borussia
Um 1900
Wolle, Seide;
Umfang 55,5 cm
Inv.-Nr.: KTe 69/163

Mensurschläger
Metall; L 105 cm
Inv.-Nr.: W 3554

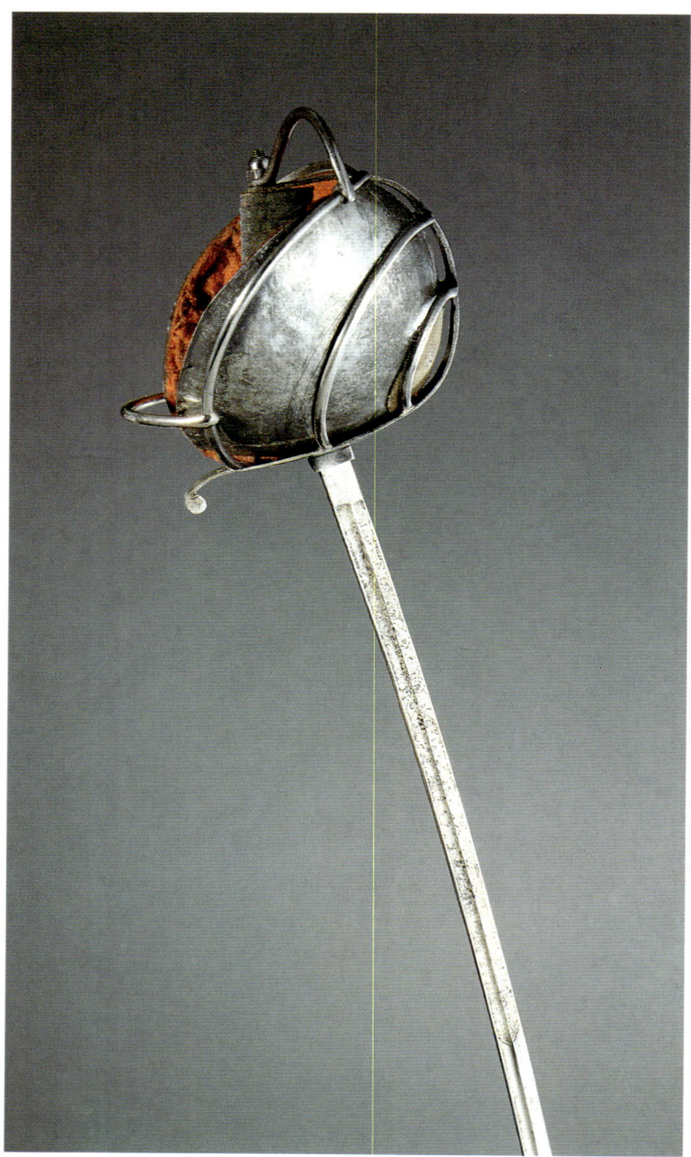

Dem militärisch-konservativen Geist in der wilhelminischen Gesellschaft entsprachen besonders die Korps, die im Gegensatz zu den Burschenschaften politische oder konfessionelle Bindungen als Verbandsprinzip ablehnten. Zwar verschrieben sie sich dem Grundsatz der Toleranz, bei der Aufnahme reichte aber das Kriterium der Ehrenhaftigkeit allein nicht mehr aus, vor allem standesgemäß mußten die Bewerber sein.

Im korporativen Leben spielte der Gebrauch von Waffen bei Bestimmungsmensur (seit 1858) und Duell eine große Rolle. Zu beiden Zweikämpfen waren Schläger zugelassen, zum Duell außerdem Säbel und – dem Offizierskorps ebenbürtig – Pistolen. Diese Rituale brachten persönlichen Prestigegewinn, prüften Kraft und Mannesmut und damit im übertragenen Sinn auch die Standhaftigkeit der patriotischen Gesinnung.

Kennzeichen der Korporierten waren Band, Zipfel und die je nach Anlaß verschiedenen vorgeschriebenen Kopfbedeckungen in den Farben (Couleur) der Verbindung. Um 1800 wurde der Stürmer erstmals von Studenten getragen, der seiner Form nach an die Jakobinermütze erinnert und Draufgängertum signalisieren sollte. Der weiße Stürmer mit dem schwarz-weiß-schwarzen Band war bei der Bonner Borussia üblich, dem exklusiven Korps, dem auch Wilhelm II. seit seiner Studienzeit in den Jahren von 1877 bis 1879 angehörte. R.F.

Ein nackter Knabe mit winddurchwehtem Haar reckt sich auf Zehenspitzen der Sonne entgegen, deren Strahlen er mit weit geöffneten Armen empfängt. In diesem »Lichtgebet« hat der Maler und Graphiker Fidus, der als der wichtigste Bildinterpret der Lebensreformbewegung gilt, deren Lebensgefühl leitmotivisch festgehalten. Seine Darstellung des nackten, reinen Menschen, der zwischen Himmel und Erde die Ankunft des lebeneinhauchenden Lichtes feiert, wurde zum Schlüsselbild der bürgerlichen Flucht aus den Zwängen urbaner Zivilisation und autoritärer Konventionen. Sonnenanbetung und Nacktkultur wurden der technischen Welt, der steifen Lebensordnung und der bürgerlichen Doppelmoral der wilhelminischen Gesellschaft entgegengesetzt.

Das Motiv des »Lichtgebetes« griff Fidus immer wieder auf: Einer ersten Kohlezeichnung von 1890 folgten bis 1938 mindestens elf Fassungen in Öl, als Aquarell oder als Zeichnung. Das hier gezeigte Gemälde, das stilistisch auf frühe Fassungen zurückgreift, ist vermutlich eine Auftragsarbeit. Auch als Reproduktion erfreute sich das »Lichtgebet« großer Popularität und enormer Verbreitung. Die Körperhaltung des Knaben im »Lichtgebet« erinnert an eine andere »Ikone der Körpergeschichte«: den Gläsernen Menschen. R.B.

Lichtgebet
Hugo Reinhold Karl Johann Höppener [Fidus] (1868-1948)
1894 oder 1924
Öl/Leinwand;
150 x 100 cm
Inv.-Nr.: 1990/2490
Erworben aus Mitteln des Landes Berlin

Plakat: Internationale Kunstausstellung des Vereins bildender Künstler Münchens (Secession)
Franz von Stuck (1863-1928)
München: Dr. C. Wolf & Sohn, 1898
Lithographie; 78,5 x 37,5 cm
Signatur unten: FRANZ STUCK
Inv.-Nr.: P 74/3871

Plakat: Keller u. Reiner – Künstlerkolonie Darmstadt – Klinger-Drama
Joseph Maria Olbrich (1867-1908)
Berlin: H. S. Hermann, 1907
Lithographie; 140 x 95 cm
Signatur unten links: OLBRICH
Inv.-Nr.: P 63/945

Plakat: Deutsche Werkbund-Ausstellung
Peter Behrens (1868-1940)
Hannover, Berlin: A. Molling und Co. KG, 1914
Lithographie; 91,3 x 64 cm
Monogramm Mitte links: PB
Inv.-Nr.: 1987/145.4

Armlehnstuhl
Richard Riemerschmid (1868-1957)
J. Fleischauers Söhne
Nürnberg, um 1900
Buchenholz, gebeizt, nachträglich lackiert; 84 x 60 x 47 cm
Inv.-Nr.: KG 93/33.1

Neben der staatstragenden Malerei Anton von Werners gewannen in den neunziger Jahren zusehends neue Kunstströmungen wie Symbolismus, Impressionismus und Jugendstil an Bedeutung. In den Ausstellungen der 1892 in München und 1898 in Berlin gegründeten Secessionen fanden Künstler wie Lovis Corinth, Franz von Stuck, Max Liebermann und Walter Leistikow ihr Publikum. Die Plakate zu den Ausstellungen standen in ihrer schlichten Eleganz im Gegensatz zum »wilhelminischen« Stil.

Eine vergleichbare Entwicklung kündigte sich auch in der Architektur- und Möbelgestaltung an: Der gezeigte Armlehnstuhl ist Teil einer kompletten Wohnzimmereinrichtung, für die der in München und Dresden tätige Architekt Richard Riemerschmid 1899/1900 bei einem Wettbewerb, ausgeschrieben von der König-Ludwig-Preisstiftung, den ersten Preis gewann. Laut Ausschreibung hatte er ein etwa 16 m^2 großes, einfaches bürgerliches Zimmer zu einem erschwinglichen Preis von 350 Mark zu möblieren.

Riemerschmids Einrichtung grenzte sich deutlich ab von den sonst üblichen großbürgerlichen, repräsentativen Zimmerausstattungen im Stil von Neo-Gotik, -Renaissance und -Rokoko. Der Entwurf war richtungweisend für die Bauhaus-Möbel der zwanziger Jahre. Neben Hermann Muthesius und Henry van de Velde gehörte Riemerschmid 1907 zu den Mitbegründern des Werkbundes. L.K.

Plakat: Simplicissimus
Thomas Theodor Heine (1867-1948)
München: Dr. C. Wolf & Sohn, 1897
Lithographie; 74 x 96,5 cm
Monogramm unten links: TTH
Inv.-Nr.: P 57/523

De Waber (Die Weber). Schauspiel aus den vierziger Jahren. Dialect-Ausgabe
Gerhart Hauptmann (1862-1946)
Berlin: S. Fischer Verlag, 1892
Sign.: 52/1239

Selten ist eine ganze Gesellschaft von einem Bühnenstück dermaßen an ihrem Nerv berührt worden wie das wilhelminische Deutschland vom Drama der schlesischen Weber. Gerhart Hauptmanns naturalistisches Drama »Die Weber« – 1892 zunächst in der Dialektausgabe unter dem Titel »De Waber« erschienen – schildert die Notlage und Verzweiflung der schlesischen Weber um 1844. Erstmals stand das Proletariat als Handlungsträger auf der Bühne. Das Stück wirkte in der historisch getreuen Vergegenwärtigung des Aufstandes und seiner sozialen Ursachen solidarisierend mit der Emanzipationsbewegung der Sozialdemokratie. Der Berliner Polizeipräsident verbot seine öffentliche Aufführung. Das Drama konnte nur in geschlossenen Veranstaltungen der »Freien Bühne« gezeigt werden. Erst Ende 1893 wurde das Verbot durch gerichtliche Verfügung aufgehoben.

Die 1896 von Albert Langen gegründete Wochenschrift »Simplicissimus« bot der politischen Satire ein Forum. Zu den besten Zeichnern gehörte Thomas Theodor Heine. Seine angriffslustige, gefährlich dreinschauende, zähnefletschende und ihre Kette sprengende rote Bulldogge – ein Zeichen des Protestes gegen Kaiser und Junker, Militär und Klerus, Imperialismus und Preußentum, Beamten- und Philistertum – war das Wappentier und Symbol des »Simplicissimus«. R.Bl.

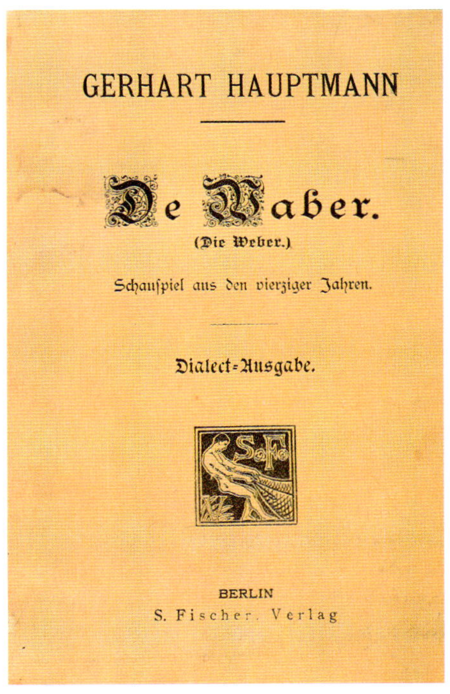
GERHART HAUPTMANN

De Waber.
(Die Weber.)
Schauspiel aus den vierziger Jahren.

Dialect-Ausgabe.

BERLIN
S. Fischer, Verlag

Frauenwahlrecht!

Herausgegeben zum Dritten Sozialdemokratischen Frauentag von Klara Zetkin

Stuttgart, 2. März 1913

Jener Tag.

An jenem Tag wird unter Himmelslüften
Ein fröhlich Sprossen auf der Erde sein,
Und Weißdornblüten stehn in süßen Düften.

Und jede Schwelle wird von Ölbaumzweigen
Umkränzt sein, wie zum Schutz fürs holde Haus,
Wo Liebe segnen wird des Lebens Reigen.

Und jede Mutter darf ihr Kindchen säugen
In Fried' und Fröhlichkeit, und gibt die Kraft
Des roten Mutterblutes ihm zu eigen;

Sie wird dem starken Jüngling, der das Leben
Ihr dankt, mit reinem, unverdorbnem Sinn
Ein undurchdringlich Panzerhemde weben

Mit Worten, die die Lippen einst mit-Beten
In Tagen wiederholen, wo man stirbt,
Wo Mutteraug' und -antlitz vor uns treten.

Und keine Frau muß sich mehr zwingen lassen
Durch das Gesetz mühsel'ger Fronarbeit,
Das Haus, der Kinder Wiege zu verlassen.

Zur Göttin reinen Tempels auserkoren,
Führt frei zum Licht den Helden sie empor,
Aus ihrem Fleisch und ihrem Geist geboren.

Und Brüder sind sie alle dann im Herzen
Durch diese Religion vom Mutterschoß,
Der sie für Sonn' und Sturm erschuf mit Schmerzen;

Im Traum, beim Schaffen und beim Ernten, Brüder,
Im Namen jener, die in aller Welt,
In jeder Sprache, jetzt und immer wieder

Mit gleichem zärtlich, liebevollem Ton
Und frommem Blick, das Herz von Tränen schwer,
Verzeihend, liebend flüstert: O, mein Sohn!...

Im Zeichen des Sozialismus.

Frauenwahlrecht!
Herausgeberin:
Clara Zetkin
(1857-1933)
Stuttgart:
J. H. W. Dietz,
2. März 1913
Inv.-Nr.: Do 58/172

Sozialreform oder Revolution?
Rosa Luxemburg
(1871-1919)
Leipzig: Leipziger Buchdruckerei A.G.,
1908
Inv.-Nr.: Do 63/677

Zeitschrift: Die Neue Gesellschaft
Herausgeber:
Heinrich Braun
(1854-1927),
Lily Braun
(1865-1916)
Berlin: Verlag der Neuen Gesellschaft,
1907
Inv.-Nr.: Do 56/1915

Zum Frauentag des Jahres 1913 legte Clara Zetkin in der von ihr herausgegebenen Zeitschrift »Die Gleichheit« einmal mehr die theoretische Position der Sozialdemokratie dar, der zufolge die Frauenfrage nur zusammen mit der Arbeiterfrage gelöst werden könne: »Der Kapitalismus ist *der* Feind! Ein Feind für das Weib *und* auch für den Mann!« Dieser Auffassung widersprach die ebenfalls der Sozialdemokratie angehörende Lily Braun. Doch ihr Eintreten für eine Kooperation mit der bürgerlichen Frauenbewegung fand kein Echo mehr, nachdem Zetkin ihrer Gegnerin 1901 die Mitherausgeberschaft der »Gleichheit« entzogen hatte.

Zusammen mit ihrem Ehemann, dem Sozialpolitiker Heinrich Braun, publizierte Lily Braun von 1905 bis 1907 die Kulturzeitschrift »Die Neue Gesellschaft«, deren Ziel die »Vertiefung des kulturellen Lebens des ganzen Volkes« war. Das Ehepaar gehörte dem revisionistischen Flügel der Sozialdemokraten an, dessen führender Kopf Eduard Bernstein war (1850-1932); er forderte die Partei auf, nicht durch eine Revolution, sondern auf parlamentarischem Wege politische und soziale Teilreformen anzustreben. Gegen diese Auffassung ist die Grundsatzschrift »Sozialreform oder Revolution?« der Theoretikerin der Parteilinken Rosa Luxemburg gerichtet. R.B.

28 DAS STREBEN NACH WELTGELTUNG

Jahrhundertelang hatten die europäischen Kolonialmächte fast ausschließlich die Küstenstreifen entlang der Ozeane besetzt; der große Durchbruch der europäischen Weltherrschaft kam erst im 19. Jahrhundert. Um 1800 umfaßten die europäischen Weltreiche etwa 35 Prozent, 1914 dagagen 84 Prozent des Festlandes der gesamten Erde, wenn man die Antarktis ausnimmt. Das gepanzerte Dampfschiff, das Schnellfeuergewehr, die ganze Fülle der durch die Industrielle Revolution erzeugten technischen Mittel, vor allem aber eine geänderte Einstellung der Europäer zu kolonialem Besitz führten zu dieser rasanten Ausweitung. Das Prinzip des Kolonialismus »Die Flagge folgt dem Handel« wurde nun umgedreht: Im Zeitalter des Imperialismus waren es nicht mehr in erster Linie die Kaufleute, die nach Rohstoffquellen und Absatzmärkten suchten, sondern die Regierungen, die unter dem Erwartungsdruck nationalistischer und imperialistischer Massenorganisationen und einer entsprechend gestimmten öffentlichen Meinung standen. Kolonialbesitz wurde zum Imperativ nationalen Selbstbewußtseins.

Deutschland griff erst spät in den Konkurrenzkampf der Großmächte ein. Mit den Worten »Wir verlangen auch unseren Platz an der Sonne« drückte der Staatssekretär im Auswärtigen Amt Bernhard von Bülow am 6. Dezember 1897 den Anspruch auf eine Neuverteilung der Welt treffend aus. Die Besetzung Kiautschous im November 1897, das die chinesische Regierung auf 99 Jahre an Deutschland verpachten mußte, die Demonstration eines Flottengeschwaders vor Manila im Sommer 1898 sowie die Reise Kaiser Wilhelms II. in den Vorderen Orient, nach der der Direktor der Deutschen Bank Georg von Siemens mit dem türkischen Sultan über das Bagdadbahn-Projekt verhandelte, zeigten an, daß Deutschland eine Neuaufteilung in den verschiedensten Regionen der Welt anstrebte. Nach dem Sturz Bismarcks, der Zurückhaltung in der Kolonialfrage geübt hatte, wurde unter Kaiser Wilhelm II. eine zunehmend unberechenbar aggressive Innen- und Außenpolitik betrieben, die mit militärischem Gepränge, großsprecherischen Auftritten, überspitztem Nationalismus und unverhohlenem Chauvinismus verbunden war. Mit Nachdruck strebte Deutschland nach Kolonien, wodurch sich die Beziehungen zu den anderen Mächten zuspitzten, während alte Rivalitäten zwischen diesen zwar fortbestanden, aber in den Hintergrund traten. Die Erringung von Besitzungen in Übersee erforderte den Bau einer schlägkräftigen Hochseeflotte. Im März 1898 stimmte eine Reichstagsmehrheit der durch Alfred von Tirpitz erarbeiteten Flottenvorlage zu. Großbritannien sah seine Seemachtstellung bedroht, und es begann ein kostspieliger Rüstungswettlauf, der durch die deutschen Flottengesetze beziehungsweise deren Novellierungen von 1900, 1906, 1908 und 1912 ständig forciert wurde.

Die Flottenbauprogramme standen in Übereinstimmung mit den Interessen der Schwerindustrie. Alfred Krupp, der 1893 seinem Imperium das Magdeburger Gruson-Werk und 1896 die Germaniawerft in Kiel hinzufügte, nahm die Produktion von Panzerplatten auf und pflegte enge Beziehungen zum Kaiserhaus und zu Tirpitz. Mit Hilfe des am 30. April 1898 gegründeten Deutschen Flottenvereins riefen Landesfürsten, Politiker, Industrielle und Vertreter der Großbanken eine nationalistische Massenbewegung ins Leben, durch die der Flottengedanke und das Streben nach Neuaufteilung der Welt in alle Schichten der Bevölkerung getragen wurde. Der 1914 auf 1,1 Millionen Mitglieder angewachsene Verein war die größte überparteiliche Organisation im Kaiserreich, die wesentlichen Anteil an der nationalistischen Aufladung der öffentlichen Stimmung in Deutschland besaß. Dieser Aufgabenstellung war ebenfalls der am 9. April 1891 als Allgemeiner Verband gegründete Alldeutsche Verband verpflichtet, dem 1901 etwa 18 000 Mitarbeiter angehörten, darunter 5 400 Professoren. Die Politik dieser Vereine richtete sich nicht nur gegen Großbritannien, sondern auch gegen die Sozialdemokratie als inneren Feind. Wurde das Weltmachtstreben zur nationalen Schicksalsfrage erhoben, so lieferten sozialdarwinistische Vorstellungen vom Recht des Stärkeren und von der angeblich kulturellen Überlegenheit der weißen Rasse eine moralische Rechtfertigung für die rücksichtslose Kolonialpolitik und die Unterjochung fremder Völker, wie es bei der Niederschlagung des Boxeraufstandes in China von einer europäisch-amerikanisch-japanischen Streitmacht praktiziert wurde.

Großbritannien war um 1900 bereit, gemeinsam mit Deutschland den russischen Ambitionen in Mittel- und Ostasien Einhalt zu gebieten. Dafür sollte Deutschland als Gegenleistung eine maßvollere Flottenrüstung betreiben. Die unversöhnliche und starre Haltung Deutschlands in dieser Frage kam deutlich auf der Haager Friedenskonferenz von 1899 zum Ausdruck, auf der eine Verlangsamung der Flottenrüstung rundweg abgelehnt wurde. Vor allem das deutsche Flottenrüstungsprogramm begünstigte den Verständigungsprozeß zwischen Frankreich und Großbritannien über ihre Interessen in Zentralafrika, was zum Abschluß »eines herzlichen Einverständnisses«, der *entente cordiale,* vom 8. April 1904 führte. Dabei wurde Marokko zum kolonialen Interessengebiet Frankreichs bestimmt. Um demonstrativ deutsche Handelsabsichten in dieser Region zu unterstreichen, inszenierte daraufhin der inzwischen zum Reichskanzler aufgestiegene von Bülow am 31. März 1905 einen Besuch Kaiser Wilhelms II. in Tanger.

Auf der zur Beilegung der Marokkokrise in Algeciras Anfang 1906 stattfindenden Konferenz geriet die deutsche Seite in eine politische Defensive und diplomatische Isolierung. Nachdem Frankreich den Sultan von Marokko militärisch gegen einen Aufstand der Berber unterstützt hatte, entsandte Deutschland am 1. Juli 1911 das Kanonenboot »Panther« zum marokkanischen Hafen Agadir. Die mit dem »Panthersprung« entfachte zweite Marokkokrise führte durch Mobilmachungsmaßnahmen beider Seiten an den Rand eines Krieges.

Die Rivalität der europäischen Staaten, als Wettlauf um Kolonialgebiete ausgetragen, wirkte von Übersee nach Europa zurück und beschleunigte den Zerfall des europäischen Staatensystems. Nur wenige ahnten bei Ausbruch des Ersten Weltkriegs, daß nicht allein in Europa die Lichter ausgingen, sondern auch in den Kolonialreichen der europäischen Mächte. K.P.M.

Die Eröffnung des Reichstages im Weißen Saal des Berliner Schlosses durch Wilhelm II. am 25. Juni 1888
Anton Alexander von Werner (1843-1915)
1893
Öl/Leinwand; 387 x 642 cm
Signatur unten links: A.v.W. 1893.
Inv.-Nr.: GK I 8879
Dauerleihgabe der Stiftung Preußische Schlösser und Gärten Berlin-Brandenburg
Abgebildet ist der 1888 gemalte Entwurf zum Monumentalgemälde Berlin, Slg. E. Werner des Johanniter-Ordens
Foto: Berlin, Archiv für Kunst und Geschichte

Um dem In- und Ausland zu demonstrieren, daß der zweimalige Thronwechsel 1888 ohne negative Auswirkungen auf die Stabilität des Reichs geblieben war, berief Wilhelm II. den Reichstag zu einer außerordentlichen Tagung nach Berlin ein. Die Eröffnung fand am 25. Juni 1888 im Weißen Saal des Berliner Schlosses statt. Sie wurde vom Hofmaler Anton von Werner in einer figurenreichen Komposition festgehalten. In seiner vom Reichskanzler Bismarck aufgesetzten Thronrede versprach der neue Kaiser, das Reich nach außen zu sichern, den Frieden zu wahren, die Ausführung der Reichsgesetze zu überwachen und die Verfassung zu schirmen. Der Kaiser im roten Mantel des Hohen Ordens vom Schwarzen Adler ist beim Verlesen seiner Rede dargestellt, vor dem Thron ist die Person Bismarcks in weißer Kürassieruniform herausgehoben. Rechts vom Kaiser stehen die Bundesfürsten, angeführt vom König von Sachsen und dem Prinzregenten von Bayern, und die Bürgermeister der drei Hansestädte. Links vom Thron haben die Prinzen der regierenden Häuser und das diplomatische Korps Aufstellung genommen. Hinter Wilhelm II. sind Kaiserin Auguste Viktoria in Trauerkleidung und Kronprinz Wilhelm zu erkennen. Den Raum vor dem Thron füllen die Abgeordneten des Reichstages. Sozialdemokraten sowie Elsässer und Lothringer waren der Zeremonie aus Protest ferngeblieben. W.R.

Anläßlich seines Englandbesuches im Sommer des Jahres 1891 schenkte Kaiser Wilhelm II. die repräsentative Rokokovase mit dem Kaiserbildnis und den Darstellungen des Berliner Stadtschlosses sowie des Neuen Palais in Potsdam Sir Edward Malet, dem britischen Botschafter in Berlin. Malet übte dieses Amt seit 1884 aus und hatte bereits mit Bismarck verschiedene Konflikte in Fragen der Kolonialpolitik ausgetragen.
Wilhelm II. zeigte sich nach Abschluß des Helgoland-Sansibar-Vertrages am 1. Juli 1890 zunächst englandbegeistert und besuchte regelmäßig die Segelregatten von Cowes auf der Isle of Wight. Dies wurde allerdings der Queen rasch zuviel: Ihr Privatsekretär bat Sir Malet 1891 in einem Brief, dem Kaiser klarzumachen, daß er nicht unbedingt jedes Jahr auf Staatsbesuch kommen müsse. Bis zum Sturz des Reichskanzlers Caprivi 1894 blieb das deutsch-britische Verhältnis relativ freundschaftlich. 1895 gab Sir Malet sein Amt in Berlin aus gesundheitlichen Gründen auf.
Der 1889 von Alexander Kips gezeichnete Dekorationsentwurf der bereits 1885 im Modell entwickelten Prunkvase ist im Archiv der Königlichen Porzellanmanufaktur erhalten. Die Vase wurde vom Kaiser mehrfach bestellt und verschenkt. Ein 1901 ausgeführtes Exemplar war für den Schah von Persien bestimmt. L.K.

Prunkvase mit dem Porträt Wilhelms II. und Ansichten des Stadtschlosses Berlin und des Neuen Palais in Potsdam

Alexander Kips
(1858-1910)
Königliche Porzellanmanufaktur Berlin
1891
Porzellan, bemalt, Nußbaumholz (Sockel); H 107 cm, 237 cm (mit Sockel)
Inschrift Kartusche am Sockel:
William II, / German Emperor, / King of Prussia, / to / Sir Edward Malet, / Ambassador / to / His Majesty / 1891
Inv.-Nr.: Kg 92/3

Bismarck-Apotheose
Ludwig Rudow
(1850-1907)
1890
Öl/Leinwand;
103 x 81 cm
Signatur
unten links:
Rudow pinx. 1890
Dauerleihgabe
aus Privatbesitz

Die Apotheose wurde von Ludwig Rudow anläßlich der Entlassung Bismarcks 1890 gemalt. Sie zeigt den Kanzler in Kürassieruniform, einem Denkmal gleich, umgeben von den allegorischen Figuren Victoria, Germania und Klio. Die geflügelte Siegesgöttin Victoria, die Siegesfackel in der Linken, krönt Bismarck mit dem Lorbeerkranz. Die geharnischte Germania trägt die – in Wirklichkeit nicht vorhandene – Reichskrone, die Muse der Geschichte Klio hat in ihrer Chronik das Jahr der Reichsgründung 1870/71 aufgeschlagen. Repräsentanten des deutschen Volkes stehen jubelnd im Vordergrund: Bürger und Bauern, Alte und Kinder, ein Maler und ein Korpsstudent. Der Mythos Bismarcks als lebendes Denkmal und nationale Kultfigur setzte 1890 ein, nachdem der junge Kaiser Wilhelm II. den alten Kanzler wegen Differenzen in der Sozialpolitik entlassen hatte. In Wahrheit stand dahinter die Machtfrage. Wilhelm war nicht gewillt, sich wie sein Großvater Wilhelm I. den Entscheidungen Bismarcks unterzuordnen, sondern strebte ein »persönliches Regiment« an. Bismarck verbrachte seinen Lebensabend, geplagt von Machtbesessenheit, Rachsucht und Verbitterung, als der »Alte im Sachsenwald« auf seinem Gut Friedrichsruh bei Hamburg. Erfolglos versuchte er als Publizist und über seinen Sohn Herbert die aktuelle Politik weiter zu beeinflussen. L.K./W.R.

»Alles eine Nummer zu groß!« – zu diesem Fazit gelangt die Karikatur über den Grafen Bernhard von Bülow (1849-1929) in der Galauniform Bismarcks aus dem Jahre 1900. Der Günstling Wilhelms II. war gerade als dritter Nachfolger des Reichsgründers in die Reichskanzlei berufen worden. Vorher war er unter anderem Botschafter in Rom und Staatssekretär im Auswärtigen Amt gewesen. Als geschmeidiger, weltgewandter Lebemann und Diplomat schmeichelte er dem Selbstgefühl des Kaisers, erntete aber wegen seiner konzeptlosen Außenpolitik, die ganz im Gegensatz zur wohldurchdachten Bündnispolitik Bismarcks stand, bei seinen Gegnern Kritik oder, wie hier, Hohn und Spott. Bülow erstrebte eine weltpolitische Geltung Deutschlands, überschätzte dabei aber die Möglichkeiten des jungen Industriestaates ebenso wie die Toleranz der übrigen Weltmächte. Im Ringen um einen »Platz an der Sonne« wollte er sich alle Optionen offenhalten und verspielte sie damit alle: England verprellte er mit der ungebremsten Flottenrüstung, Frankreich durch Demütigung in der Marokkokrise und Rußland durch die »Nibelungentreue« zu Österreich auf dem Balkan.

Bülow, dem auch der Wille zu notwendigen innenpolitischen Reformen fehlte, trat 1909 zurück und lebte anschließend, verheiratet mit einer italienischen Fürstentochter, in Rom. W.R.

Alles eine Nummer zu groß! Bernhard Ernst Graf von Bülow in der Galauniform Bismarcks
Bruno Paul
(1874-1968)
1900
Mischtechnik/Malpappe; 71 x 55,5 cm
Signatur unten rechts: Bruno Paul
Inv.-Nr.: 1993/1238

Modell des Seedampfers »Kaiser Wilhelm II.« des kaiserlichen Gouvernements von Deutsch-Ostafrika
Josef L. Meyer
Um 1898
Holz, Metall;
60 x 35 x 125 cm
Inv.-Nr.: Pro 68/176

Plakat: Passage-Panopticum – 50 wilde Kongoweiber
Josef Steiner
(1877-1935)
Berlin:
Arnold
Weylandt,
1913
Lithographie;
72 x 98,5 cm
Signatur
oben links:
Jo Steiner 13
Inv.-Nr.: P 57/456

Schwarz-weiß-rote Flagge an afrikanischem Eingeborenenspeer
1889
Wolle; 64 x 88 cm,
L 223 cm
(mit Stange)
Inv.-Nr.: Fa 76/14

In den Jahren unmittelbar nach der Reichseinigung vollzog Deutschland die koloniale Expansion vor allem in Afrika, jedoch entsprechend der Politik Bismarcks eher vorsichtig und zurückhaltend. Erst 1884/85 wurden die von Kaufleuten in Togo, Kamerun, Ost- und Südwestafrika sowie im Pazifik erworbenen Gebiete unter den Schutz des Reiches gestellt. Wirtschaftlich waren die afrikanischen »Schutzgebiete« nicht von großer Bedeutung. Um so mehr mußte als Legitimation für den rigorosen Landerwerb der missionarische Gedanke, den »unterentwickelten« Völkern europäische Zivilisation, Kultur und Religion zu bringen, herhalten. Der für rassistisches Gedankengut und für brutales Vorgehen berüchtigte Carl Peters (1856 bis 1918) erwarb durch Kauf- und Pachtverträge Ende 1884 die Kerngebiete Deutsch-Ostafrikas für die Deutsch-Ostafrikanische Gesellschaft. Als 1888 ein Aufstand des arabischen Teiles der Bevölkerung ausbrach, wurde dieser

unter der Leitung des deutschen Afrikaforschers und preußischen Offiziers Hermann Wissmann (1853-1905) in seiner Funktion als Reichskommissar blutig niedergeschlagen. Durch Hissen der schwarz-weiß-roten Flagge wurde als äußeres Zeichen generell die Inbesitznahme von Kolonien angezeigt und die Macht des Reiches symbolisiert. Bei der Niederwerfung des Aufstandes führte Wissmann als persönliches Zeichen eine kleine Fahne in den Reichsfarben mit, die an einem Eingeborenenspeer befestigt war.
Zur Gewährleistung der inneren Ordnung und äußeren Sicherheit stellte Deutschland in den afrikanischen Kolonien Schutztruppen auf, die entsprechend den klimatischen und geographischen Gegebenheiten gekleidet waren. Zu den khakifarbenen Tropenuniformen gehörten als markante Zeichen Tropenhelme aus Kork oder Hüte mit rechtsseitig hochgeschlagener Krempe, »Südwester« genannt. Angehörige der Schutztruppen schlugen Aufstände der Einheimischen, wie den der Hereros in Südwestafrika, wiederholt brutal nieder.

Kilimandscharo (Deutsch-Afrika 1914)
Walter von Ruckteschell (1882-1941)
1914
Öl/Leinwand; 117 x 93 cm
Signatur unten links: W.v. Ruckteschell – Deutsch-Ost-Afrika 1914
Inv.-Nr.: 1990/38

Das Interesse der Bevölkerung in Deutschland wurde auch auf das Exotische und Unbekannte der fernen Länder gelenkt. Zoologische Gärten präsentierten zunehmend die fremde Tierwelt.

Die Eingeborenen und Gegenstände ihrer Kultur führte man zu propagandistischen Zwecken in Panoptiken oder auf Jahrmärkten vor. Für die in den Kolonien tätigen Deutschen gehörte es zum guten Ton, Andenken und Trophäen mitzubringen. Es verwundert nicht, daß der Reiz der fremden Landschaft und die Schönheit der Pflanzen durch die Darstellung des Kilimandscharo (Berg des bösen Geistes), der mit 5 895 m höchsten Erhebung Afrikas, auch im Bild festgehalten wurden. K.P.M.

Photoalben von Teilnehmern am ostasiatischen Expeditionskorps
1900-1904
Holz, Karton, Leder, Brokat, Papier;
27 x 22 x 3,8 cm,
14,7 x 19,7 x 4,5 cm
Inv.-Nr.:
Do 78/466 I,
Do 476

Oben!
Franz. und chin. Polizei.
Markante Hinrichtung eines Chinesen durch franz. Soldaten.

Vize-König 'Li-hung-tschang' mit Familie.

Kiautschou mit dem Hafen Tsingtau war von 1898 bis 1914 deutsches »Schutzgebiet«. Die Ermordung von zwei Missionaren hatte dem Deutschen Reich 1897 den Vorwand geliefert, mit einem Geschwader seiner Kriegsflotte unter dem Kommando von Admiral von Diederichs die Bucht von Kiautschou zu erobern.

China mußte unter Verzicht auf seine Hoheitsrechte die Bucht für 99 Jahre an Deutschland verpachten. England, Frankreich und Rußland nutzten den durch die Niederlage im Chinesisch-Japanischen Krieg geschwächten halbkolonialen Zustand des Kaiserreichs auf ähnliche Art. Der im Westen ironisch als Boxeraufstand bezeichnete chinesische Versuch, sich gegen die koloniale Bevormundung zur Wehr zu setzen, erreichte im Sommer 1900 seinen Höhepunkt mit der Ermordung des deutschen Gesandten von Ketteler und dem Angriff auf die ausländischen Gesandtschaften in Peking. Deutschland, Japan, Großbritannien, Frankreich, Österreich und Italien antworteten mit einer gemeinsamen Strafexpedition unter dem Oberbefehl des Feldmarschalls von Waldersee. Von Teilnehmern des ostasiatischen Expeditionskorps haben sich Photoalben erhalten. Sie zeigen deutsche Einrichtungen in Kiautschou wie Hafenanlagen, Seemannshaus, Kirche, Gefängnis und Friedhof, das erste Denkmal für Otto von Diederichs, aber auch grauenvolle Exekutionsszenen. Bilder des Todes, wie die Hinrichtung eines Chinesen durch französische Soldaten oder Enthauptungen auf der Waldersee-Straße, sind bedenkenlos neben eine idyllische Ansicht von Peking, ein Familienphoto des Vizekönigs Li Hung-chang, eine Aufnahme von der Ankunft Prinz Adalberts von Preußen oder der Einweihung des Ketteler-Denkmals in Peking geklebt.

H.A.

Weltpolitischer Ehrgeiz sowie wirtschaftliches Expansionsinteresse bestimmten die Orientpolitik Kaiser Wilhelms II. Auf seiner zweiten Orientreise (12. Oktober bis 26. November 1898) stellte er sich in Damaskus als Freund der 300 Millionen Mohammedaner dar und empörte damit England, Rußland und Frankreich. Ein Karikaturist zeichnet ihn entsprechend als selbstgefälligen Imperator im Strahlenkranz mit stolz geschwellter Brust und steil emporgezwirbeltem Bart, posierend vor den Medien (einem Maler und einem Photographen).
Auch der Bildteppich zeigt Kaiser Wilhelm II. Er trägt die Admiralsuniform der deutschen Marine, dazu das Halskreuz des Königlich-Preußischen Sankt-Johanniter-Ordens, dem er als Schutzherr vorstand. Vermutlich handelt es sich um eine Auftragsarbeit für einen Händler oder einen privaten Interessenten. Solche Teppiche wurden in Manufakturen des Orients nach verschiedenen Photo- und graphischen Vorlagen gearbeitet, die nicht immer streng kopiert, sondern versehentlich auch einmal vertauscht wurden und zum freien Gestalten des Bildmotivs führen konnten: So trugen deutsche Offiziere zur Marineuniform keine Stiefel, sondern Halbschuhe, die Uniform war dunkelblau, nicht grün. Die Krone in der Hauptbordüre ist eine österreichische, die überdies von zwei österreichischen Kriegsflaggen gerahmt wird. Es könnte sich hier um den Wunschtraum eines Auftraggebers oder gar eines Manufakturarbeiters gehandelt haben. R.F.

Le Petit Journal

SUPPLÉMENT ILLUSTRÉ

DIMANCHE 6 NOVEMBRE 1898

L'EMPEREUR D'ALLEMAGNE EN VOYAGE

»L'Empereur d'Allemagne en voyage«
In »Le Petit Journal«, 6. November 1898
Henri Meyer (1844-1899)
Papier, Druck; 43,5 x 29,8 cm
Inv.-Nr.: 1988/633

Bildteppich mit dem Porträt Wilhelms II.
Persisch oder türkisch (Kayseri ?), 1. Viertel 20. Jh.
Baumwolle, Wolle; 179 x 140 cm
Inv.-Nr.: 1988/794

S. M. Panzerkreuzer „Moltke“.
Länge 186 m. Wasserverdrängung 23000 Ton.

Zwei Postkarten mit Schiffen der deutschen Flotte, 1898-1914
Um 1910
Karton, Druck;
8,8 x 13,8 cm

Ausgehanzug eines Maschinistenmaates vom Kleinen Kreuzer S. M. S. »Coeln« – Jacke, Kieler Hemd, Kieler Kragen mit Knoten, Hose, Mütze
1911-1914
Tuch, Baumwolle, Seide
Inv.-Nr.: 1988/144.1-5

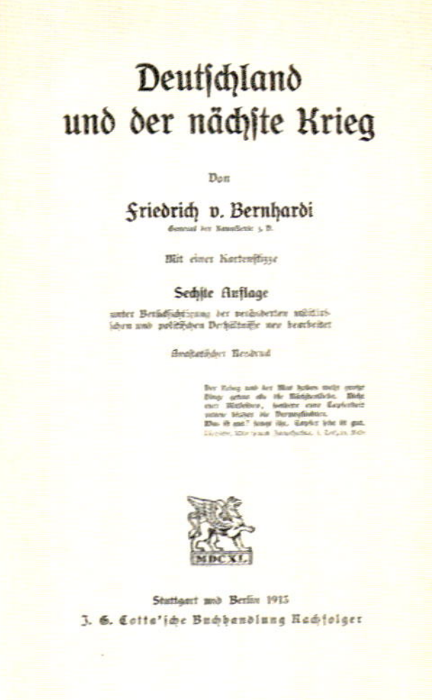

Deutschland
und der nächste Krieg

Von

Friedrich v. Bernhardi

Mit einer Kartenskizze

Sechste Auflage

Stuttgart und Berlin 1913
J. G. Cotta'sche Buchhandlung Nachfolger

Deutschland und der nächste Krieg. Sechste Auflage
Friedrich von Bernhardi (1849-1930)
Stuttgart, Berlin: J. G. Cotta'sche Buchhandlung Nachfolger, 1913
Sign.: 52/3179-6a

Seit 1898 wurde der eskalierende Rüstungswettlauf im Flottenbau zwischen Großbritannien und Deutschland offen ausgetragen. Daß das Straßenbild der Hafen- und Küstenstädte zunehmend durch die Präsenz der im traditionellen Blau gehaltenen Marineuniform bestimmt wurde, war lediglich eine äußere Begleiterscheinung der Marinerüstung. Über den Alldeutschen Verband sowie den Deutschen Flottenverein versuchten Militärs und Industrielle den Gedanken der »deutschen Seegeltung« mit Propagandakampagnen in alle Schichten des Volkes zu tragen. Das Wissen und Können unzähliger Konstrukteure, Ingenieure und Techniker sowie die harte Tätigkeit der Werftarbeiter schlugen sich in neuen Schiffsbauten aller Klassen nieder. Priorität hatte der Bau von Großkampfschiffen für die Hochseeflotte. Stapelläufe und Indienststellungen erfuhren eine Aufwertung durch die Anwesenheit von Mitgliedern der kaiserlichen Familie. Als populärer Massenartikel bot sich das Medium der Bildpostkarte geradezu an, auch Kriegsschiffe abzubilden. Diese Karten waren nicht nur für die auf den Schiffen diensttuenden Matrosen zum Verschicken an Angehörige gedacht, vielmehr sollte weiten Bevölkerungskreisen die Macht der Flotte vorgeführt werden. K.P.M.

29
DER ERSTE WELTKRIEG

Das Mächtesystem Europas ertrug den deutschen Nationalstaat gerade so lange, wie er bereit war, sich strikte Beschränkungen aufzuerlegen. Die ausgleichende Außenpolitik Bismarcks war von seinen Nachfolgern jedoch nicht fortgesetzt worden; die europäischen Mächte empfanden das neue, weltpolitisch auftrumpfende Deutschland als bedrohlichen Störenfried. 1904 legten Großbritannien und Frankreich ihre kolonialen Streitigkeiten bei und schlossen ein Bündnis, die *entente cordiale;* nachdem 1905 der Versuch Wilhelms II. gescheitert war, das alte deutsch-russische Bündnis zu erneuern, folgte zwei Jahre darauf ein britisch-russischer Vertrag, mit dem die beiderseitigen Rivalitäten im Mittleren Osten beigelegt wurden. Deutschland sah sich isoliert, abgesehen von dem österreichischen Bündnispartner, der aber wegen seiner dauernden Verwicklungen auf dem Balkan eher eine Belastung darstellte. Das Gefühl, eingekreist zu sein, löste in Deutschland eine trotzige Stimmung des »Nun erst recht« aus, eine Steigerung des neurotischen Massennationalismus, wie er in der zunehmenden Agitation des »Alldeutschen Verbands« seinen Ausdruck fand. Auch die militärische Planung stellte sich auf diese Lage ein; der Chef des Großen Generalstabs, Alfred Graf von Schlieffen, plante seit 1905 den Aufmarsch für den Fall des als unvermeidlich angesehenen Zweifrontenkriegs: Da das militärische Potential Deutschlands für einen gleichzeitigen Krieg gegen Rußland wie Frankreich nicht ausreichte, sollte im Vertrauen auf die langsame russische Mobilisierung die Masse des deutschen Heeres im Westen konzentriert werden, um bei Kriegsausbruch in einer riesigen Schwenkbewegung um die Achse bei Metz über das neutrale Belgien und durch Nordfrankreich die französische Armee einzukesseln und zu vernichten, um sich anschließend gegen Osten zu wenden. Diese Planung enthielt mehrere verhängnisvolle Elemente: Da war zum einen die Automatik, die bei einer kriegerischen Verwicklung mit Rußland den Krieg mit Frankreich von vornherein notwendig machte, und da war zweitens die geplante Verletzung der belgischen Neutralität, wodurch die britische Garantiemacht zum Kriegseintritt gegen Deutschland geradezu gezwungen wurde.
Das Attentat in Sarajevo vom 28. Juni 1914 hatte zunächst diplomatische, dann militärische Aktivitäten ausgelöst, die zunehmend

auf die bewaffnete Konfrontation hochgerüsteter Staaten zusteuerten. Die österreichische Regierung war durch eine Zusage der deutschen Regierung zu einem kompromißlosen Vorgehen gegen Serbien ermuntert worden. Nach der Kriegserklärung Österreich-Ungarns an Serbien griffen innerhalb weniger Tage alle Bündnisvereinbarungen. Der Zweifrontenkrieg, den Deutschland nun zu führen hatte, war infolge des »Schlieffen-Plans« unvermeidlich geworden. Aber der deutsche Vormarsch im Westen rannte sich fest, verwandelte sich in mörderischen Stellungskampf.

Dieser Krieg brachte eine bis dahin beispiellose technische »Modernisierung« und Totalisierung mit sich. Der Einsatz von Artillerie, von ersten Tanks und Flugzeugen sowie von Gas als Kampfstoff bestimmte das Kriegsgeschehen. Die Grabenkämpfe arteten zu förmlichen Materialschlachten aus. Schon nach kurzer Zeit entsprach der Krieg in keiner Weise mehr den Vorstellungen eines kurzen und entschiedenen Waffenganges, an dessen Ende vor allem für Deutschland eine günstigere Lage – der »Platz an der Sonne« – stehen sollte. Nie zuvor waren so viele Soldaten in einem kriegerischen Konflikt eingesetzt worden. Millionen von ihnen wurden in allen kriegsbeteiligten Staaten mobilisiert. Insbesondere die »großen Offensiven«, die an den ausgebauten Grabensystemen der Verteidiger zusammenbrachen, und die »Abnutzungsschlacht« um Verdun sorgten für die größten Opferzahlen.

Angesichts des Ausmaßes und der Dauer der Kämpfe war es erstmals notwendig, die gesamte Wirtschaft der kriegsbeteiligten Länder auf die Bedingungen des Krieges auszurichten. Die mit der Produktion von Ausrüstung, Waffen und Munition verbundenen immensen Anstrengungen schufen eine vorher unbekannte Kriegsökonomie, die auf deutscher Seite von Walther Rathenau organisiert wurde. Der Versuch, die Widerstandskraft des Gegners auch durch Unterbinden der Versorgung von außen zu schwächen, war die offensive Reaktion auf die Kriegsökonomie der jeweils anderen Seite. Die englische Blockade der Nordsee sowie der (seit 1917 erneut »uneingeschränkt«, auch gegen Schiffe neutraler Staaten geführte) U-Boot-Krieg der Mittelmächte dienten diesem Zweck. Dadurch war erstmals die Zivilbevölkerung in größerem Ausmaß betroffen.

Der Beginn des Krieges wurde in den großen deutschen Städten mit zum Teil erheblicher Begeisterung aufgenommen. Die »August-Euphorie« als Zeichen des nationalen Aufbruchs wurde in der Folge zu einer oft benutzten und beschworenen Formel. Die Totalisierung des Krieges zeigte sich auch in allen Bereichen des Alltags. Frauen arbeiteten erstmals in großer Zahl anstelle der eingezogenen Männer in der industriellen Produktion, dem Dienstleistungsgewerbe und der Verwaltung. Innenpolitisch bedeutsam war die Zusammenarbeit aller Fraktionen: In Deutschland stimmte die SPD 1914 den Kriegskrediten im Sinne des »Burgfriedens« zu. In anderen Ländern gab es ähnliche Formen der Kooperation mit der früheren Opposition. Der nationale Konsens wurde in Deutschland jedoch spätestens 1917 durch die Abspaltung der Unabhängigen Sozialdemokratischen Partei (USPD) von der SPD aufgekündigt. Teilweise als Reaktion auf die Revolutionen in Rußland im Februar und Oktober 1917, kam es im Januar/Februar 1918 zu Massenstreiks und Friedensdemonstrationen.

Die anfängliche Begeisterung schlug sich auch in der monetären Unterstützung des Krieges nieder, der zu einem großen Teil durch festverzinsliche (und nach dem Sieg einzulösende) Kriegsanleihen finanziert wurde. Das der Zivilbevölkerung immer deutlicher werdende Ausmaß der Verluste und das Andauern der Kämpfe führten aber spätestens ab 1916 zu einer allgemeinen tiefen Kriegsmüdigkeit. Wie die anderen Länder hatte das Deutsche Reich die Notwendigkeit erkannt, zur Festigung des Durchhaltewillens Propaganda einzusetzen. Diese wurde von der Militärzensur kontrolliert. Auch alle sonstigen wesentlichen Entscheidungen bedurften der Zustimmung der Obersten Heeresleitung, seit 1916 unter Hindenburg und Ludendorff.

Im Ersten Weltkrieg starben insgesamt fast zehn Millionen Menschen, über 20 Millionen wurden verwundet. R.R.

1. August 1914 in Berlin
Arthur Kampf
(1864-1950)
1914
Öl/Leinwand;
59 x 45,5 cm
Signatur
oben rechts:
A. Kampf
1. Aug. 1914
Inv.-Nr.: Gm 92/14

Vor dem Berliner Schloß hat sich am 1. August 1914 eine buntgemischte Menschenmenge versammelt. Sie gruppiert sich um einen verhalten gestikulierenden Redner, der sich über den Köpfen der Anwesenden an einen Laternenpfahl klammert. In der linken Hand hält er eine Reichsflagge, eine weitere ragt über die Menge hinaus. Die Mehrzahl der Figuren ist in Rükkenansicht gegeben. Dadurch wird der Eindruck vermittelt, der Betrachter wohne selbst dem Geschehen bei. Dennoch bleibt eine gewisse Distanziertheit spürbar. Am Tag vorher war auf die Nachricht von der russischen, gegen Österreich und Deutschland gerichteten Generalmobilmachung der »Zustand drohender Kriegsgefahr« ausgerufen worden. Nach Ablauf eines Zwölfstunden-Ultimatums an Rußland wurde um 17 Uhr die deutsche Generalmobilmachung verkündet, später am Abend erfolgte die Kriegserklärung an Rußland.

Arthur Kampf stellt das gespannte Warten auf den Ablauf der zwölfstündigen Frist an diesem sommerlich-schwülen Samstag mit kühler Zurückhaltung dar. Emotionale Dramatik oder lebhaft bekundete Kriegsbegeisterung spart er aus. I.A./A.S.

Unter dem Titel »Deutschland – August 1914« stellt Kaulbach seine »Germania« vor einem nächtlichen Hintergrund mit flammendem Horizont dar. Den grimmigen Blick leicht nach links gerichtet, beherrscht sie mit ihrer wehrhaften Gestalt die Bildfläche. Mit der der ottonischen Reichsinsignie nachempfundenen Kaiserkrone auf dem Kopf, dem bloßen Schwert, dem wappengeschmückten Schild und dem »weiblichen« Brustharnisch verkörpert sie Deutschland in seiner Abwehr- und Angriffsbereitschaft bei Kriegsbeginn. Kaulbach geht über den walkürenhaften Typus der Germania, wie er bei Friedrich Schillings 1883 eingeweihtem Niederwalddenkmal zutage tritt, hinaus. Zwar ist Schillings Vorstellung der Germania als »Wacht am Rhein« in die Figur eingeflossen; darüber hinaus aber folgt Kaulbach Schillers Beschreibung der Jungfrau von Orléans bei ihrem nächtlichen Angriff auf das feindliche Lager (2. Aufzug, 4. Auftritt). Ihr martialisch-entschlossenes Auftreten entspricht dem patriotisch-fanatischen Rausch der Kriegsbegeisterung der Deutschen, wie sich auch das innere Brennen im Äußeren widerspiegelt. Der flammenglühende Hintergrund evoziert darüber hinaus das Feuer als essentielles Element der ikonographischen Bildtradition des Krieges (exemplarisch Arnold Böcklins »Krieg« von 1896). I.A./A.S.

Germania
Friedrich August von Kaulbach (1850-1920)
1914
Öl/Leinwand; 192 x 147 cm
Signatur unten links: F. A. v. Kaulbach
Inv.-Nr.: 1988/82

Großadmiral von Tirpitz
Lovis Corinth
(1858-1925)
1917
Öl/Leinwand;
102 x 77,5 cm
Signatur
oben rechts:
Lovis Corinth 1917
Inv.-Nr.: 1989/1125
Erworben aus
Mitteln der Stiftung
Deutsche Klassen-
lotterie Berlin

Als Patriot wollte Lovis Corinth seit Kriegsbeginn Generale oder Politiker porträtieren, um »die Großen der Zeit« zu verewigen. Wie er berichtet, gelang es ihm jedoch nur, »den Organisator der Kaiserlichen Marine, Exzellenz Tirpitz, zu malen«. Das Bild entstand in wesentlichen Teilen vermutlich am 13. Februar 1917 in der Wohnung des Großadmirals. Knapp zwei Wochen zuvor hatte Deutschland den uneingeschränkten U-Boot-Krieg wieder aufgenommen, der nach der Versenkung des britischen Passagierdampfers »Lusitania« durch ein deutsches U-Boot im Mai 1915 zunächst eingestellt worden war. Beim Untergang des Schiffes waren rund 1 200 Menschen gestorben, darunter zahlreiche Staatsbürger der USA. Als es Tirpitz 1916 nicht gelungen war, die um ein gutes Verhältnis zu den USA bemühte Reichsregierung zur Wiederaufnahme des uneingeschränkten U-Boot-Kriegs zu bewegen, hatte er die Leitung des Reichsmarineamtes niedergelegt. In der Erwartung, die Maßnahme würde in wenigen Monaten zur Niederlage Englands führen, ging Deutschland ab dem 1. Februar 1917 wieder dazu über, feindliche Kriegs- und Handelsschiffe ohne Vorwarnung zu torpedieren.

Nach der Friedensresolution des Reichstags vom Juli 1917 gründete Tirpitz gemeinsam mit Wolfgang Kapp die »Deutsche Vaterlandspartei« als Sammelbecken der »Nationalen Opposition« gegen die »Mehrheitsparteien« im Reichstag, aber auch als Gegenpol zu der im Frühjahr 1917 gegründeten »Unabhängigen Sozialdemokratischen Partei Deutschlands« (USPD). B.A.

Von 1915 bis 1918 war Belling Soldat bei der Fliegertruppe Berlin-Adlershof. Dort arbeitete er in der Modellabteilung. Die Holzplastik entstand als Entwurf für eine Bronzestatuette. Sie wurde im Auftrag der Fliegerinspektion Berlin-Adlershof in mehreren Exemplaren in Eisen gegossen und für besondere Verdienste in der Fliegertruppe verliehen. 1924 kam die Figur an den Deutschen Luftsportverband in Berlin. 1934 wurde der »Flieger« entfernt, da Rudolf Belling aufgrund seiner kubistischen Skulpturen von den Nationalsozialisten als »entartet« angesehen wurde.

Versatzstücke mittelalterlicher Rüstungen und Elemente moderner Fliegermonturen verschmelzen in Bellings Figur zum Abbild eines »Ritters der Lüfte«. Das hohe Ansehen der Jagdflieger lag in der ambivalenten Stellung ihrer Waffengattung begründet: Die Beherrschung modernster Technik ging mit einem archaisch anmutenden Ehrenkodex des Kampfes Mann gegen Mann einher. Die blockhafte Gestalt des lächelnden Fliegers strahlte zu einem Zeitpunkt des Krieges Kraft und Optimismus aus, als die Fronten trotz ungeheuren Materialeinsatzes erstarrt waren. I.A./A.S.

Der Flieger
Rudolf Belling
(1886-1972)
1916
Lindenholz, gebeizt, lackiert; H 62,5 cm
(mit Sockel)
Inv.-Nr.: 1990/548

Remember Belgium
Ellsworth Joung
New York: United States Prtg. & Lith. Co, um 1917
Lithographie;
76 x 51 cm
Inv.-Nr.: 1988/1892

Souvenez-vous!
Charles Jouas
(1866-1942)
Paris: H. Chachoin, 1917
Lithographie;
118 x 77,5 cm
Signatur Mitte rechts: Ch. Jouas
Inv.-Nr.: P 94/3002

Pour le triomphe souscrivez à l'emprunt national
Serge Goursat
(1863-1934)
Paris: Devambez Imp., um 1916
Lithographie;
119,5 x 80 cm
Signatur unten links: SEM
Inv.-Nr.: 1987/435

Par deux fois j'ai tenu et vaincu sur la Marne
Maurice Neumont
(1868-1930)
Paris, 1918
Lithographie;
113 x 81,5 cm
Inv.-Nr.: P 94/3003

Per la Liberazione sottoscrivete!
Luciano Achille Mauzan
(1883-1952)
Mailand:
Off. G. Ricordi e C., 1918
Lithographie;
140 x 96,5 cm
Signatur unten links: MAUZAN
Inv.-Nr.: 1988/676

Take Up the Sword of Justice
Sir John Bernard Partridge
(1861-1945) ?
Harrow: David Allan and Sons Ltd., 1914-1918
Lithographie;
152 x 98,6 cm
Signatur unten rechts: B. P.
Inv.-Nr.: P 73/3104

Der Erste Weltkrieg wurde von allen beteiligten Nationen mit einer Fülle von Propaganda unterstützt. Als Film, Postkarte oder Plakat spielte sie bei der Mobilisierung der Bevölkerung eine entscheidende Rolle. Kriegsanleihen mußten gezeichnet, Freiwillige geworben und Feindbilder gefestigt werden – all dies konnte durch wirksame Bildpropaganda unterstützt werden.

Vor allem die Bilderfindungen auf den Plakaten der Ententemächte überzeugten durch moderne, einprägsame Gestaltung: Der Einmarsch der deutschen Armee in Belgien lieferte ihnen und besonders den Franzosen genügend Anlaß, gegen das widerrechtliche, das Völkerrecht verletzende Vorgehen Deutschlands zu polemisieren. Der »häßliche Deutsche«, der »Hunne« und »Barbaren« sowie die »Vergewaltigung der Nachbarstaaten« tauchten als Plakatmotiv während des Krieges immer wieder auf. Deutsche Greueltaten, preußischer Militarismus und kaiserlicher Großmachtswahn hießen die Übel, von denen die Welt befreit werden mußte. Dafür fanden die Künstler drastische Bilder: Deutsche Soldaten hinterlassen in Frankreich als »Mordbrenner« zerstörte Kirchen und stoßen den Gekreuzigten in den Schmutz; eine riesige Hand symbolisiert die Bedrohung der italienischen Heimat durch deutsch-österreichische Angriffe.

Join the Navy
Babcock
USA, 1917
Farboffset;
106 x 72 cm
Inv.-Nr.: P 93/783

You buy a Liberty Bond
C. R. Macauley
USA, 1917
Lithographie;
75 x 51 cm
Inv.-Nr.: P 93/782

Sure! We'll Finish the Job
Gerrit Albertus Beneker
(1882-1934)
Chicago: Edwards and Deutsch Litho. Co., 1918
Lithographie;
96,2 x 66,1 cm
Signatur unten links: Gerrit A. Beneker 1918
Inv.-Nr.: 1989/610

Durch Arbeit zum Sieg! Durch Sieg zum Frieden!
Alexander M. Cay
(1887-1971)
Magdeburg: A. Wohlfeld, 1918
Lithographie;
96,2 x 65 cm
Signatur oben rechts: a. m. CAY 18
Inv.-Nr.: 1988/93.3

Zeichnet Kriegsanleihe – Die Zeit ist hart, aber der Sieg ist sicher
Bruno Paul
(1874-1968)
Berlin: Hollerbaum und Schmidt, um 1917
Lithographie;
140,5 x 96 cm
Signatur unten links: BP
Inv.-Nr.: 1987/395

Helft uns siegen!
Fritz Erler
(1868-1940)
Stuttgart: Eckstein & Stähle, 1916
Lithographie;
58 x 43,5 cm
Signatur unten links: Erler
Inv.-Nr.: P 57/1438.4

Propagandaplakate sollten vor allem der eigenen Bevölkerung vermitteln, daß man auf der richtigen Seite stehe. Nationale Symbole fanden sich auf nahezu allen Plakaten: So warben die USA mit der Freiheitsstatue um Kriegsanleihen, während in Frankreich die »Marianne« voller Pathos die entschlossen marschierenden Soldaten in die Schlacht schickte. Amerika vermittelte Siegeszuversicht durch einen selbstbewußt lächelnden Farmer, für den dieser Krieg nur ein »Job« war. Deutsche Propagandaplakate muten dagegen eher zurückhaltend an. Der antideutschen Bilderflut wurde zunächst wenig Vergleichbares entgegengesetzt. Statt mit Bildern wurden die feindlichen Nationen viel stärker publizistisch diffamiert, das Wort als Waffe eingesetzt – und dabei war man keineswegs zurückhaltend.

Bis 1917 erschienen auch die Aufrufe zur Zeichnung von Kriegsanleihen nur als Schriftplakate. Erst bei der Werbung für die sechste Kriegsanleihe entschied sich die Reichsbank für ein Motiv nach einem Gemälde von Fritz Erler. »Helft uns siegen!« erbrachte 13,1 Millionen Mark – mehr als jede andere Kampagne. Erlers Soldat wurde zur Ikone des deutschen Weltkriegsplakates: Stacheldraht, Stahlhelm und Gasmaske waren zum Symbol dieses Krieges geworden. D.V./C.J.

Lieb Vaterland magst ruhig sein! Ein Kriegsbilderbuch mit Knüttelversen
Arpad Schmidhammer (1857-1921)
Mainz: Verlag von Jos. Scholz, 1914
Sign.: 91/630

6 Soldatenpuppen: Russe, Österreicher, Deutscher, Turco, Franzose, Zuave
Käthe Kruse (1883-1968)
1914/15
Gips, Baumwolle, Filz, Metall, Kunststoff; H ca. 12 cm
Inv.-Nr.: 1990/628.1-6

Zigarettendose aus der Zeit des Ersten Weltkrieges
Garbáty
Berlin-Pankow, 1914-1918
Blech;
2,3 x 14,1 x 7,2 cm
Inv.-Nr.: 1988/669.1

Die patriotische Propaganda des Ersten Weltkriegs fand ihren Widerhall auch in den Kinderzimmern. Der spielerische Umgang mit Krieg und Militär war fester Bestandteil der Erziehung im Kaiserreich.

Käthe Kruse hatte sich bereits mit ihren kindlich-lebensechten Stoffpuppen einen Namen gemacht. Seit Sommer 1914 fertigte sie die sogenannten Potsdamer Soldaten, die Uniformen der kriegführenden Staaten trugen. Die kleinen Figuren mit dem biegsamen Metallskelett waren allerdings nur aufwendig herzustellen, so daß ihre Produktion bald wieder aufgegeben wurde. Danach war Käthe Kruses heute klassische Stoffpuppe bis 1918 in deutscher Uniform im Sortiment. Feldgraue Filzsoldaten bot auch Margarete Steiff in verschiedenen Ausführungen an – eine Verharmlosung des Krieges, die sich ähnlich in vielen Bilderbüchern findet. Sie zeigten, ganz im Sinne der offiziellen Propaganda, deutsche Kinder als tapfere Soldaten im Kampf gegen die bösen Buben »Nikolaus«, »Peter« und den »feigen John« und vermittelten so klischeehaft verzerrte Bilder der Kriegsgegner.

»Siegesgewißheit« lautete die Botschaft solcher Publikationen – dank Kaiser und Hindenburg, dank Zeppelin, Flugzeug, Maschinengewehr und U-Boot. Die brutale Realität des Krieges blieb in den oft drastischen Illustrationen zwar nicht ausgespart, doch meistens überhöhten sie die militärische Stärke Deutschlands. Ein weiterer Bereich, in dem sich die patriotische Propaganda bemerkbar machte, war die Genußmittelindustrie, in der manche Zigarettenhersteller ihre Marken verdeutschten. Manoli in Berlin veränderte »Gibson Girl« in »Manoli ›Wimpel‹« und Garbáty, ebenfalls in Berlin ansässig, »Duke of Edinbourgh« in »Flaggengala«. Beide Produzenten distanzierten sich so von der Seemacht England zugunsten der deutschen Flotte. C.J./R.F.

4 Kriegsteller
Max Dürschke
(geb. 1875)
Königliche Porzellanmanufaktur Berlin
1915-1918
Porzellan, bemalt;
Dm 19,6-20 cm
Inv.-Nr.: KG 93/7-10

a) Weihnachten 1915

b) Weihnachten 1916

c) Weihnachten 1917

d) Weihnachten 1918

Vase mit dem Eisernen Kreuz
Königliche Porzellanmanufaktur Berlin
1914
Porzellan;
H 21,5 cm
Inv.-Nr.: 1987/380

Die Porzellanmanufakturen mußten mit Beginn des Ersten Weltkrieges ihre Produktion der Krisenzeit anpassen und patriotische Erinnerungsartikel herstellen. Das »Eiserne Kreuz« erlebte als Porzellandekor eine Renaissance – neu waren Erinnerungstassen mit dem Kreuz auf »feldgrauem« Fond.

Traditionell wurden von der Berliner Königlichen Porzellanmanufaktur zu Weihnachten Wandteller auf den Markt gebracht. Dieses Angebot für Sammler wurde auch nach 1914 beibehalten, allerdings zeigen die Motive der Weihnachtsteller für die Jahre 1915 und 1916 nicht nur idyllische Winterlandschaften, sondern auch in die Landschaften hineingestellte Soldaten – einen Infanteristen und einen Kavalleristen auf Heimaturlaub, ausgestattet mit Weihnachtsbaum und Geschenken. In den beiden folgenden Jahren verzichtete man auf die Illusion einer Weihnachtsfeier in verschneiter Märchenlandschaft und wählte als Motive einen lebenslustigen, auf einer Kanone sitzenden und mit einer Sektflasche »bewaffneten« Artilleristen sowie Marinesoldaten, die an Deck eines aufgetauchten U-Bootes Weihnachten feiern – Szenen, die makaber anmuten angesichts der Not und des Grauens, die den Alltag der Frontsoldaten bestimmten. L.K.

Am Karmel (Schlacht in Flandern)
Wilhelm von Schreuer (1866-1933)
1914 ?
Mischtechnik/ Papier;
150 x 200 cm
Inv.-Nr.: 1986/54

Infanteriepanzer, Modell II (Sappenpanzer)
Kruppwerke Essen
1917/18
Nickelstahl, lackiert, Filz, Leinen; H 65 cm
Inv.-Nr.: W 4331

Nachdem der Versuch der deutschen Truppen gescheitert war, in den Flandern-Schlachten vom Oktober bis November 1914 zur Kanalküste vorzudringen, erstarrte der Bewegungs- zum Stellungskrieg. Das Frontleben der Soldaten wurde durch die Gegebenheiten des Grabenkrieges bestimmt, der ihnen hohe psychische und physische Leistungen abverlangte. Zweckmäßigkeit, Tarnung und billige Herstellung waren die Hauptgründe für die Einführung feldgrauer Uniformen, wobei die Farbgebung bei den am Krieg beteiligten Armeen variierte. Der massenhafte Einsatz von Artilleriewaffen, Maschinengewehren und Flammenwerfern sowie Flugzeugen und Tanks führte zu einer Eskalation der Kriegführung. Eine veränderte Kampfweise zog den Einsatz von Gegenständen des Körperschutzes, wie Schutzmasken und

Grabenpanzern, nach sich. Der Umgang mit pioniertechnischem Gerät, Handgranaten und Grabendolchen bestimmte ebenfalls den Waffengebrauch der Soldaten.
Nach einer Empfehlung von Fritz Haber (1868-1934), dem Leiter der chemischen Abteilung im Preußischen Kriegsministerium, wurden bei Ypern am 22. April 1915 aus 5730 Stahlflaschen 180 Tonnen flüssiges Chlor abgeblasen. Auf alliierter Seite waren etwa 3000 Tote und 7000 Gasgeschädigte zu beklagen. Die seit Ende 1914 von der OHL in Zusammenarbeit mit Wissenschaftlern und Industriellen vorbereitete Entwicklung und Produktion von chemischen Waffen leitete unter Verletzung der Haager Landkriegsordnung den Einsatz von chemischen Kampfstoffen bei allen kriegführenden Ländern ein, der dem Krieg eine neue Dimension gab. Vom Gasblasen ging erstmals Frankreich zum Gasschießen mit phosgengefüllten Granaten über. Deutschland weitete den Gaskrieg aus durch den Einsatz qualitativ neuer Kampfstoffe. Neben dem lungenschädigenden Grünkreuz trat hautschädigendes, Textilien und Leder durchdringendes Gelbkreuz. Blaukreuz, ein die Atemfilter durchdringender Schwebestoff, zwang aufgrund seiner Reizwirkung zur Maskenabnahme. Das Verschießen dieser »Maskenbrecher« in Kombination mit Grünkreuz trug die verharmlosende Bezeichnung Buntschießen. Die drastische Schilderung eines deutschen Frontarztes läßt Leid und Qualen der Betroffenen erahnen: »Atemnot und Hustenreiz steigern sich zum Erstickungsanfall. Der anfänglich zähe und spärliche Auswurf macht einem dünnflüssigen und dem schaumigen Auswurf Platz, der allmählich blutig gefärbt ist und schließlich aus der Nase herausquillt. Das Aussehen des Vergifteten wird verfallen, und es tritt der Tod bei fast vollem Bewußtsein ein.«

Schutzmaske mit Behälter
Deutschland, 1916-1918
Metall, Gummi, Leinen; H 17 cm
Inv.-Nr.: U 62/112

Deutsche Matrosen demonstrieren den Einsatz von Gasmasken und Atemschutz
1916
Repro Bundesarchiv Koblenz

Deutsche Infanterie bei der Übung eines Gasangriffs
1914-1918
Repro Bundesarchiv Koblenz

Der Krieg kostete 10 Millionen Soldaten das Leben. Die Verluste, auch unter der Zivilbevölkerung, durch Hunger und Seuchen sind nicht zu beziffern, und die Zahl der Kriegsbeschädigten und -versehrten geht in die Millionen.

K.P.M.

Preußische Verlustliste Nr. 43.

(Fortsetzung von Seite 876.)

Reserve-Inf.-Regt. Nr. 40, Mannheim.

Noch: 12. Kompagnie.

Wehrmann Jakob Giebfried — Mannheim — verwundet.
Wehrmann Emil Borberger — Mannheim — verwundet.
Wehrmann Michael Burkhardt — Sandhausen, Amt Heidelberg — verwundet.
Unteroffizier Karl Häberle — Offenbach a. M. — verwundet.
Wehrmann Georg Biedermann — Feudenheim bei Mannheim — verwundet.
Wehrmann Xaver Joos — Mülhausen i. E. — verwundet.
Wehrmann Johann Georg Helfert — Feudenheim bei Mannheim — verwundet.
Wehrmann Eugen Reithingen — Neu Allschweil, Schweiz — verwundet.
Reservist Otto Eigenfeld — Greitschken, Kreis Niedumy — tot.
Reservist Alfred Hirsch — Bibera, Kreis Eckertsberga — tot.
Reservist Johann Dietrich — Greuthof, O.-A. Weinsberg — tot.
Unteroffizier Otto Herbrechter — Dortmund — tot.
Reservist Theophil Bielazik — Gulcz, Kreis Filehne — vermißt.
Reservist Otto Bimmler — Karlsruhe — vermißt.
Reservist Heinrich Heumann — Lieckwegen, Preußen — vermißt.
Wehrmann Stefan Cheisten — Charsbach, Kreis Altkirch — vermißt.
Wehrmann Georg Dollinger — Helmstadt. Baden — vermißt.
Wehrmann Franz Heibel — Friedrichsfeld — vermißt.
Wehrmann Gustav Eigenmann — Monsingen, Baden — vermißt.
Wehrmann Friedrich Huck — Baden-Lichtenthal — vermißt.
Reservist Johann Eißler — Schefer, Kreis Gietz — vermißt.
Reservist Paul Schuh — Sperberslohe, Kreis Schwabach — vermißt.
Reservist Bolislaus Doczig — Schönheide, Regierungsbezirk Danzig — vermißt.
Reservist Josef Kohler — Ergenzingen — vermißt.
Wehrmann Adam Hüth — Altripp, Bayern — vermißt.
Wehrmann Robert Giebelhausen — Aschersleben, Provinz Sachsen — vermißt.
Gefreiter Fritz Homp — Barennen, Ostpreußen — vermißt.
Reservist Michael Hamelski — Elisenhof, Kreis Schubin — vermißt.
Wehrmann Julius Götz — Neckarau b. Mannheim — vermißt.
Unteroffizier David Strauß — Hanau a. M. — vermißt.

Landwehr-Infanterie-Regiment Nr. 40, Mannheim und Karlsruhe.

Jesus! Maria! Josef!

„Herr, Dein Wille geschehe!"

Zur frommen Erinnerung
an meinen lieben, unvergeßlichen Sohn, unsern guten Bruder, Schwager und Onkel

Josef Paelzer

Landsturmmann im Res.-Inf.-Regt. 17.

Nach vielen unsäglichen Nachforschungen ist uns erst nach 15 schmerzvollen Monaten die Mitteilung geworden, daß er am 7. August 1916 in den heißen Kämpfen an der Somme bei Clery des Heldentodes gestorben ist, im Alter von 28 Jahren.

Alle, die ihn kannten, werden unsern Schmerz zu würdigen wissen.

Wir empfehlen die Seele des teuren Verstorbenen dem hl. Opfer der Priester und dem Gebete der Gläubigen, damit sie

ruhe in Frieden!

Senheim, Coblenz, Westl. Kriegsschauplatz
20. November 1917.

Die trauernden Angehörigen.

Das Traueramt findet statt zu Senheim am 27. November, morgens 7 1/2 Uhr.

Druck: H. L. Scheid, Coblenz, Gemüsegasse 12-14

Der an der Westfront zunächst mit überlegenen Kräften geführte Vormarsch deutscher Truppen stieß schon Anfang September 1914 an der Marne auf starke französische und britische Verbände. Nach einer viertägigen Schlacht zogen sich die deutschen Truppen rund 80 km zurück. Nachdem es auch nicht gelungen war, an die Kanalküste vorzustoßen, standen sich die alliierten und die deutschen Heere von der belgischen Küste bis zur schweizerischen Grenze an einer rund 700 km langen Front gegenüber. Zum verschachtelten Schützengrabensystem ausgebaut, veränderte sich diese Front trotz des massiven Einsatzes schwerster Artillerie bis Kriegsende nur unwesentlich. In der Regel kostete jeder Versuch, das gegnerische Grabensystem zu überrennen, die Angreifer mehr Opfer als die Verteidiger. Auf beiden Seiten war der Tod ständiger Begleiter der Frontsoldaten. Jede Kampfhandlung spiegelte sich in den täglichen Verlustlisten. Wer als »vermißt« gemeldet wurde, lag mit großer Wahrscheinlichkeit auf dem vom Gegner kontrollierten Gebiet oder im Niemandsland zwischen den feindlichen Linien. Verwundete konnten nur während der Feuerpausen geborgen und verpflegt werden. Eilig ausgehobene Massengräber wurden mit Kalk bestreut, um die Seuchengefahr zu verringern. Über zwei Millionen deutsche Soldaten starben im Ersten Weltkrieg. Viele von ihnen sind namenlose Tote, in den Statistiken gelten sie als »vermißt«.

B.A.

Deutsche Verlustlisten – Ausschnitt
Berlin: Norddeutsche Buchdruckerei und Verlagsanstalt, 6. Oktober 1914
Papier, Druck; 32 x 46 cm
Inv.-Nr.: Do 56/2222

Trauerkarte für den Landsturmmann Josef Paelzer
Coblenz, 20. November 1917
Karton, Druck; 11 x 6,5 cm
Inv.-Nr.: 1992/1427

Bewegliche Handprothese eines Kriegsversehrten
Deutschland, nach 1918
Holz, Metall; 7,5 x 8,5 x 22 cm
Inv.-Nr.: 1989/1799

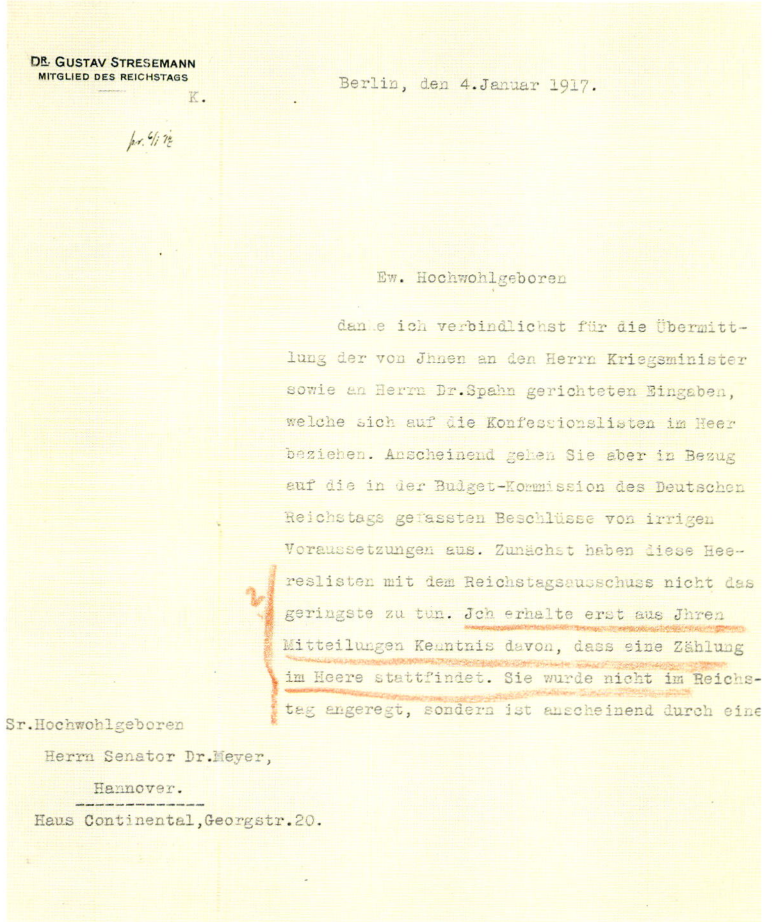

DR. GUSTAV STRESEMANN
MITGLIED DES REICHSTAGS

K.

Berlin, den 4.Januar 1917.

pr. 4/1 17

Ew. Hochwohlgeboren

danke ich verbindlichst für die Übermittlung der von Jhnen an den Herrn Kriegsminister sowie an Herrn Dr.Spahn gerichteten Eingaben, welche sich auf die Konfessionslisten im Heer beziehen. Anscheinend gehen Sie aber in Bezug auf die in der Budget-Kommission des Deutschen Reichstags gefassten Beschlüsse von irrigen Voraussetzungen aus. Zunächst haben diese Heereslisten mit dem Reichstagsausschuss nicht das geringste zu tun. Jch erhalte erst aus Jhren Mitteilungen Kenntnis davon, dass eine Zählung im Heere stattfindet. Sie wurde nicht im Reichstag angeregt, sondern ist anscheinend durch eine

Sr.Hochwohlgeboren
Herrn Senator Dr.Meyer,
Hannover.
Haus Continental,Georgstr.20.

Herausgegeben
vom Vorstand der Sozialdemokratischen
Partei Deutschlands
Berlin SW. 68, Lindenstraße 3

Aug.-Sept. 1916 XIV 883

Petition

an Se. Exzellenz den Herrn Reichskanzler
Dr. v. Bethmann Hollweg

Die Unterzeichneten fordern, daß dem Krieg, der seit mehr als zwei Jahren Europa verwüstet und allen beteiligten Ländern ungeheure Opfer an Gut und Blut auferlegt, so bald als möglich ein Ende bereitet wird.

Unter Ablehnung aller Eroberungspläne, die nicht nur den Krieg verlängern, sondern auch den Keim zu neuen Kriegen in sich tragen, fordern die Unterzeichneten von den Verbündeten Regierungen, daß sie sich zum Abschluß eines Friedens bereit erklären, der dem Reiche

1. seine politische Unabhängigkeit,
2. seine territoriale Unversehrtheit,
3. seine wirtschaftliche Entwicklungsfreiheit

gewährleistet.

Laufende Nr.	Vor- und Zunamen	Beruf	Wohnort	Wohnung
1				
2				
3				
4				
5				
6				
7				
8				
9				
10				
11				
12				
13				
14				
15				

Der Sozialdemokrat Karl Liebknecht hatte als erster Reichstagsabgeordneter im Dezember 1914 offen gegen die Kriegskredite gestimmt, ein Jahr darauf stimmten bereits 20 SPD-Abgeordnete dagegen. Im Sommer 1916 sammelte die SPD dann Unterschriften für eine Petition, in der ein für alle kriegführenden Staaten akzeptabler Frieden gefordert wurde. Doch die in der Petition als selbstverständlich angenommene »territoriale Unversehrtheit« des Reichs stand in eklatantem Widerspruch zu dem erklärten Ziel Frankreichs, Elsaß-Lothringen um jeden Preis zurückzugewinnen: Während noch keine der am Krieg beteiligten Regierungen zu ernsthaften Friedensgesprächen bereit war, wuchs vor allem in der deutschen Bevölkerung die Unzufriedenheit über den Kriegsverlauf. Der »Burgfrieden« von 1914 wurde immer brüchiger.

Im Oktober 1916 ordnete das preußische Kriegsministerium eine Statistik über die Dienstverhältnisse von Juden im deutschen Heer an, da es »Klagen« in der Bevölkerung gäbe, daß insbesondere Juden sich dem Heeresdienst entzögen. Diese methodisch absolut unzulänglich durchgeführte »Judenzählung« schürte latenten Antisemitismus. Auf die »Judenzählung« im Heer sowie eine vergleichbare Zählung bei den Kriegsgesellschaften eingehend, betonte der Reichstagsabgeordnete Gustav Stresemann in einem Brief vom 4. Januar 1917, »daß wir im Lande vor einer antisemitischen Bewegung stehen, wie sie noch nie dagewesen« sei.

B.A.

Brief Gustav Stresemanns an Senator Dr. Meyer über »eine Zählung im Heer«
Berlin, 4. Januar 1917
Papier, maschinengeschrieben;
25 x 20,5 cm
Inv.-Nr.: Do2 93/104

Petition an den Reichskanzler Bethmann Hollweg
Berlin, August/September 1916
Papier, Druck, handgeschrieben;
33,6 x 21,5 cm
Inv.-Nr.: Do 56/2026

Textilien aus Ersatzstoffen

a) Herrenhose
1916/17
Papiergewebe;
L ca. 115 cm
Inv.-Nr.: KTe 67/108

b) Kinderleibchen
1916/17
Papiergewebe;
L 36 cm
Inv.-Nr.: KTe 74/17

Verordnung betreffend die Ablieferung der in Haushaltungen … abfallenden Knochen
Berlin: Nauck und Hartmann, 25. Januar 1917
Papier, Druck;
70,3 x 47,7 cm
Inv.-Nr.: DG 90/638

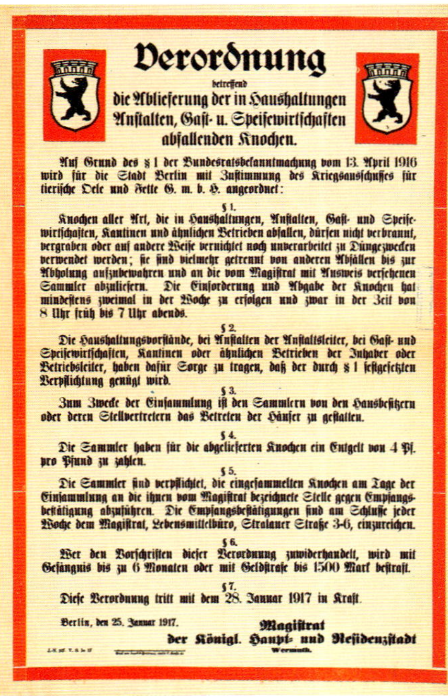

Verordnung
betreffend
die Ablieferung der in Haushaltungen Anstalten, Gast- u. Speisewirtschaften abfallenden Knochen.

Auf Grund des § 1 der Bundesratsbekanntmachung vom 13. April 1916 wird für die Stadt Berlin mit Zustimmung des Kriegsausschusses für tierische Oele und Fette G. m. b. H. angeordnet:

§ 1.

Knochen aller Art, die in Haushaltungen, Anstalten, Gast- und Speisewirtschaften, Kantinen und ähnlichen Betrieben abfallen, dürfen nicht verbrannt, vergraben oder auf andere Weise vernichtet noch unverarbeitet zu Düngezwecken verwendet werden; sie sind vielmehr getrennt von anderen Abfällen bis zur Abholung aufzubewahren und an die vom Magistrat mit Ausweis versehenen Sammler abzuliefern. Die Einforderung und Abgabe der Knochen hat mindestens zweimal in der Woche zu erfolgen und zwar in der Zeit von 8 Uhr früh bis 7 Uhr abends.

§ 2.

Die Haushaltungsvorstände, bei Anstalten der Anstaltsleiter, bei Gast- und Speisewirtschaften, Kantinen oder ähnlichen Betrieben der Inhaber oder Betriebsleiter, haben dafür Sorge zu tragen, daß der durch § 1 festgesetzten Verpflichtung genügt wird.

§ 3.

Zum Zwecke der Einsammlung ist den Sammlern von den Hausbesitzern oder deren Stellvertretern das Betreten der Häuser zu gestatten.

§ 4.

Die Sammler haben für die abgelieferten Knochen ein Entgelt von 4 Pf. pro Pfund zu zahlen.

§ 5.

Die Sammler sind verpflichtet, die eingesammelten Knochen am Tage der Einsammlung an die ihnen vom Magistrat bezeichnete Stelle gegen Empfangsbestätigung abzuführen. Die Empfangsbestätigungen sind am Schlusse jeder Woche dem Magistrat, Lebensmittelbüro, Stralauer Straße 3-6, einzureichen.

§ 6.

Wer den Vorschriften dieser Verordnung zuwiderhandelt, wird mit Gefängnis bis zu 6 Monaten oder mit Geldstrafe bis 1500 Mark bestraft.

§ 7.

Diese Verordnung tritt mit dem 28. Januar 1917 in Kraft.

Berlin, den 25. Januar 1917.

**Magistrat
der Königl. Haupt- und Residenzstadt**
Wermuth.

Bei Kriegsbeginn war man in Deutschland auf einen schnellen Sieg eingestellt. Eine systematische Erfassung kriegsnotwendiger Güter begann erst mit der von Walther Rathenau geschaffenen Kriegsrohstoffabteilung. Mit ihrer seit 1915/16 immer enger werdenden Blockade der deutschen Küste gelang es England und Frankreich, die Einfuhr von Nahrungsmitteln und Rohstoffen fast völlig zu unterbinden. Trotz der Rationierung aller Lebensmittel gab es nach dem »Kohlrübenwinter« 1916/17 täglich nur 1 000 Kalorien pro Kopf der Bevölkerung: Zwischen 1914 und 1918 starben, vor allem in den Städten, rund 750 000 Menschen an Unterernährung.

Ersatzstoffe gewannen auch in der Textilindustrie immer größere Bedeutung. Der Verbrauch von Baumwolle für zivile Zwecke war ab 1916 fast unmöglich. Die Industrie experimentierte mit Ersatzstoffen aus Brennessel- und Schilffasern; als besonders fest und strapazierfähig wurden unterschiedlich hergestellte Papiergarne propagiert. Die aus ihnen gefertigten Gewebe wurden wie Baumwolle gebleicht, gefärbt, bedruckt und dann zu Ober- und Unterkleidung, zu Mützen und Rucksäcken weiterverarbeitet. Seit Oktober 1917 wurden selbst Papiergarne von der Kriegsrohstoffabteilung des Preußischen Kriegsministeriums beschlagnahmt. R.F./B.A.

Hart am unteren Bildrand siedelt Baluschek – gleich einer photographischen Nahaufnahme – die Halbporträts einer dreiköpfigen Familie in Trauerkleidung an. Die Szene steht offenbar in unmittelbarem Zusammenhang mit dem Begräbnis eines Kriegstoten. Hinter dem Friedhofszaun erstreckt sich eine winterliche Industrielandschaft. Reichsflagge und sächsische Provinzialflagge flattern über verschneiten Gartenlauben und symbolisieren einen unerschütterlich erscheinenden Patriotismus. Darauf weist auch die Matrosenmütze des Jungen hin. Auf dem Mützenband ist der Name des Kleinen Kreuzers »Emden« zu lesen. Dieser Name steht für deutsche Tapferkeit und Kriegführung. Im Hintergrund schlängelt sich als Symbol ungebrochener Wirtschaftskraft ein Güterzug vor einer qualmenden Industrieanlage eine Brücke hinauf. In seiner dem literarischen Naturalismus vergleichbaren Manier fängt Hans Baluschek die Verhältnisse an der »Heimatfront« ein. Sie sind gekennzeichnet von der Trauer der Hinterbliebenen, aber auch von Loyalität gegenüber dem Vaterland.

I.A./A.S.

Kriegswinter
Hans Baluschek
(1870-1935)
1917
Öl/Leinwand;
141,5 x 91 cm
Signatur unten
rechts: H Baluschek
Inv.-Nr.: 1986/46

Friedensbotschaft
des
Präsidenten Wilson

am 8. Januar 1918 an den amerikanischen Kongreß gerichtet.

Vollständiger Text.

Anmerkung · Die Stellen, welche in der deutschen Presse nicht wiedergegeben wurden, sind unterstrichen.

Meine Herren!

Wieder einmal, wie schon wiederholt vorher, haben die Wortführer der Zentralmächte dem Wunsch Ausdruck gegeben, die Kriegsziele und womöglich eine Grundlage für einen allgemeinen Frieden zu besprechen. Zu Brest-Litowsk haben Verhandlungen zwischen Vertretern der Zentralmächte und Rußlands stattgefunden, auf welche die Aufmerksamkeit aller Kriegführenden gelenkt wurde, um in Erwägung zu ziehen, ob es möglich sei, diese Besprechungen zu einer allgemeinen Friedenskonferenz zu erweitern.

Die Vertreter Rußlands haben nicht allein eine festumschriebene Darlegung der Grundsätze, nach denen sie bereit wären, Frieden zu schließen, sondern auch ein ebenso klares Programm für die praktische Anwendung dieser Grundsätze vorgelegt. Die Vertreter der Zentralmächte legten ihrerseits den Entwurf zu einer Vereinbarung vor, der, wenngleich viel weniger klar, einer Auslegung im liberalen Sinne fähig schien, bis erörtert wurde, wie die Einzelpunkte ihres Programms in der Praxis zur Ausführung kommen sollen.

Das Programm der Zentralmächte

trug weder der Souveränität Rußlands noch den Wünschen der Völker, deren Schicksal in Frage stand, Rechnung, sondern erklärte kurzerhand, daß die Zentralmächte beabsichtigen, jeden Fuß breit Landes, das ihre bewaffneten Massen besetzt halten, jede Provinz, jede Stadt und jeden wichtigen Punkt als dauernden Zuwachs ihres Gebiets und ihrer Macht zu behalten.

Die Vermutung ist berechtigt, daß die zuerst vorgeschlagenen allgemeinen Grundsätze eines Übereinkommens von den liberalsten Staatsmännern Deutschlands und Österreichs stammten, von jenen Männern, welche im Begriffe sind, die Macht der Gedanken und der Wünsche ihres eigenen Volkes zu fühlen, während die eigentlichen Bedingungen des wirklichen Abkommens von den militärischen Führern herrührten, die keine anderen Gedanken haben, als zu behalten, was sie erobert haben. Die Verhandlungen wurden abgebrochen. Die russischen Vertreter hatten aufrichtig und im Ernst gesprochen. Sie können solche Eroberungs- und Herrschaftsgelüste nicht unterstützen.

Der ganze Zwischenfall ist bedeutungsvoll, aber auch sehr verwirrend. Mit wem verhandeln eigentlich die Vertreter Rußlands?

In wessen Namen sprechen die Vertreter der Zentralmächte?

Sprechen sie im Namen der Mehrheitsparteien ihrer Parlamente oder im Namen der Minderheitsparteien, etwa im Namen jener militaristischen und imperialistischen Minorität, die bisher nicht nur Deutschlands innere Politik beherrscht hat, sondern auch die Geschäfte der Türkei und der Balkanstaaten so geführt hat, daß diese Staaten in die Zwangslage

Oberkommando
in den Marken
Sekt. O. Nr. 238603.

Berlin, den 1. Februar 1918

Bekanntmachung

Die Ausstandsbewegung, in der ein Teil der Arbeiterschaft von Groß-Berlin noch verharrt, beeinträchtigt die Versorgung des Heeres und der Marine mit Waffen und Munition.

Ich habe daher zunächst folgende Betriebe:

1. Deutsche Waffen- und Munitionsfabriken in Martinikenfelde und Wittenau
2. Berliner Maschinenbau A. G. vormals L. Schwartzkopff in Berlin
3. A. Borsig in Berlin-Tegel
4. Allgemeine Elektrizitätsgesellschaft, Fabriken Hennigsdorf
5. Argus-Motorengesellschaft in Berlin-Reinickendorf
6. Luft-Verkehrs-Gesellschaft in Berlin-Johannisthal
7. Daimler Motorengesellschaft, Zweigniederlassung Berlin-Marienfelde,

unter militärische Leitung gestellt und den Arbeitern dieser Betriebe aufgegeben, die Arbeit spätestens Montag, den 4. Februar 1918 bis morgens 7 Uhr wieder aufzunehmen.

Zuwiderhandelnde setzen sich schwerer Bestrafung nach den Vorschriften des Belagerungsgesetzes aus; die Wehrpflichtigen unter ihnen werden außerdem militärisch eingezogen werden.

Der Oberbefehlshaber in den Marken

von Kessel

Generaloberst

Flugschrift mit dem 14-Punkte-Programm von US-Präsident Wilson
1918
Papier, Druck;
31,4 x 23,8 cm
Inv.-Nr.: Do 57/1771

Bekanntmachung des Oberkommandos in den Marken zur Ausstandsbewegung im Februar 1918
Berlin,
1. Februar 1918
Karton, Druck;
70 x 48 cm
Inv.-Nr.: DG 90/820

Trotz offener Sympathien für die Ententestaaten bewahrten die USA ihre formale Neutralität bis 1917. Als Deutschland jedoch am 31. Januar 1917 den Beginn des uneingeschränkten U-Boot-Kriegs ankündigte, brach die amerikanische Regierung die diplomatischen Beziehungen zum Deutschen Reich ab, drei Monate später unterzeichnete Präsident Woodrow Wilson die formelle Kriegserklärung an Deutschland. Schon im Sommer kämpfte rund eine Million amerikanischer Soldaten für die Entente.

Wilson setzte seine Friedensbemühungen auch nach dem Kriegseintritt der USA fort. Am 8. Januar 1918 legte er dem Kongreß ein 14-Punkte-Programm vor, das, bis auf einige erläuternde Ausführungen, auch in der deutschen Presse erschien. Angesichts des Zusammenbruchs Rußlands ging die Reichsregierung jedoch erst auf die Vorschläge Wilsons ein, als die Niederlage des deutschen Heeres schon unabwendbar war.

Die russischen Revolutionäre hatten nur wenige Wochen nach der »Oktoberrevolution« Friedensverhandlungen mit dem Deutschen Reich aufgenommen. Am 3. März 1918 unterzeichnete Rußland in Brest-Litowsk das deutsche Friedensdiktat. Aus Kriegsmüdigkeit, aber auch aus Solidarität mit dem revolutionären Rußland waren im Januar 1918 vor allem Berliner Rüstungsarbeiter in den Ausstand getreten. Ihnen wurde später ebenfalls vorgeworfen, das deutsche Heer »erdolcht« zu haben. B.A.

30
DIE REVOLUTION VON 1918/19 UND DIE ANFÄNGE DER WEIMARER REPUBLIK

Am 29. September 1918, nach der Kapitulation des bulgarischen Bündnispartners, war auch der deutschen Obersten Heeresleitung (OHL) klar, daß der Krieg verloren war; Ludendorff forderte einen sofortigen Waffenstillstand, verbunden mit der Parlamentarisierung der Verfassungsverhältnisse, denn die Entente war nur bereit, mit demokratisch legitimierten Politikern zu verhandeln. Die Bildung einer parlamentarischen Reichsregierung unter dem Prinzen Max von Baden kam aber zu spät, die Dynamik der innenpolitischen Verhältnisse ließ sich damit nicht aufhalten. Am 29. Oktober 1918 verweigerten die Matrosen der Hochseeflotte in Kiel und Wilhelmshaven den Gehorsam und bildeten revolutionäre Ausschüsse; die Revolte weitete sich schnell über Deutschland aus. Das Erstaunliche war nicht die Revolution, die eigentlich nicht mehr darstellte als ein »Ohne mich« einer total entkräfteten Bevölkerung, sondern die Passivität, mit der die bisher herrschenden Mächte das hinnahmen – die Herrscherhäuser verzichteten ohne jede Gegenwehr auf ihre Rechte. Auch die Resignation Wilhelms II., der am 9. November 1918 abdankte, rief kaum noch öffentliches Interesse hervor – die Menschen hatten genug damit zu tun, die Katastrophe der Kriegsniederlage zu bewältigen. Zwei Tage später unterzeichnete der noch amtierende kaiserliche Staatssekretär und Zentrums-Abgeordnete Matthias Erzberger in einem Eisenbahnwaggon in einem Wald bei Compiègne den Waffenstillstand.

Die Ausgangslage in Deutschland war in der zweiten Novemberwoche 1918 von einem labilen Gleichgewicht zwischen drei um die Macht konkurrierenden Gruppierungen gekennzeichnet. Neben den Überresten der alten staatlichen Gewalten, Armee und Verwaltung, standen die gemäßigten Kräfte der Reichstagsmehrheit, Sozialdemokratie, Zentrum und Linksliberale, die für die Umwandlung des monarchischen Obrigkeitsstaats in ein modernes demokratisches Staatswesen bei grundsätzlicher Beibehaltung der bestehenden wirtschaftlichen und sozialen Strukturen eintraten, also gewissermaßen die Revolution von 1848 zu vollenden trachteten.

Schließlich war da die heterogene Sammlung linskrevolutionärer Gruppen, allen voran der »Spartakusbund« Rosa Luxemburgs und Karl Liebknechts, die unter Berufung auf die russische Oktoberrevolution den Parlamentarismus grundsätzlich ablehnten. Dieser Machtkampf entschied sich aber schon in den ersten Tagen der Revolution, denn der »Rat der Volksbeauftragten«, die revolutionäre Reichsregierung aus Sozialdemokraten und den Unabhängigen Sozialisten unter Führung Friedrich Eberts und Hugo Haases gebildet, stellte die tatsächliche Staatsspitze dar. Daher stand die Verwaltung zu seiner Verfügung, und die Oberste Heeresleitung schloß mit ihm ein Bündnis auf Gegenseitigkeit. Dieses Bündnis ermöglichte es der SPD, ihren Machtanspruch in bürgerkriegsähnlichen Kämpfen in Berlin und im übrigen Reich durchzusetzen, den Partner USPD aus der Reichsregierung zu drängen und am 19. Januar 1919 Wahlen zur Verfassunggebenden Nationalversammlung durchzuführen.

Aus den Wahlen ging die SPD im Januar 1919 mit rund 38 Prozent aller Stimmen als stärkste Partei hervor, gefolgt vom Zentrum mit knapp 20 Prozent sowie der Deutschen Demokratischen Partei (DDP) mit 18,5 Prozent. Zu den wichtigsten Aufgaben der Nationalversammlung, die wegen der revolutionären Stimmung nicht in Berlin, sondern im leichter zu schützenden Weimar eröffnet wurde, zählten die Ausarbeitung der Reichsverfassung sowie der Abschluß eines Friedensvertrags. Schon bei den Waffenstillstandsverhandlungen im November 1918 hatten die Entente-Staaten gegenüber Deutschland eine kompromißlose Haltung an den Tag gelegt. Dennoch übertraf der Friedensvertrag aus deutscher Sicht die schlimmsten Befürchtungen: Neben den in ihrer Höhe noch nicht bezifferten Reparationsforderungen, neben der Reduzierung des deutschen Heeres auf 100 000 Mann sowie der Abtretung von Elsaß-Lothringen, allen Kolonien und großen Teilen der preußischen Ostprovinzen mußte Deutschland die These von der alleinigen Schuld am Kriegsausbruch unterschreiben und sich bereit erklären, auf Wunsch die als »Kriegsverbrecher« eingestuften Deutschen auszuliefern. Da alle Proteste gegen den Versailler Vertrag angesichts der alliierten Interventionsdrohung ergebnislos blieben, wurde der Vertrag am 28. Juni 1919 notgedrungen unterzeichnet.

Die im Versailler Vertrag geforderte Reduzierung des Heeres war im März 1920 Anlaß für einen Militärputsch. General von Lüttwitz, Oberbefehlshaber in Berlin und Ostdeutschland, widersetzte sich der von Reichswehrminister Gustav Noske angeordneten Auflösung der Marinebrigaden Ehrhardt und Loewenfeld und marschierte mit der Brigade Ehrhardt am Morgen des 13. März in Berlin ein. Da die Reichswehrführung es ablehnte, auf »eigene« Truppen zu schießen, flohen die meisten Regierungsmitglieder in das sicherere Stuttgart. Nach nur fünf Tagen war der Putsch vorüber; er war am

Generalstreik, zu dem selbst die sozialdemokratischen Mitglieder der Reichsregierung aufgerufen hatten, sowie am hinhaltenden Widerstand der Ministerialbürokratie gescheitert. Nur wenig später wurden Einheiten der beteiligten Truppen, an deren Helmen häufig unübersehbar Hakenkreuze prangten, zur Niederschlagung der Aufstände eingesetzt, mit denen linksextreme Kräfte vor allem im Ruhrgebiet versuchten, den Generalstreik zur proletarischen Revolution voranzutreiben.

Teil der »Abmachungen« zur Beendigung des Putsches war die Anberaumung der ersten Reichstagswahlen zum 6. Juni 1920. Bei diesen Wahlen verloren die Weimarer Koalitionsparteien ihre bisherige Mehrheit, ein deutliches Zeichen für die Unzufriedenheit weiter Kreise der Bevölkerung mit der parlamentarischen Demokratie. Geradezu als Inkarnation aller Fehler und Schwächen von Republik und Demokratie galt Matthias Erzberger. Als er am 26. August 1921 von ehemaligen Freikorpsangehörigen ermordet wurde, fand diese Tat im rechtsextremen Lager ein erschreckend positives Echo. Knapp ein Jahr später fiel Reichsaußenminister Walther Rathenau, nicht zuletzt wegen seiner jüdischen Abstammung und wegen des Rapallo-Vertrags mit der Sowjetunion, einem Anschlag desselben Täterkreises zum Opfer. Hunderttausende demonstrierten nach der Ermordung Rathenaus zwar für Republik und Demokratie, doch gegen den manifesten Antisemitismus des völkischen Lagers sowie gegen die republik- und demokratiefeindlichen Strömungen vermochten Demonstrationen allein nur wenig auszurichten.

In eine nahezu ausweglose Krise geriet die Weimarer Republik, als nach einer geringfügigen Verzögerung der deutschen Reparationsleistungen französische und belgische Truppen am 11. Januar 1923 das Ruhrgebiet besetzten. Daraufhin proklamierte die Reichsregierung den »passiven Widerstand« und pumpte immense Geldmengen als Kompensation für die Einstellung der Arbeit ins besetzte Gebiet. Die seit 1914 spürbare Inflation geriet nun völlig außer Kontrolle, Sparguthaben verloren ebenso ihren Wert wie die bis kurz vor Kriegsende gezeichneten Kriegsanleihen. Wirtschaftliche Verelendung, wachsende Arbeitslosigkeit, immer wieder aufflackernde Unruhen wegen mangelhafter Versorgung mit Lebensmitteln und ein starkes Anwachsen separatistischer Strömungen in der Pfalz und im Rheinland waren die Symptome einer in diesem Ausmaß bislang unbekannten Krise von Wirtschaft, Staat und Gesellschaft.

Vor diesem Hintergrund wuchs die Putsch- und Aufstandsbereitschaft bei den Rechten wie bei den Linken. Während ein linker Aufstandsversuch »nach russischem Vorbild« jedoch im Oktober relativ sang- und klanglos in sich zusammenbrach und nur in Hamburg zu bewaffneten Auseinandersetzungen führte, waren Staatsstreichpläne der bayerischen Rechten bedrohlicher. Sie sahen in einer »legalen« Diktatur den einzigen Ausweg aus der – nach ihrer Meinung – vom »parlamentarischen System« verursachten Krise und wollten die politischen Verhältnisse der »Ordnungszelle« Bayern auf das Reich übertragen. An den Planungen zum »Marsch nach Berlin« wirkte auch Adolf Hitler mit, Führer des »Deutschen Kampfbundes«, eines Bündnisses von bayerischen Einwohnerwehren und SA. Als Hitler erkannte, daß der Kampf um die Diktatur ohne ihn und seine SA stattfinden sollte, nutzte er am 8. November eine »nationale Veranstaltung« des bayerischen Generalstaatskommissars im Münchener Bürgerbräukeller als Forum für seinen Putschversuch, der jedoch bereits am folgenden Tag niedergeschlagen wurde. Damit war die schwerste Gefahr für die Republik abgewendet. Die Stabilisierung der Währung durch die Einführung der Rentenmark trug das Ihre zur innenpolitischen Beruhigung bei.

H.S./B.A.

Letzte Felduniform Kaiser Wilhelms II.
Feldgraue Uniform für Offiziere des 1. Garderegiments zu Fuß, Modell 1915
1915-1918
Tuch, Seide, Leder, Metall
Inv.-Nr.: U 252-254, U 503

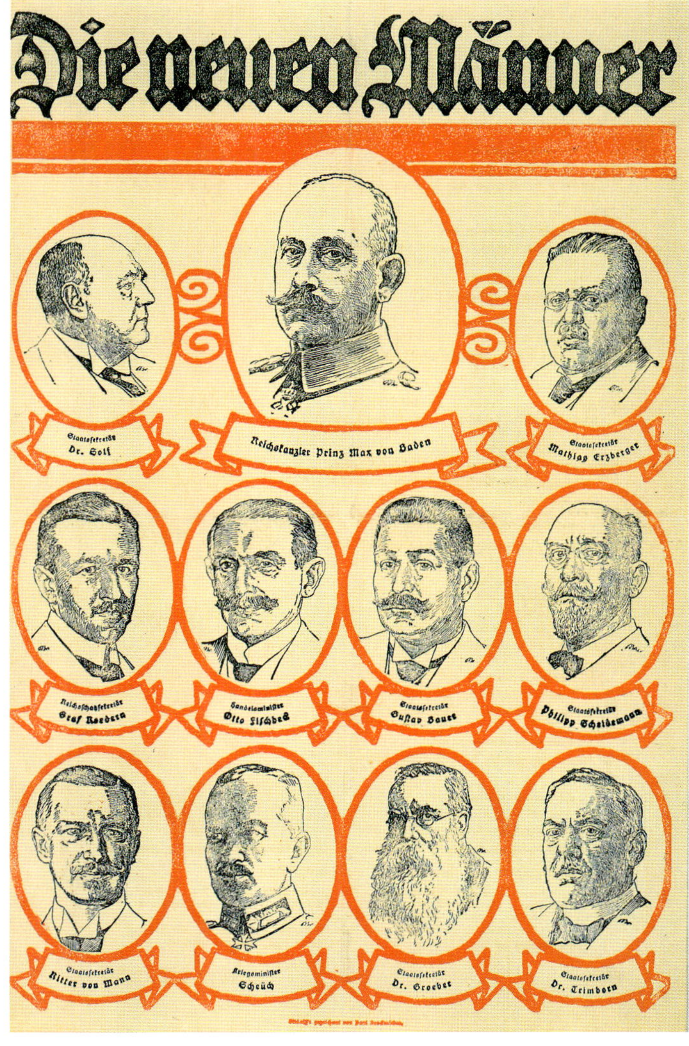

Die neuen Männer
Flugblatt zur Regierungsbildung des Kabinettes unter Prinz Max von Baden
Berlin, 1918
Druck;
42,2 x 27,2 cm
Inv.-Nr.: 1987/174.2

Ein bedeutender Schritt auf dem Weg zur Demokratisierung und Parlamentarisierung Deutschlands war die Gründung des »Interfraktionellen Ausschusses« am 6. Juli 1917. Mit diesem Ausschuß wollten die Reichstagsfraktionen der SPD, des Zentrums, der Fortschrittlichen Volkspartei und der Nationalliberalen Partei ihre Bemühungen um einen Verständigungsfrieden und um verfassungsrechtliche Reformen koordinieren. Doch erst als die Aussichtslosigkeit der militärischen Lage nicht länger zu leugnen war, entschied sich die OHL für die Bildung einer vom Vertrauen der »Mehrheitsparteien« getragenen Reichsregierung: Auf Vorschlag des Vorsitzenden des »Interfraktionellen Ausschusses« wurde der als liberal geltende Prinz Max von Baden am 3. Oktober 1918 zum Reichskanzler ernannt. Dem Drängen der Militärs nachgebend, ersuchte das »Kabinett der neuen Männer« den amerikanischen Präsidenten Woodrow Wilson schon am folgenden Tag um einen Waffenstillstand.

Da die USA nicht mit »monarchistischen Autokraten« verhandeln wollten, verstärkte sich der Ruf nach Abdankung des Kaisers. Als die revolutionäre Bewegung am 9. November Berlin erreichte, gab Prinz Max von Baden die Abdankung des Kaisers bekannt und übertrug dem Sozialdemokraten Friedrich Ebert das Amt des Reichskanzlers. Zwei Tage später wurde der als ausgesprochen hart empfundene Waffenstillstand unterzeichnet, nicht von einem Militär, sondern von Matthias Erzberger, einem der »neuen Männer«. B.A.

Postkarte:
Der Rat der Volksbeauftragten
Berlin, 1918
Druck;
8,8 x 13,8 cm
Inv.-Nr.: 1989/2046.18

Armbinden
1919

a) Sicherheitsdienst des Arbeiter- und Soldatenrates Leipzigs
Nessel, bedruckt, gestempelt;
B 10 cm, L 18 cm
Inv.-Nr.: U 67/97

b) Soldaten- und Arbeiterrat Bruchsal
Baumwolle, bedruckt, gestempelt;
B 13 cm, L 46 cm
Inv.-Nr.: U 79/176

Mitbürger!
Plakat mit Bekanntmachung von Eberts Einsetzung als Reichskanzler
November 1918
Druck;
46,8 x 33,2 cm
Inv.-Nr.: Do2 72/785 I

Als Friedrich Ebert am 9. November 1918 das Amt des Reichskanzlers überraschend erhielt, wollte er zunächst die bisherige Regierungskoalition unter Hinzuziehung der Unabhängigen Sozialdemokraten fortsetzen. Angesichts der revolutionären Lage entschloß sich die sozialdemokratische Führung jedoch zu Verhandlungen mit der USPD über die Bildung einer rein sozialistischen Reichsregierung. Nach weitgehenden Zugeständnissen an die politische Programmatik der Unabhängigen konstituierte sich am 10. November der »Rat der Volksbeauftragten«, dem Friedrich Ebert, Philipp Scheidemann und Otto Landsberg von der SPD sowie Hugo Haase, Emil Barth und Wilhelm Dittmann von

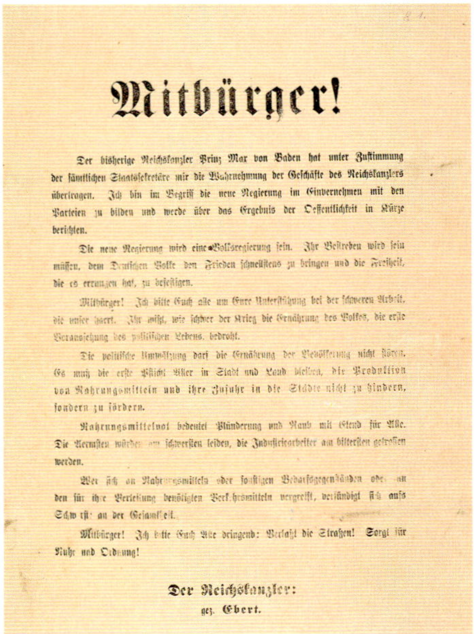

Mitbürger!

Der bisherige Reichskanzler Prinz Max von Baden hat unter Zustimmung der sämtlichen Staatssekretäre mir die Wahrnehmung der Geschäfte des Reichskanzlers übertragen. Ich bin im Begriff die neue Regierung im Einvernehmen mit den Parteien zu bilden und werde über das Ergebnis der Oeffentlichkeit in Kürze berichten.

Die neue Regierung wird eine Volksregierung sein. Ihr Bestreben wird sein müssen, dem Deutschen Volke den Frieden schnellstens zu bringen und die Freiheit, die es errungen hat, zu befestigen.

Mitbürger! Ich bitte Euch alle um Eure Unterstützung bei der schweren Arbeit, die unser harrt. Ihr wißt, wie schwer der Krieg die Ernährung des Volkes, die erste Voraussetzung des politischen Lebens, bedroht.

Die politische Umwälzung darf die Ernährung der Bevölkerung nicht stören. Es muß die erste Pflicht Aller in Stadt und Land bleiben, die Produktion von Nahrungsmitteln und ihre Zufuhr in die Städte nicht zu hindern, sondern zu fördern.

Nahrungsmittelnot bedeutet Plünderung und Raub mit Elend für Alle. Die Aermsten würden am schwersten leiden, die Industriearbeiter am bittersten getroffen werden.

Wer sich an Nahrungsmitteln oder sonstigen Bedarfsgegenständen oder an den für ihre Verteilung benötigten Verkehrsmitteln vergreift, versündigt sich aufs Schwerste an der Gesamtheit.

Mitbürger! Ich bitte Euch Alle dringend: Verlaßt die Straßen! Sorgt für Ruhe und Ordnung!

Der Reichskanzler:
gez. Ebert.

der USPD angehörten. Während die weitere Ausgestaltung von Staat und Gesellschaft nach den Vorstellungen der zur SPD zählenden Volksbeauftragten einer verfassunggebenden Nationalversammlung vorbehalten bleiben sollte, vertraten Haase, Barth und Dittmann unter der Parole »Alle Macht den Räten« die Ansicht, eine Nationalversammlung dürfe erst gewählt werden, wenn sich die revolutionären Zustände konsolidiert hätten. Anläßlich der Weihnachtsunruhen 1918 weitete sich der permanente Zwist zum offenen Bruch aus, als die USPD-Vertreter Ende Dezember aus dem »Rat der Volksbeauftragten« austraten. Der Dissens zwischen den Anhängern einer parlamentarischen Demokratie und den Verfechtern revolutionärer Vorstellungen wurde nun im bewaffneten Kampf ausgetragen. B.A.

Um Karl Liebknecht, Rosa Luxemburg und Franz Mehring konstituierte sich Anfang Januar 1916 die »Gruppe Internationale«, die als »Spartakusgruppe« bezeichnet wurde. Die Gruppe schloß sich organisatorisch der im April 1917 gegründeten USPD an.

Obwohl Karl Liebknecht, der im Dezember 1914 als erster SPD-Abgeordneter gegen Kriegskredite gestimmt hatte, ein von der Berliner Arbeiterschaft durchaus geschätzter Redner war, gelang es der »Spartakusgruppe« nicht, in der Bevölkerung einen massenhaften Anhang zu finden. Selbst in den Arbeiter- und Soldatenräten konnte die Gruppe kaum Fuß fassen.

Die Spartakisten strebten zwar ein Bündnis mit Sowjetrußland an, doch im Gegensatz zu den Anhängern einer bolschewistischen Rätediktatur sprach sich Rosa Luxemburg für einen »demokratischen Kommunismus« aus. Aus dem Zusammenschluß des Spartakusbundes mit den »Bremer Linksradikalen« ging am 1. Januar 1919 die KPD hervor. Hatten sich Luxemburg und Liebknecht für eine Beteiligung an den Wahlen zur Nationalversammlung ausgesprochen, so fanden sie für diese Auffassung in der bolschewistisch orientierten KPD keine Mehrheit. Nicht so sehr durch ihre faktische Stärke, sondern viel mehr durch die Radikalität ihrer Agitation hat die »Spartakusgruppe« das »Schreckgespenst des Bolschewismus« verbreitet. Am 15. Januar wurden Rosa Luxemburg und Karl Liebknecht von Angehörigen der Garde-Kavallerie-Schützen-Division ermordet. B.A.

Was will Spartakus?
Plakat der Kommunistischen Partei Deutschlands (Spartakusbund)
1919
Lithographie;
95,5 x 71 cm
Inv.-Nr.: P 63/498

Schließt Euch fest zusammen gegen Spartacus
Plakat der Antibolschewistischen Liga Bremen, 1918/19
Lithographie;
108 x 80,5 cm
Inv.-Nr.: P 64/375

Liebknechts Parole: Und willst Du nicht ...
Flugblatt des revolutionären Propaganda-Ausschusses
Januar 1919
Druck;
29,4 x 22,4 cm
Signatur unten rechts: Florian.
Inv.-Nr.: 1989/2044.190

DIE LEBENDEN DEM TOTEN . ERINNERUNG AN DEN 15. JANUAR 1919

Die Lebenden dem Toten
Gedenkblatt für Karl Liebknecht
Käthe Kollwitz (1867-1945)
1919
Holzschnitt; 43 x 58 cm
Signatur unten rechts: Käthe Kollwitz
Inv.-Nr.: 1988/709

Das Gedenkblatt für Karl Liebknecht erinnert an Beweinungsszenen in der christlichen Kunst. Schmal hingestreckt am unteren Bildrand – nur Kopf und Schultern sind bei der statuarisch wirkenden Leiche zeichnerisch herausgearbeitet – liegt Karl Liebknecht wie der tote Christus auf Predellen von Altarbildern. Still, betroffen, ohne laute Emotionen stehen die Trauernden hinter der Leiche. Leidensvolle Blicke und gesenkte Köpfe lassen den Schmerz über den Verlust erkennen. Einer der Männer legt gramgebeugt seine rechte Hand auf die Brust des Toten. Fast in der Mitte der Trauergemeinde steht – immer wiederkehrendes Motiv bei Käthe Kollwitz – eine Mutter mit gebeugtem Nacken und mit in würdevoller Schlichtheit zurückgebundenem Haar.

Nicht politisches Bekenntnis war es, das Käthe Kollwitz dazu veranlaßte, sich dieses Themas anzunehmen, sondern menschliche Empfindung: Abscheu vor dem hinterhältigen Mord und Mitleid mit den Hinterbliebenen, die sie um eine Zeichnung Liebknechts auf dem Totenbett gebeten hatten. Der »Gefühlsgehalt« von Ermordung und Trauerfeier und das soziale Engagement der Künstlerin ließen sie das Motiv schließlich im Holzschnitt wieder aufnehmen, »ohne dabei politisch Liebknecht zu folgen«, wie sie in ihren Selbstzeugnissen bekannte. Der Holzschnitt wurde 1920 anläßlich einer Kunstausstellung zugunsten von bedürftigen Arbeitern und Künstlern in hoher Auflage preiswert verkauft. P.M.G.

123
A.C.& Co Berlin
Durch Artilleriefeuer verursachte Zerstörungen am Mittelportal des Schlosses bei den Straßenkämpfen in Berlin

Bildpostkarten zu den Revolutionskämpfen in Berlin

a) Zerstörungen am Mittelportal des Schlosses, Dezember 1918
Druck;
13,8 x 8,8 cm
Inv.-Nr.:
1989/2046.8

b) Zerstörungen am Verlagsgebäude des »Vorwärts«, Januar 1919
Druck;
13,8 x 8,8 cm
Inv.-Nr.:
1989/2046.10

c) Regierungstruppen im Anmarsch gegen die Aufständischen, März 1919
Druck;
8,8 x 13,8 cm
Inv.-Nr.: Do 71/437

In Berlin kam es am 24. Dezember 1918 zu einem blutigen Zusammenstoß. Der »Rat der Volksbeauftragten« hatte erfahren, daß seit der Einquartierung der Volksmarinedivision im Schloß dort zahlreiche Kunstwerke abhanden gekommen wären. Da die Matrosen das Schloß nicht freiwillig verlassen wollten, griffen regierungstreue Truppen die Volksmarinedivision an. Die Matrosen räumten am Ende das Schloß, und die Regierungstruppen zogen sich aus Berlin zurück.

Anhänger der USPD, Revolutionäre Obleute und Spartakisten entfesselten am 5. Januar 1919 den »Spartakusaufstand« in Berlin, bei dem vor allem um das »Zeitungsviertel« und das Polizeipräsidium erbittert gekämpft wurde. Da ein dauerhafter Erfolg der Aufständischen ausgeschlossen schien, rieten Rosa Luxemburg und Karl Liebknecht zum möglichst schnellen Abbruch der Kämpfe. Das Ende kam, als Gustav Noske, späterer Reichswehrminister, am 11. Januar mit neuformierten Truppen in Berlin einrückte. Nicht weniger Opfer forderte der Versuch der KPD, einen im März 1919 ausgerufenen Generalstreik zur Revolution voranzutreiben und eine Alternative zur Politik der »Mehrheitsparteien« zu erzwingen. Die blutigen Kämpfe vom Januar und März 1919 prägten maßgeblich das Bild der Revolution von 1918/19.

B.A.

Arbeiter Bürger Bauern Soldaten ...
Plakat zur Wahl der Nationalversammlung
César Klein (1876-1954)
1919
Lithographie; 65 x 95 cm
Inv.-Nr.: P 57/342

Entwurf für den Reichsadler
Karl Schmidt-Rottluff (1884-1976)
1919
Holzschnitt; 64,7 x 56 cm
Signatur unten rechts: S Rottluff
Inv.-Nr.: 1986/51

Die Wahlen zur Nationalversammlung am 19. Januar 1919 markieren den Beginn der neuen, demokratisch-republikanischen Epoche in Deutschland. Erstmals waren alle über 20jährigen Männer und Frauen wahlberechtigt. Das Parteienspektrum umfaßte Gruppierungen, die bereits im Kaiserreich im Reichstag vertreten waren, und aus Zusammenschlüssen, teilweise aus Abspaltungen entstandene neue Vereinigungen.

Traditionsreichste Partei des linken Lagers war die SPD. Sie ging mit dem Bewußtsein in den Wahlkampf, eine tragende Rolle bei der Gestaltung der parlamentarischen Demokratie zu spielen. Ihre Parole »Gleiche Rechte, gleiche Pflichten« verweist auf das neue Frauenwahlrecht, eine alte sozialdemokratische Forderung; das entschlossen vorwärtsschreitende Arbeiterpaar mit der wehenden roten Fahne signalisiert sowohl Stolz auf das Erreichte als auch die Aufforderung, bei der Lösung der kommenden Aufgaben tatkräftig mitzuarbeiten.

Die SPD erreichte in der Nationalversammlung als stärkste Partei 165 von 423 Sitzen. Als zweitstärkste Fraktion mit 91 Sitzen ging das Zentrum aus den Wahlen hervor – ein Ausdruck für die parteipolitische Kontinuität. Es setzte auf die Versöhnung von »Bürgern und Bauern«, vertrat die Forderungen des Mittelstandes und trat für die Interessen der katholischen Bevölkerung in Kirchen- und Schulfragen ein. Die Deutsche Demokratische Partei als Vereinigung des Linksliberalismus stellte das Bekenntnis zur demokratischen Republik als Verwirklichung der Forderungen von 1848 in den Mittelpunkt ihres Wahlkampfs. Die recht allgemeinen Parolen dieses Plakates von 1919 umrahmen eine Germania, die zwar ihre Waffen niedergelegt hat, aber Stärke und Sicherheit verheißt. 75 Sitze errang die DDP und bildete mit SPD und Zentrum die »Weimarer Koalition«.

Republik- und demokratiefeindliche Positionen vertraten die konservativen und die extrem linken Parteien. Die neugegründete KPD war gar nicht zu den Wahlen angetreten, die USPD hatte nur 22 Mandate erreicht. Ihr Programm – Rätesystem und sozialistische Planwirtschaft – fand aber bald nach der Wahl weit mehr Zustimmung bei den Arbeitern als das der SPD. Die Deutschnationale Volkspartei (44 Mandate) illustriert auf ihrem Plakat die Ablehnung des parlamentarischen Systems: Hindenburg, der »Held von Tannenberg«, als Retter des Reiches symbolisiert die revanchistische und monarchistische Ausrichtung der DNVP. Die Deutsche Volkspartei, die 19 Sitze in der Nationalversammlung erhielt, war zunächst ebenfalls monarchistisch orientiert. C.J.

Frauen! Gleiche Rechte – Gleiche Pflichten
Wahlplakat der Sozialdemokratischen Partei Deutschlands
Fritz Gottfried Kirchbach (1888-1942)
Berlin: Rotophot AG, 1919
Lithographie; 94,5 x 71,5 cm
Signatur unten links: KIRCHBACH
Inv.-Nr.: P 61/1477

Ruhe – Ordnung – Frieden – Freiheit …
Wahlplakat der Deutschen Demokratischen Partei
1919
Lithographie; 91 x 58,5 cm
Inv.-Nr.: P 63/279

Kriegsteilnehmer!
Wahlplakat der Deutschen Volkspartei
Wilhelm Fahrig
Goslar, 1919
Lithographie; 85,5 x 63,5 cm
Signatur oben rechts: Fahrig
Inv.-Nr.: P 63/269

Aus der Anarchie des brutalen Klassenegoismus …
Wahlplakat der Christlichen Volkspartei (Zentrum)
Hanns Herkendell (geb. 1886)
Düsseldorf, 1919
Lithographie; 110,5 x 83 cm
Signatur unten rechts: Hanns Herkendell Düsseldorf
Inv.-Nr.: P 61/1634

Wer bringt die Ostmark wieder?
Wahlplakat der Deutschnationalen Volkspartei
Gustav Adolf van Hees (1862 - nach 1923)
1919
Lithographie; 81,5 x 69,5 cm
Signatur unten rechts: van Hees fec.
Inv.-Nr.: P 56/779

Auf zur Wahl für USP
Wahlplakat der Unabhängigen Sozialdemokratischen Partei
1919
Lithographie; 89,5 x 59 cm
Inv.-Nr.: P 62/1

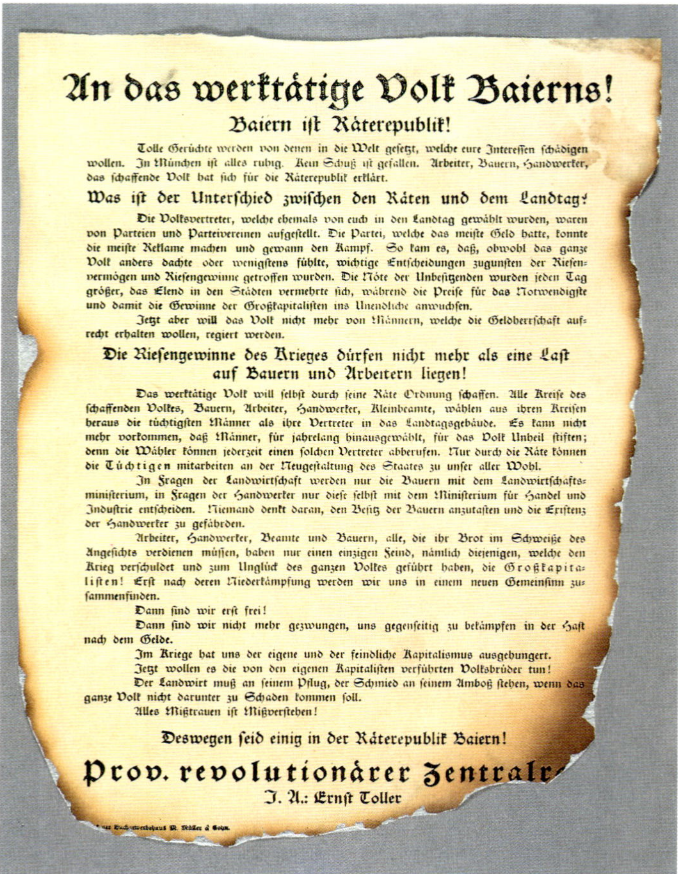

An das werktätige Volk Baierns!

Baiern ist Räterepublik!

Tolle Gerüchte werden von denen in die Welt gesetzt, welche eure Interessen schädigen wollen. In München ist alles ruhig. Kein Schuß ist gefallen. Arbeiter, Bauern, Handwerker, das schaffende Volk hat sich für die Räterepublik erklärt.

Was ist der Unterschied zwischen den Räten und dem Landtag?

Die Volksvertreter, welche ehemals von euch in den Landtag gewählt wurden, waren von Parteien und Parteivereinen aufgestellt. Die Partei, welche das meiste Geld hatte, konnte die meiste Reklame machen und gewann den Kampf. So kam es, daß, obwohl das ganze Volk anders dachte oder wenigstens fühlte, wichtige Entscheidungen zugunsten der Riesenvermögen und Riesengewinne getroffen wurden. Die Nöte der Unbesitzenden wurden jeden Tag größer, das Elend in den Städten vermehrte sich, während die Preise für das Notwendigste und damit die Gewinne der Großkapitalisten ins Unendliche anwuchsen.

Jetzt aber will das Volk nicht mehr von Männern, welche die Geldherrschaft aufrecht erhalten wollen, regiert werden.

Die Riesengewinne des Krieges dürfen nicht mehr als eine Last auf Bauern und Arbeitern liegen!

Das werktätige Volk will selbst durch seine Räte Ordnung schaffen. Alle Kreise des schaffenden Volkes, Bauern, Arbeiter, Handwerker, Kleinbeamte, wählen aus ihren Kreisen heraus die tüchtigsten Männer als ihre Vertreter in das Landtagsgebäude. Es kann nicht mehr vorkommen, daß Männer, für jahrelang hinausgewählt, für das Volk Unheil stiften; denn die Wähler können jederzeit einen solchen Vertreter abberufen. Nur durch die Räte können die Tüchtigen mitarbeiten an der Neugestaltung des Staates zu unser aller Wohl.

In Fragen der Landwirtschaft werden nur die Bauern mit dem Landwirtschaftsministerium, in Fragen der Handwerker nur diese selbst mit dem Ministerium für Handel und Industrie entscheiden. Niemand denkt daran, den Besitz der Bauern anzutasten und die Existenz der Handwerker zu gefährden.

Arbeiter, Handwerker, Beamte und Bauern, alle, die ihr Brot im Schweiße des Angesichts verdienen müssen, haben nur einen einzigen Feind, nämlich diejenigen, welche den Krieg verschuldet und zum Unglück des ganzen Volkes geführt haben, die Großkapitalisten! Erst nach deren Niederkämpfung werden wir uns in einem neuen Gemeinsinn zusammenfinden.

Dann sind wir erst frei!

Dann sind wir nicht mehr gezwungen, uns gegenseitig zu bekämpfen in der Hast nach dem Gelde.

Im Kriege hat uns der eigene und der feindliche Kapitalismus ausgehungert.

Jetzt wollen es die von den eigenen Kapitalisten verführten Volksbrüder tun!

Der Landwirt muß an seinem Pflug, der Schmied an seinem Amboß stehen, wenn das ganze Volk nicht darunter zu Schaden kommen soll.

Alles Mißtrauen ist Mißverstehen!

Deswegen seid einig in der Räterepublik Baiern!

Prov. revolutionärer Zentralr

I. A.: Ernst Toller

An das werktätige Volk Baierns!
Ernst Toller
(1893-1939)
München: Buchgewerbehaus
R. Müller & Sohn,
1919
Druck;
29,6 x 23,1 cm
Inv.-Nr.:
Do2 94/3244

Im Morgengrauen
Emanuel Bachrach-Barée (1863-1943)
1919
Öl/Leinwand;
42,8 x 52,8 cm
Signatur unten rechts: 1919 EB
Inv.-Nr.: 1987/204

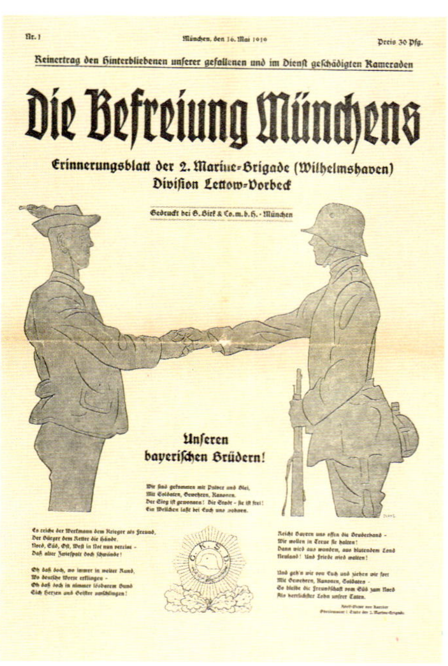

Nr. 1 München, den 16. Mai 1919 Preis 30 Pfg.

Reinertrag den Hinterbliebenen unserer gefallenen und im Dienst geschädigten Kameraden

Die Befreiung Münchens

Erinnerungsblatt der 2. Marine-Brigade (Wilhelmshaven)
Division Lettow-Vorbeck

Gedruckt bei G. Birk & Co. m. b. H. - München

Unseren bayerischen Brüdern!

Wir sind gekommen mit Pulver und Blei,
Mit Soldaten, Gewehren, Kanonen.
Der Sieg ist gewonnen! Die Stadt – sie ist frei!
Ein Weilchen laßt bei Euch uns wohnen.

Es reiche der Werkmann dem Krieger als Freund,
Der Bürger dem Retter die Hände.
Nord, Süd, Ost, West in Not nun vereint –
Daß alter Zwiespalt doch schwände!

Oh daß doch, wo immer in weiter Rund,
Wo deutsche Worte erklingen –
Oh daß doch in nimmer lösbarem Bund
Sich Herzen und Geister umschlingen!

Reicht Bayern uns offen die Bruderhand –
Wir wollen in Treue sie halten!
Dann wird aus wundem, aus blutendem Land
Neuland! Und Friede wird walten!

Und geh'n wir von Euch und ziehen wir fort
Mit Gewehren, Kanonen, Soldaten –
So bleibe die Freundschaft vom Süd zum Nord
Als herrlichster Lohn unsrer Taten.

Die Befreiung Münchens
Erinnerungsblatt der 2. Marine-Brigade (Wilhelmshaven)
München: G. Birk & Co m.b.H.,
16. Mai 1919
Druck;
48,2 x 31,8 cm
Inv.-Nr.: 1987/143.2

Kurt Eisner, führender Kopf der bayerischen USPD und seit November 1918 Regierungschef des Freistaates, hatte im Januar 1919 bei den Landtagswahlen eine verheerende Niederlage erlitten. Kurz vor seinem bevorstehenden Rücktritt wurde er am 21. Februar von einem Rechtsradikalen erschossen. Daraufhin erklärte der Vollzugsausschuß der Münchner Arbeiterräte den Belagerungszustand und rief einen dreitägigen Generalstreik aus. Am 17. März wählte der Landtag zwar eine neue Landesregierung, doch vom Vorbild der in Ungarn errichteten Räterepublik angespornt, rief der Zentralrat am 7. April die Münchner Räterepublik aus und stellte eine Rote Armee auf. Die reguläre Regierung wich nach Bamberg aus und versuchte, das Räteregime am 13. April durch einen Angriff der Republikanischen Soldatenwehr zu stürzen. Als dieser Angriff am Widerstand der Roten Armee gescheitert war, trat die Münchner KPD an die Spitze der Räterepublik, gegen die insbesondere Ritter von Epp Freiwillige sammelte. Unter erbitterter Gegenwehr der Roten Armee rückten preußische, württembergische und bayerische Freikorps am 1. Mai in München ein, wo tags zuvor zehn rechtsstehende »Geiseln« ermordet worden waren. Die Rache der Freikorps war grausam. Dem Einmarsch der »Befreier« fielen über 300 Zivilisten zum Opfer. Da viele Juden sich während der »Räte-Herrschaft« politisch exponiert hatten, erhielt der Antisemitismus ebenso starken Auftrieb wie der Haß auf »Marxisten« und »Bolschewisten«. B.A.

Was wir verlieren sollen!
Plakat zu den Beschlüssen der Friedenskonferenz von Versailles
Louis Oppenheim (1879 - nach 1932)
Berlin: Plakatkunst Dinse und Eckert, 1919
Lithographie; 71,3 x 96 cm
Signatur unten rechts: LOUIS OPPENHEIM
Inv.-Nr.: 1988/1942

Kartenspiel »Verlorenes Land«
Nach 1919
Druck; je 11 x 7,1 cm
Inv.-Nr.: 1987/31

Als die Vorstellungen der Alliierten vom zukünftigen Friedensvertrag im Mai 1919 bekannt wurden, waren nicht nur die im Krieg auf territorialen Zugewinn eingestimmten »Annexionisten« schockiert. Statt der Ausdehnung bis nach Flandern und Nordfrankreich sowie der Einverleibung weiter Teile Nordosteuropas mußte Deutschland nun erhebliche Gebietsverluste hinnehmen: Elsaß-Lothringen ging im Westen verloren, im Osten fielen Posen und Westpreußen an Polen, und das Hultschiner Ländchen im Südosten kam zur Tschechoslowakei; das Memelgebiet geriet unter die Kontrolle der Alliierten, während Danzig dem Völkerbund unterstellt und dem polnischen Zollsystem eingegliedert wurde. In Eupen und Malmedy, in Moresnet, im Saargebiet, in weiten Teilen Oberschlesiens, in südlichen und westlichen Teilen Ostpreußens sowie in Nordschleswig sollten Volksabstimmungen über die staatliche Zugehörigkeit entscheiden. Außerdem mußte Deutschland seinen gesamten Kolonialbesitz abtreten. Da der »Versailler Vertrag« zudem die alleinige Kriegsschuld Deutschlands festschrieb, wurde er von der äußersten Rechten bis hin zur Sozialdemokratie grundsätzlich als ein »Diktat-« und »Schandfrieden« abgelehnt. Doch angesichts der alliierten Interventionsdrohung gab es zur Vertragsunterzeichnung am 28. Juni 1919 keine politisch vertretbare Alternative. B.A.

Kein Monarchistenputsch!

Die alte Regierung einschließlich des Reichspräsidenten ist geflohen. Die Truppen rückten mit klingendem Spiel ein und besetzten alle Regierungsgebäude ohne Widerstand. Der Tag ist ohne jedes Blutvergießen verlaufen. Kein Schuß ist gefallen.

Es handelt sich um keine Reaktion und keinen Monarchistenputsch. Es gehen verleumderische Gerüchte um über Wiedereinführung der Wehrpflicht und neue Kriegsabsichten. Die Regierung will den Frieden nach außen wie nach innen. Besprechungen mit der Arbeiterschaft über die neue Lage sind eingeleitet. Die Regierung will das Versprechen: Friede, Freiheit, Brot aus einem hohlen Wort zur Tat machen.

Der Reichskanzler
Kapp.

Bürger, Arbeiter, Parteigenossen!

Der Militärputsch ist da! Die Baltikum-Landsknechte, die sich vor der befohlenen Auflösung fürchten, haben den Versuch unternommen, die Republik zu beseitigen und eine diktatorische Regierung zu bilden

mit Lüttwitz und Kapp an der Spitze!

Bürger der Republik, Arbeiter und Genossen!

Wir haben die Revolution nicht gemacht, um uns heute wieder einem

blutigen Landsknecht-Regiment

zu unterwerfen. – Wir paktieren **nicht** mit den Baltikum-Verbrechern!

Deutsche Bürger, Arbeiter, Genossen!

Die Arbeit eines ganzen Jahres soll in Trümmern geschlagen, Eure schwer erkaufte

Freiheit vernichtet werden,

darum sind die schärfsten Abwehrmittel geboten. Kein Betrieb darf laufen, solange die Militärdiktatur der Ludendorffe herrscht! Deshalb

Legt die Arbeit nieder! Streikt!

Schneidet dieser reaktionären Clique die Luft ab!

Kämpft mit jedem Mittel um die Erhaltung der Republik! Laßt allen Zwist beiseite! Es gibt nur dieses eine Mittel gegen die Rückkehr Wilhelms II.

Lahmlegung des gesamten Wirtschaftslebens!

Keine Hand darf sich mehr rühren! Kein Proletarier darf der Militärdiktatur helfen!

Generalstreik auf der ganzen Linie.

Proletarier vereinigt Euch! Nieder mit der Gegenrevolution!

Die sozialdemokratischen Mitglieder der Reichsregierung
Ebert, Bauer, Noske, Schlicke, Schmidt, David, Müller
Der Parteivorstand der S. P. D.
Otto Wels.

Kein Monarchistenputsch!
Flugblatt der Kapp-Lüttwitz-Regierung
Berlin, 1920
Druck;
31,5 x 21,7 cm
Inv.-Nr.: 1989/2045.40

Stahlhelm, Modell 16
Mit Hakenkreuzbemalung
Um 1920
Stahl, Leder, bemalt;
H 15 cm, B 23,5 cm, L 31 cm
Inv.-Nr.: U 53/210

Bürger, Arbeiter, Parteigenossen!
Sozialdemokratisches Flugblatt zum Kapp-Lüttwitz-Putsch
Berlin, 1920
Druck;
26,4 x 19,3 cm
Inv.-Nr.: 1989/2045.44

Einer Anweisung der Interalliierten Militärkontrollkommission folgend, löste Reichswehrminister Gustav Noske am 29. Februar 1920 die Marinebrigaden Ehrhardt und Loewenfeld auf. Dem widersetzte sich der ranghöchste Reichswehrgeneral Walther von Lüttwitz, der am frühen Morgen des 13. März mit der Marinebrigade Ehrhardt das Berliner Regierungsviertel besetzte und Wolfgang Kapp zum Reichskanzler ernannte. Kapp, 1917 einer der Mitbegründer der Deutschen Vaterlandspartei, war maßgeblicher Kopf der zum gewaltsamen Umsturz entschlossenen Nationalen Vereinigung, die über gute Beziehungen zur Reichswehr verfügte. Da diese nicht bereit war, gegen die Putschisten militärisch vorzugehen, floh die Mehrzahl der Minister mit dem Reichspräsidenten aus Berlin. Noch im Laufe des 13. März erschien in allen größeren Städten ein von den sozialdemokratischen Regierungsmitgliedern und vom Parteivorsitzenden der SPD Otto Wels unterzeichneter Aufruf zum Generalstreik, der insbesondere in der Reichswehr so starke Irritationen auslöste, daß die Reichsregierung sich umgehend von diesem Aufruf distanzierte.

Der Putsch war zwar nach vier Tagen beendet, doch in Sachsen, in Thüringen und im Ruhrgebiet versuchten linksgerichtete Kräfte, den Generalstreik zur »proletarischen Revolution« voranzutreiben. Gegen diese Aufstände setzte die Reichsregierung wiederum Freikorps ein. Als Ausdruck ihrer antisemitischen Gesinnung hatten Mitglieder dieser Einheiten häufig ein Hakenkreuz auf ihren Helm gemalt.

B.A.

Baltenkreuz, gestiftet vom Baltischen Nationalausschuß
1919-1921
Eisen, brüniert, feuervergoldet;
4,4 x 4,4 cm
Inv.-Nr.: O 88/65

Abzeichen des Freikorps-Regiments »Oven«
1919
Messing, feuervergoldet, geprägt;
5,4 x 4,5 cm
Inv.-Nr.: O 79/305

Schlesisches Bewährungsabzeichen, 1. Stufe
1919-1921
Metall, lackiert;
4,2 x 3,2 cm
Inv.-Nr.: O 56/94

Schützt die Heimat!
Werbeplakat des Freikorps Lüttwitz
Lucian Bernhard (1883-1972)
Berlin: Werbedienst GmbH, um 1919
Lithographie;
94,4 x 72,2 cm
Signatur unten rechts: BERNHARD
Inv.-Nr.: 1987/402

Bis zum Einzug mehrerer Westfront-Divisionen im Dezember 1918 verfügte der »Rat der Volksbeauftragten« über keine zuverlässigen Truppen in Berlin. In Absprache mit der OHL wurden seit November Freikorps aufgestellt, in denen sich Kräfte sammelten, die durch Kriegsende und revolutionären Umbruch keine Perspektive und gesicherte Zukunft mehr sahen. Die Mitglieder der rund 120 namentlich nachweisbaren Freikorps hatten monarchistische und rechtskonservative, vor allem aber antirevolutionäre und antidemokratische Ansichten. Sie schlugen im Auftrag der Regierung zwar die revolutionären Bewegungen nieder, aber sie kämpften nicht für die parlamentarische Demokratie. Freikorps beteiligten sich auch an den Kämpfen gegen die Sowjetmacht im Baltikum. Unter der Parole »Schützt die Heimat!« wurde für den Kampf gegen polnische Übergriffe im schlesischen Abstimmungsgebiet geworben. Auf Druck der Entente mußten die Freikorps im Frühjahr 1920 offiziell aufgelöst werden. Mitglieder der Marinebrigade Ehrhardt, die mit Lüttwitz in Berlin einmarschiert waren, wurden in geringer Zahl von der Reichswehr übernommen. Andere Freikorpsmitglieder fanden Unterschlupf in der von Ehrhardt gegründeten geheimen Organisation Consul, die für die Ermordung führender Politiker verantwortlich gemacht wurde, oder suchten sich neue Aufgaben im »Stahlhelm« und in der NSDAP. K.P.M.

An die deutschen Mütter! 12 000 Juden fielen im Kampf!
Flugblatt des Reichsbundes jüdischer Frontsoldaten
Berlin, um 1920
Druck; 20,4 x 28,8 cm
Inv.-Nr.: Do2 94/2779

Ende des Militarismus – Anfang der Judenherrschaft!
Flugblatt des Ausschusses für Volksaufklärung
Berlin, 1919
Druck; 32 x 23,4 cm
Inv.-Nr.: Do 68/432

Zweite erweiterte Auflage.

Ende des Militarismus — Anfang der Judenherrschaft!

50 Monate haben wir an der Front gestanden, jetzt kehren wir heim und hofften auf Grund der letzten Ereignisse ein freies Deutschland mit einer Volksregierung an der Spitze zu finden.
Was bietet man uns?

Eine Judenherrschaft!

Die Beteiligung der Juden an den Frontkämpfen war gleich Null. Ihre Beteiligung an der Regierung beträgt jetzt schon 80%. Die Verhältniszahl der jüdischen Bevölkerung zur Gesamtbevölkerung ist 1½%.

Augen auf!

Kameraden, Ihr kennt die Blutsauger.
Kameraden, wer hat sich freiwillig zur Front gemeldet?
Wer hat am meisten da draussen im Dreck gesessen? — Wir.
Wer hat sich daheim in die Kriegsgesellschaften hineingedrängt? — Die Juden.
Wer hat in den Kantinen und Schreibstuben gesessen? — Die Juden.
Welche Aerzte haben ihre Glaubensgenossen vor dem Schützengraben geschützt?
Wer hat uns, trotzdem wir zerschossen waren, immer wieder k.v. gemacht?

Diese Leute regieren uns also. Sollen sie unsere Zukunft bestimmen? Leute wie Haase, **Dr. Kurt Eisner**, Hirsch, James Simon, **Bernstein, Dr. Rosenfeld**, Schlesinger, Emanuel Wurm, Cohn, Dr. Bresin, Katzenstein, **Dr. Weyl, Landsberg** u.s.w. u.s.w. haben die Regierung an sich gerissen. Liebknecht, Rosa Luxemburg, Levi, Kohn und Konsorten reizen dauernd die Massen zum Klassenkampf und Bürgerkrieg auf! Auch in den Soldatenräten führen die Juden das große Wort und das Regiment. Vier Jahre lang haben sich diese Leute von der Front gedrückt. Am 9. November hatten sie die Courage, mit der Flinte in der Hand uns Frontsoldaten die Kokarden, Achselklappen und Ehrenzeichen herunterzureißen.

Kameraden, wir wollen als ein freies Volk auch selbst bestimmen und von Männern **unseres** Volkes regiert sein.

Welch schlechtes Gewissen diese Leute haben, zeigt die Mitteilung des Herrn Landau auf einer Versammlung der jüdischen Zionisten im Lehrervereinshause am Alexanderplatz, indem er sagte, daß er Gelegenheit gehabt hätte, in das Material Einsicht zu nehmen, das von judengegnerischer Seite während des Krieges gesammelt worden sei. Eine Veröffentlichung dieses Materials würde dazu geführt haben, daß man die Juden auf den Straßen totgeschlagen hätte. Er bedauerte, daß sie (die Juden) den Anlaß zu diesem Material gegeben hätten und ermahnte sie zu **tiefer Dankbarkeit der Sozialdemokratie gegenüber, deren Sieg die einzige Rettung der Juden in Deutschland gewesen wäre.**

Deswegen ist die sofortige Einberufung der **Nationalversammlung** dringend notwendig, um Männer **unseres** Volkes und **unserer** Gesinnung in die Regierung hineinzubringen. Unser Losungswort muß sein:

Deutschland den Deutschen.

Wer mit den schandmäßigen Zuständen nicht weiter einverstanden ist und mit uns arbeiten will, der **schreibe sofort** an den

Ausschuß für Volksaufklärung,
Berlin W., Köthenerstr. 45, Hof I.

Im Herbst 1918 erschienen zahlreiche deutsch-völkische Flugblätter, in denen behauptet wurde, die Juden hätten sich während des Krieges um den Kampf an der Front gedrückt und sich statt dessen durch allerlei dubiose Geschäfte schamlos bereichert.
Juden wie Hugo Haase, Kurt Eisner und Paul Hirsch hätten die Regierung an sich gerissen, Karl Liebknecht, Rosa Luxemburg und andere reizten »dauernd die Massen zum Klassenkampf und Bürgerkrieg« auf. Gelenkt wurden die antisemitischen Aktivitäten von »vaterländischen« Politikern, die mit den demokratischen Reformen vom Herbst 1918 einen Teil ihrer Privilegien verloren hatten und nun im Kampf gegen Republik und Demokratie bedenkenlos antisemitische Vorurteile schürten.
Gegen den grassierenden Antisemitismus wurde von Regierungsseite zu wenig getan. Immer wieder wurden zur Niederschlagung linker Aufstandsversuche Freikorps eingesetzt, die sich offen zum Antisemitismus bekannten. Bei der Abwehr von Antisemitismus waren die jüdischen Organisationen weitgehend auf sich selbst gestellt. Der im Februar 1919 gegründete Reichsbund jüdischer Frontsoldaten mußte sich insbesondere des Vorwurfs der »jüdischen Drückebergerei« erwehren: Juden hatten ebensoviele Gefallene zu beklagen, wie es in vergleichbaren sozialen Schichten der christlichen Konfessionen der Fall war. B.A.

Ein Stück europäischer Kulturaufschnitt!
Otto Griebel
(1895-1972)
1922
Bleistiftzeichnung;
36 x 29 cm
Signatur
unten rechts:
Otto Griebel
15. VIII. 22
Inv.-Nr.: KH 64/1

Vor einer Großstadtkulisse mit den rauchenden Schornsteinen der wieder erstehenden Großindustrie inszeniert Otto Griebel ein »Stück europäischen Kulturaufschnittes«. Collagenhaft gezeichnet im Stile der Dadaisten um Otto Dix, mit Anleihen aus den Werken der europäischen Kunstgeschichte, zeigt er soziale, wirtschaftliche und politische Mißstände in der Frühzeit der Weimarer Republik auf: Um den amerikanischen »business-man« gruppieren sich die hungernde, ausgemergelte Arbeiterfamilie bei ihrem kargen Mahl, der politische Gefangene, der Schieber, der bettelnde Kriegskrüppel, die Prostituierte, der Reinhard-Gardist am Maschinengewehr, der eichenlaubgeschmückte »Volksanwalt«, der skrupellose Unternehmer, der sich im Bordell über seine fette Dividende freut, die unverzagt und ungeachtet der sie umgebenden bitteren Realität singenden Betschwestern und das Gerippe der »Deutschen Republik«.

Griebels Kunst ist vor dem Hintergrund seiner Mitgliedschaft in der KPD und seiner politischen Aktivität in der Erwerbslosenbewegung zu sehen. Auf der Zeichnung beschreiben Vanitassymbole, deformierte Menschen, Totenköpfe und Skelett den morbiden Zustand der jungen Republik. Parolen offenbaren die resignative oder amoralische Weltanschauung des politischen Gegners.

P.M.G.

Schießscheibe zur Ruhrbesetzung
Mit antifranzösischer Propaganda
Nach 1923
Holz, bemalt;
Dm 45 cm
Inv.-Nr.: 1990/1463

Die Reparationskommission stellte Ende Dezember 1922 einen geringfügigen Rückstand bei den deutschen Holz- und Kohlelieferungen fest; dies bot im Januar 1923 den Vorwand für den Einmarsch von fünf französischen Divisionen und einigen belgischen Einheiten ins Ruhrgebiet. Mit diesem Einmarsch in das Zentrum der deutschen Schwerindustrie wollte der französische Ministerpräsident Raymond Poincaré den »Versailler Vertrag« zugunsten Frankreichs revidieren und die deutsche Westgrenze nach Osten verschieben. In Deutschland löste der Einmarsch einen Sturm der Entrüstung aus. Nationalisten und Kommunisten verübten gemeinsam Sabotage- und Sprengstoffanschläge gegen die feindlichen Besatzer. Da die Bevölkerung im Ruhrgebiet dem Aufruf der Reichsregierung zum passiven Widerstand in beeindruckender Geschlossenheit folgte, ordneten die Besatzungsbehörden die Ausweisung von fast 150 000 Bewohnern ins »unbesetzte« Deutschland an.

Die Ikonographie, mit der man deutscherseits gegen die fremden Besatzer mobil machte, unterschied sich nur wenig von der haßverzerrten Agitation und Symbolik der Nationalsozialisten gegen die »jüdisch-bolschewistischen Untermenschen«. Auch auf der Schießscheibe wird Deutschland von einem »Ungeheuer« bedroht. Angesichts der massiven Wirtschafts- und Ernährungsprobleme sowie der rasenden Hyperinflation gab die Reichsregierung den passiven Widerstand im September 1923 auf. B.A.

Wuchermedaille – Vorder- und Rückseite
Friedrich Wilhelm Hörnlein (1873-1945)
Muldenhütten, 1923-1932
Aluminium; Dm 3,8 cm
Inv.-Nr.: N 77/1611.a, b

Inflationsmedaille Sachsen – Vorder- und Rückseite
Friedrich Wilhelm Hörnlein (1873-1945)
Muldenhütten, 1923
Bronze; Dm 3,8 cm
Inv.-Nr.: N 77/1599

Schon während des Krieges war die in Umlauf gebrachte Papiergeldmenge von 2 auf 22 Milliarden Mark gestiegen. Die Mark hatte bis Kriegsende knapp die Hälfte ihres Wertes verloren. Aufgrund der rasanten Geldentwertung konnten deutsche Waren zu Dumpingpreisen exportiert werden, während die Bevölkerung häufig nicht genügend Kaufkraft für die lebensnotwendigsten Güter hatte.

Die Nominalwerte einzelner Scheine stiegen bis auf 100 Billionen Mark. Die Reichsbank konnte den Bedarf an neuen Geldscheinen seit Mitte 1923 nicht mehr decken. Daher emittierten Banken, Gemeinden und Betriebe aller Art Notgeld. Mehr als 5800 Ausgabestellen sind bekannt. Lohnzahlungen erfolgten täglich. Spekulation, Diebstahl, Bestechlichkeit, Schleichhandel und Flucht in Sachwerte bestimmten Handel und Wandel. Privatunternehmen und Banken gaben immer mehr wertbeständige Waren- und Sachwertgutscheine heraus. Diese Scheine lauteten auf Roggen, Weizen, Holz, Teer, Kohlen, Zucker, Speck, Strom oder Gas. Ab Oktober kamen dann Goldwertemissionen auf Mark-, Dollar- und Franc-Basis hinzu, mehr als 2800 wertbeständige Geldscheinsorten kursierten. Als sich im November 1923 mit der neugeschaffenen Rentenbank und deren zwangsweiser Belastung von Grundbesitz und Betriebsvermögen ein Ende der Inflation abzeichnete, war jegliches Geldvermögen vernichtet, die Bevölkerung hatte das Vertrauen in den Staat verloren. M.K.

Geldscheinbündel mit Banderole (1 Million Mark)
Reichsbanknoten zu 50 000 Mark
28. Juni 1923
Druck; 11 x 19 cm
Inv.-Nr.: N 90/3986.1-18

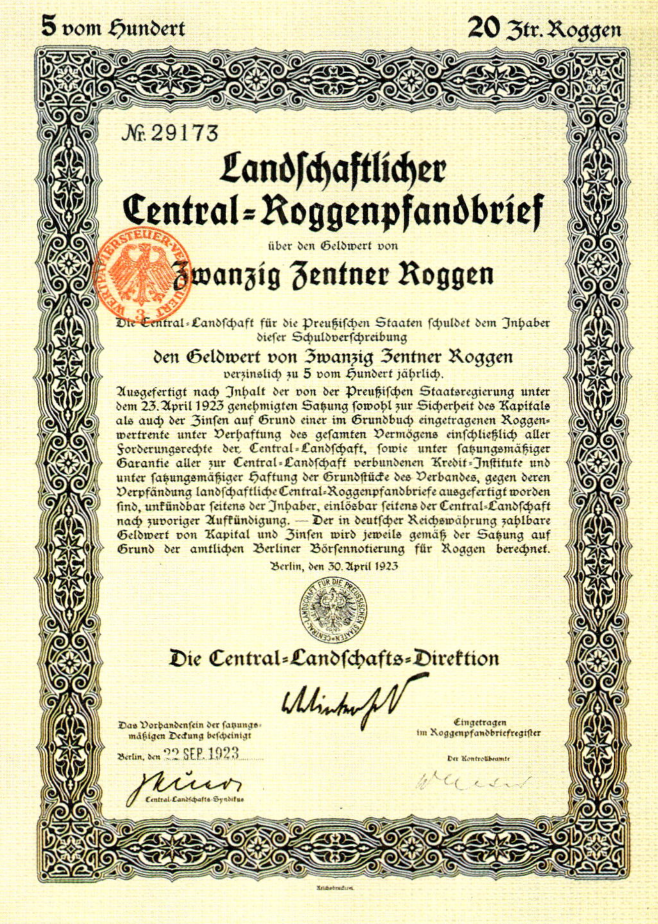

5 vom Hundert 20 Ztr. Roggen

№ 29173

Landschaftlicher Central-Roggenpfandbrief

über den Geldwert von

Zwanzig Zentner Roggen

Die Central-Landschaft für die Preußischen Staaten schuldet dem Inhaber dieser Schuldverschreibung

den Geldwert von Zwanzig Zentner Roggen

verzinslich zu 5 vom Hundert jährlich.

Ausgefertigt nach Inhalt der von der Preußischen Staatsregierung unter dem 23. April 1923 genehmigten Satzung sowohl zur Sicherheit des Kapitals als auch der Zinsen auf Grund einer im Grundbuch eingetragenen Roggenwertrente unter Verhaftung des gesamten Vermögens einschließlich aller Forderungsrechte der Central-Landschaft, sowie unter satzungsmäßiger Garantie aller zur Central-Landschaft verbundenen Kredit-Institute und unter satzungsmäßiger Haftung der Grundstücke des Verbandes, gegen deren Verpfändung landschaftliche Central-Roggenpfandbriefe ausgefertigt worden sind, unkündbar seitens der Inhaber, einlösbar seitens der Central-Landschaft nach zuvoriger Aufkündigung. — Der in deutscher Reichswährung zahlbare Geldwert von Kapital und Zinsen wird jeweils gemäß der Satzung auf Grund der amtlichen Berliner Börsennotierung für Roggen berechnet.

Berlin, den 30. April 1923

Die Central-Landschafts-Direktion

Das Vorhandensein der satzungsmäßigen Deckung bescheinigt

Berlin, den 22 SEP. 1923

Central-Landschafts-Syndikus

Eingetragen im Roggenpfandbriefregister

Der Kontrollbeamte

Landschaftlicher Central-Roggenpfandbrief
22. September 1923
Druck; 29,8 x 21,6 cm
Inv.-Nr.: Do2 93/387

Deutsche heraus!

Arbeiter, Beamte, Bürger!
Was geht vor? Geht hinaus auf die Straße!
Hier schießen
Deutsche auf Deutsche
auf Befehl des ehrenwortbrüchigen Herrn v. Kahr! Ludendorff, unser größter deutscher General — schwer verwundet von deutscher Reichswehr im jüdischen Sold! Hitler, der völkische Befreier — verwundet! Andere Führer feig gemeuchelt! Was könnt Ihr tun, deutsche Männer und Frauen? Geht nicht von den Straßen, bis diese zweite Novemberschmach gesühnt ist, sonst wird der Untergang der völkischen Freiheitsbewegung auch Euer Untergang sein!

Deutsche heraus!
Flugblatt der Nationalsozialistischen Deutschen Arbeiterpartei nach dem Scheitern des »Hitler-Putsches« 9. November 1923
Druck; 32 x 24 cm
Inv.-Nr.: 1989/2594

Mitglieds-Buch der Nationalsozialistischen Deutschen Arbeiter-Partei
München, 16. Oktober 1923
Druck; 14 x 10,5 cm
Inv.-Nr.: Do 62/358

Satirische Medaille zum »Hitler-Putsch« – Vorder- und Rückseite
Karl Xaver Goetz (1875-1950)
Bronze; Dm 5,9 cm
Inv.-Nr.: N 77/363

Im Herbst 1923 schien Deutschland im Chaos zu versinken: In Sachsen und Thüringen hatten sich »proletarische Arbeiterregierungen« gebildet, die »Ordnungszelle« Bayern war auf scharfen Konfrontationskurs zur »marxistischen« Reichsregierung gegangen, im Rheinland und in der Pfalz konnten Separatisten auf die tatkräftige Unterstützung Frankreichs zählen. Verkünder politischer Heilslehren hatten Konjunktur. Während die Kommunisten über eine Revolution nach russischem Vorbild nachdachten, hielten völkische Nationalisten und extrem Konservative aus Industrie, Politik und Militär die Zeit reif für eine Diktatur.

Die zum »Marsch nach Berlin« gerüstete Rechte spann ihre Fäden zunehmend in der bayerischen Hauptstadt. Hier war Adolf Hitler zum politischen Führer des »Deutschen Kampfbundes« gewählt worden, dem SA und bayerische Einwohnerwehren angehörten. Als Hitler erkannte, daß er mit seiner SA vom »Marsch nach Berlin« ausgeschlossen werden sollte, versuchte er am Abend des 8. November 1923, das Signal zum Kampf gegen die »jüdisch-

marxistische Brut« in Berlin zu geben. Nachdem Hitlers Putschversuch am 9. November beim Propaganda-Marsch im Feuer der Polizei an der Feldherrenhalle zusammengebrochen war, wurde die Bevölkerung mit Flugblättern zu Demonstrationen aufgefordert. Die eigentlichen Hintergründe des »Hitler-Putsches« wurden von den Zeitgenossen kaum zur Kenntnis genommen. Erleichtert über das offensichtliche Debakel Hitlers, sprach man gern vom »Münchener Theater«. B.A.

31
DIE KULTUR DER ZWANZIGER JAHRE

So grau die politische Wirklichkeit der Weimarer Republik war, so glanzvoll war ihre Kultur. Tendenzen, die sich bereits im Kaiserreich angekündigt hatten, konnten nun – durch die Aufhebung von Zensur und kaiserlichem Kunstdiktat – zur freien Entfaltung gelangen. Blühte kurz nach Kriegsende das revolutionäre und expressionistische Pathos, so stand gegen Ende der Republik eine eher nüchterne Sozialkritik im Mittelpunkt vieler Kunstwerke. Neben der Avantgarde, die heute Inbegriff der Weimarer Kultur ist, existierte immer auch die bürgerliche Kultur, die unbeeindruckt von Straßenschlachten und Kriegskrüppeln ihre Ideale pflegte.
1919 gründete Walter Gropius in Weimar das »Bauhaus« – eine Schule für Architekten, Künstler und Designer, an der Modernität und Funktionalität proklamiert und neue Produktionsformen erprobt wurden. Hier konnten Künstler mit avantgardistischen Visionen experimentieren und eine neue, zeitgemäße Formensprache entwickeln. Die Idee vom funktional gestalteten, preiswerten, industriell herstellbaren Massenprodukt konnten jedoch auch die Bauhaus-Künstler nicht verwirklichen. So blieben ihre Möbel damals meist Einzelanfertigungen, die für den Durchschnittsbürger unerschwinglich waren. Der moderne Siedlungsbau, eine Errungenschaft der Republik von Weimar, wurde durch die Entwürfe von Bauhaus-Architekten jedoch entscheidend geprägt.
Technik und Rationalisierung lauteten die Schlüsselbegriffe der Epoche. Der Siegeszug der Elektrizität begann; Diktaphon, Schreibmaschine und Telefon bestimmten die Arbeit der weiblichen Angestellten in den Büros; in der Wohnung erleichterten elektrische Geräte die Hausarbeit. Selbstbewußt versuchten die Frauen, sich aus den engen Rollenklischees zu befreien und mit der sich rasant verändernden Gesellschaft Schritt zu halten, gestützt auch auf ihr Wahlrecht. Radio und Film entwickelten sich zu Massenmedien, die das zunehmende Unterhaltungsbedürfnis breiter Bevölkerungsschichten zu befriedigen versuchten. Revuen und Tanzlokale boten Amüsement für jeden Geldbeutel. Bis Anfang der zwanziger Jahre stellten die expressionistischen Künstler auf Bühne und Leinwand Menschen als Marionetten, Maschinen oder »Masse« dar. Viele Künstler, vom Weltkrieg desillusioniert, bekämpften provo-

kant die Relikte der wilhelminischen Gesellschaft, die sich in der jungen Republik behauptet hatten. Schonungslos sezierten sie die Phänomene der Republik: Neureiche und neue Armut, Kriegsgewinnler und Kriegsverlierer.

Politik und Kultur waren aufs engste verwoben, und oft stellte sich der künstlerische Innovationsgeist in den Dienst einer politischen Partei. Viele Künstler und viele Intellektuelle begeisterten sich für die revolutionären Ideale, die sie in der Sowjetunion verwirklicht sahen, und warben mit Agitprop nach sowjetischem Vorbild für die KPD.

Auch die relativ stabile mittlere Phase der Republik schlug sich fruchtbar in der Kunst nieder. Eine neue Sachlichkeit löste das Pathos der frühen Jahre ab. Von Berlin aus trat Brechts »Dreigroschenoper« ihren Siegeszug an – gesellschaftskritische Unterhaltung im modernen Gewand, wie sie zum Ende der Republik auch viele Filme boten. Die »goldenen Zwanziger« – golden nur für wenige – endeten abrupt mit der Weltwirtschaftskrise. Die Verelendung der Bevölkerung spiegelte sich in den Kunstwerken wider: Hunger und Arbeitslosigkeit wurden zu Bildthemen, Theaterkollektive warben mit revolutionären Werken für den Kommunismus, Fotografie und Film thematisierten das Überleben des »kleinen Mannes«. Die proletarische Kultur war noch in großen Teilen »links«, aber die Anhängerschaft der rechten Heilsverkünder wuchs stetig. Der politische Kampf zwischen Kommunisten und Nationalsozialisten wurde auch zum Kulturkampf, die Weltanschauungen konkurrierten auf Bühnen und in Zeitschriften miteinander. In diesen letzten Jahren der Republik entstanden, sozusagen beflügelt durch die Konfrontation mit den Nationalsozialisten, einige ihrer interessantesten Werke.

Auch das Streben nach Licht, Luft und Hygiene gehörte zur Weimarer Kultur. Neue helle, funktional geplante Siedlungen und Wohnanlagen sollten die dunklen, unwirtlichen Mietskasernen ablösen, in denen immer noch Millionen von Menschen unter unwürdigen Umständen lebten. Gesundheitspflege und Leibesübungen unterstützten die Befreiung des Körpers, der nach und nach seiner Geheimnisse beraubt wurde: Symbol dieses neuen Körpergefühls wurden die »Gläsernen Menschen« aus Dresden – teils Maschine, teils faszinierend lebendige Anschauungsobjekte. C.J.

Das Unterrichtsprogramm der 1919 in Weimar von Walter Gropius gegründeten Kunstschule Bauhaus umfaßte ein breites Spektrum, von Architektur, Malerei, Grafik und Skulptur, Typographie und Fotografie über Reklame, Weberei, Bühnenkunst und Tanz bis zur Produktgestaltung. Ein für alle Schüler obligatorischer Vorkurs vermittelte Material- und Technikkenntnisse, denn besonders wichtig war den Lehrern die Verbindung von künstlerischen und handwerklichen Fähigkeiten. Ziel des Bauhauses war es, alle Lebensbereiche modern und sachlich zu gestalten, preiswerte, funktionale und standardisierte Industrieprodukte zu entwerfen und so eine zeitgemäße Ästhetik zu entwickeln, die als Synthese von Kunst und Technik den Anforderungen der neuen Zeit Rechnung tragen sollte. In der Architektur des Bauhauses spielte auch die soziale Frage eine Rolle. Als Ausdruck des »Neuen Wohnens« entwickelten vor allen Josef Albers, Marcel Breuer und Ludwig Mies van der Rohe »Typenmöbel«, wobei Breuer das Stahlrohr als Material entdeckte und nutzbar machte. Obwohl die Bauhausstühle in handwerklicher Arbeit hergestellt wurden und keine Massenprodukte waren, verkörpern sie für uns in ihrer kühlen Eleganz und Sachlichkeit bis heute die Bauhausidee. C.J.

bauhaus

zeitschrift für gestaltung • herausgeber: hannes meyer • schriftleitung: ernst kállai •
die zeitschrift erscheint vierteljährlich • bezugspreis: jährlich rmk. 4 • preis dieser doppelnummer rmk. 2.40 •
verlag und anzeigenverwaltung: dessau, zerbster straße 16 •

2/3
2. jahrgang
1928

w kandinsky, lyonel feininger
paul klee

hannes meyer, hinrik scheper
josef albers

joost schmidt, gunta stölzl
hans wittwer

ernst kállai, oskar schlemmer
mart stam

Klubsessel B 3
Marcel Breuer
(1902-1981)
Möbel Standard GmbH
Berlin, 1926-1929
Stahlrohr, verchromt, Eisengarnstoffbespannung;
74 x 77 x 67 cm
Inv.-Nr.: 1991/1944

Weißenhofsessel
Ludwig Mies van der Rohe
(1886-1969)
Berliner Metallgewerbe Jos. Müller
Berlin, 1927-1931
Stahlrohr, verchromt, Rohr, geflochten;
80 x 55 x 80 cm
Inv.-Nr.: 1991/3088
Erworben aus Mitteln des Landes Berlin

Sessel B 35
Marcel Breuer
(1902-1981)
1929 (Entwurf)
Gebrüder Thonet A.-G.
Berlin, 1930-1935
Stahlrohr, Holz, Eisengarnstoffbespannung;
86 x 58 x 80 cm
Inv.-Nr.: 1991/3090
Erworben aus Mitteln des Landes Berlin

Zeitschrift »bauhaus«
2. Jg., 1928
Dessau 1928
Druck, broschiert;
29,5 x 21 cm
Inv.-Nr.: Do 57/1055

Der Motorradfahrer
Lotte Laserstein
(geb. 1898)
1929
Öl/Holz;
71,3 x 43,8 cm
Signatur oben links:
Lotte Laserstein
1929
Inv.-Nr.: 1990/2491
Erworben aus
Mitteln des Landes
Berlin

Motorrad »NSU 251 R«
Neckarsulmer
Fahrzeugwerke AG
Neckarsulm, 1927
Stahl, Aluminium,
Glas, Gummi,
Kunststoff;
100 x 205 x 67 cm
Inv.-Nr.: Pro 65/243

Seltsam unbestimmt bleibt die Person auf diesem Bild. Genau ist nicht auszumachen, ob sich ein Mann oder eine Frau in der Lederbekleidung, dem typischen Dress der Motorradfahrer, verbirgt. Die Malerin hat sich von der Begeisterung für die Technisierung anstecken lassen. Unabhängig zu sein und losfahren zu können, wohin man will, war ein Traum, der sich nach der Erfindung von Automobil und Motorrad erfüllen ließ.

War das Motorrad vor dem Ersten Weltkrieg noch ein Luxusartikel, so stiegen die Verkaufszahlen in den zwanziger Jahren stark an. Knapp 800 000 Motorräder waren bis Mitte 1931 im Deutschen Reich zugelassen. Verwendung fand das Kraftrad als schnelles, billiges und zuverlässiges Beförderungs- und Transportmittel. Bei dem hier gezeigten Exemplar handelt es sich um eine 1927 gebaute NSU 251 R, die ab Werk mit einem 250-ccm-Motor ausgestattet war. Er wurde später gegen einen – ab 1928 produzierten – 200-ccm-Motor ausgetauscht: Maschinen bis zu dieser Hubraumgröße waren führerscheinfrei. Die Firma NSU setzte als erstes deutsches Werk zum Zwecke der Rationalisierung und Typennormung im Motorradbau das Fließband ein.

Der in den zwanziger Jahren verbreitete Glaube an technischen Fortschritt und Geschwindigkeit kommt in Lotte Lasersteins Gemälde ungebrochen zum Ausdruck. M.F./S.N.

Zum Lebensstil der »goldenen Zwanziger« gehörten neben Theater, Revue, Kabarett und Film auch die Tanzvergnügen. Der »Charleston« wurde zum beliebtesten amerikanischen Modetanz in Deutschland. Für seine Verbreitung sorgte nicht zuletzt Josephine Baker, die 1927 mit ihrer »Charleston Jazzband« in Berlin gastierte. Die für den Tanz notwendige Bewegungsfreiheit hatte die »neue Frau« in knielangen Hemdkleidern, die mit Glasperlen und Pailletten bestickt waren. Deren Gewicht ließ das Kleid zu den rhythmischen Tanzbewegungen versetzt mitschwingen.

Der Rhythmus choreographierter Massenszenen bestimmte Fritz Langs 1927 uraufgeführten utopischen Stummfilm »Metropolis«. Die Fabel verknüpft Technikkritik mit naiven Sozialphantasien: Die Arbeiter der Unterstadt sind der Macht der Kapitalisten und ihrer Maschinen rechtlos ausgeliefert. Unter der Führung eines dämonischen weiblichen Homunkulus lehnen sie sich gegen ihre Unterdrücker auf, bevor die Liebe zum klassenversöhnenden Happy-End führt. Das millionenteure Spektakel erwies sich an den Kassen jedoch als Mißerfolg. Längst hatte die Filmfabrik Hollywood die deutschen Kinos erobert und setzte 1927 mit dem ersten Tonfilm neue Maßstäbe. In Hollywood wurde auch Marlene Dietrich zum Weltstar, die 1932 als verführerische »blonde Venus« nach Deutschland zurückkehrte – allerdings nur auf Zelluloid. R.F./C.J.

Metropolis
Werner Graul
(geb. 1905)
Berlin: P. Eckert,
1926
Lithographie;
207,5 x 92 cm
Signatur unten
rechts: UFA
Reklame Graul
Inv.-Nr.: P 62/20

Charleston-Kleid
Um 1926
Seide, Glasperlen,
Pailletten; L 110 cm
Inv.-Nr.: KTe 84/140

Die blonde Venus
Julius Kupfer-Sachs
Berlin:
August Scherl,
1932
Farboffset;
204 x 95,5 cm
Inv.-Nr.: P 62/599

Fertigkleidung, der Weg zum Erfolg!
Berlin: Rotophot AG, um 1929
Druck;
119,5 x 83,5 cm
Inv.-Nr.: P 62/658

Diktiermaschine »Stenophon« mit Zubehör
Um 1928
Holz, Eisen, Messing, Porzellan, textiles Material, Kunststoff;
32 x 45 x 29 cm
Inv.-Nr.: Pro 67/259

Werbeschild für die Schreibmaschine »Remington Standard«
Berlin: Handwein & Co, nach 1922
Eisenblech;
45 x 45 cm
Inv.-Nr.: 1991/280

Das Plakat für ein Textilunternehmen preist die »Fertigkleidung« als »Weg zum Erfolg« für den Mann der zwanziger Jahre. Die Facetten dieses Erfolges sind vom amerikanischen »lifestyle«, von Tempo und Geld geprägt. Aufstiegsträume gehörten zum Leben der neuen Schicht der Angestellten ebenso wie das Bedürfnis nach Abwechslung.

Ein neues Genre der Unterhaltungsliteratur entstand: der »Angestelltenroman«. Konnte sich die Typistin in ihrer Freizeit mit dem »Mädchen an der Orga Privat« (Titel eines Romanes von Rudolf Braune, 1930) identifizieren, so ging sie tagsüber an der Schreibmaschine gleichen Namens ihrer zumeist monotonen Tätigkeit nach. »Zeit sparen heißt das Leben verlängern«, lautet die Botschaft auf dem hier gezeigten Werbeschild, und sie kennzeichnet nicht nur die Rationalisierungsmaßnahmen im Büro, sondern in allen Bereichen der Nachkriegsgesellschaft.

Auch die Hausarbeit erschien in einer Zeit, die sich als dynamisch und rationell verstand, als ineffizient. Dementsprechend wurden die neuen elektrischen Geräte als zeitsparend gepriesen. Jetzt könne die Frau »Dame – und

doch Hausfrau« sein, suggerierte beispielsweise die Werbung für den AEG-Staubsauger »Vampyr«.

Um den privaten Haushalt als Abnehmer zu gewinnen, starteten die Elektrizitätswerke 1925 eine große Kampagne. Ihr Slogan »Elektrizität in jedem Gerät« prangte bald auf den Vorhangreklamen der Kinos und Theater ebenso wie auf den Schutzumschlägen der Bücher aus der Leihbücherei oder auf der Verpackung für ein beliebiges Elektrokabel.

Durch Zulassung der Teilzahlung wurde seit Mitte der zwanziger Jahre ver-

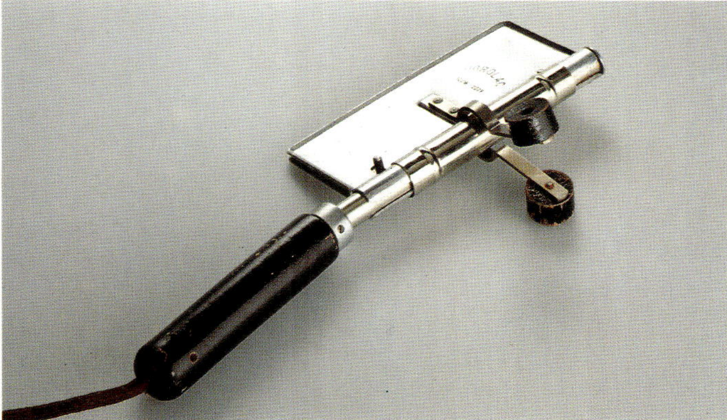

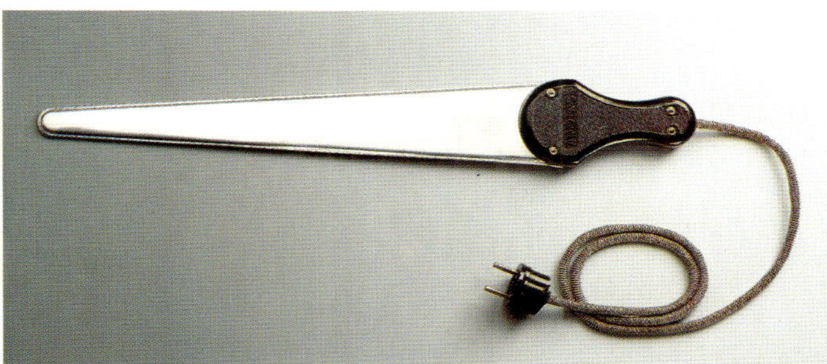

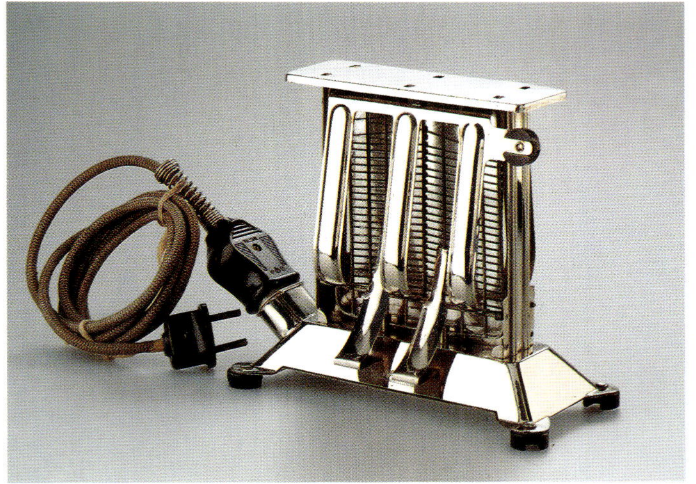

Stielstaubsauger »AEG Vampyr«
AEG
Berlin, 1929
Aluminium, Eisen, Messing, Gummi, Kunststoff, textiles Material;
118 x 33 x 41 cm
Inv.-Nr.: 1989/1887

Bügelfalten-Bügler »Horolac«
Um 1930
Eisen, vernickelt, Holz, Kunststoff, textiles Material;
B 11,5 cm, L 28 cm
Inv.-Nr.: 1989/2425

Bügelgerät für Krawatten »Arolac«
1930-1940 ?
Aluminium, Kunststoff, textiles Material;
B 6,5 cm, L 49,5 cm
Inv.-Nr.: 1989/1891

Brotröster »E 5110« mit Brötchenaufsatz
Rowenta
Offenbach, 1926-1938
Metall, hochglanzvernickelt, Keramik, Bakelit;
17,3 x 20 x 10,5 cm
Inv.-Nr.: 1989/1988.1-2

sucht, die Anschaffung der kostspieligen Elektrogeräte voranzutreiben. So kostete der AEG Vampyr 130 Reichsmark, konnte aber auch in Raten bei einem Endpreis von dann 140 Reichsmark erstanden werden.

Die Palette des industriellen Warenangebots reichte von Toastern, Bügeleisen und Spezial-Bügelgeräten für Hosen und Krawatten über Haartrockner bis hin zu heute kurios anmutenden Geräten wie dem elektrischen Gänserupfer oder dem Bierwärmer, einem Tauchsieder, der in Gaststätten häufig verwendet wurde, um das Bier magenfreundlich zu temperieren. Eher noch als die Haushaltsgeräte hatte das Radio Einzug in den privaten Bereich gehalten. Von anfänglich 1580 Teilnehmern im Gründungsjahr der Rundfunkgesellschaften 1924 war die Hörerzahl der Reichs-Rundfunk-Gesellschaft 1929 auf 2,6 Millionen gewachsen. Ein Apparat mit gesondertem Lautsprecher und Netzanschlußgerät kostete im Januar 1929 immerhin 183,65 Reichsmark, die der Käufer in Raten »abstottern« konnte. R.B.

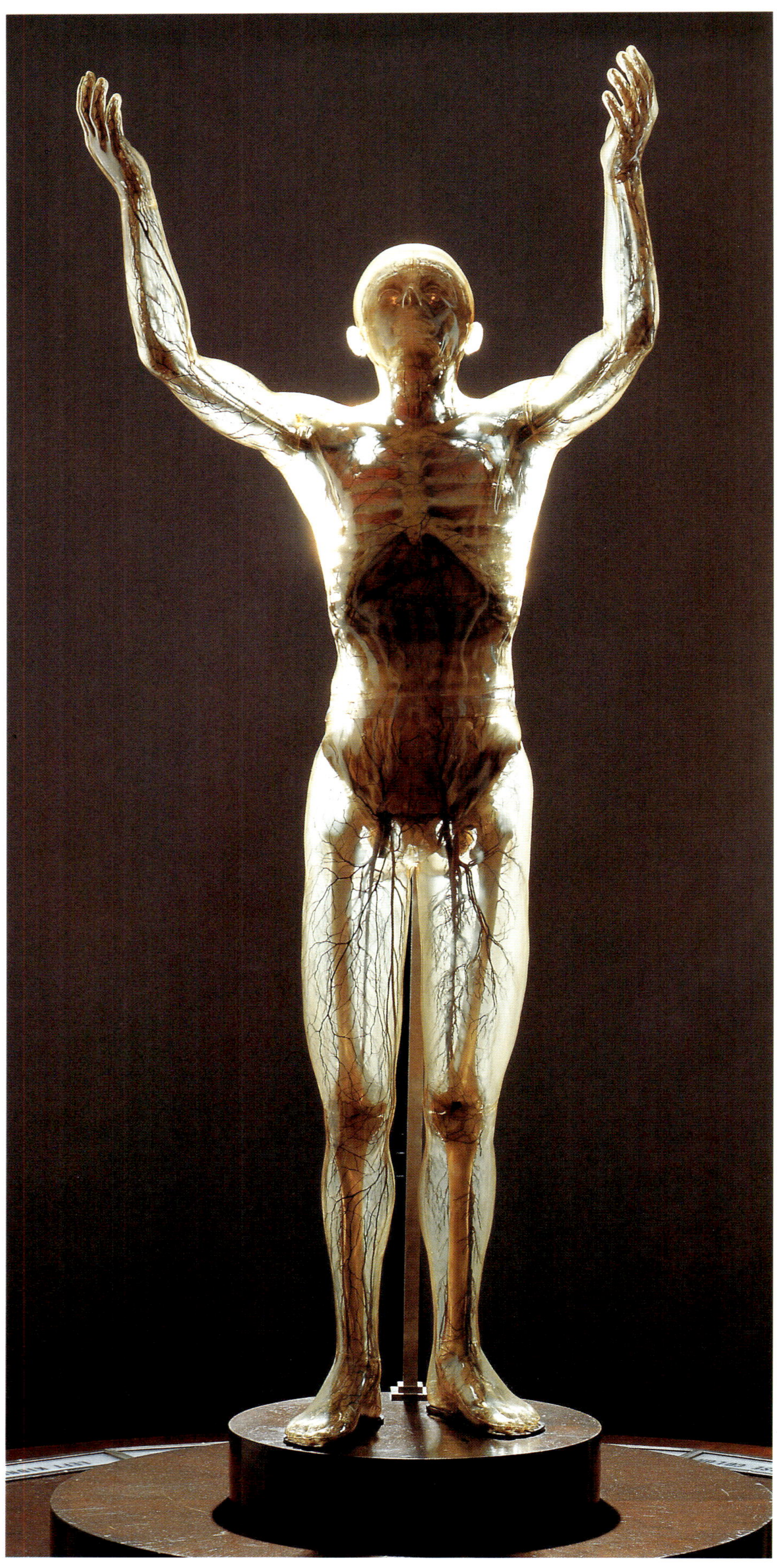

Auf der Zweiten Internationalen Hygiene-Ausstellung in Dresden 1930 wurde der Gläserne Mensch einem staunenden Publikum präsentiert. Nicht nur die Fachwelt war begeistert von dem glänzenden Homunkulus, auch die internationale Presse berichtete in Sensationsreportagen über die außergewöhnliche Erfindung. Fast im verborgenen hatte Franz Tschackert, Präparator des Deutschen Hygiene-Museums, sein Werk geschaffen: eine dreidimensionale Figur, deren durchsichtige Hülle aus dem Kunststoff Cellon den Blick auf das Skelett und die inneren Organe freigab, während eine Grammophonstimme deren Funktionsweise erläuterte.

Dem ersten Gläsernen Mann folgten aufgrund der großen Nachfrage weitere; 1936 wurde die erste Gläserne Frau gefertigt. Das hier gezeigte Modell eines (geschlechtslosen) Mannes wurde 1934 für das Museum of Science in Buffalo hergestellt. Der Auftrag des amerikanischen Museums vermerkte ausdrücklich »without sex«.

Der Aufklärung über den eigenen Körper und der Gesundheitsprophylaxe sollte der Gläserne Mensch dienen. Doch auch die Vorstellung von einer normierten, funktionierenden Menschenmaschine wohnt ihm inne. In dieser Janusköpfigkeit spiegelt sich zugleich die Widersprüchlichkeit der Hygienebewegung der Weimarer Republik. R.B.

Gläserner Mann
Deutsches Hygiene-Museum Dresden, 1934
Cellon, Kupferdraht, Blei, Aluminium;
H 209 cm (ohne Sockel)
Inv.-Nr.: 1989/2874
Geschenk des Museum of Science, Buffalo (USA)

32
KRISE UND ENDE DER WEIMARER REPUBLIK

Oberflächlich betrachtet waren die ersten Jahre, die auf das katastrophale 1923 folgten, für die Weimarer Republik eine Zeit der relativen innenpolitischen Windstille; unter den bürgerlichen Reichskanzlern Wilhelm Marx und Hans Luther amtierten bürgerliche Kabinette, die zwar gelegentlich auseinanderbrachen, sich aber alsbald wieder zusammenfanden. Die Stabilität der Epoche zeigte sich nicht zuletzt darin, daß die Deutschnationale Volkspartei (DNVP), eine konservativ-monarchistische Partei mit chauvinistischen und völkisch-demagogischen Rändern, vorübergehend ihr Herz für das fand, was man »Vernunft-Republikanismus« nannte, und zeitweise in der Reichsregierung vertreten war. Die Kontinuität der Politik verkörperte in erster Linie Außenminister Gustav Stresemann, der nicht nur für eine ebenso maßvolle wie in Grenzen erfolgreiche Außenpolitik stand, sondern auch als Vorsitzender der industriell-nationalliberalen Deutschen Volkspartei (DVP) die Einbindung wichtiger gemäßigt nationalistischer Kräfte in das Verfassungs- und Regierungssystem garantierte. Die SPD, erschöpft durch die undankbare Regierungsverantwortung in den anfänglichen Krisenjahren, regenerierte sich auf den Oppositionsbänken. Das einzige Mal während seines Bestehens, von 1924 bis 1928, erlebte der Reichstag der Weimarer Republik eine volle Legislaturperiode.

Eine Zeitlang konnte es sogar scheinen, als habe sich selbst der monarchische Konservativismus mit der neuen Realität abgefunden. Ironischerweise zeigte sich das, als nach dem Tod des ersten Reichspräsidenten Friedrich Ebert mit knapper Mehrheit der einstige königlich-preußische Generalfeldmarschall Paul von Hindenburg zum Reichspräsidenten gewählt wurde. Zur großen Überraschung seiner Umgebung dachte aber Hindenburg nicht daran, die monarchistische Wende zu vollziehen, die seine Hintermänner erhofften; statt dessen war er entschlossen, dieser Republik ein guter Präsident zu sein. Was in der Öffentlichkeit falsch beurteilt wurde, war Hindenburgs Einstellung zum Eid. Da war er ganz altpreußisch, und da er nun einmal auf die Verfassung der Republik geschworen hatte, hielt er sie hoch wie die preußische Felddienstordnung. Ein Einwand gegen den neuen Reichspräsidenten allerdings blieb: Er war bei allem guten Willen politisch ohne Kenntnisse, er

brauchte Berater; hinzu kam sein hohes Alter und der damit verbundene geistige Verfall, der ihn zusätzlich von Helfern abhängig machte. Und seine Umgebung war nicht die, die einem Präsidenten der Republik angestanden hätte: alte Kameraden aus der preußischen Armee, die Crème des grundbesitzenden ostelbischen Adels, fast durchweg Personen, deren ohnehin geringe politische Einsicht noch durch ihren Haß auf die Republik zusätzlich verdunkelt war.
Die wohl schwerste Belastung für Republik und Demokratie war jedoch nach wie vor der Versailler Vertrag. Nichts einte die in sich zerstrittene Nation so sehr wie die Ablehnung des »Schmachfriedens« mit seinen Reparationen. Schon kurz nach der Währungsreform hatte die Reparationskommission die Einberufung eines internationalen Sachverständigenausschusses zur Untersuchung der deutschen Zahlungsfähigkeit beschlossen. Dieser veröffentlichte im April 1924 den Dawes-Plan, in dem es nicht mehr um die – vor allem von Frankreich praktizierte – Instrumentalisierung der Reparationen zum Erreichen politischer Ziele ging, sondern um die Anpassung der deutschen Zahlungen an das wirtschaftlich Vertretbare. Mit der deutschen Zustimmung zum Dawes-Plan war Frankreich zur Räumung des besetzten Ruhrgebiets binnen Jahresfrist bereit. Ein weiterer Schritt in Richtung Souveränität und Gleichberechtigung gelang Außenminister Stresemann mit den Locarno-Verträgen. Deutschland, Frankreich und Belgien erklärten Mitte Oktober 1925 in Locarno den Verzicht auf eine Änderung ihrer im Versailler Vertrag fixierten Grenzen.
Mit »Locarno« hatte Deutschland seine internationale Isolation überwunden und erhielt einen Sitz im Völkerbund. Trotz der bewußt offengehaltenen Frage der deutsch-polnischen Grenze stellten das Dawes-Abkommen und der Locarno-Vertrag die Weichen für den 1929 ausgearbeiteten Young-Plan, der die deutschen Reparationslasten endgültig festlegen sollte: Die jährlichen Zahlungen sollten sich nun zwar bis 1988 erstrecken, aber gleichzeitig verpflichtete sich Frankreich, das Rheinland fünf Jahre vor dem ursprünglich vorgesehenen Termin zu räumen. Im Zuge der Weltwirtschaftskrise wurden die deutschen Reparationsverpflichtungen auf der Konferenz von Lausanne im Sommer 1932 gegen eine Abfindungssumme von drei Milliarden Reichsmark endgültig gestrichen.
Obwohl die auf den Einsatz wirtschaftlicher Mittel bauende Revisionspolitik Stresemanns durchaus erfolgreich war, rief die seit Oktober 1928 von Alfred Hugenberg geführte DNVP mit dem »Stahlhelm« und der NSDAP ein Volksbegehren gegen die Unterzeichnung des Young-Plans ins Leben und forderte im anschließenden Volksentscheid die auf Landesverrat stehende Zuchthausstrafe für jeden Unterzeichner derartiger Verträge. Zwar stimmten im Dezember 1929 nur knapp 14 Prozent der Wahlberechtigten diesem »Freiheitsgesetz« zu, aber die Teilnahme der Nationalsozialisten am

Volksbegehren hatte der NSDAP enorme Publizität und Reputation im »nationalen Lager« verschafft. Bei der »Septemberwahl« 1930 steigerte die NSDAP ihr Ergebnis um fast 800 Prozent gegenüber der letzten Reichstagswahl und zog mit 107 Abgeordneten als zweitstärkste Fraktion in den Reichstag ein. Wähler aus allen sozialen Schichten hatten für die Nationalsozialisten gestimmt. Trotz einer auffallenden Verankerung im Mittelstand hatte die NSDAP sich in der zerstrittenen Parteienlandschaft zur ersten »Volkspartei« Deutschlands entwickelt. Der für den Nationalsozialismus charakteristische Antisemitismus trat in der Propaganda nun nicht mehr so massiv in Erscheinung. Der Partei ging es jetzt vor allem um den Nachweis ihrer »Gesellschaftsfähigkeit«. Gemeinsam mit dem »Stahlhelm« und der DNVP bildete die NSDAP im Oktober 1931 die »Harzburger Front«, um der nationalistischen Opposition mehr Stoßkraft zu verleihen.

Von entscheidender Bedeutung für den starken Zulauf der Nationalsozialisten und der Kommunisten war die Weltwirtschaftskrise, die Deutschland weit härter traf als andere europäische Staaten. Nach dem dramatischen Kurseinbruch vom 25. Oktober 1929 an der New Yorker Wall Street wurden die kurzfristigen Auslandskredite aus Deutschland abgerufen. Der vor allem mit ausländischen Krediten finanzierte Wirtschaftsaufbau brach in sich zusammen, die ohnehin hohe Arbeitslosenzahl stieg bis auf über sechs Millionen, Armut und Verzweiflung griffen um sich. Über den Umfang der notwendigen Beitragserhöhung für die Arbeitslosenversicherung gerieten SPD und DVP in der Großen Koalition in heftigen Streit. Am 27. März 1930 trat das Kabinett Müller, die letzte von einem Sozialdemokraten geführte Reichsregierung, zurück. Der Übergang zu den verfassungsrechtlich problematischen »Präsidialkabinetten« begann. Da es keine parlamentarische Mehrheit für eine arbeitsfähige Regierung gab, beauftragte Hindenburg den Zentrumspolitiker Heinrich Brüning mit der Bildung einer Minderheitsregierung, deren eigentliche Machtbasis das Recht des Reichspräsidenten zum Erlaß von Notverordnungen und zur Auflösung des Reichstags war. Mehr als zwei Jahre betrieb Brüning eine energische Sparpolitik, bevor die »ostelbische« Kamarilla es schaffte, den Reichspräsidenten auf den Rücktritt Brünings festzulegen. Am 1. Juni 1932 ernannte Hindenburg das »Kabinett der nationalen Konzentration« mit Franz von Papen als Reichskanzler. Durch eine staatsstreichartige »Reichsexekution« setzte die Regierung Papen die von dem Sozialdemokraten Otto Braun geführte Preußische Regierung am 20. Juli 1932 ab. Mit dem »roten« Preußen war die letzte demokratische Bastion des Reichs gefallen. Ein Generalstreik gegen den »Preußenschlag« schien angesichts der sechs Millionen Arbeitslosen wenig erfolgversprechend.

Wie sehr sich die innenpolitischen Gewichte verschoben hatten, war schon bei der Wiederwahl Hindenburgs zum Reichspräsidenten deutlich geworden. Im Frühjahr 1932 wurde er vor allem von den demokratisch-republikanischen Parteien unterstützt. Sein schärfster Konkurrent war Adolf Hitler, für den im zweiten Wahlgang über 13 Millionen Wähler stimmten. Bei den Reichstagswahlen vom 31. Juli 1932 erhielt die NSDAP dann über 37 Prozent aller Stimmen, die KPD kam auf über 14 Prozent. Die Wähler hatten den »bürgerlichen« Parteien und der parlamentarischen Demokratie auf dem Höhepunkt der Wirtschaftskrise eine klare Absage erteilt.

Den »böhmischen Gefreiten« zum Reichskanzler zu ernennen, scheute Hindenburg sich zwar, doch Hitler stellte nicht nur die mit Abstand größte Reichstagsfraktion, sondern seine SA hatte in blutigen Kämpfen inzwischen auch »die Straße« erobert. Die während der Revolution 1918/19 noch unüberhörbaren Stimmen der Vernunft aus dem demokratisch-pazifistischen Lager waren 1932/33 im Getöse der »Sieg-Heil«- und »Rot-Front«-Rufe untergegangen. Mit der Ernennung Hitlers zum Reichskanzler war das Ende der Weimarer Republik am 30. Januar 1933 besiegelt. B.A.

Preis 20 Pf.

Illustrierte Reichsbanner Zeitung

mit offiziellen Nachrichten des Bundesvorstandes

Magdeburg
den 7. März 1925

2. Jahrgang
Nr. 10

Reichspräsident Ebert †

Ein großer, selten edler Mensch, ein überragender Kopf aller Deutschen, der glühendste Patriot, der beste Freund des deutschen Volkes ist dahingegangen. Ein Mann, dessen rastloses unermüdliches Leben und Arbeiten allein dem Volke gewidmet war. Ein Mann, der bis zum letzten Atemzuge für sein Volk mit aller Kraft und Sorge, mit all seiner Klugheit, Güte und Hingabe gewirkt hat. Erschüttert steht das deutsche Volk an der Bahre dieses großen, einzigartigen Menschen. / Der Leidensweg der deutschen Republik ist unerbittlich schwer; nichts wird ihm geschenkt, nichts wird ihm erleichtert. Seit den Tagen des Zusammenbruchs im November 1918, seit der Ermordung Walter Rathenaus am 28. Juni 1922 hat es keinen schwereren Tag gegeben. Mit Fritz Ebert ist der größte deutsche Republikaner dahingegangen. Ein Republikaner aus Liebe zu seinem Volke, aus Liebe zur Menschheit. / In allen Ländern wird dieses große Unglück verstanden werden. Unser Schmerz wird von Millionen geteilt. / Bis zum letzten Atemzuge erfüllte Fritz Ebert die Sorge um sein Volk und sein Geschick. / Wir, das Reichsbanner, sind bei aller erschütternden Trauer glücklich darüber, daß wir dem Reichspräsidenten Ebert die Gewißheit und die Zuversicht haben geben können, daß sein Werk, sein Arbeiten und Wirken durch uns gesichert ist. Wir werden ihm nie vergessen, daß er in den schicksalsschwersten Zeiten das deutsche Volk und die deutsche Republik gerettet hat. An seinem Grabe schwören wir, daß wir nicht zugeben werden, daß sein Werk vernichtet wird. / Unser Dank ist Kampf um die Erhaltung der freien deutschen Republik, für das Wohl des Volkes, der Menschheit und der Kultur. / Unser Schwur ist Treue, Treue bis zum letzten Hauch, so wie er uns, dem deutschen Volk, der deutschen Republik bis zum letzten Hauch die Treue bewahrt hat. / Sein Testament: „Behütet und erhaltet die deutsche Republik" nehmen wir aus seinen Händen und geloben es: wir werden es vollstrecken.

„WÄHLT
HINDENBURG
JCH REICHE JEDEM DEUTSCHEN
DIE HAND, DER NATIONAL DENKT
UND DEN KONFESSIONELLEN U.
SOZIALEN FRIEDEN WILL'
(AUS HINDENBURGS OSTERBOTSCHAFT.)

Illustrierte Reichsbanner-Zeitung
Ausgabe zum Tod von Friedrich Ebert
Magdeburg, 7. März 1925
Druck; 40,4 x 29,4 cm
Inv.-Nr.: Do 58/335.2

Wählt Hindenburg
Plakat zur Reichspräsidentenwahl 1925
Dresden: Kunstanstalt Stengel & Co., G.m.b.H., 1925
Offset; 89,5 x 60 cm
Inv.-Nr.: P 62/1491

Friedrich Ebert, dessen Amtszeit der Reichstag im Hinblick auf die Unruhen nach der Ermordung Rathenaus bis Juni 1925 verlängert hatte, starb am 28. Februar 1925. Im März fand die erste unmittelbare Reichspräsidentenwahl durch alle wahlberechtigten Männer und Frauen statt. Zum ersten Wahlgang kandidierten sieben Bewerber; die erforderliche absolute Mehrheit erreichte keiner. Für den zweiten Wahlgang einigten sich die Parteien der Weimarer Koalition auf den Zentrumspolitiker Wilhelm Marx als gemeinsamen Kandidaten. Sein Sieg schien mit den Stimmen aus dem Lager des politischen Katholizismus, der SPD und der DDP sicher. Das rechte Lager stellte den 78jährigen Generalfeldmarschall Paul von Hindenburg auf, der als »Sieger von Tannenberg« auch unter den Anhängern der Koalitionsparteien Popularität genoß. Für die KPD trat Ernst Thälmann zu beiden Wahlgängen an.

Die Bayerische Volkspartei unterstützte jedoch nicht Wilhelm Marx, sondern den »preußischen Protestanten« Hindenburg, der mit 14,6 Millionen Stimmen zum neuen Reichspräsidenten gewählt wurde. Hindenburg, der aus seiner monarchistischen Gesinnung nie ein Hehl gemacht hatte, leistete zwar den Eid auf die Verfassung, doch nach seiner Wahl verschoben sich die politischen Gewichte vom Reichstag zum Reichspräsidenten.

C.J.

Déjeuner de la Presse
Speisekarte eines Pressefrühstücks zum Abschluß der Konferenz von Locarno mit Karikaturen der Konferenzteilnehmer
Zürich: Art. Institut Orell Füssli, 1925
Druck;
39,8 x 27,8 cm
Inv.-Nr.: Do 54/1404

Bildpostkarte des Sitzungssaales der Konferenz von Locarno
Mit gedruckten Unterschriften beteiligter Politiker
Oktober 1925
Druck; 9 x 13,5 cm
Inv.-Nr.: Do 87/310 I

Kurz vor Ende der Locarno-Konferenz gab die Vereinigung der beim Völkerbund akkreditierten Journalisten zu Ehren der Delegierten am 15. Oktober 1925 ein festliches Frühstück. Auf der Menukarte sind die acht wichtigsten Teilnehmer der unerwartet erfolgreich verlaufenen Konferenz als Engel dargestellt.

Am linken Kopfende des Tisches ist der britische Außenminister Sir Joseph Austen Chamberlain abgebildet, daneben sein französischer Kollege Aristide Briand. Ihnen gegenüber sitzen die beiden Vertreter Deutschlands: Reichskanzler Hans Luther sowie Außenminister Gustav Stresemann. Entscheidende Voraussetzung für den in Locarno unterzeichneten Verzicht auf eine gewaltsame Änderung der deutschen Westgrenze war die vertrauensvolle Zusammenarbeit zwischen Briand und Stresemann; beide erhielten dann 1926 den Friedensnobelpreis. Mit »Locarno« wurde die Zugehörigkeit der Rheinlande zum Reich vertraglich gesichert, während die Möglichkeit einer Revision der deutsch-polnischen Grenze offen blieb.

Die von Aristide Briand im Anschluß an »Locarno« entwickelte Konzeption der »Vereinigten Staaten von Europa« fand nach dem Tod Stresemanns am 3. Oktober 1929 in Deutschland keine nennenswerte Unterstützung mehr. Im Zuge der Weltwirtschaftskrise traten die nationalen Egoismen wieder stärker hervor. B.A.

Um ein positives Zeichen für Republik und Demokratie zu setzen, beging die von dem Sozialdemokraten Hermann Müller geführte Große Koalition den zehnten Jahrestag der Weimarer Verfassung am 11. August 1929 mit einer Reihe von Feiern. Zu diesem Anlaß ließ sie 24 Prachtexemplare der Verfassung auf Pergament und 430 numerierte Exemplare auf »handgeschöpftem Büttenpapier« drucken. Die im wesentlichen von dem liberalen Staatsrechtler Hugo Preuß entworfene Verfassung war 1919 als Kompromiß zwischen der Sozialdemokratie und den bürgerlichen Koalitionspartnern DDP und Zentrum entstanden. Mit 262 zu 75 Stimmen war die Reichsverfassung im Juli 1919 von der Nationalversammlung verabschiedet worden. Allerdings waren zahlreiche Abgeordnete der Koalitionsparteien aus Protest gegen den »Kompromißcharakter« der Abstimmung ferngeblieben.

In den zehn Jahren bis 1929 hatte sich das Gesicht der Republik nachhaltig verändert, der Kompromiß zwischen den drei Koalitionsparteien war zum größten Teil aufgezehrt. Mit ihrem Bekenntnis zu den »schwarz-rot-goldenen« Farben der Republik sah die SPD sich nun politisch weitgehend isoliert. Während der Weltwirtschaftskrise schwenkten die Sozialdemokraten, nicht zuletzt mit Blick auf die Konkurrenz der KPD, wieder ihre traditionelle rote Fahne. Im März 1930 zerbrach die Große Koalition, und die Zeit der »Präsidialkabinette« begann. B.A.

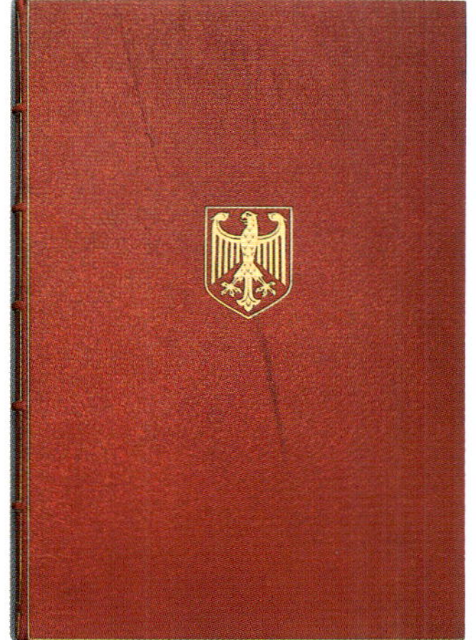

Die Verfassung
des Deutschen Reichs.
Vom 11. August 1919.

Hilf dies Haus schützen!
Wahlplakat der Sozialdemokratischen Partei Deutschlands
München: Kunst im Druck, um 1928
Lithographie; 124 x 88,5 cm
Inv.-Nr.: P 61/1489

Die Verfassung des Deutschen Reichs
Ausgabe zum 10. Verfassungstag 1929
Bremen: Bremer Presse, 1929
Leder, geprägt, Pergament, bedruckt;
31,4 x 22,2 cm
Inv.-Nr.: 1988/992

Bist du für die Fürsten-enteignung?
Flugblatt der Sozialdemokratischen Partei Deutschlands
Berlin: Vorwärts-Buchdruckerei, 1926
Lithographie; 18,4 x 26,4 cm
Inv.-Nr.: 1989/2045.100

Die Weimarer Reichsverfassung ermöglichte erstmals in der deutschen Geschichte eine direkte Einflußnahme der Wähler auf die Gesetzgebung. Nach Artikel 73 war ein Volksentscheid herbeizuführen, »wenn ein Zehntel der Stimmberechtigten das Begehren nach Vorlegung eines Gesetzentwurfs« stellte. Für die Annahme des Gesetzentwurfes war die Zustimmung von 50 Prozent aller Stimmberechtigten erforderlich. Auf Reichsebene gab es insgesamt drei Versuche, politische Interessen in Form eines Volksentscheids durchzusetzen. Keiner dieser Versuche war erfolgreich.

Dem Vorstoß der KPD zur entschädigungslosen Enteignung der 1918 politisch entmachteten Fürsten hatte sich die SPD angeschlossen. Die im Januar 1926 von beiden Parteien beantragte Enteignung der Fürsten »zum Wohl der Allgemeinheit« wurde von namhaften Intellektuellen und Künstlern unterstützt. 12,5 Millionen Stimmberechtigte unterzeichneten den Antrag. Damit waren die zur Einleitung eines Volksentscheids erforderlichen zehn Prozent aller Wahlberechtigten weit übertroffen worden. Da der Reichstag den Gesetzentwurf als verfassungswidrig und demagogisch ablehnte, wurde ein Volksentscheid anberaumt. 14,5 Millionen Stimmberechtigte sprachen sich zwar am 20. Juni 1926 für eine entschädigungslose Enteignung aus, aber das waren nur 36,4 statt der erforderlichen 50 Prozent.

Kaum Resonanz fand im September 1928 das von der KPD initiierte und von einigen kleineren pazifistischen Gruppen unterstützte »Volksbegehren gegen den Panzerkreuzerbau«. Da sich nur 1,2 Millionen Wahlberechtigte in die Listen eintrugen, wurde kein Volksentscheid angesetzt.

Bis in die dritte Generation müßt ihr fronen!
Herbert Rothgängel
Reichsausschuß für das Deutsche Volksbegehren
Berlin: Gutenberg-Druckerei, Oktober 1929
Lithographie;
72 x 48 cm
Inv.-Nr.: P 74/3797

Deutscher Bauer! Du arbeitest umsonst!
Flugblatt zum Volksentscheid gegen den Young-Plan
Verlag des Reichsausschusses für das Deutsche Volksbegehren
Berlin: August Scherl, 1929
Druck;
31,2 x 22,8 cm
Inv.-Nr.: Do 73/977 I

Der Volksentscheid gegen den Young-Plan wurde von der NSDAP, DNVP und dem »Stahlhelm« getragen. Die Abstimmung am 22. Dezember 1929 bescherte den Initiatoren eine klare Abfuhr. Nur 13,8 Prozent aller Wahlberechtigten votierten für den Gesetzentwurf gegen den Young-Plan.

Auch auf Landesebene gab es Versuche, durch Plebiszite in die Legislative einzugreifen. Im Land Preußen beispielsweise hatte der »Stahlhelm« 1931 ein Volksbegehren zur Auflösung des Landtags beantragt, dem sich die DNVP, die DVP sowie einige Randgruppen anschlossen. Den dann am 9. August 1931 folgenden Volksentscheid trug nicht nur die NSDAP mit, sondern – nach einer Intervention Stalins – auch die KPD. Im Kampf gegen die »Sozialfaschisten« mobilisierte die KPD ihre Anhänger für eine Aktionseinheit mit den »Faschisten«. Für den Volksentscheid zur Auflösung des Preußischen Landtags votierten 9,8 Millionen Wähler, 13,2 Millionen Stimmen wären erforderlich gewesen.

A.M.

Fotos von Arbeitslosigkeit und Elend
Walter Ballhause
(1911-1991)
Hannover, um 1930

a) Arbeitslosenschlange beim Stempeln im Hof des Arbeitsamtes Hannover
Vintage Print;
29,4 x 41 cm
Inv.-Nr.: Ph 92/104

b) Advent – Auf Krücken sitzt sich's wärmer
Vintage Print;
29 x 40,6 cm
Inv.-Nr.: Ph 92/134

c) Streit der Bettler um den besten Platz
Vintage Print;
29,2 x 40,9 cm
Inv.-Nr.: Ph 92/140

d) In Marktabfällen Suchende
Vintage Print;
30 x 41 cm
Inv.-Nr.: Ph 92/153

e) Kauft Streichhölzer
Vintage Print;
41,5 x 29,6 cm
Inv.-Nr.: Ph 92/181

f) Gymnasialschüler auf dem Weihnachtsmarkt
Vintage Print;
24 x 17,4 cm
Inv.-Nr.: Ph 92/215

1926 rief die der KPD nahestehende »A-I-Z« alle fotografierenden Arbeiter zu einem Wettbewerb auf und bat um Zusendung von Fotos, die den Alltag, das Arbeitsleben und den Kampf der Arbeiterbewegung dokumentierten. Schon ein Jahr zuvor hatte die KPD auf ihrer Reichs-Agitations- und Propagandakonferenz gefordert, alle Medien in den Dienst des Klassenkampfes zu stellen. Damit war auch die zentrale Aufgabe der Arbeiterfotografiebewegung definiert. Bereits 1927 wurde die Vereinigung der Arbeiter-Fotografen Deutschlands gegründet, der neben Kommunisten auch Sozialdemokraten und Parteilose angehörten. Ziel der Organisation war die »aktive Beteiligung der Arbeiter-Fotografen an den politischen und wirtschaftlichen Kämpfen der Arbeiterklasse«.

Auch der Hannoveraner Walter Ballhause wurde vom Hilfsarbeiter zum Arbeiterfotografen. Er war seit 1925 Mitglied der SPD und wechselte 1931 zur Sozialistischen Arbeiterpartei (SAP). Mit einer geliehenen Leica, unter Mantel oder Jacke versteckt, hielt er die »überflüssigen Menschen« seiner Zeit fest: Arbeitslose, Kinder, Alte, Invaliden. Ohne revolutionäres Pathos dokumentieren Ballhauses Bilder das Elend und den täglichen Kampf ums Überleben derer, die nur noch kümmerlich von der Wohlfahrt lebten oder sogar ohne jede Unterstützung auskommen mußten. C.J.

Die Politischen
Paul Fuhrmann
(1893-1952)
1931
Öl/Papier/Leinwand; 121 x 100 cm
Signatur
unten links:
P. Fuhrmann 1931
Inv.-Nr.: Kg 61/2

Kriegsgewinnler
Paul Fuhrmann
(1893-1952)
1932
Öl/Leinwand;
120 x 110 cm
Signatur
unten rechts:
P. Fuhrmann 1932
Inv.-Nr.: Kg 61/3

Die Mitglieder der Künstlergruppe »Die Zeitgemäßen«, zu denen auch der Maler und Grafiker Paul Fuhrmann gehörte, bewegten sich im Spannungsfeld zwischen Kunst und Politik. Die erste Fassung seines Gemäldes »Die Politischen« wurde auf Anordnung der Berliner Politischen Polizei aus der »Großen Berliner Kunstausstellung« von 1931 entfernt. Stein des Anstoßes war die Darstellung zweier Schutzpolizisten, die mit Gummiknüppeln auf einen am Boden liegenden Arbeiter einschlagen. In der überarbeiteten Fassung entschärfte Fuhrmann die Aussage des Bildes: An der Stelle dieser Szene führte er einen Polizisten ein, der über einen auf die Leinwand collagierten Zeitungsartikel mit dem Titel »Deutsche Börsen« schreitet. Der darübergeklebte Schriftzug »Notverordnungsdiktatur« verweist auf die aktuelle Brüningsche Politik. Nicht geändert hatte der Maler seine eindeutig zum Ausdruck gebrachte Parteinahme für die politische Linke, die in der Weimarer Republik von der Justiz mit ungleich härteren Strafen belegt wurde als die Rechte.

Mit seinem Gemälde »Kriegsgewinnler« geht Fuhrmann nicht nur der Frage nach, wohin Militarismus führen kann und wer in der Industrie das Geld verdient, sondern er reflektiert auch die Rolle des Künstlers und kommt zu dem Ergebnis, daß ein Künstler, der sich in den Dienst des »Kapitals« stellt, den Krieg glorifizieren muß. K.S.

Zeitungsjunge
Alfred Fritzsche
(1898-1985)
1926
Öl/Leinwand;
98 x 119 cm
Signatur
unten links:
A. Fritzsche 1926
Inv.-Nr.: Kg 73/19

Hochofenarbeiter
Conrad Felixmüller
(1897-1977)
1927
Öl/Leinwand;
58,7 x 43,5 cm
Signatur unten
links: C. Felixmüller
Haspe 1927
Inv.-Nr.: Kg 64/6

Vor dem Tor
Hans Grundig
(1901-1958)
1932
Öl/Leinwand;
97 x 73 cm
Signatur
unten rechts:
H. Grundig 1932
Inv.-Nr.: Kg 58/67

Gemeinsam ist allen drei Malern ihre Heimatstadt Dresden, ihre Ausbildung und die Herkunft aus einer Arbeiterfamilie. Das sozialistische Weltbild prägt ihre Kunstauffassung. Im Zentrum ihres Schaffens steht der arbeitende Mensch: »Kunst ist eine historische Angelegenheit, da sie der Ausdruck der menschlichen Gesellschaft ist, das ästhetische Moment ist von untergeordneter Bedeutung« (Felixmüller). Bildwürdig ist aber nicht nur der Werktätige, sondern auch die Schattenseite der Arbeitswelt: Kinderarbeit und Beschäftigungslosigkeit. Das hinter allem stehende Ideal ist nicht der passive, sich in sein Schicksal fügende, sondern der für seine Rechte kämpfende Mensch.

Blaß und abgehärmt kommt dem Betrachter der »Zeitungsjunge« mit der »Arbeiterstimme« in der Gommerschen Straße in Dresden entgegen. Die Düsternis der Arbeitersiedlung wird durch die kahlen Bäume und kreisenden Raben unterstrichen. Dagegen kontrastiert das von Selbstbewußtsein geprägte Bildnis des »Hochofenarbeiters«, das Felixmüllers Faszination durch die Technik spürbar werden läßt. Wie ein Krieger auf seine Lanze stützt sich der Proletarier auf einen Spieß zur Schlackenentnahme in der Hütte von Haspe (Hagen). Grundig malt 1932, auf dem Höhepunkt der Arbeitslosigkeit, untätige Frauen vor einem Hinterhoftor. Das Bild veranschaulicht die lichtarmen Wohnverhältnisse in dumpfen Mietskasernen.

I.A./A.S.

Die Internationale
Otto Griebel
(1895-1972)
1928-1930
Öl/Leinwand;
123 x 183 cm
Signatur unten
rechts: Griebel
Inv.-Nr.: Kg 62/61

Das Bild gilt als herausragendes Beispiel der proletarisch-revolutionären Kunst. Der Maler füllte die Leinwand mit der Darstellung unendlich vieler, gleichberechtigt nebeneinander stehender Arbeiter unterschiedlicher Nationalität, die gemeinsam die »Internationale« singen. Griebel, seit 1919 aktives KPD-Mitglied, verzichtet jedoch auf die übliche kommunistische Symbolik. Er illustriert die Idealvorstellung des über Partei- und Landesgrenzen hinaus gemeinsam vorwärtsschreitenden Weltproletariats: Nur die internationale Solidarität der Arbeiter kann die herrschenden Mißstände überwinden. So ermutigt das Bild zum Klassenkampf.

Griebel selbst ist rechts in der zweiten Reihe zu erkennen. Er demonstriert die Solidarität zwischen Künstlern und Arbeitern, indem er seine Hand auf die Schulter des vor ihm stehenden Bergmannes legt. Der politisch engagierte Maler gehörte auch zu den Mitbegründern der 1929 in Dresden gebildeten Asso-Gruppe (Assoziation Revolutionärer Bildender Künstler Deutschlands). Dieser Einsatz galt den nationalsozialistischen Machthabern als gefährlich: 1933 durchsuchte die Gestapo Griebels Haus und verhaftete den Künstler; das Bild wurde beschlagnahmt und nach Polen verbracht. Von dort wurde es 1945 an den Maler zurückgegeben. K.S./M.B.

Nieder mit den Abtreibungs-Paragraphen!
Käthe Kollwitz (1867-1945)
Berlin: Fides Propaganda Verlag, 1924
Lithographie; 52,5 x 48,4 cm
Signatur unten rechts: Kollwitz
Inv.-Nr.: P 62/1296

»Wenn das zweite und dritte Kind kommt, beginnt das Elend. Der Lohn reicht nicht mehr ... Bereits im Mutterleib hungert der kleine Proletarier«, heißt es in der Zeitschrift »Die Kämpferin«.

Dieses Dilemma hatten auch Wissenschaftler, Ärzte und Künstler erkannt und sich vehement für die Abschaffung der Paragraphen 218-220 engagiert. Käthe Kollwitz bringt in ihrem Plakat den Zusammenhang von Mutterschaft und wirtschaftlichem Elend zum Ausdruck. In der Weimarer Republik wurde die ersatzlose Streichung des § 218 oder wenigstens Straffreiheit bei einem Abbruch in den ersten drei Schwangerschaftsmonaten gefordert. Das Strafgesetzbuch von 1871 wurde jedoch 1926 nur dahingehend verändert, daß eine Abtreibung nicht mehr mit bis zu fünf Jahren Zuchthaus, sondern »nur« noch mit Gefängnisstrafe geahndet wurde. Eine Reform des § 218 erfolgte 1927, indem der Schwangerschaftsabbruch aus medizinischen Gründen legalisiert wurde.

Die Motivation für den Kampf gegen den § 218 kam aus dem Elend des Proletariats und hatte mit dem Kampf der Frauen für Eigenständigkeit und Selbstverantwortung noch wenig zu tun. Die verzweifelte Lage der Arbeiterfrauen in den zwanziger Jahren führte dazu, daß trotz Strafandrohungen die Zahl der Abtreibungen zum Ende des Jahrzehnts auf circa eine Million jährlich anstieg. Die Angst vor noch mehr wirtschaftlicher Not war größer als die Angst vor Strafe. M.B.

»Nie wieder Krieg« lautete das Motto der Massenkundgebungen, die linke und pazifistische Organisationen anläßlich des »Antikriegstages« jedes Jahr Anfang August in Deutschland veranstalteten – als Mahnung an den Kriegsbeginn 1914. Die Pazifisten erinnerten während der Weimarer Republik immer wieder an das Leiden im Krieg, um Abrüstung und friedliches Miteinander der Völker zu fordern.
Die sozial und politisch engagierte Künstlerin Käthe Kollwitz unterstützte diese Bestrebungen mit Werken, in denen sie sich mit den Schrecken des Krieges auseinandersetzte: 1922/23 schuf sie eine Folge von Holzschnitten mit dem Titel »Krieg«. 1922 erhielt sie vom Internationalen Gewerkschaftsbund den Auftrag für ein Plakat zum »Antikriegstag«. Es erschien 1924 unter dem Titel »Die Überlebenden / Krieg dem Kriege«. Für den Mitteldeutschen Jugendtag der Sozialistischen Arbeiterbewegung entwarf sie die Gestalt einer kämpferischen Frau mit dem mahnend hochgereckten Arm, die entschlossen für die Sicherung des Friedens eintritt.
»Wenn ich mich mitarbeiten weiß in einer internationalen Gemeinschaft gegen den Krieg, hab' ich ein warmes, durchströmendes und befriedigendes Gefühl ... Ich bin einverstanden damit, daß meine Kunst Zwecke hat. Ich will wirken in dieser Zeit, in der die Menschen so ratlos und hilfsbedürftig sind«, notierte sie dazu in ihrem Tagebuch. C.J.

Nie wieder Krieg
Käthe Kollwitz
(1867-1945)
1924
Lithographie;
93,5 x 71 cm
Signatur unten rechts: Kollwitz
Inv.-Nr.: P 62/23

Fahne des Kriegervereins der ehemaligen 94er Schützenkompanie
Weimar, 1926/1936
Seide, maschinenbestickt, appliziert;
103 x 124 cm
Inv.-Nr.: Fa 67/66

»Stahlhelm«-Ehrenschild
Auszeichnungsringkragen für Fahnenträger des »Stahlhelm«
10. Mai 1925
Metall, versilbert, vergoldet;
17 x 17,5 x 39 cm (mit Kette)
Inv.-Nr.: 1988/891

Was will der Stahlhelm?
Berlin: Vaterländische Verlags- und Kunstanstalt, um 1922
Lithographie;
72 x 48 cm
Inv.-Nr.: P 74/3782

Für das Bedürfnis nach soldatischer Traditionspflege hatten die Weimarer Koalitionsparteien recht wenig Verständnis. Dieses für Millionen von Weltkriegsteilnehmern außerordentlich wichtige Betätigungsfeld überließen die republikanischen Parteien zunächst den Kräften der politischen Rechten. Für den kurz nach Kriegsende von Franz Seldte in Magdeburg gegründeten »Stahlhelm, Bund der Frontsoldaten« verband sich bereits mit der Namensgebung der Anspruch, eine Organisation zu sein, in der das Wirken aller Kriegsteilnehmer Anerkennung fand. Doch trotz nomineller Überparteilichkeit stand der »Stahlhelm« mit seinen 1930 rund 500 000 Mitgliedern in eindeutiger Opposition zur Weimarer Republik. Gemeinsam mit der DNVP und der NSDAP bildete er im Oktober 1931 die Harzburger Front. Über die Mitglieder seiner Bundesführung hatte der »Stahlhelm« engen Kontakt zu anderen Organisationen: Hans Bodo Graf von Alvensleben beispielsweise war Präsident des Deutschen Herrenklubs, und Eduard Stadler war Gründer der Antibolschewistischen Liga. Der »Stahlhelm« war paramilitärisch organisiert, und für körperlich taugliche Mitglieder galt seit 1928 die Wehrsportdienstpflicht. In der unter Hitler am 30. Januar 1933 gebildeten Regierung kam das Arbeitsministerium an Franz Seldte, den Bundesführer des »Stahlhelm«. K.P.M.

Am 11. November 1923, nach dem Scheitern des »Hitler-Putsches« und dem Verbot der NSDAP, wurde Adolf Hitler verhaftet. Der bayerische Volksgerichtshof in München attestierte ihm eine »vaterländische Gesinnung« und verurteilte ihn am 1. April 1924 aufgrund »mildernder Umstände« zu der Mindeststrafe von fünf Jahren Festungshaft. Bereits am 20. Dezember 1924 wurde Hitler wegen »guter Führung« aus der Festung Landsberg entlassen. Schon Ende Februar 1925 hatte er die »Neugründung« von NSDAP und SA vorbereitet. Als unumstrittener »Führer« von seiner »Gefolgschaft« akzeptiert, bekannte Hitler sich beim Kampf gegen Republik und Demokratie nun offiziell zum »Legalitätskurs«. Er empfahl sich und seine »Bewegung« einerseits als Bewahrer aller bedrohten Werte, andererseits baute er die SA zu einer Terrororganisation aus, die auch vor der Ermordung politischer Gegner nicht zurückschreckte. Legalitätsbeteuerungen und revolutionäres Pathos brachten den Nationalsozialisten Zulauf. Bis 1930 stieg die Zahl der SA-Mitglieder auf rund 100 000, unter der Führung von Ernst Röhm verdreifachte sie sich bis Anfang 1933. Die Entscheidung über das öffentliche Erscheinungsbild von NSDAP und SA lag bei Hitler. Von ihm stammten Entwürfe für die Hakenkreuzfahne, er setzte die »braunen« Hemden der SA durch und entwarf auch die SA-Standarten. K.P.M./B.A.

Gautag der Sächsischen Nationalsozialisten Plauen i. V.
Veranstaltungsplakat der Nationalsozialistischen Deutschen Arbeiterpartei
Plauen: Franz Neupert G.m.b.H., 1930
Druck; 94 x 62,5 cm
Inv.-Nr.: P 62/1356

SA-Uniform, Sturm 5 (Gruppe Berlin), Rang Scharführer
Um 1930

Bluse, Stiefelhose, Koppel mit Schulterriemen, Binder, Armbinde
Baumwolle, Leder
Inv.-Nr.:
U 58/83, U 70/74, U 74/75.a,b, U 76/94, U 67/98

Letzter republikanischer Appell
Plakat des Reichsbanners Schwarz-Rot-Gold
Berlin, 1925
Druck; 70 x 46,5 cm
Inv.-Nr.: P 74/3980

Das dritte Reich kommt nicht!
Flugblatt der Eisernen Front
Hamburg, Januar 1932
Druck; 29,4 x 21,2 cm
Inv.-Nr.: Do 65/113

Armbinde der Eisernen Front
Nach 1931
Baumwolle, bedruckt; 7,7 x 38 cm
Inv.-Nr.: 1989/1940

Das auf die Initiative sozialdemokratischer Führer hin am 22. Februar 1924 in Magdeburg gegründete »Reichsbanner« trat unter den Farben »Schwarz-Rot-Gold« zum Schutz der parlamentarischen Demokratie an; es wurde von SPD, Zentrum und DDP getragen. Als Bund republikanisch gesinnter Kriegsteilnehmer entwickelte sich das »Reichsbanner« zu einer Massenorganisation, der 1932 mehr als drei Millionen Mitglieder angehörten.

Nach dem Wahlerfolg der NSDAP bei der »Septemberwahl« von 1930 versuchte das »Reichsbanner«, dem verstärkt einsetzenden Straßenterror durch die Bildung militärisch organisierter Formationen entgegenzutreten. Bis in den Februar 1933 hinein sollten diesem Kampf 47 Reichsbannerleute zum Opfer fallen.

1931/32 vereinigte sich das »Reichsbanner« mit den Freien Gewerkschaften und anderen Verbänden zur Eisernen Front. Ihr Emblem mit den charakteristischen drei Pfeilen stammt von dem Exilrussen Serge Chakotin (Sergej W. Tschechonin) und symbolisiert die wichtigsten Gegner der Eisernen Front: die »Adelskamarilla«, die Nationalsozialisten und die Kommunisten. Doch trotz ihrer zahlreichen Mitglieder konnte die Eiserne Front an der politischen Kräftekonstellation nur wenig ändern. K.P.M.

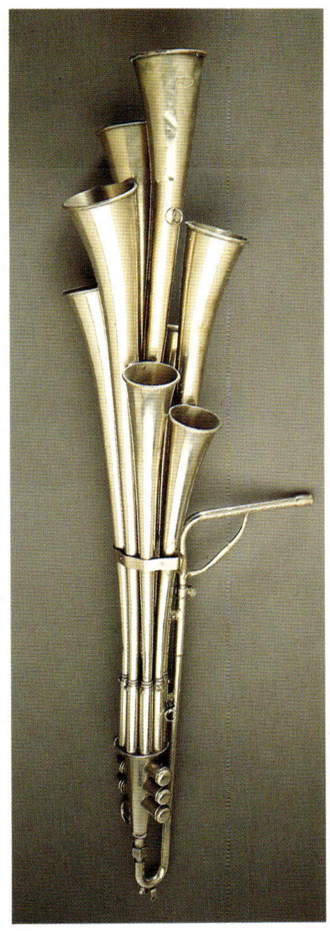

Am 31. Mai 1924 gründete die KPD in Halle den Roten Frontkämpferbund (RFB). Seine Mitglieder waren uniformiert. Bei Veranstaltungen und Kundgebungen traten sie in Marschblocks mit Schalmeienkapellen und Fahnen auf. Symbol des RFB war eine geballte Faust, die stete Kampfbereitschaft ausdrücken sollte. Unter der Leitung von Ernst Thälmann umfaßte der Bund 1927 über 1 600 Ortsgruppen mit rund 110 000 Mitgliedern. Nachdem es bei einer verbotenen Demonstration der KPD am 1. Mai 1929 in Berlin zu blutigen Auseinandersetzungen zwischen der Polizei und Mitgliedern des Roten Frontkämpferbundes gekommen war, wurde der RFB verboten. Bis zu seiner Zerschlagung 1933 existierte der Bund illegal weiter.

Ebenfalls 1924 gegründet wurde die Rote Hilfe Deutschlands (RHD) zur Unterstützung von politischen Gefangenen und deren Angehörigen. 1925 übernahm Clara Zetkin den Vorsitz von Wilhelm Pieck. Kampagnen der RHD wurden von Albert Einstein, Kurt Tucholsky, Käthe Kollwitz, Heinrich Zille, Heinrich Mann und anderen unterstützt. Die ab 1933 illegale Rote Hilfe Deutschlands wurde 1935/36 von der Gestapo zerschlagen; im Ausland setzte die Rote Hilfe ihre Arbeit fort.

K.P.M./B.A.

Fahne der 14. Abteilung des Roten Frontkämpferbundes Berlin-Neukölln
Berlin, 1924-1929
Baumwolle, bestickt;
100 x 155 cm
Inv.-Nr.: Fa 59/118

Schalmei des Roten Frontkämpferbundes
1924-1929
Metall, vernickelt;
L 103 cm
Inv.-Nr.: U 79/29

Der Sinn des Hitlergrusses
Titelbild der »A-I-Z«
Nr. 42
John Heartfield
(= Helmut Herzfelde)
(1891-1968)
Berlin: Neuer Deutscher Verlag,
16. Oktober 1932
Druck;
37,8 x 27,8 cm
Inv.-Nr.: Do 57/27.6

Spitze einer Fahne des Roten Frontkämpferbundes
1924-1929
Messing, gegossen;
34 x 12,5 cm
Inv.-Nr.: Fa 72/57

Der Zweite Schlag! Wählt Hindenburg am 10. April!
Wahlplakat zur Reichspräsidentenwahl 1932
? Godal
Berlin: Vorwärts-Druckerei, 1932
Lithographie;
83,5 x 58 cm
Signatur unten rechts: GODAL
Inv.-Nr.: P 63/230

Kämpft gegen Hunger und Krieg! Wählt Thälmann!
Wahlplakat der Kommunistischen Partei Deutschlands zur Reichspräsidentenwahl 1932
John Heartfield
(= Helmut Herzfelde)
(1891-1968)
Leipzig: Neue Druckwerkstätten AG, 1932
Farboffset;
70,5 x 49,5 cm
Signatur unten links: John Heartfield
Inv.-Nr.: P 55/160

Wir wählen Hindenburg! / Wir wählen Hitler!
Wahlplakat der Nationalsozialistischen Deutschen Arbeiterpartei zur Reichspräsidentenwahl 1932
Berlin: Plakatkunstdruck Eckert, 1932
Tiefdruck;
120 x 84,3 cm
Inv.-Nr.: P 62/1072

Im Frühjahr 1932 lief die Amtszeit des Reichspräsidenten ab. Während Hindenburg anstrebte, sich ohne Wahlkampf durch ein Plebiszit im Amt bestätigen zu lassen, bemühte sich Reichskanzler Brüning um eine Zweidrittelmehrheit im Reichstag, die Hindenburgs Amtszeit durch ein verfassungsänderndes Gesetz verlängern sollte. Brüning scheiterte hierbei jedoch am Widerstand von Hitler und Hugenberg. Hindenburg, unterstützt von den republikanisch-demokratischen Parteien, verfehlte beim ersten Wahlgang mit 49,6 Prozent aller Stimmen knapp die erforderliche Mehrheit. Daß mit Hitler und dem »Stahlhelm«-Führer Duesterberg zwei Politiker aus dem »nationalen Lager« gegen ihn angetreten waren, lastete er den gescheiterten Bemühungen Brünings an.

Beim zweiten Wahlgang verzichtete Duesterberg auf eine eigene Kandidatur und unterstützte Hindenburg, dessen Amtszeit nun mit 53 Prozent der abgegebenen Stimmen um sieben Jahre verlängert wurde. Hitler konnte sein Ergebnis im zweiten Wahlgang um sechs Prozent steigern und erhielt knapp 37 Prozent der Stimmen. Rund zehn Prozent aller Wähler hatten für Ernst Thälmann gestimmt.

Als drei Tage nach der Wiederwahl Hindenburgs am 13. April 1932 die SS und SA durch eine Notverordnung verboten wurden, zeigte man in der Umgebung des Reichspräsidenten wenig Verständnis dafür, daß dieses Verbot nicht auch für das republiktreue »Reichsbanner« galt. B.A.

33
DAS NS-REGIME

Niemand zweifelte am Abend des 30. Januar 1933 daran, daß die Republik von Weimar tot war, aber von der Zukunft herrschten unterschiedliche Vorstellungen. Leidenschaftliche Erregung fand sich nur bei den Anhängern der nationalsozialistischen Partei. Die Öffentlichkeit dagegen verhielt sich weniger bewegt, als das die schnell anlaufende Propagandamaschinerie der neuen Regierung wahrhaben wollte; der britische Botschafter meldete aus Berlin, die Presse habe »die Ernennung des Herrn Hitler zum Reichskanzler mit beinahe philosophischer Ruhe hingenommen«, und fügte hinzu, daß »die Bevölkerung gleichmütig darauf reagierte«. Man muß bedenken, daß es keine Erfahrung gab, auf die die Zeitgenossen im Jahr 1933 bei der Beurteilung des nationalsozialistischen Regimes zurückgreifen konnten. Im übrigen war die Wendung zum autoritären Regime nichts Unerhörtes; seit 1930 hatte man sich daran gewöhnt, daß es eine parlamentarische Kontrolle der Politik kaum gab, und sah man sich in Europa um, dann erblickte man in den meisten Fällen ähnliches. Worin Hitler in der Öffentlichkeit völlig falsch eingeschätzt wurde, war, daß er eben kein Politiker, sondern Ideologe und Revolutionär war, daß die herkömmlichen Kategorien der europäischen Politik ihm fremd und gleichgültig waren und daß er letztlich nur ein Ziel besaß: den Krieg zur Errichtung der Weltherrschaft einer überlegenen, arisch-deutschen Rasse auf den Knochen der Unterlegenen – und daß er dieses Ziel stets und fanatisch, wenn auch oft hinter einem Schleier taktischer Manöver, im Auge behielt.

Ein Kesseltreiben gegen Minderheiten, die nicht dem »arischen« Ideal entsprachen, der Anspruch, alle Bereiche des öffentlichen und privaten Lebens mit nationalsozialistischer Ideologie zu durchdringen, sowie das Bemühen, Deutschland möglichst schnell für den beabsichtigten Eroberungskrieg aufzurüsten, waren die wesentlichsten Merkmale der NS-Herrschaft. Das abgestimmte Zusammenspiel von Terror und Propaganda, aber auch die außenpolitischen Erfolge, die der Weimarer Republik in diesem Ausmaß von den Ententestaaten nicht konzediert wurden, trugen ebenso wie die sich erholende Weltwirtschaft dazu bei, daß die Bevölkerung das NS-Regime im großen und ganzen akzeptierte. Der Verlust persönlicher Freiheitsrechte wurde durch den Zugewinn nationaler Souveränität kompensiert.

Allerdings fanden einzelne Maßnahmen, wie etwa die Zerstörung von über 7 500 jüdischen Geschäften und 267 Synagogen und Gemeindehäusern im Zuge des Pogroms vom November 1938, in der Bevölkerung nicht die von der NS-Führung gewünschte und erwartete Zustimmung. Die zum Teil unverhohlene Ablehnung trug dazu bei, daß die Ermordung von Millionen von Juden seit 1942 nicht vor den Augen der Bevölkerung, sondern im eroberten Osten stattfand. Aber es gab auch von Anfang an fundamentalen Widerstand gegen den Nationalsozialismus. Dieser Widerstand wurde von weltanschaulich ausgesprochen unterschiedlichen Gruppen getragen und reichte von passiver Resistenz bis zum Attentat. Viele Gegner des Nationalsozialismus emigrierten oder sahen sich angesichts persönlicher Verfolgung bald zur Emigration gezwungen, andere zogen die »innere Emigration« vor. Doch sowohl die Anhänger und Mitläufer des NS-Regimes als auch deren Opfer und Gegner verkannten in aller Regel die dem Nationalsozialismus innewohnende Dynamik und Skrupellosigkeit, vor allem aber dessen sozialrevolutionäre Stoßkraft. Selbst die »nationalen Kreise«, die Hitler und die NSDAP an die Regierung gebracht hatten, sahen sich zum Teil nur wenig später in der Rolle von Opfern. Dabei gab es in der am 30. Januar 1933 gebildeten »Regierung der nationalen Erhebung« zunächst nur zwei weitere Nationalsozialisten: den Innenminister Wilhelm Frick und den anfangs ohne eigenen Geschäftsbereich amtierenden Hermann Göring, der jedoch zugleich das überaus wichtige preußische Innenministerium kommissarisch leitete.

Die restlichen, deutschnational-konservativen Minister sollten nach der Vorstellung des Reichspräsidenten die Regierungspolitik maßgeblich beeinflussen, um eine »einseitige Parteidiktatur« der NSDAP zu verhindern. Doch schon kurz vor der offiziellen Amtsübergabe spielte der Populist Hitler seinen Koalitionspartner Alfred Hugenberg erstmals aus. Entgegen früheren Abmachungen bestand Hitler auf Neuwahlen: Der Reichstag wurde aufgelöst, und da von kommunistischer Seite zum Generalstreik aufgerufen worden war, unterzeichnete Hindenburg eine Notverordnung »zum Schutz des deutschen Volkes«, mit der politische Gegner nun radikal, aber legal unterdrückt werden konnten. Zugleich wurden der Beamtenapparat, die Verwaltung und die Polizei großflächig »gesäubert«. Aus den »nationalen Verbänden«, SA, SS und »Stahlhelm«, rekrutierte Göring in Preußen 50 000 Freiwillige als »Hilfspolizisten« und rief im »Schießbefehl« vom 17. Februar 1933 zum »fleißigen Gebrauch der Schußwaffe« auf. Als dann der Reichstag am Abend des 27. Februar in Flammen stand, ordnete Göring umgehend die Verhaftung aller führenden KPD-Funktionäre an. Bereits am nächsten Tag erwirkte die Regierung eine Notverordnung »zum Schutz von Volk und Staat«, mit der noch bestehende Grund- und Verfassungsrechte außer Kraft gesetzt wurden. Schon kurz nach dem Reichstagsbrand waren rund 10 000 Personen verhaftet und zum Teil in

»wilden« Konzentrationslagern interniert, vor allem Kommunisten, aber auch »Juden und andere Regimegegner«. Trotz des staatlichen Terrors kam die NSDAP bei der Wahl am 5. März nur auf 43,9 Prozent aller Stimmen, zusammen mit dem Koalitionspartner DNVP auf knapp 52 Prozent.

Der nächste Schritt in Richtung einer Führer-Diktatur war das am 23. März verabschiedete »Ermächtigungsgesetz«, das Reichstag und Reichsrat von der Gesetzgebung ausschloß. Gegen das »Ermächtigungsgesetz« stimmte nur die SPD, die sich auch durch den von Goebbels zwei Tage zuvor als »Rührkomödie« inszenierten »Tag von Potsdam« nicht blenden ließ. Noch im März begannen die Zerschlagung des sozialdemokratischen »Reichsbanner« und die Gleichschaltung der Länder. Die Gewerkschaften, deren jahrzehntelange Forderung, den 1. Mai zum gesetzlichen Feiertag zu erklären, Hitler demonstrativ umgesetzt hatte, wurden aufgelöst und wenig später der Deutschen Arbeitsfront eingegliedert. Anfang Juli 1933 waren alle Parteien mit Ausnahme der NSDAP aufgelöst. Rund fünf Monate nach der Ernennung Hitlers zum Reichskanzler war die »Machtergreifung« im wesentlichen vollzogen.

Während die nationalsozialistische Führung zunächst darauf bedacht war, die eroberten Machtpositionen zu sichern, forderte die SA, deren Straßenterror entscheidend zur Eroberung der Macht beigetragen hatte, ihren Tribut und drängte zu einer weiteren, zur »sozialen« Revolution. Doch Hitler war schon seit längerem entschlossen, die SA als politischen Machtfaktor auszuschalten und dadurch die für seine Expansionspläne unabdingbare Reichswehr stärker an sich zu binden. Am 30. Juni 1934 exekutierten SS-Kommandos, unterstützt von der Reichswehr, die führenden SA-Mitglieder, aber auch »Verräter« wie Gregor Strasser und politische Gegner wie Erich Klausener. Obwohl mit Kurt von Schleicher, dem letzten Reichskanzler vor Hitler, und Ferdinand von Bredow im Zuge der »Röhm-Affäre« auch zwei hohe Reichswehrgenerale umgebracht worden waren, ordnete Reichswehrminister Werner von Blomberg unmittelbar nach dem Tod Hindenburgs am 2. August 1934 die Vereidigung der Reichswehr auf die Person des »Führers und Reichskanzlers« an. Mit dieser Eidesformel hatte sich die Reichswehrführung freiwillig Hitler unterworfen. Nach Kriegsbeginn 1939 verursachte der auf die Person Hitlers geleistete Eid angesichts der im Osten unübersehbaren, rassistisch begründeten Ausrottungspolitik bei vielen zum Widerstand tendierenden Reichswehroffizieren schwer lösbare Gewissenskonflikte.

Hatten Terror und Propaganda maßgeblich zur Eroberung der Macht beigetragen, so profitierte das NS-Regime nach 1933 auch von der sich wieder belebenden Weltwirtschaft. Der immense Arbeitskräftebedarf für die Aufrüstung, aber auch die Fortführung von bereits vor 1933 ausgearbeiteten Programmen zur Arbeitsbeschaffung reduzierten die Zahl der Arbeitslosen ebenso wie etwa die Ehestandsdarlehen, mit denen Frauen gezielt dem Arbeitsmarkt entzogen wurden. Zahlreiche, mit großem Propagandaaufwand durchgeführte Kampagnen des Winterhilfswerks gegen Hunger und Armut vermittelten der Bevölkerung das Gefühl einer solidarischen Volksgemeinschaft. Die Mitgliedschaft in den NS-Organisationen bot jetzt bislang kaum vorstellbare Möglichkeiten zum Aufstieg, der nicht immer so extrem verlief wie bei Heinrich Himmler: 1936 unterstanden dem 35jährigen »Reichsführer SS« alle Konzentrationslager sowie die gesamte deutsche Polizei.

Mit Rückgang der existenzbedrohenden Arbeitslosigkeit erhöhte sich die Akzeptanz des Dritten Reichs, dessen außenpolitische Erfolge unübersehbar waren: Die »Heimkehr der Saar«, das kurz nach Wiedereinführung der allgemeinen Wehrpflicht abgeschlossene Flottenabkommen mit England, der Einmarsch ins entmilitarisierte Rheinland, die auch im Ausland bewunderte Organisationsleistung bei den Olympischen Spielen 1936, der Anschluß Österreichs sowie die auf der Münchener Konferenz im September 1938 von England, Frankreich und Italien sanktionierte Rückführung sudetendeutscher Gebiete waren die herausragendsten Etappen auf dem Weg zum gleichberechtigten Partner der Siegermächte des Ersten Weltkriegs. Als deutsche Truppen dann im März 1939 in die Tschechoslowakei und ins Memelgebiet einmarschierten und Hitler die Rückgabe Danzigs sowie den Bau einer exterritorialen Autobahn und einer Eisenbahnlinie durch den polnischen Korridor forderte, verkannte er im Triumph über seine bisherigen Erfolge die Grenzen der Appeasement-Politik Englands und Frankreichs. Beide Staaten gaben eine Garantieerklärung für die Unabhängigkeit Polens. Wie zielstrebig sich Deutschland auf den Krieg vorbereitete, zeigt der Anteil der Rüstungsausgaben an den Reichsausgaben: Er stieg von 8,2 Prozent (1932) über 39,3 Prozent (1934) auf 61 Prozent (1938). Was Hitler beabsichtigte, hatte er dem Völkerbundkommissar in Danzig, Carl Jacob Burckhardt, am 11. August 1939 gesagt: Alles, was er wolle, sei Rußland zu unterwerfen; sei der Westen aber nicht bereit, ihn darin zu unterstützen, werde er sich mit Rußland verständigen, den Westen schlagen und sich anschließend gegen die Sowjetunion wenden.

B.A.

Unbeugsamer Glaube u. fanatischer Siegeswille führten zum 30. Januar 1933
1933
Farboffset;
58,7 x 42 cm
Inv.-Nr.: 1988/494

Sonderheft der Berliner Illustrirten Zeitung zum »Tag von Potsdam«
Berlin:
Verlag Ullstein,
21. März 1933
Druck;
37,8 x 55,6 cm
(aufgeschlagen)
Inv.-Nr.: Do 56/418

Der Reichstag in Flammen!
Flugblatt der Nationalsozialistischen Deutschen Arbeiterpartei zu den Reichstagswahlen 1933
Druck;
28,4 x 20,2 cm
Inv.-Nr.:
Do2 94/2778

Am 27. Februar des Jahres 1933 brannte das Reichstagsgebäude. Während die Nationalsozialisten den Brand vor allem als Fanal für einen kommunistischen Aufstand verstanden, gingen insbesondere Kommunisten und Sozialdemokraten davon aus, daß Nationalsozialisten das Feuer gelegt hätten, um einen Vorwand für ihren Terror zu haben. Bereits am Tag nach dem Brand unterzeichnete Hindenburg die vom Kabinett empfohlene »Verordnung zum Schutz von Volk und Staat«, die alle politischen Grundrechte außer Kraft setzte. Oppositionspolitiker, vor allem Kommunisten, wurden willkürlich, aber jetzt legal, verhaftet, kritische Zeitungen wurden verboten.

Das NS-Regime baute jedoch nicht nur auf Terror, sondern auch auf Propaganda. Am 13. März 1933 wurde Joseph Goebbels zum Reichsminister für Volksaufklärung und Propaganda ernannt. Er inszenierte unter anderem den »Tag von Potsdam«: Als der neue Reichstag am 21. März 1933 in der Potsdamer Garnisonkirche mit einem Gottesdienst feierlich eröffnet wurde, verneigte sich Hitler in blauer Zivilkleidung ehrfurchtsvoll vor dem Reichspräsidenten in kaiserlicher Uniform. Das neue, das nationalsozialistische Deutschland reichte dem Kaiserreich symbolisch die Hand. Auch im Ausland verfehlte diese Geste nicht ihre Wirkung.

Zwei Tage später nahm der Reichstag mit 444 zu 94 Stimmen das »Ermächtigungsgesetz« an, mit dem die Regierung Gesetze ohne Reichstag und Reichsrat verabschieden konnte. Alle anwesenden SPD-Abgeordneten hatten das »Ermächtigungsgesetz« abgelehnt, die Abgeordneten der KPD waren verhaftet oder bereits im Untergrund. B.A.

Von Kommunisten in Brand gesteckt!

So würde das ganze Land aussehen, wenn der Kommunismus und die mit ihm verbündete Sozialdemokratie auch nur auf ein paar Monate an die Macht kämen!

Brave Bürger als Geiseln an die Wand gestellt! Den Bauern den roten Hahn aufs Dach gesetzt!

Wie ein Aufschrei muß es durch Deutschland gehen:

Zerstampft den Kommunismus! Zerschmettert die Sozialdemokratie!

Aufmarsch II
Karl Hubbuch
(1891-1979)
1933-1935
Öl/Holz; 40 x 52 cm
Inv.-Nr.: 1987/66

In einem Bild voller Anspielungen versucht Karl Hubbuch, den für ihn unfaßbaren Erfolg der NSDAP seit 1932 zu verarbeiten. Er stellt jedoch nicht die zusehenden Massen dar, sondern zeigt in einer düsteren Szenerie verschiedene Gruppen der Gesellschaft, die dem Aufmarsch einer Truppe von Nationalsozialisten mehr oder weniger interessiert beiwohnen. Hubbuch malt das Volk als versteinerte, dumpfe und gedankenlose Staffage der unentwegten Machtdemonstrationen seiner neuen Beherrscher.

Die dargestellten Typen sind teilweise ihrer gesellschaftlichen Gruppe nach zu unterscheiden. Da gibt es die Arbeiter vor der Stadtmauer, die gebannt auf das Geschehen blicken, und die Bürger und geistlichen Würdenträger hinter der Mauer, die den Zug kaum zur Kenntnis nehmen. Ihr Leben scheint, von den Ereignissen unberührt, in gewohnter Bahn zu verlaufen. Da Hubbuch sie aber gleichermaßen zu Zuschauern macht, zeigt er, daß sie alle mehr oder weniger an der Zerstörung der Demokratie beteiligt waren.

Diese generalisierende Geste nimmt der Künstler durch den Aufbau des Bildes zurück. Der Weg von der mittelalterlichen Festung über die Stadtmauer bis zu den Uniformierten ist stark abfallend, die Truppe läuft ganz vorne nur noch auf einem Holzweg und verschwindet wieder aus dem Bild. Der erhöhte Blickpunkt gestattet dem Betrachter eine gewisse Distanzierung, das erhoffte Vorüberziehen der Gefahr erscheint ihm möglich. W.Ra.

Die Arbeiter-Illustrierte-Zeitung (AIZ) brachte in ihrer Nr. 18 vom 10. Mai 1933, die bereits in Prag erschien, auf ihrer Titelseite John Heartfields Fotomontage »Durch Licht zur Nacht«: Im Hintergrund ist das Reichstagsgebäude, aus dem die Flammen schlagen, zu erkennen, im Vordergrund steht Joseph Goebbels neben einem Haufen brennender Bücher.

Wie auf dem Berliner Opernplatz, so wurde in vielen anderen deutschen Universitätsstädten am 10. Mai 1933 »undeutsches Schrifttum« verbrannt. Diese makabren Veranstaltungen waren Höhepunkt der Kampagne »Wider den undeutschen Geist«, die vom Hauptamt für Presse und Propaganda der Deutschen Studentenschaft vorbereitet worden war. Teil dieser Aktion waren »Schwarze Listen« für die Säuberung öffentlicher und privater Bibliotheken von »zersetzendem Schrifttum«, aber auch Veröffentlichungen in der Tagespresse mit Namen »nicht tragbarer« Autoren sowie die Nennung der Plätze für die nächtlichen Verbrennungen. Von Feuersprüchen begleitet, wurden Werke von Philosophen, Wissenschaftlern, humanistischen Dichtern und zeitgenössischen Autoren den Flammen übergeben. Bei der »Säuberung« öffentlicher Bibliotheken wurden allein in Berlin bis Ende Mai 1933 rund 10 000 Zentner Literatur beschlagnahmt. Ein Jahr später umfaßten die »Schwarzen Listen« mehr als 3 000 Titel verbotener Bücher und Schriften. R.Bl.

Durch Licht zur Nacht
Titelblatt der »AIZ« Nr. 18 zur Bücherverbrennung
John Heartfield (= Helmut Herzfelde) (1891-1968)
Prag, 10. Mai 1933
Tiefdruck; 38,8 x 26,4 cm
Inv.-Nr.: Do 57/27.2

Auswahl von am 10. Mai 1933 verbrannten Buchtiteln
1918-1933

Klebezettel der Kommunistischen Partei zu den Reichstagswahlen 1933

a) Mord! 35 Tote!
Berlin: Uranus-Druckerei, 1933
Druck, gummiert;
5,8 x 8 cm
Inv.-Nr.: 1989/1038.5

b) Her zur Antifaschistischen Aktion
Berlin: Uranus-Druckerei, 1933
Druck, gummiert;
5,2 x 7,7 cm
Inv.-Nr.: 1989/1038.9

c) 3
1933
Lithographie, gummiert;
7,5 x 7,5 cm
Inv.-Nr.: 1989/1038.10

Abschrift

Vortrag von Pfarrer N i e m ö l l e r - D a h l e m in der Marien-Kirche: Der Weg der Bekennenden Kirche

6. Dezember 1936
um 20 Uhr

Text: Johannes 14, 1 - 6
Gesang: Chor einstimmig: Wachet auf ruft uns die Stimme
Versammlung: Wachet auf, ihr Christenleute.

Die Kirche war voll besetzt, auch die Emporen

Der Redner richtete Grüsse des Preussischen Bruderrates aus. Es sei eine Freude zu sehen, wie die Bekennende Kirche es langsam lerne, den Weg zu gehen, den andere ablehnen. Es sei gut, dass sie in enger Gemeinschaft und nicht im grossen Kreis als Lernnende stehen, Sie haben nur den einen Wunsch, dass sie leben bleiben möchten, die angefochtenen Christen sind, um ein Wort von der Erlösung von der frohen Botschaft zu hören. Das haben wir nötig, weil wir in einer Kirche leben, in der Kampf ist anstatt dass sie Früchte bringt. Der Weg, den die Bekennende Kirche geht, ist schwer und sehr viel rauher und herber als vorgestern. Wir wissen auch, dass Viele müde sind und am Wege liegen blieben. Aber über dem Weg der Bekennenden Kirche leuchtet der Sonnenschein der Gnade Gottes,

Der Weg der Bekennenden Kirche
Abschrift eines Vortrages von Pfarrer Martin Niemöller (1892-1984)
Berlin, 6. Dezember 1936
Maschinengeschrieben (Durchschlag);
29,6 x 20,8 cm
Inv.-Nr.: Do 54/777

Postkarte mit Aufschrift: Umseitig der noch zu hängende »Schickelhuber« – Rückseite
Vorderseite: Hitlerporträt
Poststempel: Prag, 22. März 1939
Druck, handgeschrieben;
14 x 9,1 cm
Inv.-Nr.: Do2 93/499

Neben der breiten Zustimmung für die neuen Machthaber gab es einzelne Personen und Gruppen, die sich der nationalsozialistischen Herrschaft widersetzten. Da sich die Nationalsozialisten unmittelbar nach der »Machtergreifung« auf die Zerschlagung der KPD konzentrierten, mußten die Kommunisten ihren Wahlkampf für die Reichstagswahlen vom 5. März 1933 bereits aus der Illegalität führen. Mit der Verteilung kleiner Handzettel versuchte die KPD die Repressionen zu unterlaufen. Auch viele Sozialdemokraten gingen im Frühjahr 1933 in den Untergrund, die SPD-Führung emigrierte nach Prag.

Der Widerstand gegen den Nationalsozialismus war breit gefächert. Auch innerhalb der Kirchen formierten sich die Gegner der NS-Herrschaft. Als Reaktion auf die Versuche der Nationalsozialisten, die Evangelische Kirche mit Hilfe der Deutschen Christen »gleichzuschalten«, entstand die Bekennende Kirche. Sie forderte 1934 in der »Barmer Erklärung« die Freiheit der Kirche von jeglicher Bevormundung. Eine Keimzelle der Bekennenden Kirche war der vom Dahlemer Pfarrer Martin Niemöller gegründete Pfarrernotbund. Niemöller protestierte gegen die Entfernung evangelischer Geistlicher »jüdischer Herkunft« aus ihrem Amt. 1937 wurde Niemöller von der Gestapo verhaftet, erst bei Kriegsende wurde er aus dem KZ befreit.

Erstes Zufluchtsland für viele politische Emigranten war Frankreich. Paris und Prag waren die wichtigsten Zentren des politischen Exils. Schriftsteller wie Thomas und Heinrich Mann, Lion Feuchtwanger und Joseph Roth oder Politiker wie Rudolf Breitscheid (SPD) und Willi Münzenberg (KPD) beteiligten sich in Paris an den Veranstaltungen der »deutschen Kolonie« und

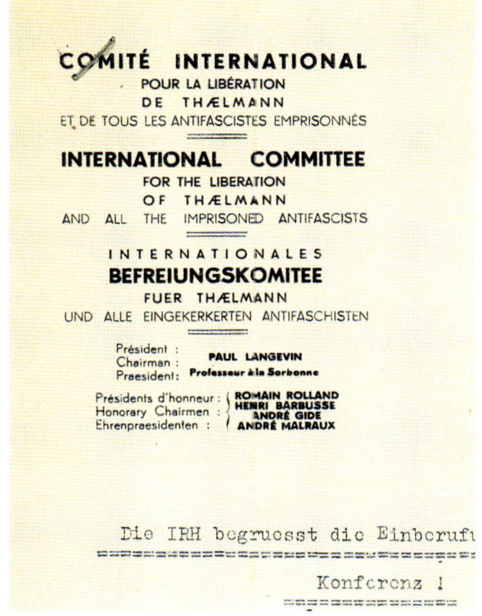

COMITÉ INTERNATIONAL
POUR LA LIBÉRATION
DE THÆLMANN
ET DE TOUS LES ANTIFASCISTES EMPRISONNÉS

INTERNATIONAL COMMITTEE
FOR THE LIBERATION
OF THÆLMANN
AND ALL THE IMPRISONED ANTIFASCISTS

INTERNATIONALES
BEFREIUNGSKOMITEE
FUER THÆLMANN
UND ALLE EINGEKERKERTEN ANTIFASCHISTEN

Président : / Chairman : / Praesident : PAUL LANGEVIN, Professeur à la Sorbonne

Présidents d'honneur : / Honorary Chairmen : / Ehrenpraesidenten : ROMAIN ROLLAND, HENRI BARBUSSE, ANDRÉ GIDE, ANDRÉ MALRAUX

Die IRH begruesst die Einberufu

Konferenz !

Aufruf des Internationalen Befreiungskomitees für Thälmann und alle eingekerkerten Antifaschisten
Paris, 8. Oktober 1934
Druck, maschinengeschrieben (Durchschlag); 31 x 21,2 cm
Inv.-Nr.: Do 57/989.17

schrieben für das »Pariser Tageblatt«. Auf sehr verschiedenen Wegen traten die Emigranten der nationalsozialistischen Diktatur entgegen. So organisierten sie die Herstellung und den Transport von Flugblättern, die in Deutschland verteilt werden sollten. In Paris setzte sich auch ein internationales Komitee für die Befreiung des KPD-Führers Ernst Thälmann und anderer Inhaftierter ein. Im Hotel Lutetia verhandelten Vertreter der verschiedenen Linksparteien, darunter auch Willy Brandt für die SAP und Herbert Wehner für die KPD, seit 1935 über die Bildung einer gemeinsamen »deutschen Volksfront«. Einer der führenden Verfechter des Volksfront-Gedan-

27 Januar 36

Lieber Herr Dr. Rosenfeld,
Ich erhielt ihr Schreiben vom 20 Januar 36. Habe dazu Folgendes zu bemerken: Ich nehme an solchen Besprechungen nicht teil, einfach aus dem Grunde, weil ich an keinerlei wirklich positives Resultat glauben kann. Wie sich der sehr ideal veranlagte Herr Mann das eigentlich denkt, ein plötzliches zusammengehen zwischen zwei Todfeinden wie KP. und SPD. ist mir ein Rätsel. (vielleicht weil vom Osten ein Befehl erteilt wurde: von morgen ab habt ihr allesammt EINIG zu sein?) Nein, ich habe gründlich den Glauben an alle solche Congresse verloren. Es kam selbst in günstigen Zeiten damals nicht viel dabei heraus! Auf welches „Programm„ sofern alles nicht blosses „taktisches„ Gerede bleiben soll, wollen sich denn Anhänger einer „absoluten Diktatur„ und sagen wir mal „Demokraten„ zusammenfinden?????
Nein ich gestehe offen ich habe den Glauben diesbezüglich ganz verloren!
Ich bin auch nicht „Politiker„ genug, um an dem reinen zynischen Spiel um die Macht in diesem Sinne wirklich Spass zu haben. Dies hat nichts mit meiner absoluten Antihitlerstellung zu tun.
In der Hoffnung Sie und ihre Frau einmal recht bald bei uns zu sehen
zeichnet mit besten Grüssen
Ihr
George Grosz

40–41 221 Street
Bayside Lg. Island

Brief von George Grosz an Kurt Rosenfeld
New York, 27. Januar 1936
Maschinengeschrieben, handgeschrieben; 27,7 x 21,5 cm
Inv.-Nr.: Do 57/989

KOMITEE ZUR VORBEREITUNG
DER DEUTSCHEN VOLKSFRONT
Vorsitzender HEINRICH MANN

Dr. Kurt Rosenfeld
104 West 70 th Street
NEW YORK

Liebe Freunde,

Schreiben des Komitees zur Vorbereitung der Deutschen Volksfront
Paris, 13. April 1937
Druck, maschinengeschrieben (Durchschlag); 26,8 x 20,8 cm
Inv.-Nr.: Do 57/989.30

kens war der seit 1934 im New Yorker Exil lebende Politiker Kurt Rosenfeld (SAP), der als Strafverteidiger von Kurt Eisner, Rosa Luxemburg und Carl von Ossietzky bekannt geworden war. George Grosz allerdings kritisierte in seinem Brief vom 27. Januar 1936 das »Zusammengehen zwischen zwei Todfeinden wie KP und SPD«. Die Verhandlungen zur Bildung einer Volksfront scheiterten 1937 endgültig an den von Walter Ulbricht geführten Kommunisten. T.B.

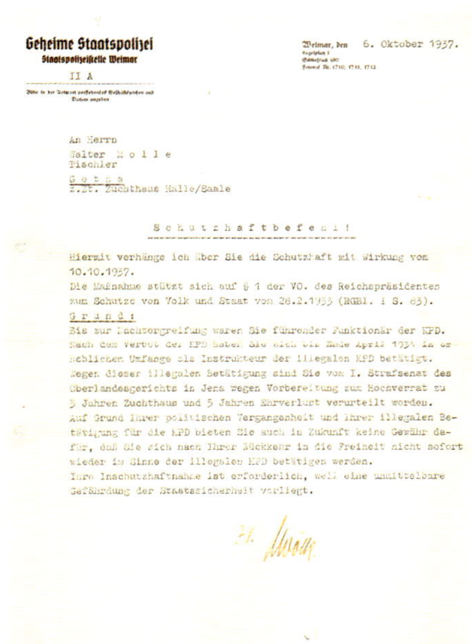

Geheime Staatspolizei
Staatspolizeistelle Weimar
II A

Weimar, den 6. Oktober 1937.

An Herrn
Walter M o l l e
Tischler
G o t h a
z.Zt. Zuchthaus Halle/Saale

S c h u t z h a f t b e f e h l !

Hiermit verhänge ich über Sie die Schutzhaft mit Wirkung vom 10.10.1937.
Die Maßnahme stützt sich auf § 1 der VO. des Reichspräsidenten zum Schutze von Volk und Staat vom 28.2.1933 (RGBl. I S. 83).
G r u n d :
Bis zur Machtergreifung waren Sie führender Funktionär der KPD. Nach dem Verbot der KPD haben Sie sich bis Ende April 1934 in erheblichem Umfange als Instrukteur der illegalen KPD betätigt. Wegen dieser illegalen Betätigung sind Sie vom I. Strafsenat des Oberlandesgerichts in Jena wegen Vorbereitung zum Hochverrat zu 3 Jahren Zuchthaus und 5 Jahren Ehrverlust verurteilt worden.
Auf Grund Ihrer politischen Vergangenheit und Ihrer illegalen Betätigung für die KPD bieten Sie auch in Zukunft keine Gewähr dafür, daß Sie sich nach Ihrer Rückkehr in die Freiheit nicht sofort wieder im Sinne der illegalen KPD betätigen werden.
Ihre Inschutzhaftnahme ist erforderlich, weil eine unmittelbare Gefährdung der Staatssicherheit vorliegt.

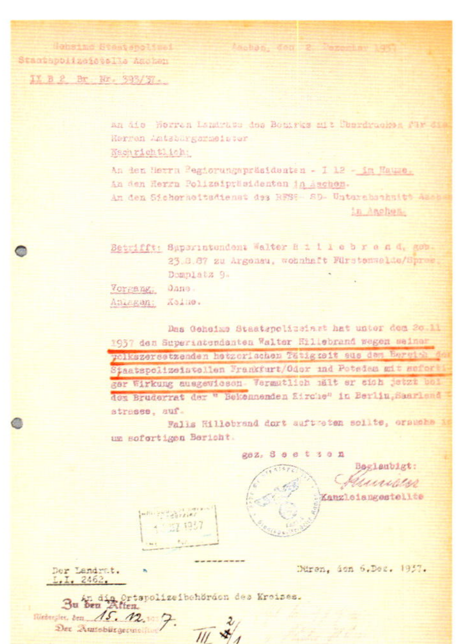

Geheime Staatspolizei
Staatspolizeistelle Aachen
II B 2 Br. Nr. 393/37.

Aachen, den 2. Dezember 1937

An die Herren Landräte des Bezirks mit Überdrucken für die Herren Amtsbürgermeister
Nachrichtlich:
An den Herrn Regierungspräsidenten - I 12 - im Hause.
An den Herrn Polizeipräsidenten in Aachen.
An den Sicherheitsdienst des RFSS - SD- Unterabschnitt Aachen in Aachen.

Betrifft: Superintendent Walter H i l l e b r a n d, geb. 23.8.87 zu Argenau, wohnhaft Fürstenwalde/Spree, Domplatz 9.
Vorgang: Ohne.
Anlagen: Keine.

Das Geheime Staatspolizeiamt hat unter dem 20.11.1937 den Superintendenten Walter Hillebrand wegen seiner volkszersetzenden hetzerischen Tätigkeit aus dem Bereich der Staatspolizeistellen Frankfurt/Oder und Potsdam mit sofortiger Wirkung ausgewiesen. Vermutlich hält er sich jetzt bei dem Bruderrat der " Bekennenden Kirche" in Berlin, Saarlandstrasse, auf.
Falls Hillebrand dort auftreten sollte, ersuche ich um sofortigen Bericht.

gez. S e e t z e n
Beglaubigt:
Kanzleiangestellte

Der Landrat.
L.I. 2462.

Düren, den 6.Dez. 1937.

An die Ortspolizeibehörden des Kreises.

Zu den Akten.
den 15. 12. 1937.
Der Amtsbürgermeister

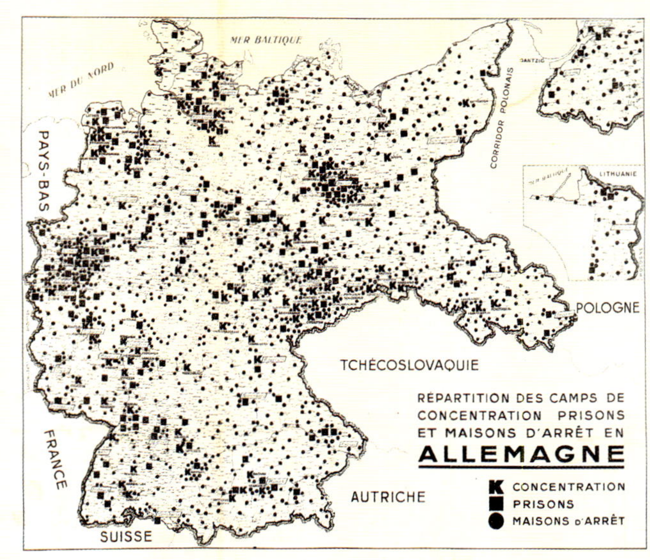

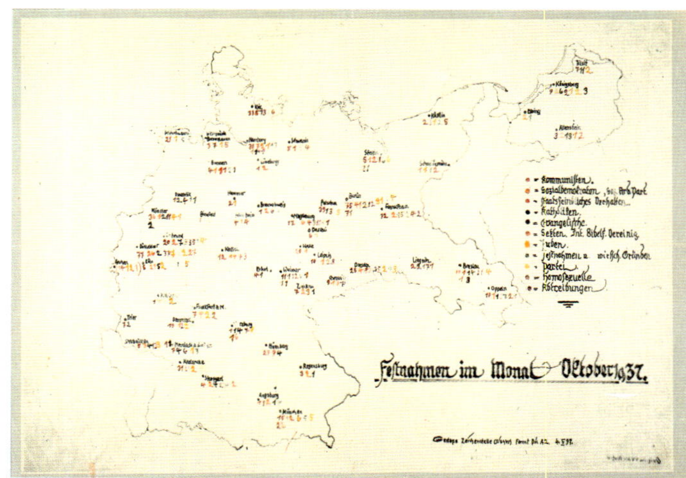

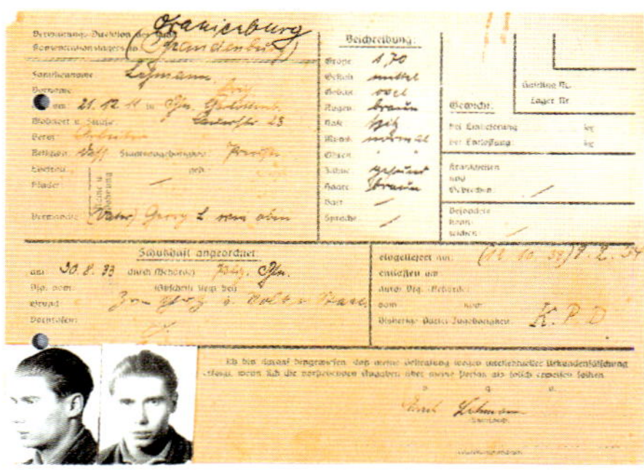

Schutzhaftbefehl gegen ein KPD-Mitglied
Weimar, 1937
Druck, maschinengeschrieben;
29,4 x 20,6 cm
Inv.-Nr.: Do 54/1603

Gestapo-Rundschreiben zur Ausweisung des Superintendenten Hillebrand
Aachen,
2. Dezember 1937
Maschinengeschrieben (Matrizenabzug), handgeschrieben, gestempelt;
29,8 x 21 cm
Inv.-Nr.:Do2 94/2199

Deutschlandkarte mit eingezeichneten Konzentrationslagern und Gefängnissen
Frankreich, 1934
Druck; 44,8 x 56 cm
Inv.-Nr.:Do2 93/1226

Festnahmen im Monat Oktober 1937
Karte der Gestapo, 1937
Zeichnung;
31 x 44 cm
Inv.-Nr.: Do 58/357

Kennkarte aus dem KZ Oranienburg
1933/34
Druck, maschinengeschrieben;
15 x 21 cm
Inv.-Nr.: Do 54/1410

Die rechtliche Grundlage zur Verfolgung ihrer politischen Gegner gab den Nationalsozialisten die »Reichstagsverordnung« vom 28. Februar 1933. Vor allem Kommunisten und Sozialdemokraten waren zunächst betroffen. Die »Schutzhaft« wurde zum Inbegriff des NS-Terrorsystems. Jeder potentielle Gegner konnte für unbegrenzte Zeit in »Schutzhaft« genommen werden. Seit Anfang März 1933 wurden, wie in Oranienburg, in zahlreichen Orten »staatliche Konzentrationslager« eingerichtet. Die Karte der frühen Konzentrationslager und anderer Haftstätten veranschaulicht das flächendeckende Ausmaß der Verfolgung durch SA, SS und Gestapo.

Nach Ausschaltung der SA 1934 zog die SS das System der Verfolgung an sich und perfektionierte es. Zusammen mit Reinhard Heydrich baute der Reichsführer SS Heinrich Himmler die Gestapo zur zentralen Institution der Verfolgung aus. Die SS reorganisierte auch das gesamte KZ-System nach dem Vorbild der Dachauer Lagerordnung. Entsprechend dem »Dachauer Modell« entstanden neue »Stammlager« wie Sachsenhausen (1936) und Buchenwald (1937). Die Karte der Gestapo mit den Verhaftungen eines Monats zeigt, daß zahlreiche neue Opfergruppen in das System des Terrors einbezogen worden waren. Ein Beispiel für die systematische Verfolgung durch die Gestapo ist das Dossier über ein Mitglied der Bekennenden Kirche. T.B.

Das Tragen uniformer Kleidungsstücke war bereits vor 1933 ein Muß für Mitglieder der NSDAP und ihrer Gliederungen. Durch Ankauf von für die einstigen Kolonialtruppen vorgesehenen Uniformen erklärt sich die braune Farbe, die für die Partei eine symbolhafte Bedeutung erlangte und in Verbindung mit dem Zeichen des Hakenkreuzes in der Öffentlichkeit bewußt zur Schau gestellt wurde. Innerhalb der politischen und paramilitärischen Gliederungen der NSDAP schuf man auf der Grundlage des Führer- und Gefolgschaftsprinzips spezielle Rangstufen und Dienstgrade. In Abgrenzung von den in der Reichswehr und bei der Polizei gebräuchlichen Symbolen wurde auf Elemente aus dem süddeutschen und österreichischen Raum zurückgegriffen. Als äußeres Mittel der Gleichschaltung erfolgte nach 1933 eine Ausdehnung der Uniformierung auf fast sämtliche Bereiche des gesellschaftlichen Lebens, die alle Altersgruppen erfaßte. Das Nicht-Anlegen von Uniform konnte disziplinarische Folgen haben. Über die als »Gleichtrachten« bezeichnete Kleidung von Organisationen und Berufsgruppen wachte die Reichszeugmeisterei, der die Kontrolle der Einhaltung von Produktions- und Tragevorschriften oblag. Sie vergab auch die Lizenzen an Schneidereien und andere Handwerke. Buchstäblich bis zum Kriegsende funktionierten die sogenannten Braunen Läden, über die Fahnen, Abzeichen und andere NS-Devotionalien zu erwerben waren. K.P.M.

Uniformen der NS-Zeit
1933-1945
Baumwolle

Bluse für Angehörige der HJ, Bann 104, Stammführer im HJ-Streifendienst
Inv.-Nr.: U 93/162

Kittelkleid zur Diensttracht einer Schwester des Deutschen Roten Kreuzes
Inv.-Nr.: U 93/258

Waffenrock zum Paraderock eines Heeres-revierförsters
Inv.-Nr.: U 93/82

Braunhemd zum Dienstanzug eines politischen Leiters in der Kreisleitung der NSDAP, Anwärter
Inv.-Nr.: U 93/102

Waffenrock für Angehörige im Reichsluftschutz-Warndienst, Obertruppmeister
Inv.-Nr.: U 93/65

»Kletterweste« zur Bundestracht für Angehörige des BDM, Mädelschaftsführerin
Inv.-Nr.: U 93/187.a

Waffenrock und Hemd zum Dienstanzug für Führeranwärter im Range eines Hauptmanns auf den Ordensburgen der NSDAP
Inv.-Nr.: U 93/135.a-c

Dienstrock zur Dienstuniform für Beamte in Ministerien, Hauptabteilungsleiter
Inv.-Nr.: U 93/56

Dienstbluse zum Dienstanzug für einen Angehörigen im Reichsluftschutz-Warndienst, Obertruppmeister
Inv.-Nr.: U93/272

Braunhemd zum Dienstanzug eines politischen Leiters der NSDAP in der Ortsgruppe, Blockleiter
Inv.-Nr.: U 93/109

Bluse für Angehörige der HJ im Dienst der Wehrmacht, Gefolgschaftsführer
Inv.-Nr.: U 93/167.a-c

Waffenrock für Angehörige der Schutzpolizei
Inv.-Nr.: U 67/84

Waffenrock und Stiefelhose für Angehörige der Allgemeinen SS
Inv.-Nr.: 1989/938

Der Deutsche grüßt: Heil Hitler!
Weimar: A. Ott, nach 1933
Blech, emailliert; 15 x 6,5 cm
Inv.-Nr.: 1988/616.6

Haustafel der NSDAP
Nach 1933
Blech, emailliert; 78 x 64 cm
Inv.-Nr.: 1988/161.2

Unser Gruß ist »Heil Hitler!«
Nach 1933
Blech, emailliert; 33 x 49,5 cm
Inv.-Nr.: 1987/429.19

Volksgenosse, trittst Du ein ...
Nach 1933
Blech, bedruckt; 10 x 7,5 cm
Inv.-Nr.: 1988/666

Postkarte:
Die Ortsgruppe der SA in Hattingen-Ruhr
Hattingen, 1933/34
Druck;
8,8 x 13,8 cm

Postkarte:
Die Dienststelle der SA-Gruppe Westfalen
Dortmund, 1933/34
Druck; 9 x 14 cm

Postkarte:
SA-Stabschef Röhm bei einer SA-Versammlung in Dortmund
Dortmund, 1933/34
Druck; 9 x 14 cm

Postkarte:
SA-Stabschef Röhm spricht
Dortmund, 1933/34
Druck; 14 x 9 cm

Reichsparteitage in Nürnberg 1933 und 1936
Ernst Vollbehr (1876-1960)

a) NSDAP- und SA-Aufmarsch
1933
Gouache;
39 x 57,7 cm
Signatur unten links: Reichsparteitag 1933 Nürnberg Ernst Vollbehr
Inv.-Nr.: Gr 93/55

b) Aufmarsch vor der Nürnberger Frauenkirche
1933
Gouache, Tempera;
53,5 x 58 cm
Signatur unten rechts: Ernst Vollbehr
Inv.-Nr.: Gr 93/ 56

»Du bist nichts, dein Volk ist alles!« – nirgendwo sonst wird diese Parole der NS-Ideologie so deutlich wie auf den Festveranstaltungen der NSDAP, die, gleich den großen kirchlichen Fest- und Feiertagen, den Jahreslauf akzentuierten. Angefangen im Januar bei der Feier des Tages der »Machtergreifung«, über den 1. Mai, der seit 1933 als Staatsfeiertag begangen wurde, bis zum Gedenktag für die »Märtyrer der Bewegung« im November boten die alljährlich wiederkehrenden Feiern eine verläßliche Konstante, ein festes Ritual, das geeignet war, Dazugehörigkeitsgefühle zu wecken oder zu fördern, Gleichklang und Geschlossenheit der Nation zu demonstrieren.

Höhepunkt dieser Festkultur war die Selbstdarstellung der NSDAP auf den sorgfältig geplanten Reichsparteitagen, die stets Anfang September in Nürnberg abgehalten wurden. Die verschiedenen Sitzungen und Tagungen waren dabei eher nebensächlich – sie fanden zwar auch statt, erreichten aber die Öffentlichkeit bei weitem nicht in dem Maße wie die Schauveranstaltungen der Aufmärsche, Paraden, Appelle, Totengedenken und Wehrmachtsvorführungen, die in ihrem Repräsentationsgebaren den Charakter einer offiziellen Staatsfeier trugen.

Die Momentaufnahmen der verschiedenen Feierlichkeiten sind nicht nur Dokumentation der Ereignisse, sondern selbst Teil des Programmes, das ihnen zugrunde lag. In üppig pastosem Farbauftrag fängt Vollbehr die Atmosphäre dieser Tage ein. Nicht auf das Detail kommt es ihm an, nur wenige Elemente dominieren: das »Ornament der Masse« in aufrecht »arischer« Haltung oder zügigem Gleichschritt, in dem der einzelne zur menschlichen Staffage degradiert wird, die streng geometrisch angebrachten blutroten Hakenkreuzfahnen, die blendend weiße, eigens für diese wenigen Tage im Jahr geschaffene Kolossalarchitektur oder der kultische Schein tausender Fackeln und des aus Flakscheinwerfern aufstrahlenden »Lichtdoms«.

Disziplin und Ordnung, die Unterwerfung des Individuums unter einen gemeinsamen Willen und der in Licht, Feuer und den edlen Baumaterialien des auch als »Gigantenforum« bezeichneten Reichsparteitagsgeländes seinen

Ausdruck findende Ewigkeitsanspruch sind die wesentlichen Elemente der NS-Ideologie, die der Kriegsmaler und verläßliche Parteigänger Vollbehr adäquat ins Bild setzt.

Zur Inszenierung der Parteitage gehörte zwischen 1935 und 1938 auch eine »Festaufführung« von Wagners »Meistersingern« am Abend des Eröffnungstages. Gerade diese Oper galt den Nationalsozialisten als Ausdruck der »heroisch-deutschen Weltanschauung«. In Anwesenheit Hitlers, der zahlreich erschienenen Parteiprominenz und ausländischer Gäste gab Ruth Berglund, aus deren Besitz die Schärpe stammt, jeweils die Partie der Magdalene. 1939 wurde ihr von Hitler der Titel »Kammersängerin« verliehen.

P.M.G./C.J.

c) NSDAP-Aufmarsch vor der Zeppelintribüne
1936
Gouache;
49 x 68,5 cm
Signatur
unten rechts:
Ernst Vollbehr
11. Sept. 36.
Inv.-Nr.: Gr 93/61

d) Aufmarsch in der Luitpoldarena
1936
Gouache;
50 x 68,5 cm
Signatur
unten rechts:
Ernst Vollbehr
13. Sept. 36.
Inv.-Nr.: Gr 93/62

e) Vorführungen der Luftwaffe auf dem Zeppelinfeld
1936
Gouache;
49,5 x 68,5 cm
Signatur
unten links:
Ernst Vollbehr.
Inv.-Nr.: Gr 93/63

f) Aufmarsch der SA auf dem Zeppelinfeld
1936 ?
Gouache;
49 x 68 cm
Inv.-Nr.: Gr 93/65

Erinnerungsschleife für Ruth Berglund
Mit handschriftlicher Widmung Adolf Hitlers
Nürnberg, 1937
Kunstseide, Metall, Folie, Pappe;
L 57,5 cm, B 36 cm
Inv.-Nr.: KT 93/199

Schautafel: Bilder deutscher Rassen 1
Um 1935
Farboffset;
95,5 x 75,2 cm
Inv.-Nr.: Do2 93/437

Die Nürnberger Gesetze
Plakat des Reichsausschusses für Volksgesundheit
1935
Druck; 30 x 40,5 cm
Inv.-Nr.: P 69/10

12 Gebote zur »Rassereinhaltung«
Um 1935
Druck; 42 x 30 cm
Inv.-Nr.:
Do 77/342 II

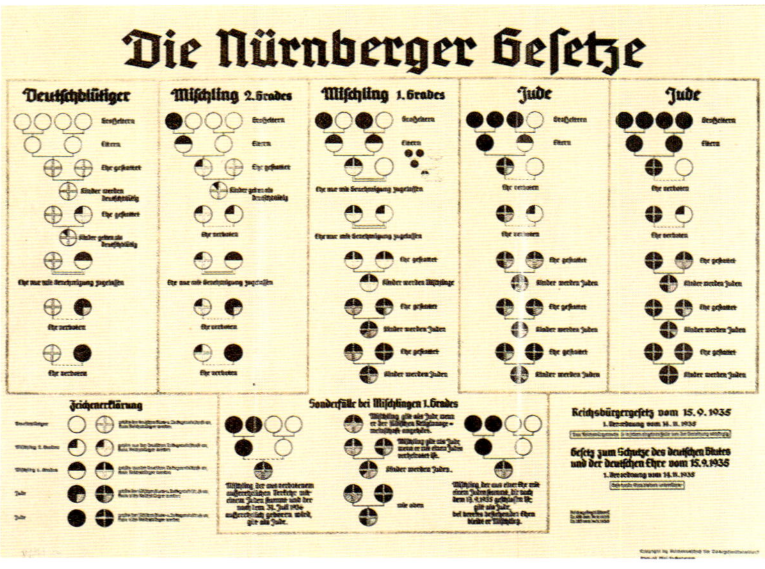

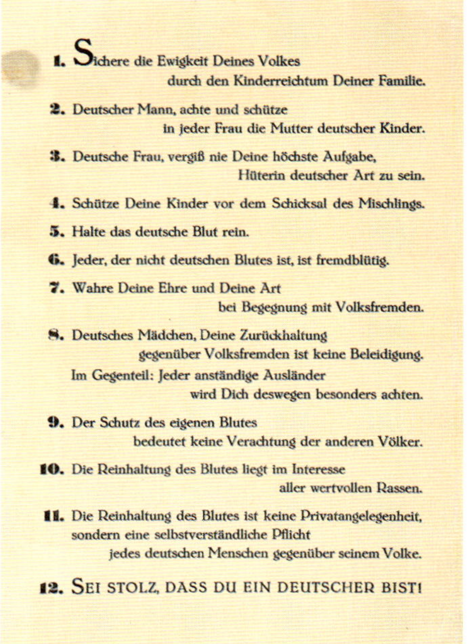

1. Sichere die Ewigkeit Deines Volkes durch den Kinderreichtum Deiner Familie.
2. Deutscher Mann, achte und schütze in jeder Frau die Mutter deutscher Kinder.
3. Deutsche Frau, vergiß nie Deine höchste Aufgabe, Hüterin deutscher Art zu sein.
4. Schütze Deine Kinder vor dem Schicksal des Mischlings.
5. Halte das deutsche Blut rein.
6. Jeder, der nicht deutschen Blutes ist, ist fremdblütig.
7. Wahre Deine Ehre und Deine Art bei Begegnung mit Volksfremden.
8. Deutsches Mädchen, Deine Zurückhaltung gegenüber Volksfremden ist keine Beleidigung. Im Gegenteil: Jeder anständige Ausländer wird Dich deswegen besonders achten.
9. Der Schutz des eigenen Blutes bedeutet keine Verachtung der anderen Völker.
10. Die Reinhaltung des Blutes liegt im Interesse aller wertvollen Rassen.
11. Die Reinhaltung des Blutes ist keine Privatangelegenheit, sondern eine selbstverständliche Pflicht jedes deutschen Menschen gegenüber seinem Volke.
12. SEI STOLZ, DASS DU EIN DEUTSCHER BIST!

Der ideologisch verbrämte Antisemitismus, abgeleitet aus den Rassentheorien des 19. Jahrhunderts, war ein grundlegendes Element nationalsozialistischer Weltanschauung. Pogromartige Exzesse gegen Juden und jüdische Geschäfte waren Folge der antisemitischen Hetze. Auch beim reichsweit organisierten Boykott jüdischer Geschäfte entlud sich am 1. April 1933 der gesammelte Haß auf alles Jüdische. So gerne die NSDAP den »gesunden Instinkten« ihrer Anhänger freien Lauf ließ, so ungelegen kam ihr der Aufruf zum Boykott deutscher Waren, mit dem insbesondere amerikanische und englische Firmen auf den »Judenboykott« reagierten.

Das Bemühen der NSDAP-Führung, die jüdische Bevölkerung von nun an durch Verordnungen zu entrechten und zur Emigration zu treiben, konnte den antisemitischen Terror nicht aufhalten. Um diesen Terror zu kanalisieren, ließ Hitler 1935 auf dem »Reichsparteitag der Freiheit« eine gesetzliche Regelung zum Verhältnis von »Ariern« und »Nichtariern« ausarbeiten. Am 15. September wurden das »Reichsbürgergesetz« und das »Gesetz zum Schutze des deutschen Blutes und der deutschen Ehre« verabschiedet. Beide »Nürnberger Gesetze« stempelten die jüdischen Mitbürger zu Menschen minderen Rechts. Doch kaum jemand ahnte 1935, daß diese infamen Gesetze noch längst nicht der Höhepunkt nationalsozialistischen Rassenwahns waren. M.B./B.A.

1932 zählten die Jugendorganisationen der NSDAP, die Hitler-Jugend (HJ) mitsamt dem Bund Deutscher Mädel (BDM), rund 100 000 Mitglieder. Über fünf Millionen Jugendliche waren dagegen in zahlreichen anderen Jugendverbänden organisiert. Reichsjugendführer Baldur von Schirach begann mit deren Gleichschaltung fast unmittelbar nach der »Machtergreifung«. Geschickt bediente sich die HJ der Sehnsüchte nach Kameradschaft und Lagerfeuerromantik, so daß sich schon Ende 1933 mehr als zwei Millionen Jugendliche unter der HJ-Fahne versammelt hatten. Nachdem die HJ 1936 durch Gesetz zur »Staatsjugend« erklärt worden war, zählte sie 5,4 Millionen Mitglieder. Knapp vier Jahre später wurde die Mitgliedschaft Pflicht: Alle 10jährigen mußten in das Jungvolk oder den Jungmädelbund eintreten, mit 14 Jahren folgte die Übernahme in die HJ oder den BDM. Freiwillig war nur noch die Mitgliedschaft der über 17jährigen Mädchen in dem 1938 gegründeten BDM-Werk »Glaube und Schönheit«, das auf die Aufgaben als Hausfrau und Mutter vorbereitete. »Nationalsozialismus ist organisierter Jugendwille« lautete das Credo Hitlers, mit dem die totale Erfassung und Kontrolle aller Kinder und Jugendlichen begründet wurde. Sie sollten zu »treuen Dienern des nationalsozialistischen Staates« erzogen werden. Kernpunkt des »Dienstes« war der Sport, der zur »Heranzüchtung kerngesunder Körper« und, bei den Jungen, der Wehrertüchtigung dienen sollte. C.J.

Jugend dient dem Führer
Hein Neuner
(geb. 1910)
Dresden: Dr. Güntz-Druck, um 1939
Druck;
83,2 x 59,4 cm
Inv.-Nr.: P 63/809

Sporttag des BDM
Plakat der Abteilung Presse und Propaganda, Bielefeld
? Klotz
Bielefeld:
E. Gundlach, um 1936
Farboffset;
97 x 70 cm
Signatur unten links: Klotz
Inv.-Nr.: 1989/2579

Küche einer Puppenstube
1933-1945
Holz, Papier, Metall, textiles Material;
42 x 140 x 38 cm
Inv.-Nr.:
AK 92/153.1-145

Der Wagen des Führers
Tipp & Co
Nürnberg, um 1940
Eisenblech, Elastolin, lackiert, Karton, bedruckt;
9 x 24,5 x 9 cm (Auto),
10 x 25 x 10 cm (Karton)
Inv.-Nr.: 1988/644

Trau keinem Fuchs auf grüner Heid und keinem Jud bei seinem Eid!
Elvira Bauer
Nürnberg: Stürmer-Verlag,
1936 (3. Auflage)
Sign.: R 92/1965

Bereits die jüngsten Mitglieder der Familien wurden der ideologischen Indoktrination des Nationalsozialismus ausgesetzt. Er durchdrang die kindliche Spiel- und Erlebniswelt: Die Puppenstube als Welt im Kleinen ist eine Widerspiegelung des Alltags. Motive aus dem Leben der HJ und des BDM schmücken die Küchentapete, das Erinnerungsabzeichen einer »Kraft-durch-Freude«-Reise zum Münchener Oktoberfest hängt über dem bäuerlich bemalten Küchentisch. Wohn- und Schlafzimmer sind mit Schillerbüste und Madonnenbildnis ausgestattet. Symbole der herrschenden Ideologie, Hitler, Göring und Mussolini im Miniaturformat gerahmt, bilden das weitere Inventar des deutschen Alltags, den das Kind sich spielend aneignete. Die Mercedes-Kabriolimousine, in der der »Führer« mit zum »deutschen Gruß« erhobenem Arm das Kinderzimmer durchquert, ist eine originalgetreue Wiedergabe des Wagens, in dem Hitler nicht nur bei den Reichsparteitagen vorzufahren pflegte. Das aufwendige Spielzeug vermittelte die Grundlagen des NS-Regimes: Die Ausrichtung auf den »Führer« und die Partei sollte zum zentralen Element im Leben des Kindes werden und die entscheidende Rolle bei der Erziehung übernehmen. Die Eltern hatten dahinter zurückzutreten. C.J.

»Ganz Deutschland hört den Führer mit dem Volksempfänger« lautete eine Parole der Nationalsozialisten. Mit der Propagierung dieses billigen Radioapparates, dessen Konstruktion lediglich den Empfang starker regionaler, jedoch kaum ausländischer Sender erlaubte, schuf sich der zentralisierte Rundfunk unter Propagandaminister Joseph Goebbels ein effektives Medium der Meinungsbeeinflussung. Alle deutschen Rundfunkfirmen mußten dieses Gerät nach einheitlichen Plänen herstellen. Es kostete bei Produktionsaufnahme 78 Reichsmark und wurde 1938 auf 65 Reichsmark verbilligt. Bis 1938 wurden rund 2,7 Millionen dieser Radios produziert; im selben Jahr lief die Produktion des »Deutschen Kleinempfängers« (DKE 1938) für 35 Reichsmark an. »VE 301« hieß das Gerät übrigens zur Erinnerung an den Tag der Machtübernahme, den 30. Januar 1933.

Genaue Instruktionen des Propagandaministeriums regelten bis ins kleinste Detail die Berichterstattung in den Medien. Nicht Information war das Ziel, sondern die gefühlsmäßige Überwältigung der Massen. Wie die Volksgemeinschaft am Radioempfänger willfährig der NS-Propaganda lauschen sollte, sollte sie auch auf Veranstaltungen des Staates und der Partei in »öffentliche Verzückungszustände« versetzt werden. Als Stimulantien dienten etwa Fahnen, Heilrufe, Fackeln, Spruchbänder, Lichterdome. Ein Sortiment für die angemessene Ausstattung »Nationaler Feiern« hielt neben anderem die Dresdner Reklameartikel-Großhandlung Paul Glöckner bereit. R.B.

Werbeprospekt für NS-Dekorationsartikel
Firma Paul Glöckner
Dresden, um 1935
Lithographie;
29,5 x 40 cm
(aufgeschlagen)
Inv.-Nr.: Do 56/1524

Rundfunkgerät »VE 301« (Volksempfänger)
Rundfunkwerk
Staßfurt
Um 1935
Bakelit,
textiles Material;
31,5 x 27,5 x 20,5 cm
Inv.-Nr.: MK 87/192

Olympische Spiele 1936
Plakat des Propaganda-Ausschusses für die Olympischen Spiele Berlin 1936
Franz Würbel
Berlin, *1936*
Lithographie;
100 x 62,5 cm
Signatur Mitte links: WÜRBEL/Berlin
Inv.-Nr.: P 84/256

Schmuckblatt mit Sonderbriefmarken zu den Olympischen Spielen 1936
Berlin, 16. August *1936*
Druck; 29,7 x 21 cm
Inv.-Nr.:
Do2 94/2560

Vom 1. bis 16. August 1936 fanden in Berlin die XI. Olympischen Sommerspiele statt. Die Nationalsozialisten verwandelten sie in ein perfektes Propagandaspektakel zum Ruhme des »neuen Deutschland«. Für die Dauer der Wettkämpfe verschwanden antisemitische Parolen aus dem Stadtbild, man gab sich weltoffen und tolerant, sogar zwei Alibi-»Halbjuden« wurden in die deutsche Mannschaft aufgenommen. Die Inszenierung umfaßte ebenso das von Werner March entworfene Reichssportfeldgelände, das auf Hitlers Wunsch um Maifeld, Glockenturm, Langemarck-Halle und den Statuenschmuck Josef Thoraks erweitert worden war, wie auch das von der Wehrmacht erbaute Olympische Dorf. Organisatorisch und sportlich vermochten die Gastgeber auch Kritiker zu überzeugen: Einer imposanten Eröffnungsfeier mit Lichtdom, HJ- und BDM-Formationen war die vom Gene-

ralsekretär des Organisationskomitees Carl Diem eingeführte Fackelträgerstaffette von Olympia nach Berlin vorausgegangen, mit der eine »griechisch-germanische« Symbiose ausgedrückt werden sollte. Namhafte Künstler schufen ein umfangreiches Unterhaltungsprogramm, Rundfunk, Presse und Film feierten das »Fest der Schönheit«. Vor aller Augen instrumentalisierte der NS-Staat die Olympischen Spiele für seine innere Stabilität und für außenpolitische Aufwertung. Von Konzentrationslagern, Verfolgung und Terror erfuhr die Weltöffentlichkeit nichts: Geblendet sahen viele nur, was sie sehen wollten – und sollten. C.J.

Die Ausstellung »Entartete Kunst« wurde am 19. Juli 1937 in München eröffnet und zeigte 650 konfiszierte Kunstwerke aus 32 deutschen Museen. Bis April 1941 wanderte sie in zwölf weitere Städte. Sie zog über 3 Millionen Besucher an. Die Ausstellung wurde von Joseph Goebbels initiiert und von Adolf Ziegler, dem Präsidenten der »Reichskammer der bildenden Künste«, geleitet. Gleichzeitig setzte mit der Beschlagnahme von modernen Kunstwerken, die später ins Ausland verkauft oder zerstört wurden, die »Säuberung« der deutschen Kunstsammlungen ein. Berufsverbote für Künstler und Museumsleute, die moderne Kunst angekauft hatten, gab es bereits seit 1933.

In der Ausstellung wurden die Exponate mit Zeichnungen von geistig Behinderten gleichgesetzt und mit Fotos verkrüppelter Menschen kombiniert. So sollten der Kunstbegriff der Moderne ad absurdum geführt und moderne Kunst als »entartet« verstanden werden. Diese Präsentation »kranker«, »jüdisch-bolschewistischer« Kunst diente auch zur Legitimierung der Verfolgung »rassisch Minderwertiger« und politischer Gegner. Parallel zur »Entarteten Kunst« zeigten die Nationalsozialisten im »Haus der Deutschen Kunst«, was man unter »deutscher« Kunst zu verstehen habe.

Der Vernichtungsangriff auf die Moderne und ihre Protagonisten betraf auch die Literatur und die Musik, die in der Ausstellung »Entartete Musik« ebenso rücksichtslos diffamiert wurde.

C.J.

Ausstellungsführer »Entartete ›Kunst‹«
Berlin: Verlag für Kultur und Wirtschaftswerbung, 1937
Sign.: R 92/740

Entartete Musik
Hans Severus Ziegler (geb. 1893)
Düsseldorf: Völkischer Verlag, 1939
Sign.: R 92/715

Handzettel: Besuchet die Ausstellung »Entartete Kunst«
München, 1937
Druck; 20 x 13,5 cm
Inv.-Nr.: Do 62/848

Gequälte Leinwand –
Seelische Verwesung –
Krankhafte Phantasten –
Geisteskranke Nichtskönner

von Judencliquen preisgekrönt, von Literaten gepriesen, waren Produkte und Produzenten einer „Kunst“, für die Staatliche und Städtische Institute gewissenlos Millionenbeträge deutschen Volksvermögens verschleuderten, während deutsche Künstler zur gleichen Zeit verhungerten. So, wie jener „Staat“ war seine „Kunst“.

Seht Euch das an! Urteilt selbst!

Besuchet die Ausstellung

„Entartete Kunst“

Hofgarten-Arkaden, Galeriestraße 4

Eintritt frei Für Jugendliche verboten

TAGES-PROGRAMM
Mittwoch, den 16. März 1938

7.00 Uhr: Wecken
7.30 Uhr: 1. Frühstückstisch
8.00 Uhr: 2. Frühstückstisch
8.30 Uhr: Begrüßung der Urlauber durch den Bordreiseleiter der NSG. „Kraft durch Freude" Pg. H. Weichardt und dem Verbindungsoffizier des N. D. L., II. Offizier J. Breckwoldt, auf dem Hinterschiff.
9.00 Uhr: Landung der Urlauber. Der Tag steht zur freien Verfügung.
12.00–13.30 Uhr: Mittagessen. Die Tischordnung ist aufgehoben!
16.00 Uhr: Alle Urlauber wieder an bord.

Zur Beachtung! Die Zeiten sind unbedingt einzuhalten. Nach Rückkehr an Bord haben alle Urlauber sich in den Meldezettel einzutragen, welcher in den Kabinen ausliegt.

16.00 Uhr: 1. Kaffeetisch
16.30 Uhr: 2. Kaffeetisch
20.30–23.30 Uhr: Konzert und Tanz in allen Räumen!
23.30 Uhr: Barschluß
23.45 Uhr: Zapfenstreich
24.00 Uhr: RUHE IM SCHIFF!

Aenderungen vorbehalten!

OHM
1989/2451.4

NORDDEUTSCHER LLOYD BREMEN

Urlauberfahrten
ZUR SEE
NS.-GEMEINSCHAFT „KRAFT DURCH FREUDE"

Postkarte: Das KdF-Schiff »Sierra Cordoba«
Im Album einer KdF-Reise nach Italien und Afrika 15. März 1938 bis 5. April 1938
Druck; 9 x 14 cm
Inv.-Nr.:1990/2467

Tagesprogramm mit Speisekarte vom KdF-Schiff »Sierra Cordoba«
Farboffset; 1938
19 x 26 cm (aufgeklappt)
Inv.-Nr.: 1989/2451.4

Werbeprospekt für den KdF-Wagen
Werner von Axster-Heudtlaß (Umschlag)
Berlin: Verlag der Deutschen Arbeitsfront GmbH, 1938
Farboffset; 30 x 21 cm
Inv.-Nr.: 1989/975

Das »Volkswagen«-Projekt sowie Nah- und Fernreisen gehörten zu den wichtigsten Aktivitäten der »NS-Gemeinschaft Kraft durch Freude« (KdF), der im November 1933 gegründeten Freizeitorganisation der »Deutschen Arbeitsfront«. Mit dem umfassenden Wirken dieser Organisation sollte vorrangig die Arbeiterschaft in die »Volksgemeinschaft« integriert werden.

Zugleich sollten so die im Zuge der Aufrüstung notwendigen Produktionssteigerungen ohne nennenswerte Lohnerhöhungen durchgesetzt werden. Die Organisation KdF, die den Zugang zu bisher bürgerlichen Privilegien anbot, diente letztlich der Vorstellung einer klassenlosen Gesellschaft im Sinne der nationalsozialistischen Volksgemeinschaft.

43 Millionen Reisen verkaufte KdF bis 1939, überwiegend Tagesausflüge. Von den sieben Millionen Urlaubsreisen waren 690 000 Hochseefahrten nach Norwegen, Madeira oder Italien. Die Preise lagen zwischen einer und fünf Reichsmark für Kurzreisen und 120 Reichsmark für eine Schiffsreise nach Madeira, die jedoch für einen Arbeiter mit einem Monatseinkommen von rund 150 Reichsmark nahezu unerschwinglich war. Ähnlich dem »Reisesparen« war ab 1938 auch der Erwerb des »KdF-Wagens« geregelt. Der Interessent erwarb Woche für Woche Sparmarken, bis die Kaufsumme von 990 Reichsmark erreicht war. Zwei Jahre später hatten bereits 300 000 potentielle Käufer über 280 Millionen Reichsmark angespart – für die sie niemals ein Auto erhielten: Das neu errichtete Werk bei Fallersleben produzierte nur noch für den Krieg – den bekannten »Kübelwagen«. C.J.

Das Winterhilfswerk (WHW) nahm nach seiner Gründung im September 1933 als Organisation und im Spendenaufkommen schnell gewaltige Ausmaße an und wurde, nicht zuletzt durch seinen Abzeichenverkauf, zu einer der bekanntesten und den Alltag bestimmenden Erscheinungen im NS-Staat. Etwa 8000 verschiedene Abzeichen wurden von Oktober 1933 bis März 1943 reichsweit, gauintern – jeweils in Millionenauflage – oder auf

regionaler Ebene in unterschiedlichsten Ausführungen und Materialien zu den monatlichen Straßensammlungen und lokalen Anlässen herausgegeben.
Das WHW, ein immenses Arbeitsbeschaffungs- und Propagandawerk, erreichte jedoch weitaus höhere Einnahmen mit seinen Sach-, Steuer- und Geldspenden, vom Eintopfsonntag bis zum Winterpfennig, seinen Lotterien, Kulturveranstaltungen und anderen Aktionen, die von Firmen, dem Deutschen Roten Kreuz, der Wehrmacht und anderen Organisationen durchgeführt wurden. Dienten die Einnahmen in den ersten Jahren noch der Linderung der Not von Arbeits- und Obdachlosen, so schufen sie ab 1936/37 die finanzielle Basis der NS-Volkswohlfahrt, mit der das WHW organisatorisch und personell eng verflochten war.
Die Abzeichenherstellung endete im Frühjahr 1943. Der Appell an die »Volksgemeinschaft« hatte sich erschöpft; zu viele Spender waren selbst bedürftig geworden. A.B.

Abzeichen des Winterhilfswerkes

a) Serie »Das deutsche Lied«
Oktober 1942
Lithographie;
23 x 22 cm
Inv.-Nr.:
A 90/181.1-8

b) Serie »Germanische Schwerter und Dolche«, Serie »Germanische Schilde«
November 1939,
Oktober 1941
Leichtmetall,
Halbedelsteine;
H 3-5,3 cm
Inv.-Nr.:
A 90/107.1-39,
A 90/94.1-45

c) Serie »Trachten aus deutschen Gauen«
März 1937
Porzellan, bemalt;
H 4 cm
Inv.-Nr.:
1988/1238.1-14

d) Serie »Struwwelpeter-Figuren«
Januar und Februar 1942
Majolika, bemalt;
H 3 cm
Inv.-Nr.:
1988/1840.54.1-12

e) Serie »Soldaten 1510-1916«
Februar 1938
Kunstseide, Pappe, Metall; 5 x 4 cm
Inv.-Nr. :
1988/25.1-12

Reichsautobahnen in Deutschland
Robert Zinner
(geb. 1904)
Berlin: Reichsbahnzentrale für den deutschen Reiseverkehr, um 1936
Farboffset;
119 x 84 cm
Inv.-Nr.: 1990/125

Abzeichen zum Reichsautobahnbau

a) 1000 km Reichsautobahn
September 1936
Leichtmetall;
3,1 x 2,6 cm
Inv.-Nr.:
1988/1840.188

b) 2000 km Reichsautobahn
Dezember 1937
Leichtmetall;
3,3 x 3 cm
Inv.-Nr.:
1988/1840.166

c) 3000 km Reichsautobahn
Dezember 1938
Leichtmetall;
3 x 2,4 cm
Inv.-Nr.:
1988/1840.163

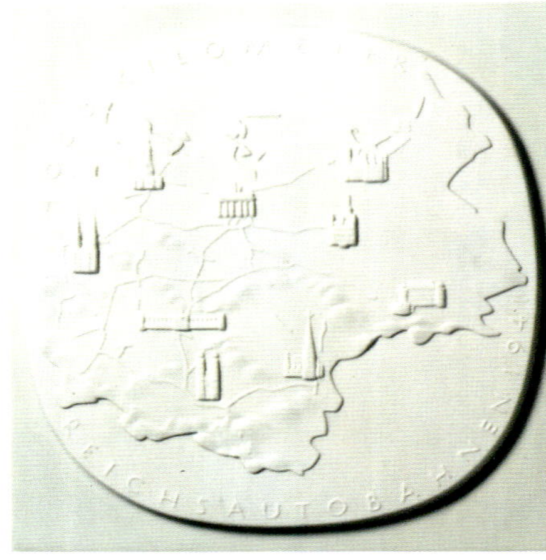

Kachel: 4000 Kilometer Reichsautobahnen 1941
Königliche Porzellanmanufaktur Berlin
1941
Biskuitporzellan, teilweise glasiert;
14 x 13,5 x 2 cm
Inv.-Nr.: 1989/973

Bierkrug des Deutschen Reichsarbeitsdienstes
1935
Porzellan, Zinn;
H 21,8 cm
Umschrift: Arbeit adelt / Mit Spaten und Ähre
Inv.-Nr.: 1990/119

Im Mai 1933 veröffentlichte Hitler ein Programm zum Bau von Autobahnen, gemäß dem sich ein dichtes Netz von vierspurigen Autostraßen über Deutschland spannen sollte. Verschwiegen wurde, daß die detaillierten Pläne im wesentlichen aus den zwanziger Jahren stammten. Der Bau von Autobahnen wurde als Beitrag zur Verringerung der Arbeitslosigkeit propagiert, doch dieses Ziel wurde nur bedingt erreicht. Die höchste Beschäftigungszahl gab es im Jahr 1936, als rund 120000 Arbeiter an den Trassen eingesetzt waren. Auch die beteiligten Zulieferbetriebe brachten nicht den arbeitspolitischen Effekt, den die nationalsozialistische Propaganda versprochen hatte. Ab 1935 wurden kleinere Autobahnteilstücke fertiggestellt. Von den geplanten 6900 km waren bis 1945 rund 3800 km gebaut.

Seit 1935 war der Arbeitsdienst für männliche Jugendliche obligatorisch; wenige Tage nach Kriegsbeginn 1939 wurde die Arbeitsdienstpflicht für weibliche Jugendliche eingeführt. Unter dem Motto »Mit Spaten und Ähre« zogen diese Arbeitskolonnen durch Deutschland, die, meist tatsächlich nur mit Spaten ausgerüstet, Moore trockenlegten oder neues Ackerland kultivierten. Alle Männer und Frauen zwischen 18 und 25 Jahren mußten den sechsmonatigen Pflichteinsatz beim Reichsarbeitsdienst leisten; eine Maßnahme, die ursprünglich der Bewältigung der Arbeitslosigkeit gedient hatte. Die kaum über dem Arbeitslosengeld liegende Bezahlung des Dienstes machte deutlich, daß es sich bei diesen Einsätzen im wesentlichen um »nationalsozialistische Erziehungsarbeit« handelte. R.F./C.J.

Die Überwindung der polititischen Isolation war zunächst vorrangiges Ziel nationalsozialistischer Außenpolitik. Die personelle Kontinuität im Auswärtigen Amt erweckte den Eindruck, das Dritte Reich würde sich in die europäische Kräftekonstellation einordnen. Als der Vatikan am 20. Juli 1933 als erster Staat einen völkerrechtlichen Vertrag mit dem Dritten Reich unterzeichnete, wurde zugleich der Eindruck nationalsozialistischer Kirchenfeindlichkeit verwischt. Ein weiterer Erfolg war die überwältigende Zustimmung der Bevölkerung des Saarlands im Januar 1935 zur Rückkehr ins Reich. Nach der Konsolidierung des NS-Regimes drohte Hitler zunehmend mit militärischer Gewalt. So setzte er den österreichischen Bundeskanzler massiv unter Druck. Am 12. März 1938 marschierten deutsche Truppen in Österreich ein. Wenig später stimmte auch England dem »Anschluß« Österreichs zu.

Gezielt förderte die deutsche Propaganda bestehende Spannungen zwischen den 3,5 Millionen Sudetendeutschen und dem tschechoslowakischen Staat. Unter Vermittlung von Mussolini unterzeichneten England, Frankreich, Italien und Deutschland am 30. September das »Münchener Abkommen«, das die Tschechoslowakei zur Räumung aller sudetendeutschen Gebiete zwang. Hitler erklärte jetzt zwar öffentlich, er habe keine weiteren territorialen Forderungen, insgeheim war er jedoch verärgert, weil die »Appeasement-Politik« der Westmächte seinen geplanten Krieg verhindert hatte. B.A.

Ein feierlicher Augenblick von der Grundsteinlegung zum Haus der deutschen Kunst.

Der päpstliche Nuntius Vasallo di Torregrossa spricht eben zum Führer:

„Ich habe Sie lange nicht verstanden.
Ich habe mich aber lange darum bemüht.
Heute versteh' ich Sie."

Auch jeder deutsche Katholik versteht heute Adolf Hitler und stimmt am 12. November mit:

„Ja"!

»Ich habe Sie lange nicht verstanden ... «
Wahlplakat der Nationalsozialistischen Deutschen Arbeiterpartei
München: Brend'amour, Simhart & Co., 1933
Tiefdruck;
83,5 x 61 cm
Inv.-Nr.: 1990/134

Frei ist die Saar!

Land an der Saar,
Wohl hattest du in den düsteren Tagen
Schwer an dem bitteren Schicksal zu tragen,
Doch – war das Maß auch gefüllt bis zum Rand –
Deutsch ist das Land!

Männer der Saar,
Deutsch wie die Treue, mit der ihr gestritten,
Schweigend die Jahre der Trennung gelitten,
Deutsch wie der Männertrotz, ehern wie Erz,
Deutsch ist das Herz!

Frauen der Saar,
Deutsch wie die Lieder, die ihr euren Jungen
Leise und stolz in die Herzen gesungen,
Deutsch wie das Kind, das im Schoße noch ruht,
Deutsch ist das Blut!

Brüder der Saar,
Zwietracht und Lüge und Hohn sind zerronnen:
Jetzt ist der Kampf um die Heimat gewonnen!
Brüder, es grüßt euch das Vaterland –
Reicht uns die Hand!

Frei ist die Saar!
Schmuckblatt zur Saarabstimmung
Berlin: Curt Hamelsche Druckerei und Verlagsanstalt GmbH, 1935
Druck;
30,4 x 22,4 cm
Inv.-Nr.: 1987/242.18

Das nationalsozialistische Deutschland grüßt sein nationalsozialistisches Oesterreich und die neue nationalsozialistische Regierung.

In treuer, unlösbarer Verbundenheit!

Heil Hitler!

Flugblatt zum »Anschluß« Österreichs
1938
Druck;
25,8 x 22,2 cm
Inv.-Nr.: Do 77/396 II

Zur historischen Begegnung
29. Septbr. 1938 in München

Klapp-Postkarte zum Münchener Abkommen
Berlin: Verlag C. Struck, 1938
Druck;
13,8 x 17,8 cm
Inv.-Nr.: Do 78/35 II

Wandbehang Roma–Berlin
1936-1939
Baumwolle mit Regeneratzellulose, maschinengewebt;
128 x 180 cm
Inv.-Nr.: 1987/48

Der Wandbehang veranschaulicht die »Achse« zwischen dem nationalsozialistischen Deutschland und dem faschistischen Italien. Er entstand, wohl in größerer Auflage, zwischen 1936 und 1939. Am 1. November 1936 sprach Mussolini in Mailand zum ersten Mal von der »Achse Berlin–Rom«, die bis 1939 eine gradlinige Annäherung beider Staaten hinsichtlich einer antikommunistischen Politik sowie der jeweiligen Expansionsinteressen meinte und die im »Stahlpakt«, dem militärisch-wirtschaftlichen Bündnis vom Mai 1939, ihren stärksten Ausdruck fand.

Berlin wird durch das Brandenburger Tor repräsentiert, Rom durch das Monumento Nazionale Vittorio Emanuele. Beide Bauwerke sind perspektivisch einander zugewandt. Die symmetrische Achse zwischen Rom und Berlin bildet eine mit Fasces-Zeichen und Hakenkreuz dekorierte korinthische Säule, deren Sockel drei Medaillons zieren. Sie zeigen sinnstiftende Elemente des Nationalsozialismus und des Faschismus: rechts Nürnberg als Stadt der Reichsparteitage und des »Meistersingers« Hans Sachs – Inbegriff »deutscher« Kunst und Kultur, links Neapel als Ausgangsort des »Marsches auf Rom« (Oktober 1922) und vermutlich Athene als Rückgriff auf die Antike. Dazwischen ein Abschnitt der Reichsautobahn als Raumachse, die die beiden Mächte verbinden sollte. R.F.

Fotoalbum »Legion Condor«
1936/37
Papier, Pappe, Leder, geprägt; 33 x 46 cm
Inv.-Nr.: 1988/529

Flugschrift für Angehörige der Legion Condor
Heinrich Mann (1871-1950)
Um 1936
Druck; 13,5 x 21 cm (aufgeschlagen)
Inv.-Nr.: Do 66/322

> mehr verloren gehen kann, muss der deutsche Freiheitskampf folgen. Bedenkt es. Handelt gross und gut. Ihr werdet es tun. Ihr werdet nicht die spanische Freiheit an die spanischen Henker verraten. Ihr werdet nicht den Sieg der deutschen Freiheit durch Mord am spanischen Volke verzögern. Ihr werdet Euch für die spanische Freiheit entscheiden, denn sie hilft die deutsche Freiheit zu verwirklichen, und damit die Voraussetzung für Freiheit und Frieden der ganzen Welt zu schaffen.
>
> **Heinrich Mann.**
>
> 18
>
> Deutsche Soldaten!
>
> Euch schickt ein Schurke nach Spanien!
>
> Arbeiter, Bauern, Soldaten Deutschlands! Die Verbrechen Hitlers haben ihren Gipfel erreicht: jetzt schickt er deutsche Soldaten nach Spanien!
>
> Die «deutschen Volksgenossen» sind ihm gerade wert genug, im Dienste eines fremden Abenteurers, des Verräters Franco, sich abschlachten zu lassen.
>
> Wofür sollen die deutschen Hilfstruppen des Volksfeindes Franco kämpfen? Für die Profitinteressen des deutschen Kapitals. Für die Unterwerfung eines freien Volkes.

Mit dem Eintreffen der ersten Einheiten der Legion Condor am 6. August 1936 in Cádiz begann Deutschland mit der bewaffneten Unterstützung der putschenden Truppen um General Franco, die gegen die Volksfrontregierung der Spanischen Republik kämpften. Bis 1939 durchliefen rund 50 000 deutsche Soldaten diese Legion. Die Beteiligung am spanischen Bürgerkrieg war Testfeld für die Kriegs- und Truppenführung sowie für die neu geschaffenen Waffensysteme.

Die im Zweiten Weltkrieg praktizierte Ausdehnung kriegerischer Handlungen auf die Zivilbevölkerung war ebenfalls ein Element im Einsatz der Legion Condor. Ein paar Tage nach dem Angriff auf Guernica am 26. April 1937 heißt es in den Tagebuchnotizen des Stabschefs der Legion Condor, Oberst Freiherr von Richthofen: »Guernica, Stadt mit 5000 Einwohnern, buchstäblich dem Erdboden gleichgemacht. Angriff erfolgte mit 250 kg- und Brandbomben. ... Es war die ... Voraussetzung für einen großen Erfolg.«

Der Volksfrontregierung wurde durch die Aufstellung Internationaler Brigaden personelle und materielle Unterstützung zuteil. Bekannte Persönlichkeiten setzten sich für die Volksfront ein und verurteilten die offene Einmischung Italiens und Deutschlands, so auch der im Exil lebende Schriftsteller Heinrich Mann mit seinem Aufruf »Deutsche Soldaten! Euch schickt ein Schurke nach Spanien!«. K.P.M.

Drehscheibe: Deutschlands Nachbarn in Waffen
Ratibor: Franz Lindner, um 1935
Farboffset;
16,4 x 11,8 cm
Inv.-Nr.: 1989/1803

Ein Rekrut übt den preußischen Stechschritt
Gerhard Gronefeld (geb.1911)
Schönwalde, 10. Januar 1938

Bajonettübung der Nahkampfschule der Infanterie
Gerhard Gronefeld (geb.1911)
Berlin, 23. März 1938

Gewehr-zielfernrohr
Carl Zeiss
1935
Jena, um 1935
Stahl, optisches Glas;
L 32,5 cm
Inv.-Nr.: Pro 63/11

Panzerzielfernrohr (P.Z.F. 1), Winkelzielfernrohr
Zeiss-Ikon
Um 1939
Stahl, Gummi, optisches Glas;
L 75 cm, B 14 cm
Inv.-Nr.: Pro 60/101

Beobachtungs-fernrohr (Nacht-flakfernrohr)
Ernst Leitz GmbH
Um 1938
Stahl, Leichtmetall, optisches Glas;
L 30 cm, B 21 cm
Inv.-Nr.: Pro 60/92

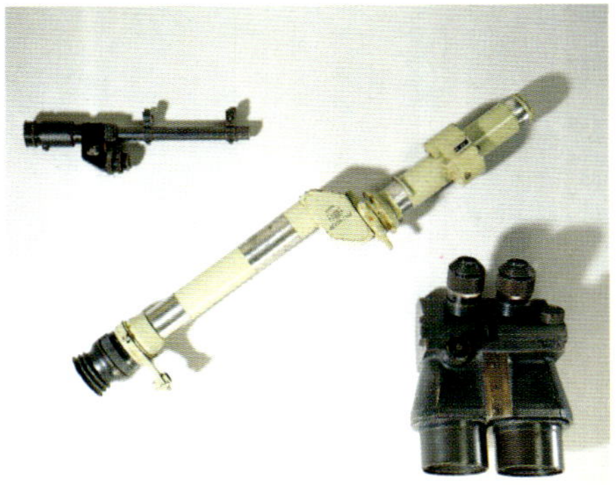

Hauptziel der staatlich gelenkten Wirtschaftspolitik war die »Wehrhaftmachung« Deutschlands. Hitlers geheime Denkschrift vom August 1936 zum Vierjahresplan umriß programmatisch das Ziel, Wirtschaft und Armee innerhalb von vier Jahren in Kriegsbereitschaft zu versetzen. Unter der Leitung des Beauftragten für den Vierjahresplan, Hermann Göring, wurde die private Wirtschaft gezwungen, sich den Erfordernissen anzupassen. Staat und Partei griffen durch verordnete Programme dirigierend in den Produktionsprozeß ein. Die Aufrüstung schuf Arbeitsplätze, vor allem sicherte sie hohe Gewinne, schränkte jedoch auch die Konsumgüterproduktion für die Bevölkerung ein. Neben der Rohstoffbeschaffung und Erzeugung von Ausgangsprodukten wie Gummi, Treibstoff, Stahl- und Leichtmetallerzeugnissen erhielt die Herstellung von Endprodukten wie Waffen und Munition einen immensen Auftrieb, der auch kleinen Zulieferbetrieben zugute kam. Ein Beispiel dafür ist die Produktion von optischen Zielgeräten für die neu geschaffene Luftwaffe und für die Panzertruppe. Viele Waffen basierten auf Konstruktionen, die in den zwanziger Jahren aufgrund der Verbotsbestimmungen des Versailler Vertrages illegal oder im Ausland erarbeitet worden waren. Mit der Bildung der Reichswerke »Hermann Göring« besaß der Staat Betriebe der Schwerindustrie, und auch die SS verfügte über eigene Unternehmen. K.P.M.

Turm der Mütter
Käthe Kollwitz
(1867-1945)
1938
Bronze; H 28 cm
Inv.-Nr.: 1989/1734

Käthe Kollwitz zeigt mit ihrer Plastik die Bedrohung der Familie durch den nationalsozialistischen Staat und die von ihm ständig ausgehende Kriegsgefahr.
Mütter drängen sich schützend um ihre Kinder und bilden mit ihren Leibern einen monumentalen, wehrhaften Menschenturm, der die Kinder einerseits beschützt, sie aber auch zurückhält. 1914 hatte die Künstlerin dem Drängen ihres Sohnes nachgegeben und ihn in den Krieg ziehen lassen – er fiel in den ersten Wochen. Auch mit dieser Plastik hat Käthe Kollwitz ihre eigene Rolle als Mutter in dem damals noch von Kriegsbegeisterung getragenen Land verarbeitet. 1938 schuf sie in Vorahnung auf einen neuen Krieg die Skulptur »Turm der Mütter«, einen Beweis dafür, wie sehr sich ihre Einstellung inzwischen gewandelt hatte.
Die Künstlerin macht mit ihrer Plastik auf die Doppelbödigkeit der Auffassung von Familie bei den Nationalsozialisten aufmerksam, die eine Symbiose von Mutter und Kind und eine heile Familie propagierten, sie in Wirklichkeit aber vor allem als Produktionsstätte für menschliches Kriegsmaterial benutzten. Die sich aktiv und öffentlich für den Schutz ihrer Kinder einsetzenden Mütter widersprachen der offiziellen Propaganda der Nazis. Die Plastik wurde von ihrem Ausstellungsort in der Berliner Klosterstraße entfernt: »Im Dritten Reich haben die Mütter es nicht nötig, ihre Kinder zu schützen, das tut der Staat für sie.« W.Ra.

Brennende Synagoge in Essen, 10. November 1938
Repro
Alte Synagoge Essen

Mazza-Deckchen
Um 1890
Seide, mit Glasperlen bestickt, Leinen;
52 x 50 cm
Inv.-Nr.: KTe 69/54

Fragment eines Thora-Vorhanges
2. Hälfte 19. Jh.
Seidensamt, Baumwolle, Metallstickerei;
77 x 58 cm
Inv.-Nr.: KTe 69/68

Fragment eines Thora-Vorhanges
1885
Seide, bestickt, Baumwolle;
54 x 50 cm
Inv.-Nr.: KTe 69/39

In der Nacht vom 9. zum 10. November 1938 brannten Synagogen in ganz Deutschland. SA und SS zertrümmerten die Schaufenster jüdischer Geschäfte, demolierten die Wohnungen jüdischer Bürger und mißhandelten ihre Bewohner. 91 Tote, 267 zerstörte Gottes- und Gemeindehäuser und 7500 verwüstete Geschäfte – das war die »offizielle« Bilanz des Terrors. Am 10. November wurden mehr als 30 000 männliche Juden in Konzentrationslager verschleppt.

Als Vorwand nutzten die Nationalsozialisten die Ermordung des Legationssekretärs an der deutschen Botschaft in Paris, Ernst vom Rath, durch den erst siebzehnjährigen Herschel Grynszpan. Er wollte so auf die Abschiebung von 17 000 polnischen Juden, zu denen auch seine Eltern zählten, nach Polen aufmerksam machen.

Der NS-Staat deklarierte den von der NSDAP gesteuerten Pogrom als »berechtigte und verständliche Empörung des deutschen Volkes«, die nach der weiteren Ausschaltung der Juden aus dem deutschen Wirtschaftsleben rief: Zunehmende Entrechtung, Enteignungen und »Zwangsarisierungen« sollten sie zur Auswanderung zwingen. Nach dem »öffentlichen« Novemberpogrom erhielt die Verfolgung einen neuen Charakter: Nun begann die »stille« Eliminierung der Juden. Auch die Zeugnisse ihrer religiösen Kultur fielen der Vernichtung zum Opfer. C.J.

34
DER ZWEITE WELTKRIEG

Nur vier Tage nach seiner Ernennung zum Reichskanzler sprach Hitler vor Reichswehroffizieren über die Eroberung von »Lebensraum im Osten«. Um Rückenfreiheit für die Zerschlagung der »jüdisch-bolschewistischen Sowjetunion« zu erlangen, sahen seine schon in den zwanziger Jahren entwickelten Pläne ein Bündnis mit der Seemacht Großbritannien vor. Betonte er öffentlich immer wieder seine Friedensbereitschaft, so forcierte er insgeheim die Kriegsvorbereitungen. In der geheimen Denkschrift zum Vierjahresplan vom August 1936 hieß es kategorisch, die deutsche Armee müsse »in vier Jahren einsatzfähig, die deutsche Wirtschaft in vier Jahren kriegsfähig sein«. Zugleich empfahl sich das Dritte Reich den Westmächten als Bollwerk gegen Kommunismus und Bolschewismus.
Im November 1937 erklärte Hitler vor den Oberbefehlshabern der drei Wehrmachtsteile in einer vierstündigen Grundsatzrede, der auch Reichsaußenminister Neurath sowie Reichskriegsminister Blomberg beiwohnten, daß er »in absehbarer Zeit« gewaltsam vorgehen wolle. Nach dieser Kriegsankündigung wurde der widerspenstige Oberbefehlshaber des Heeres, General Fritsch, gemeinsam mit Blomberg im Februar 1938 zum Rücktritt gezwungen. Neurath, der Hitlers Pläne ebenfalls ablehnte, wurde als Außenminister durch Ribbentrop ersetzt. Ludwig Beck trat als Generalstabschef zurück. Mit der Bildung eines ihm ergebenen Oberkommandos der Wehrmacht (OKW) hatte Hitler die Armee nun erheblich besser im Griff als zuvor. Als England dann den Anschluß Österreichs hinnahm und im September 1938 auf der Münchener Konferenz mit Frankreich und Italien auch der Abtretung der Sudetengebiete an Deutschland zustimmte, verfügte Hitler über fast alle von ihm gewünschten strategischen Voraussetzungen zum Krieg gegen die Sowjetunion. Schon im Vorfeld der Münchener Konferenz hatten Militärs und Diplomaten um Ludwig Beck Kontakte zur englischen Regierung hergestellt und eine harte Haltung gefordert, um die Voraussetzung für einen Staatsstreich zu schaffen. Die Konzessionsbereitschaft der Westmächte in München hatte jedoch nicht nur den in seinem Ausgang höchst ungewissen Staatsstreich unmöglich gemacht, sondern sie hatte auch Hitler den Vorwand

für kriegerische Aktionen genommen und Zeit für Rüstungsmaßnahmen der Westmächte gebracht. Daß die deutsche Bevölkerung von nun an auf einen Krieg eingestellt werden müsse, forderte Hitler von der deutschen Presse einen Tag nach der »Reichskristallnacht«, deren Pogrome eine Vorstellung von dem aufkommen ließen, wozu die Nationalsozialisten fähig waren. Dennoch wurden Hitlers Äußerungen, nach denen ein neuer Krieg in Europa mit der Vernichtung des Judentums enden würde, kaum ernst genommen. Als mit der Zerschlagung der »Rest-Tschechei« im März 1939 auch die letzte Voraussetzung Hitlers für den Kriegsbeginn erfüllt war, garantierten England und Frankreich die Unabhängigkeit Polens. Davon unbeeindruckt, wies Hitler die Wehrmacht Anfang April an, einen Feldzug gegen Polen vorzubereiten. Seinen 50. Geburtstag vor Augen, wollte er den Krieg möglichst bald, noch auf der Höhe seiner »Schaffenskraft«, führen. Da mit englischer Unterstützung nicht mehr zu rechnen war, begannen entsprechende Verhandlungen mit der Sowjetunion, dem jahrelangen »Todfeind« und zweiten großen Verlierer von 1914/18. Am 23. August 1939 unterzeichnete Ribbentrop in Moskau einen deutsch-sowjetischen Nichtangriffspakt, dessen geheimes Zusatzabkommen auch die Aufteilung Polens zwischen dem Dritten Reich und der Sowjetunion vorsah. Zu einem gemeinsamen Krieg gegen die Westmächte war Stalin jedoch nicht bereit. Seinen ersten Angriffsbefehl auf Polen widerrief Hitler, als der englische Premier mitteilte, daß auch der deutsch-sowjetische Pakt England nicht von der Erfüllung seiner Verpflichtungen gegenüber Polen abhalten werde. Doch am 1. September 1939 eröffnete er den Krieg gegen Polen. Die deutsche Bevölkerung stand dem Kriegsbeginn skeptisch gegenüber; die Skepsis wuchs, als England und Frankreich ihre Verpflichtungen gegenüber Polen einlösten und Deutschland am 3. September den Krieg erklärten.

Beim Angriff auf Polen stießen die von der Luftwaffe unterstützten, technisch weit überlegenen Panzerverbände schnell vor. Warschau wurde drei Tage bombardiert und kapitulierte am 27. September. Zehn Tage zuvor waren auch sowjetische Truppen in Polen einmarschiert. Die westlichen Gebiete Polens wurden als »Warthegau« und »Reichsgau Danzig-Westpreußen« dem Reich angegliedert, der Rest des von Deutschland besetzten Gebiets wurde zum »Generalgouvernement« zusammengefaßt. Der im Oktober 1939 als Generalgouverneur eingesetzte Hans Frank lenkte mit dem Reichsführer SS und Chef der deutschen Polizei, Heinrich Himmler, der zudem zum »Reichskommissar für die Festigung des deutschen Volkstums« ernannt wurde, die Ausrottungspolitik, mit der die »Germanisierung« vorbereitet werden sollte. Zur Verfolgung und Vernichtung von Juden sowie von Angehörigen der polnischen Führungsschicht, des Adels und des Klerus wurden »Einsatzgruppen« aus Angehörigen der Gestapo, des Sicherheitsdienstes, der SS und der Polizei gebildet. Den unmittelbar nach dem Sieg über Polen angesetzten Termin zum Angriff auf Frankreich verschob Hitler auf Drängen der Militärs mehrfach. Um die Versorgung mit schwedischem Erz sicherzustellen, begann am 9. April 1940 der »Wettlauf« mit England um die Besetzung Dänemarks und Norwegens. Während Dänemark kampflos kapitulierte, leistete Norwegen vor der Kapitulation vom 10. Juni heftigen Widerstand. Der deutsche Angriff auf die Niederlande, auf Belgien, Luxemburg und Frankreich hatte bereits am 10. Mai begonnen. Nach der Bombardierung Rotterdams kapitulierten die Niederlande am 15. Mai, Belgien am 28. Mai. Entscheidend für den Sieg über Frankreich war der schnelle Panzervorstoß durch die Ardennen. Schon nach zehn Tagen standen deutsche Verbände an der Kanalküste. Was 1914/18 nicht gelungen war, erreichten die von Hitler geführten Truppen in rund sechs Wochen: Am 14. Juni wurde Paris nahezu kampflos besetzt. Mit dem »Blitzkrieg« gegen Frankreich hatte Hitler den Höhepunkt seiner Popularität erreicht. Italien beendete im Juni den Zustand der »Nichtkriegführung«, Spanien bot seinen Kriegseintritt auf deutscher Seite an, und auch Japan knüpfte engere Beziehungen zum Reich. Das seit dem 10. Mai, dem Tag des Kriegsbeginns im Westen, von Winston Churchill, einem erklärten Gegner der britischen Appeasement-Politik, geführte England lehnte jedoch nach wie vor die ihm von Hitler zugedachte Rolle eines »Juniorpartners« entschieden ab.

Am 16. Juli 1940 befahl Hitler Vorbereitungen zur Invasion Englands, am 13. August eröffnete er die »Luftschlacht gegen England«, um es auf den »Weg des Klügeren« zu zwingen. Nach dem Verlust von über 2200 deutschen Maschinen wurde der Luftkrieg gegen England im Frühjahr 1941 eingestellt, der Invasionsplan war bereits Ende 1940 aufgegeben worden. Nach den erfolgreichen »Blitzkriegen« war dies die erste Niederlage Hitlers. Die Bombardierung britischer Städte – Coventry war nahezu vollständig zerstört – diente den Engländern und Amerikanern später auch zur Rechtfertigung für ihren Bombenkrieg gegen deutsche Städte. Mitentscheidend für den weiteren Kriegsverlauf war das Treffen von Churchill mit dem amerikanischen Präsidenten an Bord eines Schlachtschiffs im Atlantik. Hier legten sie am 14. August 1941 die Grundsätze ihrer gemeinsamen Kriegs- und Nachkriegspolitik fest, die dann – als »Atlantik-Charta« bis Kriegsende von 45 Nationen unterzeichnet – Grundlage für die Charta der Vereinten Nationen wurde.

Als die Pläne zur Invasion Englands aufgegeben wurden, sollte ein schneller Sieg über die Sowjetunion die kriegsentscheidende Wende bringen. Schon in einer Weisung vom 18. Dezember 1940 hieß es, die Wehrmacht müsse darauf vorbereitet sein, »Sowjetrußland in einem schnellen Feldzug niederzuwerfen«. Der geplante »Blitzkrieg« verzögerte sich, da Italiens Angriff auf Griechenland wenig erfolgreich war und die Wehrmacht zur Sicherung ihrer Südflanke im April 1941 Jugoslawien und Griechenland überfiel. Am 22. Juni

1941 begann der Krieg gegen die Sowjetunion. Er war als Vernichtungskrieg geplant und wurde als solcher geführt, gegen die Juden, gegen die einheimische Bevölkerung insgesamt. Die vom deutschen Angriff völlig überraschten sowjetischen Truppen zogen sich unter erheblichen Verlusten weit zurück. Kurz vor Moskau kam die Offensive im einsetzenden Regen und Schnee zum Stillstand. Über diesen unerwarteten Rückschlag konnte auch die deutsche Kriegserklärung an die USA nach dem japanischen Angriff auf Pearl Harbor vom 7. Dezember 1941 nicht hinwegtäuschen. Eine neue Offensive begann im Sommer 1942 zunächst erfolgreich. Ihr Ziel waren die Ölfelder im Kaukasus und das strategisch wichtige Stalingrad. Doch nach der »Wannsee-Konferenz« vom Januar 1942 wurde die Kriegführung noch stärker von dem bereits zuvor beschlossenen Völkermord an den Juden überlagert. Statt etwa die deutsche Offensive mit dringend benötigten Transportkapazitäten zu unterstützen, brachten Tausende von Güterzügen Juden aus Westeuropa in die Vernichtungslager im Osten. Keinesfalls weniger Juden, Partisanen und andere »Untermenschen« fielen den mordenden »Einsatzgruppen« zum Opfer, die der deutschen Front folgten und ihre Erschießungen auch gemeinsam mit Angehörigen der Wehrmacht durchführten. Die im »Generalplan Ost« vorgesehene Besiedlung bis zur Ukraine mit »Ariern« innerhalb von 30 Jahren wurde auch hier – wie in Polen – durch die rassistische Ausrottungspolitik mit ihrem millionenfachen Mord vorbereitet. Während die Vernichtungsmaschinerie ihren Höhepunkt noch nicht überschritten hatte, war die militärische Niederlage Deutschlands längst absehbar.

Schon vor der Kapitulation der 6. Armee in Stalingrad mußte Rommel sich mit dem Afrika-Korps zurückziehen, waren alliierte Verbände unter Eisenhower in Nordafrika gelandet und hatten Churchill und Roosevelt im Januar 1943 in Casablanca siegesgewiß die bedingungslose Kapitulation Deutschlands gefordert. Obwohl Goebbels auf diese Forderung in seiner Sportpalast-Rede vom Februar 1943 mit der Proklamation des »Totalen Krieges« reagierte, rückten die Alliierten an allen Fronten vor. Trotzdem wurden Ende Februar die in der Berliner Rüstungsindustrie arbeitenden Juden nach Auschwitz deportiert. Mitte April begannen Juden im Warschauer Ghetto einen verzweifelten Aufstand. Seit Frühsommer 1943 legten alliierte Bomberverbände deutsche Städte auch bei Tage in Schutt und Asche. Anfang August begann die Evakuierung Berlins.

Trotz rüstungswirtschaftlicher Unterstützung durch die Vereinigten Staaten trug die Sowjetunion die Hauptlast im Kampf gegen das nationalsozialistische Deutschland. Engländer und Amerikaner hatten zwar schon mit ihrer Landung auf Sizilien im Juli 1943 eine neue Front eröffnet und damit den Sturz Mussolinis herbeigeführt, doch erst nach ihrer Landung in der Normandie vom 6. Juni 1944

und der schnellen Überwindung des »Atlantik-Walls« entlasteten sie die Sowjetunion spürbar. Bereits Anfang Juli standen über eine Million alliierter Soldaten in Frankreich, am 26. August zog General Charles de Gaulle jubelnd begrüßt in Paris ein. Den Befehl Hitlers, Paris »bis zur letzten Patrone« zu verteidigen und anschließend zu zerstören, hatte der deutsche Stadtkommandant nicht befolgt.
Nachdem schon mehrere Attentatsversuche auf Hitler gescheitert waren, deponierte Oberst Claus Graf Schenk von Stauffenberg, der als Zeuge einer Massenexekution von Frauen und Kindern durch SS-Einheiten zum Regimegegner geworden war, am 20. Juli 1944 eine Zeitzünderbombe in Hitlers ostpreußischem Hauptquartier »Wolfsschanze«. Nur leicht verletzt, bezeichnete Hitler sein Überleben als »Zeichen der Vorsehung« und ließ rund 200 Männer und Frauen aus zahlreichen Widerstandskreisen in Schauprozessen vom Volksgerichtshof zum Tode verurteilen. Im Zuge der »Säuberungen« wurden weitere 7000 Menschen verhaftet, rund 5 000 von ihnen wurden bis Kriegsende umgebracht.
Im Juli 1944 waren die sowjetischen Truppen schon bis zur Weichsel vorgerückt. Um sich selbst zu befreien, nahmen in Warschau rund 25 000 Männer und Frauen der polnischen »Heimatarmee« am 1. August den Kampf gegen die deutschen Besatzer auf. Bis zu ihrer Kapitulation Anfang Oktober 1944 fielen 16 000 Kämpfer der »Heimatarmee«; die Verluste der Zivilbevölkerung Warschaus lagen bei 150 000 Toten. Je näher die Alliierten auf die Reichsgrenzen vorrückten, desto stärker entfachte die deutsche Propaganda den Widerstandswillen der Bevölkerung »bis zum Endsieg«, gegen den »angloamerikanischen Bombenterror« und die »rasende Rachsucht« der Roten Armee. Vor allem gegen sie wurde im September 1944 der »Volkssturm« aller waffenfähigen Männer zwischen 16 und 60 Jahren aufgeboten. Zu dieser Zeit standen die Alliierten im Westen bereits an der Reichsgrenze, sowjetische Truppen drangen im Oktober in Ostpreußen ein. In der Hoffnung, das Bündnis zwischen den demokratischen Staaten des Westens und der kommunistischen Sowjetunion werde zerbrechen, konzentrierte sich die Wehrmacht bald auf die Sicherung der Flüchtlingstrecks, die vor den sowjetischen Truppen westwärts zogen.
Am 25. April 1945 trafen sich die vorrückenden Amerikaner und Sowjets an der Elbe bei Torgau, am 2. Mai kapitulierte das eingekesselte Berlin. Zwei Tage zuvor hatte Hitler Selbstmord begangen. Die deutsche Kapitulation wurde im amerikanischen Hauptquartier in Reims am Morgen des 7. Mai unterzeichnet und auf ausdrücklichen Wunsch Stalins im sowjetischen Hauptquartier in Berlin-Karlshorst in der Nacht vom 8. zum 9. Mai wiederholt. B.A.

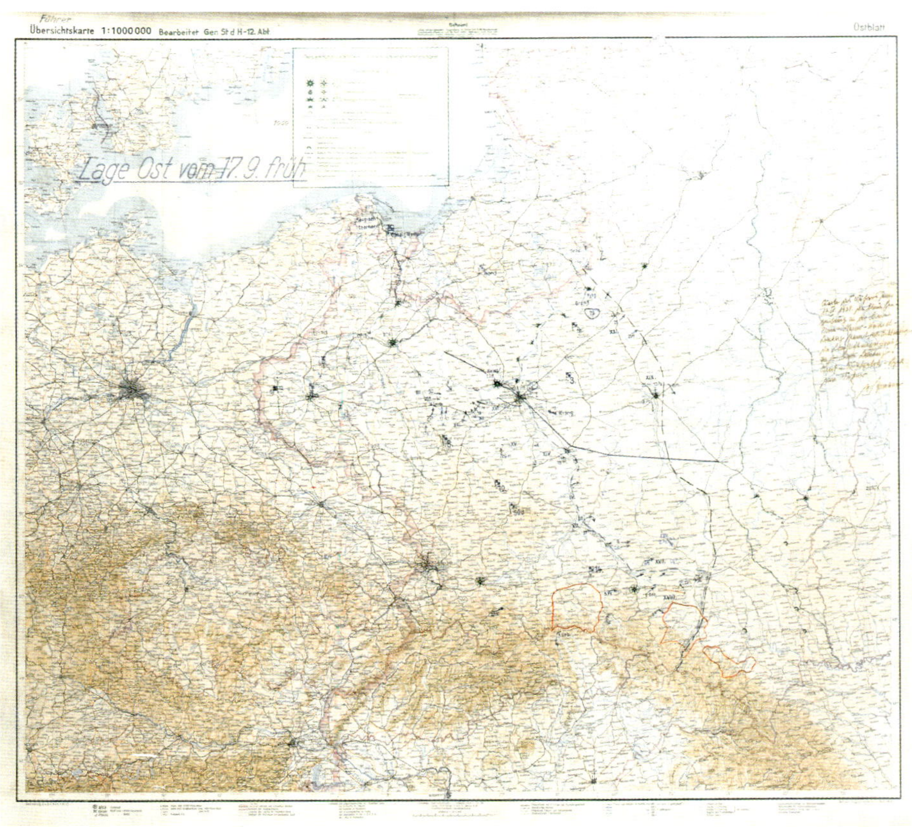

»Führer«-Übersichtskarte mit eingezeichneten Grenzmarkierungen »Lage Ost vom 17.9. früh«
Vermutlich von Hitler und Ribbentrop beschriftet
17. September 1939
Berlin: Gea Verlag, 1939
Lithographie, handgeschrieben;
113 x 125,1 cm
Inv.-Nr.: Do 92/166
Erworben aus Mitteln des Landes Berlin

Wir sind auf Leben und Tod verschworen!

Aufruf des Führers an die Nationalsozialistische Deutsche Arbeiterpartei

Berlin, 3. September.

Der Führer erläßt folgenden Aufruf an die Nationalsozialistische Deutsche Arbeiterpartei:

Nationalsozialisten und Nationalsozialistinnen!

Unser jüdisch-demokratischer Weltfeind hat es fertiggebracht, das englische Volk in den Kriegszustand gegen Deutschland zu hetzen. Die Gründe dafür sind genau so verlogen und fadenscheinig, als es die Gründe 1914 waren. Daran hat sich nichts geändert. Aber geändert haben sich die Kraft und der Wille des Reiches, dieses Mal den uns aufgezwungenen Kampf mit jener Entschlossenheit zu führen, die nötig ist, um das neue beabsichtigte Verbrechen an der Menschheit zunichte zu machen. Das Jahr 1918 wird nicht wiederkehren. Die deutsche Wehrmacht wird im Osten in wenigen Wochen den von den Engländern gelegten Einkreisungsring zersprengen. Sie wird im Westen in der größten Festungsanlage aller Zeiten den deutschen Boden schützen.

Das deutsche Volk wird jedes Opfer bringen in der Erkenntnis, daß es seiner Zahl, seinem Werte und seiner geschichtlichen Vergangenheit nach diese Auseinandersetzung nicht zu fürchten hat. Geschlagen sind wir in der Geschichte nur dann geworden, wenn wir uneinig waren.

Daß das deutsche Reich und Volk in diesen Krieg mit unzerstörbarer Einigkeit hinein- und herausgehen soll, sei unser aller Schwur. Darin liegt die höchste Aufgabe für die nationalsozialistische Bewegung. Wer sich den Gemeinschaftsanforderungen widersetzt, aus der Gemeinschaftsleistung sich entfernt, oder wer glaubt, sie gar sabotieren zu können, wird dieses Mal unbarmherzig vernichtet. Der brave Soldat an der Front soll wissen, daß uns sein Leben immer noch näher steht als das von Landesverrätern. Er soll aber auch wissen, daß in diesem Kampf erstmals in der Geschichte nicht von den einen verdient wird, während die anderen verbluten.

Wer daher glaubt, sich in diesen schicksalhaften Monaten oder Jahren bereichern zu können, erwirbt kein Vermögen, sondern holt sich nur den Tod.

Ich mache alle nationalsozialistischen Funktionäre dafür verantwortlich, daß sie auch in ihrem persönlichen Leben vorbildlich die Opfer auf sich nehmen, die die Gemeinschaft zu tragen hat. Was wir heute besitzen, ist gänzlich belanglos, entscheidend ist nur eines: Daß Deutschland siegt!

Was wir heute verlieren, ist ohne Bedeutung. Wichtig aber ist, daß unser Volk seinem Angreifer widersteht und damit seine Zukunft gewinnt. In wenigen Wochen muß die nationalsozialistische Volksgemeinschaft sich in eine auf Leben und Tod verschworene Einheit verwandelt haben. Dann werden die kapitalistischen Kriegshetzer Englands und seine Trabanten in kurzer Zeit erkennen, was es heißt, den größten Volksstaat Europas ohne jede Veranlassung angegriffen zu haben.

Der Weg, den wir heute beschreiten, ist nicht schwerer als der Weg von Versailles bis 1939.

Wir haben nichts zu verlieren, wir haben alles zu gewinnen.

Berlin, 3. September 1939.

gez.: Adolf Hitler.

NSDAP Ortsgruppe Dresden-Cotta Den 4. September 1939

Wir sind auf Leben und Tod verschworen!
Flugblatt der Nationalsozialistischen Deutschen Arbeiterpartei
Dresden,
4. September 1939
Druck;
20,8 x 29,6 cm
Inv.-Nr.: Do 56/1592

1. Anordnung

Der Chef der Zivilverwaltung für die besetzten Gebiete, Gauleiter Forster, hat den Unterzeichneten mit der Leitung der Zivilverwaltung für den Stadtbezirk Gdingen beauftragt. Zur Aufrechterhaltung von Ruhe und Ordnung in dem mir unterstellten Gebiet treffe ich folgende 1. Anordnung:

1. Der Verkauf und Ausschank von Alkohol einschl. Bier und Wein — auch in Flaschen — ist bis auf weiteres verboten.
2. Der Aufenthalt auf den Straßen ist in der Zeit von 18-6 Uhr verboten.
3. Das Betreten der Dächer und Böden ist untersagt.
4. Den Anordnungen der Militär- und Polizeibehörden, insbesondere der Wachen, Streifen und Posten, ist unbedingt Folge zu leisten.
5. Gemäß Verordnung des Chefs der Zivilverwaltung sind alle polnischen Vereine, Vereinigungen und Gesellschaften — auch solche religiöser Art, mit Ausnahme der Ordenskongregation — aufgelöst. Ihr Vermögen ist von den Leitern der Organisationen binnen 3 Tagen bei der Zivilverwaltung anzumelden.
   Versammlungen unter freiem Himmel sind verboten. Versammlungen in geschlossenen Räumen bedürfen meiner Erlaubnis. Das Zusammenstehen oder Zusammengehen von mehr als 3 Personen auf der Straße ist untersagt.
6. Das Erscheinen der polnischen Zeitungen wird ab sofort eingestellt.
7. Rundfunkgeräte sind binnen 24 Stunden bei der Zivilverwaltung abzuliefern. Die Antennen sind zu beseitigen.
8. Die Arbeiter und Angestellten der lebenswichtigen Betriebe (Elektrizitätswerk, Gaswerk, Wasserwerk, Kanalisationswerk, Schlachthof, Feuerwehr usw.) haben – soweit sie in Gdingen anwesend sind – sofort ihre Arbeit wieder aufzunehmen.
9. Wer der vorstehenden Anordnung zuwiderhandelt, wird mit Gefängnis oder Zuchthaus bestraft.

Der Beauftragte
des Chefs der Zivilverwaltung für die Stadt Gdingen
Erich Temp
Kreisleiter und Oberbürgermeister

Gdingen, den 14. September 1939

1. Rozporządzenie

Naczelnik Administracji Cywilnej zajętych obszarów, Gauleiter Forster, mianował niżej podpisanego kierownikiem Administracji Cywilnej okręgu miejskiego Gdynia.

Celem zachowania pokoju i porządku, w mnie powierzonym okręgu, ogłaszam następujące 1. rozporządzenie:

I. Sprzedaż oraz wyszynk alkoholu włącznie piwa i wina — też we flaszkach — zabrania się aż do odwołania.
II. Przebywanie na ulicach w czasie od godziny 18 – 6 jest zabronione.
III. Wyjście na dachy i strychy jest zabronione.
IV. Każdy jest obowiązany, bezwarunkowo zastosować się do zarządzeń władz wojskowych i policyjnych, a w szczególności patroli i straży.
V. Stosownie do rozporządzenia Naczelnika Administracji Cywilnej rozwiązuje się z dniem dzisiejszym wszelkie polskie związki i stowarzyszenia – też związki charakteru religijnego, z wyjątkiem bractw zakonnych –. Kierownicy wymienionych organizacyj są obowiązani do zgłoszenia Administracji Cywilnej stanu majątkowego w ciągu dni trzech.
   Zgromadzenia wszelkiego rodzaju są zabronione. Zgromadzenia w zamkniętych salach wymagają mego zezwolenia. Zatrzymywanie względnie przechodzenie się na ulicach ponad trzech osób jest zakazane.
VI. Wstrzymuje się wydanie polskich gazet i czasopism.
VII. Każdy, posiadający radio, jest obowiązany do odstawienia go Administracji Cywilnej. Anteny należy zdjąć.
VIII. Robotnicy i wszyscy inni zatrudnieni przy zakładach życiowo-ważnych (np. Zakłady Elektryczne, Gazownie, Zakłady Wodne, Kanalizacyjne, Rzeźnie, Straż Pożarna itp.) są obowiązani — o ile się w Gdyni znajdują — do podjęcia dalszej swej pracy.
IX. Niezastosowanie się do powyższych zarządzeń, zostanie ukaranę więzieniem, lub ciężkiem więzieniem.

Pełnomocnik
Naczelnika Administracji Cywilnej miasta Gdyni
Erich Temp
burmistrz i kierownik Okręgu

Gdynia, dnia 14. września 1939 r.

1. Anordnung der Zivilverwaltung für die Stadt Gdingen
Gdingen,
14. September 1939
Druck;
61,7 x 86 cm
Inv.-Nr.:
DG 90/1080

Im Anschluß an den durch Reichsaußenminister Joachim von Ribbentrop in Moskau ausgehandelten Deutsch-Sowjetischen Nichtangriffspakt vom 23. August 1939 wurde in dem »geheimen Zusatzprotokoll« die Teilung Polens sowie der baltischen Staaten, Finnlands und Bessarabiens in eine deutsche und eine sowjetische »Interessensphäre« besiegelt. Da die Wehrmacht nach ihrem Einfall in Polen in Unkenntnis über die ausgehandelte Grenze zu weit vorgerückt war, forderte Hitler von Ribbentrop genauere Angaben über deren Verlauf. Mit der blau gestrichelten Linie markierte der Außenminister auf einer Karte im Führerhauptquartier die in Moskau ausgehandelte Grenze. Die schwarz gestrichelte Linie, die nicht den Festlegungen vom 23. August entspricht, stammt von Hitler und nimmt weitgehend den später vereinbarten Grenzverlauf vorweg.

Hatte der »Hitler-Stalin-Pakt« die weitere Existenz eines polnischen Reststaates zunächst nicht völlig ausgeschlossen, so ließ Stalin dem deutschen Botschafter am 20. September mitteilen, daß er kein Interesse an einem selbständigen Restpolen habe und Verhandlungen über die definitive deutsch-sowjetische Grenzziehung wünsche. In dem am 28. September unterzeichneten Grenz- und Freundschaftsvertrag zwischen dem Dritten Reich und der Sowjetunion wurde die Demarkationslinie an den Bug zurückverlegt. Insgesamt fiel ein rund 188 000 Quadratkilometer großes Gebiet mit 20 Millionen Einwohnern, davon 85 Prozent Polen, an Deutschland; die Sowjetunion hatte ein geringfügig größeres Gebiet mit 12 Millionen zumeist ruthenischen und ukrainischen Einwohnern erhalten.

K.P.M./B.A.

Konnten England und Frankreich sich im »Blitzkrieg« gegen Polen nicht militärisch auf dessen Seite engagieren, so griffen sie, noch unzulänglich gerüstet, auch die nur schwach gesicherte deutsche Westgrenze nicht an. In den frühen Morgenstunden des 10. Mai 1940 beendete die deutsche Wehrmacht den »Sitzkrieg« an der Westfront und eröffnete mit starken deutschen Panzerkräften eine großangelegte Offensive gegen die Beneluxstaaten und Frankreich. Der Plan zum Panzerdurchbruch über die Ardennen war vom Oberkommando des Heeres verworfen worden, Hitler hatte ihn jedoch aufgegriffen und durchgesetzt. Nach diesem Sieg in einem weiteren »Blitzkrieg« galt er als genialer Feldherr. Kurz nach dem Fall von Paris besichtigte er im Morgengrauen die menschenleere Stadt.

Am 22. Juni 1940 wurde der Waffenstillstand in dem eigens dafür herbeigeschafften Eisenbahnwaggon im Wald bei Compiègne unterzeichnet, in dem die deutsche Delegation im November 1918 die von der Entente diktierten Waffenstillstandsbedingungen angenommem hatte. Nordfrankreich und die Beneluxstaaten kamen unter deutsche Militärverwaltung. In der zentralfranzösischen Stadt Vichy errichtete Marschall Pétain ein deutschfreundliches Regime, das den unbesetzten Teil Frankreichs regierte. Die unter deutscher Militärverwaltung stehende Metropole Paris übte auf Soldaten eine magische Anziehungskraft aus. Die Militärbehörden reglementierten daher bald den Besuch von Wehrmachtsangehörigen in der Stadt streng. T.B.

Deutsche Soldaten in Paris
Gerhard Gronefeld (geb. 1911)
Sommer 1940
Inv.-Nr.: GG 334/20

Kleiner Führer durch Paris
Paris: Dompol's Edition, 1940
Inv.-Nr.: 1991/14

Ermordung jugoslawischer Geiseln in Pančevo durch Wehrmacht und Waffen-SS
Gerhard Gronefeld (geb. 1911)
April 1941
Inv.-Nr.: GG 388/16

Alliiertes Abwurfflugblatt zu den deutschen Niederlagen
Großbritannien ?, 1943
Druck;
26,9 x 21,5 cm
Inv.-Nr.: 1989/1497.1

Mit über 3,6 Millionen Soldaten aus Deutschland und den verbündeten Staaten wurde am 22. Juni 1941 auf breiter Front der Krieg gegen die offensichtlich völlig überraschte Sowjetunion eröffnet. In den besetzten Gebieten ermordeten die der Front folgenden »Einsatzgruppen« die jüdische Bevölkerung und »Kommissare« der Sowjets. Wie in der Sowjetunion kämpften Partisanenverbände auch auf dem schwer kontrollierbaren Terrain Jugoslawiens gegen die deutschen Besatzer. Waffen-SS und Wehrmachtseinheiten nahmen dafür mit Massenhinrichtungen von Geiseln – so im serbischen Pančevo – furchtbare Rache an der Zivilbevölkerung. Gehörten die außerordentliche Rücksichtslosigkeit und Brutalität schon fast zur Normalität des Krieges, so war die systematische »Dezimierung« der Bevölkerung im Osten entscheidender Teil der deutschen Planung. Moskau, Stalingrad und Leningrad wollte Hitler »dem Erdboden gleichmachen«, ihre Bewohner sollten verhungern, an Seuchen und Krankheiten sterben. Als die Rote Armee Leningrad im Januar 1944 befreite, hatten über 800000 Menschen die 900 Tage deutscher Besatzung nicht überlebt.

In deutscher Kriegsgefangenschaft kamen über drei Millionen sowjetische Soldaten ums Leben; sie verhungerten oder wurden – wie in der »Genickschußanlage« im KZ Buchenwald – ermordet. T.B.

Russische Kriegsgefangene
Joe J. Heydecker
(geb. 1916)
Sowjetunion, 1941
Modern Print;
21,8 x 28,9 cm
Inv.-Nr.: 1987/8.51

Bekanntmachung

Der Mechaniker

Marcel BROSSIER

wohnhaft in Rennes, ist wegen Beschaedigung eines militaerischen Fernsprechkabels durch das Kriegsgericht zum

TODE

verurteilt und am
17. September 1940
ERSCHOSSEN worden

Den 18. September 1940. Das Kriegsgericht.

ARRÊT
de la Cour Martiale

Pour avoir
saboté les câbles téléphoniques
de l'Armée Allemande, le nommé :

Marcel BROSSIER
Mécanicien
domicillé à Rennes, a été condamné à la

PEINE DE MORT

Il a été
FUSILLÉ
le 17 Septembre 1940

Fait le 18 Septembre 1940. La Cour Martiale.

Bekanntmachung des Kriegsgerichts
Joe J. Heydecker
(geb. 1916)
Rennes, 1940
Modern Print;
21,8 x 28,9 cm
Inv.-Nr.: 1987/8.35

Friedhof für deutsche Soldaten
Joe J. Heydecker
(geb. 1916)
Polen, 1944 ?
Modern Print;
21,8 x 28,9 cm
Inv.-Nr.: 1987/8.52

Von der Feldgendarmerie öffentlich an der Kommandantur in Charkow als »Partisanen« gehenkte russische Zivilisten
Claus Hansmann
(geb. 1918)
Charkow,
November 1941
Modern Print;
23,3 x 17,8 cm
Inv.-Nr.:
1988/1509.9

Bekanntmachung

Der am 24. 12. 01 geborene Kranführer

Alfred Kurt Prescher

hat nach dem Terrorangriff auf Leipzig in der Innenstadt aus brennenden Häusern abgestelltes Gut gestohlen, und zwar einen Rucksack voll Tabakwaren und 118 Raucherkartenpunkte. Er ist deshalb vom Sondergericht Leipzig als Plünderer zum Tode verurteilt worden. Das Urteil ist bereits vollstreckt.

Leipzig, den 13. 12. 43
37 KLs a 2/43 SG

Der Oberstaatsanwalt

Bekanntmachung
Leipzig:
Lachner & Fischer,
13. Dezember 1943
Druck;
43 x 61 cm
Inv.-Nr.: P 63/19

pst – Feind hört mit!
? Stahl
1941
Farboffset;
118,6 x 83,6 cm
Signatur unten links: Stahl
Inv.-Nr.: 1988/1304

Mit Kriegsbeginn 1939 eröffnete das »Reichsministerium für Volksaufklärung und Propaganda« die Kampagne »Feind hört mit«. Deren Symbol war der »Schattenmann«, der auch hier die beiden arglosen Maurer bespitzelt: Ob am Arbeitsplatz, auf der Straße oder zu Hause – überall konnte der vermeintliche Spion lauern. Ein harmloser Satz enthielt vielleicht nützliche Informationen für den Feind. Jeder Deutsche sei ein Geheimnisträger, so rechtfertigte das NS-Regime die ständige Überwachung der Bevölkerung, die tief in Alltag und Privatleben eingriff.

Im Verlauf des Krieges ergoß sich über Deutschland eine Fülle von Propaganda, die zu immer größeren Opfern, zum Einsatz für den »Totalen Krieg« und eben zur Schweigsamkeit aufforderte, aber dabei zugleich permanent Siegesgewißheit verbreitete. »Defaitistische« Äußerungen und Zweifel am »Endsieg« wurden vor allem in den letzten Kriegsjahren rigoros geahndet. Die Stärkung der Heimatfront war unbedingt notwendig in einem Krieg, der sich zu einer unerbittlichen Materialschlacht entwickelte, die nur durch vollen Einsatz auch der Zivilbevölkerung und der zahllosen »Fremdarbeiter« aufrechtzuerhalten war.

Doch nicht von den »Fremdarbeitern«, sondern vielmehr von Funktionsträgern wie dem Chef der Abwehr des militärischen Geheimdienstes, Wilhelm Canaris, oder dessen Stellvertreter, Hans Oster, ging die eigentliche Gefahr aus. Beide hatten engen Kontakt zu Widerstandsgruppen, und Oster übermittelte den Alliierten 1939/40 Informationen über die deutschen Angriffspläne. Nach dem Attentat vom 20. Juli 1944 verhaftet, wurden Canaris und Oster am 9. April 1945 gemeinsam mit Dietrich Bonhoeffer im KZ Flossenbürg hingerichtet. C.J.

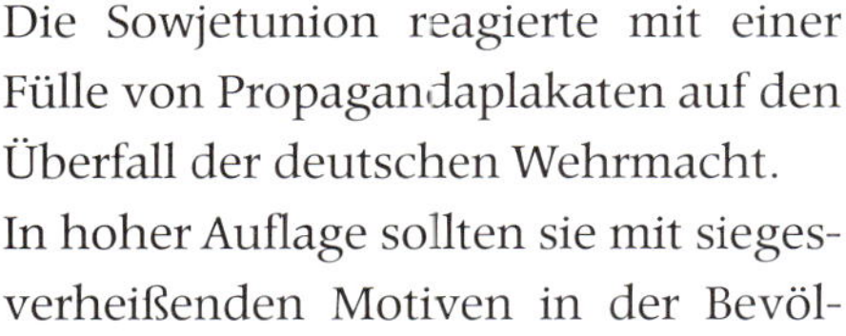

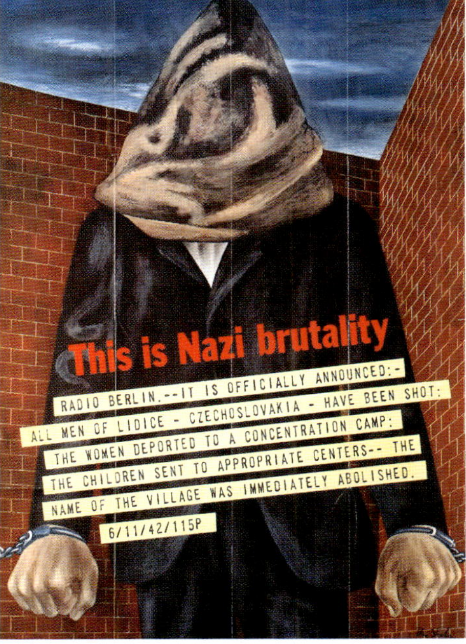

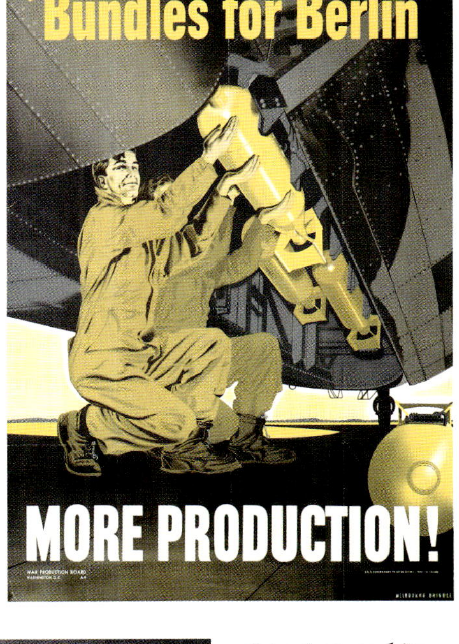

Die Sowjetunion reagierte mit einer Fülle von Propagandaplakaten auf den Überfall der deutschen Wehrmacht. In hoher Auflage sollten sie mit siegesverheißenden Motiven in der Bevölkerung Mut und Hoffnung für den Kampf gegen das »faschistische Ungeheuer« verbreiten. Auf dem abgebildeten Plakat wurden die ersten eigenen Abwehrerfolge im Winter 1941/42 gefeiert, die nicht zuletzt dem sowjetischen Panzer T 34 zuzuschreiben waren.

Auch die USA begleiteten seit der deutschen Kriegserklärung an die Vereinigten Staaten im Dezember 1941 ihre militärischen Einsätze mit einer massiven Propagandatätigkeit. Die regierungsamtliche Propagandabehörde, das Office of War Information, produzierte mit seinem in England stationierten Mitarbeiterstab allein für Deutschland über 180 Millionen Flugblätter und Plakate, für die auch so bekannte Künstler wie Norman Rockwell oder Ben Shahn verpflichtet wurden.

Shahns Plakat prangert das Massaker von Lidice an, bei dem SS und SD auf Befehl Hitlers im Juni 1942 198 Männer erschossen hatten. 184 Frauen kamen ins KZ Ravensbrück, die Kinder wurden verschleppt oder zur »Eindeutschung« in SS-Familien gegeben. Das Massaker war der Racheakt für das am 27. Mai in Prag verübte Attentat auf den stellvertretenden Reichsprotektor Böhmens und Mährens, Reinhard Heydrich, und wurde zum Symbol für den nationalsozialistischen Terror.

Dessen Zentrale Berlin war eines der Hauptziele der alliierten Luftangriffe auf Deutschland. Die Aufforderung zur Produktionssteigerung an die amerikanischen Rüstungsarbeiter verweist auf diese besondere »Fracht für Berlin«. D.V./C.J.

cette fois jusqu'à Berlin
(Diesmal bis nach Berlin)
United States Poster France
Sommer 1944
Farboffset;
76 x 102 cm
Inv.-Nr.: 1988/998.39

Smert nemezkim okkupantam!
(Tod den deutschen Eroberern!)
Nikolai A. Dolgorukow (geb. 1902),
Boris J. Jefimow (geb. 1900)
Moskau: Staatliche Lithographische Werkstatt, 1942
Lithographie;
85,5 x 59 cm
Signatur unten rechts: Bor. Jefimow, Dolgorukow 42
Inv.-Nr.: 1987/237

This is Nazi brutality
Ben Shahn (1898-1969)
Washington: U.S. Government Printing Office, 1942
Farboffset;
96,5 x 72 cm
Signatur unten rechts: Ben Shahn
Inv.-Nr.: 1988/1296

»Bundles for Berlin«
(Fracht für Berlin)
Melbourne Brindle
Washington: U.S. Government Printing Office, 1942
Farboffset;
102 x 72 cm
Inv.-Nr.: 1989/2193

Das größere Opfer
Adolf Reich
(1887-1963)
1943
Öl/Leinwand;
230 x 260 cm
Signatur unten links: A. Reich 1943
Inv.-Nr.: Gm 92/7

Vedutenhaft fängt der Dekorationsmaler und Illustrator Adolf Reich die Ludwigstraße vor dem Siegestor in München ein. Eine kleine Gruppe spendenwilliger Bürger steht bei zwei »Pimpfen« der Hitler-Jugend, die für das Winterhilfswerk sammeln. Während im Hintergrund eine junge Witwe ihren Kinderwagen schiebt, schauen sich zwei Frauen nach einem beinamputierten Soldaten um. Durch die realistische Malweise erhält das Bild den Charakter eines zeitgeschichtlichen Dokuments.

Nach eigener Aussage des Künstlers handelt es sich bei dem Gemälde »Das größere Opfer« um keine politische Auftragsarbeit. Dennoch entstand das Bild in engem Kontext zur nationalsozialistischen Ideologie. Ursprünglich war für das Gemälde ein Sockel vorgesehen, in den folgendes Hitler-Zitat eingraviert werden sollte: »Wenn wer im Zweifel ist, ob er noch einmal geben soll, möge er sich umschauen. Er wird jemanden sehen, der ein viel größeres Opfer gebracht hat.« Obwohl dem Gemälde defaitistische Tendenzen vorgeworfen wurden, stellte man es 1943 im »Haus der Deutschen Kunst« in München aus. Glaubt man dem Maler, dann zollte Hitler ihm für sein Bild großen Beifall. Das Gemälde appellierte an den von der NS-Ideologie beschworenen Geist einer solidarischen Volksgemeinschaft und deren Opferbereitschaft. I.A./A.S.

»Verzagte Briefe schreibt man nicht« – mit diesem Aufruf appellierte die NS-Propaganda an die Frauen, die Männer im Krieg nicht mit »Alltagsnot und Zagen« zu belasten. Die moritatenähnliche Bildergeschichte auf dem einfachen Blatt, das möglicherweise als Handzettel verteilt wurde, erzählt von den weitreichenden Folgen solchen Tuns: Während die Frau ihren Streit mit der Nachbarin längst beigelegt hat, lastet ihr Alltagsärger, von dem sie ihrem Mann an der Front geschrieben hat, »auf dem Kämpfenden wie Alpdruck« und »schafft ihm, der hart am Feind steht, dunkle Stunden«.
Doch nicht nur als psychisches Rückgrat der Front sollten die Frauen dienen, auch ihr tatkräftiger Einsatz in der Industrie war im Kriege erwünscht. Im männerleeren Land sollten die Frauen überall dort einspringen, wo nicht genügend Zwangsarbeiter für die Herstellung kriegswichtiger Güter zur Verfügung standen. Das Plakat, das für die freiwillige Meldung zum Arbeitseinsatz in der Industrie warb, überhöht die Arbeiterin zur Heroin. In einfacher Arbeitskleidung, mit Kittel und Kopftuch, blickt sie ernst und entschlossen in die Ferne, in die Zukunft, während hinter ihr als Zeichen ihres Erfolges die Schlote der Industrieanlage rauchen. R.B.

Der Einsatz der deutschen Frau im Krieg
Um 1941
Farboffset;
59,3 x 41,9 cm
Inv.-Nr.:
1988/998.61

Verzagte Briefe schreibt man nicht:
Die Front erwartet Zuversicht!

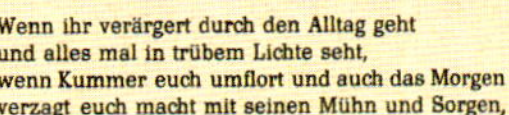

Wenn ihr verärgert durch den Alltag geht
und alles mal in trübem Lichte seht,
wenn Kummer euch umflort und auch das Morgen
verzagt euch macht mit seinen Mühn und Sorgen,

Wenn auch die Träne mal im Auge steht
und euch vor Unmut alle Lust vergeht,
so hütet euch, ihr Mädchen und ihr Frauen,
dies einem Feldpostbrief anzuvertrauen.

Der nächste Tag hat vieles schon bereinigt,
ihr habt mit eurem Dasein euch geeinigt,
habt euch mit eurer Nachbarin vertragen,
jedoch der Brief ist fort mit euren Klagen.

Dem Mann da draußen, der sich drauf gefreut,
bereitet er statt Frohsinn Sorg und Leid.
Was ihr inzwischen längst schon überwunden,
schafft ihm, der hart am Feind steht, dunkle Stunden.

Drum unterlaßt im Frontbrief euer Klagen, beschwert ihn nicht mit Alltagsnot und Zagen
und werft nicht Feldpostbriefe in den Kasten, die auf dem Kämpfenden wie Alpdruck lasten.

Tiefdruck: Dr. Güntz-Druck Dresden

Bilderbogen: Verzagte Briefe schreibt man nicht
Dresden:
Dr. Güntz-Druck,
um 1942
Tiefdruck;
29,4 x 20,4 cm
Inv.-Nr.: Do 56/1594

Zwangsarbeiter in Deutschland
? Keilhaus
Um 1942
Inv.-Nr.:
F 52/298,330,
414 (S. 467)

Nach dem Überfall auf Polen wurden in den besetzten Gebieten Arbeitskräfte für die deutsche Kriegswirtschaft zwangsrekrutiert. Hatte man vor dem »Polenfeldzug« nur eine zeitlich begrenzte Heranziehung von Kriegsgefangenen als Arbeitskräfte geplant, so war der Einsatz sogenannter Fremdarbeiter in großem Umfang spätestens nach der gescheiterten Offensive vor Moskau Ende 1941 für die deutsche Kriegswirtschaft unerläßlich. Da der Versuch, Arbeitskräfte aus der besetzten Sowjetunion als Freiwillige anzuwerben, fast gänzlich gescheitert war, schritt man auch hier zur Zwangsrekrutierung.

Ohne den Arbeitseinsatz von Millionen Zwangsarbeitern, Kriegsgefangenen und KZ-Häftlingen wäre die Weiterführung des Krieges nicht möglich gewesen. Ende 1944 arbeiteten mehr als 7,5 Millionen ausländische Arbeitskräfte, davon ein Drittel Frauen, für geringe Bezahlung oder auch ohne Lohn in fast allen Bereichen der Wirtschaft. Nur so konnte die NS-Führung der deutschen Bevölkerung bis Kriegsende einen relativ hohen Lebensstandard sichern und den massenhaften Einsatz von deutschen Frauen in der Wirtschaft lange vermeiden. Die Beschäftigung ausländischer Arbeiter, die etwa aus der Sowjetunion oder aus Polen kamen, stand im Widerspruch zur NS-Ideologie; Vertreter von SS und NSDAP wandten sich gegen die Rekrutierung von »Fremdvölkischen«. Angesichts der kriegsbedingten Notwendigkeit des Einsatzes von »Fremdarbeitern« wurde eine umfassende Reglementierung ihrer Lebensbedingungen durchgesetzt.

Auch »Fremdarbeiter« aus Westeuropa sollten wie alle anderen ausländischen Arbeitskräfte von der deutschen Bevölkerung getrennt leben. »Ostarbeiter« aus der Sowjetunion und polnische Arbeiter mußten auf ihrer Kleidung die Aufnäher »OST« beziehungsweise »P« tragen. Öffentliche Einrichtungen wie Kinos oder Schwimmbäder blieben ihnen verschlossen, die meisten Zwangsarbeiter lebten in Lagern. Vor allem sexuelle Kontakte zwischen den »Fremdvölkischen« und Deutschen sollten verhindert werden. Für »Ostarbeiter« und für Polen bedeutete in der Regel schon der Verdacht auf Geschlechtsverkehr mit Deutschen die nicht selten öffentlich vollzogene

Hinrichtung. Je tiefer »Fremdarbeiter« in der NS-Rassenlehre angesiedelt waren, desto schlechter waren ihre Lebensbedingungen; ungenügende Ernährung und Mißhandlung durch deutsche Vorarbeiter gehörten zu ihrem Alltag, viele von ihnen gingen an den Arbeitsbedingungen zugrunde. Auf dem Lande griffen die gegen Zwangsarbeiter gerichteten Maßgaben nicht immer. Aber auch hier wurde bestraft, wer sich ihnen gegenüber menschlich verhielt. T.B.

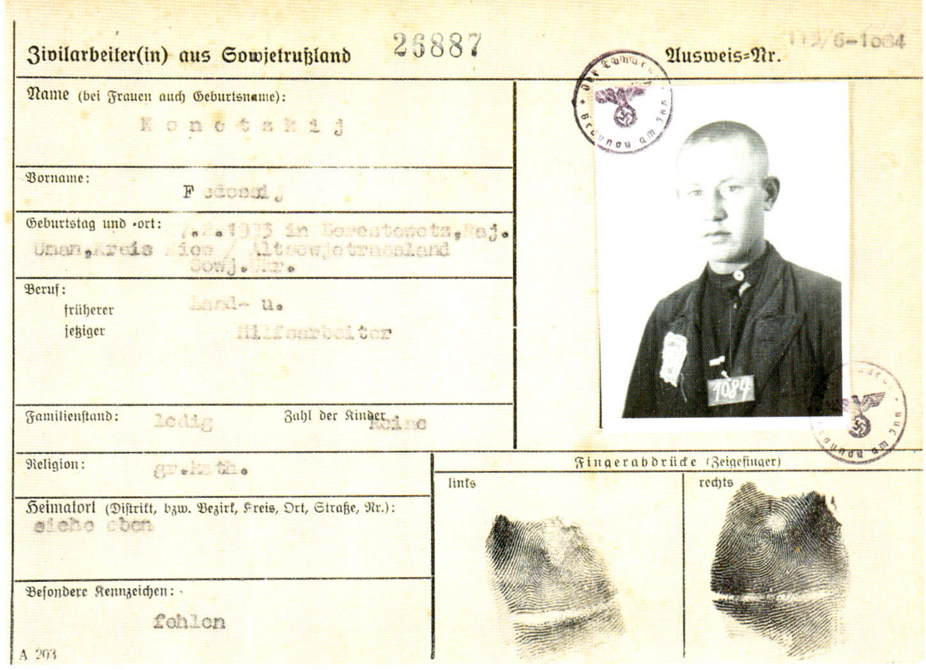

Zivilarbeiter(in) aus Sowjetrußland 26887 Ausweis-Nr. [illegible]

Name (bei Frauen auch Geburtsname): [illegible]

Vorname: F[illegible]

Geburtstag und -ort: [illegible] in [illegible], Raj. Uman, Kreis [illegible] / Altsowjetrussland Sowj. Ukr.

Beruf:
früherer Land- u.
jetziger Hilfsarbeiter

Familienstand: ledig Zahl der Kinder keine

Religion: gr.kath.

Heimatort (Distrikt, bzw. Bezirk, Kreis, Ort, Straße, Nr.): siehe oben

Besondere Kennzeichen: fehlen

Fingerabdrücke (Zeigefinger) links rechts

A 203

Abzeichen für »Ostarbeiter«
Um 1940
Baumwolle, bedruckt;
7,5 x 7,5 cm;
8 x 8 cm
Inv.-Nr.: A 93/12,13

Sowjetische Frauen werden nach Deutschland abtransportiert
? Keilhaus
Kiew, um 1942
Inv.-Nr.: F 52/304

Kennkarte eines Zivilarbeiters aus der Sowjetunion
Braunau am Inn, 1942
Druck, maschinengeschrieben, gestempelt;
14,8 x 21 cm
Inv.-Nr.: 1988/488.2

Jacke eines KZ-Häftlingsanzuges
1933-1945
Leinen; L 67 cm
Inv.-Nr.: KTe 62/60

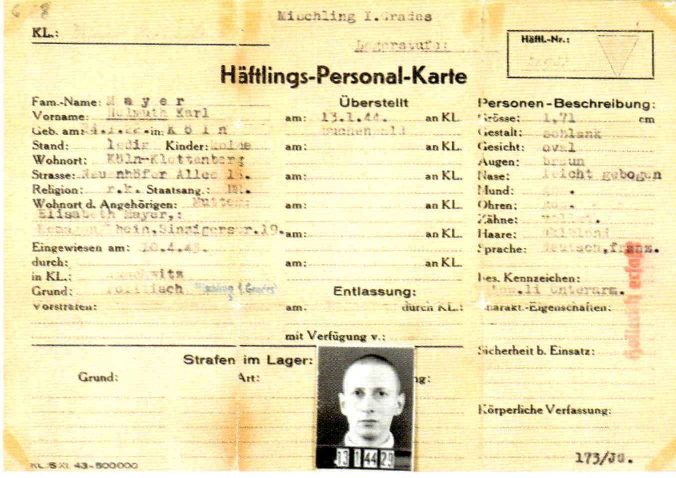

Mischling I. Grades

KL.:

Häftl.-Nr.:

Häftlings-Personal-Karte

Fam.-Name: M a y e r
Vorname: Helmuth Karl
Geb. am: [illegible] in: K ö l n
Stand: ledig Kinder: keine
Wohnort: Köln-Klettenberg
Strasse: [illegible] Allee [illegible]
Religion: r.k. Staatsang.: [illegible]
Wohnort d. Angehörigen: [illegible] Elisabeth Mayer, [illegible] Sinzigerstr. 19.
Eingewiesen am: [illegible]
durch:
in KL.: [illegible]
Grund: [illegible]
Vorstrafen:

Überstellt
am: 13.1.44. an KL. [illegible]
am: an KL.
am: an KL.
am: an KL.
am: an KL.
am: an KL.

Entlassung:
am: durch KL.:
mit Verfügung v.:

Personen-Beschreibung:
Grösse: 1,71 cm
Gestalt: schlank
Gesicht: oval
Augen: braun
Nase: leicht gebogen
Mund: [illegible]
Ohren: [illegible]
Zähne: [illegible]
Haare: [illegible]
Sprache: deutsch, franz.
Bes. Kennzeichen: [illegible] li Unterarm.
Charakt.-Eigenschaften:
Sicherheit b. Einsatz:
Körperliche Verfassung:

Strafen im Lager:
Grund: Art:

13 1 44 29

173/J8.

KL. 5 XI. 43-500000

KZ-Häftlings-Personal-Karte
Buchenwald, 1944
Druck, handgeschrieben, maschinengeschrieben;
14,6 x 20,8 cm
Inv.-Nr.:
Do2 94/3239

Wer in ein Konzentrationslager eingeliefert wurde, hatte kaum eine Chance, jemals seine Freiheit wiederzuerlangen. Fluchtversuche endeten in der Regel tödlich. In den Lagern waren alle Häftlinge dem willkürlichen SS-Terror ausgeliefert. Befolgten sie eine Regel der »Lagerordnung«, so verstießen sie gegen eine andere. Beim »Frühsport« wurden sie durch den Schlamm geschickt, anschließend wurden sie wegen ihrer verdreckten Kleidung bestraft. »Appelle« bei Schnee und Kälte forderten ihre Opfer, »Einzelarrest« kam einem Todesurteil gleich.

Die SS teilte die Häftlinge in Gruppen ein und schürte so vor allem Gegensätze zwischen den »Roten«, den politischen Häftlingen, und den überwiegend kriminellen »Grünen«. Juden, Sinti und Roma, Homosexuelle, »Asoziale« oder die als »Bibelforscher« bezeichneten Zeugen Jehovas standen in der »Häftlingshierarchie« ganz unten.

Der Kriegsbeginn leitete den Übergang von der Terrorisierung der Häftlinge zu ihrer physischen Vernichtung ein. Je weiter sich der deutsche Herrschaftsbereich ausdehnte, desto mehr Menschen wurden inhaftiert. Im besetzten Gebiet entstanden neue Lager wie Auschwitz (1940) und Natzweiler (1940/41). Die Konzentrationslager Auschwitz und Maidanek waren zugleich Vernichtungslager. Ab 1942 mußten auch die KZ-Häftlinge für die deutsche Kriegswirtschaft arbeiten. Die Zahl der Häftlinge vervielfachte sich, Hunderte von Außenlagern entstanden in der Nähe »kriegswichtiger« Betriebe. S.G./T.B.

Kind im Warschauer Ghetto
Joe J. Heydecker (geb. 1916)
Warschau, 1941
Vintage Print; 23,5 x 29,9 cm
Inv.-Nr.: 1987/8.66

Aufnäher und Armbinde aus dem KZ Theresienstadt
1942-1945
Baumwolle, bestickt, handbeschrieben, gestempelt; 10 x 8 cm, 8 x 18 cm (halbiert zusammengelegt)
Mit Stempel des medizinischen Dienstes der jüdischen Selbstverwaltung
Inv.-Nr.: A 93/15, KTe 83/158

In Polen trieben die deutschen Besatzer schon kurz nach ihrem Einmarsch die jüdische Bevölkerung in Ghettos der größeren Städte, aber auch in Dörfern zusammen. Schon im November 1939 mußten alle Juden im »Generalgouvernement« eine weiße Armbinde mit dem blauen Davidstern tragen.

Im Warschauer Ghetto faßten die Deutschen mehr als 400 000 Juden zusammen und ließen sie – wie in anderen Ghettos – Zwangsarbeit verrichten. Täglich fielen Hunderte, besonders Kinder und alte Menschen, dem Hunger und grassierenden Krankheiten zum Opfer. Vor allem aus Warschau wurden die Ghettobewohner in das nahegelegene Vernichtungslager Treblinka deportiert. Anfang 1943 unternahm die jüdische Widerstandsbewegung im Warschauer Ghetto einen Aufstandsversuch. Bei dessen Niederschlagung machten SS-Truppen das Ghetto dem Erdboden gleich.

Wie im okkupierten Polen, so wurden auch in den besetzten Gebieten der Sowjetunion viele Juden vor ihrer Ermordung in Ghettos verbracht, andere fielen den »Einsatzgruppen« sofort zum Opfer. Das Ghetto Theresienstadt hatte eine Sonderfunktion. Ursprünglich sollte es als »Alters- und Vorzeigeghetto« neben älteren Juden auch jüdische Kriegsveteranen und »prominente« Juden aufnehmen. Mit der Inbetriebnahme der Gaskammern in Auschwitz-Birkenau entwickelte sich aber auch Theresienstadt immer mehr zu einer Durchgangsstation in die Vernichtungslager. S.G./T.B.

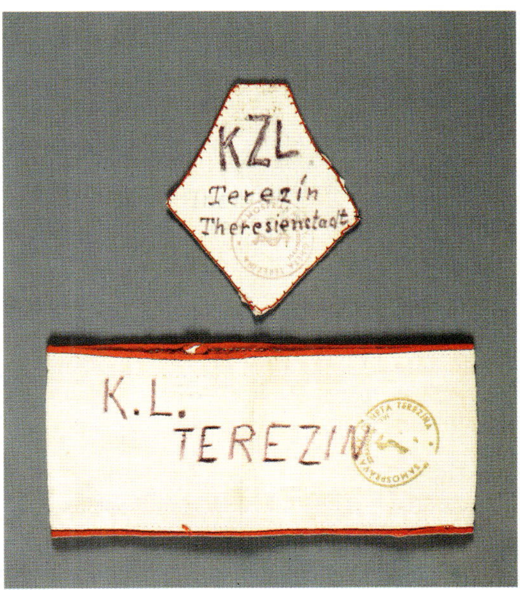

Im Lubliner Ghetto
Max Kirnberger
(1902-1983)
Lublin, Juni 1941
Diapositive
Inv.-Nr.: 1994/904

Die forcierte Auswanderung von Juden war lange vorrangiges Ziel nationalsozialistischer Politik. Mit Kriegsbeginn kam die jüdische Auswanderung faktisch jedoch zum Erliegen. Je weiter sich der nationalsozialistische Machtbereich ausdehnte, desto illusorischer waren Überlegungen, die – wie der Madagaskar-Plan – auf einer zwangsweisen Aussiedlung der Juden basierten. Mit dem Auftakt des Krieges radikalisierte die NS-Führung ihre »Judenpolitik«. So mußten die im Reich lebenden Juden 1939 ihre Rundfunkgeräte und Wertgegenstände abliefern und sich an besondere Ausgangssperren halten. Im Februar 1940 wurden die Stettiner Juden in das besetzte Polen deportiert, seit dem September 1941 mußten alle Juden in Deutschland den »Gelben Stern« tragen. Wenig später begannen die Deportationen aus dem »Altreich« in den Osten, vor allem in die Ghettos des »Generalgouvernements«.

Bereits im Juli 1941 war dem SS-Obergruppenführer Reinhard Heydrich, dem Chef des Reichssicherheitshauptamtes, die administrative Vorbereitung der »Endlösung der Judenfrage« übertragen worden. Gleichzeitig hatten die »Einsatzgruppen« in den von deutschen Truppen besetzten Teilen der Sowjetunion mit der Massenerschießung der jüdischen Bevölkerung begonnen. Als Heydrich am 20. Januar 1942 auf der »Wannseekonferenz« mit Staatssekretären und hohen Parteifunktionären die verwaltungsmäßige Umsetzung der »Endlösung« besprach, wurden im Vernichtungslager Chelmno schon seit fast zwei Monaten Juden ermordet.

Sie wurden in Gaswagen gepfercht, in denen sie langsam und qualvoll an Kohlenmonoxyd-Abgasen erstickten. Die Vergasung in Chelmno wurde von

Anlage 24

Staatspolizeiliche Verfügung.

Es wird Ihnen hiermit eröffnet, dass Sie innerhalb von 2 Stunden Ihre Wohnung zu verlassen haben. Die beauftragten Beamten sind gehalten, bis Sie Ihre Koffer gepackt und Ihre Wohnung ordnungsmässig hergerichtet haben, bei Ihnen zu bleiben und Sie alsdann zum Sammelplatz zu bringen. Sie werden ersucht, die Schlüssel an sämtlichen Behältnissen, Schränken usw. stecken zu lassen; ebenso die inneren Wohnungsschlüssel. Soweit Sie die Schlüssel an einem besonderen Schlüsselbund haben, sind sie von diesem abzumachen und an das Behältnis, zu dem sie gehören, zu stecken. Den Haus- und Korridorschlüssel haben sie mit einem Bändchen und einem daran befestigten Stück Pappe zu versehen und Ihren Namen und Wohnung und Kennummer darauf zu schreiben. Diese Schlüssel haben Sie dem beauftragten Beamten zu übergeben. Vor Verlassen der Wohnung ist das Ihnen ausgehändigte Vermögensverzeichnis genauestens ausgefüllt und unterschrieben abzugeben.

Sie haben mitzunehmen:
1.) Zahlungsmittel RM 50.—
2.) Rucksack oder Handgepäck mit Wäsche und sonstigem zur einfachen Lebensführung notwendigen Gerät.
3.) Vollständige Bekleidung (es können auch zwei Mäntel und doppelte Unterwäsche angezogen werden),
4.) Verpflegung für ~~mehrere~~ Tage, ~~Essbesteck~~ Löffel, Teller oder Napf, Trinkbecher, Trinkflasche.
5.) Reisepass, Kennkarte, Arbeits- und sonstige Ausweispapiere sowie Lebensmittelmarken, Kartoffel- und Kohlenbezugsscheine; Sie dürfen nicht eingepackt werden, sondern sind von jeder Person bei sich zu führen.

Nicht mitgenommen werden dürfen:
Wertpapiere, Devisen, Sparkassenbücher usw. sowie Wertsachen jeder Art (Gold, Silber, Platin) ebenfalls kein lebendes Inventar.

Der Ehering sowie eine einfache Uhr dürfen mitgenommen werden.

Wertsachen und Edelmetalle sind in ein Säckchen oder Umschlag zu legen und den Beamten zu übergeben. Es ist mit genauer Anschrift und Kennummer zu versehen. Über den Inhalt des Säckchens ist ein Verzeichnis aufzustellen, das von den Beamten und Festgenommenen zu unterschreiben ist. Das Säckchen, die Schlüssel Personalpapiere, Lebensmittelkarten usw. sind zur Sammelstelle mitzubringen und dort zu übergeben.

Das mitzunehmende Gepäck ist mit einem Schild zu versehen das in deutlicher Schrift Ihren Namen, Geburtstag und – ort und Wohnung und Kennummer enthält, das hier verbleibende lebende Inventar ist ebenfalls mit einem Schildchen zu versehen, das Ihren Namen und Wohnung in Frankfurt a.M. angibt. Ausserdem haben Sie sich selbst ein Schild um den Hals zu hängen, auf dem Ihr Name und Geburtstag angegeben sind sowie Kennummer.

Allen Anordnungen derjenigen, die Ihnen diese Verfügung bekanntgeben, haben Sie unbedingt und ohne Widerspruch Folge zu leisten und jede geforderte Auskunft zu erteilen, andernfalls Sie mit schwersten Strafen belegt werden. Diese Verfügung ist für ihren Inhaber zugleich Ausweis.

Geheime Staatspolizei
Staatspolizeistelle Frankfurt a.M.
gez. P o c h e
Beglaubigt:
Kanzleiangestellte.

Flugschrift: Wenn Du dieses Zeichen siehst …
Werner von Axster-Heudtlaß ?
1941
Lithographie; 29,6 x 21 cm
Signatur unten links: Ax-Heu-
Inv.-Nr.: Do 83/51II

Staatspolizeiliche Verfügung
Aus der Akte des Einwohneramtes Herborn »Nachweisung über die Bewegung der jüdischen Bevölkerung in der Gemeinde Herborn (Dill)«
Frankfurt am Main, 1938/1942
Druck; 30 x 21,2 cm
Inv.-Nr.: 1988/1738.24

An der Selektionsrampe des Vernichtungslagers Auschwitz-Birkenau
1944
Repro
Bildarchiv
Preußischer
Kulturbesitz,
Berlin

Ungarische Jüdinnen bei ihrer Ankunft in Auschwitz
S. Richter
1944
Repro
Bildarchiv
Preußischer
Kulturbesitz,
Berlin

dem Mordpersonal geleitet, das entsprechende Erfahrungen bei der – im August 1941 unterbrochenen – Euthanasie-Aktion gesammelt hatte. Die zwischen März und Juli 1942 im Distrikt Lublin geschaffenen Vernichtungslager der »Aktion Reinhard« (Belzec, Sobibor und Treblinka) wurden ebenfalls von »Euthanasie-Experten« aufgebaut. Allein in Treblinka wurden in den Gaskammern vermutlich über 900 000 Juden ermordet. Am 2. August 1943 unternahmen in Treblinka Häftlinge eines Sonderkommandos, das die Ermordeten nach Wertgegenständen durchsuchen mußte, einen Aufstand. Einzelnen Häftlingen gelang dabei – wie im Oktober 1943 auch in Sobibor – die Flucht.

In Auschwitz hatte die SS bereits im September 1941 das Giftgas Zyklon B an sowjetischen Kriegsgefangenen »erprobt«. Seit Anfang 1942 fuhren die Deportationszüge aus ganz Europa in das Konzentrations- und Vernichtungslager Auschwitz.

Hier wurde 1943 mit vier Gaskammern und angeschlossenen Krematorien der Massenmord an Juden, aber auch an Sinti und Roma nahezu »industriell« durchgeführt. An der Rampe des Vernichtungslagers wurden die ankommenden Juden »selektiert«, die

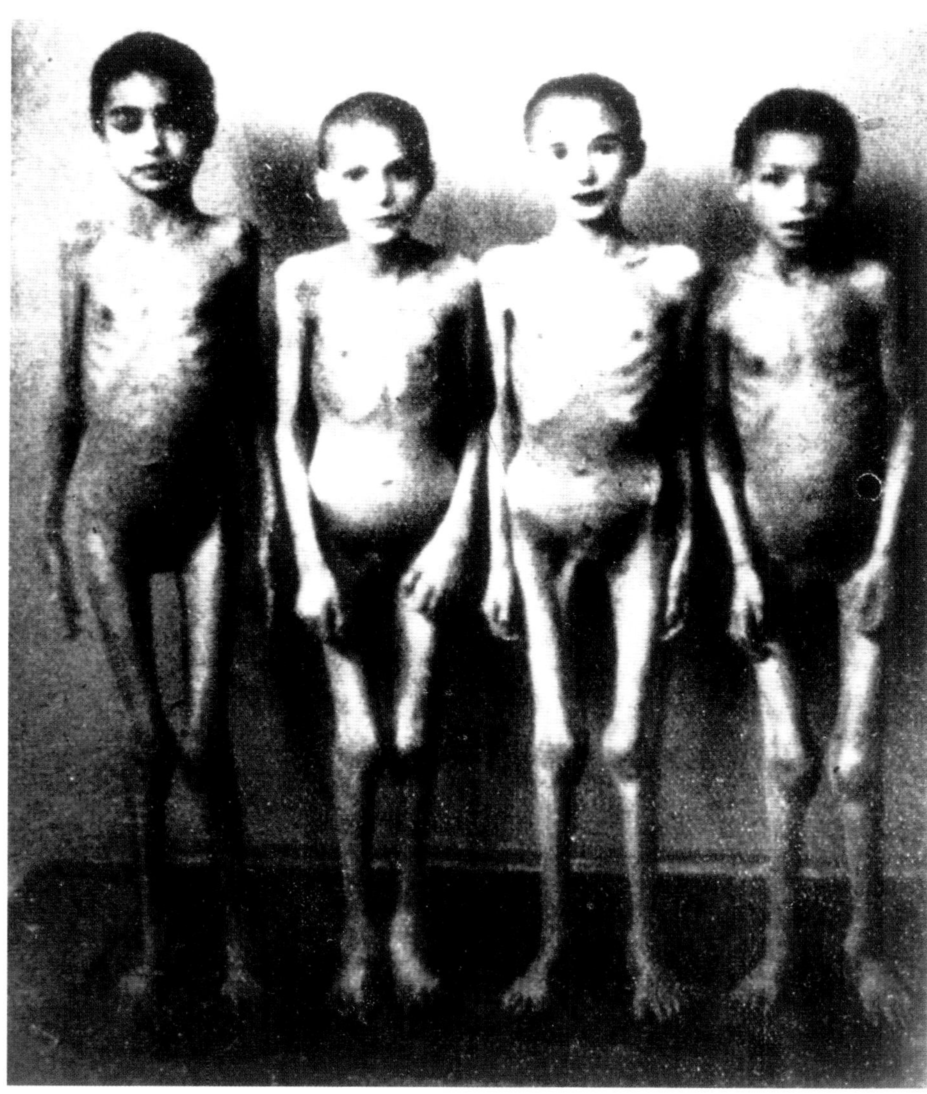

Kinder in Auschwitz
1945 ?
Inv.-Nr.: F 52/3430

Brillenberg im Vernichtungslager Auschwitz-Birkenau
1945
Repro
Bildarchiv
Preußischer
Kulturbesitz,
Berlin

meisten wurden direkt in die Gaskammern gebracht. Noch »arbeitsfähige« Juden mußten Zwangsarbeit leisten, bis auch sie den regelmäßigen Selektionen zum Opfer fielen und vergast wurden. Im Konzentrations- und Vernichtungslager Maidanek wurden allein bei der Aktion »Erntefest« am 3. November 1943 innerhalb weniger Stunden Tausende Juden erschossen. Als Ende 1944 die Ostfront näherrückte, wurden die Vernichtungslager weitgehend zerstört. Die letzten Häftlinge wurden auf »Todesmärschen« in den Westen gebracht. Bei diesen Märschen kamen ungezählte Häftlinge vor Erschöpfung um oder wurden von der SS erschossen. S.G./TB.

Im Lager (Gefangenenlager)
Felix Nussbaum (1904-1944)
1940
Öl/Leinwand; 47 x 42 cm
Signatur unten rechts: Felix Nussbaum 1940
Inv.-Nr.: 1987/149

Felix Nussbaum blieb nach der »Machtergreifung« als Stipendiat in Italien und emigrierte von dort 1935 nach Belgien. Nach dem Einmarsch der Wehrmacht in das Nachbarland wurden deutsche Exilanten als »feindliche Ausländer« in das noch unbesetzte Frankreich deportiert und dort interniert.

Mit dem Bild »Im Lager« verarbeitet der Maler nicht nur seine Erfahrungen in St-Cyprien, sondern er beschreibt die Situation der Emigranten überhaupt. Nach der geglückten Flucht aus diesem Lager kehrte Nussbaum nach Belgien zurück und lebte, von Freunden versteckt, mit seiner Frau in Brüssel.

Seine Form, um das Überleben zu kämpfen und den Schrecken zu bannen, war die Malerei. In dem Bild »Dreiergruppe« von Januar 1944 porträtierte sich Nussbaum als frommen Juden in seinem Versteck mit seiner Frau Felka und dem Jungen Jaqui in einer sakral-renaissanceartigen Dreieckskomposition. Die Personen wirken trotz ihrer räumlichen Nähe zueinander nicht aufeinander bezogen, sie starren in verschiedene Richtungen aus dem Bild heraus ins Leere. Ihre Bewegungen wirken eingefroren. Der abgestorbene, beschnittene Baum spiegelt die Situation der an einen Ort gefesselten und aller Entfaltungsmöglichkeiten beraubten Menschen. Die einzige Hoffnung der still Ausharrenden sind die Nachrichten über die Zurückdrängung der Deutschen auf dem östlichen Kriegsschauplatz, die Nussbaum in Gestalt einer auffallend farbigen Landkarte mit eingezeichnetem Frontverlauf visualisiert.

Nussbaum steht als orthodoxer Jude unrasiert, mit Gebetsmantel und Kippah, der traditionellen Kopfbedekkung, mit abwehrend beschwörender Handhaltung neben der Karte. Er hat sich in diesem Selbstporträt völlig mit dem Judentum identifiziert, auf das er durch die Verfolgung der Nazis reduziert und zurückgeworfen wurde.

Vor dem Jungen Jaqui, für die Nussbaums in ihrem Versteck die einzige Verbindung zur Außenwelt, liegen die Symbole der Verfolgung durch die Nationalsozialisten in Form des »Judensterns« und einer Besatzerzeitung auf dem Tisch. Nussbaums Frau Felka steht zwischen den beiden. Sie ist aber weder der geistlichen noch der weltlichen Sphäre der Männer zugeordnet, sondern hat die Farbe ihrer tristen Umgebung angenommen. Sie scheint unfähig, der Situation etwas entgegenzusetzen; ihre Hände sind verdeckt, ihr Blick ist rückwärtsgewandt – sie verkörpert nur noch stummes Erdulden. Nussbaum beschreibt hier in einem seiner letzten Bilder die persönlich erlebte Lage aller Verfolgten zwischen Todesangst und vager Hoffnung.

Das Versteck von Felka Platek und Felix Nussbaum in Brüssel wurde verraten. Mit dem letzten Transport wurden sie am 31. Juli 1944 nach Auschwitz gebracht; sie wurden getötet, bevor die Lagerverwaltung die Vergasungen im Oktober 1944 einstellte. W.Ra.

Dreierporträt
Felix Nussbaum
(1904-1944)
Belgien, 1944
Öl/Leinwand;
102 x 80 cm
Signatur
unten rechts:
Felix Nussbaum
Janvier 1944
Inv.-Nr.: 1988/1250
Erworben aus
Mitteln des Landes
Berlin

Mitschrift einer Predigt Bischof August von Galens
Gehalten am 20. Juli 1941 in Münster
Handgeschrieben; 29,5 x 21 cm
Inv.-Nr.: 1993/1061

Flugschrift mit Auszügen einer Predigt Bischof August von Galens
Gehalten am 13. Juli 1941 in Münster
Großbritannien ?, 1941
Druck; 21 x 14,8 cm
Inv.-Nr.: 1988/514.1

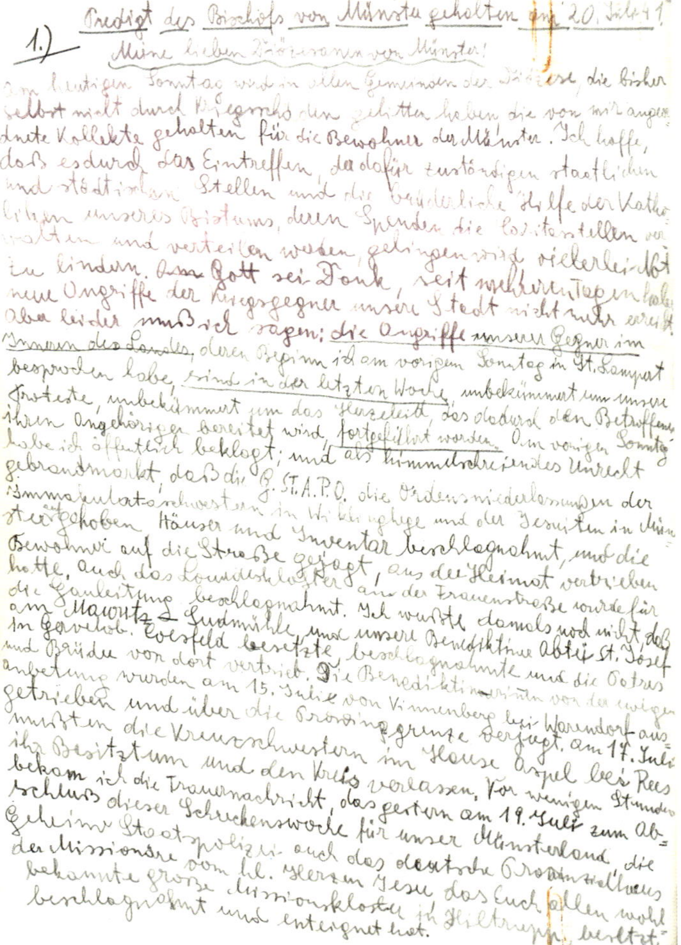

1.) Predigt des Bischofs von Münster gehalten am 20. Juli 41
Meine lieben Diözesanen von Münster!

Offener Widerstand kam gleichfalls aus Kreisen der Kirchen. Am 3. August 1941 prangerte der Bischof von Münster, Clemens August Graf von Galen, in einer Predigt die als »Euthanasie« bekanntgewordene Ermordung von »Geisteskranken« an. Schon im September 1939 hatte Hitler befohlen, allen »unheilbar Geisteskranken« den »Gnadentod zu gewähren«. Mindestens 70000 Geisteskranke wurden daraufhin umgebracht. Als die Mordaktion auch Heil- und Pflegeanstalten in Westfalen erreichte, ging Galen an die Öffentlichkeit. Seine Predigt hatte eine außerordentliche Wirkung und trug zur Unterbrechung der »Euthanasie« bei. Abschriften gingen von Hand zu Hand, englische Flugzeuge warfen Flugblätter mit Auszügen der Predigt ab. Vor einer Verhaftung des populären Bischofs schreckten die NS-Machthaber zurück. Weniger prominente Geistliche wie den Berliner Dompropst Bernhard Lichtenberg, der auch gegen die Deportation von Juden aufgetreten war, ließ die Gestapo ermorden.

Eine Predigt des Bischofs von Münster und sein Briefwechsel mit einem Reichsminister

Anklage gegen Gestapo

CLEMENS AUGUST GRAF VON GALEN, Bischof von Münster, wurde am 16. März 1878 in Dinklage in Oldenburg geboren. Seine Familie ist seit Jahrhunderten in Westfalen ansässig.

Er wurde 1904 zum Priester geweiht und am 5. September 1933 zum Bischof von Münster ernannt. Am 15. Oktober 1934 veröffentlichte er eine wissenschaftliche Widerlegung der Unwahrheiten des Rosenbergschen „Mythos des 20. Jahrhunderts".

Am 9. Februar 1936 protestierte der Bischof in einer Rede in Xanten gegen die wiederholten Verletzungen des Reichskonkordats. Diesen Protest erneuerte er im Sommer des Jahres 1937 und 1938. Am 29. November und am 21. Dezember 1936 griff er die nationalsozialistischen Erziehungsmethoden scharf an. Am 31. Juli 1938 wandte er sich in einem Hirtenbrief gegen die Ausweisung seines Vertreters im Lande Oldenburg aus Vechta.

Am Montag, den 8. Juli 1936, bereitete ihm die Bevölkerung Münsters bei der alljährlichen grossen Prozession eine begeisterte Ovation. Trotz polizeilicher Absperrmassnahmen wiederholten sich diese Kundgebungen an verschiedenen Orten der Diözese. Besonders eindrucksvoll war die Demonstration in Sterkrade am 8. November 1938.

Am 13. Juli dieses Jahres, nach der Beschlagnahme der Ordenshäuser in Münster, hielt der Bischof in der Kirche von St. Lambert eine Predigt, in der er gegen die Willkür und die Schreckensherrschaft der Gestapo Anklage erhob. Einen Auszug aus dieser Predigt geben wir umstehend, den sich daran anschliessenden Briefwechsel des Bischofs mit dem Reichsminister Dr. Lammers auf Seite 4.

Der Widerstand gegen den Nationalsozialismus reichte von Oppositionskreisen in der militärischen Führung über die Frauen und Männer der Harnack-Schulze-Boysen-Gruppe und der »Weißen Rose« bis zu den vielen »unbesungenen Helden«, die etwa Verfolgten des NS-Regimes Unterschlupf gewährten. Die Vervielfältigung oder Verteilung kleiner Handzettel mit Parolen gegen Krieg und Nationalsozialismus waren ebenso gefährlich wie das Hören von »Feindsendern«. Aus Angst vor Denunziation hörten nicht nur Regimegegner den Londoner Rundfunk heimlich. Emigranten wie Thomas Mann wandten sich über die Sendungen der BBC direkt an die deutsche Bevölkerung. Auch das 1943 von Kriegsgefangenen und Emigranten in der Sowjetunion gegründete »Nationalkomitee Freies Deutschland« strahlte deutschsprachigen Hörfunk aus.

Bei einer Lagebesprechung im »Führerhauptquartier Wolfsschanze« in Ostpreußen deponierte Oberst Claus Graf Schenk von Stauffenberg am 20. Juli 1944 eine Zeitzünderbombe. Doch Hitler wurde durch die Detonation nur leicht verletzt. Dieser Anschlag stand am Ende einer Reihe von Attentatsversuchen eines kleinen Kreises von Offizieren. Besondere Bedeutung für die Verschwörer vom 20. Juli hatte der »Kreisauer Kreis«. Hier diskutierten Menschen unterschiedlichster Gesinnung, darunter Konservative, Sozialdemokraten und Gewerkschafter, über die »Neuordnung« des deutschen Staates nach dem Sturz des NS-Regimes. Noch am Abend des 20. Juli wurden Stauffenberg und drei seiner Mitverschwörer im Bendler-Block des OKW standrechtlich erschossen. Eine 400köpfige Gestapo-Sonderkomission spürte viele Eingeweihte auf. In ent-

EIN DEUTSCHES FLUGBLATT

DIES ist der Text eines deutschen Flugblatts, von dem ein Exemplar nach England gelangt ist. Studenten der Universität München haben es im Februar dieses Jahres verfasst und in der Universität verteilt. Sechs von ihnen sind dafür hingerichtet worden, andere wurden eingesperrt, andere strafweise an die Front geschickt. Seither werden auch an allen anderen deutschen Universitäten die Studenten „ausgesiebt". Das Flugblatt drückt also offenbar die Gesinnungen eines beträchtlichen Teils der deutschen Studenten aus.

Aber es sind nicht nur die Studenten. In allen Schichten gibt es Deutsche, die Deutschlands wirkliche Lage erkannt haben; Goebbels schimpft sie „die Objektiven". Ob Deutschland noch selber sein Schicksal wenden kann, hängt davon ab, dass diese Menschen sich zusammenfinden und handeln. Das weiss Goebbels, und deswegen beteuert er krampfhaft, „dass diese Sorte Mensch zahlenmässig nicht ins Gewicht fällt". Sie sollen nicht wissen, wie viele sie sind.

Wir werden den Krieg sowieso gewinnen. Aber wir sehen nicht ein, warum die Vernünftigen und Anständigen in Deutschland nicht zu Worte kommen sollen. Deswegen werfen die Flieger der RAF zugleich mit ihren Bomben jetzt dieses Flugblatt, für das sechs junge Deutsche gestorben sind, und das die Gestapo natürlich sofort konfisziert hat, in Millionen von Exemplaren über Deutschland ab.

Manifest der Münchner Studenten

Erschüttert steht unser Volk vor dem Untergang der Männer von Stalingrad. 330.000 deutsche Männer hat die geniale Strategie des Weltkriegsgefreiten sinn- und verantwortungslos in Tod und Verderben gehetzt. Führer, wir danken Dir!

Es gärt im deutschen Volk. Wollen wir weiter einem Dilettanten das Schicksal unserer Armeen anvertrauen? Wollen wir den niedrigsten Machtinstinkten einer Parteiclique den Rest der deutschen Jugend opfern? Nimmermehr!

Der Tag der Abrechnung ist gekommen, der Abrechnung unserer deutschen Jugend mit der verabscheuungswürdigsten Tyrannei, die unser Volk je erduldet hat. Im Namen des ganzen deutschen Volkes fordern wir von dem Staat Adolf Hitlers die persönliche Freiheit, das kostbarste Gut der Deutschen zurück, um das er uns in der erbärmlichsten Weise betrogen hat.

In einem Staat rücksichtsloser Knebelung jeder freien Meinungsäußerung sind wir aufgewachsen.

G.39

EXTRABLATT

Deutsche Allgemeine Zeitung

Berlin, Freitag, 21. Juli 1944 5 Pf. 83. Jahrgang

Der Führer an die Nation

Komplott völlig zusammengebrochen
Unser Gelöbnis: Bedingungslose Treue

Zwei Befehle des Führers

Mordanschlag auf den Führer

würdigenden Schauprozessen vor dem Volksgerichtshof wurden etwa 200 Personen als »feige Verräter« abgeurteilt. Viele von ihnen wurden unmittelbar danach in Plötzensee hingerichtet. Nach der alliierten Invasion in der Normandie flammte in ganz Frankreich der Widerstand auf. Der deutsche Jude und Kommunist Harald Hauser kämpfte nach dem deutschen Einmarsch zunächst als Soldat der französischen Armee, später unter dem Decknamen Jean Louis Maurel in der Résistance gegen die deutschen Besatzer. Als Generalsekretär des 1943 von der illegalen KPD-Organisation gegründeten Komitees »Freies Deutschland« gab er die Zeitschrift »Volk und Vaterland« heraus, die sich an deutsche Soldaten wandte. T.B.

FRONT NATIONAL

de Lutte pour la Libération et l'Indépendance de la France

Siège central : 19, Rue Saint-Georges - PARIS (9e)

le ....

Le Secrétariat du Front National, certifie que Monsieur MAUREL Louis Jean, est contrôlé par notre organisation. Il travaille avec la Résistance Française depuis 1940 et en qualité de Membre actif du Mouvement "Allemagne Libre" pour l'Ouest, dont le siége est à PARIS, il milite en complet accord avec nous, dans le domaine qui lui est assigné.

PARIS, le 6 Septembre 1944

N° Immatriculation 151.612

Pour le Secrétariat National du Front National :

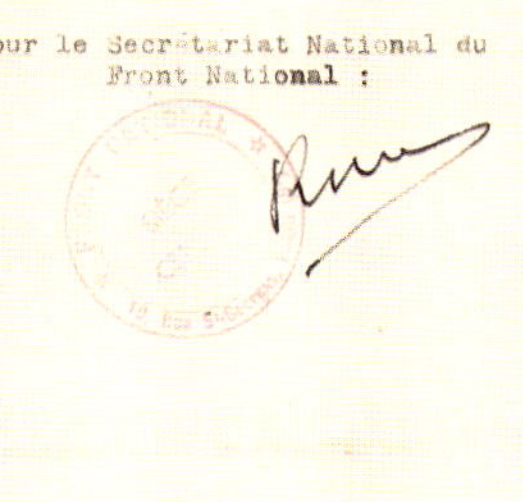

Ein deutsches Flugblatt
Abwurfflugblatt mit einem »Manifest der Münchner Studenten«
Großbritannien, 1943
Druck; 21,5 x 13,3 cm
Inv.-Nr.: 1989/1462.2

Stempel mit Stempelkissen: Schluss mit dem sinnlosen Krieg! (in Blechdose)
1939–1945
Holz, Eisenblech; 4,1 x 19,6 x 12,5 cm (Stempel)
Inv.-Nr.: MK 60/101

Der Führer an die Nation
Extrablatt der Deutschen Allgemeinen Zeitung zum 20. Juli 1944
Berlin, 21. Juli 1944
Druck; 46 x 32 cm
Inv.-Nr.: Do 56/20

Bescheinigung für Jean Louis Maurel über seine Arbeit in der Résistance
Paris: Front National, 6. September 1944
Druck, maschinengeschrieben, gestempelt, handgeschrieben; 27 x 21 cm
Inv.-Nr.: Do 87/1092
Schenkung von Herrn Harald Hauser

Sechs Blätter aus dem geheimen
»Skizzenbuch zum Tausendjährigen Reich«
Karl Weinmair (1906-1944)
1944
Federzeichnungen;
je 19 x 24,8 cm
Inv.-Nr.: 1987/130

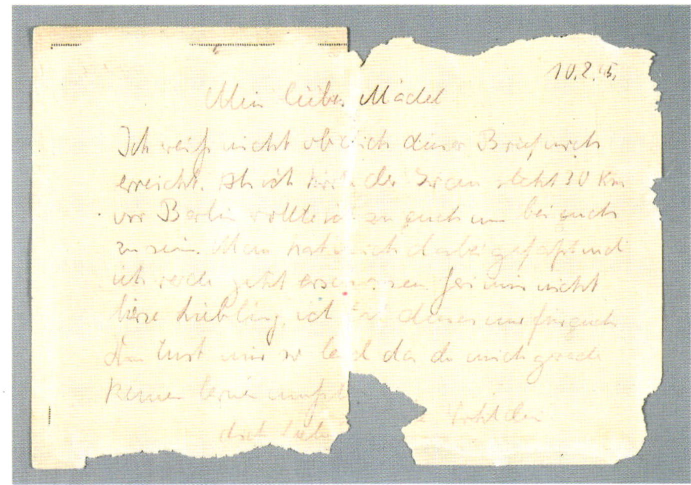

Unerhörte Leiden, Bürden, Entbehrungen und Opfer waren keineswegs auf die Soldaten an der Front beschränkt. Die älteren Menschen kannten Angst und Bangen um den Sohn, Vater oder Bruder »im Felde« noch aus dem Ersten Weltkrieg. Mit zunehmender Dauer des Krieges stieg die Zahl der Opfer, fast jede Familie hatte Anlaß, eines Kriegstoten zu gedenken. Der nationalsozialistische Staat war darauf bedacht, Totengedenken in »Heldengedenkfeiern« propagandistisch und ideologisch mit der Forderung nach noch größeren Opfern und nach erhöhter Einsatzbereitschaft zu verbinden. Die individuelle Trauer jedoch um die Opfer des Nationalsozialismus, um die Ermordeten und Hingerichteten war mit den offiziellen »Heldengedenkfeiern« in keiner Weise vereinbar. Trauer und Schmerz von Frauen und Müttern im Krieg hat Käthe Kollwitz mit ihrer 1943 fertiggestellten Figurengruppe »Wartende Soldatenfrauen« einfühlsam zum Ausdruck gebracht. Eine alte und eine junge Frau sitzen beieinander, doch jede in ihrer Einsamkeit. Trauernd gedenken sie der Toten. Stille Trauer, Resignation und Depression lassen sich aus diesem Zweierporträt lesen. Zukunft hat hier keinen Platz, der Tod und die Ermordung von Millionen Menschen lassen diesen Gedanken für die Künstlerin nicht mehr zu. M.F./K.P.M.

Feldpostbrief eines zum Tode verurteilten Deserteurs an seine Freundin
10. Februar 1945
Handgeschrieben; 14,2 x 19,8 cm
Inv.-Nr.: 1989/2197.1,2

Zwei wartende Soldatenfrauen
Käthe Kollwitz (1867-1945)
Hermann Noack Berlin, 1943 (Nachguß 1994)
Bronze, patiniert; 23 x 24 x 20,5 cm
Inv.-Nr.: 1988/726

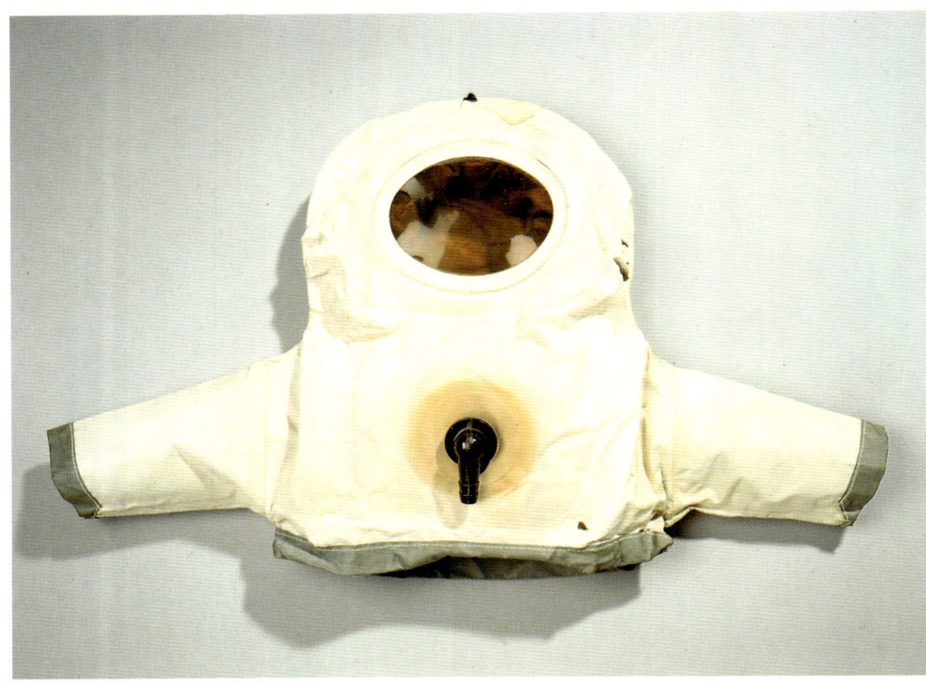

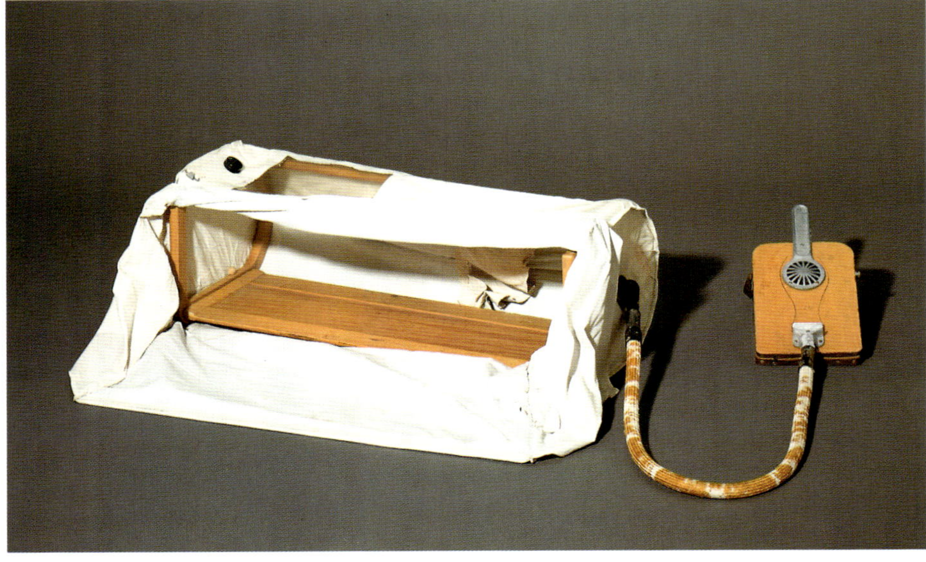

Gasschutzanzug für Kleinkinder
1940-1945
Leinen, Gummi;
L 86 cm, B 53 cm
Inv.-Nr.: W 73/8

Gasbettchen für Säuglinge
Um 1944
Textiles Material, Kunststoff, Holz, Zink;
27 x 77 x 30 cm (geschlossen)
Inv.-Nr.: W 94/30

Der Auf- und Ausbau des Luftschutzes war mit einer aufwendigen Propaganda verbunden. Die staatlichen Luftschutzmaßnahmen blieben lange hinter den privaten zurück. So waren Zuschüsse zum Wohnungsbau abhängig vom Einbau von Luftschutzanlagen. Mit Plakaten, Werbe- und Schulungsmaterialien sowie öffentlichen Vorführungen und Lehrgängen sollte die Bevölkerung auf einen künftigen Krieg eingestimmt werden und lernen, sich vor Luftangriffen zu schützen.

Neben der Errichtung von Luftschutzräumen und -bunkern kam der Abwehr von Gasangriffen besondere Bedeutung zu. Für alle Altersgruppen standen entsprechende Schutzmittel zur Verfügung. Für Jugendliche und Erwachsene gab es die »Volksgasmaske«, für Kleinkinder war ein Gasschutzjäckchen vorgesehen, und Säuglinge sollten in ein Gasbettchen gelegt werden, das durch einen Blasebalg mit Frischluft versorgt werden konnte. Angesichts der Wirkung alliierter Spreng- und Brandbomben, die ganze Stadtteile in Schutt und Asche legten, waren die gängigen Löschsandtüten und Handspritzen völlig unzureichend. Gegen den einer Feuersbrunst folgenden Sauerstoffmangel gab es keinerlei Schutz. Der bereits Ende April 1933 gegründete Reichsluftschutzbund hatte bei Kriegsbeginn über 13,5 Millionen Mitglieder. Nach Einführung der Luftschutzpflicht 1935 hatten sich weite Kreise der Bevölkerung einer Dienst- und Sachleistungspflicht zu unterziehen. K.P.M.

Im Herbst 1944 wurde der »Volkssturm« gebildet, um alle bisher noch nicht kämpfenden waffenfähigen Männer zwischen 16 und 60 Jahren für den »Endsieg« aufzubieten. Propagandaformeln wie die vom angeblich überaus erfolgreichen Einsatz der »Wunderwaffen« V1 und V2, aber auch gezielte Falschmeldungen über vorgeblich neu verfügbare Truppen konnten nicht über die Sinnlosigkeit des Kampfes und die bevorstehende Niederlage hinwegtäuschen. Insgesamt führte der Einsatz des »Volkssturms«, für den politisch-organisatorisch die NSDAP und ausbildungs- und waffenmäßig der Reichsführer SS zuständig waren, zu weiteren, sinnlosen Opfern. Bei Feindberührung lösten sich einige Einheiten des »Volkssturms« auf oder ergaben sich. Um den Krieg auch in den Gebieten weiterzuführen, die bereits unter Kontrolle der Alliierten standen, fanden sich fanatische Anhänger des Nationalsozialismus im »Werwolf« zusammen und verübten Terroranschläge. Schon im März 1945 hatte Hitler den Befehl gegeben, alle Industrieanlagen und Versorgungseinrichtungen vor dem herannahenden Feind zu zerstören, da das »Ostvolk« sich als das stärkere erwiesen habe und ihm die Zukunft gehöre.

Mit Flugblattaktionen und Übergabeverhandlungen konnten vor allem die West-Alliierten unnötige Opfer verhindern. Anders sah es beim Vormarsch der sowjetischen Truppen aus. Die jahrelange Haßkampagne gegen die »bolschewistischen Untermenschen« und das grausige Wüten der deutschen Besatzer im Osten nährten die Angst vor Rache. Wer konnte, der floh hinter die amerikanischen Linien. K.P.M.

Reaktive Panzerbüchse, Modell Panzerfaust 30
1944/45
Eisen, Stahl;
L 103 cm
Inv.-Nr.W 62/53

Reaktive Panzerbüchse, Modell 54 (Panzerschreck), mit flügelstabilisierter Granate Typ 4322
1944/45
Eisen, Stahl, Holz;
L 164 cm (Rohr),
62 cm (Granate)
Inv.-Nr.: W 72/9,10

Lesen und weitergeben!

Der Panzerbär

29. April 1945

KAMPFBLATT FÜR DIE VERTEIDIGER GROSS-BERLINS

Heroisches Ringen

Bei Tag und Nacht neue Eingreifkräfte herangeführt

Der Kampf um den Stadtkern entbrannt

Entlastungsangriffe laufen

Aus dem Führerhauptquartier, 28. April. Das Oberkommando der Wehrmacht gibt bekannt:

In dem heroischen Kampf der Stadt Berlin kommt noch einmal vor aller Welt der Schicksalskampf des deutschen Volkes gegen den Bolschewismus zum Ausdruck.

Während in einem in der Geschichte einmaligen grandiosen Ringen die Hauptstadt verteidigt wird, haben unsere Truppen an der Elbe den Amerikanern den Rücken gekehrt, um von außen her im Angriff die Verteidiger von Berlin zu entlasten.

In dem inneren Verteidigungsring ist der Feind von Norden her in Charlottenburg und von Süden her über das Tempelhofer Feld eingedrungen. Am Halleschen Tor und am Alexanderplatz hat der Kampf um den Stadtkern begonnen. Die Ost-West-Achse liegt unter schwerem Feuer.

Fliegende Verbände unterstützen die Kämpfe unter aufopferndem Einsatz der Besatzungen. Trotz stärkster Jagd- und Flakabwehr wurden bei Tag und Nacht Eingreifreserven gelandet und Munition abgeworfen. Unsere Jagd- und Schlachtfliegerverbände vernichteten in den letzten vier Tagen 143 Flugzeuge, 58 Panzer und über 390 Fahrzeuge.

Im Raum südlich Königs Wusterhausen setzten Divisionen der 9. Armee ihre Angriffe nach Nordwesten fort und erwehrten sich während des ganzen Tages konzentrischer Angriffe der Sowjets gegen die Flanken. Die vom Westen angesetzten Divisionen warfen den Feind in erbittertem Ringen auf breiter Front zurück und haben Ferch erreicht.

Westlich Berlin wurde die Linie Brandenburg—Rathenau—Kremmen gegen alle feindlichen Angriffe behauptet.

Im Raume von Prenzlau warfen die Sowjets neue Panzer- und Infanterieverbände in den Kampf und erzwangen unter starkem Schlachtfliegereinsatz tiefe Einbrüche.

Im nordwestdeutschen Raum kam es gestern nur zu örtlichen Kämpfen. In Bremen hält der Kampfkommandant mit dem Rest der tapferen Besatzung den Nordostteil der Stadt.

An der Donau brach der Feind in Regensburg und Ingolstadt ein. Zwischen Dillingen und Ulm setzten die Amerikaner ihren Vorstoß nach Süden fort. Kämpfe sind in Mindel und im Guenzial im Gange.

Die Armeen in Italien setzten sich hinter dem Po und Tessin ab.

Während die Sowjets im Südabschnitt der Ostfront sich auf starke örtliche Vorstöße beschränkten, setzten sie ihre Angriffe im Raum Brünn mit starken Kräften fort und konnten trotz zäher Gegenwehr der Besatzung in die Stadt eindringen.

Nordwestlich Bautzen, wo bei Meißen die Verbindung mit der Westfront an der Elbe hergestellt wurde, sind unsere Truppen zum Angriff nach Norden angetreten.

Sicherungsfahrzeuge der Kriegsmarine versenkten östlich Gotenhafen ein sowjetisches Schnellboot und schossen ein weiteres in Brand.

Schwächere amerikanische Kampfverbände führten am Tage Angriffe gegen Orte in Süddeutschland. In der Nacht herrschte über dem Reichsgebiet nur geringe feindliche Kampftätigkeit.

Kleinstunterseeboote versenkten aus dem stark bewachten feindlichen Nachschubverkehr zwischen Themse und Schelde zwei vollbeladene Schiffe mit 8000 BRT.

Der längere Atem

Seit fünfeinhalb Jahren lodert die Fackel des Krieges in Europa. Ihr verzehrendes Feuer hat nach Polen ganz Europa, nach diesem Erdteil schließlich noch zwei weitere erfaßt, Asien und Amerika.

Deutschland mußte einerseits die Ketten abzustreifen versuchen, die ihm in Versailles auferlegt waren und ihm jede Lebensmöglichkeit nahmen. Es hat dies seit 1933 in dem denkbar engsten Rahmen getan und peinlichst vermieden, dabei den Kreis der unmittelbar betroffenen Gebiete, d. h. die deutsche Lebens- und Interessenzone zu überschreiten.

Wenn unsere Feinde behaupteten, Deutschland habe eigennützige Machtziele verfolgt und die Unabhängigkeit und Freiheit der kleinen Nationen bedroht, so haben England und Amerika sehr bald durch ihr Verhalten bewiesen, daß ihnen in Wirklichkeit nicht nur nichts an der Freiheit dieser kleinen Nationen gelegen ist, sondern daß sie selbst bereit waren und sind, diese an Stalin zu verkaufen, ja, sie für ihre eigenen imperialistischen Ziele auszubeuten.

Mehr noch! Während die von Deutschland besetzten Feindländer durchaus auskömmlich leben konnten, zum Teil sogar einen fühlbaren wirtschaftlichen und sozialen Aufschwung nahmen, ächzen die „befreiten" Bundesgenossen unter der Hungersnot, Desorganisation und [illegible] und Amerikaner. Besonders groß aber sind die Leiden der Neutralen und jener Völker, die sich den jüdisch-plutokratischen und bolschewistischen Drahtziehern auf Gedeih und Verderb unterwarfen.

Deutschland ist durch den Verrat klug geworden, dem es 1918 zum Opfer fiel. Es weiß, daß alle Versprechungen der Feindseite nichts anderes bedeuten als den Versuch, unser Volk wiederum völlig wehrlos zu machen und es damit der wirtschaftlichen Ausbeutung, persönlichen Versklavung und völkischen Vernichtung auszuliefern.

Zu verlieren haben wir nichts mehr. Wir haben alles verloren und würden durch Kapitulation uns selbst, unsere Zukunft, Frau und Kind preisgeben. Wohl aber haben wir die Chance, uns zu behaupten und einst dann Existenz, Familienleben und unseren sozialen Staat wieder aufzubauen, in dem wir einen noch größeren Wohlstand erreichen werden, als wir ihn vor diesem Kriege bereits genießen konnten.

Dies ist ein fernes, aber ein reales Ziel. Wir wollen es stets vor Augen behalten, wenn die Gegenwart heute Anforderungen an uns stellt, die uns fast unerträglich erscheinen mögen, wenn unser Todfeind uns Wunden schlägt, aus denen das Blut unserer Besten fließt.

In Berlin, in den rauchenden Ruinen der Reichshauptstadt

Heroisches Ringen
Der Panzerbär
Berlin,
29. April 1945
Druck; 27 x 20 cm
Inv.-Nr.: Do 65/602

Das zerstörte Rotterdam
1941
Repro
Ullstein
Bilderdienst, Berlin

Die zerstörte Kathedrale von Coventry
1940
Repro
Hulton Deutsch
Collection, London

Das zerstörte London
1944
Repro
Ullstein
Bilderdienst, Berlin

Nach den deutschen Luftangriffen auf Warschau
Julian Bryan
(1900-1974)
15. September 1939
Inv.-Nr.:
1988/2164.1

Die Fotos von Trümmerlandschaften gleichen sich. Zerstört wurden die Städte durch die flächendeckende Bombardierung mit Spreng- und Brandbomben. Lediglich an so markanten Punkten wie den Ruinen des Kölner Doms, des Magdeburger Doms oder des Dresdener Rathauses kann der Ortsfremde erkennen, welcher Stadt die Trümmerlandschaft zuzuordnen ist. Das Leid und die durchlittenen Ängste der Bevölkerung lassen sich nur erahnen; sie spiegeln sich lediglich in Ausnahmefällen auf den Fotos. Was die Legion Condor im Spanischen Bürgerkrieg erstmals in Guernica anrichtete, wurde nach 1939 zum »Normalfall«, erst in Warschau, Rotterdam, London, Coventry sowie vielen anderen Städten, danach in fast jeder deutschen Großstadt. Durch die Bombardierung der Städte sollten nicht nur Verkehrs- oder Industrieanlagen ausgeschaltet werden, sondern es ging vor allem darum, die Bevölkerung fernab der Front zu treffen, um ihren

Lebens- und Verteidigungswillen zu brechen. Historisch gewachsene Stadtbilder gingen mit ihren materiellen und kulturellen Werten in wenigen Stunden unwiderruflich verloren. Waren die Städte des Hinterlandes vornehmlich von Luftangriffen betroffen, so kamen für die Städte im Frontbereich Belagerung und Artilleriebeschuß hinzu. Leningrad, das Hitler wie Moskau dem Erdboden gleichmachen lassen wollte, war rund 900 Tage von deutschen Truppen eingeschlossen. Hier forderten auch Hunger und Kälte zahllose Opfer, hier war der Tod – wie im verbissen umkämpften Stalingrad – allgegenwärtig.

Doch trotz allen Leids kapitulierte Leningrad nicht. Waren die deutschen Truppen schon bei ihrem Vormarsch im Osten äußerst brutal gegen die Bevölkerung vorgegangen, so wurden beim Rückzug ganze Regionen nach dem »Prinzip der verbrannten Erde« verwüstet und entvölkert.

Mit ihren Bombern trugen die Alliierten den Krieg gegen die Bevölkerung nach Deutschland zurück. Bewußt hatten England und die USA Langstreckenbomber gebaut, mit denen sie 1942 zunächst vor allem nachts, seit Sommer 1943 aber auch tagsüber deutsche Städte angriffen, ohne auf nennenswerte Gegenwehr deutscher Jagdflugzeuge zu stoßen. Trotz der alliierten Lufthoheit konnte die Produktion kriegswichtiger Güter in Deutschland bis in das zweite Halbjahr 1944 durch die Verlagerung von Produktionsstätten in ländliche Gebiete oder unterirdische Anlagen sowie durch die Ausnutzung aller Arbeitskräfteressourcen gesteigert werden. Strategisch bedeutsam waren die Auswirkungen der Flächenbombardements auf das Verkehrsnetz und die Treibstoffversorgung. Bis Kriegsende waren die meisten deutschen Großstädte zerstört, waren rund 500 000 Menschen den Bomben zum Opfer gefallen. K.P.M.

Das zerstörte Murmansk
Jewgeni Chaldej (geb. 1917)
1942
Repro Bildarchiv Preußischer Kulturbesitz, Berlin

Das zerstörte Dresden
Richard Peter sen.
April 1946
Repro Sächsische Landesbibliothek, Abt. Deutsche Fotothek, Dresden

Bei einem Luftangriff erstickte Kinder
Magdeburg, um 1944
Inv.-Nr.: F 59/1014

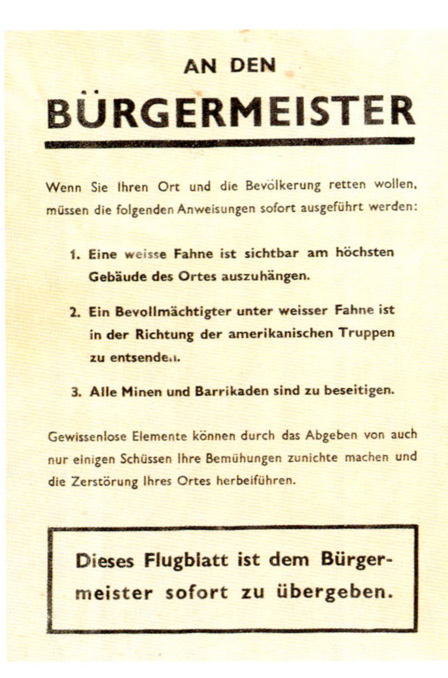

AN DEN

BÜRGERMEISTER

Wenn Sie Ihren Ort und die Bevölkerung retten wollen, müssen die folgenden Anweisungen sofort ausgeführt werden:

1. Eine weisse Fahne ist sichtbar am höchsten Gebäude des Ortes auszuhängen.
2. Ein Bevollmächtigter unter weisser Fahne ist in der Richtung der amerikanischen Truppen zu entsenden.
3. Alle Minen und Barrikaden sind zu beseitigen.

Gewissenlose Elemente können durch das Abgeben von auch nur einigen Schüssen Ihre Bemühungen zunichte machen und die Zerstörung Ihres Ortes herbeiführen.

Dieses Flugblatt ist dem Bürgermeister sofort zu übergeben.

PARIS EDITION

EXTRA THE STARS AND STRIPES EXTRA

Vol. 1—No. 279 1 Fr. 1 Fr. Wednesday, May 2, 1945

HITLER DEAD

Fuehrer Fell at CP, German Radio Says; Doenitz at Helm, Vows War Will Continue

German radio announced last night that Adolf Hitler had died. Adm. Karl Doenitz, former commander-in-chief of the German Navy, has succeeded him as ruler of the Reich, the radio announcement said.

Doenitz made a radio speech immediately after the announcement, Reuter said, and declared that Germany would continue to wage war. His statement spiked peace rumors which had been prevalent for more than a week in all world capitals.

The announcement did not give any details of how the Reich dictator died. The news was broadcast after solemn Wagnerian music, including "Twilight of the Gods," was played.

"Achtung, achtung," a voice said. "In a few minutes you will hear a serious and important message to the German people. We are now going to play a movement of Bruckner's Seventh Symphony." Finally, the report of Hitler's death was given.

Hitler's death came three days after his brother-dictator, Benito Mussolini of Italy, was killed by Italian partisans near the village of Dongo on Lake Como.

Doenitz, in his speech, said that Hitler "had fallen at his command post," while Hamburg radio said that he died in the Reich Chancellery in Berlin yesterday afternoon. Red Army troops fighting in Ber-

(Continued on Page 8)

Churchill Hints Peace Is at Hand

Pope Prepares Speech

S.H.A.E.F.

FALLSCHIRM-AUSGABE

NUMMER 25 Supreme Headquarters Allied Expeditionary Force 8. MAI 1945

DAS TÄGLICHE ORGAN DES ALLIIERTEN OBERKOMMANDOS

FRIEDEN
DOENITZ KAPITULIERT

London, 8 Mai

DER Tag des Sieges in Europa ist da.

In Übereinstimmung mit den zwischen den drei Grossmächten getroffenen Vereinbarungen wird das Ende des Krieges in Europa heute nachmittag um 15 Uhr über den Rundfunk offiziell verkündet werden.

Die Nachricht von der bedingungslosen Kapitulation aller deutschen Streitkräfte gegenüber allen alliierten Mächten wurde zuerst über Radio Flensburg dem deutschen Volk bekannt gegeben.

Der neue Aussenminister des Reiches, Graf Schwerin von Krosigk, erklärte, dass das Oberkommando der Wehrmacht auf Befehl von Grossadmiral Doenitz die Einstellung des Kampfes angeordnet habe.

PRAG VOR DER BEFREIUNG – BRESLAU FÄLLT

DISZIPLIN BESCHLEUNIGT DIE HEIMKEHR

GENERAL EISENHOWER, der Oberbefehlshaber der alliierten Streitkräfte, hat folgende Anweisungen an alle befreiten Kriegsgefangenen, Fremdarbeiter und zwangsverschickten Personen erlassen:

1. Bleibt an Ort und Stelle. Wartet Befehle ab.

Amerikanisches Abwurfflugblatt mit Aufforderung zur Kapitulation
1945
Druck;
21,4 x 13,8 cm
Inv.-Nr.:
1989/1501.4

Hitler Dead
Extra-Ausgabe der amerikanischen Soldatenzeitung »The Stars and Stripes«
Paris, 2. Mai 1945
Druck;
42,4 x 29,3 cm
Inv.-Nr.: 1990/557

Alliiertes Abwurfflugblatt zur deutschen Kapitulation
8. Mai 1945
Druck;
31,6 x 19,4 cm
Inv.-Nr.: Do 54/539

Generaloberst Jodl unterzeichnet die Kapitulation
Reims, 7. Mai 1945
Inv.-Nr.: F 62/302

Als die Rote Armee schon im Berliner Stadtzentrum stand, beging Hitler am Nachmittag des 30. April 1945 Selbstmord. Zu seinem Nachfolger hatte er Großadmiral Dönitz bestimmt. Dieser beabsichtigte eine Teilkapitulation gegenüber den Westmächten und wollte den Kampf gegen die Rote Armee noch fortsetzen, um möglichst viele »deutsche Menschen vor der Vernichtung durch den vordringenden bolschewistischen Feind zu retten«. Auch er hoffte, die Westmächte würden sich mit Deutschland gegen die Sowjetunion verbünden.

Dönitz beauftragte Generaloberst Jodl, bei den Kapitulationsverhandlungen im Amerikanischen Hauptquartier entweder eine Teilkapitulation zu vereinbaren oder aber eine viertägige Frist zwischen der Unterzeichnung einer Gesamtkapitulation und der Einstellung aller Truppenbewegungen zu erhalten. General Eisenhower sah hierin den Versuch, das Bündnis der Alliierten zu sprengen, und bestand auf einer sofortigen Gesamtkapitulation, billigte jedoch eine Frist von 48 Stunden für die Übermittlung der Kapitulation an alle Truppenteile zu. Am frühen Morgen des 7. Mai 1945 unterzeichnete Jodl im Namen des deutschen Oberkommandos die Gesamtkapitulation aller Streitkräfte im Alliierten Hauptquartier in Reims. Um den Beitrag der Roten Armee an der Befreiung Deutschlands vom Nationalsozialismus zu würdigen, wurde die Kapitulation noch im sowjetischen Hauptquartier in Berlin-Karlshorst unterzeichnet. Hier ratifizierten, wie von Stalin gefordert und in Reims festgelegt, die hochrangigen deutschen Militärs Keitel, von Friedeburg und Stumpff in Anwesenheit von Marschall Schukow die Kapitulationsurkunde für alle Wehrmachtsteile kurz nach null Uhr in der Nacht zum 9. Mai. Damit war der Zweite Weltkrieg in Europa beendet.

K.P.M./B.A.

35
BESATZUNGSZEIT UND KALTER KRIEG

Die deutsche Kriegsniederlage vom 8. Mai 1945, die am Tag zuvor in Reims mit der bedingungslosen Kapitulation der deutschen Wehrmacht besiegelt worden war, war ein Akt der Befreiung, zugleich aber auch der Untergang des von Bismarck begründeten deutschen Nationalstaats. Das war die »tiefe Paradoxie«, von der der emigrierte Historiker Hans Rothfels sprach: »Es waren deutsche Patrioten, die den Tag der Kapitulation herbeiflehen mußten, so wenig sie sich über das dann Kommende Illusionen machten mochten.«

Über 50 Millionen Tote hatte dieser weltweite Krieg gefordert, aus dem die USA und die seit 1949 ebenfalls über Atomwaffen verfügende Sowjetunion als militärische Supermächte hervorgegangen waren. Der globale Gegensatz beider Nuklearmächte bestimmte auch die deutsche Geschichte seitdem maßgeblich.

Nach den zwölf Jahren nationalsozialistischer Herrschaft standen große Teile der deutschen Bevölkerung praktisch vor dem Nichts: Städte und Wohnungen waren zerbombt und ausgebrannt, Industrie- und Versorgungseinrichtungen waren zerstört, Millionen von Umsiedlern, Vertriebenen und Flüchtlingen suchten Unterkunft und Nahrung. Das erst jetzt deutlich werdende Ausmaß der deutschen Kriegsverbrechen und des Völkermords an den Juden, Sinti und Roma ließ ein alliiertes Strafgericht befürchten, das noch über die Vorstellungen des amerikanischen Finanzministers Henry Morgenthau hinausging. Diese Angst war von der NS-Propaganda bis zuletzt geschürt worden. Doch vor dem Hintergrund des aufbrechenden Ost-West-Gegensatzes war der bereits von Roosevelt unterzeichnete Morgenthau-Plan, der Deutschland auf den Stand eines Agrarlandes bringen wollte, schon verworfen worden, als die alliierten Siegermächte im Februar 1945 in Jalta entscheidende Weichen für die europäische Nachkriegsordnung stellten: Deutschland sollte, nach Aufnahme Frankreichs in den Kreis der Siegermächte, in vier Besatzungszonen eingeteilt und vollständig entwaffnet, entmilitarisiert und entnazifiziert werden. Die wirtschaftliche Einheit Deutschlands sollte zwar erhalten bleiben, doch über deren konkrete Ausgestaltung gingen die Ansichten Roosevelts, Churchills und Stalins weit auseinander. Umstritten war in

Jalta vor allem die »polnische Frage«. Obwohl Polen im Osten bis an die sogenannte Curzon-Linie, die in etwa der im »Hitler-Stalin-Pakt« festgelegten Demarkationslinie entsprach, »verschoben« werden sollte, waren sich die Alliierten nicht einig, in welchem Umfang Polen im Westen durch deutsche Gebiete entschädigt werden sollte. Die endgültige Festlegung der deutsch-polnischen Grenze wurde bis zur nächsten Konferenz vertagt.

Das letzte gemeinsame Treffen der »Großen Drei« der Anti-Hitler-Koalition fand in Potsdam vom 17. Juli bis zum 2. August 1945 statt. Da Roosevelt verstorben war, nahm sein Nachfolger Truman teil; Churchill war zwar als englischer Premier nach Potsdam gereist, mußte aber nach dem Wahlsieg der Labour Party noch während der Konferenz seinem Nachfolger Clement Attlee weichen. Entgegen den Absprachen von Jalta hatte Stalin in den von der Roten Armee befreiten Ländern Osteuropas inzwischen die Bildung sowjetfreundlicher Regierungen durchgesetzt und zugleich die polnische Westgrenze de facto an die Oder-Neiße-Linie verschoben sowie den nördlichen Teil Ostpreußens sowjetischer, den restlichen Teil polnischer Verwaltung unterstellt. Aus allen Gebieten, die unter sowjetischen Einfluß geraten waren, wurde die deutsche Bevölkerung zum Teil brutal vertrieben. Nach heftigen Protesten der Westmächte einigten die »Großen Drei« sich darauf, daß die als »Transfer« umschriebene Vertreibung der deutschen Bevölkerung »in geregelter und menschlicher Weise« vollzogen werden sollte. Die Polen zugeschlagenen Gebiete wurden als unter »polnische Verwaltung« gestellt betrachtet, über die endgültige Westgrenze Polens sollte nun der spätere Friedensvertrag entscheiden. Jeder Siegermacht wurde das Recht zugestanden, ihre Reparationsansprüche aus ihrer Besatzungszone zu befriedigen. Die Sowjetunion sollte zusätzlich zehn Prozent der Reparationslasten aus den drei westlichen Zonen erhalten. Insgesamt sollte Deutschland die Möglichkeit eingeräumt werden, »sein Leben auf einer demokratischen und friedlichen Grundlage wiederaufzubauen«.

Bereits Anfang Juni hatten die alliierten Oberbefehlshaber die Aufteilung Deutschlands in vier Besatzungszonen bekanntgegeben; das Saargebiet erhielt einen eingeschränkten Autonomiestatus. Zur Ausübung der obersten Gewalt wurde der Alliierte Kontrollrat in Berlin gebildet. Er bestand aus den vier Oberbefehlshabern, die alle Deutschland als Ganzes betreffenden Fragen einstimmig entscheiden mußten, ansonsten aber in ihrer jeweiligen Besatzungszone als Militärgouverneure die höchste Gewalt innehatten. Berlin wurde in vier Sektoren aufgeteilt und der gemeinsamen Verantwortung der Siegermächte unterstellt.

Schon im Juni 1945 bildeten sich, zunächst auf lokaler und regionaler Ebene, Parteien, die sich weitgehend an der Parteienlandschaft der Weimarer Republik orientierten. Eine Neugründung war die CDU, die im Unterschied zur Zentrumspartei auch protestantische Schichten an sich band. Wie fast alle anderen Parteien, so trat auch die CDU anfangs für Sozialisierungen ein; wenig später entwickelte sie das Konzept der sozialen Marktwirtschaft. Als erste Partei hatte sich die KPD in der sowjetischen Zone mit einem Aufruf an die Öffentlichkeit gewandt und eine bürgerlich-demokratische und antifaschistische Gesellschaftsordnung gefordert. Da sie jedoch nur wenige Anhänger fand, unterstützte die sowjetische Besatzungsmacht den Zwangszusammenschluß von KPD und SPD zur SED. Seit ihrer Gründung im April 1946 war sie die entscheidende Partei in der Ostzone.

Großes Interesse der Öffentlichkeit fand der 1945/46 vom Internationalen Militärgerichtshof durchgeführte Nürnberger Kriegsverbrecherprozeß. Von den 22 Angeklagten wurden zehn am 16. Oktober 1946 hingerichtet. Die zu Freiheitsstrafen verurteilten Kriegsverbrecher wurden in Berlin-Spandau inhaftiert. Ihre Bewachung oblag den vier Siegermächten gemeinsam. Die Entnazifizierung wurde in den vier Besatzungszonen unterschiedlich gehandhabt. Von der Sowjetischen Militäradministration wurde sie mit dem gesellschaftlichen und wirtschaftlichen Umbau im Sinne der sozialistischen Gesellschaft verknüpft; die Bodenreform, die Verstaatlichung und die Enteignungen wurden mit der Entnazifizierung vorangetrieben. Auch in der amerikanischen Zone mußten die Betroffenen ihren »Fragebogen« mit 131 Fragen beantworten, der von den gerichtsmäßig organisierten »Spruch-« und »Berufungskammern« ausgewertet wurde. Engländer und Franzosen betrieben die Entnazifizierung vor allem unter dem Gesichtspunkt der politischen und wirtschaftlichen Zweckmäßigkeit.

Als die Interessengegensätze der Siegermächte sich mit der »Sowjetisierung« Osteuropas verschärften, entwickelten die USA die »Truman-Doktrin«, der es um die Eindämmung des Kommunismus ging. Die Sowjetunion ihrerseits verstand die abnehmende Kooperationsbereitschaft der USA als Versuch, eine globale Vorherrschaft durchzusetzen. Vor dem Hintergrund der Versorgungsprobleme im Winter 1945/46, aber auch um eine Ausbreitung des Kommunismus in ihren wirtschaftlich darniederliegenden Zonen zu verhindern, legten die USA und England unter Protest der Sowjetunion und Frankreichs ihre Besatzungszonen zum 1. Januar 1947 zur »Bizone« zusammen. Zur Überwindung der wirtschaftlichen Misere entwickelte der amerikanische Außenminister George Marshall wenig später das European Recovery Program. Das als »Marshallplan« bekannt gewordene Programm bot allen europäischen Staaten Hilfe beim Wirtschaftsaufbau an. Da die Sowjetunion jedoch für sich keine Sonderregelungen beim Marshallplan erreichen konnte, lehnte sie das Aufbauprogramm für sich und alle osteuropäischen Satellitenstaaten ab.

Hatte sich bislang insbesondere Frankreich einem koordinierten Wirtschafts- und Verwaltungsaufbau aller vier Besatzungszonen widersetzt, so machte nun der Ost-West-Gegensatz eine gemeinsame Planung unmöglich. Wichtige Voraussetzung für die Teilnahme der drei Westzonen am Marshallplan war die am 20. und 21. Juni 1948 durchgeführte Währungsreform. Sie schöpfte das in großer Menge vorhandene Geld, dem kein adäquates Warenangebot gegenüberstand, konsequent ab. Jeder Bewohner der Westzonen erhielt für 60 Reichsmark insgesamt 60 DM »Kopfgeld«. Sparguthaben wurden drastisch abgewertet. Gewissermaßen über Nacht waren nun in den Geschäften der Westzonen Waren zu kaufen, die es vorher nur auf dem Schwarzmarkt gab. Um ein Abfließen der weitgehend wertlosen Reichsmark-Noten in die Ostzone zu verhindern, führte die Sowjetische Militäradministration zum 24. Juni 1948 eine eigene Währungsreform durch, die auch für alle vier Sektoren in Berlin gelten sollte. Zuvor hatten die Westmächte jedoch die »Westwährung« schon in den Berliner Westsektoren eingeführt. Daraufhin blockierte die Sowjetunion am 24. Juni 1948 alle Schienen-, Straßen- und Wasserwege von und nach West-Berlin. Die drei Westmächte sollten so zur Preisgabe ihrer aus dem Viermächtestatus für ganz Berlin resultierenden Rechte gezwungen werden. Da Ende 1945 drei Luftkorridore von Westdeutschland nach West-Berlin vereinbart worden waren, richtete der amerikanische Militärgouverneur General Lucius D. Clay eine Luftbrücke nach Berlin ein. Mit rund 195 000 Flügen versorgten Amerikaner und Briten die 2,5 Millionen West-Berliner bis zum 12. Mai 1949 mit Nahrungsmitteln, aber auch mit Kohle und Baumaterialien. Von dem Angebot, sich während der Blockade mit Lebensmitteln aus der sowjetischen Zone zu versorgen, machten nicht sehr viele West-Berliner Gebrauch. Insgesamt förderte die Blockade in den Westzonen das Bedürfnis, sich stärker an die Westmächte anzulehnen. Standen die führenden Politiker dem Auftrag der drei westlichen Militärgouverneure vom 1. Juli 1948, mit der Ausarbeitung einer Verfassung für einen eigenen Staat zu beginnen, noch skeptisch gegenüber, so förderte der sich mit der Blockade zuspitzende Kalte Krieg die Westintegration. Politiker wie Konrad Adenauer, aber auch der Berliner Oberbürgermeister Ernst Reuter sprachen sich für eine schnelle »Westbindung« unter Einbeziehung der drei West-Berliner Sektoren aus. D.V./B.A.

Wie zuletzt auf der Konferenz von Jalta vereinbart worden war, teilten die Alliierten Deutschland als besiegten Feindstaat in vier Besatzungszonen, Berlin in vier Sektoren. In einer Erklärung der militärischen Oberbefehlshaber der Siegermächte wurde die Bevölkerung am 5. Juni 1945 informiert, daß die oberste Regierungsgewalt von den vier Alliierten ausgeübt wird. Höchstes Organ war der Alliierte Kontrollrat, dessen Tätigkeit auf dem Prin-

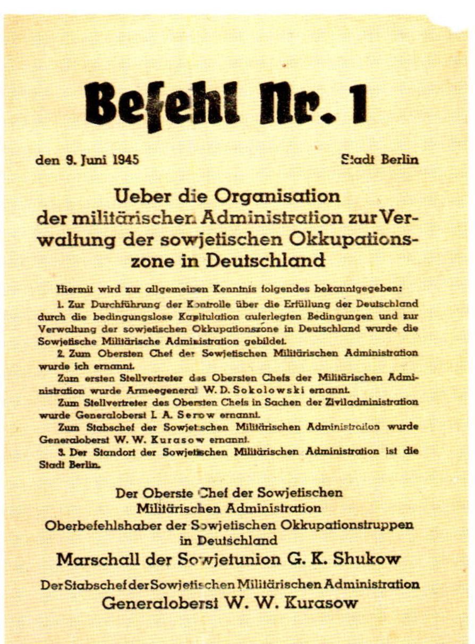

Befehl Nr. 1

den 9. Juni 1945 Stadt Berlin

Ueber die Organisation der militärischen Administration zur Verwaltung der sowjetischen Okkupationszone in Deutschland

Hiermit wird zur allgemeinen Kenntnis folgendes bekanntgegeben:

1. Zur Durchführung der Kontrolle über die Erfüllung der Deutschland durch die bedingungslose Kapitulation auferlegten Bedingungen und zur Verwaltung der sowjetischen Okkupationszone in Deutschland wurde die Sowjetische Militärische Administration gebildet.

2. Zum Obersten Chef der Sowjetischen Militärischen Administration wurde ich ernannt.

Zum ersten Stellvertreter des Obersten Chefs der Militärischen Administration wurde Armeegeneral W. D. Sokolowski ernannt.

Zum Stellvertreter des Obersten Chefs in Sachen der Ziviladministration wurde Generaloberst I. A. Serow ernannt.

Zum Stabschef der Sowjetischen Militärischen Administration wurde Generaloberst W. W. Kurasow ernannt.

3. Der Standort der Sowjetischen Militärischen Administration ist die Stadt Berlin.

Der Oberste Chef der Sowjetischen Militärischen Administration
Oberbefehlshaber der Sowjetischen Okkupationstruppen in Deutschland
Marschall der Sowjetunion G. K. Shukow

Der Stabschef der Sowjetischen Militärischen Administration
Generaloberst W. W. Kurasow

zip der Einstimmigkeit beruhte. Ziel der Besatzungspolitik waren die Entmilitarisierung und die Entnazifizierung sowie die Schaffung von Grundlagen für eine Demokratisierung des gesellschaftlichen Lebens in einem friedliebenden Deutschland. Befehle und Bestimmungen der Alliierten sollten dazu beitragen, gröbste Kriegsschäden zu überwinden und das öffentliche Leben zu normalisieren. Über fortlaufend numerierte Befehle wurden der Bevölkerung in der sowjetischen Zone die Entscheidungen der Sowjetischen Militäradministration bekanntgegeben. Der Befehl Nr. 2 vom 10. Juni 1945 ließ die Bildung von antifaschistisch-demokratischen Parteien zu. Aufgrund der Systemunterschiede zwischen den kapitalistisch-demokratischen Westmächten und der stalinistisch-kommunistischen Sowjetunion wurde die Besatzungspolitik ausgesprochen unterschiedlich gehandhabt. Als sich der staatliche Zusammenschluß der drei Westzonen abzeichnete, verließen die sowjetischen Vertreter den Alliierten Kontrollrat am 20. März 1948 unter Protest. K.P.M.

Befehl Nr. 1 der Sowjetischen Militäradministration in Deutschland
Berlin, 9. Juni 1945
Druck;
32,3 x 22,2 cm
Inv.-Nr.: DG 79/450

Karte der Post-Leitgebiete mit Zoneneinteilung
Um 1946
Druck; 47 x 57,3 cm
Inv.-Nr.: DG 76/356

Karte der Berliner Besatzungszonen
Berlin: Angermann & Frühauf, 1945
Druck; 21 x 29,5 cm
Inv.-Nr.: 1990/1208

Die Anklagebank des Nürnberger Prozesses
Nürnberg, 1945/46
Vintage Print;
12 x 18 cm
Inv.-Nr.:
1989/2643.13

Kennkarte des Kriegsgefangenen Albert Speer
23. Mai 1945
Druck, maschinengeschrieben,
Fingerabdrücke;
20,2 x 20,2 cm
Inv.-Nr.: Do2 94/360

Besucherkarte für den Nürnberger Prozeß
Nürnberg, 1945/46
Druck, gestempelt,
handgeschrieben;
5,1 x 10,1 cm
Inv.-Nr.: 1989/133

(PRINT CLEARLY—DEUTLICH IN DRUCKSCHRIFT SCHREIBEN)

1. SPEER (Surname—Zuname) Albert (First name—Vorname) Reichsminister (Rank—Dienstgrad) 19 March 1905 Mannheim (Date and place of birth—Geburtsdatum und Geburtsort)
2. Frau Margarete Speer, Gehe bei Mansholm bei Kappeld/Schl. (Name and address of next of kin—Name und Anschrift des nächsten Angehörigen) 31G 350037 (Internment serial number)
3. 23 May 45 (Date of capture—Datum der Gefangennahme) Glucksburg/ Flensburg (Place of capture—Ort der Gefangennahme)
4. 40 (Age—Alter) 164 (Height—Grosse) 175 lbs (Weight—Gewicht) Brown (Eyes—Augenfarbe) Brown (Hair—Haarfarbe)
5. (Unit—Truppeneinheit) (Serial number—Nr. der Erkennungsmarke)
6. Warts – Two on left eye brow, one on forehead, one on upper lip (Distinguishing marks—Besondere Kennzeichen) Reichsminister Chief der O.T. (Occupation—Beschäftigung) (Army—Heer) Architect (Civil—Zivilberuf)
7. Branch of service—Waffengattung: Air Corps—Luftwaffe Army—Heer Navy—Marine

(Signature—Unterschrift)

MEDICAL RECORD: Date of stimulating dose typhoid
Date atebrine therapy started
Other inoculations or medical data

Date of arrival
Date of transfer 23 May 45
PRISONER OF WAR PRELIMINARY RECORD
VORLÄUFIGE ERKLÄRUNG DES KRIEGSGEFANGENEN
P. W camp CCPWE # 32
Group No.
Theater

Right Hand

1. Thumb	2. Index finger	3. Middle finger	4. Ring finger	5. Little finger

Left Hand

6. Thumb	7. Index finger	8. Middle finger	9. Ring finger	10. Little finger

W.D. Form No. 19-3 TO ACCOMPANY PRISONER Note amputations in proper space

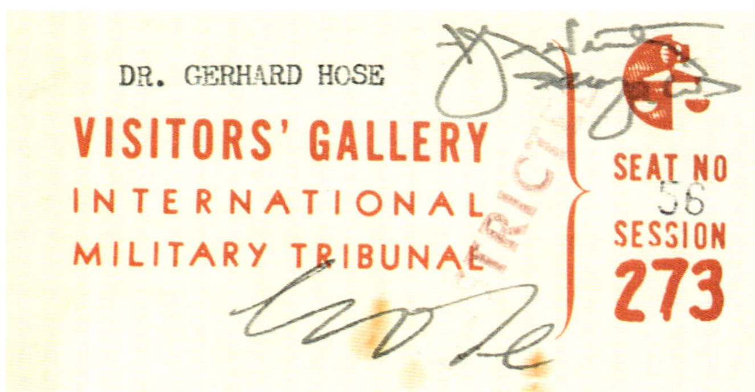

Schon am 30. Oktober 1943 hatten die USA, England und die Sowjetunion im Ergebnis der Moskauer Konferenz ihrer Außenminister die Bestrafung von Kriegsverbrechen angekündigt. Am 14. November 1945 begann der Prozeß gegen 22 Angeklagte vor dem Internationalen Militärgerichtshof in Nürnberg. Mit großem Interesse verfolgte die Öffentlichkeit weltweit die Aufdeckung von Einzelheiten der deutschen Kriegsplanung sowie des Völkermords. Am 16. Oktober 1946 wurden zehn Todesurteile vollstreckt. Sieben Verurteilte erhielten Haftstrafen zwischen zehn Jahren und lebenslänglich. Wegen Kriegsverbrechen und wegen Verbrechen gegen die Menschlichkeit wurde der am 23. Mai 1945 verhaftete Albert Speer zu 20 Jahren Haft verurteilt. Seit 1931 Mitglied der NSDAP, wurde Speer 1942 Reichsminister für Bewaffnung und Munition. Als Mitorganisator des Zwangsarbeitersystems gelang es ihm, die Produktion von Rüstungsgütern bis 1944 zu steigern. Freigesprochen wurde Franz von Papen. Als Reichskanzler des »Kabinetts der nationalen Konzentration« hatte er 1932 eine Zusammenarbeit mit Teilen der NSDAP angestrebt und die Aufhebung des Verbots von SA und SS durchgesetzt. Sein Einfluß auf Hindenburg war mitentscheidend für die Ernennung Hitlers zum Reichskanzler gewesen. Zunächst Vizekanzler im Kabinett Hitler, förderte er später als Gesandter in Wien den Anschluß Österreichs.

Als verbrecherisch stufte der Militärgerichtshof die Führung der NSDAP, die Gestapo, den Sicherheitsdienst (SD) sowie die SS ein. Eine juristische Aufarbeitung des Zwangsarbeitersystems, in das auch führende Industrielle verflochten waren, unterblieb im Nürnberger Kriegsverbrecherprozeß ebenso wie in den folgenden Prozessen.

M.W.

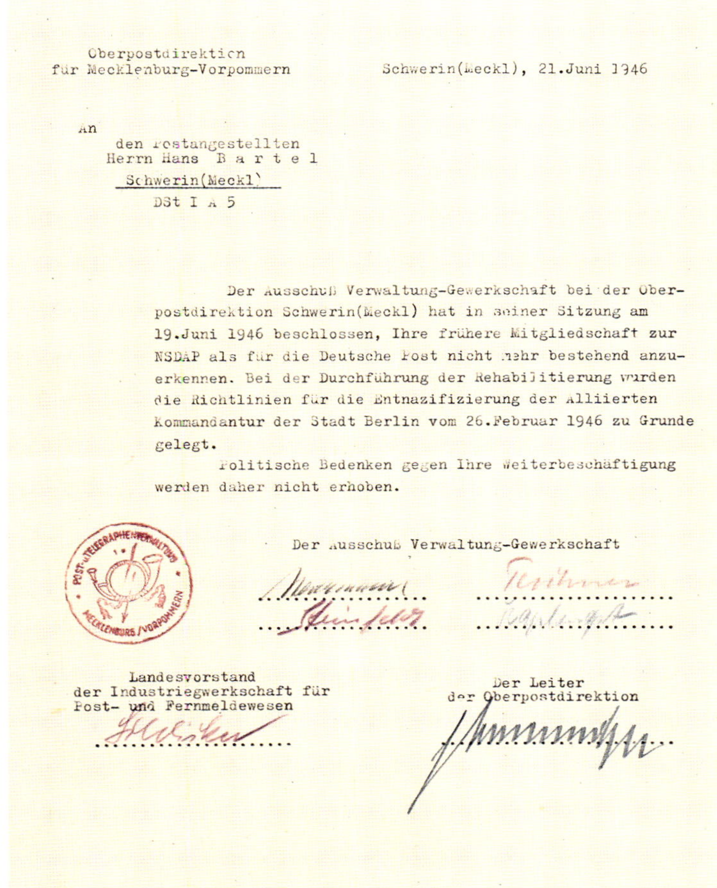

Oberpostdirektion
für Mecklenburg-Vorpommern

Schwerin(Meckl), 21.Juni 1946

An
den Postangestellten
Herrn Hans B a r t e l
Schwerin(Meckl)
DSt I A 5

Der Ausschuß Verwaltung-Gewerkschaft bei der Oberpostdirektion Schwerin(Meckl) hat in seiner Sitzung am 19.Juni 1946 beschlossen, Ihre frühere Mitgliedschaft zur NSDAP als für die Deutsche Post nicht mehr bestehend anzuerkennen. Bei der Durchführung der Rehabilitierung wurden die Richtlinien für die Entnazifizierung der Alliierten Kommandantur der Stadt Berlin vom 26.Februar 1946 zu Grunde gelegt.

Politische Bedenken gegen Ihre Weiterbeschäftigung werden daher nicht erhoben.

Der Ausschuß Verwaltung-Gewerkschaft

Post- u. Telegraphenverwaltung Mecklenburg/Vorpommern

Landesvorstand
der Industriegwerkschaft für
Post- und Fernmeldewesen

Der Leiter
der Oberpostdirektion

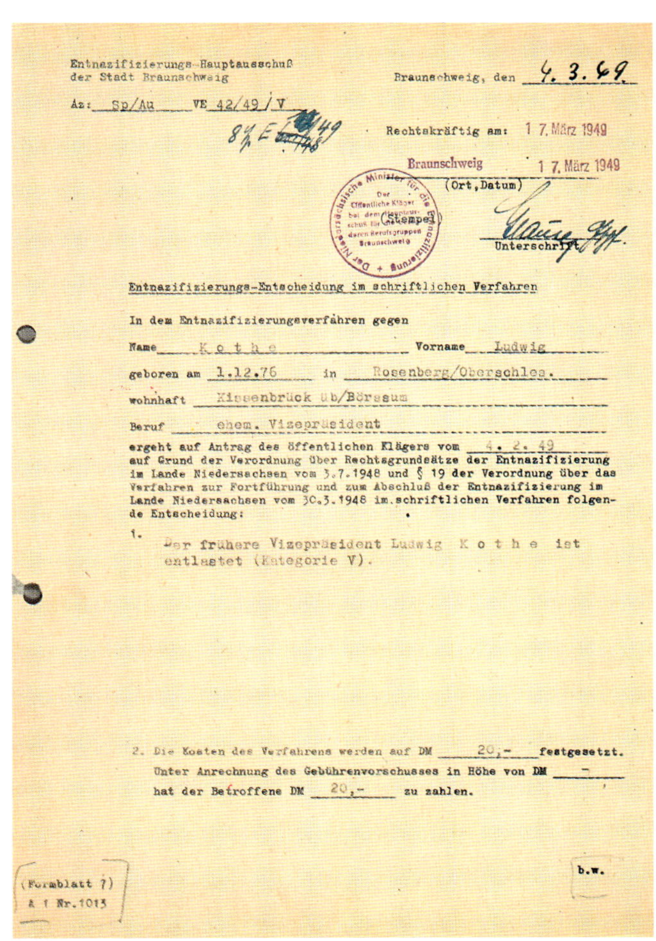

Entnazifizierungs-Hauptausschuß
der Stadt Braunschweig

Braunschweig, den 4. 3. 49.

Az: Sp/Au VE 42/49 / V

Rechtskräftig am: 17. März 1949

Braunschweig 17. März 1949
(Ort, Datum)

Der Niedersächsische Minister für die Entnazifizierung + Der öffentliche Kläger bei dem Hauptausschuß für ... deren Berufsgruppen Braunschweig
(Stempel)

Unterschrift

Entnazifizierungs-Entscheidung im schriftlichen Verfahren

In dem Entnazifizierungsverfahren gegen

Name K o t h e Vorname Ludwig

geboren am 1.12.76 in Rosenberg/Oberschles.

wohnhaft Kissenbrück üb/Börssum

Beruf ehem. Vizepräsident

ergeht auf Antrag des öffentlichen Klägers vom 4. 2. 49 auf Grund der Verordnung über Rechtsgrundsätze der Entnazifizierung im Lande Niedersachsen vom 3.7.1948 und § 19 der Verordnung über das Verfahren zur Fortführung und zum Abschluß der Entnazifizierung im Lande Niedersachsen vom 30.3.1948 im schriftlichen Verfahren folgende Entscheidung:

1. Der frühere Vizepräsident Ludwig K o t h e ist entlastet (Kategorie V).

2. Die Kosten des Verfahrens werden auf DM 20,- festgesetzt. Unter Anrechnung des Gebührenvorschusses in Höhe von DM – hat der Betroffene DM 20,- zu zahlen.

(Formblatt 7)
A 1 Nr. 1013

b.w.

Trotz einer Direktive des Alliierten Kontrollrats vom Januar 1946 wurde die Entnazifizierung in den vier Besatzungszonen sehr unterschiedlich betrieben. In den westlichen Besatzungszonen war das amerikanische Modell einer politischen Personalsäuberung maßgebend. Das formale Instrument bildete ein Fragebogen mit 131 Punkten. Verhandelt wurden die Fälle zunächst vor alliierten Militärgerichten, später vor deutschen Spruchkammern. Die Betroffenen wurden in die fünf Kategorien Hauptschuldige, Belastete, Minderbelastete, Mitläufer und Entlastete eingestuft, wobei die ersten drei Kategorien in der Regel Strafen bis zu drei Jahren Arbeitslager und Berufsverbot nach sich zogen. Mitläufer mußten mit Geldbußen rechnen. Auf Kritik stieß die Tatsache, daß vor allem in der amerikanischen Zone zunächst nur die weniger gravierenden Fälle bearbeitet wurden, die schwer Belasteten aber im Zuge des Kalten Krieges nach dem 31. März 1948 von den Alliierten nicht mehr zur Rechenschaft gezogen wurden. Insgesamt ging ein Großteil aller Schuldigen in der Flut der Fragebögen unter. Viele Berufsverbote wurden wenig später wegen des Fachkräftemangels aufgehoben.

In der sowjetischen Besatzungszone dagegen diente die Entnazifizierung als Vehikel der »sozialistischen Umgestaltung«. Sie wurde von KPD-, später SED-geführten Kommissionen erledigt, wobei allerdings, nicht anders als in den Westzonen, nützliche Fachleute häufig unbehelligt blieben. Die Entnazifizierung wurde am 10. März 1948 formal abgeschlossen, als die Machtposition der SED gefestigt war.

M.W.

Entnazifizierungsbescheid
Schwerin,
21. Juni 1946
Maschinengeschrieben, handgeschrieben, gestempelt;
27 x 21 cm
Inv.-Nr.: DG 78/113

Entnazifizierungsentscheidung
Braunschweig,
4. März 1949
Maschinengeschrieben, handgeschrieben, gestempelt;
29,6 x 20,9 cm
Inv.-Nr.: DG 66/472

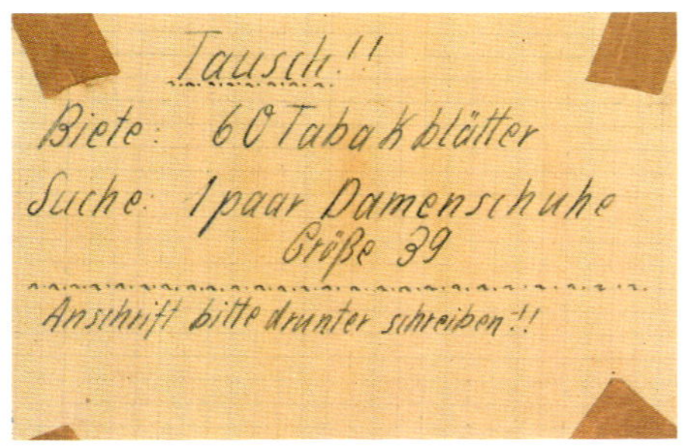

Tausch!!
Biete: 60 Tabakblätter
Suche: 1 paar Damenschuhe
Größe 39
Anschrift bitte drunter schreiben!!

Biete:
Kinderbett gut erh.
Suche:
Kartoffeln
Ang. Ruf: 35491

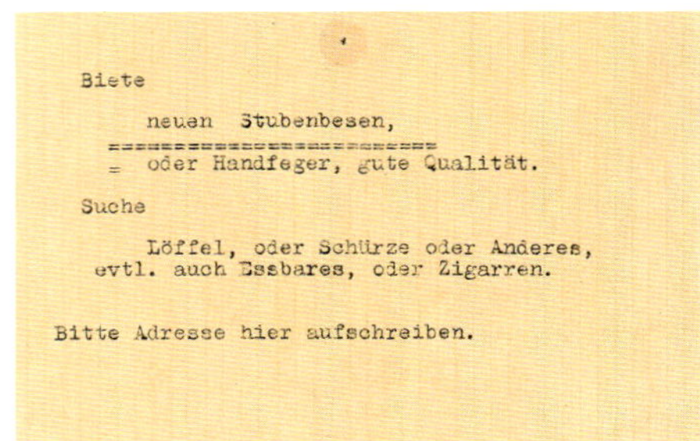

Biete

neuen Stubenbesen,
oder Handfeger, gute Qualität.

Suche

Löffel, oder Schürze oder Anderes,
evtl. auch Essbares, oder Zigarren.

Bitte Adresse hier aufschreiben.

Tauschanzeigen
Um 1945

a) Tabakblätter gegen Damenschuhe
Handgeschrieben;
10,3 x 14,3 cm
Inv.-Nr.: DG 67/260

b) Kinderbett gegen Kartoffeln
Handgeschrieben;
10,3 x 14,7 cm
Inv.-Nr.: DG 67/261

c) Stubenbesen gegen Löffel
Maschinengeschrieben;
9,9 x 14,8 cm
Inv.-Nr.: DG 67/263

Petroleumlampe, hergestellt aus einem Gasmaskenfilter
Um 1945
Aluminium, Gummi, Glas, Messing;
H 24,4 cm,
Dm 13 cm
Inv.-Nr.: 1989/20

Küchenschaufel, hergestellt aus einer Konservendose
Um 1945
Weißblech;
L 16 cm, B 5,2 cm
Inv.-Nr.: 1989/2286

Der großen Nachfrage nach Gegenständen für den täglichen Bedarf stand 1945 nur ein geringes Angebot gegenüber. Schon während des Krieges war ihre Herstellung zugunsten der Rüstungsindustrie stark eingeschränkt worden, und die Bombenangriffe hatten in den Städten große Teile des privaten Wohnraums wie des Hausrats zerstört. Nach Kriegsende verschärfte sich die Lage durch den Zustrom von Flüchtlingen und Vertriebenen, denen es an den lebensnotwendigsten Dingen fehlte.

Industriebetriebe und Werkstätten spezialisierten sich darauf, aus allen nur zugänglichen Materialien Haushaltsgegenstände zu fertigen. Maschinenfabriken, Stanz- und Emaillierwerke sowie Handwerksbetriebe kauften mit Genehmigung der Alliierten Restbestände der Wehrmacht, um daraus Becher, Kannen, Töpfe und die berühmten Stahlhelmsiebe herzustellen, und wer etwas Geschick besaß, wurde nach Feierabend selbst tätig. Aus dem Filter einer »Volksgasmaske« wurde die hier gezeigte Petroleumlampe gearbeitet, und die Küchenschaufel entstand aus einer Konservendose der englischen oder amerikanischen Streitkräfte.

Auch über den Tauschhandel versuchten viele Menschen, dringend Benötigtes zu ergattern. Auf kleinen Zetteln, die öffentlich ausgehängt wurden, hielten die Suchenden ihre Wünsche fest.

R.B./B.B.

Große Flüchtlingstrecks zogen bereits vor Kriegsende nach Westen, da viele Deutsche aus den Ostgebieten vor der Roten Armee flohen. Die Bestimmungen des Potsdamer Abkommens sollten die geordnete »Überführung« der deutschen Bevölkerung aus der Tschechoslowakei, aus Ungarn und Polen sowie den unter polnischer und sowjetischer Verwaltung stehenden Gebieten regeln. Die Wirklichkeit sah jedoch anders aus: Hunderttausende fielen auf der Flucht Terrorakten, Mißhandlungen, Hunger, Kälte und Krankheiten zum Opfer, Familien wurden auseinandergerissen. Die Zahl der Toten und Vermißten wird auf etwa zwei Millionen geschätzt. Ab 1946 begannen unter Aufsicht der Alliierten organisierte Transporte nach Deutschland. Dort wurden die Aussiedler auf die vier Besatzungszonen verteilt. Insgesamt rund 12 Millionen Menschen, vor allem Schlesier, Sudetendeutsche, Ostpreußen, kamen in ein zerstörtes Land, in dem sie fremd waren. Flüchtlingslager und Baracken wurden ihr neues Zuhause, denn Mittel zu ihrer Unterstützung und Integration gab es zunächst nicht.

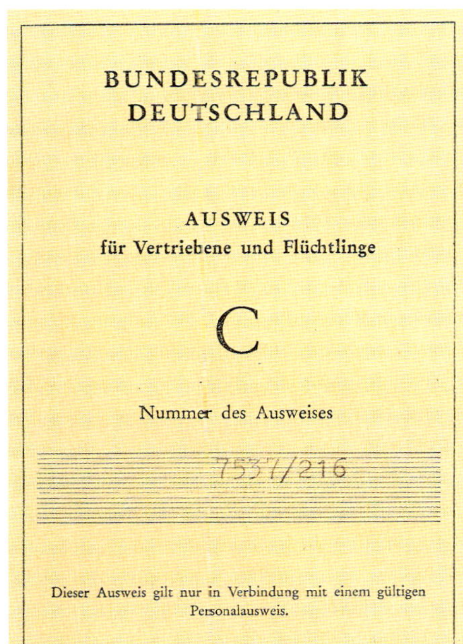
BUNDESREPUBLIK DEUTSCHLAND

AUSWEIS
für Vertriebene und Flüchtlinge

C

Nummer des Ausweises

7537/216

Dieser Ausweis gilt nur in Verbindung mit einem gültigen Personalausweis.

Lindert die Not
Claus Hansmann (geb. 1918)
München: G. Franz'sche Buchdruckerei, um 1948
Farboffset; 61,2 x 43 cm
Signatur unten Mitte: Hansmann
Inv.-Nr.: 1988/1505.1

Ausweis für Vertriebene und Flüchtlinge
Landau, 10. November 1953
Druck, maschinengeschrieben, gestempelt, handgeschrieben; 10,5 x 7,4 cm
Inv.-Nr.: DG 90/317

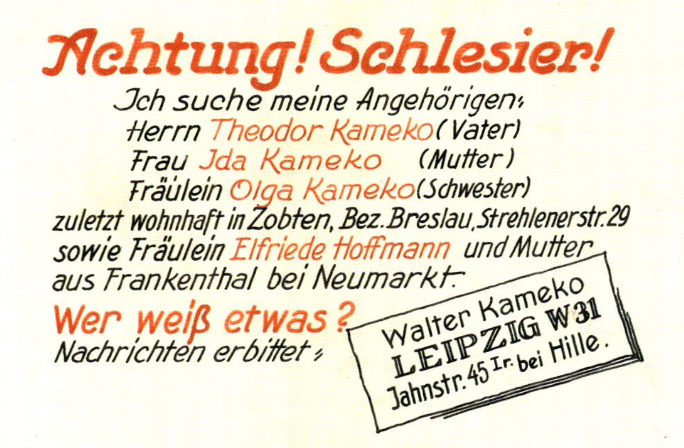
Achtung! Schlesier!
Jch suche meine Angehörigen:
Herrn Theodor Kameko (Vater)
Frau Jda Kameko (Mutter)
Fräulein Olga Kameko (Schwester)
zuletzt wohnhaft in Zobten, Bez. Breslau, Strehlenerstr. 29
sowie Fräulein Elfriede Hoffmann und Mutter
aus Frankenthal bei Neumarkt.
Wer weiß etwas?
Nachrichten erbittet:
Walter Kameko
LEIPZIG W31
Jahnstr. 45 I r. bei Hille.

Suchanzeige: Achtung! Schlesier!
Walter Kameko
Leipzig, um 1945
Handgeschrieben; 32 x 50 cm
Inv.-Nr.: DG 65/797.2

Erst ab 1948 durften sich die Vertriebenen in Verbänden zusammenschließen, die sich im politischen Leben der Bundesrepublik zunehmend Gehör verschaffen konnten. C.J.

Rückkehr deutscher Kriegsgefangener aus Jugoslawien
Juni 1946
Inv.-Nr.: 15546
(Bildagentur Schirner)

Mannschaftsfeldbluse eines »Prisoner of War« – Rückseite
Um 1944
Wolle; L 72 cm
Inv.-Nr.: 1989/2356

Kleidung eines deutschen Soldaten in sowjetischer Kriegsgefangenschaft
Sowjetunion, um 1943
Baumwolle, wattiert, Webpelz; L 65 cm, Umfang 55 cm (Mütze)
Inv.-Nr.: 1989/163,192

a) Jacke und Mütze (Tschapa)

b) Rückseite der Jacke

Über 11 Millionen Wehrmachtsangehörige erlebten die Kriegsgefangenschaft: In den sowjetischen Lagern befanden sich 3,3 Millionen deutsche Soldaten. Von ihnen kehrten nur knapp 2 Millionen nach Deutschland zurück. 7,7 Millionen kamen in die Gefangenschaft der Westmächte. Das Leben in Gefangenschaft war nicht nur von Zwangsarbeit, Hunger und Krankheit gekennzeichnet. Jeder einzelne mußte vor allem das an sich selbst erfahrene Leid, Angst und Haß psychisch verarbeiten und mit der historischen Schuld der Nation leben.

Der letzte Transport von Kriegsgefangenen aus der Sowjetunion fand im Januar 1956 statt. Die Wiedereingliederung der ehemaligen Soldaten in Familie, Berufs- und gesellschaftliches Leben der fünfziger Jahre war äußerst schwierig. Wolfgang Borchert hat 1946 die Situation der Heimkehrer einfühlsam beschrieben: »Ein Mann kommt nach Deutschland. Er war lange weg ... Einer von denen, die nach Hause kommen und die dann doch nicht nach Hause kommen, weil für sie kein Zuhause mehr da ist. Und ihr Zuhause ist dann draußen vor der Tür. Ihr Deutschland ist draußen, nachts im Regen, auf der Straße. Das ist ihr Deutschland.« R.F.

Bereits wenige Tage nach Kriegsende begann sich in Deutschland wieder kulturelles Leben in den Trümmern zu regen. In allen vier Besatzungszonen lizenzierten die Alliierten Zeitungen und Zeitschriften, genehmigten Konzerte und Theatervorstellungen. Zunächst wurde wiederaufgenommen, was bereits vor Kriegsende auf dem Programm gestanden hatte. Bald jedoch konnten die Deutschen auch die künstlerischen Erzeugnisse kennenlernen, die die Alliierten mitgebracht hatten. Vieles, was im nationalsozialistischen Deutschland verboten war, wurde nun nach zwölf Jahren wieder gespielt, gezeigt und gedruckt.

Den ersten deutschen Nachkriegsfilm präsentierte die von den Sowjets lizenzierte DEFA (Deutsche Film AG). Am 15. Oktober 1946 wurde »Die Mörder sind unter uns« in Berlin uraufgeführt. Wolfgang Staudte hatte Regie geführt in diesem Film, der sich kritisch mit der nationalsozialistischen Vergangenheit auseinandersetzte: Ein Arzt trifft seinen früheren Regimentskommandeur wieder, der in Polen an der Ermordung unschuldiger Frauen und Kinder beteiligt war. Der Arzt will das Verbrechen vergelten und den Offizier erschießen. Schließlich erkennt er aber, daß es seine Pflicht ist, sich für Gerechtigkeit und Menschlichkeit einzusetzen. Der Film bildete den Auftakt zu einer Reihe von »Trümmerfilmen« der DEFA, die sich den »Erfordernissen der neuen Zeit« stellen wollten. C.J.

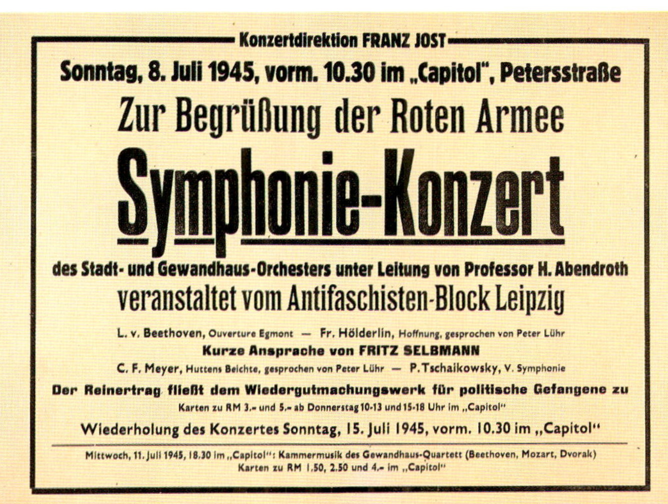

Die Mörder sind unter uns
René Ahrlé
(1893-1976)
1946
Lithographie;
118,7 x 84 cm
Signatur oben links:
Ahrlé
Inv.-Nr.: P 94/3004

Symphonie-Konzert zur Begrüßung der Roten Armee
Leipzig, 8. Juli 1945
Druck; 42 x 60 cm
Inv.-Nr.: DG 90/633

Junkerland in Bauernhand
Plakat des ZK der Kommunistischen Partei Deutschlands
Berlin: Magistratsdruckerei, 1945/46
Lithographie;
61 x 43 cm
Inv.-Nr.: P 63/1738

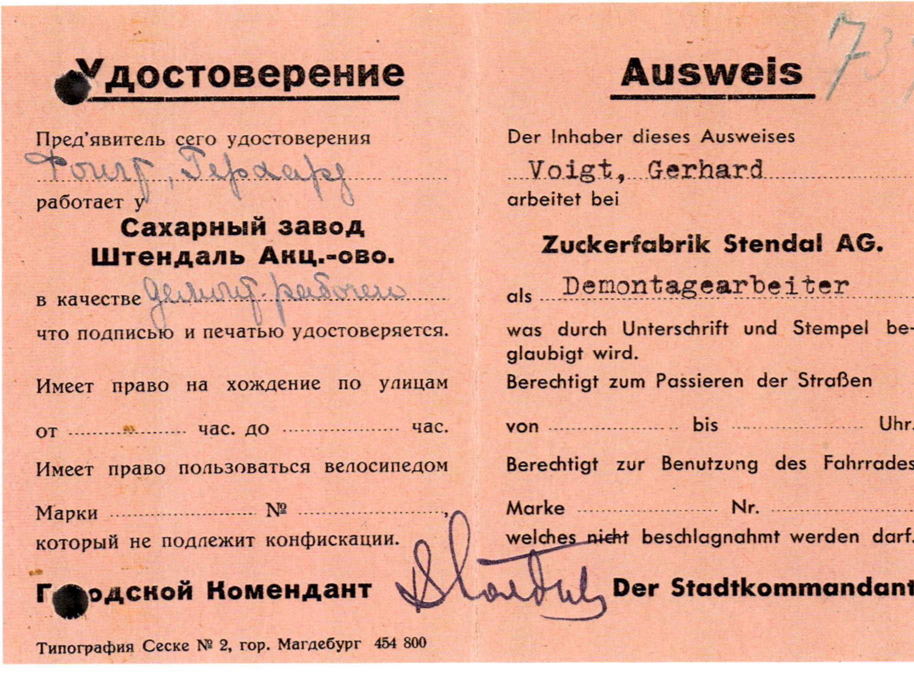

Удостоверение

Пред'явитель сего удостоверения
работает у
Сахарный завод Штендаль Акц.-ово.
в качестве
что подписью и печатью удостоверяется.
Имеет право на хождение по улицам
от .... час. до .... час.
Имеет право пользоваться велосипедом
Марки .... № ....
который не подлежит конфискации.
Городской Комендант

Типография Сеске № 2, гор. Магдебург 454 800

Ausweis

Der Inhaber dieses Ausweises
Voigt, Gerhard
arbeitet bei
Zuckerfabrik Stendal AG.
als Demontagearbeiter
was durch Unterschrift und Stempel beglaubigt wird.
Berechtigt zum Passieren der Straßen
von .... bis .... Uhr.
Berechtigt zur Benutzung des Fahrrades
Marke .... Nr. ....
welches nicht beschlagnahmt werden darf.
Der Stadtkommandant

Ausweis eines Demontagearbeiters
Stendal, 1946
Druck, maschinengeschrieben, handgeschrieben, gestempelt;
10, 5 x 14,7 cm (aufgeklappt)
Inv.-Nr.: DG 71/354

In der sowjetischen Besatzungszone zählte die Bodenreform zu den markantesten Ereignissen der unmittelbaren Nachkriegszeit. Unter der Losung »Junkerland in Bauernhand« zogen Agitatoren der KPD durch die Dörfer, um die entschädigungslose Enteignung jeglichen Grundbesitzes über 100 Hektar sowie aller Nazi- und Kriegsverbrecher zu propagieren. Bereits Anfang September 1945 erließen die Landes- und Provinzialverwaltungen übereinstimmende Verordnungen über die Durchführung der Bodenreform.

Das enteignete Land wurde in durchschnittlich 5 Hektar große Parzellen aufgeteilt und Landarbeitern, Umsiedlern und Kleinbauern übergeben. Mit insgesamt 3,3 Millionen Hektar fiel rund ein Drittel der landwirtschaftlichen Nutzfläche der sowjetischen Besatzungszone unter die Bestimmungen der Bodenreform.

Nach der Umgestaltung der Eigentumsverhältnisse auf dem Land rückte die Schaffung der Einheitspartei in den Vordergrund. Während unmittelbar nach Kriegsende zunächst vor allem die Sozialdemokraten auf eine rasche Vereinigung mit der KPD drängten, trieben ab November 1945 die von der Sowjetischen Militäradministration geförderten Kommunisten die Verschmelzung von KPD und SPD voran. Sozialdemokratische Gegner der Einheitspartei wurden von der Besatzungsmacht massiv unter Druck gesetzt, mit Rede- und Versammlungsverboten belegt und vielfach sogar verhaftet. Tausende starben in den von der Besatzungsmacht weiter betriebenen ehemaligen KZ. Eine von verschiedenen SPD-Ortsgruppen geforderte Urabstimmung über die Verei-

nigung mit der KPD wurde nicht zugelassen. Am 21./22. April 1946 vollzogen die beiden Arbeiterparteien für das Gebiet der sowjetischen Besatzungszone auf der Grundlage eines gemäßigten Programms ihre Vereinigung zur Sozialistischen Einheitspartei Deutschlands. Was später in der DDR als »Höhepunkt der Geschichte der deutschen Arbeiterbewegung« gefeiert wurde, trägt den Makel des politischen Drukkes von außen; die Klassifizierung als reine »Zwangsvereinigung« verkennt jedoch, daß in der sowjetischen Besatzungszone auch etliche Mitglieder und Funktionäre der SPD einer Vereinigung mit der KPD nicht abgeneigt waren.

Durch die Reparationsforderungen der Sowjetunion wurde die wirtschaftliche Entwicklung in der sowjetischen Besatzungszone beträchtlich erschwert. Die Demontage kompletter Industriestandorte und tausender Kilometer Eisenbahnschienen legte ganze Wirtschaftsstandorte lahm. Die ortsansässigen Arbeitskräfte wurden von der Besatzungsmacht häufig zu Demontagearbeiten herangezogen. A.M.

Fotomontage zum Vereinigungsparteitag von KPD und SPD
Berlin,
21./22. April 1946
Inv.-Nr.: F 66/579

Fahne vom Vereinigungsparteitag der KPD und SPD
Berlin,
22. April 1946
Seide;
120,5 x 175 cm
Inv.-Nr.: Fa 60/1

Werdet Hennecke-Aktivisten!
Arbeitseinsatz der FDJ im Elektrowerk Bergmann-Borsig
Gerhard Gronefeld (geb. 1911)
Berlin,
5. Dezember 1948
Im Vordergrund links der FDJ-Vorsitzende Erich Honecker
Inv.-Nr.:
GG 94/2132

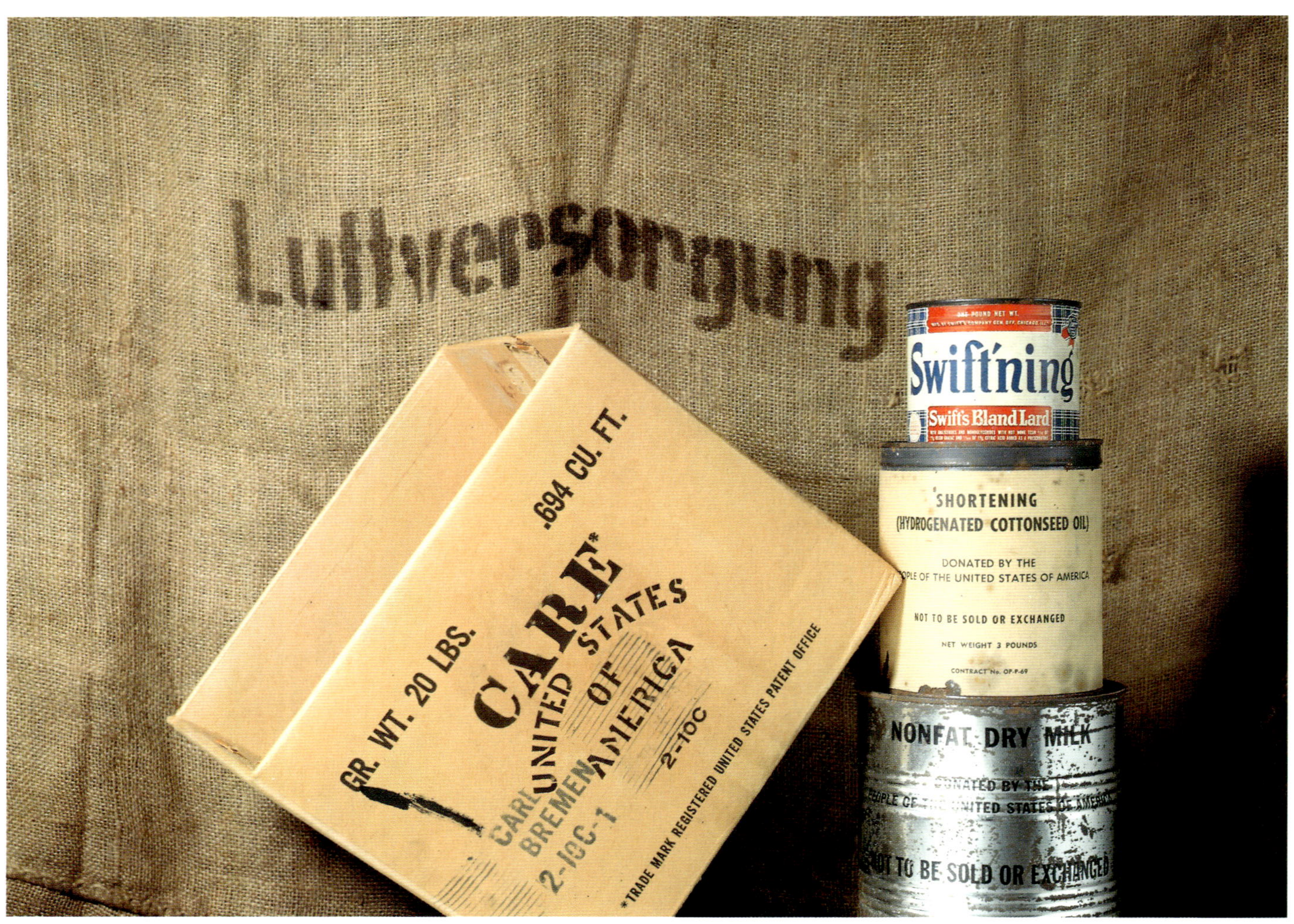

CARE-Paket mit Inhalt
Um 1946
Wellpappe, Papier, bedruckt, Weißblech;
26 x 28 x 30 cm (Paket)
Inv.-Nr.: 1989/2827.1-7

Jutesack »Luftversorgung Berlin«
1948/49
Jute, bedruckt;
75 x 120 cm
Inv.-Nr.: 1989/2608

Die Versorgung der deutschen Bevölkerung in den Westzonen, die weitestgehend von den Besatzungsmächten gesichert werden mußte, verschlechterte sich im Frühjahr 1946 rapide: Statt geforderter 1 750 Kalorien pro Tagesration standen nur 1 200 zur Verfügung. In der sowjetischen Zone war die Lage dank größerer Möglichkeiten zur Eigenversorgung besser, was General Lucius D. Clay im März 1946 zu dem Ausspruch veranlaßte: »Es gibt keine Wahl, ob man für 1 500 Kalorien Kommunist werden will oder für 1000 Kalorien an die Demokratie glaubt.« Um dieser »Versuchung« vorzubeugen, wurden vielfältige Hilfsprogramme amerikanischer Wohlfahrtsverbände eingesetzt. Die Versandorganisation CARE (Cooperative for American Remittances to Europe) hatte aus den Beständen der US Army etwa zweieinhalb Millionen Lebensmittelpakete erworben, um sie an Bedürftige zu verschicken. Die erste Lieferung traf im Juli 1946 in Bremen ein, bis Januar 1947 konnten rund 5 Millionen CARE-Pakete an die deutsche Bevölkerung verteilt werden.

Die ökonomische Lage in Deutschland und Europa war zwei Jahre nach Kriegsende desolat: Einerseits hing man am Versorgungstropf der Westmächte, andererseits mußten Reparationsforderungen beglichen werden. Daher schlug der amerikanische Außenminister George C. Marshall Anfang Juni 1947 die nach ihm benannte

Wirtschaftshilfe für Europa vor. An der Marshallplan-Konferenz in Paris vom 12./13. Juli 1947 nahmen 16 europäische Staaten teil, die in den Genuß der Förderungsmittel kamen. Die osteuropäischen Länder mußten ihre Teilnahme absagen, nachdem der Sowjetunion keine Präferenzen eingeräumt worden waren. Die Marshallplan-Hilfe für den Wiederaufbau umfaßte zwischen 1948 und 1951 rund 12,4 Milliarden Dollar. Westdeutschland und West-Berlin erhielten davon 1,3 Millarden Dollar, die der Entwicklung der Wirtschaft entscheidende Impulse gaben. Damit diente der Marshallplan nicht nur dazu, durch die Schaffung europäischer Absatzmärkte langfristig die amerikanische Wirtschaft zu stabilisieren, sondern er unterstützte die US-Politik des »containment«, der Eindämmung des kommunistischen Einflusses in Europa, und stärkte so die »Westbindung« der betroffenen Staaten: Der Marshallplan wurde eine weitere Waffe im Kalten Krieg. Das Plakat – es entstand 1950 im Rahmen eines Wettbewerbs des »European Recovery Program« – spiegelt diese Entwicklung wider: Dank amerikanischer Unterstützung kann das Schiff (West-)Europa mit voller Kraft in eine gesicherte Zukunft segeln. C.J.

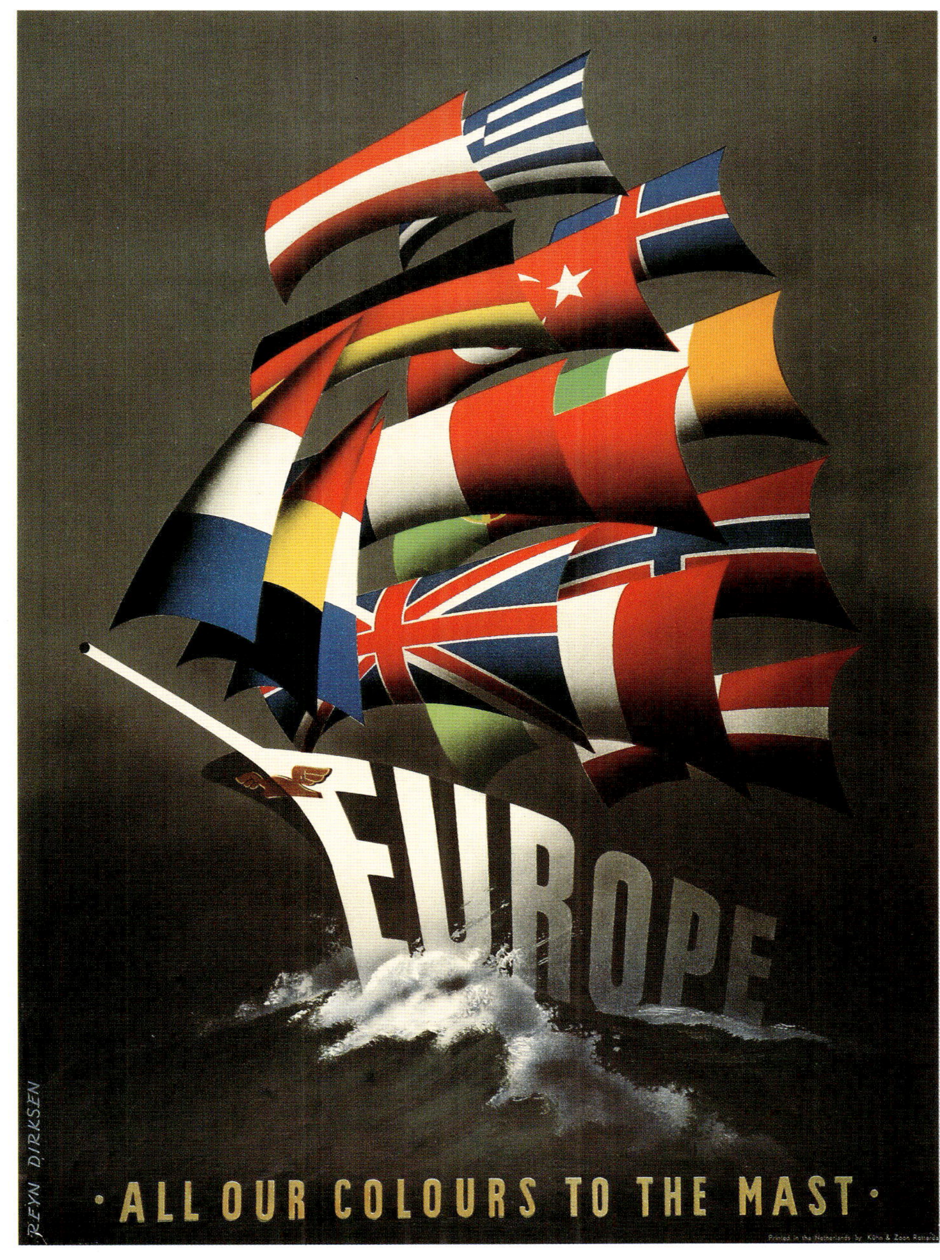

Europe – All Our Colours to the Mast
Reyn Dirksen
(geb. 1924)
Rotterdam: Kühn en Zoon, um 1950
Farboffset;
74,7 x 54,2 cm
Signatur unten links: Reyn Dirksen
Inv.-Nr.:
1988/1442.3

Transportkiste für Geldscheine
USA, 1948
Nußbaumholz;
29 x 36 x 69 cm
Inv.-Nr.: N 93/274

Banknoten der SBZ (Kuponmark)
1948

a) 5 Mark auf 5 Reichsmark
Druck; 7 x 13,9 cm
Inv.-Nr.:
N 90/3976.2

b) 50 Mark auf 50 Reichsmark
Druck;
8,5 x 16,9 cm
Inv.-Nr.: N 90/3977

Banknoten der Westzonen mit B-Stempel
1948

a) 5 Deutsche Mark
Druck, gestempelt;
6,6 x 11 cm
Inv.-Nr.: N 94/6

b) 50 Deutsche Mark
Druck, gestempelt;
6,7 x 14,9 cm
Inv.-Nr.: N 94/8

Obwohl die noch geltende Reichswährung infolge der Kriegswirtschaft hoffnungslos zerrüttet war, funktionierte in der Nachkriegszeit das Bewirtschaftungssystem für Lebensmittel leidlich. Den Rest übernahm der florierende Schwarzmarkt. Trotz ihrer politischen Differenzen verhandelten die vier Siegermächte 1946/47 über gemeinsame Währungsreformpläne für ganz Deutschland. Als sich im Herbst 1947 Gerüchte über einen sowjetischen Alleingang verdichteten, ließ der amerikanische Militärgouverneur Lucius D. Clay Banknoten für Deutschland in den USA drucken und mit der streng geheimen »Operation Bird Dog« nach Frankfurt am Main einfliegen. Ein halbes Jahr später wurde die Währungsreform in den westlichen Besatzungszonen zum 20./21. Juni 1948 bekanntgegeben. Die »Kopfquote« betrug 60 DM, Löhne und Gehälter wurden im Verhältnis 1:1 umgestellt. Die Umstellung der übrigen Geldwerte und Sparbücher erfolgte im Verhältnis 10:0,65; Sachwertbesitzer erlitten keine vergleichbare Vermögenseinbuße.
Auch aufgrund des Abfließens der ungültigen Reichsmark in die SBZ wurde dort ebenfalls eine Währungsreform durchgeführt. Unvorbereitet veranlaßte die Sowjetische Militäradministration den Druck von Klebekupons in Briefmarkenform, die auf die umgestellten Banknoten geklebt wurden und den Geldumlauf aufrecht erhielten. Ende Juli 1948 lagen auch in der SBZ neue Geldscheine vor. Politisch brisant war die Währungsreform in Berlin. Als die Westmächte die »Westmark« in ihren Sektoren einführten, blockierten sowjetische Truppen alle Land- und Wasserverbindungen von und nach West-Berlin. M.K.

Berliner winken einem »Rosinenbomber« zu
17. Oktober 1948
Inv.-Nr.: 19957
(Bildagentur Schirner)

»Rosinenbomber« wurden die amerikanischen und britischen Flugzeuge genannt, die mit rund 195 000 Flügen das durch die sowjetische Blockade vom Umland abgeriegelte West-Berlin zwischen Juni 1948 und Mai 1949 versorgten. Alle zwei bis drei Minuten landete auf einem der drei West-Berliner Flughäfen eine Maschine mit Lebensmitteln und Medikamenten, mit Baumaterialien und Kohlen. Nichts hat so sehr wie diese vom amerikanischen Militärgouverneur Lucius D. Clay initiierte »Luftbrücke« dazu beigetragen, daß aus den »Besatzern« willkommene Freunde wurden. Hatten die Sowjets gehofft, mit der Blockade der Westsektoren Berlins die Bildung eines »Weststaates« zu verhindern, so erreichten sie damit genau das Gegenteil. Gerade Oberbürgermeister Ernst Reuter, der zu einem Symbol des Überlebenswillens der West-Berliner wurde, forderte die schnelle Schaffung eines »Weststaates« unter Einbeziehung der drei Westsektoren Berlins. Zunächst hatten sich die Ministerpräsidenten der westdeutschen Länder gesträubt, die von den westlichen Militärgouverneuren im Juli 1948 geforderte verfassunggebende Versammlung einzuberufen, weil sie die Teilung des Landes nicht vorantreiben wollten. Als Zeichen des Dankes und zur Erinnerung an die während der Luftbrücke ums Leben gekommenen Piloten wurde vor dem damaligen Zentralflughafen in Berlin-Tempelhof das Luftbrückendenkmal errichtet, die »Hungerkralle«. B.A.

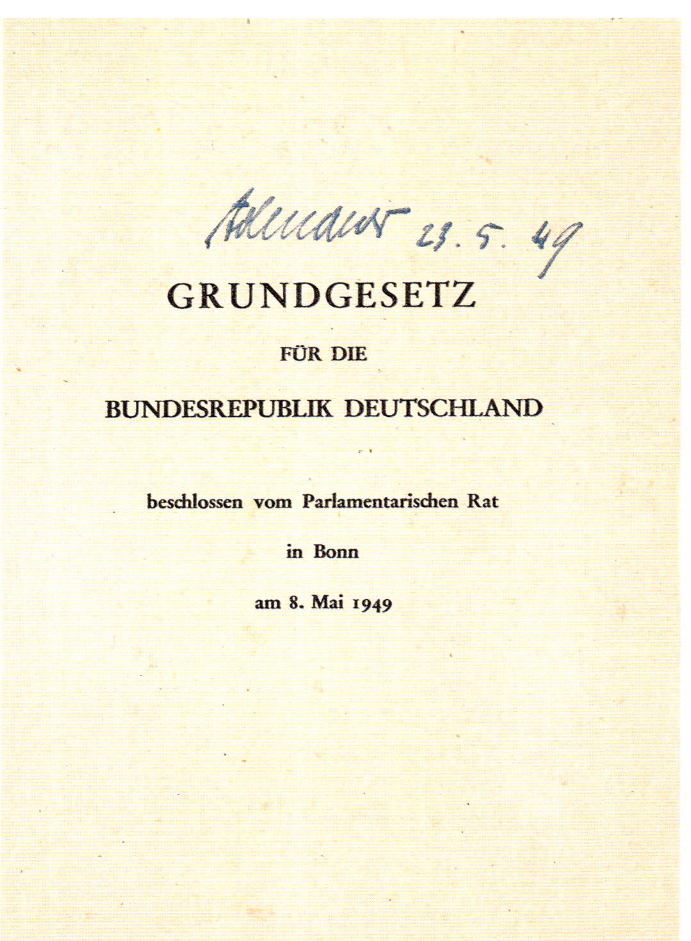

Adenauer 23. 5. 49

GRUNDGESETZ

FÜR DIE

BUNDESREPUBLIK DEUTSCHLAND

beschlossen vom Parlamentarischen Rat

in Bonn

am 8. Mai 1949

DIE VERFASSUNG

DER

DEUTSCHEN

DEMOKRATISCHEN

REPUBLIK

Grundgesetz für die Bundesrepublik Deutschland
Mit Unterschrift Konrad Adenauers
8. Mai 1949
Druck, handgeschrieben;
29,1 x 20,8 cm
Inv.-Nr.: 1990/160

Die Verfassung der Deutschen Demokratischen Republik
Berlin, 1949
Druck; 20 x 14,3 cm
Inv.-Nr.: DG 90/434

Auf Anregung der drei westlichen Militärgouverneure wurde im August 1948 der Entwurf einer Verfassung für einen »Weststaat« erarbeitet und anschließend im Parlamentarischen Rat unter Vorsitz von Konrad Adenauer beraten. Nach zum Teil kontroversen Diskussionen, vor allem über die Rolle von Bund und Ländern, wurde die Verfassung am 8. Mai 1949 mit 53 gegen 12 Stimmen angenommen, die fünf Vertreter Berlins nahmen nur mit beratender Stimme teil. Nach Genehmigung durch die drei Militärgouverneure wurde die Verfassung am 23. Mai verkündet und trat am nächsten Tag in Kraft. Damit war die Bundesrepublik Deutschland als parlamentarische Demokratie gegründet. »Grundgesetz« wurde die Verfassung genannt, um den provisorischen Charakter des neuen Staates und seiner Verfassung zu betonen.

In der sowjetischen Besatzungszone forderte der im Dezember 1947 auf Initiative der SED gegründete »Deutsche Volkskongreß für Einheit und gerechten Frieden« zunächst eine gesamtdeutsche Regierung aus Vertretern aller demokratischen Parteien. Aus jenem Volkskongreß ging der »1. Deutsche Volksrat« hervor, dessen Verfassungsausschuß den Entwurf einer »Verfassung der Deutschen Demokratischen Republik« erarbeitete. Am 22. Oktober 1948 nahm der »Volksrat« diesen Entwurf an. Ein weiterer, im Mai 1949 gewählter und von der SED kontrollierter Volkskongreß billigte die Verfassung ebenfalls und wählte den »2. Deutschen Volksrat«, der sich am 7. Oktober als provisorische Volkskammer konstituierte und Otto Grotewohl mit der Regierungsbildung beauftragte. Damit war die »doppelte Staatsgründung« vollzogen. B.A.

Auch nach Gründung der beiden deutschen Staaten wirkte der Ost-West-Gegensatz fort. Das 1951 vom »Amt für Information« der DDR-Regierung veröffentlichte Plakat nimmt die alte Staatsschiffmetaphorik auf: Links im Bild sieht man einen leck geschlagenen Kahn, den als berstende Galionsfigur das Dollarzeichen ziert. Eine Piratenflagge – statt der gekreuzten Knochen sind Atombomben zu sehen – macht dem Betrachter die Intention der Schiffsbesatzung deutlich. Diese besteht aus führenden westlichen Politikern wie Churchill, de Gaulle und dem französischen Außenminister Schumann. Adenauer in Nazi-Uniform ist bereits über Bord gegangen. Das

Segel zeigt, wofür sie stehen: Marshallplan, Nordatlantikpakt, Westblock. Der kenternde Kahn der »westlichen Reaktionäre« wird von dem stolzen Schiff geschnitten, das unter der sowjetischen Flagge »Für den Frieden« segelt. An Deck stehen heroische »sozialistische Menschen«, Personifikationen der Sowjetunion und der mit ihr verbündeten Staaten, darunter Rot-China. »Kriegspakt mit Washington bringt Elend und Tod – Freundschaft mit der Sowjetunion Frieden und Brot!« lautet die Botschaft des Plakats.

W.R.

Broschüre: Der Insulaner und die Freiheit
Karl Eduard von Schnitzler (geb. 1918)
Berlin: Nationale Front, 1960
Druck; 14,5 x 10 cm
Inv.-Nr.: DG 60/459

Von den Sowjetmenschen lernen heißt siegen lernen
Leipzig: VEB Graphische Werkstätten, 1951
Farboffset; 84 x 59 cm
Inv.-Nr.: P 61/647

Stalins Opfer mahnen
Befreiungskomitee für die Opfer totalitärer Willkür
Frankfurt am Main, um 1952
Lithographie;
83,5 x 59,5 cm
Inv.-Nr.: 1990/1321

Schild: 3 geteilt? niemals!
Um 1960
Eisenblech;
88,5 x 74,5 cm
Inv.-Nr.: 1989/639

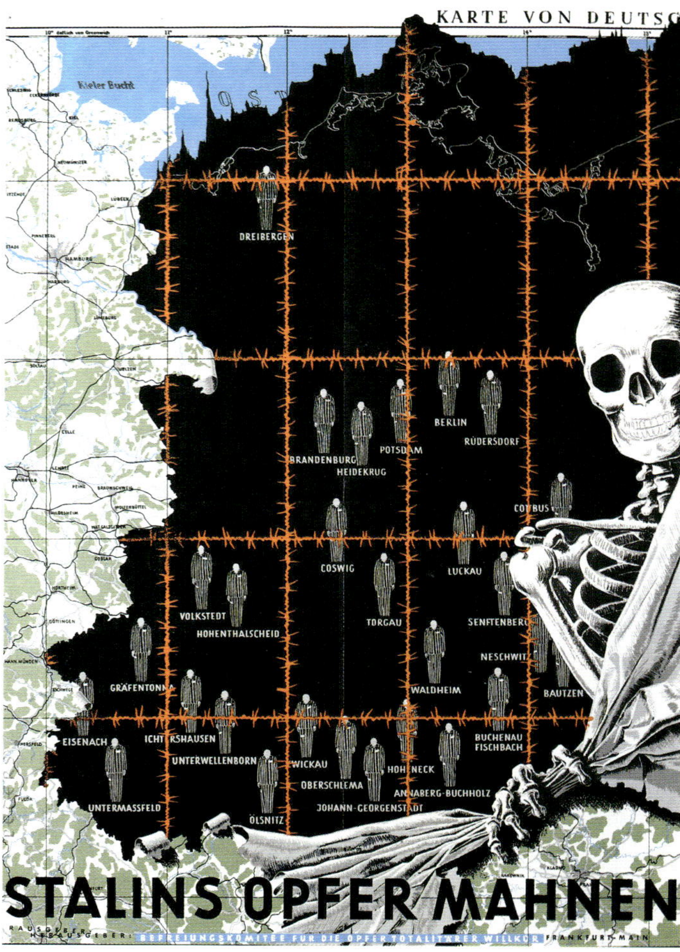

Das um 1960 entstandene Emailschild aus dem Umkreis der westdeutschen Vertriebenenverbände »3 geteilt? niemals!« wirkt vergleichsweise schlicht. Es zeigt das Deutsche Reich in den Grenzen von 1937 mit Berlin als Hauptstadt. Das Schild soll dem Betrachter suggerieren, daß die 1945 von Polen und der Sowjetunion besetzten Gebiete noch genauso Bestandteile Deutschlands seien wie die Bundesrepublik und die von den Vertriebenenverbänden und der damaligen Bundesregierung nicht anerkannte DDR.

Drastischer wirkt dagegen der Knochenmann, der auf dem Plakat des »Befreiungskomitees für die Opfer totalitärer Willkür« den Vorhang beiseite zieht, um das wahre Gesicht der DDR zu enthüllen: Zum Vorschein kommt ein mit Stacheldraht verschlossenes Land voller Lager und Gefängnisse. Flüchtlinge berichteten immer wieder von willkürlichen Verhaftungen und Urteilen sowie lebensbedrohenden Haft- und Lagerbedingungen. Es bedurfte keiner westlichen Propaganda, um Unterdrückung und Entrechtung im »anderen Deutschland« verabscheuungswürdig erscheinen zu lassen. Der westdeutsche Antikommunismus bedurfte keiner theoretischen Begründung, er speiste sich aus realen Erfahrungen. W.R./C.J.

36
DIE MAUER

Nach dem Zweiten Weltkrieg war das europäische Konzert endgültig verstummt. Ein eiserner Vorhang teilte Europa, Deutschland, Berlin; anstelle des einen Deutschlands der europäischen Mitte gab es jetzt zwei Deutschlands, beide an den gefährdeten Rand globaler Machtsysteme gerückt und deshalb von den jeweiligen Hegemonialmächten, Amerika und Sowjetrußland, favorisiert. Dennoch gehörte die Forderung nach Einheit zum politischen Standardrepertoire der Bundesrepublik Deutschland wie auch der Deutschen Demokratischen Republik, ohne daß aber die Aussicht auf realistische Lösungen bestand. Im März 1952 schlug die Sowjetunion in der ersten »Stalin-Note« die Schaffung eines einheitlichen, neutralen Deutschlands vor. In Bonn sah man darin vor allem den Versuch, die Westbindung der Bundesrepublik zu torpedieren. Während die Maxime der Adenauerschen Deutschlandpolitik »Freiheit vor Einheit« lautete, vertrat Ulbricht das Modell einer Konföderation der zwei Staaten, verlangte aber einseitige Vorleistungen der Bundesrepublik. Beide Staaten erlangten 1955 begrenzte völkerrechtliche Souveränität, die Bundesrepublik mit den Pariser Verträgen, die DDR als Mitunterzeichner des Warschauer Vertrages. Nach ihrer Einbindung in das militärische System der Ostblock-Staaten schlug die DDR zunehmend einen Abgrenzungskurs gegenüber der Bundesrepublik ein.

Schon 1952 hatten die DDR-Machthaber die innerdeutsche Grenze weitgehend undurchlässig gemacht, um den Strom der Flüchtlinge nach Westen einzudämmen. 1958 forcierte die DDR den Konflikt um die alte Reichshauptstadt Berlin, mit deren politischer Zukunft die Lösung der »deutschen Frage« eng verknüpft war. Während die Regierung der DDR ihren Sitz im sowjetischen Sektor Berlins hatte und bestrebt war, ihn als »Hauptstadt der DDR« aus der gemeinsamen Verantwortung aller vier Mächte für Berlin zu lösen, garantierten die Westalliierten die Sicherheit des Westteils der Stadt. Die Existenz einer demokratisch regierten Enklave inmitten des »Territoriums der DDR« blieb für die SED-Führung jedoch eine politische Herausforderung, zumal über die offene Berliner Sektorengrenze allein zwischen 1955 und 1961 rund 1,5 Millionen Menschen in den Westen flüchteten. Nach und nach unterbrach die DDR alle

wichtigen Verbindungen zwischen den beiden Stadthälften. Die Telefonleitungen wurden gekappt, Bus- und Straßenbahnlinien endeten an der Sektorengrenze. Nur der U- und S-Bahnverkehr verlief, trotz verstärkter Paß- und Personenkontrollen durch die Volkspolizei, noch relativ ungestört über die offene Sektorengrenze.
Zwischen 1958 und 1961 wurde Berlin wieder zum Schauplatz der Konfrontation der Großmächte. Chruschtschow gelang es 1958 auch durch erheblichen diplomatischen Druck nicht, die Westmächte zum Rückzug aus der »Frontstadt« zu drängen. Angesichts der sowjetischen Bedrohung formulierte der amerikanische Präsident Kennedy im Juli 1961 die drei »essentials« der amerikanischen Berlin-Politik: das Recht der (West-)Alliierten auf Präsenz in Berlin und freien Zugang nach Berlin sowie das Recht der Bewohner West-Berlins auf politische Selbstbestimmung.
Im Sommer 1961 spitzte sich die Flüchtlingssituation dramatisch zu, immer mehr Menschen meldeten sich in den West-Berliner Notaufnahmelagern. Auf die Frage, ob die DDR ihre Sektorengrenze schließen werde, erklärte Ulbricht zwar am 15. Juni auf einer Pressekonferenz, niemand habe »die Absicht, eine Mauer zu errichten«, doch in den Morgenstunden des 13. August ließ die SED-Führung die drei Westsektoren mit Stacheldraht abriegeln. Wenig später ersetzten »Kampfgruppen« und Angehörige der NVA die provisorischen Stacheldrahtverhaue durch eine Mauer. Familien und Verwandte, Freunde und Arbeitskollegen wurden voneinander getrennt. War die Badstraße mit ihren Geschäften am S-Bahnknotenpunkt Gesundbrunnen vor dem Mauerbau täglich Ziel für Tausende von Ost-Berlinern, so verlor sie nun auf einen Schlag an Bedeutung. Alle innerstädtischen Bezirke waren mit dem Mauerbau in eine Randlage geraten. Über 50 000 Ost-Berliner konnten ihre Arbeitsplätze in den Westsektoren nicht mehr erreichen. Um den Arbeitskräftemangel dort aufzufangen, holte man Gastarbeiter in die Stadt.
Die DDR-Grenztruppen hatten den Auftrag, jeden Versuch von »Republikflucht« zu verhindern. Mit dem »Schießbefehl« wurde der Tod von Flüchtlingen bewußt in Kauf genommen. War es anfangs noch möglich, die innerdeutsche Grenze durch Lücken im System der Sperranlagen unversehrt zu überwinden, so baute die DDR ihre Grenze zu West-Berlin und zur Bundesrepublik nach und nach zu einem nahezu unüberwindbaren Hindernissystem aus. Die Westmächte griffen nicht ein, da ihre drei »essentials« vom Ausbau der Sperranlagen nicht berührt waren. Ein amerikanischer Militärkonvoi passierte die Transitautobahn zwischen Helmstedt und West-Berlin kurz nach dem Mauerbau ohne Zwischenfälle.
Die Errichtung der Berliner Mauer markierte zugleich einen Wendepunkt in der Geschichte des Kalten Krieges, denn die gewaltsame Eindämmung des Flüchtlingsstroms führte zu einer gewissen Erholung der DDR-Wirtschaft, die durch den kontinuierlichen Ver-

lust von Arbeitskräften in eine tiefe Krise geraten war. Doch auch die akute Bedrohung West-Berlins war beseitigt, da die DDR und die Sowjetunion die westlichen »essentials« respektierten. Der Besuch des amerikanischen Präsidenten John F. Kennedy demonstrierte den Berlinern zwei Jahre nach dem Mauerbau, daß die alliierten Schutzmächte den »freien Teil« der Stadt verteidigen würden. Für Kennedy waren »Freiheit« und »Berlin« synonyme Begriffe. Dafür steht sein umjubelter Satz »Ich bin ein Berliner«.

Der Berliner Regierende Bürgermeister Willy Brandt erkannte mit seinen Beratern Heinrich Albertz und Egon Bahr, daß die Maximalforderungen aus der Zeit vor dem Mauerbau in Ost-Berlin keine politischen Fortschritte ermöglichten. Auf der Basis einer De-facto-Anerkennung der im August 1961 geschaffenen Lage konnte der West-Berliner Senat menschliche Erleichterungen im Sinne einer »Politik der kleinen Schritte« erreichen. Egon Bahrs programmatische Formulierung »Wandel durch Annäherung« wurde unter der 1969 von Brandt gebildeten sozialliberalen Koalition zur Prämisse der »neuen Ostpolitik«, die den Änderungen der amerikanischen und französischen Ostpolitik folgte. Sie sollte das Konfliktpotential in Europa reduzieren und die politischen, wirtschaftlichen und kulturellen Kontakte zwischen den beiden Machtblöcken intensivieren. In den »Ostverträgen« mit der Sowjetunion, Polen und der ČSSR erkannte die Bundesregierung die bestehenden Grenzen an, vermied aber die völkerrechtliche Anerkennung der DDR. Überdies einigten sich die vier Mächte im September 1971 auf einen Gewaltverzicht und schrieben den Viermächtestatus für ganz Berlin fest. Dem Berliner Viermächteabkommen folgte eine Reihe von Vereinbarungen zwischen der Bundesrepublik und der DDR, die zu einer relativen Normalisierung des deutsch-deutschen Verhältnisses führten.

Mit dem Bau der Mauer hatte die DDR ihre Bevölkerung gehindert, »mit den Füßen abzustimmen«. Die Herrschaft der SED beruhte im wesentlichen auf der Mauer, ihrem »antifaschistischen Schutzwall«. Der Fall der Mauer im November 1989 läutete deshalb auch das Ende der SED-Herrschaft ein. T.B.

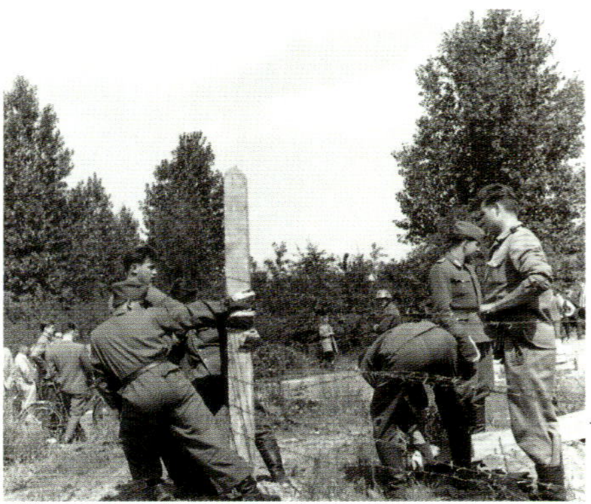

Mauerbau
Berlin,
13. August 1961

a–c) Grenzsperren in Kleinmachnow-Düppel
Inv.-Nr.: 81340
(Bildagentur Schirner)

d) Sektorengrenze Brandenburger Tor
Inv.-Nr.: 81346
(Bildagentur Schirner)

Bekanntmachung des Ministeriums des Innern der DDR
Berlin,
12. August 1961
Offset;
86,6 x 60,9 cm
Inv.-Nr.: P 73/938

Warnschild: Grenzgebiet
Um 1970 ?
Kunststoff, bedruckt;
50 x 70 cm
Inv-Nr.: 1990/635.2

BEKANNTMACHUNG

des Ministeriums des Innern
der Deutschen Demokratischen Republik

Auf Grund des Beschlusses der Regierung der Deutschen Demokratischen Republik vom 12. August 1961 erläßt der Minister des Innern mit sofortiger Wirkung folgende Anweisung:

1. Im Straßenverkehr für Kraftfahrzeuge und andere Fahrzeuge sowie Fußgänger zwischen Westberlin und dem demokratischen Berlin bleiben folgende Übergänge geöffnet:

Kopenhagener Straße
Wollankstraße
Bornholmer Straße
Brunnenstraße
Chausseestraße
Brandenburger Tor
Friedrichstraße
Heinrich-Heine-Straße
Oberbaumbrücke
Puschkin-Allee
Elsenstraße
Sonnenallee
Rudower Straße

2. Bürger der Deutschen Demokratischen Republik, einschließlich der Bürger der Hauptstadt der Deutschen Demokratischen Republik (des demokratischen Berlin) benötigen für den Besuch von Westberlin eine Genehmigung ihres zuständigen Volkspolizei-Kreisamtes bzw. ihrer zuständigen Volkspolizei-Inspektion.
Über die Ausgabe solcher Genehmigungen erfolgt eine besondere Bekanntmachung.
3. Friedliche Bürger von Westberlin können unter Vorlage ihres Westberliner Personalausweises die Übergangsstellen zum demokratischen Berlin passieren.
4. Einwohner Westdeutschlands erhalten an den vier Ausgabestellen Wollankstraße, Brandenburger Tor, Elsenstraße, Bahnhof Friedrichstraße unter Vorlage ihrer Personaldokumente (Personalausweis oder Reisepaß) wie bisher Tages-Aufenthaltsgenehmigungen für den Besuch der Hauptstadt der Deutschen Demokratischen Republik (das demokratische Berlin).
5. Für ausländische Staatsangehörige gelten die bisherigen Bestimmungen. Für Angehörige des Diplomatischen Korps und der westlichen Besatzungskräfte bleibt es bei der bisher bestehenden Ordnung.
6. Bürger der Deutschen Demokratischen Republik, die nicht in Berlin arbeiten, werden gebeten, bis auf weiteres von Reisen nach Berlin Abstand zu nehmen.

Berlin, den 12. August 1961

Maron,
Minister des Innern

Grenzgebiet

Frontier Area **Région frontière** **Пограничная зона**

Das Betreten und Befahren ist nur mit Sonder - ausweis gestattet

Passage allowed only by special permission

Passage n'est permis qu'avec autorisation spéciale

Вход и въезд разрешаются только по специальным пропускам

Die Berliner reagierten fassungslos und empört auf den Bau der Mauer. Mitten durch die Stadt, über Straßen, Brücken, ehemals belebte Plätze, sogar durch Häuser und über Friedhöfe verlief die Mauer. An Ost-Berliner Litfaßsäulen wurden am 13. August 1961 Plakate mit der offiziellen Bekanntmachung der DDR-Regierung über die Schließung der Grenze angebracht. Am Potsdamer Platz hingen diese Plakate auch nach dem Fall der Mauer 1989 noch: Unter dem Ost-Berliner Bezirk Mitte waren mit dem Mauerbau die »Geisterbahnhöfe« entstanden, unterirdisch gelegene U- und S-Bahnstationen, an denen die zwischen dem südlichen und dem nördlichen Teil West-Berlins verkehrenden Züge nicht mehr halten durften. In den abgedunkelten und zugemauerten Stationen waren bei der Durchfahrt patrouillierende Grenzer schemenhaft zu erkennen. Einziger Halt für die aus West-Berlin kommenden S- und U-Bahnen war der vom umliegenden Gebiet Ost-Berlins hermetisch abgeriegelte Bahnhof Friedrichstraße, der wichtigste Grenzübergang in Berlin. Inhaber eines Reisepasses der Bundesrepublik erhielten hier ab 1961 ein Tagesvisum für die Einreise in die »Hauptstadt der DDR«. West-Berliner bekamen erst mit dem Inkrafttreten des Transitabkommens am 3. Juni 1972 die Möglichkeit, regelmäßig in den Ostteil der Stadt zu fahren. Dafür mußten sie jedoch vorher einen Antrag auf Erteilung eines Visums stellen. Obwohl die DDR die Rei-

sepraxis ab Mitte der achtziger Jahre etwas großzügiger handhabte, wurde es bestimmten DDR-Bürgern selbst bei dringenden Anlässen, wie etwa Todesfällen naher Verwandter, nicht gestattet, in den Westen zu reisen. Der zur Ausreise aus Ost-Berlin errichtete Neubau am Bahnhof Friedrichstraße, an dem viele Ost-Berliner ihren Besuch aus dem Westen verabschiedeten, erlangte als »Tränenpalast« traurige Berühmtheit. Auch die Sperranlagen an der innerdeutschen Grenze wurden nach 1961 zur »modernen Grenze« ausgebaut. Auf einem breiten Grenzstreifen wurden Tretminen vergraben, und am letzten Hindernis, einem Metallgitterzaun, wurden ab 1970 über 54000 Selbstschußanlagen installiert. Als der bayerische Ministerpräsident Franz Josef Strauß Anfang der achtziger Jahre einen Milliardenkredit westdeutscher Banken an die DDR vermittelte, wurden die Minen geräumt und Selbstschußanlagen abgebaut. Dennoch blieb die Grenze praktisch unüberwindbar. Im Westteil Berlins war eine Fahrt zum Brandenburger Tor oder zum Potsdamer Platz Pflichtprogramm für jede Reisegruppe. Aber auch im Ostteil besuchten zahlreiche Bürger aus der DDR und dem sozialistischen Ausland den »Schutzwall« zum Westen. Das Brandenburger Tor war das Symbol der deutschen Teilung. An der Mauer vor dem Brandenburger Tor forderte der amerikanische Präsident Ronald Reagan den sowjetischen Staatschef Michail Gorbatschow im Juni 1987 auf, das Tor zu öffnen und die Mauer niederzureißen. T.B.

Achtung
Lebensgefahr
Wirkungsbereich
sowjetzonaler Minen
Bundesgrenzschutz

Alliierte Truppen an der Sektorengrenze
Berlin, 25. August 1961
Inv.-Nr.: 81433
(Bildagentur Schirner)

a) Amerikanische Panzer in der Friedrichstraße

b) Amerikanische Soldaten beobachten die Sektorengrenze nach dem Zwischenfall am Checkpoint Charlie

Achtung Lebensgefahr
Warnschild des Bundesgrenzschutzes
Mellendorf: Emaillierwerk Hannover, um 1965 ?
Metall, emailliert; 28 x 38 cm
Inv.-Nr.: AK 94/100

John F. Kennedy in Berlin
26. Juni 1963

a) Am Brandenburger Tor
Inv.-Nr.: 84691
(Bildagentur Schirner)

b) Vor dem Rathaus Schöneberg
Inv.-Nr.: 84770
(Bildagentur Schirner)

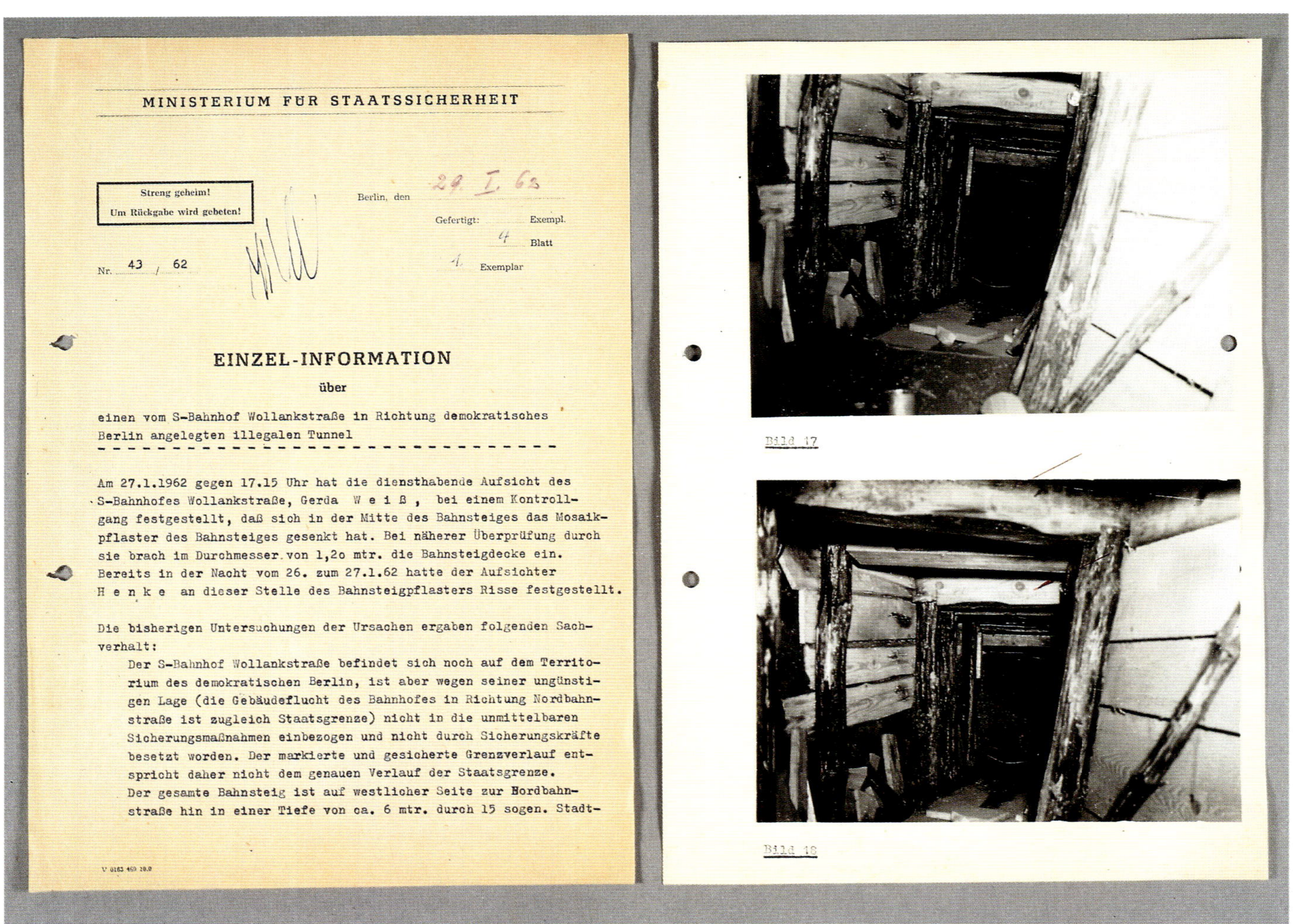

MINISTERIUM FÜR STAATSSICHERHEIT

Streng geheim!
Um Rückgabe wird gebeten!

Berlin, den 29. I. 62

Gefertigt: Exempl.
4 Blatt
1. Exemplar

Nr. 43 / 62

EINZEL-INFORMATION

über

einen vom S-Bahnhof Wollankstraße in Richtung demokratisches Berlin angelegten illegalen Tunnel

Am 27.1.1962 gegen 17.15 Uhr hat die diensthabende Aufsicht des S-Bahnhofes Wollankstraße, Gerda W e i ß , bei einem Kontrollgang festgestellt, daß sich in der Mitte des Bahnsteiges das Mosaikpflaster des Bahnsteiges gesenkt hat. Bei näherer Überprüfung durch sie brach im Durchmesser von 1,2o mtr. die Bahnsteigdecke ein. Bereits in der Nacht vom 26. zum 27.1.62 hatte der Aufsichter H e n k e an dieser Stelle des Bahnsteigpflasters Risse festgestellt.

Die bisherigen Untersuchungen der Ursachen ergaben folgenden Sachverhalt:

Der S-Bahnhof Wollankstraße befindet sich noch auf dem Territorium des demokratischen Berlin, ist aber wegen seiner ungünstigen Lage (die Gebäudeflucht des Bahnhofes in Richtung Nordbahnstraße ist zugleich Staatsgrenze) nicht in die unmittelbaren Sicherungsmaßnahmen einbezogen und nicht durch Sicherungskräfte besetzt worden. Der markierte und gesicherte Grenzverlauf entspricht daher nicht dem genauen Verlauf der Staatsgrenze.
Der gesamte Bahnsteig ist auf westlicher Seite zur Nordbahnstraße hin in einer Tiefe von ca. 6 mtr. durch 15 sogen. Stadt-

V 0163 469 19.9

Bildbericht über einen Tunnelbau unter dem S-Bahnhof Wollankstraße
Berlin: Ministerium für Staatssicherheit, 29. Januar 1962
Druck, maschinengeschrieben, S/W-Abzüge;
31,6 x 25,5 cm
Inv.-Nr.: DG 90/630

Der Versuch, die DDR unbefugt zu verlassen, wurde als »Republikflucht« nach dem Paßgesetz von 1957 mit bis zu drei Jahren Gefängnis geahndet. Von der Möglichkeit, einen Ausreiseantrag zu stellen, waren bestimmte Gruppen wie Schüler, Studenten oder Angehörige von Soldaten ausgeschlossen. Wer jedoch einen Ausreiseantrag stellte, mußte mit schwerwiegenden Nachteilen für sich und seine Familie rechnen. Im Zuge der Normalisierung des deutsch-deutschen Verhältnisses ging die Bundesrepublik dazu über, Häftlinge aus DDR-Gefängnissen freizukaufen. Nicht wenige DDR-Bürger nahmen als »Republikflüchtlinge« eine Haftzeit als »Umweg« in den Westen bewußt in Kauf.

Im Vorfeld ihrer Grenze zum Westen hatte die DDR ein tiefgestaffeltes »Sicherheitssystem« errichtet. So galt während der Nacht die gesamte Ostseeküste vom Priwall bei Lübeck bis zur polnischen Grenze als Sperrgebiet. Für Privatbesuche in bestimmten Bereichen der Küste benötigte man, ähnlich wie im mehrere Kilometer breiten Sperrgebiet vor der Grenze zur Bundesrepublik, eine »Sondergenehmigung«; Tauchsport wie auch der Betrieb von Booten aller Art waren nur eingeschränkt möglich und unterlagen strenger Reglementierung. So war Einfallsreichtum erforderlich, um die Sperranlagen unverletzt zu überwinden; zwei Familien schafften es mit einem selbstgebauten Heißluftballon.

Dieter Geist
Hohensaatener Str. 13, Berlin 1142 1. 7. 1987

Staatsrat der Deutschen Demokratischen
Republik

Marx-Engels-Platz
1 0 2 0

<u>G e s u c h</u>

Sehr geehrter Gen. Honnecker!

Durch Fehlentscheidung der Gerichte der DDR, Aktenzeichen 17F 35/84 - SBG Lichtenberg, 17F 736 a)85 - SBG Lichtenberg, BFB 11/86, wurde mir die Lebensgrundlage und das Gefühl für Gesetz und Gerechtigkeit in der DDR entzogen. Daraufhin habe ich am 25. 7. 1986 einen Antrag zur Übersiedlung nach Berlin West gestellt. Da die zuständigen Organe sich bis heute außerstande sehen, eine Entscheidung zu treffen, bitte ich Sie, wegen der Brisanz der Angelegenheit, eine wohlwollende Entscheidung herbeizuführen und mir die Übersiedlung zu ermöglichen.
Für Ihre Bemühungen bedanke ich mich im voraus.

Hochachtungsvoll

Dieter Geist

Fluchthelfer ließen sich ihre Dienste oft teuer bezahlen; besonders häufig nutzten sie die Transitautobahnen, da die DDR-Grenzorgane nach dem Inkrafttreten des Transitabkommens am 3. Juni 1972 eine Kofferraumkontrolle nur bei dringendem Verdacht durchführen konnten. Im Falle ihrer Entdekkung mußten Fluchthelfer mit langjährigen Gefängnisstrafen rechnen.
Die meisten Fluchtaktionen fanden kurz nach dem Bau der Mauer statt. So wurden in Berlin von Westen und Osten mehrere Tunnel gegraben, durch die zum Teil größere Gruppen flüchten konnten. Einige Tunnel wurden, wie jener in der Wollankstraße, kurz vor ihrer Fertigstellung entdeckt. Erdabsenkungen oder trockenes Buschwerk gaben den Sicherheitsorganen nicht selten Hinweise auf derartige Fluchtvorhaben.
Mancher Fluchtversuch endete mit dem Tod. Insgesamt geht man von über 800 Toten an der deutsch-deutschen Grenze aus. Allein an der Berliner Mauer kamen über achtzig Menschen ums Leben. Am 17. August 1962 schossen DDR-Grenzer auf den jungen Peter Fechter, als er die Mauer in der Nähe vom Checkpoint Charlie, dem Übergang für Alliierte und Ausländer, überwinden wollte. Schwer verletzt blieb Fechter auf dem Todesstreifen liegen. Vom Westen aus konnte eine entsetzte Menge nur untätig zusehen, wie er verblutete. T.B.

Gedenktafel für Maueropfer
Berlin,
1. August 1962
Inv.-Nr.: 83063
(Bildagentur Schirner)

Ausreisegesuch an den Staatsrat der DDR
Berlin, 1. Juli 1987
Maschinengeschrieben, handgeschrieben; 29,6 x 21 cm
Inv.-Nr.: 1990/1488

Bekanntmachung

Bürger von Berlin (West), die Passierscheine für den 31. 12. 1963 und den 1. 1. 1964 besitzen, haben die Möglichkeit, erst im Verlaufe des 1. 1. 1964 wieder auszureisen.

Die Wiederausreise muß am 1. 1. 1964 bis spätestens 24.00 Uhr erfolgen.

Diese Regelung der Neujahrsbesuche können die Bürger von Berlin (West) nur in Anspruch nehmen, wenn sie bei der Einreise am Kontrollpassierpunkt (KPP) gleichzeitig beide Passierscheine (für den 31. 12. 1963 und den 1. 1. 1964) zur Abfertigung vorgelegt und einen entsprechenden Vermerk auf den Passierschein für den 1. 1. 1964 erhalten haben.

Der Passierschein für den 31. 12. 1963 wird bei der Einreise am KPP eingezogen.

Bekanntmachung zum 1. Passierscheinabkommen
Berlin,
Dezember 1963
Druck;
29,7 x 21,1 cm
Inv.-Nr.:
DG 65/120, 121

Passierscheinstelle in West-Berlin
Berlin,
1. Oktober 1964
Inv.-Nr.: 86647
(Bildagentur Schirner)

West-Berliner passieren die Mauer
Berlin,
7. April 1966
Inv.-Nr.: 89712
(Bildagentur Schirner)

Die »Maßnahmen der DDR vom 13. August 1961« führten nicht nur zu einem abrupten Abbruch familiärer und beruflicher Bindungen, sondern auch zum Zustand völliger »Sprachlosigkeit« zwischen beiden deutschen Staaten. Es dauerte mehr als zwei Jahre, bis es zur ersten Vereinbarung kam, die den West-Berlinern ein Passieren der innerstädtischen Grenze ermöglichte. Das am 17. Dezember 1963 vom West-Berliner Senat und der DDR unterzeichnete »Passierscheinabkommen« gestattete Einwohnern aus dem Westteil Berlins zwischen dem 19. Dezember 1963 und dem 5. Januar 1964 Kurzbesuche bei Verwandten im Ostteil der Stadt. Rund 1,2 Millionen West-Berliner machten von dieser Möglichkeit Gebrauch. Während für den West-Berliner Senat beim »Passierscheinabkommen« humanitäre Erwägungen im Vordergrund standen, wollte die DDR damit vor allem staatliche Souveränität demonstrieren. Nicht zuletzt wegen statusrechtlicher Fragen waren die Verhandlungen über eine Fortführung der Besuchsregelung äußerst schwierig. Nach 28 Gesprächsrunden wurde schließlich im September 1964 das zweite »Passierscheinabkommen« unterzeichnet; weitere folgten 1965 und 1966, doch erst 1971 konnte eine großzügigere Vereinbarung über Besuchsreisen in die DDR unterzeichnet werden.

Einer der maßgeblichen Förderer der »Passierscheinabkommen« war Willy

Arbeitskoffer der Paßkontrolleure der DDR
Um 1989
Kunststoff, Metall, Leder, Glas;
35 x 36 x 35,5 cm (geöffnet)
Inv.-Nr.: 1994/1505

Brandt, damals noch Regierender Bürgermeister von West-Berlin, ab 1969 Kanzler der sozialliberalen Koalition.

Die Normalisierung der Beziehungen zwischen der Bundesrepublik und der DDR wurde mit den Treffen ihrer Regierungschefs Willy Brandt und Willi Stoph im März 1970 in Erfurt und im Mai in Kassel eingeleitet und führte 1971/72 zum Abschluß von Post-, Transit- und Verkehrsabkommen. Am 21. Dezember 1972 unterzeichneten schließlich Bundesminister Egon Bahr und Staatssekretär Michael Kohl den »Vertrag über die Grundlagen der Beziehungen zwischen der Bundesrepublik Deutschland und der Deutschen Demokratischen Republik«.

Doch trotz der völkerrechtlichen Regelung zwischen beiden Staaten blieben die deutsch-deutschen Beziehungen kompliziert. Ein Grund dafür war die restriktive Haltung der DDR. Obwohl auch sie die Schlußakte der »Konferenz über Sicherheit und Zusammenarbeit in Europa« unterzeichnet hatte, war die Genehmigung von »Westreisen« weiterhin von willkürlichen Entscheidungen abhängig. So blieb für die meisten DDR-Bürger die Grenze zum Westen verschlossen. Hatte die DDR ihren Kampf gegen die westlichen Hörfunk- und Fernsehwellen, die vor dem »Territorium der DDR« nicht haltmachten, schon früh aufgegeben, so untersagte sie strikt die Einfuhr westlicher Presseerzeugnisse. Wer beim Versuch, Zeitungen oder Zeitschriften in die DDR einzuschmuggeln, »ertappt« wurde, mußte mit unangenehmen Sanktionen der Grenzorgane rechnen. B.T./A.M.

Löwenbändiger
José García y Más
1985
Öl/Leinwand;
200 x 250 cm
Signatur
unten links und
unten rechts:
Más 1985
Inv.-Nr.: Gm 93/20

Ein spanischer Künstler, der in West-Berlin lebt und die deutsche Staatsangehörigkeit erworben hat, widmet sich mit ironischer Distanz der innerdeutschen Politik.
Fünf Männer, die auf westlicher Seite in den siebziger und achtziger Jahren die deutsch-deutschen Beziehungen geprägt haben, stehen vor einem Gitter, hinter dem der Staatsratsvorsitzende der DDR sphinxenhaft hockt: Erich Honecker als Löwe mit Menschengesicht. Die beiden Männer rechts haben die Ostpolitik der späten sechziger und frühen siebziger Jahre gestaltet: Bundeskanzler Willy Brandt als Regierungschef der sozialliberalen Koalition von 1969 bis 1974 und sein »Ostexperte« Egon Bahr. Unter seiner Federführung entstand 1972 der Grundlagenvertrag mit der DDR. Obwohl die Brandtsche Ostpolitik zunächst auf den heftigen Widerstand der CDU/CSU-Opposition gestoßen war, wurde sie unter der Regierung Kohl ab 1982 weitergeführt. Helmut Kohl ist links zwischen Bundesaußenminister Hans-Dietrich Genscher (FDP) und dem CSU-Vorsitzenden und bayerischen Ministerpräsidenten Franz Josef Strauß dargestellt. Letzterer hält ein Stück Fleisch für den Löwen in Händen, eine Anspielung auf den von ihm 1983 an die DDR vermittelten Milliardenkredit. Der Greifvogel auf Brandts Faust, der frei ist und sich in die Lüfte schwingen kann, soll Symbol für Brandts Mut und visionäre Kraft sein. W.R.

37
DIE BUNDESREPUBLIK

Wie oft zuvor in der deutschen Geschichte hatten bei der Ausarbeitung der westdeutschen Verfassung die Länder das erste Wort. Auf Veranlassung der westlichen Alliierten erarbeiteten die Länder-Ministerpräsidenten der drei westlichen Zonen im bayerischen Schloß Herrenchiemsee einen Verfassungsentwurf, eine Kreuzung zwischen den deutschen Verfassungen von 1849 und 1919. Ein Parlamentarischer Rat, gebildet aus Abgeordneten der Länder, trat daraufhin zur Beratung der Verfassung in Bonn zusammen. Der CDU-Vorsitzende Konrad Adenauer nutzte geschickt den Vorsitz im Parlamentarischen Rat, um sich in der Öffentlichkeit als Vertreter deutscher Interessen gegenüber den Alliierten zu profilieren.

Am 23. Mai 1949 wurde die Verfassung, die, um ihren provisorischen Charakter zu betonen, »Grundgesetz für die Bundesrepublik Deutschland« genannt wurde, verkündet. Dieser Tag kann als Gründungsdatum der Bundesrepublik gelten. Das Grundgesetz sah im Artikel 146 ausdrücklich den späteren Beitritt der übrigen deutschen Länder vor. Bonn setzte sich mit knapper Mehrheit gegen das favorisierte Frankfurt am Main als vorläufiger Sitz von Regierung und Parlament durch.

Aus den Wahlen zum 1. Bundestag am 14. August 1949 ging die CDU/CSU mit 31 Prozent als stärkste Fraktion hervor. Die SPD erlangte 29,2 Prozent, die FDP 11,9 Prozent. Da es noch keine 5-Prozent-Klausel gab, gelangten acht weitere Parteien ins Parlament, darunter auch die 1956 verbotene KPD. Vieles sprach für eine Große Koalition aus CDU/CSU und SPD. Doch Adenauer strebte eine Bundesregierung aus CDU/CSU, FDP und Deutscher Partei an. Er wurde mit einer Stimme Mehrheit zum Bundeskanzler gewählt und blieb es 14 Jahre lang. Er prägte das Amt – seither spricht man von der Kanzlerdemokratie – und die politische Kultur der fünfziger Jahre. Erster Bundespräsident und damit offizielles Staatsoberhaupt wurde der FDP-Vorsitzende Theodor Heuss. Die SPD unter ihrem Vorsitzenden Kurt Schumacher ging in die Opposition. Die Bundesregierung verfolgte wirtschaftspolitisch das Konzept einer »sozialen Marktwirtschaft«.

Getragen von dem enormen Wiederaufbaubedarf des kriegszerstörten Landes und begünstigt durch eine langanhaltende weltweite Hochkonjunktur, setzte ein Aufschwung ein, der bis in die sechziger Jahre anhielt. Auf der Grundlage dieses »Wirtschaftswunders« sank die Arbeitslosigkeit, bis nahezu Vollbeschäftigung erreicht war, und es gelangen die Integration von Millionen Ost-Vertriebenen sowie die Beseitigung der Wohnungsnot. Gleichzeitig waren die finanziellen Voraussetzungen für ein Netz sozialer Sicherungen gegeben. Ausländische Arbeitnehmer aus Südeuropa und der Türkei wurden als »Gastarbeiter« nach Deutschland eingeladen. Sie, ihre Kinder und Enkel sind inzwischen Teil der »multikulturellen« deutschen Gesellschaft, ohne daß das Problem ihrer Einbürgerung gelöst worden ist.

Die Souveränität erlangte die Bundesrepublik am 5. Mai 1955 durch Aufhebung des Besatzungsstatutes. Schon zuvor hatte Adenauer eine Politik zunehmender wirtschaftlicher und politischer Integration mit den westeuropäischen Nachbarländern verfolgt (Montan-Union, EWG, die spätere EG und heutige EU). Dieser Kurs mit dem Ziel einer europäischen Union wurde von allen seinen Nachfolgern fortgeführt. Gegen heftigen Widerstand von Opposition und Teilen der Bevölkerung erfolgte 1955 die »Wiederbewaffnung« der Bundesrepublik als Mitglied der NATO. Neben den USA, deren Lebensstil die Alltagskultur Westdeutschlands prägte, wurde Frankreich zum wichtigsten Partner. Im Gegensatz zu seiner erfolgreichen Politik der Westintegration gab Adenauer der Deutschlandpolitik kaum neue Impulse. Die strikte Weigerung, die DDR völkerrechtlich anzuerkennen, und der durch die »Hallstein-Doktrin« untermauerte »Alleinvertretungsanspruch« ließen wenig Raum für ein Durchbrechen der Fronten des Kalten Krieges. Die Beziehungen der beiden deutschen Staaten blieben feindselig.

Erst in der Zeit der Großen Koalition (1966-1969) kam es zu vorsichtigen Schritten der Annäherung zwischen beiden deutschen Staaten, die dann während der sozialliberalen Koalition unter Willy Brandt (1969-1974) als neue Ostpolitik nach dem von Egon Bahr geprägten Motto »Wandel durch Annäherung« ausgebaut wurden. Die SPD hatte sich seit ihrem Godesberger Programm 1959 von einer klassenbewußten Arbeiterpartei zu einer modernen Volkspartei gewandelt. Seit 1966 mit Brandt als Außenminister Juniorpartner der CDU, gelang der SPD 1969 eine Koalition mit der FDP, nachdem kurz zuvor mit Gustav Heinemann ein Sozialdemokrat Bundespräsident geworden war. Nach 20 Jahren Regierungspolitik wurde die CDU/CSU von SPD und FDP auf die Oppositionsbänke verbannt.

Die neue Ostpolitik, die zu Verträgen mit den Warschauer-Pakt-Staaten und zum Grundlagenvertrag mit der DDR führte, fand im Rahmen einer globalen Entspannungspolitik der beiden Supermächte USA und Sowjetunion statt. Auch die sozialliberale Innenpolitik der Rechts-, Bildungs- und Sozialreformen, die dem Slogan »Mehr Demokratie wagen« folgte, stand im internationalen Kontext: Sie wurde mitbedingt durch die Protest- und Reformbewegung der späten sechziger Jahre, die in der Studentenbewegung von 1968 gipfelte.

Als Günter Guillaume, ein enger Mitarbeiter des Kanzlers, sich 1974 als DDR-Spion entpuppte, mußte Brandt als Bundeskanzler zurücktreten. Sein Nachfolger, der über die Parteigrenzen respektierte Helmut Schmidt, regierte in den damals als schwierig empfundenen Jahren 1974-1982. Die zweite Ölkrise, anhaltend hohe Arbeitslosigkeit, Staatsverschuldung, Inflation, die die Arbeitswelt revolutionierende Computertechnologie, der politisch motivierte Terrorismus und die Verschlechterung des Ost-West-Verhältnisses (Einmarsch der Sowjetischen Armee in Afghanistan, Kriegsrecht in Polen) waren Herausforderungen, denen sich der im Ruf eines »Krisenmanagers« stehende Schmidt stellen mußte.

Unabhängig vom Behörden- und Parteienstaat mit seinen festgefügten Institutionen entstanden in dieser Zeit, zum Teil getragen von den »68ern«, verschiedene Bürgerrechtsbewegungen, so etwa die Frauen-, die Umwelt-, die Anti-Atomkraft- und die Friedensbewegung. Sie reflektierten auch langfristige, strukturelle Veränderungen der Gesellschaft wie die veränderte Beziehung der Geschlechter und Generationen, die Individualisierung des einzelnen, die Etablierung neuer Lebensformen neben der traditionellen Kleinfamilie, die Verweigerung gegenüber traditionellen Autoritäten und ein höheres ökologisches Bewußtsein für die »Grenzen des Wachstums«.

Die Regierung Schmidt scheiterte im Herbst 1982 an der anhaltenden Wirtschaftskrise und am NATO-Doppelbeschluß, der von der eigenen Partei nicht getragen wurde. Der Koalitionspartner FDP wechselte die Seite: Am 1. Oktober 1982 wurde Schmidt durch ein konstruktives Mißtrauensvotum gestürzt und der CDU-Vorsitzende Helmut Kohl zum Bundeskanzler gewählt. Der NATO-Doppelbeschluß, der im Zuge einer »Nachrüstung« die Aufstellung amerikanischer Mittelstreckenraketen und gleichzeitig ein Verhandlungsangebot an die Sowjetunion vorsah, wurde 1983 trotz der in der Geschichte der Bundesrepublik größten Protestaktionen durchgesetzt. Die Friedensbewegung brach auseinander. Die von Konservativen geforderte »geistig-moralische« Wende trat jedoch nur zum Teil ein: Innerhalb der jungen Generation ließ sich einerseits eine zunehmende Anpassung, andererseits ein Rückzug ins Private beobachten.

Vom weltweiten Wirtschaftsboom der achtziger Jahre profitierte auch die Bundesrepublik. Tendenzen einer bis zum Überdruß gesteigerten Konsumorientierung bestimmten die Alltagskultur. Zugleich herrschte, von den einen gefeiert, von den anderen verdammt, eine »postmoderne« Beliebigkeit und Unübersichtlichkeit vor. Der Tourismus wurde die Branche mit dem größten Wachstum, im Ausland sah man mit Neid und Bewunderung auf die reichen »Deutschen«. Eine Debatte um die »Identität der Deutschen« bewegte allenfalls die Intellektuellen, während der Gedanke an eine Wiedervereinigung weitgehend aufgegeben war. Dagegen wurde die Umweltpolitik Gemeingut aller Parteien, der Sozialstaat blieb im wesentlichen unangetastet und wurde in Teilen sogar ausgebaut.

In der Außen- und Deutschlandpolitik unterschied sich die Regierung Kohl nicht von ihren sozialliberalen Vorgängern. Die von Michail Gorbatschow ab 1985 in der Sowjetunion eingeleitete »Perestroika« ließ die Hoffnung auf evolutionäre Veränderungen in den osteuropäischen Staaten und im deutsch-deutschen Verhältnis reifen. Die Radikalität des Zusammenbruchs der SED-Herrschaft und das überraschend schnelle Ende der DDR übertrafen jedoch alle deutschlandpolitischen Prognosen. W.R.

ENDLICH! Wendung in Moskau

10 Pf B·Z· Unsere Gefangenen kehren heim

Nr. 214 · 79. Jahr / Berlin, Mittwoch, 14. Sept. 55

Austausch von Botschaftern

Moskau, 1[illegible]. Sept., AP/dpa — Die deutschen Kriegsgefangenen in der Sowjetunion kehren heim! Bundeskanzler Dr. Adenauer erwartet die baldige Rückkehr der Kriegsgefangenen. Dies erklärte als Sprecher der deutschen Delegation Botschafter von Eckardt gestern nach Abschluß der Moskauer Konferenz. Dadurch werde das Schicksal von Hunderttausenden von deutschen Familien berührt, fügte der Sprecher hinzu.

Die sensationelle Wendung der Gespräche, die bereits auf dem toten Punkt angekommen waren, erfolgte in stundenlangem hartem Ringen.

● Die Bundesrepublik Deutschland und die Sowjetunion sind übereingekommen, die diplomatischen Beziehungen aufzunehmen und zu diesem Zweck Botschaften in Bonn und Moskau zu errichten. Diese Übereinkommen gilt vorbehaltlich der Zustimmung des Bundestages und des Präsidiums des Obersten Sowjets.

1. Die endgültige Festsetzung der deutschen Grenzen kann erst im Friedensvertrag erfolgen.
2. Die Bundesregierung beansprucht als die einzige deutsche Vertretung angesehen zu werden.

Lesen Sie weiter auf Seite 12

WETTER: Wechselhaft, feucht und kühl

Adenauer – er hat es geschafft

B·Z· fand den Lotto-Gewinner

Lesen Sie unseren Bericht auf Seite 12

Endlich! Unsere Gefangenen kehren heim
»BZ« vom 14. September 1955
Berlin: Ullstein AG, 1955
Druck; 38 x 27,8 cm
Inv.-Nr.: Do2 94/3243

Ludwig Erhard präsentiert sein Buch »Wohlstand für Alle«
1957
Inv.-Nr.: 59/2283

Broschüre: Wegweiser durch den Lastenausgleich
Waldemar Klatt
Bayreuth: Verlag A. Klatt, 1955
Inv.-Nr.: 1989/2621

»Wohlstand für alle« lautete die Parole, mit der Ludwig Erhard für seine Konzeption der »sozialen Marktwirtschaft« warb. Der Begriff des »Wirtschaftswunders« überdeckt jedoch die Schwierigkeiten, mit denen die Bevölkerung in den ersten Jahren der Bundesrepublik zu kämpfen hatte. Die zurückhaltende Lohnpolitik der Gewerkschaften förderte zwar die internationale Konkurrenzfähigkeit der Wirtschaft, aber die Löhne stiegen weit langsamer als die Preise. Bei einem Existenzminimum von rund 370 DM für einen Dreipersonenhaushalt lag der Wochenarbeitslohn eines Industriearbeiters 1952 bei 83 DM, Frauen erhielten etwa 60 Prozent des Lohns ihrer männlichen Kollegen. Die hohe Arbeitslosigkeit erschwerte auch die Integration von Vertriebenen und Flüchtlingen. Allein 1953 kamen über 300 000 Menschen aus der DDR in die Bundesrepublik. Um die Lasten der Kriegsopfer, der Ausgebombten, Vertriebenen und Flüchtlinge gerechter zu verteilen, wurde 1952 für den Lastenausgleich ein kompliziertes Gesetzgebungswerk ausgearbeitet. Mehr als 100 Milliarden Mark wurden in den folgenden Jahren für den Lastenausgleich zur Verfügung gestellt. Vom bescheidenen »Wohlstand für alle« konnte man allerdings

1955 sprechen. In diesem Jahr erreichte Adenauer bei seinem Staatsbesuch in der Sowjetunion die Aufnahme diplomatischer Beziehungen zwischen der Bundesrepublik und der Sowjetunion. Außerdem sagte die Sowjetunion zu, die letzten 10 000 Kriegsgefangenen zu entlassen. B.A.

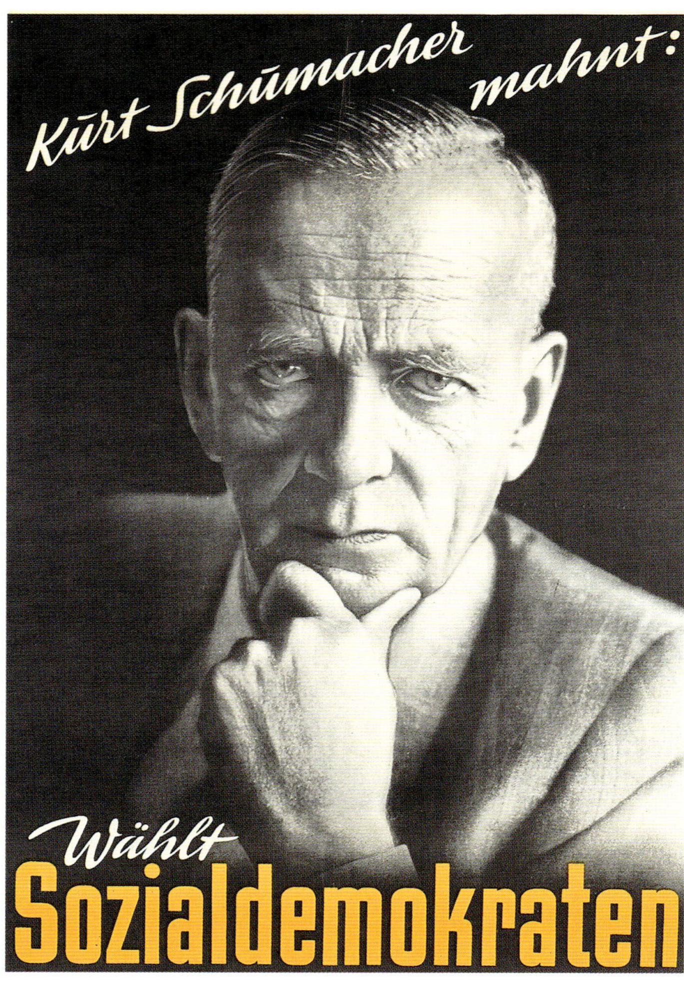

Nein – Darum CDU
Wahlplakat zur Bundestagswahl 1949
? Drasdo
Düsseldorf:
A. Bagel, 1949
Farboffset;
84,2 x 58 cm
Inv.-Nr.: 1987/52

Kurt Schumacher mahnt
Wahlplakat der SPD
Bonn, 1949 ?
Farboffset;
120 x 84,5 cm
Inv.-Nr.: P 94/3015

Am 14. August 1949 wurde der erste deutsche Bundestag gewählt. Die CDU/CSU errang einen knappen Wahlsieg vor der SPD. Vier Wochen später wurde Konrad Adenauer mit nur einer Stimme Mehrheit Bundeskanzler. Er bildete sein erstes Kabinett aus einer Koalition mit der FDP und der Deutschen Partei. Eine starke Westbindung, wirtschaftlicher Liberalismus und das Bemühen um Erlangung der staatlichen Souveränität prägten die »Ära Adenauer«. Dieser Kurs brachte der Regierung bei der Bundestagswahl 1953 erhebliche Stimmengewinne.

Zentrale Themen in den Wahlkämpfen blieben die Wiedervereinigung und die Bedrohung durch die Sowjetunion. 1957 errang die CDU/CSU im Bundestag die absolute Mehrheit. Als die FDP 1961 ihre Koalitionszusage an den vorzeitigen Rücktritt Adenauers koppelte, verlor die CDU/CSU ihre absolute Mehrheit. Der designierte Nachfolger Adenauers, Bundeswirtschaftsminister Ludwig Erhard, trat das Amt zur Mitte der Legislaturperiode 1963 an. Aus der Bundestagswahl 1965 ging die Regierungskoalition zwar als Sieger hervor, doch haushalts- und wirtschaftspolitische Differenzen zwischen den Koalitionspartnern CDU/CSU und FDP führten bereits 1966 zum Rücktritt Erhards. Kurt Georg Kiesinger bildete nun eine Große Koalition von CDU/CSU und SPD, um drängende Probleme wie die steigende Arbeitslosigkeit zu lösen. Damit waren die Sozialdemokraten erstmals auf Bundesebene an einer Regierung beteiligt. Vizekanzler und Außenminister wurde der Berliner Bürgermeister Willy Brandt. Unter ihm wurde nach der Bundestagswahl 1969 die sozialliberale Koalition aus SPD und FDP gebildet. Neben einer reformorientierten

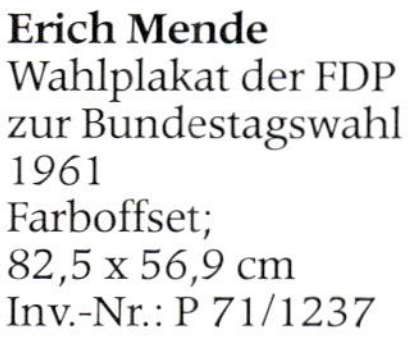

Erich Mende
Wahlplakat der FDP zur Bundestagswahl 1961
Farboffset;
82,5 x 56,9 cm
Inv.-Nr.: P 71/1237

Ludwig Erhard
Wahlplakat der CDU zur Bundestagswahl 1965
Farboffset;
59,2 x 42 cm
Inv.-Nr.: P 64/1315

Kanzler des Vertrauens
Wahlplakat der SPD zur Bundestagswahl 1972
Farboffset;
84 x 59,5 cm
Inv.-Nr.: 1990/428

Helmut Kohl – Kanzler für Deutschland
Wahlplakat der CDU zur Bundestagswahl 1976
Essen: Krupp Grafische Druckanstalt, 1976
Farboffset;
84 x 55,5 cm
Inv.-Nr.: P 94/3006

Innenpolitik war die Neugestaltung der Ostpolitik Schwerpunkt der sozialliberalen Koalition. Die DDR wurde als zweiter deutscher Staat anerkannt. Gespräche auf Regierungsebene führten 1972 schließlich zum »Grundlagenvertrag« zwischen beiden deutschen Staaten. Aus der Bundestagswahl 1972 ging die SPD als stärkste Partei hervor. Als Brandt im Mai 1974 zurücktreten mußte, weil sein Mitarbeiter Günter Guillaume für die DDR spionierte, wählte die Koalition Helmut Schmidt zum Bundeskanzler. Auch 1976 und 1980 konnte die Regierungskoalition von SPD und FDP eine Mehrheit bei den Bundestagswahlen erringen. Differenzen in Haushaltsfragen sowie ein Streit über Kürzungen im Sozialbereich führten 1982 zum Rücktritt der vier FDP-Minister. Aus dem dann folgenden konstruktiven Mißtrauensvotum gegen Helmut Schmidt ging der bisherige Oppositionsführer der CDU/CSU, Helmut Kohl, als Bundeskanzler hervor. Am 1. Oktober 1982 gewählt, bildete er eine Regierung aus CDU/CSU und FDP. C.J.

Tragekoffer mit Campinggeschirr
Um 1955
Metall, Kunststoff, Pappe, Glas;
14,7 x 25 x 30 cm
Inv.-Nr.: 1989/1665

Sommerkleid mit Gürtel und Petticoat
1950-1960
Baumwolle, bedruckt, Polyamid, gewirkt; L 96 cm
Inv.-Nr.: L 94/97.1-3

Fernweh und Sehnsucht nach der friedlichen Entdeckung der Welt zeigt das frech-fröhliche Design der Kleiderstoffe in den ersten Republikjahren. Bunte Reisetaschen mit den Namen internationaler Fluggesellschaften, dazwischen wichtige Flughäfen der Welt, stellten eher auf Stoff gedruckte Träume dar. Konnte doch etwa nur ein Drittel der Bundesbürger überhaupt das kostspielige Vergnügen realisieren: einen Sommerurlaub mit der ganzen Familie. Als bequem und komfortabel preist der seit 1951 als »Touropa« firmierende Reiseveranstalter die Fahrt mit der Bahn an. Viele nahmen aber auch den Omnibus, den eigenen Kleinwagen oder sogar den Motorroller über die Alpen gen Süden. Hier war besonders Italien mit seinen vielen Badeorten und vor allem Capri ein beliebtes Reiseziel. Vielleicht wurden dort, aufgrund der gemeinsamen faschistischen Vergangenheit, die deutschen Urlauber weniger angefeindet als etwa in Frankreich?
Eine preisgünstige Alternative war der Urlaub auf einem der 350 Campingplätze in Deutschland. Bereits 1954 fand im Rahmen der Frankfurter Frühjahrsmesse erstmals eine Campingmesse statt, auf der die Konsumgüterindustrie ihre Neuheiten vorstellte, die zum harmonischen Gelingen eines Campingurlaubs beitragen sollten.

R.F.

Touropa Ferienexpreß
München: Offsetdruck Carl Gerber, 1954
Farboffset;
83,9 x 59,5 cm
Inv.-Nr.: 1990/595

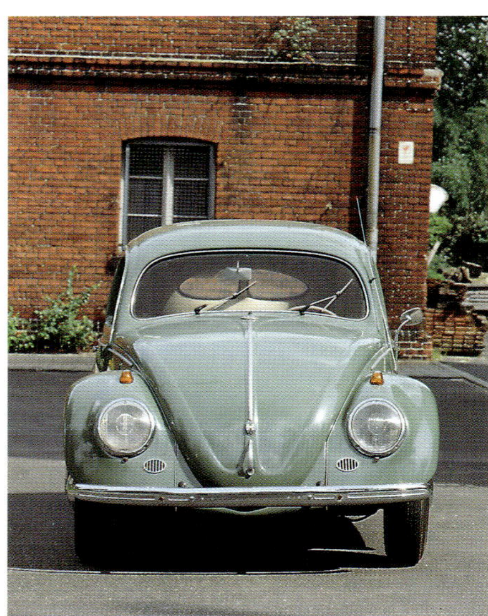

Volkswagen, Exportmodell Typ 10/11 C (Käfer)
Ferdinand Porsche (1875-1951)
Wolfsburg: Volkswagenwerk, 1951
Metall, Kunststoff, Gummi, Glas;
155 x 405 x 154 cm
Inv.-Nr.: AK 94/411.1

Auf der Suche nach neuen Orientierungen bot sich der westdeutschen Gesellschaft der Nachkriegszeit der amerikanische Lebensstil mit seiner Betonung von Individualität, Freiheit und Konsum als Gegenbild zur nationalsozialistischen Vergangenheit an. Neue Freizeitgewohnheiten hielten Einzug, und mit der amerikanischen Unterhaltungsmusik wurde auch die Musikbox populär. Fand sie sich zunächst nur in den Militärkantinen und Clubs der Alliierten, so entstand mit dem »Wirtschaftswunder« ein Markt für sie.

1956 gab die Wurlitzer Company, der größte amerikanische Hersteller, das Modell »Centennial« zum hundertjährigen Jubiläum des von dem deutschen Auswanderer Franz Rudolph Wurlitzer gegründeten Geschäftes für Musikinstrumente heraus. Das schlanke Wandgerät bot als erste »Wurlitzer« eine Plattenwahlmöglichkeit von »200 Selections«. Die Musikbox, mit der jede Eckkneipe sich in einen Tanzpalast verwandelte, wurde zu einem wesentlichen Teil der Jugendkultur. Man tanzte und flirtete zu der Musik des ebenfalls aus Amerika herüberschwappenden Rock 'n' Roll.

Auch der 1954 geprägte Slogan »Mach mal Pause« des amerikanischen »Nationalgetränk«-Herstellers Coca-Cola traf genau den Nerv der Zeit. Das Plakat präsentiert eine lachende junge Frau am Steuer ihres eigenen Wagens – der Wunschtraum aller Deutschen! R.B.

Mach mal Pause
Mainz: Erasmusdruck Kraus, um 1955
Farboffset; 178,5 x 85 cm
Inv.-Nr.: 1990/1340

Micky-Maus-Heft Nr. 1 vom 1. September 1951
Stuttgart: Ehapa Verlag GmbH, 1951
Inv.-Nr.: Do2 93/106

Jukebox Wurlitzer, Modell 2000
Rudolph Wurlitzer Company
North Tonawanda, nach 1956
Stahl, Glas, Plexiglas, Kunststoff, textiles Gewebe; 140 x 84 x 72 cm
Inv.-Nr.: AK 94/99

Meckipuppen »Micki« und »Mecki«
Margarete Steiff GmbH
Giengen, um 1955
Filz, Leder, Baumwolle, Gummi, Kunstleder;
H 17 cm
Inv.-Nr.: AK 94/47.1,2

Fernsehtruhe »Leonardo-S«
Philips
Hamburg, 1959-1969
Holz, Kunststoff, Metall, Papier, Karton, Glas;
93 x 75 x 48 cm
Inv.-Nr.: AK 94/36

Zeitschrift »Hör zu« Nr. 42
Hamburg, Oktober 1957
Farboffset;
36,4 x 26,8 cm
Inv.-Nr.: Do2 94/2256

Am 1. November 1954 hatte die bundesweite Ausstrahlung des Deutschen Fernsehens Premiere. Zu diesem Zeitpunkt waren allerdings erst 55 000 Geräte angeschlossen. Das junge Medium war im Wohnzimmer noch so fremd, daß die Hersteller es gern diskret der übrigen Einrichtung anpaßten. So verbirgt sich auch bei der hochglanzpolierten Fernsehtruhe »Leonardo-S« von Philips die »kalte« Technik hinter jalousieartigen Schiebetüren. Das wertvolle Möbel, das laut Firmenkatalog 1 128 DM kostete, konnte abgeschlossen und damit vor unbefugtem Zugriff geschützt werden.

Aktualität wurde von den Programmmachern zwar angestrebt, aber nicht immer erreicht: Wer kann sich heute noch vorstellen, daß die »Tagesschau« bis 1956 an jedem zweiten Abend nur die Wiederholung der Sendung vom Vortage war?

Zum Deutschen Fernsehen gehörte bis Ende der sechziger Jahre der Igel Mecki. Die Programmzeitschrift »Hör zu« führte ihn 1949 als Werbefigur ein, bald erschien in jedem Heft eine gezeichnete Mecki-Geschichte. Das gemütliche, aber auch kritische Stacheltier mit Pfeife und geflickter Hose zierte Titelseiten, Plakate, Postkarten. Bilderbücher erzählten von Meckis Abenteuern in fernen Ländern. Ab 1951 konnte man den Igel samt Frau als Steiff-Puppen kaufen. Die beispiellose Karriere des beliebten Bürstenkopfes förderte den Absatz der Familien-Fernseh-Zeitschrift bis über die Vier-Millionen-Grenze. R.B./C.J.

Nach dem Beginn des Korea-Kriegs ging es den Westmächten um einen Beitrag der Bundesrepublik zur gemeinsamen Verteidigung. Die Bundesregierung nutzte diese Verhandlungen zur verstärkten »Westintegration« sowie zur Erlangung ihrer Souveränität, die durch das 1949 erlassene Besatzungsstatut stark eingeschränkt war.

Ein im Mai 1952 von Belgien, Luxemburg, den Niederlanden, Frankreich, Italien und der Bundesrepublik unterzeichneter Vertrag zum Aufbau einer Europäischen Verteidigungsgemeinschaft wurde jedoch im August 1954 von der Französischen Nationalversammlung abgelehnt. Die französischen Vorbehalte gegen eine »Wiederbewaffnung« (West-)Deutschlands wurden wenig später überwunden, als die Bundesrepublik und Italien dem, ursprünglich gegen Deutschland gerichteten, Brüsseler Pakt beitraten, der jetzt zur Westeuropäischen Union (WEU) erweitert wurde. Damit war zugleich die Voraussetzung für den Beitritt der Bundesrepublik zur NATO am 9. Mai 1955 erfüllt. Zwei Ergänzungsgesetze zum Grundgesetz von 1954 und 1956 begründeten die Wehrhoheit der Bundesrepublik und bezogen die Bundeswehr in die staatliche Rechtsordnung ein. Wurden anfangs nur Freiwillige zur Bundeswehr eingezogen, so gilt seit Juli 1956 eine allgemeine Wehrpflicht. Die Bekleidung der ersten Soldaten orientierte sich am amerikanischen Vorbild.

Die »Wiederbewaffnung« und die starke »Westbindung« waren im Bundestag ebenso heftig umstritten wie in der Bevölkerung. K.P.M.

Kundgebung gegen Soldatenrekrutierung
Düsseldorf,
8. Januar 1955
Inv.-Nr.: 62967
(Bildagentur Schirner)

Uniformjacke zur Dienstuniform für Mannschaften der Infanterie der Bundeswehr
1955/56
Chemiefaser;
L 63 cm
Inv.-Nr.: U 63/60

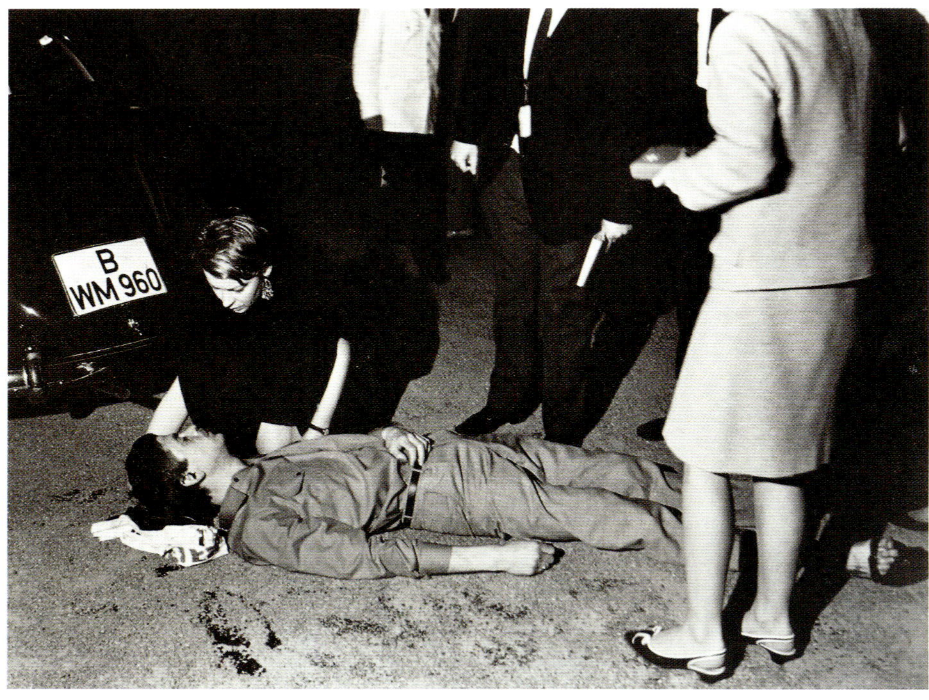

Der Tod von Benno Ohnesorg
Bernard Larrson
(geb. 1939)
Berlin, 2. Juni 1967
Vintage Print;
30,5 x 40,4 cm
Inv.-Nr.:
1993/2808.29

Alle reden vom Wetter. – Wir nicht.
Plakat des Sozialistischen Deutschen Studentenbundes
Jürgen Holtfreter
Berlin: Rotation Verlag, 1973
Farboffset;
84,5 x 59,5 cm
Inv.-Nr.: 1990/427

Ab Mitte der sechziger Jahre erlebte die Bundesrepublik eine neue Phase politischer Aktivitäten. Eine außerparlamentarische Opposition trug ihre Bedenken gegen die Notstandsgesetzgebung und die neugebildete Nationaldemokratische Partei Deutschlands (NPD) auf die Straßen und in die Öffentlichkeit.

Jugendliche forderten Auflärung über die NS-Vergangenheit. An den Universitäten begann es zu gären. Der Bildungsnotstand ließ vielen Studenten die traditionelle Ordinarienuniversität als Fossil erscheinen, das mit ihren Bedürfnissen nichts gemeinsam hatte. »Unter den Talaren der Muff von tausend Jahren« – mit diesem Slogan, der bewußt auf das »Tausendjährige Reich« anspielte, forderten sie Demokratisierung und Mitbestimmung an den Hochschulen. Der Vietnam-Krieg tat ein übriges zur Politisierung der Studenten, die den Sozialistischen Deutschen Studentenbund zu ihrem Forum machten. Hier wurde der Marxismus als Gegenmodell zum bundesrepublikanischen »System« diskutiert. Vor allem in West-Berlin konzentrierten sich antibürgerliche Aktionen und politische Demonstrationen.

Als im Frühsommer 1967 der Schah von Iran mit Farah Diba zum Staatsbesuch in der Bundesrepublik eintraf, reagierte die engagierte Studentenschaft empört auf den Jubel, mit dem das Herrscherpaar empfangen wurde. Angesichts der politischen Unterdrükkung im Iran rief man für den 2. Juni in West-Berlin zu einer Anti-Schah-Demonstration auf. Die Mitglieder der »Kommune 1« fertigten aus diesem Anlaß Masken aus Papiertüten, die sie mit den Konterfeis des Schahs und seiner Frau versahen.

Am Abend kam es vor der Deutschen Oper, die das Paar gemeinsam mit dem Bundespräsidenten Heinrich Lübke und dem Regierenden Bürgermeister Heinrich Albertz besuchen sollte,

zur Konfrontation: Sogenannte Jubelperser griffen Demonstranten an, während die Polizei zunächst tatenlos zusah. Dann flogen Farbbeutel und Eier. Als die Polizisten begannen, die Menge unter massivem Einsatz von Schlagstöcken abzudrängen, eskalierte die Gewalt: Der Student Benno Ohnesorg wurde durch den Schuß eines Polizeimeisters getötet. Große Protestdemonstrationen und der Rücktritt von Albertz waren die unmittelbaren Folgen. Zu den schärfsten Gegnern der Studentenbewegung gehörte der Konzern des Verlegers Axel Springer. Die »Welt« und vor allem die Bild-Zeitung, das auflagenstärkste Berliner Tagesblatt, brachten ständig Angriffe gegen die »von Ulbricht gesteuerten Radikalen«. Nach dem Schah-Besuch erreichten diese Angriffe einen neuen Höhepunkt. Als Gegenmaßnahme leiteten Studenten der Freien Universität Berlin eine Anti-Springer-Kampagne ein und forderten die Enteignung Springers.

M.F./C.J.

Papiertüten-Masken
Berlin, 2. Juni 1967
Inv.-Nr.: 1989/1589.1,2

a) Porträt von Farah Diba
Papier, beklebt;
37,5 x 26 x 10,5
(aufgefaltet)

b) Porträt des Schahs von Iran
Papier, beklebt;
43 x 22 x 10,5 cm
(aufgefaltet)

Demonstranten mit Masken
Bernard Larsson
(geb. 1939)
Berlin, 2. Juni 1967
Vintage Print;
30,5 x 40,4 cm
Inv.-Nr.: 1993/2808.17

Springertribunal zerstört Springers WeltBild
Berlin, 1968
Buchdruck;
43,2 x 61,5 cm
Inv.-Nr.: 1989/1592

Das Bundesverfassungsgericht beruft sich …
Plakat des Produktionskollektivs Kreuzberg gegen § 218
Berlin, 1975/76
Farboffset;
68,5 x 47 cm
Inv.-Nr.: P 93/0373

Atomkraft? Nein danke
Plakat der Bürgerinitiativen Rhein-Main-Neckar-Raum
Frankfurt am Main, 1980
Buchdruck;
61 x 43 cm
Inv.-Nr.: 1988/1712.2

Als das Bundesverfassungsgericht im Februar 1975 die von der sozialliberalen Regierung beschlossene Reform des Abtreibungsparagraphen 218 zu Fall brachte, indem es die Fristenregelung für verfassungswidrig erklärte, wehrten sich viele Frauen in Deutschland mit Demonstrationen und Plakaten gegen diesen Engriff von Männern in ihre Rechte. Für die Frauenbewegung, die sich seit Anfang der siebziger Jahre formiert hatte, war der Kampf gegen den Paragraphen 218 ein zentrales Anliegen. Sich wehren, Öffentlichkeit und Problembewußtsein schaffen: In der Bundesrepublik entwickelte sich eine neue außerparlamentarische Protestkultur.

Nach den theorielastigen Diskussionen der Studentenbewegung von 1968 wuchs bei vielen Jugendlichen der nächsten Generation ein Gefühl von Resignation und Mißtrauen gegenüber dem politischen Apparat. Diese »Spontis« entwickelten keine politischen Theorien und Konzepte. Anarchisch und fröhlich setzten sie sich für selbstbestimmte, alternative Lebensformen ein. Gleichzeitig führte der Kampf gegen den Ausbau der Kernenergie zu einem neuen Bewußtsein vieler Bürger in der Bundesrepublik: Ökologie, Umweltschutz und der Widerstand gegen eine als übermächtig empfundene Staatsmacht und die »Atomlobby« einten verschiedenste Gruppen in ihrem Kampf gegen die Atomkraft. Bürgerinitiativen wurden gegründet, deren oft spektakuläre Aktionen Ende der siebziger Jahre die Bundesrepublik bewegten. Waldbesetzungen und der

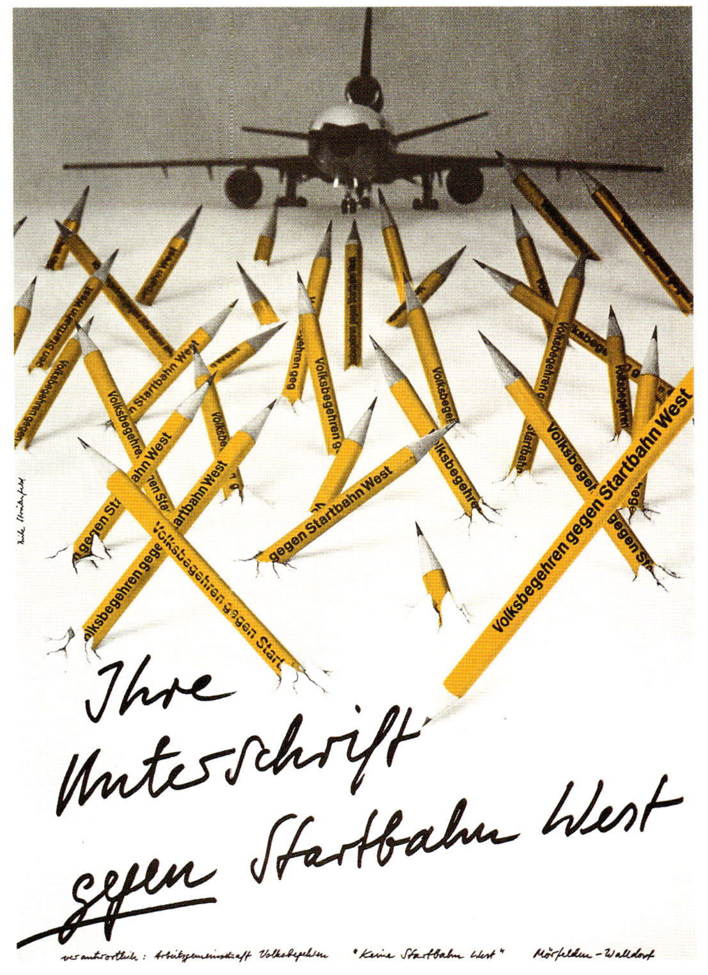

Bau von Hüttendörfern sowie riesige Demonstrationen führten nicht selten zu gewalttätigen Konfrontationen mit der Polizei. Wyhl, Gorleben, Brokdorf, Wackersdorf oder Biblis wurden zu Synonymen für einen Staat, der seine Interessen notfalls mit Gewalt gegen den Willen großer Teile der Bevölkerung durchsetzte. Auch der Ausbau des Frankfurter Flughafens mobilisierte seit den späten siebziger Jahren massiven Widerstand von Anwohnern und Umweltschützern. Sie wollten den Bau der neuen »Startbahn West« mit einem Volksbegehren stoppen. Ihr Antrag auf Durchführung eines Volksbegehrens wurde jedoch vom hessischen Staatsgerichtshof im Januar 1982 abgelehnt.

Immer mehr Menschen traten öffentlich für Frieden, Abrüstung und Umweltschutz ein. 1980 wurde die Partei »Die Grünen« gegründet, die zum Sammelbecken unterschiedlichster Protestbewegungen wurde. Als die Bundesregierung 1987 eine bereits für 1983 geplante Volkszählung erneut ankündigte, riefen nicht nur »Die Grünen« zum »Vobo«, dem Volkszählungs-Boykott, auf. Viele Deutsche fürchteten die Vision eines elektronisch erfaßten, völlig kontrollierten Bürgers. Dafür steht der Strichcode anstelle des Kopfes auf dem Druck, mit dem eine der »Vobo-Initiativen« für ihre Ziele warb. C.J.

Ihre Unterschrift gegen Startbahn West
Plakat der Arbeitsgemeinschaft Volksbegehren »Keine Startbahn West«
Mörfelden-Walldorf
1981
Dirk Streitenfeld
Farboffset;
82,5 x 59,5 cm
Signatur Mitte links: Dirk Streitenfeld
Inv.-Nr.: 1988/1719

Volkszählungs-Boykott
1987
Xeroxdruck;
42 x 25,5 cm
Inv.-Nr.: 1988/1314

Freiheit für Horst Mahler!
Plakat der Roten Hilfe (e.V.)
Köln, 1975
Farboffset;
85,5 x 61,5 cm
Inv.-Nr.: 1990/168

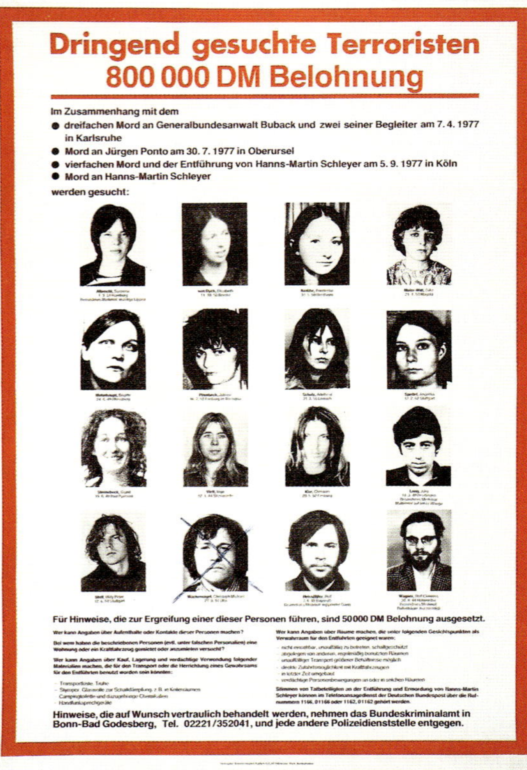

Dringend gesuchte Terroristen
Fahndungsplakat des Bundeskriminalamtes Wiesbaden
Berlin: Bundesdruckerei, 1977
Farboffset;
86 x 61 cm
Inv.-Nr.: 1990/165

Für die Anteilnahme, die Sie uns anläßlich des Terroranschlages in München zum Ausdruck gebracht haben, dürfen wir Ihnen danken. Wir haben sie an die Botschaft des Staates Israel in Bonn-Bad Godesberg weitergeleitet.

Als Konsequenz des furchtbaren Geschehens sollte uns alle das Bemühen vereinen, jeglichem Terror Einhalt zu gebieten und die Verständigung zwischen Völkern und Menschen zu fördern. Die uns so zahlreich zugegangenen Solidaritätsbekundungen aus der Öffentlichkeit mögen in dieser Zeit als ein Hoffnungsschimmer gelten.

JÜDISCHE GEMEINDE ZU BERLIN
Der Vorstand
i. A.
Heinz Galinski
(Heinz Galinski)

im September 1972

7000 Stuttgart, Ginsterweg 17
Im November 1977

Mitbürger haben uns in den vergangenen Wochen bewiesen,
daß sie sich zutiefst mit uns im Leid verbunden fühlen.
Sie haben darüber hinaus zu erkennen gegeben, daß sie sich
den Werten verpflichtet wissen, für die Dr. Hanns Martin Schleyer
so leidenschaftlich eingetreten ist.

Die Verbundenheit im Schmerz und das Wissen
um die Bereitschaft, das Opfer nicht sinnlos werden zu lassen,
haben uns viel Kraft gegeben.
Dafür möchten wir sehr herzlich danken.

Waltrude Schleyer und Familie

Karte mit Danksagung Heinz Galinskis
Berlin,
September 1972
Druck, handgeschrieben;
10,5 x 14,8 cm
Inv.-Nr.:
Do2 94/2509

Karte mit Danksagung der Familie Schleyer
Stuttgart,
November 1977
Druck;
11,2 x 17,5 cm
Inv.-Nr.:
Do2 94/2520

Ende der sechziger Jahre wurde auch die Bundesrepublik mit politisch motiviertem Terrorismus konfrontiert. Ein kleiner Teil der Studentenbewegung hatte sich radikalisiert und protestierte nun mit Brandanschlägen gegen den Vietnam-Krieg. Dann folgten Sprengstoffanschläge, diverse Banküberfälle und schließlich Morde.

Dem international operierenden Terrorismus fielen 1972 in München elf Mitglieder der israelischen Olympia-Mannschaft und ein Polizist zum Opfer. Zahlreiche Bürger drückten gegenüber jüdischen Organisationen ihre Betroffenheit aus. Im gleichen Jahr wurden führende Mitglieder der deutschen Terroristenszene festgenommen.

Aus Rache für den Tod eines zwangsernährten Terroristen wurde 1974 der Berliner Kammergerichtspräsident Günther von Drenkmann ermordet. Im folgenden Jahr entführte ein Terrorkommando den Berliner CDU-Vorsitzenden Peter Lorenz und preßte fünf inhaftierte Gesinnungsgenossen frei. Einen Höhepunkt erreichte der Terror 1977. Generalbundesanwalt Siegfried Buback wurde mit zwei Begleitern erschossen, wenig später auch der Vorstandssprecher der Dresdner Bank, Jürgen Ponto. Am 5. September wurde der Arbeitgeberpräsident Hanns Martin Schleyer entführt, seine vier Leibwächter wurden getötet. Um ihrer Forderung nach Freilassung von elf inhaftierten Häftlingen Nachdruck zu verleihen, entführten palästinensische Luftpiraten eine Lufthansa-Maschine. Mit einer spektakulären Aktion befreite das Sonderkommando GSG 9 die 91 Geiseln auf dem Flughafen von Mogadischu. Unmittelbar danach wurden im Gefängnis Stuttgart-Stammheim die führenden Terroristen tot aufgefunden. Am nächsten Tag fand man die Leiche von Hanns Martin Schleyer.

B.A.

Straßenbahnschaffnerinnen
Stefan Moses
(geb. 1928)
Köln, 1962-1964
Vintage Print;
40,5 x 30,7 cm
Inv.-Nr.:
1990/3069.45

Elektroschweißer
Stefan Moses
(geb. 1928)
Bochum,
1962-1964
Vintage Print;
39,9 x 30,4 cm
Inv.-Nr.:
1990/3069.4

Glückwunsch zum 71. Geburtstag des Bundespräsidenten Theodor Heuss
Berlin,
31. Januar 1955
(Bildagentur Schirner)

John F. Kennedy, Willy Brandt und Konrad Adenauer am Brandenburger Tor
Will McBride
(geb. 1931)
Berlin, 1963
Modern Print;
40,5 x 51,4 cm
Inv.-Nr.: Ph 94/15

Dr. Gustav Heinemann wird im Berliner Reichstag zum Bundespräsidenten gewählt
Berlin, 5. März 1969
Inv.-Nr.: 94430
(Bildagentur Schirner)

Helmut Kohl
Michael Ruetz
Mainz,
9. September 1970
Vintage Print;
60,7 x 50,6 cm
Inv.-Nr.: Ph 94/23

Zur Morgenandacht im Internat Salem
Will McBride
(geb. 1931)
Salem, 1962
Modern Print;
41,3 x 45,3 cm
Inv.-Nr.: Ph 93/224

Darsteller des Musicals »Hair«
Will McBride
(geb. 1931)
München, 1968
Modern Print;
41,3 x 50,5 cm
Inv.-Nr.: Ph 93/229

Kommune 1 in Berlin
Werner Kohn
(geb. 1940)
Berlin, 1968
Inv.-Nr.: Kohn 607

Wahl der Miss »Teenprinzess«
Berlin, 1972
Inv.-Nr.: 96595
(Bildagentur Schirner)

Spritzlackiererin
Stefan Moses
(geb. 1928)
Hamburg,
1962-1964
Vintage Print;
40,5 x 30,5 cm
Inv. Nr.:
1990/3069.49

Weichenschlosser
Stefan Moses
(geb. 1928)
Siegburg,
1962-1964
Vintage Print;
40,5 x 30,6 cm
Inv.-Nr.:
1990/3069.7

38
DIE DDR UND IHR ENDE

Als Reaktion auf die Gründung der Bundesrepublik erklärte sich am 7. Oktober 1949 der vom 3. Deutschen Volkskongreß gewählte Deutsche Volksrat zur »Provisorischen Volkskammer« und setzte die schon am 19. März beschlossene »Verfassung der deutschen demokatischen Republik« in Kraft. Um einen gesamtdeutschen Anspruch zu erheben, stammte ein Viertel der überwiegend kommunistischen Mitglieder des Volkskongresses aus Westdeutschland. Der Volkskongreß war im Mai 1949 nach einer »Einheitsliste« gewählt worden, einer von den Blockparteien der »Nationalen Front« (CDU, Nationaldemokratische Partei Deutschlands, Demokratischer Bauernbund Deutschlands und Liberaldemokratische Partei Deutschlands) unter Führung der SED aufgestellten Kandidatenliste. Der Wähler konnte sie nur als Ganzes bestätigen oder ablehnen. Zum Staatspräsidenten der DDR wurde der frühere KPD-Vorsitzende Wilhelm Pieck gewählt, Ministerpräsident wurde der ehemalige Vorsitzende der Ost-SPD, Otto Grotewohl. Der eigentliche Machthaber aber war der »Erste Stellvertreter des Vorsitzenden des Ministerrates« Walter Ulbricht. Er besetzte schrittweise sämtliche Schlüsselpositionen in Partei und Staat und war nach dem Tode Piecks 1960 als Vorsitzender des neugeschaffenen Staatsrates auch offizielles Staatsoberhaupt. Zugleich war er Generalsekretär der SED mit absolutem Weisungs- und Kontrollrecht gegenüber allen Organen und Institutionen der DDR. Als Vorsitzender des Nationalen Verteidigungsrates hatte er außerdem den Oberbefehl über das Militär. Ulbricht prägte, ähnlich wie Konrad Adenauer im Westen, das politische und kulturelle Leben der DDR. Er behielt alle Ämter, bis er 1971 auf Weisung der Sowjetunion gestürzt wurde, da diese ihn als Hindernis für die Entspannungspolitik betrachtete. Sein Nachfolger Erich Honecker vereinigte bis zu seinem Sturz 1989 die gleiche Machtfülle in seiner Person.

Die Schaffung der DDR ist aber mehr als nur eine »Antwort« auf die Gründung des Weststaates gewesen. Sie war das Ergebnis der schrittweisen Spaltung Deutschlands im Kalten Krieg seit 1947. Von diesem Zeitpunkt an hatten beide Seiten innerhalb ihrer Zonen eigene Wege beschritten, die zur Gründung zweier Staaten nach dem Vorbild der jeweiligen Besatzungsmächte führten.

Obwohl die erste Verfassung der DDR sich wie die Skizzierung einer parlamentarischen Demokratie westlicher Prägung las, wurde die DDR bei völliger Ausschaltung auch der innerparteilichen Kritik nach sowjetischem Vorbild stalinistisch regiert. Die SED, deren Spitze das Politbüro des Zentralkomitees (ZK) bildete, kontrollierte mit Hilfe ihres hierarchisch gegliederten Apparates Staat und Gesellschaft und lenkte die staatlich geplante Wirtschaft. Der »Demokratische Zentralismus« sah keinerlei Gewaltenteilung vor. Ein unabhängiger Verfassungsgerichtshof existierte nicht. Anstelle freier Zusammenschlüsse innerhalb der Gesellschaft gab es SED-dominierte »Massenorganisationen« wie den Freien Deutschen Gewerkschaftsbund (FDGB), die Freie Deutsche Jugend (FDJ), den Demokratischen Frauenbund Deutschlands (DFD) und den Kulturbund (KB). Lediglich die Kirchen erfreuten sich einer gewissen Autonomie und wurden besonders in den achtziger Jahren zu Anlaufstellen der Opposition.

Das 1950 gegründete Ministerium für Staatssicherheit, die gefürchtete »Stasi«, seit 1957 unter Erich Mielke, sollte jegliche Opposition gegen die SED aufspüren und im Keim ersticken. Die SED hatte den Marxismus-Leninismus zur »herrschenden Ideologie« erklärt, mit deren Hilfe die »festen Gesetzmäßigkeiten der Geschichte«, wie zum Beispiel der Untergang des Kapitalismus, zu erkennen und vorherzusagen seien. Wissenschaft und Kunst hatten sich ihr zu unterwerfen. Bis zum Tode Stalins im März 1953 herrschte ein Personenkult um den »großen Lehrer der deutschen Arbeiterbewegung und beste(n) Freund des deutschen Volkes«. Maikundgebungen, Aufmärsche, Paraden, Plakate und Wandzeitungen mit den Parolen der SED bestimmten bis zum Ende der SED-Herrschaft 1989 das äußere Erscheinungsbild der DDR.

In den fünfziger Jahren mußten die Menschen in der DDR unter Mühen und Entbehrungen, ohne »Marshallplan-Hilfe« wie im Westen, die durch den Krieg zerstörte und zerrüttete Wirtschaft wieder aufbauen. Dies gelang, obwohl große Teile des Landes wirtschaftlich rückständig waren, obwohl die DDR unter Demontage und Reparationen an die UdSSR zu leiden hatte, nur eine schmale Rohstoffbasis vorhanden war und ständig qualifizierte Arbeitskräfte in die Bundesrepublik abwanderten. Der Strom der »Republikflüchtigen« war besonders hoch nach dem fehlgeschlagenen Aufstand vom 17. Juni 1953. Ausgehend vom Protest gegen erhöhte Arbeitsnormen, weiteten die Aufständischen ihre Forderungen auf Absetzung der SED-Regierung und freie Wahlen aus. Noch am selben Tag wurde der Aufstand durch sowjetische Panzer blutig niedergeschlagen.

Wie zuvor wanderten jährlich über 100 000 meist junge, gut ausgebildete und für die Wirtschaft dringend benötigte Arbeitskräfte in die Bundesrepublik ab. Ende der fünfziger Jahre setzte, hervorgerufen auch durch wirtschaftliche Fortschritte, eine gewisse Stabilisierung der DDR ein: Die Menschen empfanden Erholungsheime, Kulturhäuser, Polikliniken, niedrige Mieten und Fahrpreise der öffentlichen Verkehrsmittel und staatlich subventionierte Lebensmittel als »Errungenschaften des Sozialismus«. Auf dem V. SED-Parteitag 1958 wurde die – illusionäre – Parole ausgegeben, die Bundesrepublik bis 1961 durch »Ausbau des Sozialismus« wirtschaftlich zu überholen.

Doch der härtere Kurs der SED und die Kollektivierung der Landwirtschaft führten 1959/1960 zu einer Flüchtlingswelle, die 1961 zu einer Lawine anwuchs. Da die durch Stacheldraht und Minen befestigten Grenzen zur Bundesrepublik nur unter Einsatz des Lebens überwunden werden konnten, flüchteten die meisten DDR-Bürger in das offene West-Berlin. Als Reaktion auf die dramatisch anschwellende Fluchtbewegung begannen Volkspolizei und Nationale Volksarmee in der Nacht vom 12. zum 13. August 1961 eine Mauer um West-Berlin zu errichten. Damit war die DDR abgeriegelt.

Da die Menschen nicht mehr in den Westen abwandern konnten, mußten sie sich mit dem Regime arrangieren. Zugleich bestand für die SED jedoch das Problem, daß auch aktive Regime-Kritiker im Lande blieben. In der Folgezeit wurden Kritiker, meist Künstler und Intellektuelle, in den Westen abgeschoben.

Die letzten Jahre der Ära Ulbricht und die ersten Jahre unter Erich Honecker brachten der DDR im Zeichen der Entspannung außenpolitische Erfolge wie die staatliche Anerkennung durch die Bundesrepublik und die westlichen Staaten. Der Grundlagenvertrag von 1972 wies den Weg zu einem friedlichen Nebeneinander und zu einer »Normalisierung« der Beziehungen der beiden deutschen Staaten. Trotz erheblicher Produktionssteigerungen blieben Lebensstandard und Qualität der Produkte weiter hinter dem Westniveau zurück. Die mangelnde Reisefreiheit und die Scheinwelten des Westfernsehens waren ständige Quellen der Unzufriedenheit. Neubauwohnung im Plattenbau, Trabant und Ferienreise in die »Bruderländer« wurden zum Synonym für den bescheidenen Wohlstand der DDR-Bürger. In einer privaten »Nischengesellschaft« entzogen sie sich dem Allmachtsanspruch der SED. Die Leistungen der DDR-Sportler übertrafen regelmäßig die der Sportler aus der Bundesrepublik. Die Zahl erfolgreicher Schriftsteller und Künstler blieb auffallend hoch. Innerhalb des Ostblocks genoß die DDR den mit Abstand höchsten Lebensstandard, aber auch im Weltmaßstab hatte die Wirtschaft des kleinen Landes Erfolge vorzuweisen. Daß die DDR wirtschaftlich am Ende sei, erkannten westliche Experten vor 1989 nicht. 1987 waren einige englische Zeitungen überzeugt, daß der durchschnittliche Lebensstandard in der DDR den von Großbritannien erreicht habe. Die positiven Entwicklungen erfüllten die Menschen in der DDR mit einem gewissen Stolz. Viele sahen wohl, daß es sich hier weitgehend um eine Scheinblüte handelte: Die

Zahlungsverpflichtungen gegenüber dem Westen wurden immer drückender; Wirtschaft und Infrastruktur zehrten von der Substanz. Dennoch weigerte sich die Staatsführung bis über den 40. Jahrestag der DDR im Oktober 1989 hinaus, nach dem Vorbild von Michail Gorbatschow in der Sowjetunion politische und wirtschaftliche Reformen einzuleiten. Im Herbst 1989 gingen immer mehr Menschen mit ihren politischen Forderungen auf die Straße. Die Demokratiebewegung und die Fluchtwelle aus der DDR führten zur Maueröffnung und zum rapiden Machtverlust der SED. Am 18. März 1990 wählte die Bevölkerung der DDR erstmals eine Volksvertretung in freien Wahlen. Der Wahlsieg der CDU wurde als Signal für eine schnelle Vereinigung der beiden deutschen Staaten gewertet. Am 1. Juli trat die Wirtschafts-, Währungs- und Sozialunion in Kraft, die staatliche Vereinigung folgte am 3. Oktober 1990.

W.R.

Übergabe des Parteidokuments
Hans Mrozcinski
(geb. 1922)
1953
Öl/Leinwand;
107 x 139 cm
Signatur
unten rechts:
Mrozinski 53
Inv.-Nr.: Kg 54/8

Broschüre zur II. Parteikonferenz der SED
Walter Ulbricht
(1893-1973)
Berlin:
Dietz Verlag, 1952
Inv.-Nr.: DG 78/230

Mit ihrer ersten Parteikonferenz im Januar 1949 begann die SED, ihren uneingeschränkten Führungsanspruch in allen Bereichen der Gesellschaft durchzusetzen. Dieser Prozeß zog sich bis Mitte 1952 hin. Die Bildung der Nationalen Front, mit der alle politischen Parteien und Massenorganisationen auf die Politik der SED festgelegt wurden, sicherte der SED auf allen Ebenen der Legislative und Exekutive die absolute Führungsrolle. Sämtliche Schlüsselpositionen des Staats- und Wirtschaftsapparates wurden mit SED-Mitgliedern besetzt. Parallel dazu erklärte sich die SED zur »Partei neuen Typus«, was die völlige Anlehnung an die von Stalin dominierte KPdSU bedeutete. Eine straffe Parteidisziplin auf der Grundlage des »demokratischen Zentralismus« wurde eingeführt, sozialdemokratische Tendenzen wurden konsequent bekämpft. Die marxistisch-leninistische Schulung war Pflicht für jedes Parteimitglied. Im Zuge der auf dem III. Parteitag 1950 beschlossenen Überprüfung der SED-Mitglieder und der Ausgabe neuer Parteidokumente wurden rund 150000 Genossen als unzuverlässig eingestuft und aus der Partei ausgeschlossen. Die endgültige Weichenstellung für die Entwicklung der DDR erfolgte dann auf der 2. Parteikonferenz der SED im Juli 1952. Nach Ansicht der Parteiführung waren »die politischen und die ökonomischen Bedingungen sowie das Bewußtsein der Arbeiterklasse« jetzt so weit entwickelt, daß »der Aufbau des Sozialismus zur grundlegenden Aufgabe in der Deutschen Demokratischen Republik« wurde. A.M.

Jugend-demonstration anläßlich der 3. Weltfestspiele
Hans Grundig (1901-1958)
1951
Öl/Hartfaser; 129 x 173 cm (Mitteltafel), je 128,7 x 82,5 cm (Seitentafeln)
Signatur jeweils unten rechts: Hans Grundig Juli 1951
Inv.-Nr.: Kg 73/10

Junger Pionier mit Pioniergruß
Martin Schmidt
Werbellinsee, 1. Juni 1962
Inv.-Nr.: Schmidt 194

Der Indoktrinierung der Jugend widmeten die Machthaber der DDR von Anfang an große Aufmerksamkeit. Noch vor der Vereinigung von KPD und SPD wurde am 7. März 1946 die FDJ als »überparteiliche, einige, demokratische Jugendorganisation« ins Leben gerufen; die Gründung der Pionierorganisation folgte im Dezember 1948. Bereits in den fünfziger Jahren wurden beide Jugendorganisationen auf den Sozialismus eingeschworen. Die Mitgliedschaft war zwar nominell freiwillig, im Interesse einer reibungslosen beruflichen Entwicklung jedoch fast unabdingbar. Mehr als 90 Prozent aller Kinder und Jugendlichen in der DDR waren so organisiert. Die Uniformen der Pioniere und FDJler, Halstuch, Bluse und Rock, wurden nur zu besonderen Anlässen wie Staatsfeiertagen, dem Anfang und Ende eines Schuljahres oder zu speziellen Veranstaltungen getragen. Die führenden Repräsentanten der DDR zeigten sich gern im Kreis von Jungen Pionieren und FDJlern, um so ihre Verbundenheit mit der Jugend zu demonstrieren. Während die Pioniere sich trotz Halstuch und Fahnenappellen weitgehend unbeschwert bei Sport und Spiel tummeln konnten, wurden an die Mitglieder der FDJ höhere Anforderungen im Sinne der ihnen zugedachten Rolle als »Kampfreserve der Partei« gestellt. Sie arbeiteten an Zentralen Jugendobjekten wie der Errichtung der Sosa-Talsperre oder dem Bau von Erdgas- und Erdöltrassen.

Darüber hinaus war die FDJ ganz wesentlich an Aufmärschen und Propagandaveranstaltungen beteiligt. Wenn auch der Enthusiasmus der fünfziger Jahre zunehmend durch materielle Anreize überlagert wurde, so bemühte sich die FDJ doch stets, den Erwartungen der Partei- und Staatsführung gerecht zu werden. A.M.

Dem Beschluß der 2. Parteikonferenz zur »Schaffung der Grundlagen des Sozialismus« in der DDR folgten verstärkte Anstrengungen zur Steigerung der Produktion und zur Verbesserung der allgemeinen Lebensverhältnisse. Der auf dem III. Parteitag beschlossene Fünfjahrplan für die Jahre 1951 bis 1955 sah eine beschleunigte Entwicklung der Schwerindustrie vor. In der Landwirtschaft wurde mit der Bildung von Landwirtschaftlichen Produktionsgenossenschaften (LPG) und dem Ausbau der staatlichen Maschinen-Traktoren-Stationen (MTS) die sozialistische Entwicklung eingeleitet.

Das Nationale Aufbauwerk (NAW) sollte den Wiederaufbau der zerstörten Stadtzentren voranbringen. Zur Stimulierung der Arbeitsleistungen wurden nach sowjetischem Vorbild verschiedene Kampagnen initiiert, die »Aktivistenbewegung« ausgebaut und der »sozialistische Wettbewerb« ins Leben gerufen. Das Jahr 1954 wurde zum »Jahr der großen Initiative« erklärt.

Die Anstrengungen aller Gruppen der Gesellschaft sowie herausragende persönliche Leistungen auf wirtschaftlichem Gebiet wurden mit einem enormen Aufwand in den Blickpunkt der Öffentlichkeit gerückt. Neben dem Propagandaapparat der Partei und den Massenmedien wurde den Künstlern eine bedeutende Rolle bei der Propagierung des »sozialistischen Aufbaus« und der Glorifizierung seiner »Helden« zugedacht. Der Hochofen und die Baustelle, die Traktoristin und das preisgekrönte Kollektiv wurden zum Gegenstand der darstellenden und bildenden Kunst. A.M.

Fliesenbild einer Hochofenanlage
Staatliche Porzellanmanufaktur Meißen
Um 1950 ?
Porzellan;
135,5 x 97 cm
Inv.-Nr.: 1992/1317

Traktoristin
Walter Arnold
(1908-1979)
1953
Bronze; H 140 cm
Signatur hinten links (Plinthe):
W. Arnold
Inv.-Nr.: Kg 75/32

Nationalpreisträger Erich Wirth mit seinem Kollektiv
Erich Hering
(1923-1978)
1952
Öl/Leinwand;
147 x 198,7 cm
Inv.-Nr.: Kg 54/6

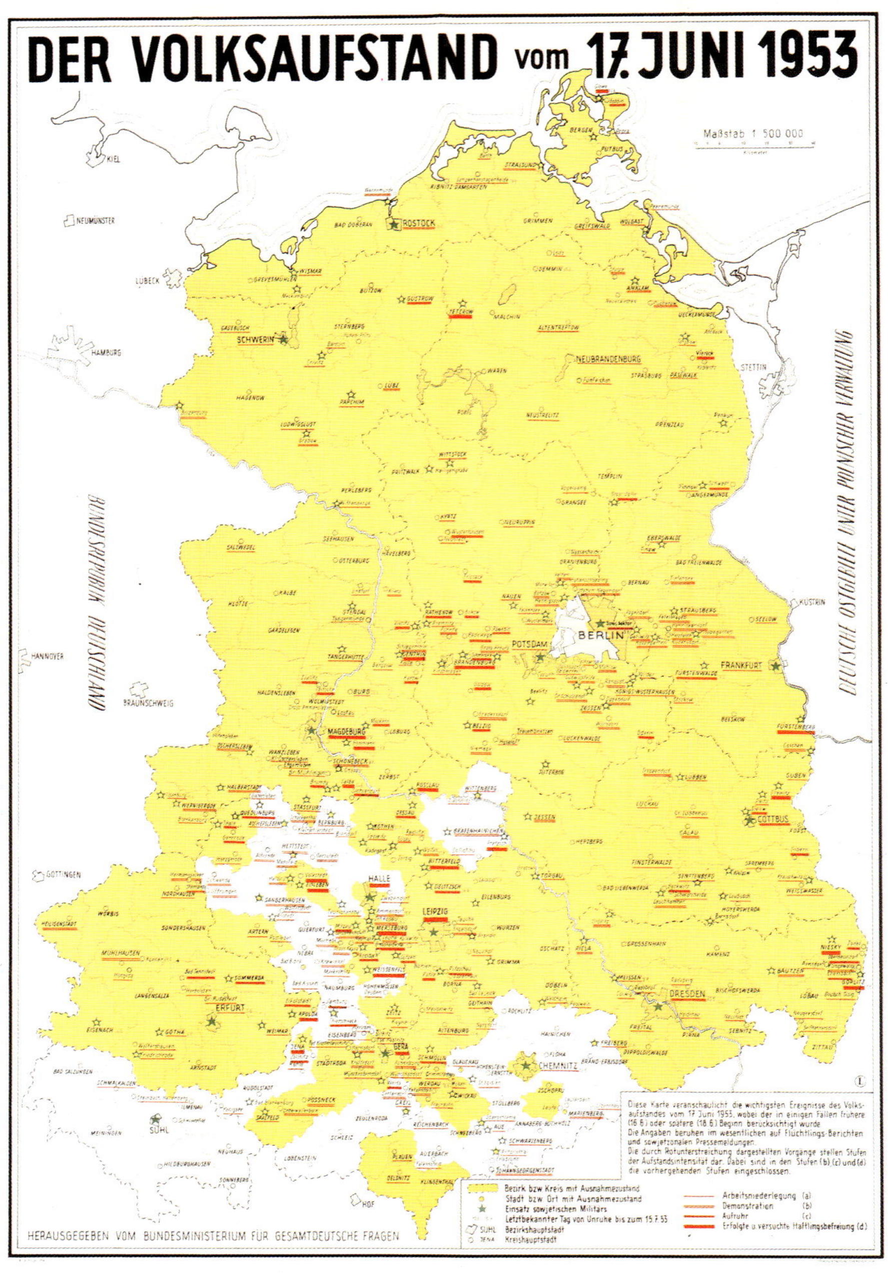

Der Volksaufstand vom 17. Juni 1953
Kartographische Darstellung des Bundesministeriums für gesamtdeutsche Fragen
Hannover: Offsetdruck Gebrüder Jänecke, 1956
Farboffset;
118,6 x 83,8 cm
Sign.: O GA 1864-4

Der im Juli 1952 von der SED beschlossene »Aufbau des Sozialismus« erwies sich als ausgesprochen schwierig. Im Frühjahr 1953 verstärkte sich der Unmut über die stagnierenden Lebensbedingungen. Die von der Regierung verfügten Maßnahmen zur Steigerung der Produktion, die mit der Streichung von Vergünstigungen und der willkürlichen Anhebung von Arbeitsnormen einhergingen, ließen ein Absinken des Lebensniveaus befürchten. Den Anfang Juni verkündeten »Neuen Kurs« der SED-Führung, der vor allem eine Verbesserung der Versorgung mit Lebensmitteln und Konsumgütern versprach, nahm die Bevölkerung mit starkem Mißtrauen auf.

Am Nachmittag des 16. Juni löste ein Artikel in der Gewerkschaftszeitung »Tribüne«, der die Erhöhung der Arbeitsnormen rechtfertigte, eine spontane Demonstration Berliner Bauarbeiter in der Stalinallee aus. Auf dem Weg zum Haus der Ministerien wuchs der Demonstrationszug auf rund 10000 Menschen an. Der anfängliche Ruf nach der Zurücknahme der Normer-

Der 17. Juni 1953 in Berlin - Leipziger Straße
Berlin, 17. Juni 1953
Inv.-Nr.: 33167
(Bildagentur Schirner)

höhungen wurde zunehmend durch politische Forderungen, Rücktritt der Regierung, freie Wahlen, Generalstreik, verdrängt. Die Aktionen wurden am Morgen des 17. Juni fortgesetzt und griffen auf nahezu alle größeren Städte und Betriebe der DDR über. Insgesamt beteiligten sich rund 350000 Menschen, die meisten davon Arbeiter, an Streiks, Kundgebungen und Demonstrationen. Vielerorts kam es zu tätlichen Auseinandersetzungen mit der Polizei und spontanen Übergriffen auf Einrichtungen der SED, der Nationalen Front und örtlicher Behörden sowie Plünderungen und Brandstiftungen. In mehreren Städten wurden Gefängnisse gestürmt und deren Insassen befreit. Als die sowjetische Besatzungsmacht das Ausmaß der Proteste erkannte, verhängte sie in Berlin und anderen Zentren des Aufstands den Ausnahmezustand. Unter massivem Einsatz gepanzerter Fahrzeuge wurden Kundgebungen und Demonstrationen aufgelöst, Versammlungen verboten und zahlreiche Beteiligte festgenommen.

Nach den Ereignissen um den 17. Juni wurden mehrere hundert politische Gegner zu teils langjährigen Zuchthausstrafen verurteilt. Auch zahlreiche Funktionäre der SED bekamen drastische Konsequenzen zu spüren: Ein Mitglied und ein Kandidat des Politbüros, ein Drittel aller Mitglieder und Kandidaten des Zentralkomitees sowie über die Hälfte der ersten Sekretäre der Bezirks- und Kreisleitungen wurden abgesetzt. Viele von ihnen wurden aus der Partei ausgeschlossen. Die Unruhen um den 17. Juni 1953 waren der bis dahin massivste Ausbruch von Protest gegen die SED-Führung und die von ihr eingeschlagene Politik. A.M.

Chef der Garnison Dresden
Nr. 1 / Stadt Dresden — 17. Juni 1953

1. Ab 14 Uhr den 17 Juni 1953 wird in der Stadt Dresden der Ausnahmezustand verhängt bis auf weitere Befehle.
2. Kategorisch wird verboten:
   a) **Demonstrationen**
   b) **Meetings**
   c) **Versammlungen**
   d) **Zusammenkünfte und jegliche Ansammlungen von Bürgern**

   Theater, Kinos, Lokale müssen 21 Uhr geschlossen sein.
3. Die Bürger haben das Recht, sich auf dem Territorium der Stadt Dresden nur ab 6 Uhr bis 21 Uhr aufzuhalten.

   Nach dieser Zeit ist jeglicher Verkehr untersagt.

   Personen, die diesem Befehl zuwiderhandeln, werden streng bestraft nach den Gesetzen des Ausnahmezustandes.

Chef der Garnison der Stadt Dresden
Generalmajor gez. Schmyrow

Militärkommandant der Stadt Dresden
Gardeoberstleutnant gez. Bogdanow

Wir fordern die Bürger der Stadt Dresden auf, sich ruhig zu verhalten und sich nicht provozieren zu lassen.

Bürger Dresdens, geht in Ruhe Eurer Arbeit nach!

Flugblatt zur Verhängung des Ausnahmezustandes
Dresden,
17. Juni 1953
Druck;
30,6 x 23,6 cm
Inv.-Nr.: DG 62/652

Uniformjacke zur Felddienstuniform für Soldaten der Nationalen Volksarmee
1956
Wolle, Baumwolle;
L 75 cm
Inv.-Nr.: U 58/22

Kurz nach dem Beitritt der Bundesrepublik zur NATO unterzeichneten die DDR, die Sowjetunion, Albanien, Bulgarien, Polen, Rumänien, die Tschechoslowakei und Ungarn am 14. Mai 1955 in Warschau einen militärischen Bündnisvertrag, den Warschauer Pakt. Dessen Politsch Beratender Ausschuß beschloß die offizielle Gründung der Nationalen Volksarmee der DDR (NVA) zum 1. März 1956 und ihre Einbeziehung in die Vereinigten Streitkräfte der Warschauer-Pakt-Staaten. Schon 1950 hatte die DDR erste Luft- und Seestreitkräfte aufgestellt, 1952 begann der Aufbau einer Kasernierten Volkspolizei, die im März 1956 in die neugegründete NVA überführt wurde.

Die Nationale Volksarmee erhielt in bewußter Abgrenzung zur Bundeswehr eine traditionelle Uniform, die sich seit der Reichswehruniform von 1921 in ihrer Grundform kaum verändert hatte. Galt in der Bundesrepublik das Wort vom »Staatsbürger in Uniform«, so hatte in der DDR jeder Armeeangehörige den Wehrdienst als »Ehrendienst« zu verstehen und diesen durch das Tragen der Uniform in der Öffentlichkeit zu dokumentieren.

Die DDR war auf Lieferungen von Kampftechnik aus der Sowjetunion angewiesen, insbesondere bei schweren Waffen und Flugzeugen. Als Ausgleich lieferte sie hochwertige Güter des Maschinen- und Schiffbaus, aber auch Konsumgüter. K.P.M.

Die »volle Gleichberechtigung« der Frauen bedeutete in der DDR ihre volle Teilnahme am Produktionsprozeß. Um sie zu ermöglichen, baute der Staat ein dichtes Netz institutionalisierter Kinderbetreuung aus. Hatte 1955 noch nicht einmal jedes zehnte der ein- bis dreijährigen Kinder eine Krippe besucht, waren es Mitte der achtziger Jahre rund 80 Prozent. Noch mehr Kinder, nämlich 95 Prozent, gingen jetzt in den Kindergarten, während es 1955 erst rund ein Drittel gewesen war. Auch die Zahl der Schülerhorte, deren Ausbau das Plakat aus dem Jahre 1959 verkündet, nahm stark zu: 1980 suchten mehr als 80 Prozent der Schulpflichtigen vor beziehungsweise nach dem Unterricht einen Hort auf.
So sehr die staatliche Kinderfürsorge den Frauen die Berufstätigkeit erleichterte, so wenig führte die staatlich propagierte Gleichstellung der Geschlechter zu einer wirklichen Überwindung der traditionellen Aufgabenverteilung. Zusätzlich zu ihrer Berufstätigkeit hatten die Frauen fast die ganze Last der Hausarbeit und des Einkaufs zu tragen, eine in der Mangelgesellschaft der DDR ohnehin schwierige und zeitraubende Angelegenheit. Der seit den siebziger Jahren offiziellen Stellungnahme der SED, daß die Gleichberechtigung der Frau verwirklicht sei, stand zudem ihre Unterrepräsentation in Führungspositionen gegenüber. R.B.

Wer hilft uns, wenn Mutti arbeitet?
1959
Farboffset;
59 x 83,8 cm
Inv.-Nr.: P 65/1503

Internationaler Frauentag 1980
1980
Farboffset;
86 x 61 cm
Inv.-Nr.: P 80/697

IFA-Vertrieb Berlin
PKW-Bestell-Bestätigung
Auto-Salon UdL

Best.-Datum Wartburg Lim.
Best.-Nr. 15000/ 332162

1. Änderung
2. Änderung
Datum Kunde Verkäufer

Vorname Name Namensänderung
Anschrift
Anschriftsänderung
PA-Nr. Telefon-Nr. Tätigkeit
Betrieb
Unterschrift (Kunde) (ums. Bedingungen werden anerkannt) Unterschrift (Verkäufer)
Nur gültig mit Unterschrift und Stempel des Verkäufers

PKW-Bestell-Bestätigung
IFA-Vertrieb Berlin
9. Juni 1978
Druck, handgeschrieben, gestempelt;
10 x 15 cm
Inv.-Nr.: DG 91/23

PKW »Trabant P 60«
VEB Sachsenring Automobilwerke Zwickau, 1962
Kunststoff, Metall, Holz, Leder, Glas, Gummi;
146,6 x 149,3 x 336,1 cm
Inv.-Nr.: HI 90/14

Goldene Hausnummer
Vor 1990
Metall, lackiert;
26,5 x 19,5 cm
Inv.-Nr.:
MK 90/1780.1

Die zentralistische Mangelwirtschaft prägte den Alltag in der DDR. Langlebige Gebrauchsgüter waren, ebenso wie viele Dinge des täglichen Bedarfs, oft nur schwer zu bekommen. So betrug die »Wartezeit« für den Mittelklassewagen »Wartburg« etwa 15 Jahre, und beim Kleinwagen »Trabant« mit der rostsicheren Duroplast-Außenverkleidung, von dem 1973 das millionste Stück gefertigt wurde, mußte der Käufer sich fast ebensolange gedulden. »Westwaren« waren heißbegehrt und nur eingeschränkt erreichbar. Eine kleine Auswahl, und auch hochwertige DDR-Produkte, boten seit 1962 die »Exquisit«- und seit 1976 ebenfalls die »Delikat«-Geschäfte für »Mark der DDR« an, obgleich die Preise hier ein Mehrfaches des Ur-

sprünglichen betrugen. In den achtziger Jahren standen die »Intershops« den DDR-Bürgern offen, sofern sie über »Westgeld« verfügten. Mit diesen anfangs nur Westbürgern und Diplomaten zugänglichen Verkaufsstellen versuchte der Staat seinem Devisenmangel zu begegnen.

Die produzierten Güter waren für den Staat Ausweis eines erfolgreichen sozialistischen Wirtschaftssystems. So ist die Dose für das Milchpulver »Babysan« zum Zeichen der Planerfüllung mit dem Emblem des Fünfjahrplanes geschmückt. Mitunter wurden die Warenverpackungen, wie die Streichholzschachtel, auch zur Agitationsfläche des Kalten Krieges.

Die Einbindung in das Kollektiv gehörte zu den grundlegenden Erfahrungen der DDR-Bürger. Ebenso wie das Arbeitskollektiv oder der einzelne Werktätige wurden Betriebe, die ihre Pläne »übererfüllten«, mit einer Auszeichnung (»Betrieb der sozialistischen Arbeit«) bedacht. Die »Goldene Hausnummer« wurde vorbildlichen Hausgemeinschaften überreicht, die sich um Begrünung, Ordnung und Sicherheit sowie um die Beflaggung an staatlichen Feiertagen verdient gemacht hatten.

Dem Kollektiv wurde im Freizeitbereich der Rückzug ins Private entgegengesetzt. Die Familie, die »Datsche« oder auch das Fernsehen spielten eine wichtige Rolle. Gerade letzteres war das Medium, über das der Westen im Alltag der (meisten) DDR-Bürger zumindest optisch präsent war, stärker sicher als etwa über die Leipziger Messe. Die kommunikationstechnische Verbindung war von West nach Ost intensiver als in umgekehrter Richtung, doch auch im Westen war eine Figur des Deutschen Fernsehfunks populär: das Sandmännchen, das seit 1959 allabendlich seinen »Gute-Nacht-Gruß« entbot. Mit ihm flogen die Kinder in den Weltraum wie Juri Gagarin, feierten Weihnachten im Erzgebirge oder reisten in fremde Länder: Die Reiseziele bestimmte der »Eiserne Vorhang«. R.B.

Sandmännchen im Hubschrauber
Um 1980
Kunststoff, Keramik, textiles Material;
48 x 38 x 46 cm
Inv.-Nr.: SI 73/29

Trockenvollmilch »Babysan«
? Bendix
VEB Dauermilchwerk Stendal,
um 1960
Papier, Pappe, bedruckt; H 9,4 cm, Dm 9 cm
Inv.-Nr.: MK 90/329.a,b

»Interflug«-Pralinen
VEB Thüringer Schokoladenwerke Saalfeld/Saale, 1990
Papier, Karton, bedruckt;
4,5 x 12,5 x 2,3 cm
Inv.-Nr.: MK 90/1387.a,b

HO-Streichholzschachtel
D.Z.A. Werk Coswig Anhalt
Um 1954
Holz, Papier, bedruckt;
1,7 x 3,7 x 5 cm
Inv.-Nr.: MK 83/39

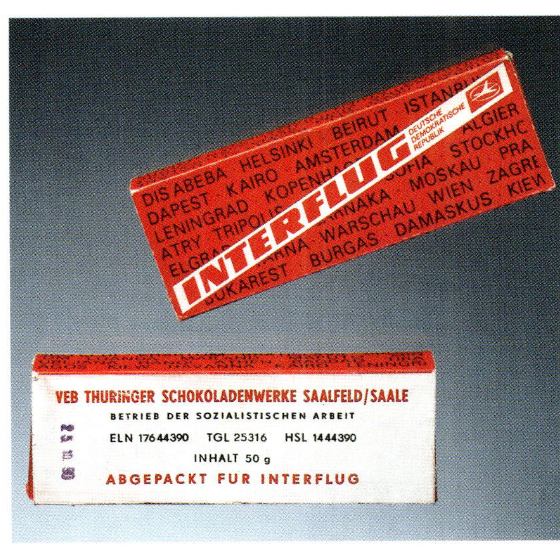

Kaffeebüchse »Sonderfüllung Intershop«
VEB Kaffee- und Nährmittelwerke Halle/Saale, um 1970
Weißblech; 12 x 12 x 9,5 cm
Inv.-Nr.: AK 93/220

Messemännchen
Leipzig, 1965
Kunststoff, Gummi, Filz; 16 x 7,3 cm
Inv.-Nr.: MK 83/274

Plaste und Elaste aus Schkopau
Leuchtreklame des Kombinats VEB Chemische Werke Buna
S. Berthmann (Entwurf)
Neontechnik Halle, 1978
Kunststoff, Stahlblech, Leuchtstoffrohr; 1090 x 560 cm
Inv.-Nr.:1991/627

Die erste Hälfte der siebziger Jahre war weltweit durch eine Entspannung der Ost-West-Beziehungen gekennzeichnet. In Europa wurde nicht zuletzt durch die »Neue Ostpolitik« der Bundesregierung und die »Konferenz über Sicherheit und Zusammenarbeit in Europa« (KSZE) ein Klima geschaffen, das der DDR den lange erstrebten Durchbruch auf internationaler Ebene ermöglichte. Nach der Aufnahme staatlicher Beziehungen zwischen den beiden deutschen Staaten wurde die DDR innerhalb weniger Monate von fast allen Ländern der Welt diplomatisch anerkannt. Im September 1973 erfolgte die Aufnahme beider deutscher Staaten in die UNO, im August 1975 unterzeichnete die DDR die KSZE-Schlußakte in Helsinki. Die SED-Führung war am Ziel ihres beharrlichen Kampfes um internationale Anerkennung angelangt: Die DDR hatte sich als gleichberechtigtes Mitglied der internationalen Staatengemeinschaft etabliert. Mit der Einbindung in das KSZE-Vertragssystem mußte die DDR jedoch auch völkerrechtliche Normen anerkennen, deren Einhaltung in der Folgezeit von den westlichen Ländern und der Opposition im eigenen Land immer stärker angemahnt wurde. Ungeachtet dieser Probleme gab sich die DDR als souveräner, selbstbewußter und weltoffener Staat. Dem Selbstwertgefühl vieler Bürger dienten auch die internationalen Erfolge der DDR-Sportler.

A.M.

Delegations-leiter-Ausweis Erich Honeckers für die KSZE
Helsinki, 1975
Papier, Kunststoff;
13,3 x 7,4 cm
Inv.-Nr.: DG 75/505

Office of the Permanent Observer of the German Democratic Republic to the United Nations

Türschild der Ständigen Beobachter-delegation der DDR bei der UNO
1972
Kunststoff;
11,3 x 30,3 cm
Inv.-Nr.: SI 75/1

Orden »Halskette vom Nil« mit Urkunde
Ägypten, 1967
Gold, Email,
Edelsteine, Papier;
47,5 x 30,5 cm
(Urkunde)
Inv.-Nr.: O 75/35.a-c

Fotoalbum anläßlich des Besuchs von Michail Gorbatschow zum 11. Parteitag der SED
Berlin, 1986
Pappe, Papier;
40 x 82 cm
(aufgeschlagen)
Inv.-Nr.: DG 87/87

In der zweiten Hälfte der achtziger Jahre geriet die DDR in eine existentielle Krise. Ökonomische und ökologische Probleme, der zunehmende Widerspruch zwischen Anspruch und Wirklichkeit im Bereich der Menschenrechte und Defizite bei den persönlichen Freiheitsrechten stießen auf eine selbstgefällige und ignorante Politik der SED-Führung. Erwartungsvoll richteten zahlreiche DDR-Bürger ihren Blick auf die Reformen in der Sowjetunion. Glasnost und Perestroika, personifiziert in Michail Gorbatschow, wurden zu Schlagworten, mit denen sich Hoffnungen auf weitreichende Reformen des erstarrten Systems verbanden und die zu Widerstand gegen die Politik der Partei- und Staatsführung ermutigten. Zumeist unter der Obhut der Kirche entstanden oppositionelle Gruppierungen, die sich für die Wahrung der Menschenrechte und Reformen des politischen Systems in der DDR einsetzten. Parallel dazu wuchs die Zahl der Menschen, die in der DDR keine Perspektive für ihre persönliche Entwicklung sahen und auf eine Übersiedlung in die Bundesrepublik drängten.

Die starre und restriktive Haltung der verantwortlichen Politiker gegenüber den angestauten Problemen führte im Sommer 1989 zum offenen Ausbruch der Proteste. Ausreisewillige begannen, ihre Ausreise durch die Besetzung von Botschaften der Bundesrepublik zu erzwingen. Verzweifelte Menschen

keine gewalt

Stirn- und Armbinde »keine gewalt«
November 1989
Baumwolle, bedruckt;
10,5 x 85,5 cm
Inv.-Nr.: 1989/2602.86

auf engstem Raum in den bundesdeutschen Vertretungen in Prag, Warschau, Budapest und (Ost-)Berlin prägten in den internationalen Medien das Bild der DDR kurz vor ihrem 40. Jahrestag. Oppositionelle, Reformer und Menschenrechtler machten ihre Forderungen öffentlich, drängten aus den Kirchen auf die Straße und fanden enormen Zulauf. Den kontinuierlich anwachsenden Montagsdemonstrationen in Leipzig folgten Kundgebungen in nahezu allen Großstädten. Zu einem Kulminationspunkt der Protestbewegung gestaltete sich die Demonstration vom 4. November 1989 auf dem Berliner Alexanderplatz. Spätestens zu diesem Zeitpunkt wurde klar, daß die Masse der Bevölkerung der DDR sich nicht mehr mit kosmetischen Kurskorrekturen und personellen Umbesetzungen in der Partei- und Staatsführung zufriedengeben würde. Nachdem es in der DDR zu keiner »chinesischen Lösung« gekommen war, war die »Wende« absehbar. A.M.

Montagsdemonstration in Leipzig, Oktober 1989
Gerhard Gäbler
(geb. 1952)
Leipzig, 1989
Vintage Print;
48,1 x 58,1 cm
Inv.-Nr.: 1991/2791

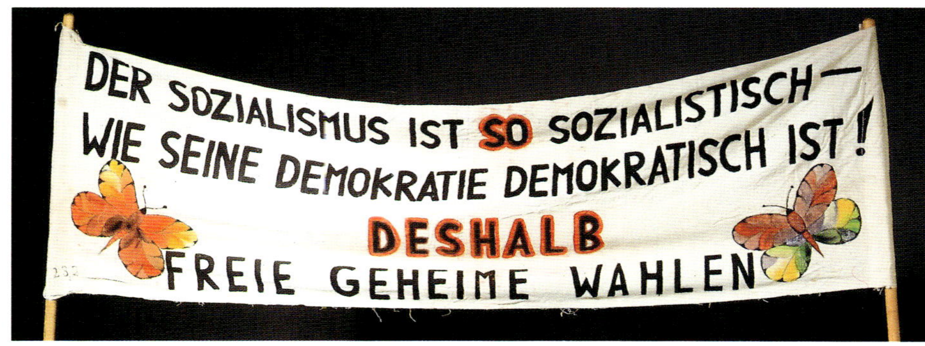

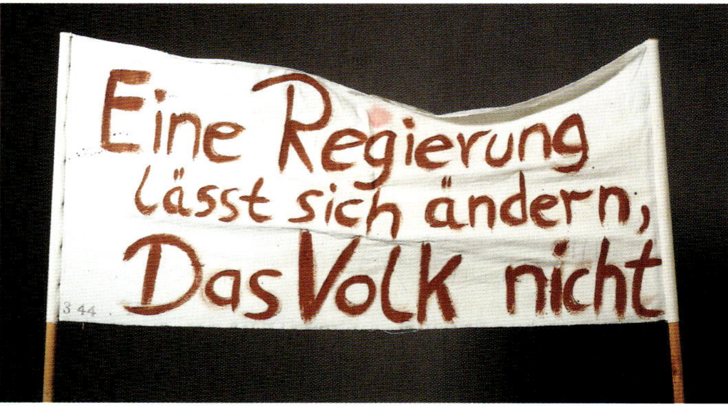

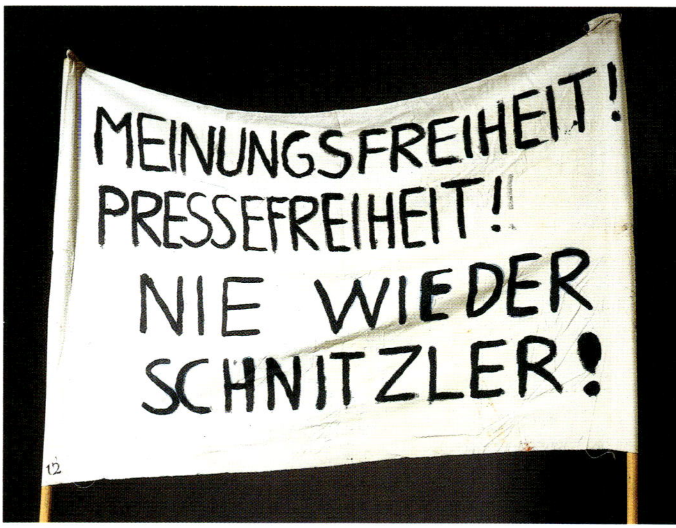

Transparente der Demonstration auf dem Berliner Alexanderplatz am 4. November 1989

a) Der Sozialismus ist so sozialistisch ...
Baumwolle, bemalt;
63 x 203 cm
Inv.-Nr.: KT 94/193

b) Achtung!
Papier, bemalt;
54,7 x 74 cm
Inv.-Nr.: Do2 94/3238.42-341

c) Nur tote Fische schwimmen mit dem Strom
Baumwolle, bemalt;
68 x 84,5 cm
Inv.-Nr.: KT 94/209

d) Eine Regierung läßt sich ändern ...
Baumwolle, bemalt;
60 x 129 cm
Inv.-Nr.: KT 94/93

e) Meinungsfreiheit!
Baumwolle, bemalt;
83 x 121 cm
Inv.-Nr.: KT 94/119

f) Wandlitz zeig dein Antlitz
Papier, bemalt;
39,5 x 106 cm
Inv.-Nr.: Do2 94/3238.55-341

Am 4. November 1989 fand auf dem Berliner Alexanderplatz die erste bei den staatlichen Institutionen angemeldete nichtstaatliche Massendemonstration in der Geschichte der DDR statt. Am 15. Oktober hatten sich Theatermitarbeiter, Vertreter der Künstlerverbände und verschiedener anderer Institutionen im Deutschen Theater in Berlin versammelt. Der Anlaß lag auf der Hand: kaum jemand, der zu dieser Zeit über die politische Situation in der DDR nicht beunruhigt war. Am 16. Oktober stellte die »Initiativgruppe 4. November '89« den »Antrag auf Genehmigung einer Demonstration«, zehn Tage später traf die Erlaubnis ein. Am 4. November versammelten sich rund eine Million Menschen auf dem Alexanderplatz. Was blieb, sind die Zeichen jenes Tages, die vielen Transparente, Plakate, Verkehrs-Schilder, Winkelemente und die auf ihnen transportierten Botschaften. Diese auf einen Nenner zu bringen, ist unmöglich. Viel sicherer wird man sagen können, was nicht zum semantischen Bestand der Willensbekundung dieser Demonstranten gehörte: die Frage nach der deutschen Einheit. Vermutlich hat kaum jemand der Teilnehmer ernsthaft daran gedacht, daß die Tage der DDR bereits gezählt waren. Bei aller Verschiedenheit der Forderungen existierte als kleinster gemeinsamer Nenner ein demokratischer Grundkonsens, gepaart mit der symbolischen Forderung an die Regierung: Gebt diesen Staat heraus, den ihr sowieso verspielt habt! Die Demonstranten ergriffen Besitz von einer Staatsmacht, die kein wirklicher Gegner mehr war.

F.B.

Von der deutschen Öffentlichkeit kaum beachtet, begann man in Ungarn am 2. Mai 1989 mit dem Abbau der Grenzbefestigungen zu Österreich. Damit entstand ein Schlupfloch im Eisernen Vorhang. Doch erst im Sommer nutzten DDR-Urlauber diese Fluchtmöglichkeit. Am 19. August kamen 900 meist junge DDR-Bürger mit ihren »Trabis« in den Westen. Aus der Prager Botschaft konnten rund 6000 Flüchtlinge in die Bundesrepublik ausreisen. Aus Ungarn gelangten Zehntausende, die in Flüchtlingslagern untergebracht waren, direkt in den Westen.

Das westliche Fernsehen übertrug die euphorischen Bilder der gelungenen Flucht auch in ostdeutsche Wohnzimmer und bewirkte Nachahmungseffekte, aber ebenso Hoffnung auf Veränderung innerhalb der DDR.

30 Regimekritiker, meist Künstler und Intellektuelle, darunter Jens Reich und Bärbel Bohley, gründeten das »Neue Forum« und beantragten am 19. September die Zulassung als politische Vereinigung. Etwa zeitgleich riefen zwölf Theologen und Bürgerrechtler »Demokratie Jetzt« ins Leben, die Gruppe »Demokratischer Aufbruch« wurde gegründet, als erste politische Partei entstand die Sozialdemokratische Partei (noch: SDP).

Während am 7. Oktober die offizielle DDR mit einer pompösen Militärparade den 40. Jahrestag ihrer Gründung feierte, demonstrierten Tausende für mehr Demokratie. Zentrum der Demokratiebewegung war Leipzig. Im Anschluß an die jeweils am Montag abgehaltenen Friedensgebete in Leipziger Kirchen versammelten sich am 9. Oktober etwa 70000 Menschen zu einer friedlichen Demonstration. Die Ost-Berliner Führung hatte zu massivem Polizei-Einsatz aufgefordert. Die örtlichen SED-Stellen setzten sich jedoch über den Einsatzbefehl hinweg. Ein von sechs Persönlichkeiten verfaßter Aufruf sorgte ebenso wie die Sprechchöre der Demonstranten »Keine Gewalt« dafür, daß die äußerst gespannte Lage nicht, wie wenige Monate zuvor in Peking, zu einem Blutbad führte. Als sich am folgenden Montag die Zahl der Demonstranten verdoppelte und mit dem Ruf »Wir sind das Volk« durch die Innenstadt zog, entschloß sich das Politbüro, Erich Honecker zu stürzen, um die eigene Macht zu erhalten. Doch die revolutionäre Dynamik ließ sich nicht mehr von oben steuern. Honeckers Nachfolger Egon Krenz, belastet durch Rechtfertigung des Pekinger Massakers, konnte nicht das Vertrauen der Demokratiebewegung gewinnen.

Am 9. November kündigte der Berliner SED-Bezirkschef Günter Schabowski ein neues Reisegesetz an: Allen DDR-Bürgern sollten »Auslandsreisen« ermöglicht werden. Daraufhin bildeten sich vor den Grenzübergängen nach West-Berlin große Menschenmengen. Noch am selben Abend öffneten verunsicherte Grenzbeamte am Übergang Bornholmer Straße die Schlagbäume. Tausende Ost-Berliner strömten in den Westteil der Stadt, sie wurden jubelnd empfangen.

W.R.

Jens Reich und Bärbel Bohley
Stefan Moses
(geb. 1928)
1990/91
Vintage Print;
59,5 x 49,7 cm
Inv.-Nr.:
1991/217.46

Wir sind ein Volk
Herbst 1989
Pappe, bemalt;
80 x 60 cm
Inv.-Nr.: P 90/305

Wahlaufkleber zu den Volkskammerwahlen in der DDR 1990

a) Demokratischer Aufbruch
Farboffset;
8,6 x 14 cm
Inv.-Nr.:
DG 90/636.2

b) Bündnis 90
Farboffset;
8 x 11,5 cm
Inv.-Nr.:
DG 90/636.5

c) LDP
Farboffset;
9 x 13,6 cm
Inv.-Nr.:
DG 90/636.7

d) CDU
Farboffset;
Dm 10 cm
Inv.-Nr.:
DG 90/636.4

e) SPD
Farboffset;
7,4 x 10,2 cm
Inv.-Nr.:
DG 90/636.6

f) Allianz für Deutschland
Farboffset;
10 x 10 cm
Inv.-Nr.:
DG 90/636.3

g) PDS
Farboffset;
9 x 9 cm
Inv.-Nr.:
DG 90/636.1

Am 13. November 1989 wählte die Volkskammer Hans Modrow (SED) zum Nachfolger des zurückgetretenen Ministerpräsidenten Willi Stoph. Er kündigte umfassende Reformen an. Die »führende Rolle« der SED wurde am 1. Dezember aus der Verfassung gestrichen, die gerade erst neu gebildete Parteiführung unter Egon Krenz trat am 3. Dezember geschlossen zurück. Unter dem neugewählten Vorsitzenden Gregor Gysi gab sich die SED den Zusatz »Partei des demokratischen Sozialismus« (PDS), der bald darauf alleiniger Parteiname wurde.

Nach dem Vorbild von Polen und Ungarn konstituierte sich der »Runde Tisch« als Forum der demokratischen Kräfte. Hier wurden die Durchführung freier Wahlen, die Ausarbeitung einer neuen Verfassung und die Auflösung des Staatssicherheitsdienstes vereinbart.

Dem Einsatz des Bundeskanzlers war es mitzuverdanken, daß die CDU der DDR bei den Wahlen zur Volkskammer vom 18. März 1990 mit 40,8 Prozent als stärkste Partei hervorging. Die von Beobachtern favorisierte SPD erhielt nur 21,9 Prozent, gefolgt von der PDS mit 16,4 Prozent. Lothar de Maizière (CDU) bildete eine Regierung, der neben der CDU die Deutsche Soziale Union (DSU) und der »Demokratische Aufbruch« (DA) wie auch Sozialdemokraten und Liberale angehörten. Die Aufarbeitung der DDR-Vergangenheit und die Beitrittsverhandlungen mit der Bundesrepublik und den vier Siegermächten bildeten die alles überragenden Aufgaben der letzten DDR-Regierung. W.R.

... und alles wird wieder gut. Der 3. Oktober '90 vor der Neuen Wache
Matthias Koeppel
(geb. 1937)
1991
Öl/Leinwand;
120 x 160 cm
Signatur
unten rechts:
MK 1991
Inv.-Nr.: 1991/2637

Am 18. Mai 1990 unterzeichneten die Vertreter der beiden deutschen Staaten in Bonn den Vertrag über die Wirtschafts- und Währungsunion, die am 1. Juli in Kraft trat. Mit diesem entscheidenden Schritt zur deutschen Vereinigung gab die DDR die Hoheit über die Finanz- und Geldpolitik an die Bundesrepublik ab. Diese gewährte, vor allem zum Aufbau eines Sozialversicherungssystems, hohe Subventionen für den DDR-Staatshaushalt. Sichtbarstes Zeichen der bevorstehenden Vereinigung war die Einführung der DM in der DDR als alleiniges Zahlungsmittel. Sparguthaben konnten in Höhe von 2000 Mark pro Person im Verhältnis 1:1 umgetauscht werden, für weitere Guthaben galt ein Kurs von 2:1. Parallel zum innerdeutschen Vereinigungsprozeß fanden Verhandlungen statt, um die außenpolitischen Rahmenbedingungen der deutschen Einheit mit den Siegermächten des Zweiten Weltkrieges abzustimmen. In diesen »2-plus-4-Verhandlungen«, zu denen auch Polen herangezogen wurde, äußerte die Sowjetunion Bedenken gegen eine Mitgliedschaft Gesamtdeutschlands in der NATO. Den Durchbruch erzielten Bundeskanzler Kohl und Präsident Gorbatschow am 16. Juli bei einem Gipfeltreffen im Kaukasus. Sie verständigten sich darauf, daß Deutschland selbständig über seine künftige Bündniszugehörigkeit bestimmen könne.

Am 3. Oktober 1990 wurde, 45 Jahre nach Kriegsende und 41 Jahre nach der staatlichen Teilung, mit dem Beitritt der DDR zur Bundesrepublik die Vereinigung der beiden deutschen Staaten vollzogen und in ganz Deutschland gefeiert. W.R.

PERSONENREGISTER

Adalbert, Prinz von Preußen S. 333, 354
Adam, Albrecht S. 275
Adam, Eugen S. 291
Adenauer, Konrad S. 488, 502f., 505, 515f., 520, 531, 533
Agnes, zweite Ehefrau des deutschen Königs Rudolf I. S. 64
Ahrlé, René S. 495
Alba, Fernando Álvarez de Toledo, Herzog von S. 52, 55
Albers, Josef S. 397
Albert, Alexandre Martin S. 266
Albert, König von Sachsen S. 348
Albertz, Heinrich S. 507, 526f.
Albrecht II., deutscher König S. 64
Alembert, Jean Baptiste le Rond d' S. 194
Alexander I., Zar von Rußland S. 216, 220, 229
Alexander II., Zar von Rußland S. 256
Alexander VI., Papst S. 31
Alt, Georg S. 68
Altmutter, Franz S. 215
Altomonte, Andreas S. 166
Álvares Cabral, Pedro S. 71
Alvensleben, Hans Bodo Graf von S. 418
Amalie, Ehefrau des sächsischen Kurfürsten Friedrich August III. S. 155
Amalie, Prinzessin von Preußen, Äbtissin von Quedlinburg S. 169
Andrassy, Julius S. 304
Angelus, Jacobus S. 69
Anna, erste Ehefrau des deutschen Königs Rudolf I. S. 64
Anna Amalia, Herzogin von Sachsen-Weimar-Eisenach S. 182, 195
Antoine, Otto S. 320
Anton, Franz S. 157
Arkwright, Richard S. 241
Arndt, Ernst Moritz S. 270
Arnim, Ludwig Achim von S. 219
Arnold, Walter S. 539
Arnoto (Amato ?), L. S. 258
Attlee, Clement S. 486
August II. (der Starke), König von Polen, siehe Friedrich August I., Kurfürst von Sachsen
August III., König von Polen, siehe Friedrich August II., Kurfürst von Sachsen
August Wilhelm, Prinz von Preußen S. 333
Auguste Viktoria, erste Ehefrau des deutschen Kaisers Wilhelm II. S. 317, 333, 348
Augustus, römischer Kaiser der Antike S. 143, 212
Axster-Heudtlaß, Werner von S. 444, 471
Babcock, ? S. 365
Bachrach-Barée, Emanuel S. 386
Bahr, Egon S. 507, 513f., 516
Ballhause, Walter S. 412
Baluschek, Hans S. 373
Bardou, Emanuel S. 200
Barth, Emil S. 380
Basedow, Johannes Bernhard S. 198
Bauer, Elvira S. 440
Bauer, Felice S. 316
Bauer, Wilhelm Gottfried S. 237
Bebel, August S. 300, 323, 326
Bechem & Keetman, Firma in Duisburg S. 310
Beck, Ludwig S. 453
Beckerath, Hermann von S. 270
Behaim, Martin S. 67
Behrens, Peter S. 342
Belling, Rudolf S. 363
Bendix, ? S. 545
Benedikt XIII., Papst S. 26f.
Beneker, Gerrit Albertus S. 365
Benz, Carl Friedrich S. 319
Bérain d.Ä., Jean S. 139
Berglund, Ruth S. 437
Bering, Vitus S. 186
Bernhard, Lucian S. 389
Bernhardi, Friedrich von S. 356
Bernstein, Eduard S. 344
Berthault, Pierre Gabriel S. 204
Berthmann, S. S. 546
Besser, Johann von S. 122
Betbeder, Faustin S. 296
Bethmann Hollweg, Theobald von S. 371
Bielenberg, Richard S. 320
Birkholm, Jens S. 325
Bismarck, Otto Eduard Leopold Graf von S. 281ff., 287, 289ff., 295ff., 300ff., 323f., 326, 328, 336f., 345, 348ff., 357, 485
Blanc, Louis S. 266
Blickle, Peter S. 47
Blockhorst, B. S. 307
Blomberg, Werner von S. 425, 453
Blücher, Gebhard Leberecht von S. 218, 224, 285
Blum, Caspar Heinrich S. 156
Blum, Robert S. 264, 270, 272
Bock, Johann Carl S. 204
Böcklin, Arnold S. 361
Bogen, Frederick W. S. 278
Bohley, Bärbel S. 551
Boit, Charles S. 137
Bonaparte, Jérôme, König von Westfalen S. 226
Bonhoeffer, Dietrich S. 462
Bora, Katharina von, Ehefrau Martin Luthers S. 44f.
Borchert, Wolfgang S. 494
Börne, Ludwig S. 254, 260
Böttger, Johann Friedrich S. 135
Boucquoi, Karl von S. 87
Boyen, Leopold Hermann Ludwig von S. 218
Bradley, James S. 186
Brandt, Willy S. 431, 507, 512ff., 516, 520f., 531
Braun, Heinrich S. 344
Braun, Lily S. 344
Braun, Otto S. 405
Braune, Rudolf S. 400
Brecht, Bertolt S. 396
Bredow, Ferdinand von S. 425
Breitscheid, Rudolf S. 431
Brentano, Clemens S. 219, 292
Breu d.Ä., Jörg S. 78
Breuer, Marcel S. 397
Briand, Aristide S. 408
Brindle, Melbourne S. 463
Brück, Gregor S. 44
Brueghel d.J., Pieter S. 81
Brühl, Heinrich Graf von S. 136
Brüning, Heinrich S. 405, 413, 422
Brunner, Martin S. 110
Bryan, Julian S. 482
Buback, Siegfried S. 530
Büchner, Georg S. 259
Budow, Wenzel Budowetz von S. 87
Bugenhagen, Johannes S. 48, 56
Bülow, Bernhard Ernst Graf von S. 345, 347, 351
Bülow, Paul S. 301
Burckhardt, Carl Jacob S. 426
Bürde, Paul S. 270
Burgkmair, Hans S. 60
Burgkmair, Thoman S. 30
Burkhardt, Georg (Spalatin) S. 48

Callot, Jacques S. 100
Calvin, Johann(es) (Jean Cauvin) S. 37, 46
Camerarius, Joachim (eigtl. Joachim Kammermeister) S. 56
Camphausen, Ludolf S. 307
Camphausen, Wilhelm S. 286
Canaris, Wilhelm S. 462
Caprivi, Georg Leo Graf S. 349
Castlereagh, Robert Stewart S. 229
Cavaignac, Louis Eugène S. 266
Cay, Alexander M. S. 365
Chakotin, Serge, siehe Tschechonin, Sergej W.
Chaldej, Jewgeni S. 483
Chamberlain, Joseph Austen S. 408
Champagne, Philippe de S. 103
Childerich I., Merowingerkönig S. 212f.
Chippendale, Thomas S. 196
Chlodwig, Frankenkönig S. 9
Chodowiecki, Daniel Nikolaus S. 177, 198
Christian IV., König von Dänemark S. 83

Chruschtschow, Nikita Sergejewitsch S. 506
Churchill, Winston S. 455f., 485f., 503
Cicero, Marcus Tullius S. 56
Clasen, Lorenz S. 292
Clausewitz, Marie von S. 218
Clay, Lucius D. S. 488, 498, 500f.
Clemens IV., Papst S. 14
Clemens August, Kurfürst und Erzbischof von Köln S. 145
Cocceji, Samuel von S. 161
Corinth, Lovis S. 342, 362
Cortez, Hernán S. 65
Cranach d.Ä., Lucas S. 28, 41ff., 45, 51f.
Cranach d.J., Lucas S. 49
Curzon, George (Marquess Curzon of Kedleston) S. 486

Dahlmann, Christoph S. 270
Daimler, Gottlieb S. 319
Danckelmann, Eberhard Freiherr von S. 123
Dannecker, Johann Heinrich S. 200
Daumier, Honoré S. 296f.
Daun, Joachim Dietrich S. 156
Daun, Ludwig Benjamin S. 156
Dawes, Charles Gates S. 404
Denner, Balthasar S. 150
Denon, Dominique-Vivant Baron de S. 195
Derfflinger, Georg Reichsfreiherr von S. 121
Desnos, Louis-Charles S. 113
Diderot, Denis S. 182, 185, 194, 200
Diederichs, Otto von S. 354
Diem, Carl S. 442
Dietrich, Marlene S 399
Dirksen, Reyn S. 499
Disraeli, Benjamin S. 304
Dittmann, Wilhelm S. 380
Dix, Otto S. 391
Dolgorukow, Nikolai A. S. 463
Dolzig, Hans von S. 44
Domsdorf, Franz von S. 56
Dönitz, Karl S. 484
Doré, Gustave S. 293
Drasdo, ? S. 520
Drenkmann, Günther von S. 530
Dreyse, Nikolaus von S. 249
Dreyse & Collenbusch, Firma in Sömmerda S. 249
Drouet, Jean-Baptiste S. 207
Duesterberg, Theodor S. 422
Duncker, Franz S. 324
Duplessi-Bertaux, Jean S. 206
Dürer, Albrecht S. 42, 72
Dürschke, Max S. 367
Dwernicki, Józef S. 257
Dyck, Anton van S. 92

Ebert, Friedrich S. 261, 376, 379f., 403, 407
Eckermann, Johann Peter S. 195
Edison, Thomas Alva(h) S. 312
Ehrhardt, Hermann S. 376, 388f.
Eiche, Heinrich von der S. 134
Einstein, Albert S. 421
Eisenhower, Dwight David S. 456, 484
Eisner, Kurt S. 386, 390, 431
Eitel Friedrich, Prinz von Preußen S. 333
Elisabeth, Ehefrau des brandenburgischen Kurfürsten Johann Georg S. 56
Elisabeth Charlotte (Liselotte von der Pfalz), Herzogin Orléans S. 106
Elisabeth Stuart, Ehefrau des Kurfürsten Friedrich V. von der Pfalz, Tochter des englischen Königs Jakob I. S. 88
Emanuel, König von Portugal S. 71
Engelbrecht, Martin S. 190
Engels, Friedrich S. 242, 255, 262, 323, 325
Epp, Franz Ritter von S. 386
Erasmus von Rotterdam S. 42
Erdmannsdorff, Friedrich Wilhelm Freiherr von S. 196f.
Erdt, Hans Rudi S. 319
Erhard, Ludwig S. 519ff.
Erler, Fritz S. 365
Ernst, Prinz von Habsburg S. 86
Ernst II., Graf von Mansfeld S. 99
Ernst II., Herzog von Sachsen-Coburg-Gotha S. 281
Erzberger, Matthias S. 375, 377, 379
Eugen, Prinz von Savoyen S. 107, 114
Euler, Leonhard S. 186

Fahrig, Wilhelm S. 385
Farah Diba, dritte Ehefrau des Schah von Iran S. 526f.
Fauret, Jean Joseph Léon S. 321
Favre, Jules S. 291
Fechter, Peter S. 511
Felixmüller, Conrad S. 413
Fer, Nicolas de S. 113
Ferdinand, Herzog von Braunschweig-Lüneburg S. 170
Ferdinand I., römisch-deutscher Kaiser S. 53, 57f.
Ferdinand II., römisch-deutscher Kaiser S. 84f., 86ff., 91, 93
Ferdinand der Katholische, König von Spanien S. 57, 61, 67
Ferdinand Maria Innozenz, Kurprinz von Bayern S. 153
Feuchtwanger, Lion S. 431
Feuerbach, Ludwig S. 194
Fichte, Johann Gottlieb S. 218f.
Fidus (Hugo Reinhold Karl Johann Höppener) S. 341
Fleischauers Söhne, Firma in Nürnberg S. 342
Flüggen, Gisbert S. 273
Forcade, Friedrich Wilhelm von S. 127
Frank, Hans S. 454
Franz, Fürst von Anhalt-Dessau, siehe Leopold III. Friedrich Franz
Franz I., Kaiser von Österreich S. 209, 229
Franz I., König von Frankreich S. 57, 62
Franz I., römisch-deutscher Kaiser S. 113, 161, 167
Franz II., römisch-deutscher Kaiser, siehe Franz I., Kaiser von Österreich
Franz Stephan von Lothringen siehe Franz I., römisch-deutscher Kaiser
Frauenholz, Johann Friedrich S. 205
Freiligrath, Ferdinand S. 254, 260, 266
Fresbec, ? S. 257
Freund, Michael S. 209
Frick, Wilhelm S. 424
Friedeburg, Hans-Georg von S. 484
Friedländer, Friedrich S. 288
Friedrich, Großherzog von Baden S. 295
Friedrich, zweiter Kaiser des Deutschen Reiches (Kronprinz Friedrich Wilhelm / König Friedrich III. von Preußen) S. 295, 336f.
Friedrich I., (Erbprinz) Landgraf von Hessen-Kassel, König von Schweden S. 114
Friedrich I., König in Preußen S. 118, 122ff.
Friedrich II. (der Große), König von Preußen S. 119, 125, 142, 145, 159, 161ff., 168ff., 175ff., 182, 185f., 195, 333
Friedrich II., Landgraf von Hessen-Kassel S. 171
Friedrich II., römisch-deutscher Kaiser S. 66
Friedrich III., Kurfürst von der Pfalz S. 56
Friedrich III., römisch-deutscher Kaiser S. 59, 64
Friedrich III. (der Weise), Kurfürst von Sachsen S. 35f., 41, 44, 48
Friedrich IV., König von Dänemark S. 137
Friedrich V., Kurfürst von der Pfalz, König von Böhmen (Winterkönig) S. 83, 88f.
Friedrich August I., König von Sachsen, siehe Friedrich August III., Kurfürst von Sachsen
Friedrich August I., Kurfürst von Sachsen / König von Polen (August II. [der Starke]) S. 125, 135ff., 140, 144, 155
Friedrich August II., König von Sachsen S. 112
Friedrich August II., Kurfürst von Sachsen / König von Polen (August III.) S. 136, 139, 175
Friedrich August III., Kurfürst von Sachsen / König von Sachsen (Friedrich August I.) S. 155
Friedrich Wilhelm, Herzog von Braunschweig-Lüneburg-Öls S. 226
Friedrich Wilhelm (Der Große Kurfürst), Kurfürst von Brandenburg S. 117f., 120f., 123, 154
Friedrich Wilhelm I., König in Preußen S. 118f., 125ff., 145, 164, 178f.
Friedrich Wilhelm III., König von Preußen S. 209, 211, 216f., 223, 227, 229
Friedrich Wilhelm IV., König von Preußen S. 255, 263ff., 269, 271, 301, 336
Fritsch, Werner Freiherr von S. 453
Fritzsche, Alfred S. 414
Fugger, schwäbische Kaufmannsfamilie S. 51, 57
Fuhrmann, Paul S. 413

Gäbler, Gerhard S. 549
Gagarin, Juri S. 545
Gagern, Heinrich Freiherr von S. 263, 270
Galen, Clemens August Graf von S. 476
Galinski, Heinz S. 530
Gama, Vasco da S. 66, 71
Gambetta, Léon S. 291
Garbáty, Firma in Berlin S. 366
García y Más, José S. 514
Garibaldi, Giuseppe S. 268, 281
Gattinara, Mercurio de S. 57
Gaulle, Charles de S. 457, 503
Gemma Frisius, Rainer (eigtl. Rainer [Regnier] van den Steen) S. 74
Genscher, Dietrich S. 514
Georg I. (der Bärtige), Herzog von Sachsen (albertinischer Teil) S. 48

Georg I., König von England S. 150
Georg Wilhelm, Kurfürst von Brandenburg S. 89
Gérard, François S. 212, 218
Gerber, Christian S. 133
Gericke, Samuel Theodor S. 124
Gerson, Herman S. 338
Geßner, Salomon S. 168
Glöckner, Paul S. 441
Gneisenau, August Graf Neidhardt von S. 218
Godal, ? S. 422
Godefroy, Jean S. 228
Goebbels, Joseph S. 425, 427, 429, 441, 443, 456
Goethe, Johann Wolfgang von S. 182, 192, 194f., 197, 202, 240
Goetz, Karl Xaver S. 394
Gorbatschow, Michail S. 509, 518, 548, 553
Göring, Hermann S. 424, 440, 450
Gortschakow, Alexander M. Fürst S. 304
Gottsched, Christoph S. 199
Goursat, Serge S. 364
Graff, Anton S. 172
Grasser, Erasmus S. 24
Graul, Werner S. 399
Gregor I. (der Große), Papst S. 30
Gregor X., Papst S. 25
Gregor XII., Papst S. 26
Grenier, Jehan S. 71
Griebel, Otto S. 391, 415
Grimm, Jacob S. 219, 254, 270
Grimm, Wilhelm S. 219, 254
Gröger, Friedrich Carl S. 235
Gronefeld, Gerhard S. 450, 459f., 497
Gropius, Walter S. 395, 397
Grosz, George S. 431
Grotewohl, Otto S. 502, 533
Grundig, Hans S. 538
Grynszpan, Herschel S. 452
Guillaume, Günter S. 517, 521
Gustav II. Adolf, König von Schweden S. 84, 94ff., 103
Gysi, Gregor S. 552

Haas, Johann Meno S. 216
Haase, Hugo S. 376, 380, 390
Habbe, Nikolaj François S. 274
Haber, Fritz S. 369
Hacke, Graf S. 156
Hallstein, Walter S. 516
Händel, Georg Friedrich S. 144, 150
Hansemann, David Justus Ludwig S. 307
Hansmann, Claus S. 461, 493
Hardenberg, Karl August Fürst von S. 210, 216, 227, 229
Hauptmann, Gerhart S. 251, 332, 343
Hauser, Harald (= Jean Louis Maurel) S. 477
Haydn, Joseph S. 261
Heartfield, John (= Helmut Herzfelde) S. 421f., 429
Hees, Gustav Adolf van S. 385
Hegel, Georg Wilhelm Friedrich S. 194
Heil, Daniel van S. 55
Heine, Friedrich Ludwig S. 230
Heine, Heinrich S. 254, 260, 292
Heine, Thomas Theodor S. 343
Heine, Wilhelm Joseph S. 259
Heinemann, Gustav S. 516, 531
Heinrich (Friedrich Heinrich Ludwig), Prinz von Preußen S. 172
Heller, Ruprecht S. 63
Hellmund, ? S. 185
Hennecke, Adolf S. 497
Herder, Johann Gottfried S. 182, 194, 200
Hering, Erich S. 539
Herkendell, Hanns S. 385
Herloßsohn, Karl Georg S. 260
Herwegh, Georg S. 254
Heuss, Theodor S. 515, 531
Heydecker, Joe J. S. 461, 469
Heydrich, Reinhard S. 432, 463, 471
Hildebrandt, Theodor S. 233
Hillebrand, Walter (Superintendent in Fürstenwalde/Spree) S. 432
Himmler, Heinrich S. 426, 432, 454
Hindenburg, Paul von S. 359, 366, 384, 403, 405ff., 422, 424, 427, 490
Hirsch, Max S. 324
Hirsch, Paul S. 390
Hitler, Adolf S. 378, 394, 406, 418f., 422ff., 430, 434, 437ff., 446f., 450, 453ff., 457ff., 463f., 476, 481, 484, 486, 490
Hitzig, Friedrich S. 321
Höckhinger, Daniel S. 129
Hofer, Andreas S. 210, 215
Hoffmann und Campe, Verlag in Hamburg S. 260f.
Hoffmann von Fallersleben, August Heinrich S. 254, 261
Höhn d.J., Johann S. 120
Holbein d.J., Hans S. 51
Holtfreter, Jürgen S. 526
Homann, Johann Baptist (Homännische Landkarten-Offizin) S. 186
Honecker, Erich S. 497, 514, 533, 535, 547, 551
Honthorst, Gerrit van S. 88
Horemans, Peter Jacob S. 153
Hörnlein, Friedrich Wilhelm S. 393
Houdon, Jean-Antoine S. 200
Hubbuch, Karl S. 428
Hubmaier, Balthasar S. 34
Hübner, Carl Wilhelm S. 251
Hugenberg, Alfred S. 404, 422, 424
Humboldt, Wilhelm von S. 229
Hunold, Friedemann S. 197
Hus, Jan S. 27
Hüttich, Johann S. 69

Innozenz VIII., Papst S. 32
Isabella (die Katholische), Königin von Spanien S. 61, 67
Isabey, Jean Baptiste S. 228

Jahn, Friedrich Ludwig S. 219, 230, 270, 284
Jakob I., König von England S. 88f.
Jan III. Sobieski, König von Polen S. 111
Jefferson, Thomas S. 203
Jefimow, Boris J. S. 463
Joachim Napoleon, König beider Sizilien, siehe Murat, Joachim
Jobin, Heinrich S. 133
Jode d.Ä., Pieter de S. 92
Jodl, Alfred S. 484
Johann, Erzherzog von Österreich, deutscher Reichsverweser 1848/49 S. 263
Johann VII. von Schleinitz, Bischof von Meißen S. 28
Johann der Beständige, Kurfürst von Sachsen S. 44
Johann Friedrich I. (der Großmütige), Kurfürst von Sachsen S. 52f.
Johann Georg, Kurfürst von Brandenburg S. 56
Johann Georg III., Kurfürst von Sachsen S. 110
Johanna von Kastilien (Johanna die Wahnsinnige) S. 59, 61
Johannes XXIII., Papst S. 26
Jones Barker, Thomas S. 225
Jordan, Sylvester S. 270
Joseph I., römisch-deutscher Kaiser S. 107, 113, 139
Joseph II., römisch-deutscher Kaiser S. 167
Jouas, Charles S. 364
Joung, Ellsworth S. 364
Juan, Infant von Spanien S. 59
Jucho, ? (Abgeordneter der Frankfurter Nationalversammlung 1848/49) S. 271

Kaendler, Johann Joachim S. 140f.
Kafka, Franz S. 316
Kameko, Walter S. 493
Kammermeister, Sebastian S. 68
Kampf, Arthur S. 360
Kant, Immanuel S. 181f., 184, 200, 202
Kapp, Wolfgang S. 362, 388
Karl V., römisch-deutscher Kaiser S. 34ff., 40, 49, 53, 55, 57ff., 66, 79
Karl VI., römisch-deutscher Kaiser S. 107, 113, 115, 161, 166
Karl VII. Albrecht, römisch-deutscher Kaiser S. 113, 153, 161
Karl IX., König von Schweden S. 94
Karl XII., König von Schweden S. 137
Karl Albert, König von Piemont-Sardinien S. 275
Karl Albrecht, Kurfürst von Bayern, siehe Karl VII. Albrecht, römisch-deutscher Kaiser
Karl Alexander, Prinz von Lothringen S. 144
Karl August, Herzog von Sachsen-Weimar-Eisenach S. 182, 195
Karl der Große, fränkisch-römischer Kaiser S. 9, 13, 15, 212
Karl der Kühne, Herzog von Burgund S. 59
Karl Gustav, Pfalzgraf von Zweibrücken, König von Schweden (Karl X. Gustav) S. 104
Karl Martell, fränkischer Hausmeier S. 9
Karl Theodor, Kurfürst von der Pfalz und von Bayern S. 154
Karl von Anjou, König von Neapel-Sizilien S. 14
Karl von Liechtenstein S. 91
Karoline, Schwester Kaiser Napoleons I., Ehefrau von Joachim Murat S. 213
Katharina II. (die Große), Zarin von Rußland S. 172f., 182
Kauffmann d.Ä., Hermann S. 245
Kaulbach, Friedrich August von S. 361
Keilhaus, ? S. 466f.
Keitel, Wilhelm S. 484
Kennedy, John F. S. 506f., 509, 531
Ketteler, Klemens Freiherr von S. 354
Kiesinger, Kurt Georg S. 520
Kilian, Lucas S. 96
Kilian, Wolfgang S. 104
Kinson, François Josèphe S. 227
Kips, Alexander S. 349
Kirchbach, Fritz Gottfried S. 385
Kirchner, Johann Gottlieb S. 140

Kirkland, James S. 127
Kirnberger, Max S. 470
Klatt, Waldemar S. 519
Klauer, Martin S. 197, 200
Klausener, Erich S. 425
Klein, César S. 384
Kleist, Ewald Christian von S. 168
Kleist, Heinrich von S. 168
Kleyer, Heinrich S. 316
Klocker, Hans S. 24
Klotz, ? S. 439
Knaus, Ludwig S. 327
Kobes, Franziska S. 236
Koch & Sterzel AG, Firma in Dresden S. 315
Koehler, Robert S. 328f.
Koeppel, Matthias S. 553
Kohl, Helmut S. 6, 8, 514, 517f., 521, 531, 552f.
Kohl, Michael S. 513
Kohn, Werner S. 532
Kollwitz, Käthe S. 317, 382, 416f., 421, 451, 479
Kolumbus, Christoph S. 66f.
Konrad IV., deutscher König S. 14
Konrad von Schwaben (Konradin), deutscher König S. 14
Kopernikus, Nikolaus S. 69
Körner, Theodor S. 222, 240
Kotzebue, August von S. 253
Krämer, Heinrich (Institoris) S. 32
Krause-Wichmann, Eduard S. 309
Krayn, Hugo S. 320, 322
Krenz, Egon S. 551f.
Krenzheim, Leonhard S. 56
Krezner, Carl Gustav S. 134
Kriegl, Georg Christoph S. 166
Krüger, Franz S. 269
Krupp, Alfred S. 307f., 346
Krupp, Bertha S. 308
Krupp, Konzern S. 306, 386
Kruse, Käthe S. 366
Kupfer-Sachs, Julius S. 399

Lafue, ? S. 144
Lambel, Hans S. 13
Lampi d.Ä., Johann Baptist S. 173
Lampi d.J., Johann Baptist S. 229
Landsberg, Otto S. 380
Lang, Fritz S. 399
Langen, Albert S. 343
Larrson, Bernard S. 526f.
Laserstein, Lotte S. 398
Laski, Harold Joseph S. 262
Lassalle, Ferdinand S. 276, 323, 326
Lauer, Nikolaus S. 217
Le Nôtre, André S. 156
Lehmann, Gottfried Arnold S. 216
Leibniz, Gottfried Wilhelm S. 182, 194
Leistikow, Walter S. 342
Leitz, Ernst (GmbH) S. 450
Lenbach, Franz Seraph von S. 302
Lentze, ? von S. 336
Leo X., Papst S. 35
Leopold, Prinz von Hohenzollern-Sigmaringen S. 296f.
Leopold I., römisch-deutscher Kaiser S. 105f., 109, 111, 113, 118
Leopold III. Friedrich Franz (Franz, »Vater Franz«), Fürst von Anhalt-Dessau S. 196, 198
Lessing, Gotthold Ephraim S. 182, 200
Leszczyński, Stanislaus, König von Polen (Stanislaus I.), Herzog von Lothringen S. 137
Li Hung-chang S. 354
Lichtenberg, Bernhard S. 476
Lieberkühn, Johann Nathanael S. 188
Liebermann, Max S. 342
Liebknecht, Karl S. 323ff., 371, 376, 381ff., 390
Liebknecht, Wilhelm S. 323, 326
Lindström, Carl S. 316
Liselotte von der Pfalz siehe Elisabeth Charlotte, Herzogin von Orléans
List, Friedrich S. 247
Lochner, Stephan S. 29
Loewenfeld, Alfred von S. 376, 388
Lorenz, Peter S. 530
Lotter d.J., Melchior S. 39, 42
Lotzer, Sebastian S. 47
Louis Philippe, König von Frankreich (der Bürgerkönig) S. 267
Lübke, Heinrich S. 526
Ludendorff, Erich S. 359, 375
Ludwig, Fürst zu Anhalt-Köthen S. 99
Ludwig I., König von Bayern S. 247
Ludwig II., König von Bayern S. 295
Ludwig VII., Herzog von Bayern-Ingolstadt S. 27
Ludwig XIV., König von Frankreich S. 103, 105ff., 143, 156, 177
Ludwig XVI., König von Frankreich S. 113, 201f., 204f., 207f.
Ludwig XVIII., König von Frankreich S. 227
Luise, Königin von Preußen S. 216f., 223
Luise Dorothea, Herzogin von Sachsen-Gotha-Altenburg, Herzogin S. 185
Luitpold, Prinzregent von Bayern S. 348
Luther, Hans S. 403, 408
Luther, Martin S. 22, 34ff.
Lüttwitz, Walther von S. 376, 388f.
Lützow, Adolf von S. 211, 222, 230
Luxemburg, Rosa S. 324, 344, 376, 381, 383, 390, 431
Lyser, Johann Peter S. 260

Macauley, C. R. S. 365
MacCartney, John S. 246
Machiavelli, Niccolò S. 164
Mahler, Horst S. 530
Maior, Georg S. 56
Maizière, Lothar de S. 552
Malchin, Carl Wilhelm Christian S. 314
Malet, Edward Sir S. 349
Manfred, König von Sizilien S. 14
Manheimer, Philippine S. 338
Manheimer, Valentin S. 338
Mann, Heinrich S. 332, 421, 431, 449
Mann, Thomas S. 332, 431, 476
March, Werner S. 442
Margarete von Österreich, Generalstatthalterin der Niederlande S. 59
Margarete von Parma, Generalstatthalterin der Niederlande S. 55
Maria Anna, Prinzessin von Habsburg, Schwester Maria Theresias, Ehefrau des lothringischen Prinzen Karl Alexander S. 144
Maria Anna Karoline von Pfalz-Neuburg, Ehefrau des bayerischen Kurprinzen Ferdinand Maria Innozenz S. 153
Maria Josepha, Ehefrau des sächsischen Kurfürsten Friedrich August II., Tochter des römisch-deutschen Kaisers Joseph I. S. 139
Maria Theresia, römisch-deutsche Kaiserin S. 113, 139, 143f., 154, 161, 166f., 175, 208
Maria von Burgund S. 59ff., 64
Marie-Antoinette, Königin, Ehefrau Ludwigs XVI. von Frankreich S. 113, 144, 208
Marie Louise, Kaiserin, Ehefrau Napoleons I. Bonaparte S. 213
Marlborough, John Churchill Herzog von S. 107, 114
Marolles, Michel de S. 100
Marshall, George C. S. 487f., 498f., 503, 534
Martin V., Papst S. 26f.
Martínez Cubells, Salvador S. 337
Marx, Karl S. 255, 262, 276, 323, 325
Marx, Wilhelm S. 403, 407
Matthias, Erzherzog von Österreich, römisch-deutscher Kaiser S. 56, 86f.
Maupertuis, Pierre Louis S. 165, 186
Maurer, Ludwig S. 319
Mauzan, Luciano Achille S. 364
Max(imilian Alexander Friedrich Wilhelm), Prinz von Baden S. 375, 379
Maximilian I., Herzog von Bayern, Kurfürst von der Pfalz S. 83, 90, 92
Maximilian I., römisch-deutscher Kaiser S. 18, 31, 34, 57, 59ff., 64
Max(imilian) II. Emanuel, Kurfürst von Bayern S. 107, 111, 114
Mazarin, Jules (eigtl. Giulio Mazarini), Kardinal S. 103
McBride, Will S. 531f.
Mehring, Franz S. 381
Meichelböck, Johann Franz von S. 157
Meister des Magdalenenaltars S. 61
Meister M. S. 51
Melanchthon, Philipp S. 36, 41, 43, 48ff., 56
Mende, Erich S. 521
Mendelssohn, Moses S. 182, 200, 233
Mendelssohn Bartholdy, Felix S. 233
Menzel, Adolph von S. 309
Mercator, Gerhard (eigtl. Gerhard Kremer) S. 74
Mercié, Antonin S. 293
Merk, Johann Christof S. 127
Messenhauser, Wenzel S. 272
Metternich, Clemens Wenzel Lothar Fürst von S. 227ff., 234, 253f., 256, 263, 267ff., 282
Meyer, ? (Senator Dr., Hannover) S. 371
Meyer, Henri S. 355
Meyer, Josef L. S. 352
Meyerbeer, Giacomo S. 240
Meyerheim, Wilhelm Alexander S. 287
Meytens d.J., Martin van S. 167
Mielke, Erich S. 534
Mies van der Rohe, Ludwig S. 397
Minckwitz, Hans von S. 44
Mitsdörffer, J. G. S. 188
Mittag, Johann Gottlob S. 156
Mittermaier, Karl S. 270
Modrow, Hans S. 552
Mohammed Resa Pahlewi, Schah von Iran S. 526f.
Moltke, Helmuth von S. 287, 336

Moncey, Bon Adrian Jeannot, Herzog von Conegliano (Marschall Napoleons I.) S. 224
Montesquieu (Charles de Secondat, Baron de la Brède et de Montesquieu) S. 183
Morgenthau, Henry S. 485
Moritz, Kurfürst von Sachsen S. 62
Moser, Josef S. 320
Moses, Stefan S. 531f., 551
Moßner, J. M. S. 204
Motz, Albertine von S. 244
Motz, Friedrich von S. 242, 244
Mroz(c)inski, Hans S. 537
Müller, Adolf S. 166
Müller, Hermann S. 405, 409
Münster, Sebastian S. 74
Murat, Joachim S. 213, 216
Mussolini, Benito S. 440, 447, 456
Muthesius, Hermann S. 342

Napoleon I. Bonaparte, Kaiser der Franzosen S. 57f., 195, 202, 209ff., 224ff., 234, 283
Napoleon III., Kaiser der Franzosen S. 281, 283, 287, 290, 297
Necker, Hans Ewald Lebrecht von S. 223
Nelson, Horatio Viscount of S. 335
Nero, römischer Kaiser der Antike S. 234
Neumont, Maurice S. 364
Neuner, Hein S. 439
Neurath, Konstantin Freiherr von S. 453
Newton, Isaac S. 186
Ney, Elisabeth S. 289
Nicolai, Friedrich S. 200
Nicolaus Germanus S. 69
Niemöller, Martin S. 430f.
Nikutowski, Arthur S. 285
Noack, Hermann S. 479
Noske, Gustav S. 376, 383, 388
Nussbaum, Felix S. 474f.
Nussbaum, Felka S. 474f.
Nussbaum, Jaqui S. 474f.

Ohnesorg, Benno S. 526f.
Olbrich, Joseph Maria S. 342
Oldendorp, Christian Johann S. 220
Omeis, Martin Heinrich S. 110
Oppenheim, Louis S. 316, 387
Ortenburg, Friedrich Casimir von S. 51
Ortenburg, Joachim von S. 51
Oskar, Prinz von Preußen S. 333
Ossietzky, Carl von S. 431
Ostendorfer, Michael S. 34
Oster, Hans S. 462
Oven, ? S. 389
Ovid (Publius Ovidius Naso) S. 56

Paelzer, Josef S. 370
Palm, Johann Philipp S. 214
Palmerston, Lord (Henry John Temple, Viscount Palmerston) S. 274
Pape, William Friedrich Georg S. 333
Papen, Franz von S. 405, 490
Partridge, John Bernard Sir S. 364
Paul, Bruno S. 351, 365
Paulsen, Fritz S. 339
Peraudi, Raimund S. 31
Pesne, Antoine S. 125, 164
Pétain, Philippe S. 459
Peter I. (der Große), Zar von Rußland S. 137
Peter III., Zar von Rußland S. 163, 173
Peter sen., Richard S. 483
Peters, Carl S. 352
Petersen, Emilie S. 235
Petersen, Johann Philipp S. 235
Pfintzing, Melchior S. 60
Philipp I. (der Großmütige), Landgraf von Hessen S. 53
Philipp I. (der Schöne), König von Kastilien S. 57, 59, 61, 71
Philipp II., König von Spanien S. 55, 58
Philipp V. (Bourbon), König von Spanien S. 113
Philipp von Anjou siehe Philipp V., König von Spanien
Philips, Firma in Hamburg S. 524
Piccolomini-Pieri, Ottavio, Herzog von Amalfi S. 104
Pieck, Wilhelm S. 421, 533
Pirckheimer, Willibald S. 69
Pitt d.Ä., William S. 162
Pius IX., Papst S. 268
Pizarro, Francisco S. 66
Planck, Max S. 306
Platek, Felka siehe Nussbaum, Felka
Pleydenwurff, Wilhelm S. 68
Poincaré, Raymond S. 392
Pollack, Schmidt & Co., Firma in Hamburg S. 310
Polo, Marco S. 65
Ponto, Jürgen S. 528
Porsche, Ferdinand S. 522
Potemkin, Grigori Alexandrowitsch Fürst S. 173
Preuß, Hugo S. 409
Prieur d.J., Jean Louis S. 204
Probst, Georg Balthasar S. 191
Ptolemäus (Klaudios Ptolemaios) S. 65, 69
Püttner, Josef Carl Berthold S. 279

Radetzky, Joseph Wenzel Graf S. 268, 275
Ranft, Hermann S. 314
Rantzau-Breitenburg, Otto Reichsgraf zu S. 294
Rantzau-Breitenburg, Reichsgraf und Reichsgräfin zu S. 294
Rasoumoffsky, Andrej K. Fürst S. 229
Rath, Ernst vom S. 452
Rathenau, Emil S. 312
Rathenau, Walther S. 358, 372, 377, 407
Reagan, Ronald S. 509
Regiomontanus (eigtl. Johannes Müller) S. 69
Regnault, Henri S. 293
Reich, Adolf S. 464
Reich, Jens S. 551
Reinicke, Peter S. 140
Reiniger, Gebbert & Schall AG, Firma in Erlangen S. 315
Renouard de Viville, Josna S. 123
Rentzell, August von S. 252
Reuter, Ernst S. 488, 501
R(h)egius, Urbanus (eigtl. Urban Rieger) S. 47
Ribbentrop, Joachim von S. 453f., 458
Richelieu, Armand Jean du Plessis, Herzog von Richelieu, Kardinal S. 85, 102f.
Richental, Ulrich von S. 26f.
Richter, S. S. 472
Richthofen, Wolfram Freiherr von S. 449
Riemerschmid, Richard S. 342
Riese, Adam S. 80
Rietschel, Ernst Friedrich August S. 200
Robespierre, Maximilien de S. 202
Rockwell, Norman S. 463
Roentgen, Abraham S. 196
Roentgen, David S. 196
Röhm, Ernst S. 419, 425, 435
Rommel, Erwin S. 456
Röntgen, Wilhelm Conrad S. 315
Roon, Albrecht Graf von S. 336
Roore, Jacobus Ignatius de S. 116
Roosevelt, Franklin D. S. 456, 485f.
Rosenfeld, Kurt S. 431
Roth, Joseph S. 431
Rothfels, Hans S. 485
Rothgängel, Herbert S. 411
Rousseau, Jean Jacques S. 182f., 185, 193f., 198, 200
Rubens, Peter Paul S. 62
Ruckteschell, Walter von S. 353
Rudolf I., deutscher König S. 64
Rudolf II., römisch-deutscher Kaiser S. 86, 91
Rudow, Ludwig S. 350
Ruetz, Michael S. 531
Ruge, Arnold S. 270

Sabine, Ehefrau des brandenburgischen Kurfürsten Johann Georg S. 56
Sachs, Hans S. 448
Sadeler II, Egidius S. 64, 93
Saint-Just, Louis Antoine Léon de S. 202
Saler, Franz Christoph S. 151
Salisbury, Lord (Robert Cecil Marquess of Salisbury) S. 304
Salzmann, Christian Gotthilf S. 198
Sander, Christian S. 238
Sandrart, Joachim von S. 104
Schabowski, Günter S. 551
Schadow, Johann Gottfried S. 200
Schappeler, Christoph S. 47
Scharnhorst, Gerhard Johann David von S. 218
Schedel, Hartmann S. 68
Scheidemann, Philipp S. 380
Schelling, Friedrich Wilhelm Joseph S. 194
Schill, Ferdinand von S. 210, 222
Schiller, Friedrich von S. 84, 182, 193, 200, 222
Schilling, Friedrich S. 361
Schinkel, Karl Friedrich S. 223, 233, 320
Schirach, Baldur von S. 439
Schlachter, Jacobus S. 152
Schleicher, Kurt von S. 425
Schlesinger, Felix S. 280
Schleyer, Hanns Martin S. 530
Schlick, Joachim Andreas Graf S. 87
Schlieffen, Alfred Graf von S. 357
Schlüter, Andreas S. 120
Schmeller, Johann Andreas S. 13
Schmidt, Gustav Adolf S. 234
Schmidt, Helmut S. 517, 521
Schmidt, Louis S. 312f.
Schmidt, Martin S. 538
Schmidt-Rottluff, Karl S. 384
Schneckenburger, Max S. 292
Schnepff, Erhard S. 56
Schnitzler, Karl Eduard von S. 503
Schreuer, Wilhelm von S. 368
Schreyer, Sebald S. 68
Schumacher, Kurt S. 515, 520
Schumann, Maurice S. 503
Schuwalow, Peter A. Graf S. 304
Schwarz, Johann Christian August S. 226

Schwarz, Karl S. 322
Schwarzenberg, Felix Fürst zu S. 264, 272
Seldte, Franz S. 418
Shaftesbury, Anthony Ashley Cooper 3. Earl of S. 194
Shahn, Ben S. 463
Shukow, Georgi Konstantinowitsch S. 484
Sibylle von Cleve, Ehefrau des sächsischen Kurfürsten Johann Friedrich I. (des Großmütigen) S. 53
Sickingen, Franz von S. 20
Siebenpfeiffer, Philipp Jacob S. 254
Siemens, Georg von S. 345
Sigismund, römisch-deutscher Kaiser S. 26f.
Silvestre d.J., Louis de S. 137
Simson, Eduard von S. 271
Singer, Nähmaschinenfabrik S. 310
Sinzendorff, Georg Ludwig Graf von S. 109
Smellie, William S. 189
Snayers, Peeter S. 102
Sophie, Ehefrau des brandenburgischen Kurfürsten Johann Georg S. 56
Sophie Charlotte, Prinzessin von Hannover, Ehefrau des preußischen Königs Friedrich I. S. 122
Sophie Friederike Auguste, Prinzessin von Anhalt-Zerbst, siehe Katharina II., Zarin von Rußland
Sorg, Anton S. 26
Spalatin siehe Georg Burkhardt
Spann, Carl S. 238
Speer, Albert S. 490
Spinoza, Baruch de S. 194
Sprenger, Jakob S. 32
Springer, Axel S. 527
Stadler, Eduard S. 418
Stahl, ? S. 462
Stalin, Josef Wissarionowitsch S. 454, 457f., 484ff., 504f., 534, 537
Stamler, Johann Matthäus S. 80
Stampart, Frans van S. 157
Stanislaus I., König von Polen, siehe Leszczyński, Stanislaus
Staudte, Wolfgang S. 495
Stauffenberg, Claus Graf Schenk von S. 457, 476
Steffeck, Carl Constantin Heinrich S. 272
Steiff, Margarete S. 366, 524
Stein, Karl Reichsfreiherr vom und zum S. 210, 227
Steiner, Heinrich S. 26, 51
Steiner, Josef S. 352
Stephenson, George S. 246f.
Stephenson, Robert S. 247
Stettner, Johann Thomas S. 223
Stoph, Willi S. 513, 552
Storck, Abraham Jansz S. 55
Storck, Wilhelm S. 267
Strasser, Gregor S. 425
Strauß, Franz Josef S. 509, 514
Streit, Friedrich Wilhelm S. 216
Streitenfeld, Dirk S. 529
Stresemann, Gustav S. 371, 403f., 408
Strigel, Bernhard S. 59
Strudel, Paul S. 109
Strudel, Peter S. 109
Stubbs, George S. 248
Stuck, Franz von S. 342
Stumm, Ferdinand Eduard Freiherr von S. 337
Stumm, Karl S. 337
Stumm, Konzern S. 306, 337
Stumm, Pauline, Freiin von Hoffmann S. 337
Stumpff, Hans-Jürgen S. 484
Swan, Joseph Wilson S. 312
Sy & Wagner, Firma in Berlin S. 294, 336

Tallard, Camille S. 114
Talleyrand, Charles Maurice de S. 229
Tassaert, Jean Pierre Antoine S. 200
Tatian (der Syrer) S. 13
Tell, Wilhelm S. 46
Testelin, Henri S. 108
Thälmann, Ernst S. 407, 421f., 431
Thorak, Josef S. 442
Thurn, Heinrich Matthias Graf von S. 87
Thurn und Taxis, von, Adelsgeschlecht S. 245
Thyssen, Konzern S. 306
Tilemann, Simon Peter S. 109
Tilly, Johann Tserclaes Graf von S. 83, 90, 92, 99
Tirpitz, Alfred von S. 346, 362
Tischbein d.Ä., Johann Heinrich S. 171, 195
Tischbein, Johann Friedrich August S. 193
Tizian (eigtl. Tiziano Vecelli) S. 62
Toller, Ernst S. 386
Toppey, ? S. 223
Traut, Wolf S. 23
Treffenfeld, Joachim Hennigs von S. 121
Treitzsaurwein, Marx S. 60
Truman, Harry S. S. 486f.
Tschackert, Franz S. 402
Tschechonin, Sergej W. S. 420
Tucholsky, Kurt S. 421

Ulbricht, Walter S. 431, 505f., 527, 533, 535, 537
Ulrich, Abraham S. 56
Ulrich, David S. 56

Valckenborch, Frederik I van S. 82
Valentin, Claude S. 138
Velde, Henry van de S. 342
Vendt, Georg S. 134
Vernet, Horace S. 224, 266
Vesal(ius), Andreas S. 66, 72f.
Vespucci, Amerigo S. 66
Vianen, Jan van S. 114
Victoria, Königin von England S. 301
Victoria (Kaiserin Friedrich), Ehefrau des deutschen Kaisers Friedrich, Tochter der englischen Königin Victoria S. 337
Viktor Emanuel (Vittorio Emanuele) II., König von Italien S. 275, 448
Vogel von Vogelstein, Carl Christian S. 233
Vogt, C. S. 284
Volckammer, Johann Magnus S. 187
Volkhardt, Max S. 291
Volkmar, Antonie S. 278
Vollbehr, Ernst S. 436f.
Voltaire (eigtl. François-Marie Arouet) S. 164f., 181f., 185, 200
Voltz, Johann Michael S. 221
Vopell, Caspar S. 74
Vrancx, Sebastian S. 101
Waldersee, Alfred Graf von S. 354
Waldmüller, Ferdinand S. 256
Waldorp, Antonie S. 245
Waldseemüller, Martin S. 69, 74
Wallenstein, Albrecht von S. 83f., 92, 98f.
Watt, James S. 241
Weber, Carl Maria von S. 233
Wechelen (Wachelen), Jan van S. 54
Weerth, Georg S. 254
Wehner, Herbert S. 431
Weidig, Ludwig S. 259
Weinmair, Karl S. 478
Weißberg, Liborius S. 99
Weiße, Christian Felix S. 199
Weitling, Wilhelm S. 255
Wellington, Herzog von (Arthur Wellesley, Duke of Wellington) S. 225, 229
Wels, Otto S. 388
Welser, Patriziergeschlecht S. 71
Wenzel d.Ä., Johann Friedrich S. 122
Werner, Anton Alexander von S. 295, 304, 338, 342, 348
Westphal, Joachim S. 56
Wieland, Christoph Martin S. 182, 195
Wilhelm, Kronprinz von Preußen S. 333ff., 348
Wilhelm I., erster Kaiser des Deutschen Reiches S. 187, 267, 283, 287, 289ff., 295f., 300f., 323, 336, 350
Wilhelm II., zweiter Kaiser des Deutschen Reiches S. 318, 324, 331ff., 340, 345, 347ff., 355, 357, 375, 379, 396
Wilhelm von Oranien S. 106
Wilhelmine, Prinzessin von Preußen, Markgräfin von Bayreuth S. 169
Wilke, H. S. 284
Wilson, Woodrow S. 374, 379
Windischgrätz, Alfred Fürst zu S. 264, 272
Wirth, Georg August S. 254
Wislicenus, Hermann S. 292
Wissmann, Hermann S. 352
Wolf, Hieronymus S. 80
Wolfgang, Johann Georg S. 122, 124
Wolgemut, Michel S. 68
Wolrab, Johann Jacob S. 110
Wrangel, Friedrich von S. 264
Wraxall, William S. 172
Wright, Joseph, gen. Wright of Derby S. 248, 309
Würbel, Franz S. 442
Wurlitzer, Franz Rudolph S. 523

Yorck von Wartenburg, Ludwig Graf S. 210
Young, Owen D. S. 404, 411

Zeiss, Carl (Firma in Jena) S. 450
Zeiss-Ikon (Firma) S. 450
Zetkin, Clara S. 344, 421
Zick, Stephan S. 187
Ziegler, Adolf S. 443
Ziegler, Hans Severus S. 443
Ziesenis, Johann Georg S. 170
Zille, Heinrich S. 421
Zimmermann, Ferdinand S. 237
Zimmermann, Jacob S. 154
Zimmermann, Leopold S. 237
Zimmermann, Louise S. 237
Zimmermann, Marie S. 237
Zinner, Robert S. 446
Zwingli, Ulrich S. 37, 46